COMPRENDRE L'ALLEMAGNE

M. Lange/mauritius images/age fotostock

A. Spani/hemis.fr

ORGANISER SON VOYAGE

Nos incontournables

★★★

Hambourg

Maritime et cosmopolite, la deuxième ville d'Allemagne fascine par son gigantesque port, ses entrepôts de briques rouges et son tout nouvel emblème, l'Elbphilharmonie. **Voir p. 396.**

G. Schulz/age fotostock

E. Grund/age fotostock

★★★

Lübeck

On la surnomme la « Reine de la Hanse » : c'est une vieille ville pleine de poésie, tout en brique et en venelles, classée au Patrimoine mondial de l'Unesco. **Voir p. 440.**

J.-P. Lescourret/Getty Images

★★★

Berlin

Bienvenue dans l'une des capitales les plus stimulantes d'Europe, véritable tourbillon de musées et d'opéras mais aussi de lieux alternatifs et de clubs à la mode. **Voir p. 32.**

★★★

Dresde

À deux heures de Berlin, la « Florence de l'Elbe » est un superbe concentré de monuments baroques et d'œuvres d'art acquises aux quatre coins de l'Europe par les rois de Saxe. **Voir p. 110.**

estend 61/hemis.fr

G. Kirsch/age fotostock

★★★

La Suisse saxonne

D'étranges rochers et des gorges profondes : au bout des méandres de l'Elbe se cache l'un des sites naturels les plus spectaculaires et les plus romantiques de Saxe. **Voir p. 131.**

Nos incontournables

S.-E. Arndt/ArTerra Picture Library/age fotosto

★★★

Les lacs du Mecklembourg

Imaginez un plateau verdoyant constellé, sur 240 km de long, de lacs bleus et de forêts de hêtres : ce paysage existe et on peut l'explorer à pied, à la voile, en canoë ou à vélo !

Voir p. 480.

★★★

Weimar

À chaque pas, ses vieilles pierres parlent de tous les hommes illustres (Goethe, Schiller, Bach...) qui ont forgé le renom de la culture allemande. Une atmosphère incomparable.

Voir p. 203.

H. & D. Zielske/LOOK-foto/Getty Image

'oppasin Wongchum/iStock

imageBROKER/hemis.fr

★★★

Potsdam

Ancienne résidence des rois de Prusse, la capitale du Brandebourg conserve de somptueux châteaux rococo, un quartier hollandais et une étonnante « colonie russe ». **Voir p. 86.**

★★★

Cologne

La dynamique et conviviale métropole des bords du Rhin ne se résume pas à sa cathédrale et à son célèbre carnaval : des musées exceptionnels vous y attendent. À visiter sans modération ! **Voir p. 246.**

H. Wohner/Look/age fotostock

★★

Le Harz

Un incroyable massif forestier, qui vous réserve quelques châteaux de conte de fée, de nombreuses maisons à colombages, de jolies légendes et 8 000 km de sentiers de randonnée. **Voir p. 354.**

Nos coups de cœur

« Femme au soleil couchant » par Caspar David Friedrich, au musée Folkwang.

TOP 5
Parcs et jardins

1. Sans-Souci (p. 86)
2. Wörlitz (p. 184)
3. Herrenhäuser Gärten (p. 331)
4. Muskau (p. 144)
5. Moritzburg et Pillnitz (p. 123)

Château dans le parc de Muskau.
H. P. Szyszka/Novarc Images/age fotostock

❤ Découvrir le sens du mot *Frühstück* à Berlin, dans l'un de ces cafés cosy dont le quartier de Prenzlauer Berg a le secret. Entre les Kollwitzplatz, Helmholtplatz et Oderberger Straße, on a réinventé l'art du brunch jusqu'à... 16h. Cool, convivial et créatif ! **Voir p. 81.**

❤ Rêver devant les paysages des romantiques allemands. Les musées de Berlin, Dresde et Hambourg recèlent quantité de trésors que l'on a rarement l'occasion de voir ailleurs. C'est le cas des œuvres si magnétiques du peintre C. D. Friedrich. Entre brume et mystère... **Voir p. 469.**

❤ Voir le soleil se coucher sur l'île de Sylt. Jaune tendre, rose pâle ou orange mûr, le spectacle depuis les dunes laisse souvent rêveur, surtout lorsqu'on est bien à l'abri, niché dans une *Strandkorb*, la traditionnelle « corbeille de plage ». **Voir p. 423.**

❤ Savourer l'heure du « café-gâteau ». Partout, le *Kaffe Kuchen* est un régal pour les papilles et un véritable rituel, surtout le dimanche entre 15h et 17h. Seule exception à la règle : le littoral de la mer du Nord qui, traditionnellement, préfère le thé au café.

corbeilles de plage.
Jessel/Premium/age fotostock

Nos coups de cœur

Brasserie Övelgöne à Hambourg
C. Czybik/mauritius images/age fotostock

❤ Vibrer au rythme du carnaval de Cologne qui draine chaque année plus d'un million de personnes pour des défilés aussi déguisés que débridés. Attention : les dames coupent les cravates des messieurs... **Voir p. 250 et 270.**

Le carnaval de Cologne.
B. & T. Morandi/hemis.fr

❤ Prendre l'apéro sur les bords de l'Elbe. Le jeu consiste à embarquer au port de Hambourg sur le ferry n° 62, à descendre au débarcadère « Neumühlen » et à marcher le long des anciennes maisons de capitaine. Au bout du chemin ? Le bar de la Strandperle où l'on pourra, si le soleil brille, siroter son verre dans le sable. **Voir p. 416.**

❤ Randonner pieds nus dans la mer des Watten, entre Pellworm et Süderoog par exemple, en compagnie d'un guide local pour ne pas se laisser piéger par la marée montante ou les bancs de brume. Une expérience unique en son genre. **Voir p. 426.**

Zollverein XII, tour d'extraction de la mine dans la Ruhr.
S. Ziese/Blickwinkel/age fotostock

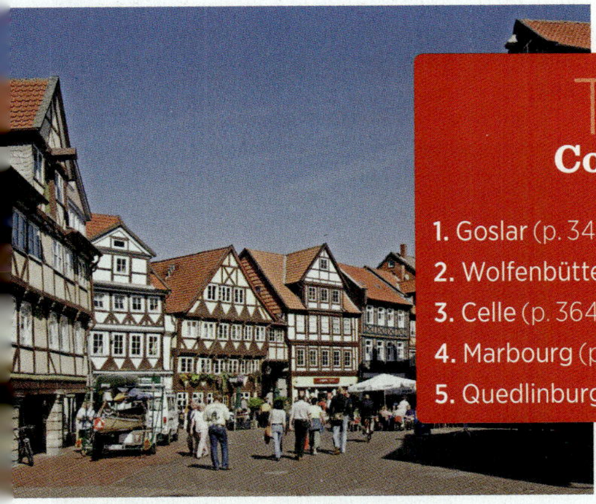

Wolfenbüttel.
K.-G. Dumrath/mauritius images/age fotostock

TOP 5 Colombages

1. **Goslar** (p. 348)
2. **Wolfenbüttel** (p. 359)
3. **Celle** (p. 364)
4. **Marbourg** (p. 236)
5. **Quedlinburg** (p. 356)

❤ Se frotter à la création contemporaine. Pour cela, il y a la Weserburg de Brême, les Deichtorhallen de Hambourg et la Hamburger Bahnhof de Berlin mais, pour être vraiment au cœur du monde de l'art, rien ne vaut la stimulante Documenta de Cassel. **Voir p. 373, 409, 34 et 232.**

❤ Flâner dans le quartier du Schnoor pour faire le plein de photos, se laisser envahir par le charme du vieux Brême et se prendre à rêver devant les maisonnettes de ce quartier autrefois pauvre mais aujourd'hui si romantique. **Voir p. 372.**

❤ Suivre les dernières métamorphoses de la Ruhr. Fini la grisaille : les 53 villes de cet ancien bassin houiller ont fait peau neuve. Du Zollverein au Tiger & Turtle, les sites industriels ont été reconvertis en pôles culturels et les paysages renaturalisés. Épatant ! **Voir p. 299.**

Nos coups de cœur

Balade en bateau au cœur du Spreewald.
Movementway/imageBROKER/age fotostock

❤ Faire le tour d'une île de la Baltique en roue libre. Pour profiter pleinement et sans effort de vues à couper le souffle, choisissez une île relativement plate. Celle de Poel, par exemple, au nord de Wismar : son air marin a même des vertus curatives ! **Voir p. 453.**

❤ Voguer sur les canaux du Spreewald. La *Kahnfahrt* – lente balade à bord d'une barque à fond plat – est la spécialité de la « Venise verte ». Pour glisser dans le labyrinthe, il suffit de se laisser porter. C'est le batelier qui manœuvre ! **Voir p. 105.**

Inselsberg vu de Seebach, Thuringe.
H. P. Szyszka/Novarc Images/age fotostock

TOP 5
Plus beaux lacs

1. **Müritz** (p. 480)
2. **Großer Müggelsee** (p. 74)
3. **Großer Plöner See** (p. 437)
4. **Wannsee** (p. 75)
5. **Schweriner See** (p. 480)

Le lac Plön.
J. Stumpe/LOOK-foto/Getty Images

❤ **Écouter du Brahms ou du Wagner à l'Elbphilharmonie,** la toute nouvelle salle de concert qui accueille sous une vague de verre l'Orchestre symphonique de Hambourg. Son architecture est assez fascinante et son acoustique, remarquable. **Voir p. 405.**

❤ **Respirer le bon air de la forêt de Thuringe.** Pour se mettre au vert, se dégourdir les jambes et s'aérer les poumons, rien de tel que le Rennsteig ou le Großer Inselsberg. On peut même se hisser au-dessus des frondaisons grâce au Baumkronenpfad. **Voir p. 223-224.**

❤ **Retrouver son âme d'enfant au marché de Noël.** Celui d'Erfurt, en Thuringe, est un enchantement avec ses 200 chalets qui ont pour coulisses la place de la cathédrale. Celui de Cassel, en Hesse, vous transporte dans le monde féérique des contes de Grimm. **Voir p. 214 et 226.**

❤ **Prendre de la hauteur.** Pour embrasser tout Berlin d'un seul regard, rien ne vaut la tour de la Télévision qui culmine à 368 m. Ou la futuriste coupole du Reichstag, qui réserve elle aussi un panorama à 360°. À gravir à la nuit tombée : c'est encore plus magique ! **Voir p. 42 et 32.**

Elbphilharmonie Hamburg, signé Herzog & de Meuron.
ThomasFluegge/iStock

Nos coups de cœur

Le Kö-Bogen (Daniel Libeskind).

❤ **Se replonger au temps de la RDA.** À Berlin, où a été tourné le film *Good bye Lenin !*, vous pourrez écouter en boucle les chants des Pionniers au musée Alltag in der DDR. Dresde aussi a son musée de la RDA. Mais la meilleure adresse pour cultiver son « Ostalgie » reste Eisenhüttenstadt. **Voir p. 51 et 104.**

❤ **Pousser la porte d'une chaumière** d'Amrum, Sylt ou Föhr, c'est se retrouver propulsé en un clin d'œil dans le rude univers des Frisons confrontés aux assauts conjugués des vagues et du vent. La plus belle machine à remonter le temps ? L'Altfriesisches Haus de Keitum. **Voir p. 424.**

❤ **Se livrer aux joies du lèche-vitrines.** Avec plus de 200 centres commerciaux, vous n'aurez que l'embarras du choix, mais il y a deux, trois expériences shopping vraiment spéciales comme le Grand Magasin de l'Ouest KaDeWe à Berlin et la « Kö » à Düsseldorf. **Voir p. 68 et 292.**

❤ **Assister à une fête traditionnelle** en Lusace, comme la Schützenfest de juillet à Lübbenau ou la procession équestre de Pâques à Bautzen, toujours célébrée en costumes et avec une ferveur particulière, c'est découvrir un « petit peuple oublié » à la riche culture : les Sorabes.
Voir p. 140.

Le musée Grassi.
M. Snell/robertharding/age fotostock

TOP 5
Musées stimulants

1. **Museumsinsel et DHM**
   (Berlin p. 45 et 38)
2. **Zwinger et Albertinum**
   (Dresde p. 110 et 117)
3. **Wallraf-Richartz et Ludwig**
   (Cologne p. 256 et 252)
4. **Kunsthalle**
   (Hambourg p. 401)
5. **Grassi-Museum**
   (Leipzig p. 165)

Procession équestre de Pâques à Bautzen.
wrangel/iStock

Nos spots en famille

M. Schutt/dpa-Zentralbild/age fotostock

Projection au planétarium Zeiss à Iéna.

Tout au long du guide, ce symbole vous aidera à repérer les sites ou activités qui intéresseront les enfants.

▸ **Un univers miniature à Hambourg.** Dans le quartier de la Speicherstadt, le Miniatur Wunderland enchante petits et grands avec ses paysages parcourus de trains miniature. À chaque coin de maquette, il y a quelque chose à voir : ici, une intervention de pompiers, là un avion qui décolle... N'hésitez pas à appuyer sur les boutons (il y en a 203 !). La visite guidée permet de jeter un œil sur les coulisses. **Voir p. 404.**

▸ **Au volant d'un cabriolet à Wolfsburg.** L'incontournable « Ville de la Voiture » n'est pas seulement un musée pour les fans de Lamborghini. C'est aussi un parc de loisirs où les enfants peuvent glisser, grimper, se balancer et... s'initier aux joies de la conduite sur un parcours routier avec des vraies rues et des panneaux de signalisation ! Ils peuvent même passer leur permis dans un mini-cabriolet. **Voir p. 362.**

Les Panda Pit et Paule au zoo de Berlin.

B. Pedersen/Picture-Alliance/dpa/age fotostock

▸ **À Potsdam : « Silence, on tourne ! »** Non seulement le Filmpark Babelsberg vous ouvrira les portes d'un studio de cinéma, mais vous pourrez aussi y découvrir tout ce que vous avez toujours voulu savoir sur l'art de faire un film. Accessoires, effets spéciaux... sans oublier les démonstrations de cascades et, pour les plus jeunes, de vrais décors de film dont la maison de sorcière de « Hänsel et Gretel ». **Voir p. 93.**

▸ **La conquête de l'espace à Iéna.** Le planétarium Zeiss, lui aussi, a le don d'éblouir les enfants. En plus de son programme adapté, qui leur donne l'occasion d'observer les étoiles et d'apprendre le b.a.-ba du cosmos, il leur réserve une expérience exceptionnelle : des projections de la Voie Lactée sur toute la surface de la coupole à grand renfort de technologie multimédia ! Ouvrez grands les yeux ! **Voir p. 200.**

▸ **Montagnes russes à Brühl.** À quelques kilomètres de Cologne, il existe un parc à thèmes on ne peut plus féerique à Noël mais idéal en toutes saisons pour passer une journée en famille :

Phantasialand ! Au menu : de spectaculaires montagnes russes, des descentes de rapides en bouée et toutes sortes d'attractions pour amateurs de sensations fortes. Les vedettes ? Mystery Castle et Talocan. **Voir p. 265.**

▸ **Une soirée au zoo de Berlin.** Pandas, hippopotames, flamants roses, ils sont tous là ! Comme dans n'importe quel zoo ? Pas vraiment : dans le plus vieux et le plus grand zoo d'Allemagne, les animaux évoluent au milieu de dépaysantes pagodes orientales et de pavillons de style indien. Et pour que l'on puisse en profiter en toute tranquillité, on y organise des tours guidés les soirs d'été. **Voir p. 67.**

▸ **Le monde des abysses à Stralsund.** Pour aller au plus près des poissons de la Baltique ou de la mer du Nord, rien de tel que l'Ozeaneum du port de Stralsund ! On peut y écouter les sons qu'émettent les langoustes, voir se dandiner les pingouins de Humboldt, observer les hippocampes au microscope... L'expo permanente est spécialement dédiée aux 6-12 ans. **Voir p. 463.**

▸ **Au fil de l'eau à Lübbenau.** Et si vous leur offriez une balade en barque à fond plat au cœur du Spreewald avec escale à Lehde ? Aujourd'hui réserve de biosphère de l'Unesco, cette ancienne forêt marécageuse, sillonnée de petits canaux, est propice à de belles rencontres avec la nature. Loutres, castors, cigognes... rien n'y manque ! À tester hors saison pour que le charme opère. **Voir p. 104.**

▸ **Les grottes aux fées de Saalfeld.** Au pied de la forêt de Thuringe, les galeries de l'ancienne mine de Saalfeld ont de quoi émerveiller les spéléologues en herbe ! Dans ce royaume enchanté, ils pourront remonter le cours de l'histoire sur 440 millions d'années, explorer à la lampe de poche stalactites et stalagmites et respirer le bon air des grottes. Il arrive même que l'on y croise des elfes ! **Voir p. 201.**

▸ **Ainsi font les marionnettes à Lübeck.** Le célèbre théâtre de marionnettes de Lübeck est encore en travaux pour quelques mois mais, dès 2022, vous pourrez retrouver dans une salle flambant neuve les spectacles spécialement mis en scène pour les tout petits et les plus grands : *Le Chat botté, Les Aventures de l'oie Adèle*... En attendant, montrez-leur le musée : il est rempli de gentils pantins ! **Voir p. 440.**

Des plongeurs avec des tortues à l'Ozeaneum de Stralsund.
S. Sauer/Picture-Alliance/dpa/age fotostock

Nos itinéraires

3 jours

Un week-end à Berlin

En bref : les sites incontournables de la capitale, à pied et en métro.

bluejayphoto/iStock

Berlin, Friedrichshain, terrasse au bord de la Spree.
B. Gardel/hemis.fr

Alexanderplatz.
N. Domingo Leiva/age fotostock

Premier contact J-1

Le matin : Reichstag, Brandenburger Tor (**p. 32**) et Mémorial de l'Holocauste ; déjeuner sur l'avenue Unter den Linden ; l'après-midi, petit tour au Gendarmenmarkt, visite de la cathédrale et du musée de la RDA ; le soir, flânerie et dîner dans le quartier de Scheunenviertel (**p. 50**).

L'île des Musées J-2

Consacrez-le à l'île des Musées (**p. 45**) ; en fin de journée, minicroisière sur la Spree et en soirée, l'Alexanderplatz et la tour de Télévision (vue panoramique sur la capitale, **p. 42**).

Château et Histoire J-3

Le matin, visite du château de Charlottenburg (**p. 69**) ; déjeuner du côté de la Savignyplatz ou du Ku'damm ; l'après-midi sera consacré au Checkpoint Charlie (**p. 57**) et au Musée juif ; balade en soirée sur la Karl-Marx-Allee avant de plonger dans le cœur noctambule de Friedrichshain (**p. 54**).

7 jours

La Basse-Saxe et Brême

En bref : au départ de Hanovre, une boucle entre landes et petites cités de caractère.

pictureimpressions/iStock

Hanovre J-1

Le cœur historique de Hanovre et les jardins de Herrenhausen (**p. 328**). Nuit à Hanovre.

Hameln et Hildesheim J-2

Matinée à Hameln, la ville du « charmeur de rats » (**p. 334**), après-midi à Hildesheim (**p. 338**). Nuit à Goslar (**p. 348**).

Goslar J-3

Balade parmi les maisons à colombages de Goslar et incursion dans le Harz (**p. 354**). Nuit à Goslar.

Wolfenbüttel et Braunschweig J-4

Matinée à Wolfenbüttel (**p. 359**), après-midi à Braunschweig (**p. 362**). Nuit à Celle.

Celle et la lande de Lunebourg J-5

Après la visite de Celle (**p. 364**), traversée du Parc naturel de la Lande du sud *via* Unterlüß et Amelinghausen (B 191 et la B 209). Nuit à Lunebourg (**p. 386**).

Lunebourg J-6

Découverte du vieux Lunebourg et route pour Brême. Nuit à Brême.

Brême J-7

Consacrez la journée au vieux Brême, au quartier du Schnoor, à la Kunsthalle et au Focke-Museum (**p. 368**).

Conseils : vous disposez d'une journée supplémentaire ? Visitez le musée allemand de la Navigation à Bremerhaven et le village de Worpswede (p. 374).

10 jours

Berlin, Potsdam et la Saxe

En bref : villes d'art, châteaux, parcs raffinés et grands espaces entre Brandebourg et Saxe.

H. Blume/age fotostock

Berlin — J-1 à 3

Berlin *(voir ci-avant)*.

Potsdam — J-4

Le château de Sans-Souci (**p. 86**) et le centre-ville, dont le quartier hollandais ou celui du nouveau Marché (**p. 90**).

Dessau — J-5

Le matin : halte à Wittenberg (**p. 186**). Déjeuner à Dessau et visite des édifices Bauhaus (**p. 180**). Après-midi dans le parc de Wörlitz (**p. 184**). Soirée et nuit à Leipzig (**p. 156**).

Leipzig — J-6

Balade dans le centre historique de Leipzig avec visite du musée des Beaux-Arts (**p. 159**) ; fin d'après-midi à Meissen (**p. 136**) pour admirer la vue depuis le Burgberg ; nuit à Dresde (**p. 110**).

Potsdam, Quartier hollandais.

Dresde J-7

Consacrez-le entièrement à Dresde, la « Florence de l'Elbe », avec visite de la galerie des Maîtres anciens (**p. 111**), de la cathédrale et du château de la Résidence (**p. 115**) ; nuit sur place.

Suisse saxonne J-8

Découverte de la « Suisse saxonne » avec arrêt à la forteresse de Königstein (**p. 134**) ainsi qu'au jardin baroque de Großsedlitz (**p. 134**) ou au château de Pillnitz (**p. 123**). Nuit à Dresde.

Görlitz et Branitz J-9

Le matin : halte à Görlitz (**p. 146**), près de la frontière polonaise, puis cap sur le sud-est du Brandebourg. Visite du parc de Muskau (**p. 144**) ou du château de Branitz (**p. 105**). Nuit à Lübbenau (**p. 104**).

Spreewald J-10

Balade à pied, à vélo ou en barque dans le Spreewald (**p. 103**). Retour à Berlin.

Conseils : si vous ne souhaitez pas louer de voiture, prenez le train ! Liaisons régulières pour Wittenberg (40mn), Dessau (40mn à partir de Wittenberg), Leipzig (40mn de Dessau, 1h de Berlin), Dresde (1h à partir de Leipzig, 2h de Berlin).

Dresde, église Notre-Dame.
J. Fuste Raga/Premium/age fotostock

Nos itinéraires

8 jours

Cologne et la Ruhr

En bref : une incursion dans la plus grande conurbation d'Allemagne.

rclassenlayouts/iStock

Aix-la-Chapelle J-1

Petit tour à la Cathédrale, au trésor et à l'hôtel de ville (**p. 279**). Nuit à Aix.

Cologne J-2

Balade dans le vieux Cologne et visite du musée Wallraf-Richartz (**p. 256**).

Cologne J-3

Autres *musts* de Cologne, comme la cathédrale (**p. 247**), le musée Ludwig (**p. 252**) ou Kolumba (**p. 258**).

Bonn J-4

Petit crochet, le matin, par le château d'Augustusburg (**p. 263**) puis visite de Bonn (**p. 272**). Nuit à Bonn.

Düsseldorf J-5

Découverte de la « Kö », du Medienhafen et des musées d'Art contemporain (**p. 288**).

Duisburg et Oberhausen J-6

Le matin : direction Duisburg et le musée Lehmbruck puis le parc de Duisburg-Nord (**p. 305**) ; l'après-midi, halte à Oberhausen (Gazomètre, **p. 303**). Nuit à Essen.

Essen J-7

Consacrez la journée aux deux *musts* d'Essen : le site de Zollverein et le musée Folkwang (**p. 300**) ; nuit à Essen.

Bochum J-8

En matinée, visite à Bochum (**p. 302**) de l'un des plus importants musées miniers au monde. Retour à Aix-la-Chapelle en voiture ou train direct (2h).

Conseils : circuit réalisable en voiture ou en train (le Thalys relie Paris à Aix-la-Chapelle en 3h50 et les distances d'une étape à l'autre sont très courtes : 35 km entre Cologne et Bonn...).

8 jours

Hambourg et les côtes de la Baltique

En bref : boucle de 850 km entre mer, îles, dunes et lacs.

statu-nascendi/iStock

Hambourg J-1

Découvrez le centre de Hambourg (**p. 396**), du Binnenalster à la Speicherstadt. En fin d'après-midi : la HafenCity et son fleuron, l'Elbphilharmonie (**p. 405**).

Hambourg J-2

Visite du musée des Beaux-Arts (**p. 401**) suivie d'une balade en bateau dans le port au départ du quartier St-Paul (**p. 406**).

Lübeck J-3

Tôt le matin : départ pour Lübeck et visite de la « reine de la Hanse » (**p. 440**) ; nuit sur place.

Warnemünde J-4

Route pour la vieille ville de Wismar, inscrite au Patrimoine mondial de l'Unesco (**p. 451**) ; puis direction la cathédrale de Bad Doberan (**p. 457**). Nuit près de la plage de Warnemünde (**p. 458**).

Rostock J-5

En matinée, découverte du vieux Rostock (**p. 455**) puis route pour la presqu'île de Fischland et le village d'Ahrenshoop (**p. 459**). En fin de journée, ralliez Stralsund (**p. 461**) par le pont de Bresewitz.

Île de Rügen J-6

Visitez Stralsund avant de vous rendre sur Rügen. Puis traversez l'île jusqu'au cap Arkona et la célèbre falaise de craie blanche de

Jour de marché à Rostock.
makasana/iStock

Stubbenkammer ; nuit à proximité des plages de Binz, Sellin, Baabe ou Göhren (**p. 466**).

Île d'Usedom J-7

Courte visite de Greifswald (**p. 469**) et petit tour de l'île d'Usedom – le « Deauville des Berlinois » – jusqu'à Ahlbeck (**p. 472**).

Schwerin J-8

D'Usedom, retour à Hambourg par l'A 20, l'A 14 et l'A 24 avec halte au château de Schwerin, capitale du Mecklembourg (**p. 483**).

Conseils : si vous disposez d'une journée en plus, faites un crochet par le Parc national et lac de Müritz (p. 480).

Île de Rügen.
AVTG/iStock

8 jours

Le Harz et la Thuringe

En bref : le cœur de l'Allemagne et ses forêts au départ de Francfort.

FotoGrafas/iStock

Marbourg et Cassel J-1

De Francfort, cap sur Cassel *via* Marbourg : balade dans le vieux Marbourg le matin (**p. 236**) et le centre de Cassel l'après-midi (Grimm-Welt et Neue Galerie, **p. 229**). Nuit à Cassel.

Cassel et Göttingen J-2

Le parc et les collections du château de Wilhelmshöhe (**p. 226**) ; dans l'après-midi, courte visite de Göttingen (**p. 344**). Nuit à Göttingen.

Le Harz J-3

Découverte du parc national du Harz avec halte à Wernigerode et dans la vallée de la Bode. Soirée et nuit à Quedlinburg (**p. 356**).

Halle J-4

De Quedlinburg, rallier Halle pour voir la place du Marché, le musée des Beaux-Arts et la maison de Haendel. Nuit à Halle (**p. 189**).

Iéna et Weimar J-5

Après un petit aperçu d'Iéna (**p. 198**) en matinée, flânez dans le cœur historique de Weimar (**p. 203**). Nuit à Weimar.

Weimar J-6

Explorez Weimar : le musée du Bauhaus, la bibliothèque de la duchesse Anna Amalia... (**p. 204**). Nuit à Weimar.

Erfurt et Eisenach J-7

En matinée, Erfurt, sa cathédrale, son pont et son musée Anger (**p. 216**) ; après-midi à Eisenach (**p. 220**). Nuit à Eisenach.

Fulda J-8

Excursion au Großer Inselsberg (**p. 224**) avant de retourner à Francfort *via* Fulda (**p. 234**).

Conseil : la bibliothèque de la duchesse Anna Amalia se visite sur réservation.

La porte de Brandebourg.
B. Gardel/hemis.fr

DÉCOUVRIR L'ALLEMAGNE

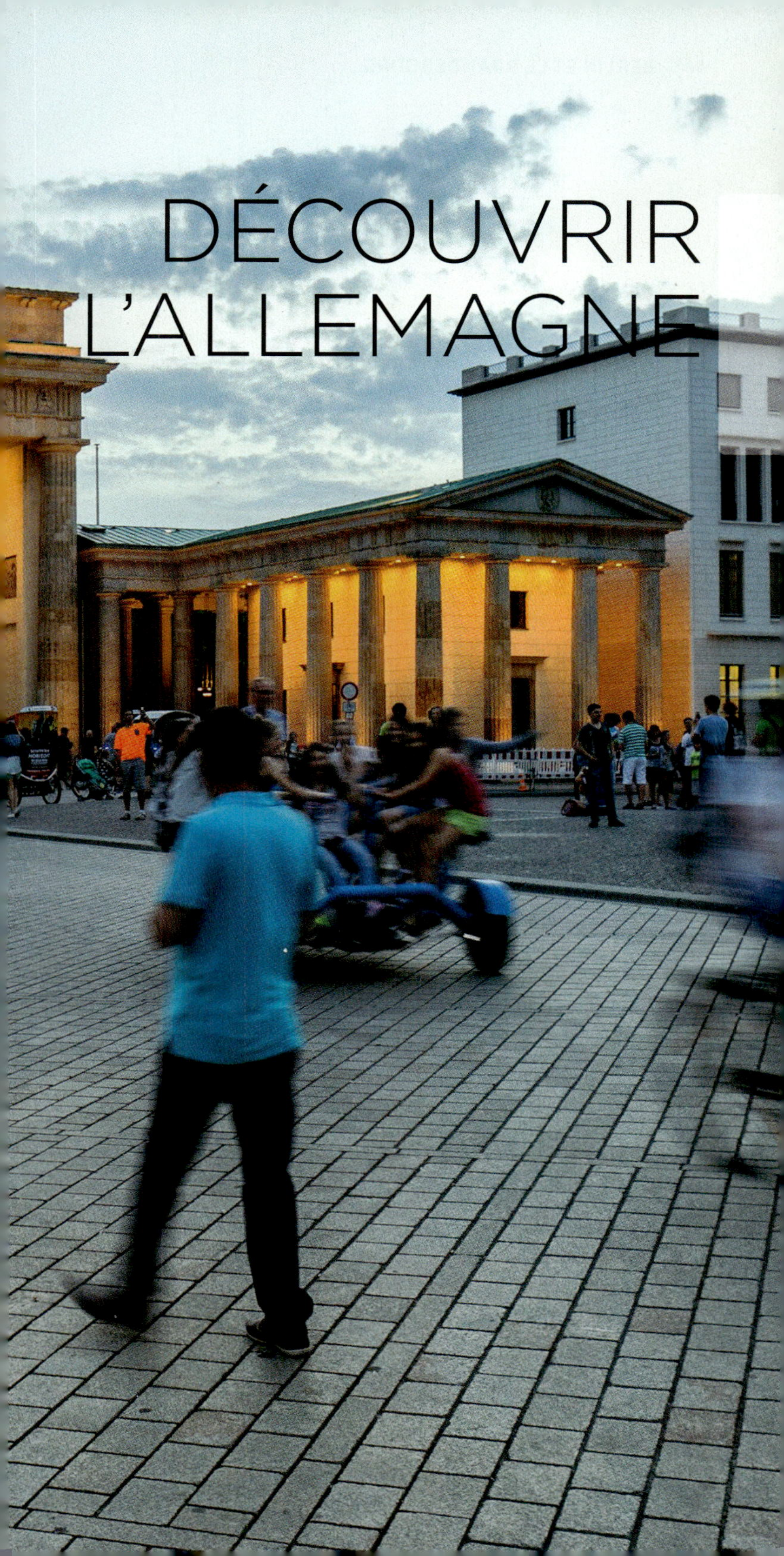

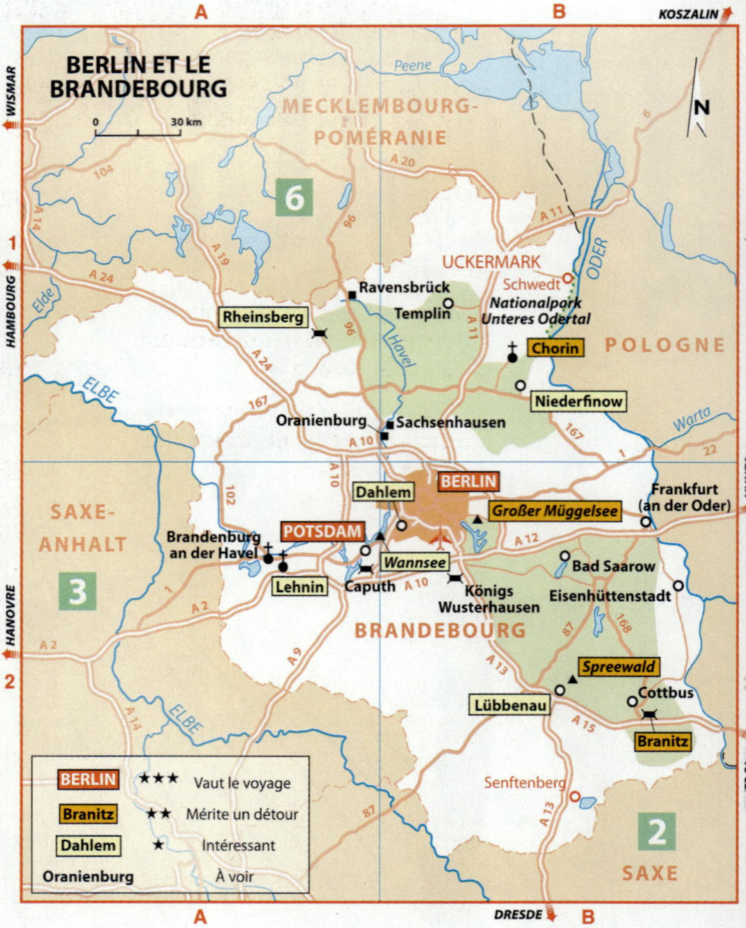
BERLIN ET LE BRANDEBOURG
0 30 km
N
A
B
1
2
KOSZALIN
WISMAR
HAMBOURG
HANOVRE
DRESDE
MECKLEMBOURG-POMÉRANIE
6
UCKERMARK
POLOGNE
SAXE-ANHALT
3
BRANDEBOURG
SAXE
2
Peene
Elde
ELBE
Havel
ODER
Warta
Schwedt
Ravensbrück
Templin
Nationalpark Unteres Odertal
Rheinsberg
Chorin
Niederfinow
Oranienburg
Sachsenhausen
BERLIN
Dahlem
Großer Müggelsee
Frankfurt (an der Oder)
POTSDAM
Brandenburg an der Havel
Lehnin
Caputh
Wannsee
Königs Wusterhausen
Bad Saarow
Eisenhüttenstadt
Spreewald
Lübbenau
Cottbus
Branitz
Senftenberg
A 20
A 11
A 24
A 19
A 14
A 10
A 12
A 2
A 9
A 13
A 15
104
96
167
102
87
168
1
6
22
BERLIN ★★★ Vaut le voyage
Branitz ★★ Mérite un détour
Dahlem ★ Intéressant
Oranienburg À voir

1

Berlin et le Brandebourg

Berlin ★★★

Champ de ruines à la fin de la Seconde Guerre mondiale, ville coupée en deux pendant plus de trente ans par le « Mur de la honte », Berlin est une ville-cicatrice, qui n'a pas peur de regarder son passé douloureux en face. Redevenue capitale de l'Allemagne en 1990, elle vit aujourd'hui un nouvel âge d'or. « Pauvre mais sexy », pour reprendre la formule célèbre de son ancien maire, Klaus Wowereit, Berlin est la ville de toutes les expérimentations, un bastion de la culture alternative, où flotte un parfum de liberté et de créativité. Sa vie culturelle trépidante, ses nuits sans fin, rythmées par la musique électronique, et ses loyers encore modérés comparés aux autres capitales européennes, attirent artistes et créatifs du monde entier. Huit fois plus grande que Paris, Berlin peut parfois désorienter, mais elle ne manquera pas de vous séduire.

Se repérer

3 645 000 habitants

CARTE DE RÉGION B2 (P. 30)
CARTE DES QUARTIERS P. 30

Enclavé à l'intérieur du Brandebourg, le Land de Berlin s'étend sur près de 900 km², soit l'équivalent de Paris et des départements limitrophes. La ville s'ordonne autour du grand axe rectiligne est-ouest formé par les avenues Unter den Linden, du 17-Juni et Bismarck, en passant par le parc du Tiergarten, le poumon vert de Berlin.

À ne pas manquer

L'île des Musées, le château de Charlottenburg, la Galerie de Peintures, la porte de Brandebourg, le Mémorial de l'Holocauste et l'East Side Gallery.

Organiser son temps

Voir le programme en 3 jours présenté p. 20.

En famille

Le musée d'Histoire naturelle, le jardin zoologique, la tour de la Télévision et le musée allemand de la Technique.

Carnet pratique p. 76

Nos adresses p. 78

★★★ Mitte

PLAN P. 36-37

Berlin a reconquis son centre ! Autour de la célèbre allée Unter den Linden (« Sous les tilleuls ») par laquelle les princes-électeurs accédaient à la réserve de chasse du Tiergarten, **Mitte**, le cœur monumental de la ville, est l'objet de toutes les attentions. Véritable livre ouvert sur l'histoire du pays, c'est un kaléidoscope architectural à découvrir à pied.

Attention, les travaux de prolongation du métro U5 font encore de l'avenue Unter den Linden, située derrière la porte de Brandebourg, un chantier à ciel ouvert.

★★ Le Reichstag et le quartier du gouvernement

★★ Reichstag A1

Platz der Republik 1 - ☎ 030 227 321 52 ou 030 227 359 08 - www.bundestag.de - ♿ - visite de la coupole 8h-0h (dernière entrée 21h45) - fermé 24 et 31 déc.

À gauche, le Reichstag.
Meinzahn/iStock

après 16h - visites guidées tlj à 10h30, 13h30, 15h30 et 18h30 - gratuit (y compris l'audioguide). Réserv. obligatoire, par Internet (mini 3 j. à l'avance) ou sur place, au guichet « Anmeldung Kuppel » situé Scheidemannstraße – pièce d'identité obligatoire.

C'est à partir de 1894 que ce palais accueillit les séances de la diète d'Empire (Reichstag), assemblée élue au suffrage universel. Détruit, à l'instigation supposée de Goering, par un incendie le 27 février 1933 puis fortement endommagé par les bombardements alliés en 1945, il se vit amputer en 1954 de sa célèbre coupole. Il fut reconstruit, sans elle, dans les années 1970.

Le 4 octobre 1990 se tint entre ses murs la première séance du Parlement de l'Allemagne réunifiée. C'est l'architecte britannique **Norman Foster** qui conçut la coupole de verre dont l'apesanteur forme un contraste saisissant avec la lourdeur de l'édifice. Elle se dresse sur 12 colonnes et diffuse par un cône renversé revêtu de miroirs la lumière du jour dans la salle plénière du Bundestag. Il est possible de gagner par une rampe longeant les parois de la coupole une **plate-forme panoramique★★**. Le 19 avril 1999, les députés du Bundestag purent tenir leur première séance plénière dans l'enceinte du nouveau Reichstag.

Quittez le Reichstag et prenez l'Ebertstraße, vers la porte de Brandebourg.

★★ Porte de Brandebourg (BRANDENBURGER TOR) A1

Cette porte triomphale constitue l'emblème de Berlin, mais elle fut aussi pendant presque trois décennies le symbole de la division de la ville : le monument faisait partie intégrante du Mur, qui suivait un axe nord-sud vers la Potsdamer Platz. L'architecture de la porte (1789) fut inspirée à **Carl Gotthard Langhans** par les Propylées du Parthénon à Athènes. Six colonnes doriques sont surmontées d'un entablement à l'antique. L'ensemble est couronné par le célèbre quadrige de la Victoire (copie) de **Gottfried Schadow** (1793), déboulonné et apporté à Paris après une campagne napoléonienne et remis à sa place en 1814. Le quadrige a retrouvé, après bien des débats, son aigle et sa croix de fer, attributs guerriers dessinés par Schinkel à la demande du roi Frédéric-Guillaume III.

★★ Mémorial de l'Holocauste (HOLOCAUST-MAHNMAL) A1

Cora-Berliner-Str. 1 - ✆ 030 263 943 30 - www.stiftung-denkmal.de - stèles tlj 24h/24 - centre d'information oct.-mars : 10h-19h ; avr.-sept. : 10h-20h - dernière entrée 45mn av. fermeture - fermé lun., 1er janv., 24-26 déc., 31 déc. - gratuit.

Après plusieurs années de polémiques, un mémorial dédié aux victimes juives d'Europe a enfin vu le jour en 2005, près de la porte de Brandebourg, à 300 m de l'endroit où se trouvait le bunker d'Hitler *(situé près de la Voßstraße)*. L'architecte américain **Peter Eisenman** a édifié un champ de **2 711 stèles** de tailles différentes. Elles reposent sur un sol ondulé qui donne l'impression de s'affaisser par endroits. Pour rejoindre le musée aménagé sous terre, il faut pénétrer dans ce cimetière labyrinthique angoissant.

Le centre d'information retrace la politique d'extermination nationale-socialiste, présente des témoignages de victimes et le destin de 15 familles juives. Dans le hall, une banque de données rassemble les noms des victimes recensées par le mémorial de Yad Vashem en Israël.

Pour rallier la gare de Hambourg depuis le Mémorial de l'Holocauste, prenez le U 55 jusqu'au terminus (gare centrale/Hauptbahnhof) : le musée d'Art contemporain n'est qu'à 5mn à pied de la gare.

★★ Gare de Hambourg (HAMBURGER BAHNHOF) – Musée d'Art contemporain (MUSEUM FÜR GEGENWART BERLIN) HORS PLAN A1

Invalidenstr. 50-51 - ✆ 030 266 42 42 42 - www.smb.museum - tlj sf lun. 10h-18h (jusqu'à 20h jeu.), w.-end 11h-18h - 10 € (14 € avec l'exposition temporaire) - visite guidée gratuite (anglais) le w.-end à 12h.

La plus ancienne gare de voyageurs de Berlin maintenue en état fut construite entre 1845 et 1847. Désaffectée en 1884, puis dotée d'une superbe halle métallique pour accueillir le musée des Transports et du Bâtiment, elle a été rénovée par l'architecte **Josef Paul Kleihues** et constitue, depuis 1996, un vaste musée d'Art contemporain. La grande halle centrale accueille des installations temporaires. Dans les autres espaces (aile Ouest, galeries latérales « Rieckhallen »), vous pourrez voir, au gré des expos, des œuvres de Cy Twombly, Robert Rauschenberg, Roy Lichtenstein, Anselm Kiefer et Joseph Beuys.

★ Musée d'Histoire naturelle (MUSEUM FÜR NATURKUNDE) HORS PLAN A1

Invalidenstr. 43 - ✆ 030 88 914 08591 - www.museumfuernaturkunde.berlin - tlj sf lun. 9h30-18h, w.-end 10h-18h - fermé 24, 25 et 31 déc. - 8 €.

Les enfants l'adorent et vous en croiserez beaucoup dans les allées, fascinés par les restes d'un terrible carnivore qui vivait il y a 68 millions d'années : le **Tyrannosaure rex**. L'autre vedette incontestée du musée est le squelette de **Brachiosaure**, un herbivore haut comme un immeuble de quatre étages et aussi lourd que dix éléphants. La **Nass-Sammlung★**, une hallucinante collection d'animaux conservés dans le formol, remporte aussi un certain succès : sur 12 km d'étagères sont alignés 276 000 bocaux. Frisson garanti !

Futurium HORS PLAN A1

Alexanderufer 2 - ✆ 030 40 818 9777 - www.futurium.de - 10h-18h (jeu. 20h) - gratuit.

Édifiée (2019) par les architectes Richter & Musikowski, la Maison du Futur – « des futurs », devrait-on dire, car il y a plusieurs scénarios possibles ! – propose une stimulante réflexion sur l'avenir de l'Homme et de la Planète. Alimentation, recyclage, nouvelles formes d'énergie... : tous les aspects sont abordés de manière très pédagogique sur 3 200 m², à grand renfort de technologie, d'impressions 3D et de réalité virtuelle. La section consacrée à l'habitat et aux matériaux de demain – tels ces champignons transformés en faux cuir, emballages et cloisons – est de loin la plus fascinante. Jolie vue depuis le toit.

1

★★ Unter den linden et Gendarmenmarkt PLAN P. 36-37

★★ Avenue Unter den Linden ABC1

Les bus 100 et 200 empruntent l'avenue sur toute sa longueur (1,4 km !). Profitez-en si la fatigue se fait sentir.

La célèbre avenue « Sous les tilleuls », tracée par le Grand Électeur Frédéric-Guillaume en 1647, est bordée par l'imposante **ambassade de Russie**, construite entre 1949 et 1953 pour servir de siège aux diplomates de l'URSS alors tout-puissants. À partir de la Friedrichstraße, l'avenue aligne des monuments des 17e et 19e s. Les tilleuls qui ombrageaient Unter den Linden à l'origine ont été abattus en 1658. Quatre rangées furent replantées en 1820.

★★ Forum Fridericianum (BEBELPLATZ) C1

Le forum Fridericianum (également appelé Friedrichsforum ou Lindenforum), conçu par Knobelsdorff sous Frédéric II, se voulait une vitrine de la monarchie prussienne. Le site devait comporter un opéra, un bâtiment destiné à l'Académie des sciences et un château. Seul l'opéra fut construit, le roi étant de plus en plus attiré par la ville résidentielle de Potsdam *(voir p. 82)*. Une bibliothèque fut édifiée à la place de l'Académie des sciences, et le château fut remplacé par un palais pour le frère du roi. Au 19e s., le forum fut complété par un palais impérial et un bâtiment de la Dresdner Bank. Au 20e s., l'opéra fut agrandi et la banque surélevée de plusieurs étages. Ces travaux, qui rompaient l'équilibre de l'ensemble, provoquèrent une levée de boucliers, certains y voyant une injure à « la dignité architecturale de la plus grande place de Berlin ». En 1994, Micha Ullman réalisa la

Versunkene Bibliothek (« bibliothèque engloutie ») sur le trajet du tramway qui passait autrefois sous la place. Cette salle aux étagères vides, que l'on peut observer derrière des vitres, commémore l'autodafé de la Bebelplatz du 10 mai 1933.

★ **Ancienne Bibliothèque (Alte Bibliothek)** – *Bebelplatz*. Conçue par Georg Christian Unger dans le style baroque viennois, l'ancienne bibliothèque royale fut inaugurée en 1780.

★ **Cathédrale Ste-Edwige (St-Hedwigs-Kathedrale)** – *Bebelplatz - fermée pour travaux*. La construction de cette église catholique a commencé en 1743 pour s'achever en 1773, selon les plans de Georg Wenzeslaus von Knobelsdorff, qui s'est fortement inspiré du Panthéon de Rome, et sous la direction de Jan Bouman.

Frédéric II venant de conquérir la Silésie, elle fut dédiée à sainte Edwige, la patronne de cette province. L'édifice, en grande partie reconstruit entre 1952 et 1963, se distingue par sa large **coupole** et son **fronton sculpté** de scènes bibliques. Une des chapelles de l'église inférieure abrite la tombe du prêtre de la cathédrale, Bernhard Lichtenberg, mort lors de son transport à Dachau en 1943 après avoir protesté contre les persécutions des Juifs.

★ **Opéra d'État Unter den Linden (Staatsoper Unter den Linden)** – *En face de Ste-Edwige - billetterie : ✆ 20 35 45 55 - staatsoper-berlin.de - tlj de 12h à 1h avant le début de la représentation - places 20/275 € - visite guidée de l'Opéra (1h30) en allemand ou en anglais : 15 €.* L'opéra national, bâti par Knobelsdorff de 1740 à 1743, fut la proie des flammes en 1843. Langhans le reconstruisit en respectant le plan original. À nouveau détruit pendant la Seconde Guerre mondiale, il a été rebâti de 1951 à 1955 par Richard Paulick dans un esprit historique.

Université Humboldt – *Sur Unter den Linden, en face de l'opéra.* L'ancien palais du frère de Frédéric II, le prince Henri, fut bâti en 1753 par Jan Bouman l'Ancien et transformé en université en 1810. La statue de l'un de ses fondateurs, Wilhelm von Humboldt, est placée à gauche de l'entrée, face à celle de son frère, le géographe Alexander von Humboldt. L'université, qui compte aujourd'hui 43 700 étudiants, a accueilli des noms prestigieux, dont 29 prix Nobel. Fichte en fut le premier recteur; Hegel, Einstein et Planck y enseignèrent; Heine et Marx y firent une partie de leurs études. Au milieu de l'avenue, statue équestre de Frédéric le Grand, réalisée par Christian Daniel Rauch entre 1840 et 1851.

Poursuivez sur l'avenue Unter den Linden.

Nouveau Corps de garde (NEUE WACHE) C1

Unter den Linden 4 - 10h-18h - gratuit.

Ce petit monument de proportions parfaites dû à Schinkel (1818) se présente comme un temple à colonnades doriques, bloqué entre deux piles massives. Il est devenu en 1966 le monument « aux victimes du fascisme et du militarisme ». À l'intérieur, au milieu d'un vide saisissant, une reproduction agrandie de la sculpture de Käthe Kollwitz : *Mère avec son fils mort* (1937-1939).

★★ Musée de l'Histoire allemande
(DEUTSCHES HISTORISCHES MUSEUM) C1

Unter den Linden 2 - ✆ 030 20 30 40 - www.dhm.de - ♿ - 10h-18h - fermé 24 déc. - 8 €, audioguide en français 3 €, visites guidées (1h, en anglais) de la coll. permanente sam. 13h (4 €).

Le « DHM » occupe l'ancien Arsenal *(Zeughaus)* de Prusse, un majestueux monument baroque, orné de sculptures et peint en rose pâle, à la construction duquel ont participé, entre 1695 et 1706, les plus grands architectes de l'époque, dont **Andreas Schlüter**, auteur des 22 **mascarons★** de la cour intérieure, représentant des visages de guerriers agonisants.

L'exposition permanente retrace les périodes clés de l'histoire allemande, des grandes invasions à l'époque contemporaine à travers des œuvres extrêmement variées : on y verra aussi bien un portrait de Martin Luther peint par Lucas Cranach (1529) qu'une tente ottomane du 17e s. et du mobilier de style Biedermeier

Une longue présence française

En 1685, lors de la révocation de l'édit de Nantes par Louis XIV, le Grand Électeur Frédéric-Guillaume de Brandebourg répond par l'**édit de Potsdam**, qui vise à attirer les calvinistes français. Une vaste campagne est menée en France et à Francfort, où transitent 100 000 huguenots en 20 ans. Ils sont 15 000 en Brandebourg, 6 000 à Berlin (le quart de la population), qui assurent le développement de **Friedrichstadt** (autour de l'actuel Gendarmenmarkt). Jusqu'au 19e s., la communauté française bénéficie de sa propre organisation ecclésiastique et juridique. Son influence se manifeste dans des domaines variés : une cinquantaine de corps de métier, essor de l'industrie textile, ouverture des premières hôtelleries, acclimatation de fruits et légumes, nouvelles danses (cotillon, gavotte, menuet)... Elle a aussi laissé son empreinte dans le parler local : le *Berliner Jargon* est truffé de mots dérivés du français !

Gendarmenmarkt.
J. Arnold Images/hemis.fr

(1815). À noter, dans la section 5.4, le Kaiser-Panorama, dispositif conçu en 1883 par le physicien August Fuhrmann pour permettre à des spectateurs de visionner 25 vues stéréoscopiques. Une toile à ne pas manquer dans la section 5.5.1 : *La Grève* (*Der Streik*, 1886) de Robert Koehler, qui fut l'une des premières icônes du mouvement ouvrier. Les salles consacrées au régime nazi sont de loin les plus marquantes.
L'extension sur le versant nord est destinée aux expositions temporaires. Sa réalisation a été confiée en 1992 à l'architecte sino-américain I. M. Pei, auteur de la Pyramide du Louvre à Paris.

★ Église de Friedrichswerder (FRIEDRICHSWERDERSCHE KIRCHE) C1

Werderscher Markt - www.smb.museum - ♿ - réouv. prévue en 2021.
Cette impressionnante église en brique fut construite entre 1824 et 1830 d'après un projet de l'architecte Karl Friedrich Schinkel. Elle abrite le **musée Schinkel★** *(Schinkelmuseum)*, consacré à l'œuvre de cet architecte talentueux, qui a façonné la ville comme nul autre.
Du Werderscher Markt, empruntez au sud la Kurstraße pour tourner à droite dans la Jägerstraße.

★★ Gendarmenmarkt C1-2

Cette place est sans aucun doute l'une des plus belles de Berlin. Son nom vient du régiment « Gens d'Armes » du roi Frédéric-Guillaume Ier, dont les écuries se trouvaient ici autrefois. Le Schauspielhaus, élégant théâtre édifié par Schinkel en 1821, est encadré au sud par la **cathédrale allemande★** *(Deutscher Dom - Gendarmenmarkt 1 - ✆ 030 22 73 04 31 - tlj sf lun. 10h-18h (19h mai-sept.) - gratuit)*, au nord par la **cathédrale française★** *(Französischer Dom - Gendarmenmarkt 5 - ✆ 030 20 67 46 90 - www.franzoesischer-dom.de - en cours de restauration)*. Ces deux églises du début du 18e s. ont été dotées de coupoles par Karl Gontard sous le règne de Frédéric le Grand. La cathédrale allemande abrite une exposition temporaire sur l'histoire de la démocratie parlementaire *(« Wege, Irrwege,*

Berlin d'hier et d'aujourd'hui

La capitale allemande tire son origine de deux bourgades de pêcheurs qui apparaissent dans l'histoire au 13e s., Cölln et Berlin. Berlin capitale sera une création politique des Hohenzollern, électeurs de Brandebourg.

Le Grand Électeur (1640-1688)

Frédéric-Guillaume de Brandebourg, qui hérite de la couronne de Brandebourg en 1640, trouve Berlin à moitié abandonnée à la fin de la guerre de Trente Ans. Il fait aménager les quais de la Spree et promulgue des ordonnances, visant à faire de Berlin une ville salubre et policée. L'ouverture d'un canal reliant la Spree à l'Oder stimule l'activité commerciale. Mais surtout, il ouvre les portes de Berlin aux huguenots français après la révocation de l'édit de Nantes *(voir encadré p. 38)*.

Berlin au temps des rois

Le premier roi de Prusse, Frédéric Ier, fait édifier, pour son épouse Sophie-Charlotte, le château de Charlottenburg. Il confie les travaux à un architecte et sculpteur de génie, Andreas Schlüter (vers 1660-1714), qui travaille surtout au Palais royal et à l'Arsenal. Son successeur, **Frédéric-Guillaume Ier** (1713-1740), est connu, dans l'histoire, sous le nom de **Roi-Sergent** en raison de son goût pour une gestion pointilleuse des affaires et de sa politique de recrutement systématique, base de la force militaire prussienne. Il s'intéresse moins aux embellissements qu'à l'agrandissement de Berlin. À l'extérieur des anciens bastions, il fait tracer la nouvelle ville de Friedrichstadt. Des mesures draconiennes accélèrent le lotissement de ce quartier percé de grandes artères, telles que la Leipziger Straße, la rue la plus animée du Berlin d'avant-guerre, la Friedrichstraße et la Wilhelmstraße (actuelle Toleranzstraße) où se concentraient les ministères et palais officiels du Reich.
Frédéric II le Grand (1740-1786) poursuit cet effort, donnant à l'avenue Unter den Linden et au Forum Fridericianum *(Bebelplatz)* leur ordonnance monumentale. Il fait appel aux talents de Knobelsdorff (1699-1753), architecte autant inspiré par la tradition du rococo (Sans-Souci) que par des réminiscences antiques (opéra). Le néoclassicisme triomphe ensuite à Berlin jusque vers 1835. La ville s'enrichit notamment alors de la porte de Brandebourg (1789) et de la *Neue Wache* (Nouveau Corps de Garde, 1818).

Berlin au 19e s.

La ville s'engage dans l'ère industrielle, sous l'impulsion de grands patrons comme August Borsig, « le roi de la locomotive », Werner von Siemens (1816-1892), chef de file de l'électrotechnique, Emil Rathenau, fondateur de AEG. Les espaces verts se multiplient sous la poussée des quartiers résidentiels à l'ouest. En 1871, Berlin devient métropole de l'Empire et approche le million d'habitants.

Les années 1920 : Berlin, capitale culturelle de l'europe

Malgré les secousses qui ébranlent l'Allemagne, les années 1920 sont pour Berlin une période exaltante, surtout dans le domaine intellectuel et artistique. Les films d'Ernst Lubitsch, Fritz Lang, Carl Mayer, tournés avec des acteurs comme Emil Jannings ou Marlene Dietrich (*L'Ange bleu, Jeunes filles en uniforme*, etc.)

recueillent un succès international. L'art théâtral, renouvelé par Max Reinhardt (1873-1943), brille de tous ses feux. C'est aussi l'âge d'or du cabaret, scène indépendante qui mêle humour, critique acerbe du système et grotesque. L'avènement du régime hitlérien brise cet élan artistique. En février 1945, Berlin se voit octroyer par la conférence de Yalta un statut spécial stipulant que chaque puissance disposera de son propre secteur d'occupation à l'intérieur de la ville. Du 21 avril au 3 mai, la capitale allemande est le théâtre des ultimes combats entre l'Armée rouge et l'armée allemande.

Du Berlin divisé au Berlin réuni

Après la capitulation de l'Allemagne signée à Berlin le 8 mai 1945, les quatre puissances victorieuses (États-Unis, URSS, France et Grande-Bretagne) prennent en main l'administration du Grand Berlin. Mais la tension ne cesse de croître entre les puissances occidentales et Moscou. Première étape sur le chemin de la rupture : le blocus terrestre de Berlin, instauré par les autorités soviétiques après l'introduction, par les Occidentaux, d'une nouvelle monnaie, le Deutsche Mark. Pour contourner ce blocus et ravitailler les Berlinois, les Américains mettent en place un « pont aérien » (juin 1948-mai 1949). Quelques mois plus tard (7 octobre 1949) est proclamée, côté Est, une République démocratique allemande (RDA) dont l'autoritarisme pousse de nombreux citoyens à se réfugier à l'Ouest. Pour endiguer cet exode, les autorités de la RDA interdisent tout passage entre les deux Berlin (13 août 1961). Peu après débute l'édification du Mur, matérialisant le pointillé qui délimitait sur la carte le secteur soviétique. Désormais, de part et d'autre d'un mur de béton de 160 km de long et de 4 m de haut, les deux parties de la ville se développent suivant des modèles idéologiques opposés. Vingt-huit ans plus tard, en 1989, facilités par la suppression de la clôture frontalière entre la Hongrie et l'Autriche, les départs des Allemands de l'Est sont de plus en plus nombreux. Le 9 novembre, **Günther Schabowski**, membre du bureau politique du Parti socialiste unifié d'Allemagne (SED), annonce une réglementation plus souple pour les voyages à l'étranger, ce qui met fin à la fracture entre Est et Ouest.

Berlin aujourd'hui

Après l'allégresse des débuts, l'effervescence est retombée. Berlin continue néanmoins de se renouveler. La volonté politique d'effacer le passé communiste a conduit à la destruction entre 2006 et 2008 du palais de la République *(Palast der Republik)*, symbole de l'ex-RDA bâti dans la partie sud de l'île des Musées. Les autorités ont entrepris de reconstruire à son emplacement le château de Berlin *(Berliner Schloss)* qui s'élevait là du 15e s. aux années 1960. Il a été inauguré fin 2020.
Les quartiers jadis délaissés, en particulier ceux de l'ex-Berlin-Est, à l'instar de Prenzlauer Berg et Friedrichshain, sont aujourd'hui à la mode, entraînant une hausse des loyers et la migration des populations les plus pauvres vers les quartiers périphériques. Ces mutations provoquent de vives inquiétudes chez les Berlinois. La fermeture de plusieurs lieux culturels le long de la Spree pour laisser place au grand projet immobilier Mediaspree (zone de bureaux destinée aux grandes entreprises) entraîne de nombreuses manifestations de protestation.
Les Berlinois craignent de voir disparaître le Berlin alternatif au coût de la vie modeste de l'après-réunification. Les quartiers émergents aux loyers encore modérés sont Neukölln et Wedding.

Umwege »), la cathédrale française accueille le **Hugenottenmuseum**, le musée des Huguenots *(✆ 030 229 17 60 - fermé pour rénovation - lire encadré)*.

★★ **Konzerthaus** – *Gendarmenmarkt 2 - ✆ 030 20 309 23 33 - www.konzerthaus.de - visites guidées en allemand et en anglais (en général sam. 13h) - 3 €.* Ce théâtre fut construit en 1821 par Karl Friedrich Schinkel, qui s'inspira fortement de l'Antiquité grecque, ce dont témoigne le portique s'appuyant sur six colonnes. C'est ici que fut célébrée en 1821 la première du *Freischütz* de Carl Maria von Weber. L'édifice, détruit pendant la Seconde Guerre mondiale, a été reconstruit dans les années 1980 dans l'esprit de l'architecture classique. Les salles de concert sont d'une splendeur éblouissante.

Le monument à Schiller élevé devant l'escalier d'honneur du *Konzerthaus* est une œuvre de l'artiste berlinois Reinhold Begas, réalisée en 1869.

★ Friedrichstadtpassagen B2

Friedrichstraße 67-76. Boutiques chic, bureaux aux loyers prohibitifs, traiteurs... rien ne semble trop beau pour l'ancienne « rue de la soif » d'avant-guerre qui affiche aujourd'hui un luxe ostentatoire. Un investissement de 2,6 milliards d'euros, dont presque la moitié dans les trois « Quartiere », trois blocs d'immeubles reliés les uns aux autres et situés entre la Französische Straße et la Mohrenstraße.

L'immeuble en verre des **Galeries Lafayette★** *(Quartier 207, Friedrichstraße à l'angle de la Französische Straße)*, conçu par **Jean Nouvel**, est fréquenté par le Tout-Berlin. Son élément le plus spectaculaire réside dans le cône géant recouvert de miroirs qui captent puissamment la lumière.

★ Palais des Larmes (TRÄNENPALAST) HORS PLAN B1

Reichstagufer 17 - ✆ 030 46 77 77 911 - www.hdg.de - tlj sf lun. 9h-19h, w.-end 10h-18h - gratuit. Aujourd'hui classé monument historique, cet élégant pavillon de verre et d'acier, que l'on surnommait **Tränenpalast** – le « Palais des larmes » – fut de 1962 à 1990 le poste-frontière ferroviaire entre la RDA et Berlin-Ouest. La transparence de l'architecture, signée Horst Lüderitz, n'était qu'un leurre : à l'intérieur, l'atmosphère était tout autre ! C'est ici qu'avaient lieu les derniers adieux, ici que les policiers est-allemands *(Vopos)* tatillons et vociférants contrôlaient les passeports, ici que les services secrets interrogeaient des heures durant les voyageurs. Deux cents personnes ont trouvé la mort dans cette douane. Il a fallu attendre le 2 juillet 1990 pour que les trains passent de nouveau sans contrôle à la gare de Friedrichstraße.

★ Alexanderplatz et le quartier Saint-Nicolas PLAN P. 46-47

★ Alexanderplatz C1

Elle doit son nom à la visite que fit à Berlin le tsar Alexandre en 1805. Important carrefour de transports en commun où convergent U-Bahn, tram et S-Bahn, et vaste centre commercial, elle est le cœur de la vie urbaine de la partie orientale de Berlin. Entièrement détruite lors de la Seconde Guerre mondiale, « l'Alex », comme l'appellent les Berlinois, a été reconstruite dans le style austère de l'architecture socialiste. L'**église de la Ste-Vierge** *(Marienkirche, 10h-18h, 16h en hiver)*, de la fin du 14e s., conserve une fresque du 15e s. (Danse macabre) et une chaire baroque de Schlüter (1703).

L'église paraît bien frêle face à la vertigineuse **tour de Télévision★** *(Fernsehturm, C1)*, haute de 368 m. Sa sphère abrite un restaurant tournant, un bar et une plate-forme panoramique *(Panoramastr. 1a - www.tv-turm.de - mars-oct. : 9h-0h ; nov.-fév. : 10h-0h - 17,50 € ; 22,50 € le billet coupe-file)*.

Alexanderplatz.
Nikada/iStock

1

Au sud de la place, l'**hôtel de ville rouge★** *(Rotes Rathaus)*, construit entièrement en brique de 1861 à 1869, possède une tour haute de 97 m.
Tournez à gauche juste après l'hôtel de ville et prenez la première rue à droite.

Quartier St-Nicolas (NIKOLAIVIERTEL) C2

Il s'étend entre l'hôtel de ville et la Spree, la Rathausstraße et le Mühlendamm. Ses maisons reconstruites à l'ancienne, ses ruelles pavées et ses estaminets lui donnent une allure provinciale que vient renforcer la vision des deux clochers néogothiques de **St-Nicolas★** *(Nikolaikirche)*, la plus ancienne église de Berlin encore existante. Basilique romane, au chœur gothique (1379), elle fut transformée en église-halle gothique en brique après le grand incendie qui ravagea la ville en 1380. Elle abrite une **exposition permanente** *(10h-18h - 5 €, gratuit 1er merc. du mois)* sur sa propre histoire, ses bienfaiteurs ou ceux qui y sont enterrés. À l'intérieur, somptueux monuments funéraires, peintures et sculptures d'art religieux de l'époque gothique jusqu'au 18e s.
À voir aussi dans le quartier, la **maison Knoblauch★** et le **palais Ephraim★** tous deux propriété du musée de la Ville :
★ **Maison Knoblauch (Knoblauchhaus)** – *Poststr. 23 - ✆ 030 240 021 62 - www.stadtmuseum.de - tlj sf lun. 10h-18h - gratuit, obole bienvenue.* Élégant édifice rose pâle du 18e s. modifié dans le style néoclassique au 19e s., elle a été aménagée en musée. L'occasion de voir de près un **intérieur Biedermeier**, un style en vogue entre 1815 et 1848, qui privilégiait des meubles à l'élégance discrète, regroupés par « îlots d'activité » : broderie, lecture, musique…
★ **Palais Ephraim (Ephraim-Palais)** – *Poststr. 16 - ✆ 030 240 021 62 - www.stadtmuseum.de - ♿ - réouv. prévue en 2021.* Il fut bâti (1762-1766) pour le joaillier de la Cour et directeur de la Monnaie **Veitel Heine Ephraim**, l'un des rares Juifs à avoir exercé une fonction importante au temps de Frédéric le Grand. Démoli en 1936 pour permettre l'élargissement du Mühlendamm, il a été entièrement reconstruit en 1987 à 12 m de son emplacement d'origine. Aujourd'hui, il accueille diverses expositions temporaires sur l'histoire culturelle de Berlin.

Trésors égyptiens à Berlin

Les tribulations des trésors égyptiens

La collection d'antiquités égyptiennes de Berlin compte parmi les plus fascinantes et les plus célèbres au monde. Créée dès 1828 à l'instigation du célèbre explorateur Alexander von Humboldt, elle fut exposée à partir de 1850 dans le Nouveau Musée. De nombreuses pièces furent détruites pendant la Seconde Guerre mondiale et la division de Berlin entraîna le partage des collections entre le pavillon Stüler à Charlottenburg, dans la partie ouest, et le musée Bode de l'île des Musées, dans la partie est. La réunification mit fin à cette dispersion. Toutefois, il fallut attendre 2009 pour que l'intégralité des collections égyptiennes soit visible. D'abord dans l'Ancien Musée, puis à leur emplacement d'origine dans le Nouveau Musée. Les œuvres monumentales (sphinx et statues) sont exposées au musée de Pergame.

Chefs-d'œuvre égyptiens de l'époque d'Amarna

Les pièces datant de l'époque du pharaon Akhénaton (v. 1353 et 1336 av. J.-C.) constituent le fleuron de la collection du Nouveau Musée. Elles ont été exhumées à **Tell-el-Amarna**, la capitale d'**Aménophis IV-Akhénaton**, par la Deutsche-Orient-Gesellschaft (Société allemande d'Orient), qui fouilla le site de 1911 à 1914. Elle y dégagea des maisons privées, qui ont livré de précieuses informations sur la vie quotidienne, ainsi que l'atelier du sculpteur Thoutmès, riche en découvertes. Deux reliefs (1360 av. J.-C.) représentent Aménophis III, le père d'Akhénaton, coiffé du diadème et de la couronne. L'art du portrait atteint un sommet avec celui de la **reine Tiyi★★** (en allemand *Teje* ; vers 1355 av. J.-C.), épouse royale d'Aménophis III, sculpté dans du bois d'if. Se détachent également les représentations de la **famille royale d'Akhénaton★★**, portraits et reliefs d'Akhénaton, Néfertiti, Toutankhamon, de ce style « impressionniste » si caractéristique. Le célèbre **buste de la reine Néfertiti★★★**, épouse d'Akhénaton, fait partie de la collection. Il n'avait jamais quitté l'atelier du sculpteur Thoutmès avant sa découverte en 1912. Il servait de modèle pour les futures effigies de la reine (ce qui explique qu'un seul œil ait été incrusté).

Le buste de Nefertiti, exposé au Neues Museum.
F. Guiziou/hemis.fr

★ **Musée de la Marche de Brandebourg** (MÄRKISCHES MUSEUM) D2

Am Köllnischen Park 5 - ✆ 030 240 021 62 - www.stadtmuseum.de - ♿ - tlj sf lun. 10h-18h - 5 €, gratuit 1er merc. du mois - en travaux à partir de 2023.

Édifié (1899-1908) par Ludwig Hoffmann autour de deux cours intérieures, ce pittoresque musée prendra après 2023 le nom de « Berlin Museum ». Ses deux étages sont une invitation à découvrir la ville, du Ku'damm à la Stalinallee. À voir : le salon de coiffure à lambris d'acajou et lavabos de marbre vert, réalisé par Henry van de Velde au n° 7 de la Mittelstraße (il a fonctionné jusqu'en 1940).

★★★ L'île des musées (MUSEUMSINSEL) PLAN P. 46-47

La pointe septentrionale de l'île de la Spree offre une extraordinaire concentration de musées, à l'architecture inspirée, qui constituent à eux cinq l'une des plus riches collections d'œuvres d'art au monde. L'Unesco a d'ailleurs inscrit ce site exceptionnel au Patrimoine mondial de l'humanité. Un vaste travail de restauration est en cours et devrait s'achever en 2025 : on pourra alors découvrir la quatrième aile du Pergamonmuseum.

★ **Ancien Musée** (ALTES MUSEUM) B1

Am Lustgarten. ✆ 030 266 42 42 42 - www.smb.museum - ♿ - tlj sf lun. 10h-18h (jeu. 20h) - 10 € (18 € le billet combiné avec les autres musées de l'île).

On le nomme « Altes Museum » parce qu'il fut le tout premier musée public de Berlin (1824-1830). Il abrite aujourd'hui des **collections archéologiques**, des œuvres de l'**Antiquité grecque** et du monde romain, de petit format pour la plupart (les collections égyptiennes et les œuvres de grandes dimensions ayant été transférées au Neues Museum - *voir ci-après*).

Du bâtiment lui-même, chef-d'œuvre néoclassique de Karl Friedrich Schinkel (1825-1830), on retiendra surtout le portique de la façade principale (hauteur : 87 m) soutenu par 18 colonnes ioniennes, et la coupole, à l'intérieur, décorée de fresques. Le tout fut très endommagé durant la guerre mais reconstruit avec soin entre 1958 et 1966.

Le premier niveau offre en 12 salles un tour complet des arts dans la **Grèce antique**, depuis les modestes figurines en terre cuite de Rhodes (8e s. av. J.-C.) jusqu'aux statues de l'hellénisme triomphant (1er s. av. J.-C.). L'**art étrusque**, autre point fort du musée, est exposé au deuxième niveau *(ouv. à partir de 11h)*, aux côtés des collections romaines. À ne pas manquer : les portraits funéraires peints, durant la période romaine, dans la région du Fayoum (Égypte).

★★★ **Musée de Pergame** (PERGAMONMUSEUM) A1

Bodestraße 1-3 (accès par la James-Simon-Galerie). ✆ 030 266 42 42 42 - www.smb.museum - ♿ - 10h-18h (jeu. 20h) - 12 € (18 € le billet combiné avec les autres musées de l'île ; 19 € avec la visite du Pergamon-Panorama). L'aile nord est fermée pour rénovation, ainsi que la salle du Pergamonaltar (jusqu'en 2025).

Édifié entre 1909 et 1930, d'après les plans d'Alfred Messel et sous la direction de Ludwig Hoffmann, le musée de Pergame est le plus récent de l'île. Très renommé pour ses reconstructions monumentales, il est divisé en trois départements.

★★ **Musée des Antiquités proche-orientales (Vorder asiatisches Museum)** – Ses deux joyaux sont la sublime **porte d'Ishtar**★★★ – l'une des huit portes de la cité de Babylone – et la spectaculaire **voie processionnelle de Babylone**★★★, qui remontent toutes deux au règne de Nabuchodonosor II (605-562 av. J.-C.). La première est décorée de dragons et de taureaux ; la seconde de lions, animaux sacrés de la déesse Ishtar.

1

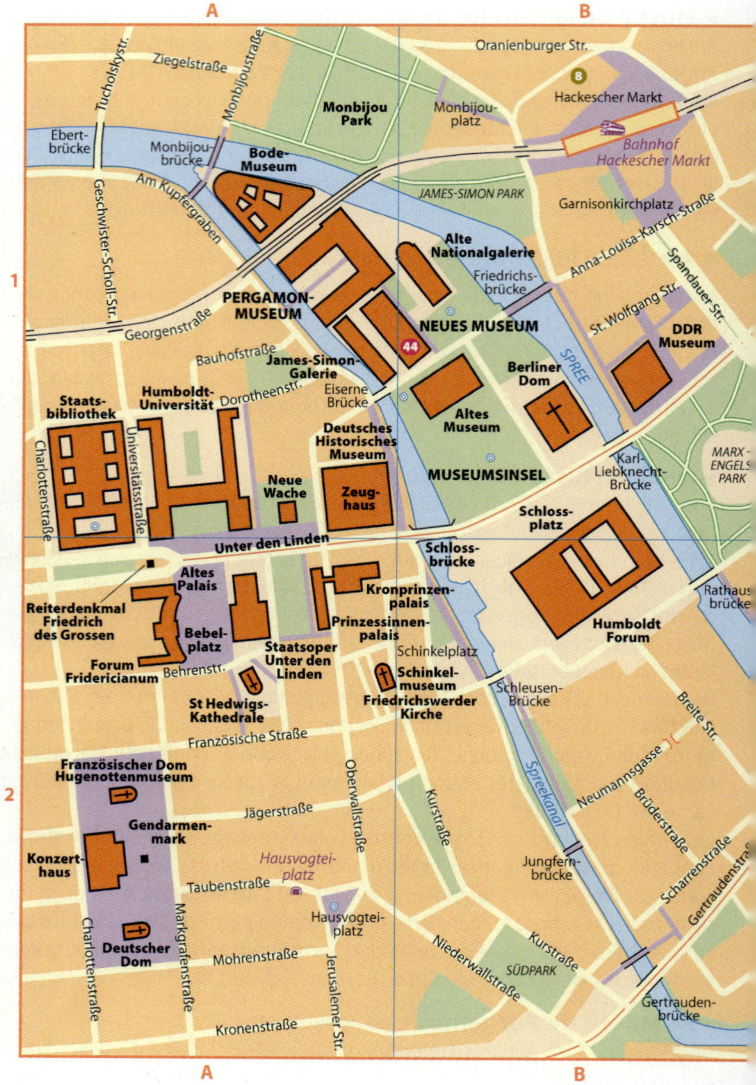

★★★ **Collection des Antiquités (Antikensammlung)** – **Autel de Pergame**★★★, chef-d'œuvre de l'art hellénistique dédié à Zeus (2e s. av. J.-C., *en cours de restauration*) ; **porte du marché de Milet**★★, richement ouvragée (2e s. apr. J.-C.) ; sculptures grecques et romaines. Pendant la durée des travaux, d'autres pièces sont présentées dans le ★**Pergamon-Panorama** *(Am Kupfergraben 1-3, billet combiné avec celui du musée)*, au côté d'un spectaculaire panorama de l'antique cité de Pergame, peint par Yadegar Asisi.

★★ **Musée d'Art islamique (Museum für Islamische Kunst)** – À ne pas manquer : la façade du **palais omeyyade de Mshatta**★★ (Jordanie, 8e s.) et le décor de la « **chambre d'Alep**★★ » (Syrie, 1603) : ses panneaux de cèdre et noisetier peints

de motifs chrétiens sont les plus anciens spécimens de ce type. Voyez aussi le décor du palais de **l'Alhambra** (Grenade) : une **coupole**★ en bois, achetée en 1891 par le banquier et mécène allemand Arthur von Gwinner.

★★★ Nouveau Musée (NEUES MUSEUM) AB1

Bodestraße 1-3 (accès possible par la James-Simon-Galerie) - ✆ 030 266 42 42 42 - www.smb.museum - ♿ - tlj 10h-18h (jeu. 20h) - 12 € (18 € le billet combiné avec les autres musées de l'île), audioguide gratuit. Attention : en cas d'affluence, vous avez 30mn pour entrer dans le musée après achat du billet. Une fois à l'intérieur, vous pouvez rester aussi longtemps que vous le souhaitez.

1

Peu après l'inauguration de l'Ancien Musée, on décida de confier à **Friedrich August Stüler** (1800-1865) la construction d'un autre édifice : le Nouveau Musée, réalisé dans un style classique élégant entre 1843 et 1855. Fortement endommagé pendant la guerre, le bâtiment est resté dans un état de ruine avancé sous la RDA. Après une rénovation complète, il a rouvert en 2009.
L'édifice présente autant d'intérêt que les collections qu'il abrite. Le cabinet David Chipperfield a conservé tout ce qui pouvait l'être du bâtiment originel et l'a complété par une structure moderne dépouillée et discrète. Le hall du grand escalier, où subsiste un portique de quatre colonnes, est spectaculaire.
Deux collections, principalement, y sont réunies : le **Musée égyptien** et le **musée de la Préhistoire**. Elles entraînent le visiteur dans un voyage original à travers le temps. Les salles s'organisent de part et d'autre de l'escalier central sur quatre niveaux. Commencez par le sous-sol. Principaux centres d'intérêt : la très réaliste « **Tête verte de Berlin** »★★ (vers 300 av. J.-C.) considérée comme l'un des chefs-d'œuvre les plus accomplis de l'époque égyptienne tardive, les **découvertes d'Amarna**★★★ *(voir p. 44)* et la salle dédiée au **Chapeau d'or**★ *(Goldhut)* un « chapeau » conique de 74 cm de hauteur, tout en feuilles d'or ornées de symboles dont le décryptage est encore en cours – on pense qu'ils composeraient un calendrier permettant de calculer les périodes de la Lune au cours d'une année solaire. C'est le mieux préservé des quatre « chapeaux rituels » découverts à ce jour.

★★ Musée Bode (BODE-MUSEUM) A1

Monbijou Brücke - ✆ 030 266 42 42 42 - www.smb.museum - ♿ - tlj sf lun. 10h-18h (jeu. 20h) - 10 € (18 € le billet combiné avec les autres musées de l'île).
L'édifice semble surgir fièrement de l'eau à la pointe de l'île des Musées avec, à l'avant, semblable à la proue délicatement arrondie d'un navire, 7 superbes voûtes. En dépit d'un emplacement peu favorable, l'architecte de la cour, **Ernst von Ihne** (1848-1917), a su exploiter avec talent l'asymétrie du site. Le corps principal est constitué de colonnes et de pilastres surplombés d'une balustrade ornée de personnages et d'une coupole en cuivre. Avec une désinvolture tout impériale, le bâtiment tourne le dos aux autres musées. Autrefois appelé Kaiser-Friedrich-Museum, ce musée fut, après sa reconstruction dans les années 1950, renommé « Bode-Museum », du nom du premier directeur des Musées royaux.
À l'issue d'une longue restauration, le musée a rouvert ses portes en octobre 2006. Deux mille œuvres d'art, de l'Antiquité au début du 19e s., ont trouvé leur place dans les 66 salles d'exposition, qui accueillent désormais 150 tableaux de **maîtres anciens**, une prestigieuse **collection de sculptures** *(Skulpturensammlung)*, le **musée d'Art byzantin** *(Museum für Byzantinische Kunst)* et un riche **Cabinet de monnaies** *(Münzkabinett)*. À ne pas manquer : les mosaïques détachées de Ravenne (545), les retables sculptés de la salle 107 et les marbres de Giovanni Baratta (1670-1747), ainsi que la salle 261 qui transporte le visiteur dans un palais de Vénétie : son décor de fresques mythologiques en grisaille est l'œuvre (1754) de Giandomenico Tiepolo, fils de l'illustre Giambattista.

★★ Ancienne Galerie nationale (ALTE NATIONALGALERIE) B1

Bodestr. 1-3 - ✆ 030 266 42 42 42 - www.smb.museum - ♿ - tlj sf lun. 10h-18h (jeu. 20h) - 10 € (18 € le billet combiné avec les autres musées de l'île).

Le Bode Museum, sur l'île des Musées.
turtix/iStock

Édifiée (1862-1876) par Friedrich August Stüler, élève de Schinkel, l'Ancienne Galerie nationale réunit des peintures et sculptures du 19e s. Afin de suivre un parcours chronologique, commencez la visite par le 3e étage.

3e étage – Entre autres œuvres majeures, admirez les fresques de la **Casa Bartholdy★★** de Peter Cornelius (1816-1817), en salle 3.02 ; les **tableaux★★** de l'architecte **Karl Friedrich Schinkel**, qui était aussi un peintre de talent, en salle 3.05 (sa vue panoramique de l'île de Rügen, dans la lumière d'un soir d'automne, est un petit bijou) ; **Moine au bord de la mer★★**, de Caspar David Friedrich (sans doute la plus célèbre de toutes les toiles de ce maître du romantisme allemand conservées à la Galerie nationale, salle 3.06) ; les **peintures★** de l'artiste berlinois **Carl Blechen** (salles 3.07 et 3.08) et enfin les œuvres d'Eduard Gärtner (salle 3.10), qui vouait une passion à sa ville, Berlin. Il est intéressant de comparer ses **vues de Berlin★★**, extrêmement détaillées, à la ville d'aujourd'hui.

2e étage – Dans la salle consacrée aux impressionnistes français (salle 2.03), vous pourrez admirer **Le Jardin d'hiver★★** (1878-1879) d'Édouard Manet ; **Été★★** (1874) de Claude Monet et **Le Penseur★★** (vers 1881-1883), une œuvre clé d'Auguste Rodin et de la sculpture moderne. Salle 2.13, Max Liebermann est représenté par une douzaine de toiles marquées par le naturalisme, dont **La Grange à lin de Laren★★** (1887). À signaler aussi, pour sa palette lumineuse, le *Retour au pays natal* (1895) du Suisse Giovanni Segantini (salle 2.02).

1er étage – Parmi les sculptures classiques qui occupent la première galerie se distingue le groupe sculpté des **Princesses Louise et Frédérique de Prusse★★★** (1795-1797) de Johann Gottfried Schadow. Le reste de l'étage est consacré à l'importante collection des **œuvres★** d'Adolph Menzel.

★ Cathédrale de Berlin (BERLINER DOM) B1

Am Lustgarten - concerts classiques sur réservation au ☎ 030 202 691 36 ou à la boutique de la cathédrale ; programme sur www.berliner-dom.de - ♿ - 9h-20h, dim. 12h-20h ; dernière entrée 19h (18h oct.-mars) - 7 €, audioguide 4 €.

Dans l'esprit de Guillaume II, son promoteur, la cathédrale de Berlin devait incarner la grandeur de l'Empire, la splendeur de la cour des Hohenzollern et la foi protestante. Elle a été édifiée (1894-1905) dans le style de la Renaissance italienne par l'architecte Julius Carl Raschdorff mais sévèrement endommagée durant la Seconde Guerre mondiale. L'**intérieur★★** impressionne par ses dimensions (1500 personnes peuvent y prendre place), son orgue de 1904, ses mosaïques et peintures sur verre, œuvres d'Anton von Werner. À ne pas manquer : dans la crypte, les **sarcophages★** de la dynastie des Hohenzollern, qui a dominé le Brandebourg et la Prusse pendant cinq siècles, et, depuis le dôme, la **vue★** plongeante sur l'île des Musées, la Spree et le nouveau château de Berlin.

Place du Château (SCHLOSSPLATZ) B1-2

En plein réaménagement. Elle fut longtemps occupée par le **château de Berlin** *(Berliner Schloss)* qui devint, après la chute de la monarchie, musée des Arts décoratifs (1921). Il fut très endommagé lors des attaques aériennes de 1944 et 1945. En 1950, ses vestiges ont été dynamités – à l'exception d'un petit pan de façade – par les autorités de la RDA qui y voyaient un symbole de la féodalité. À la place, elles bâtirent (1974) le **Palast der Republik** (le « palais de la République »), qui abritait la Chambre du peuple de la RDA. Après la réunification, le Bundestag prit la décision de démolir l'édifice (amianté) et de reconstruire le Berliner Schloss à l'identique (au moins sur trois côtés). Depuis 2021, ce nouveau « château » abrite un complexe culturel de 42 000 m², le Humboldt Forum, où se côtoient arts de l'Asie, collections ethnologiques, archives sonores, concerts... Au total : 1000 manifestations par an ! Dates et tarifs sur www.humboldtforum.com.

★ Musée de la RDA (DDR MUSEUM BERLIN) B1

Karl Liebknecht Str. 1 - ✆ 030 84 712 3731 - www.ddr-museum.de - 9h-21h - 9,50 € (8,50 € en ligne).

Ce musée privé, qui se veut ludique et interactif, donne un petit aperçu de la vie dans l'ancienne République démocratique allemande (1949-1989) : la consommation et ses prix contrôlés, les difficultés pour se ravitailler, les services secrets, les Jeunesses socialistes ou encore les vacances au bord de la Baltique, avec des photos souvenirs. Les deux attractions phares : monter à bord de la Trabi, la voiture mythique de l'ex-RDA, et la visite de l'appartement témoin, où la télévision du salon diffuse l'une des émissions les plus populaires de l'époque. Si l'on juge le tout un peu superficiel ou trop « gadget », on peut compléter la visite par un passage au musée **Alltag in der DDR** à Prenzlauer Berg *(gratuit - voir p. 51)*.

★★ Scheunenviertel PLAN P. 52-53

★★ Hackesche Höfe B2

Entrée Rosenthaler Str. 40-41 et Sophienstr. 6 - www.hackesche-hoefe.de.

À deux pas de la station de S-Bahn Hackescher Markt (1882) se trouve l'entrée principale des Hackesche Höfe, le plus grand ensemble de cours (Höfe) du Scheunenviertel. Dans un réseau de huit arrière-cours se côtoient appartements, bureaux, boutiques et galeries. Dessinée dans le style Jugendstil par August Endell, la première cour est parée d'une magnifique façade de briques vernies polychromes. La construction de cet ensemble, lancée en 1906, suit un schéma de séparation nette entre les zones d'habitation, d'artisanat, de commerce et de culture, qui le distingue des arrière-cours du 19ᵉ s. Après la chute du Mur, elles furent restaurées à grands frais et sont devenues un haut lieu du tourisme berlinois.

Maison Schwarzenberg (HAUS SCHWARZENBERG) B2

Rosenthaler Str. 39. Pour savoir à quoi ressemblaient les cours du faubourg de Spandau juste après la chute du Mur, il suffit de s'engouffrer dans la cour de la maison Schwarzenberg, dont l'état de ruine est étonnamment pittoresque. C'est sans doute ce cadre singulier qui a incité de nombreux artistes alternatifs à occuper les lieux. Dans la première cour, à gauche, on peut visiter l'ancien **atelier pour malvoyants d'Otto Weidt★** *(Blindenwerkstatt Otto Weidt)*. Ce fabricant de brosses et de balais, lui-même malvoyant, sauva la vie de plusieurs Juifs pendant la guerre en soudoyant la police et la Gestapo. Il fabriquait notamment de faux papiers et cachait des Juifs dans sa cave. L'exposition permanente évoque les actions de ce Juste dans leur cadre originel. *✆ 285 994 07 - ♿ - www.museum-blindenwerkstatt.de - 10h-20h - fermé 24 déc. - gratuit - audioguide en français - visite gratuite le dim. à 15h.*

★ Nouvelle Synagogue (NEUE SYNAGOGE) A2

Oranienburger Str. 28-30 - ✆ 030 880 283 16 - www.centrumjudaicum.de - ♿ - avr.-sept. : 10h-18h (19h dim.) ; oct.-mars : 10h-18h (15h vend.) - fermé sam. et fêtes juives - 7 € (coupole comprise) - audioguide en français : 3 €.

Cette synagogue doit beaucoup à son architecte, Eduard Knoblauch, qui dirigea les travaux de 1859 à 1866 : il s'était inspiré pour la façade (et pour une bonne partie de l'édifice) du style mauresque de l'Alhambra, et pour la coupole de l'architecture indienne. C'était alors la plus belle et la plus grande synagogue d'Allemagne (3 200 places). Elle a survécu à la Nuit de cristal sans trop de dommages, grâce à l'intervention de Wilhelm Krützfeld (cet officier de police avait eu le courage de s'opposer aux SA qui y avaient allumé le feu et d'alerter les pompiers). En revanche, elle souffrit énormément des bombardements de 1943. Il fallut attendre 1989 pour que sa reconstruction soit lancée. Sur la façade est gravée une injonction en hébreu extraite du Livre d'Isaïe : « Ouvrez les portes ! Qu'elle entre, la nation juste qui observe la fidélité. » À l'intérieur, l'exposition permanente rappelle l'histoire de l'édifice.

★★ Prenzlauer Berg

PLAN P. 52-53

Bastion de la culture alternative et de l'engagement politique après la chute du Mur, Prenzlauer Berg s'est transformé au fur et à mesure de sa rénovation en eldorado pour bourgeois-bohèmes. Il règne une atmosphère paisible dans ses vastes rues bordées de terrasses de café et ses places plantées d'arbres.

★ Kulturbrauerei C1

Schönhauser Allee 36-39 (entrée Knaackstr. 97 ou Sredzkistr. 1) - ✆ 030 44 35 21 70 - www.kulturbrauerei.de.

Cette ancienne brasserie berlinoise *(Schultheiss)*, bâtie entre 1887 et 1891 par Franz Schwechten sur 25 000 m^2, fut l'une des plus importantes de la ville avant sa fermeture en 1967 et celle dont l'architecture est la plus aboutie : avec leurs arches et leurs tourelles, les différents ateliers dénotent en effet une réelle préoccupation esthétique. Le tout a été réhabilité avec soin en 1998-2000 : des salles de concert, des restaurants, un cinéma et un supermarché ont investi les lieux sans en altérer le caractère industriel. Depuis 2013, on y trouve aussi un musée consacré à l'ex-RDA.

★ **Alltag in der DDR** – *Knaackstr. 97 – ✆ 030 46 77 77 911 – www.hdg.de - mar.-vend. 9h-18h, w.-end. 10h-18h - gratuit*. Plus nuancé et plus complet que le **DDR-Museum** *(voir p. 50)*, il pointe les paradoxes d'un État qui se rêvait sans classes et sur le quotidien d'un peuple qui, pour survivre, devait se montrer très… créatif !

★★ **Mémorial du Mur de Berlin** (BERLINER MAUER GEDENKSTAETTE) A1

Bernauer Straße 111-119 - ✆ 030 213 085 166 - www.berliner-mauer-gedenkstaette.de - exposition et site extérieur : tlj 8h-22h - centre de doc. : tlj sf lun. 10h-18h - gratuit.

Inauguré le 13 août 2011, soit 50 ans après l'érection du Mur, ce mémorial offre un témoignage historique très intéressant sur le Berlin divisé : il s'agit du dernier

tronçon du mur de Berlin encore conservé dans son intégralité, avec mur intérieur, chemin de ronde, miradors et « no man's land ». On peut le suivre à pied le long de quatre tronçons thématiques, ponctués de bornes explicatives et de fenêtres archéologiques. Il peut aussi s'observer depuis une tour panoramique – le centre de documentation – où sont exposés des documents d'archives émouvants (photographies, enregistrements, films...) sur les familles séparées du jour au lendemain par le Mur coupant la ville. Juste à côté se trouve la **chapelle de la Réconciliation** *(Kapelle der Versöhnung)*, bâtie en 2000 à l'emplacement d'une église qui s'était retrouvée au milieu de ce grand terrain vague et qui fut détruite en 1985 par la RDA.

Les vestiges du mur

Équipé de miradors, de barbelés et d'installations de tir automatique, le mur de Berlin séparait le secteur occidental du secteur oriental de la ville et du territoire environnant. Rares sont les vestiges qui subsistent de la partition de la ville, tel le mirador du Flutgraben *(Schlesischer Busch)* ou les portes murées de la Heidelberger Strasse, dans le district de Treptow. Quant aux restes du Mur, on n'en trouve que sporadiquement. Le plus long tronçon du Mur à avoir été préservé est la « East Side Gallery », à Friedrichshain. La Bernauer Strasse, où est situé le **Mémorial du Mur de Berlin**, demeure le symbole de l'inhumanité de la construction du Mur.

★ Friedrichshain

PLAN P. 52-53

Ex-quartier ouvrier de Berlin-Est, dont témoignent les friches industrielles encore nombreuses, Friedrichshain est un quartier jeune et animé, où la scène culturelle alternative a ses habitudes. Ses loyers relativement modérés attirent artistes et étudiants.

★★ East Side Gallery HORS PLAN B2

Mühlenstr.

Le long de la Spree, les 1300 m de l'ancien Mur – le plus long tronçon conservé – vous invitent à faire un saut dans un passé récent. En le longeant d'un bout à l'autre, vous découvrez une véritable galerie d'art à ciel ouvert : la fresque, réalisée en 1990 par des artistes internationaux (et rénovée en 2009), évoque la division de la ville. Parmi les scènes les plus célèbres, le **Bruderkuss**, le baiser échangé entre Honecker et Brejnev, peint par Dmitri Vrubel d'après un cliché du reporter français Régis Bossu. Pour les photos, mieux vaut venir le matin.

★ Karl-Marx Allee HORS PLAN C2

Conçue comme un contre-modèle à l'architecture « capitaliste » de l'Ouest et à l'avenue Unter den Linden, trop marquée par l'héritage prussien, cette avenue monumentale s'étalant sur 2,3 km est une vitrine de l'architecture socialiste. Les ensembles de sept à neuf étages (au total 5 000 logements et 200 boutiques) conçus par l'architecte Hermann Henselmann et bâtis dans les années 1950 et 1960, sont particulièrement spectaculaires. Les édifices, dotés d'un soubassement en pierre de taille, sont habillés de plaques de céramique.

★ Stasi Museum HORS PLAN C2

U 5 Magdalenenstraße - Normannenstraße 20 (Haus 1) - ✆ 553 68 54 - www.stasimuseum.de - 10h-18h, w.-end 11h-18h - 8 € (audioguide en français 2 €).

De sinistres barres d'immeubles, une ambiance pesante... : vous êtes au cœur de l'ancien QG de la Stasi, le redoutable service de police politique, renseignements et contre-espionnage fondé par la RDA en 1950. Organisé à la manière du KGB, il s'appuyait sur un réseau de 91 000 agents officiels et de 189 000 collaborateurs officieux. Son « bâtiment n° 1 » (Haus 1) a été transformé en musée. Vous y verrez, conservés en l'état, les bureaux d'Erich Mielke, qui était à la tête du service, et de ses proches collaborateurs. Rien n'y manque : microphones, caméra miniature, cellule... Quelques scènes du film *La Vie des autres* ont été tournées dans ces locaux. Depuis 2016, une exposition en plein air, devant l'immeuble, évoque la révolution pacifique qui a conduit à la chute du Mur en 1989 (explications en

Schoening/Arco Images/age fotostock

Prenzlauer Berg.

B. Gardel/hemis.fr

Friedrichshain, terrasse au bord de la Spree.

D. Zylberyng/hemis.fr

Le musée Juif, par l'architecte Daniel Libeskind.

allemand et en anglais). Le « bâtiment n° 7 » (Haus 7) renferme une partie des archives de la Stasi : 111 km de dossiers ! *(visite possible, gratuite, en allemand le lun. à 15h ; en anglais le vend. à 15h - www.einblick-ins-geheime.de).*

★★ Kreuzberg

PLAN P. 56-57

Cosmopolite et branché, centre de la contre-culture de Berlin-Ouest avec ses nombreux lieux alternatifs, dont certains toujours actifs, Kreuzberg est l'un des quartiers les plus animés de Berlin, de jour comme de nuit. La communauté turque s'y est installée dans les années 1960, ce qui lui vaut le surnom de « Little Istanbul ».

Plus bourgeois aux alentours du parc Victoria, le quartier invite à la flânerie avec ses immeubles wilhelminiens magnifiquement restaurés.

★ Checkpoint Charlie B1

Le poste-frontière par lequel diplomates, militaires et étrangers pouvaient circuler entre Berlin-Ouest et Berlin-Est à l'époque où le Mur coupait la ville en deux est l'une des curiosités les plus courues de Berlin. Cette appellation lui vient des noms de code attribués à chacun des trois points de contrôle existant à l'époque entre l'Est et l'Ouest – Alpha pour le poste-frontière RDA-RFA de Helmstedt *(190 km à l'ouest de Berlin)* ; Bravo, pour le point de passage entre la RDA et Berlin-Ouest, à

Dreilinden *(au sud-ouest de Berlin, dir. Potsdam)* et enfin Charlie pour le passage entre Berlin-Ouest et Berlin-Est.
Les portraits géants d'un soldat américain et d'un soldat soviétique, œuvre de l'artiste Frank Thiel, évoquent un moment indissociable d'un grand épisode de la guerre froide. En octobre 1961, le monde retient sa respiration alors que chars soviétiques et américains se font face. Quelques mètres seulement les séparent. Une reconstitution du poste de garde a également été installée.

★ Musée du Mur Checkpoint Charlie

(MUSEUM HAUS AM CHECKPOINT CHARLIE) B1

Friedrichstr. 43-45 - ✆ 030 253 72 50 - www.mauer-museum.com - ♿ - 9h-22h - 14,50 €. Ce musée expose des documents sur l'édification du Mur et les tentatives de franchissement. Les moyens pour passer à l'Ouest furent souvent rocambolesques (à bord d'un tracteur, caché dans un coffre de voiture, à la place de la batterie et du chauffage ou dans une valise, avec des échelles, en télésiège suspendu à un câble...) et nombre de tentatives finirent tragiquement. Le chiffre officiel des tués est de 138, mais il y en eut, selon toute vraissemblance, plusieurs centaines.

★★★ Musée juif (JÜDISCHES MUSEUM BERLIN) B1

Lindenstr. 9-14 (accès par le palais baroque) - ✆ 030 259 933 00 - www.jmberlin.de - ♿ - tlj 10h-20h - fermé lors des fêtes juives de Roch Hachana et Yom Kippour, ainsi que 24 déc. - 8 €, audioguide en français 2 €.
Le bâtiment spectaculaire, en forme d'éclair, a été livré par l'architecte américain **Daniel Libeskind**, en 2001. Véritable labyrinthe, il symbolise, avec ses couloirs semi-souterrains et ses espaces vides qui débouchent dans le néant, l'extermination de la culture judéo-allemande. L'exposition permanente retrace l'histoire des Juifs en Allemagne depuis les premiers témoignages retrouvés jusqu'à nos jours. Elle met particulièrement l'accent sur le rôle que les Juifs ont joué dans le développement de Berlin du 18e au 20e s., réservant une place importante à la Shoah, à la persécution des Juifs et à la profanation de leurs droits sous le joug nazi. En 2020, le musée a installé, dans son annexe située sur le trottoir d'en face, une Arche de Noé pour les enfants *(Anoha, 10h-17h, w.-end 10h-18h)*.

★ Musée allemand de la Technique (TECHNIKMUSEUM BERLIN) A1

Trebbiner Str. 9 - ✆ 030 90 25 40 - www.sdtb.de - ♿ - tlj sf lun. 9h-17h30, w.-end 10h-18h - 8 € (gratuit le 1er dim. du mois) - audioguide en français sur l'application « Deutsches Technikmuseum ».
Ce musée, qui occupe l'ancienne gare de marchandises d'Anhalt, explore de manière interactive et ludique l'histoire et le fonctionnement des grandes avancées technologiques : télévision, radio... Une partie importante est consacrée aux transports, avec une belle collection de **locomotives et wagons★★** (on retiendra en particulier le luxueux wagon utilisé par l'empereur Guillaume II en 1888). Une petite section est dédiée à l'**industrie de la fleur en soie**, introduite par une Française en 1769 et très prospère à la fin du 19e s. (en 1896, Berlin comptait 156 ateliers de fabrication de fleurs). Le **parc★** alentour, avec sa végétation qui a envahi les voies désaffectées, est un espace naturel protégé.

★ Parc Victoria (VIKTORIAPARK) A2

Ce parc de 12 ha a été aménagé à la fin du 19e s. autour de l'une des plus hautes collines de Berlin (66 m). Au sommet de celle-ci trône le **monument national des guerres de libération★** (*National Denkmal für die Befreiungskriege*, 1817-1821), une flèche gothique dessinée par Schinkel et surmontée d'une croix qui a

Le Sony Center signé Helmut Jahn, sur la Potsdamer Platz.
P. Brown/age fotostock

donné son nom au quartier (*Kreuzberg* signifie « mont de la Croix »). Du haut de la colline, la **vue★★** porte, au sud, sur le complexe en brique de l'ancienne **brasserie Schultheiss★** (au milieu du 19e s., la fameuse Berliner Weiße – la bière blanche berlinoise – avait ici l'un de ses centres de production).

★★ Potsdamer Platz

PLAN P. 60-61

Ce quartier de tours ultramodernes (D2) était, au 19e s., le carrefour le plus fréquenté d'Europe, un lieu mythique, symbole de la métropole moderne. Fortement endommagé lors de la Seconde Guerre mondiale, coupé en deux par le Mur, il fut longtemps réduit à un vaste terrain vague, jusqu'à ce que des investisseurs privés (Daimler-Chrysler, Sony...) lui redonnent, après la réunification, son dynamisme d'antan.

★★★ Sony Center D2

Le Sony Center est dominé à l'extérieur par la **BahnTower**, une tour de verre hébergeant le siège de la société de chemin de fer Deutsche Bahn. Mais c'est à l'intérieur que le complexe d'acier et de béton conçu par **Helmut Jahn** révèle ses charmes : une grande place de 4 000 m² abritée par un **chapiteau★★★** spectaculaire, véritable prouesse technologique. Les édifices alentour supportent un anneau massif d'où s'échappe un mât penché qui maintient le chapiteau en fibre de verre. Sur la place, on remarquera des vestiges de l'**Esplanade**, un ancien hôtel de luxe néobaroque. Malgré ses milliers de tonnes, il fut déplacé en 1996 afin d'être intégré dans l'ensemble.

★★ Musée du Cinéma

(DEUTSCHE KINEMATHEK - MUSEUM FÜR FILM UND FERNSEHEN) D2

Dans le Sony Center - ✆ 030 300 90 30 - www.deutsche-kinemathek.de - ♿ - tlj sf mar. 10h-18h (jeu. 20h) - fermé 24-25 déc. - 8 € (gratuit jeu. 16h-20h).

Il expose une partie de l'extraordinaire fonds de la Deutsche Kinemathek créée en 1963 par le réalisateur Gerhard Lamprecht. Dans ses archives, pas moins de

26 000 films allemands et étrangers et plus d'un million de documents, photos, affiches, programmes, liés au septième art. Le musée détaille l'histoire du film allemand : photos du film **Metropolis★** (1927), chef-d'œuvre de Fritz Lang, maquettes du **Cabinet du Dr Caligari★** (1919), autre célèbre film expressionniste de Robert Wiene, garde-robe de Marlène Dietrich.

Panoramapunkt D2

Potsdamer Platz 1 - ✆ 030 25 93 70 80 - www.panoramapunkt.de - 10h-20h (18h en hiver) - 7,50 €. Café au 24e étage.

De la terrasse de la tour Kollhoff, située à 100 m de hauteur, s'offre l'un des plus beaux points de vue de la capitale avec, d'est en ouest, le Gendarmenmarkt, la

porte de Brandebourg, le Reichstag, la Chancellerie, le Tiergarten, le château de Bellevue et l'église du Souvenir.

★★ Bâtiment Martin-Gropius (MARTIN-GROPIUS-BAU) HORS PLAN D2

Niederkirchnerstr. 7 (plan p. 56-57, A1) - ✆ 030 25 48 60 - www.gropiusbau.de - ♿ - merc.-lun. 10h-19h (horaires et prix variables en fonction des expos) - 9 à 15 €.
Conçu par Martin Gropius (le grand-oncle de Walter Gropius, chef de file du Bauhaus), ce bâtiment néo-Renaissance en forme de cube (1881) est inspiré de l'Académie d'architecture de Schinkel. Il était destiné à l'origine à abriter le musée royal des Arts décoratifs. Il accueille à présent de grandes expositions. La décoration très raffinée de céramiques, mosaïques et frises en pierre lui donne

l'apparence d'un palais italien. L'intérieur, avec la majestueuse salle à colonnes, témoigne du savoir-faire des décorateurs prussiens de l'époque des Fondateurs *(Gründerzeit)*.

Topographie de la terreur (TOPOGRAPHIE DES TERRORS) HORS PLAN D2

Niederkirchnerstr. 8 (plan p. 56-57, A1) - ✆ 030 254 509 50 - www.topographie.de - intérieur : 10h-20h ; extérieur : ouv. jusqu'à la tombée de la nuit en hiver - fermé 1er janv., 24 et 31 déc. - gratuit.

Cette exposition en plein air se trouve derrière un pan du **Mur★★**, sur les ruines des **administrations centrales du IIIe Reich**. La police secrète d'État (*Geheime Staatspolizei* ou « Gestapo »), la direction des SS *(Reichsführung SS)*, le service de Sécurité des SS (*Sicherheitsdienst* ou SD) et le service central de la Sécurité du Reich *(Reichssicherheitshauptamt)* étaient regroupés ici. L'exposition évoque l'histoire des organismes de répression et le destin des personnes poursuivies. À l'intérieur, le **centre de documentation** accueille en parallèle des expositions temporaires.

★ Musée des Télécommunications

(MUSEUM FÜR KOMMUNIKATION BERLIN) HORS PLAN D1

Leipziger Straße 16 - ✆ 030 20 29 40 - www.mfk-berlin.de - ♿ - tlj sf lun. 9h-17h (mar. 20h), w.-end et j. fériés 10h-18h - fermé 24, 25 et 31 déc. - 6 €.

Le musée des Postes et Télécommunications a trouvé un cadre magnifique dans l'édifice historique de l'ancien musée des postes du Reich. Ce somptueux palais wilhelminien, qui abrita le premier musée des Postes du monde (1872), présente l'histoire, le présent et l'avenir des télécommunications.

Gemäldegalerie.
PHAS/Universal Images Group Editorial/Getty Images

★★ Kulturforum

PLAN P. 60-61

Le Kulturforum fut conçu, à la fin des années 1950, de manière à devenir le centre culturel de Berlin-Ouest, constituant ainsi un pendant à l'île des Musées, qui se trouvait dans Berlin-Est. Non loin de l'immense Potsdamer Platz, il est aujourd'hui situé au cœur de la capitale réunifiée.

★★★ Galerie de peinture (GEMÄLDEGALERIE) C2

Matthäikirchplatz 4-6 - ✆ 030 266 42 42 42 - www.smb.museum.de - ♿ - tlj sf lun. 10h-18h (jeu. 20h), w.-end 11h-18h - fermé 24-25 et 31 déc. - 10 €, audioguide inclus ; 16 € le billet combiné avec le musée des Arts décoratifs.

La collection de la Galerie de peinture tire son origine de la passion commune du Grand Électeur (1620-1688) et de Frédéric le Grand (1712-1786). Le musée doit son essor à **Wilhelm von Bode**, directeur de la galerie à partir de 1890, qui multiplia les acquisitions et rassembla, avant la Première Guerre mondiale, une collection presque complète de peintures européennes du 13e au 18e s.

En dépit des pertes dues à la guerre (400 toiles ont été détruites), la collection de ce musée est, aujourd'hui encore, l'une des plus importantes du monde.

Grâce aux architectes Heinz Hilmer et Christoph Sattler qui ont conçu le bâtiment (1987-1998), la quasi-totalité de l'étage principal reçoit la lumière du jour par le haut. Cinquante-trois salles s'y succèdent en fer à cheval, dans lesquelles sont exposées plus de 1100 tableaux, présentés de manière chronologique et classés par école. Signalons, parmi les œuvres à ne pas manquer :

Salles I-III et cabinets 1-4 : peinture allemande, 13e-16e s. On retiendra surtout les noms de Martin Schongauer *(La Naissance du Christ)*, Hans Baldung Grien (**La Déploration du Christ★**), Lucas Cranach l'Ancien (retable du *Jugement dernier*, **Vénus et l'Amour, Adam et Ève★★**), Hans Holbein le Jeune *(Le Marchand Georg Gisze)*, Albrecht Dürer (portrait de **Hieronymus Holzschuher★**).

Salles IV-VI et cabinets 4-7 : peinture des anciens Pays-Bas, 13e-16e s. autour de Rogier van der Weyden (**Retable de St-Jean★**), Hugo Van der Goes (**L'Adoration des Mages★**), Jan Van Eyck (**Vierge dans une église★★**, 1440) et Pieter Bruegel l'Ancien, dont le célèbre tableau – **Les Proverbes flamands★★** (1559) – brocarde avec ironie les défauts et faiblesses des hommes. Chacune de ses figures, qui s'adonnent à des occupations absurdes, renvoie à un dicton. Ainsi, l'homme accroupi qui rampe dans un globe illustre le vieil adage selon lequel « on ne fait son chemin dans le monde qu'en courbant l'échine ».

Salles VII-XI et cabinets 8-19 : peinture flamande et hollandaise, 17e s. Cette section d'une impressionnante richesse comprend, entre autres, des œuvres de Pierre Paul Rubens *(L'Enfant à l'oiseau*, **La Vierge et l'Enfant Jésus★**), Anton Van Dyck *(Un couple de patriciens génois)*, Rembrandt *(Autoportrait, Moïse brandissant les tables de la Loi, Suzanne et les vieillards*, **L'Homme au casque d'or★★**, 1650), Jacob van Ruisdael *(Haarlem, vue des dunes)*, Jan Vermeer (**La Femme au collier de perles★★**, 1662) et Osias Beert (**Nature morte avec cerises★**).

Cabinets 20-22 : écoles anglaise, française et allemande du 18e s. Sont exposées des œuvres de Thomas Gainsborough *(Les Enfants Marsham)*, Antoine Watteau *(La Danse)*, Jean-Baptiste Chardin *(Le Dessinateur)* et Antoine Pesne *(Frédéric le Grand en prince héritier)*.

Salles XII-XIV et cabinets 23-26, 28 : peinture italienne, française et espagnole (16e-17e s.). On y retrouvera les signatures de Francesco Guardi *(Le Grand Canal à Venise)*, Canaletto (**Le Grand Canal avec vue sur le pont du Rialto★**), Vélasquez *(Portrait d'une dame)*, Le Caravage (**L'Amour vainqueur★★**, *1601*), Claude Lorrain

1

(Paysage romain idéal), Nicolas Poussin *(Autoportrait)*, Georges de La Tour *(Les Mangeurs de pois)*.

Salles XV-XVII et cabinets 29-32 : peinture italienne, fin 15e-16e s. Œuvres du Corrège *(Léda et le Cygne)*, de Parmesan *(Le Baptême du Christ)*, du Titien *(Vénus avec l'organiste*, **Portrait d'un jeune homme barbu★★**), du Tintoret *(Vierge à l'Enfant*), et plusieurs tableaux de Raphaël (dont la **Madone Terranuova★**).

Cabinet 34 : miniatures, 16e-18e s. dont *Catherine de Bora* par Lucas Cranach l'Ancien.

Salle XVIII et cabinets 35-41 : école italienne, 13e-fin 15e s. Arrêtez-vous en particulier devant Botticelli *(Saint Sébastien, Vierge sur un trône)*, Andrea Mantegna *(Présentation de Jésus au Temple)*, Fra Angelico *(Le Jugement dernier)*, Lorenzo Monaco *(La Dernière Cène))*, la *Vue architecturale* du peintre et ingénieur militaire siennois Francesco di Giorgio Martini (1490) et Vittore Carpaccio (**L'Ordination de saint Étienne★**).

Studiengalerie. Si elle est ouverte *(rez-de-chaussée, vend.-dim. 11h-18h)*, n'hésitez pas à arpenter le long corridor de la **Galerie d'études** : vous y découvrirez des œuvres peu connues mais séduisantes comme la *Nature morte avec verres, pichets et fruits* de Pieter Claesz ou originales tel *Le couvent franciscain d'Igaraçù* peint par le Néerlandais Frans Post, l'un des rares paysages brésiliens que l'on conserve du 17e s.

★ Cabinet des estampes

(KUPFERSTICHKABINETT UND SAMMLUNG DER ZEICHNUNGEN UND DRUCKGRAPHIK) C2

Matthäikirchplatz 8 - ✆ 030 266 42 42 42 - www.smb.museum - ♿ - expositions tlj sf lun. 10h-18h, w.-end 11h-18h - fermé 24-27 déc. et 31 déc.-1er janv. - 8 €.

La constitution de cette collection remonte à l'époque de Frédéric-Guillaume, dit le Grand Électeur, qui fit l'acquisition en 1652 de 2500 dessins et aquarelles. De là naquit un **cabinet des estampes** bénéficiant d'un prestige international. Le fonds de dessins de maîtres allemands anciens et de maîtres hollandais – dont 80 de Rembrandt – est unique au monde. Il compte aujourd'hui 110 000 dessins ou aquarelles du 14e au 20e s. et près de 550 000 estampes de la fin du Moyen Âge à nos jours.

★★ Musée des Arts décoratifs (KUNSTGEWERBEMUSEUM) C2

Matthäikirchplatz - ✆ 030 266 42 42 42 - www.smb.museum - ♿ - tlj sf lun. 10h-18h, w.-end 11h-18h - fermé 24-25 et 31 déc. - 8 € ; 16 € le billet combiné avec la Galerie de Peinture.

Le plus ancien musée du Kulturforum abrite une magnifique collection de pièces d'orfèvrerie et possède une annexe dans le château de Köpenick *(voir p. 75)*. Il donne un très bon aperçu des arts décoratifs depuis le Moyen Âge jusqu'au design industriel contemporain.

À ne pas manquer : le **trésor du « Dionysiusstift »★** d'Enger-Herford (Westphalie) dont fait partie, entre autres, un précieux reliquaire-bourse incrusté de pierres précieuses (seconde moitié du 8e s.) ; **le trésor des Guelfes★★★** comprenant notamment un reliquaire en forme d'église byzantine à coupole (Cologne, vers 1175) ; le **trésor de Lunebourg ★★★** (gothique tardif et Renaissance) constitué d'étonnantes coupes en argent *(Buckelpokale)* ornées de godrons ; le **salon exotique★** du créateur italien **Carlo Bugatti** (Milan, vers 1890) et un cabinet délicatement marqueté d'érable et rehaussé de bronzes dorés, le **Neuwieder Kabinett★** (v. 1775), bel échantillon du talent de l'ébéniste David Roentgen qui travailla pour la cour de France.

★★ Nouvelle Galerie nationale (NEUE NATIONALGALERIE) C2

Potsdamer Str. 50 - ☏ 030 266 42 42 42 - www.smb.museum - ♿ - fermé pour rénovation jusqu'en 2021.

La Nouvelle Galerie nationale (1968) est l'unique bâtiment public édifié à Berlin par l'architecte allemand **Ludwig Mies van der Rohe**, qui fut directeur du Bauhaus de 1930 à 1933. Son pavillon, habilement rénové (2015-2020) par David Chipperfield, constitue une véritable prouesse technique : huit pylônes et des parois de verre supportent à eux seuls, sans l'aide d'aucun mur, l'immense toit à caissons. Les alentours immédiats du bâtiment sont ornés de sculptures, entre autres, de Henry Moore, Richard Serra et Alexandre Calder. Doyenne des musées du Kulturforum, la Neue Nationalgalerie conserve un très bel ensemble de peintures et sculptures s'échelonnant du début du 20e s. aux années 1960 – des œuvres qu'elle expose par roulement. Les points forts de la collection : les expressionnismes allemand et autrichien, le mouvement **Die Brücke** et l'artiste berlinoise Käthe Kollwitz, auteur d'une émouvante **Pietà**★ (Mère à l'Enfant mort).

★★ Philharmonie C2

Herbert-von-Karajan-Str. 1 - ☏ 030 254 88 134 - www.berliner-philharmoniker.de - visite guidée (1h) tlj à 13h30 - RV à Künstlereingang (entrée des artistes) - fermé 24-26 déc. et 31 déc.-1er janv. et juil.-août - 5 €.

Le toit du bâtiment dû à **Hans Scharoun** (1963) présente une asymétrie hardie évoquant une gigantesque vague *(voir p. 512)*. C'est ici que se produisent les musiciens de la Philharmonie de Berlin, qui fut sous la direction de **Herbert von Karajan** de 1954 à 1989. Son successeur, **Claudio Abbado**, a cédé la direction de l'orchestre à **Simon Rattle** en septembre 2002. Il a aujourd'hui pour chef Kirill Petrenko. L'orchestre même est situé au centre de la salle ; tout autour, les gradins en terrasses peuvent accueillir 2 200 auditeurs.

La **salle de musique de chambre** (1988) édifiée à côté de la Philharmonie *(Herbert-von-Karajan-Straße 11)*, avec son toit en forme de tente, œuvre de Scharoun et d'Edgar Wisniewski, son élève, peut recevoir 1150 personnes.

Dans un bâtiment annexe *(Tiergartenstraße 1)*, aussi dû à Scharoun et Wisniewski, le **musée des Instruments de musique**★ *(Musikinstrumenten-Museum,* C2*)* rassemble une importante collection d'instruments à touches, à cordes et à percussion dont les plus anciens remontent au 16e s. *Ben Gurion Str. - ☏ 030 25 48 11 78 - www.mim-berlin.de - tlj sf lun. 9h-17h (jeu. 20h), w.-end 10h-17h - possibilité de visite guidée (45mn, 3 €) - fermé 1er janv., 1er Mai, 24-25 et 31 déc. - 6 € ; gratuit avec le forfait Kulturforum.*

★ Bibliothèque nationale
(STAATSBIBLIOTHEK PREUSSISCHER KULTURBESITZ) C2

Potsdamer Straße 33 - tlj sf dim. 8h-22h - visite guidée gratuite le vend. (45mn) à 15h et le 3e sam. du mois à 10h30, rendez-vous au « I-Punkt » du hall d'entrée.

Elle conserve environ 3,7 millions de volumes. Son bâtiment, situé en face de la Nouvelle Galerie nationale, est aussi l'œuvre de Scharoun. Il mérite le détour pour ses espaces intérieurs. La salle de lecture est le lieu d'une belle scène des *Ailes du désir* de Wim Wenders.

1

Diplomatenviertel

PLAN P. 60-61

Aux abords du Tiergarten se dresse le quartier des ambassades. Érigé par Albert Speer, l'architecte du IIIe Reich, il a été détruit pendant la Seconde Guerre mondiale, puis totalement réhabilité après la réunification : de nouveaux bâtiments diplomatiques à l'architecture contemporaine – les **ambassades nordiques★**, par exemple *(Rauchstr. 1, la « maison commune », Felleshus, est ouv. au public 10h-19h, w.-end 11h-16h)* –, côtoient ceux du IIIe Reich, restaurés.

★ Archives du Bauhaus (BAUHAUS-ARCHIV) B2

Klingelhöferstr. 14 - ✆ 030 254 00 20 - www.bauhaus.de - fermé pour rénovation jusqu'en 2022 (pendant la durée des travaux, une petite partie de la collection est visible au « Temporary Bauhaus-Archiv » - Knesebeckstr. 1-2 - lun.-sam. 10h-18h - gratuit.

Ce bâtiment fut construit en 1979 d'après les plans de **Walter Gropius**, fondateur du Bauhaus *(voir « Art et Architecture » et Dessau)*. Si l'école du Bauhaus est surtout connue pour ses réalisations en matière d'architecture, elle a aussi exercé une forte influence sur les arts plastiques. On y verra des œuvres de Schlemmer, Moholy-Nagy, Feininger, Kandinsky et Klee, ainsi que des maquettes, travaux typographiques et dessins.

★ Mémorial de la Résistance allemande

(GEDENKSTÄTTE DEUTSCHER WIDERSTAND) C2

Stauffenbergstr. 13-14 (entrée par la cour d'honneur) – ✆ 26 99 50 00 - www.gdw-berlin.de - ♿ - 9h-18h (jeu. 20h), w.-end 10h-18h - fermé les 24-26, 31 déc. et 1er janv. - gratuit.

Durant la Seconde Guerre mondiale, ce complexe de bâtiments concentrait le commandement en chef de l'armée de terre, celui des opérations navales et le service de contre-espionnage de la Wehrmacht. Il abrite aujourd'hui le Mémorial de la résistance au national-socialisme car c'est dans ces bureaux que fut planifié l'attentat du 20 juillet 1944 contre Hitler : la bombe, amorcée par le chef d'état-major Claus von Stauffenberg, explosa (à Rastenburg, Prusse-Orientale) mais le dictateur s'en sortit miraculeusement. Plusieurs conjurés furent fusillés la nuit même dans la cour centrale. L'exposition retrace en 5000 documents les multiples actes de résistance au régime nazi.

★ Tiergarten

PLAN P. 60-61

▶ Le parc s'étend à l'ouest de la porte de Brandebourg et au nord/nord-ouest du quartier des ambassades.

Une ville aérée

Ravagée à la fin de la guerre, Berlin, la plus grande ville d'Allemagne, a perdu une partie de son patrimoine historique, mais a vu de grands architectes participer à sa reconstruction (Le Corbusier, Scharoun, Jean Nouvel, Libeskind...). Des ruines de 1945 a surgi une ville moderne, drainée par de larges artères reliant les différents quartiers entrecoupés de vastes espaces verts. La Havel s'élargit au milieu des forêts pour former des lacs (Tegeler See, Stößensee, Großer Wannsee). Au total, plus du tiers de la superficie de la ville est couvert de forêts, de parcs et de plans d'eau.

L'entrée des éléphants au zoo de Berlin.
I. Schulz/Arco Images/age fotostock

1

Véritable poumon vert de Berlin, le Tiergarten est le plus ancien parc de la ville. Il s'étend de la place Ernst-Reuter à la porte de Brandebourg, sur près de 3 km. Il fut une réserve de chasse puis un champ de manœuvres avant de devenir, grâce au célèbre architecte paysagiste **Peter Josef Lenné** (1789-1866), un splendide parc à l'anglaise.

Colonne de la Victoire (SIEGESSÄULE) A1

Straße des 17. Juni (Großer Stern) - ✆ 030 391 29 61 - avr.-oct. : 9h30-18h30 (w.-end 19h) ; nov.-mars : 9h30-17h30 - fermé le 24 déc. - 3 €.
Haute de 67 m et surmontée d'une Victoire, la Siegessäule commémore les campagnes prussiennes de 1864, 1866 et 1870 (contre le Danemark, l'Autriche et la France). Du sommet (285 marches), **vue**★ sur la porte de Brandebourg, l'avenue Unter den Linden ainsi que sur l'hôtel de ville de Berlin.

Château de Bellevue (SCHLOSS BELLEVUE) B1

Ne se visite pas. Édifié en 1785 dans le style néoclassique par Boumann, il servit de palais d'été au frère cadet de Frédéric le Grand, le prince Auguste-Ferdinand. C'est depuis 2012 la résidence officielle du président de la République. Lorsque ce dernier s'y trouve, le drapeau allemand est hissé devant la façade.

★★★ Jardin zoologique (ZOOLOGISCHER GARTEN) A2

Accès par la Löwentor (Hardenbergplatz 8), en face de la gare, ou par l'Elefantentor (Budapester Str. 32), en face de l'Europa Center - ✆ 030 25 40 10 - www.zoo-berlin.de - ♿ - de fin mars à mi-sept. : 9h-18h30 ; hors saison : 9h-16h30 ou 18h ; aquarium 9h-18h - 16 € ; 22 € le billet couplé zoo + aquarium.
Situé en plein cœur de Berlin, le jardin zoologique réunit les espèces les plus diverses : 19 500 animaux représentant plus de 1 400 espèces en font l'un des plus importants au monde. L'**aquarium** *(entrée par le zoo ou directement par la Budapester Straße)* abrite environ 900 espèces et est doté d'un terrarium fameux pour ses crocodiles.

★★ Autour du Kurfürstendamm

Le quartier se situe au sud-ouest du Tiergarten.

★★ Kurfürstendamm

Au 16e s., le Kurfürstendamm n'était qu'une chaussée permettant aux princes-électeurs de gagner le pavillon de chasse de Grunewald *(voir p. 74)*. Bismarck la fit transformer, entre 1882 et 1886, en une allée prestigieuse. Avec ses 3,5 km, le « Ku'damm » est le centre névralgique du quartier chic de Charlottenburg, où s'alignent cafés, restaurants, théâtres, cinémas, boîtes de nuit et boutiques.

★ Église du Souvenir (KAISER-WILHELM-GEDÄCHTNISKIRCHE)

Breitscheidplatz - ✆ 030 218 50 23 - www.gedaechtniskirche.com - ♿ - 9h-19h - gratuit - en général, concert le sam. à 18h

Édifiée entre 1891 et 1895 dans le style néoroman en mémoire de l'empereur Guillaume Ier, cette église fut considérablement endommagée par les bombardements pendant la Seconde Guerre mondiale. On a conservé les ruines du clocher – devenu le symbole de Berlin – pour témoigner des horreurs de la guerre. L'église forme le centre d'un complexe moderne (1959-1961), ensemble de constructions polygonales en béton ajouré de verre bleu. Les 20 000 **vitraux★** ont été fabriqués à Chartres d'après des dessins de Gabriel Loire.

L'ancien hall d'entrée sous la tour est aménagé en **hall du souvenir** *(ouv. 10h-18h, sam. 10h-17h30, dim. 12h-17h30)*. Une exposition présente l'histoire de l'église, rappelle les victimes de la guerre et exhorte à la réconciliation. Remarquez les **mosaïques★** du plafond et des murs (1906), à la gloire des Hohenzollern et de l'Empire allemand.

Tauentzienstraße

Dans cette rue traditionnellement commerçante se trouve le **KaDeWe** (*Kaufhaus des Westens* : grand magasin de l'Ouest), LE grand magasin chic de Berlin. Le centre commercial **Europa-Center**, juste derrière l'église du Souvenir, abrite le célèbre cabaret Die Stachelschweine (Les Porcs-épics). L'horloge hydraulique sur le Blumenhof est l'œuvre du Français Bernard Gitton.

La fontaine avec ses caractères exotiques et ses sculptures en bronze, sur la place entre l'église du Souvenir et l'Europa-Center, symbolise le globe terrestre. Les Berlinois l'appellent simplement **Wasserklops**.

★★ Fasanenstraße

Dans cette rue réputée pour ses boutiques de luxe et ses galeries d'art flotte encore le parfum du tout premier Kurfürstendamm. Au n° 23, la **Literaturhaus★★**, jolie villa dotée d'un adorable jardin, est un haut lieu de la vie littéraire berlinoise *(www.literaturhaus-berlin.de)*. Elle abrite le café **Wintergarten**, idéal pour faire une halte, ainsi qu'une librairie *(Kohlhaas & Co - tlj sf dim. 10h30-19h30, sam. 10h30-18h)*. Au n° 24, vous pourrez visiter jusqu'en 2022 le **Käthe-Kollwitz Museum★** *(✆ 030 882 52 10 - www.kaethe-kollwitz.de - 11h-18h - 7 €)* : il donne un aperçu de l'œuvre prolifique de Käthe Kollwitz (1867-1945), artiste allemande très sensible à la misère des classes sociales défavorisées. Des affiches connues des années 1920 comme *Plus jamais la guerre (Nie wieder Krieg)* témoignent de son engagement politique. Au n° 25, la villa éclectique **Grisebach★★** est aujourd'hui une salle des ventes très réputée *(www.grisebach.com - tlj sf dim. 10h-18h30, sam. 11h-16h)*.

Le château de Charlottenburg.
A. Leiva/age fotostock

1

★★★ Château de Charlottenburg

HORS PLANS

Le château se situe à l'ouest du centre historique, sur la Spree. Spandauer Damm 10-22 - ☏ 030 32 09 10 - www.spsg.de - ♿ - tlj sf lun. 10h-17h30 (16h30 nov.-mars) - fermé 24-25 et 31 déc. - vieux château ou nouvelle aile 12 € ; le « Ticket Charlottenburg + » à 17 €, acheté dans l'un des musées, est valable dans les autres sites de Charlottenburg (vieux château, nouvelle aile, nouveau pavillon, belvédère, mausolée).

À l'origine, ce château, dénommé Liezenburg, était la retraite préférée de la reine Sophie-Charlotte, épouse de Frédéric Ier, qui fonda avec Leibniz, en 1700, la Société des sciences. Après la mort précoce de la souveraine en 1705, il fut rebaptisé Charlottenburg en son honneur. La construction de l'édifice avait débuté en 1695 par un premier bâtiment très modeste qui devait servir de résidence d'été, mais qui ne tarda pas à être agrandi et coiffé d'une coupole en 1710. Le Roi-Sergent Frédéric-Guillaume Ier délaissa Charlottenburg, mais Frédéric II fit élever par Knobelsdorff une nouvelle aile est, dont un avant-corps à péristyle forme le seul élément décoratif. Plus tard, le château fut surtout habité par la reine Louise, épouse de Frédéric-Guillaume III. Après les importants dommages causés par la Seconde Guerre mondiale, le château de Charlottenburg fut de nouveau complètement reconstruit, ainsi qu'une grande partie des appartements. Dans la **cour d'honneur★** se dresse la statue équestre du Grand Électeur, chef-d'œuvre d'Andreas Schlüter (1703).

★★ Vieux château (ALTES SCHLOSS)

Il abrite notamment les appartements de Sophie-Charlotte et le célèbre **cabinet des porcelaines★★** (1706), où est exposée une superbe collection de porcelaine d'Extrême-Orient, reconstituée après la Seconde Guerre mondiale. La **chapelle du château★** (*Schlosskapelle*, 1706) fait parfois office de salle de concert. La tribune

royale est surmontée d'une couronne colossale, que portent deux allégories, et de l'aigle de Prusse.
L'**ancien cabinet de Frédéric-Guillaume IV**, dernier souverain à séjourner régulièrement à Charlottenburg, et de son épouse Élisabeth, contient peu de meubles. Dans les pièces qui suivent est notamment exposée l'**argenterie du prince héritier**★★ *(voir encadré ci-dessous)*, fils de Guillaume II, que les villes prussiennes lui offrirent à l'occasion de ses fiançailles en 1904 avec la duchesse Cécile de Mecklembourg-Schwerin. Les joyaux de la couronne de Prusse sont exposés dans le **cabinet royal**.

★★ Nouvelle aile (NEUE FLÜGEL)

Longue de 42 m, la **galerie dorée**★★ *(Goldene Galerie)*, exubérante salle de bal et de concert, témoigne de l'éclat du « rococo fédéricien », fait de vert tendre, de rose et d'or. Les pièces de l'**appartement de Frédéric II** présentent dans leur décor rococo blanc et or de remarquables tableaux de peintres français du 18e s., pour lesquels le roi éprouvait une vive admiration. C'est ici que se trouvent deux des chefs-d'œuvre de **Watteau** : **L'Enseigne de Gersaint**★★★ (1720 – *salle de concert*) et **L'Embarquement pour Cythère**★★★ (1718).
★ **Appartements d'hiver** – Ils furent habités par le successeur de Frédéric II, Frédéric-Guillaume II, sa belle-fille Louise et l'épouse de Frédéric-Guillaume III, entre la fin du 18e et le début du 19e s. Les pièces les plus remarquables sont l'**Ostindisches Zitzzimmer**★ tapissée d'un magnifique chintz des Indes très fleuri et la **chambre à coucher de la reine Louise**★, dont le lit et les dessertes (une partie de l'ameublement original) ont été conçus (1810) par Schinkel dans une harmonie de tons mauves. Les trois pièces tournées vers le parc sont décorées dans un style rococo fastueux. Une vitrine de la **bibliothèque** présente de précieux échantillons de la **collection de tabatières** de Frédéric II.
La **galerie chinoise** et le **cabinet chinois** donnant sur le parc servirent d'appartements d'été à Frédéric-Guillaume II. Dans les appartements de Frédéric-Guillaume III sont exposés plusieurs peintures d'histoire, dont le célèbre *Consul Bonaparte lors de la traversée du Grand Saint-Bernard* (1800) par J.-L. David.
Aile ouest (grande orangerie) – Construite entre 1701 et 1707 par Eosander, elle est aujourd'hui utilisée pour des expositions temporaires et diverses manifestations. L'architecte de l'ancien théâtre (construction de 1788 à 1791), à l'extrémité ouest de l'orangerie, était Langhans *(voir p. 507)*.

★★ Parc (SCHLOSSGARTEN)

De 8h à la tombée de la nuit - gratuit. Mausolée : tlj sf lun. 10h-17h30 (fermé nov.-mars) - 3 €. Nouveau pavillon : ☏ 030 320 910 - tlj sf lun. 10h-17h30 (nov.-mars 12h-16h) - 4 €. Belvédère : ☏ 030 320 910 - tlj sf lun. 10h-17h30 (fermé nov.-mars) - 4 € - gratuit avec le « Ticket Charlottenburg + ».

L'argenterie du kronprinz

Le service comptait à l'origine 2 600 pièces, destinées à 50 personnes, et se déployait sur une table de 16 m. Si les serviettes et les verres (il y en avait de cinq types) ont disparu pour la plupart, les terrines, plats et saladiers ont été conservés, exposés en un somptueux buffet de style classique et Jugendstil. Le tout est assorti de candélabres, de charmantes statuettes équestres et de figures monumentales – des éléphants surmontés d'un obélisque – qui appartiennent tous à une longue tradition des services de cour.

Transformé dans le goût anglais sous Frédéric-Guillaume II, le **parc** fait oublier les contraintes de la vie urbaine. À l'ouest, au bout d'une allée d'ifs et de cyprès, se trouve le petit **mausolée★** en forme de temple bâti en 1810 par Heinrich Gentz. Il abrite les tombeaux de Frédéric-Guillaume III, de la reine Louise, de l'empereur Guillaume Ier et de la reine Augusta.
Le **nouveau pavillon★** *(pavillon de Schinkel, situé entre l'extrémité est de l'aile Knobelsdorff et le pont du château)*, fut construit en 1824 par Schinkel pour servir de résidence d'été à Frédéric-Guillaume III. Il fut aménagé dans le style italien. Ce pavillon forme aujourd'hui un cadre de choix pour les œuvres de **C.D. Friedrich, K. Blechen** et **E. Gaertner** qui y sont exposées.
Au nord du lac, en direction de la Spree, se trouve le **belvédère★**, dessiné par Langhans. Il abrite une **exposition historique★** de la Manufacture royale de porcelaine de Berlin (KPM), du style rococo au style Biedermeier.

Édifices de Stüler

Schlossstraße 1, en face du château. Les bâtiments surmontés de dômes en face du château, de part et d'autre de la Schlossstrasse, ont été construits entre 1851 et 1859 par Friedrich August Stüler et servaient de casernes aux gardes du corps du roi. Dans la partie occidentale se trouve le musée Berggruen.

1

★ Musée Berggruen (MUSEUM BERGGRUEN)

Schlossstr. 1 - ✆ 030 266 42 42 42 - www.smb.museum - ♿ - tlj sf lun. 10h-18h, w.-end 11h-18h - 12 € (inclut l'accès à la collection Scharf-Gerstenberg).
La collection de l'ancien marchand d'art parisien Heinz Berggruen comprend surtout des œuvres de Picasso. Toutes les facettes de sa production y sont représentées : peintures (*Le Chandail jaune*, 1939 ; *Dora Maar aux ongles verts*, 1936), sculptures (*Tête de Fernande*, 1909), dessins et gouaches. On y trouve aussi des tableaux de Cézanne, Van Gogh, Matisse, Braque, Laurens, Giacometti et des ouvrages d'art africain. L'importante collection **Paul Klee★★** (plus de 50 œuvres), que Heinz Berggruen appréciait particulièrement occupe à elle seule deux étages de l'aile ouest. *Stadtartiger Aufbau (Structure urbaine)*, une aquarelle de 1917, l'aquarelle *Betrachtung beim Frühstück* de 1925 et le tableau *Klassische Küste* (1931) en font partie.

★ Musée Bröhan (BRÖHAN-MUSEUM)

Schlossstr. 1a - ✆ 030 326 906 00 - www.broehan-museum.de - ♿ - tlj sf lun. 10h-18h - fermé 24, 31 déc. et lun. de Pâques - 8 €, gratuit 1er merc. du mois.
Ce musée conserve une riche collection autour d'une période foisonnante dans le domaine des arts décoratifs : les années 1889-1939 qui embrassent le Jugendstil et les tout premiers exemples du design moderne. Réunie par Karl H. Bröhan (1921-2000) qui en a fait don à la ville de Berlin en 1981, elle n'est malheureusement visible qu'en partie, entre deux expositions temporaires. Ses points forts : les **vases Art Nouveau★**, conçus par Émile Gallé ou les frères Daum à Nancy, ainsi que les meubles signés Guimard et Majorelle. À signaler aussi un très beau tableau de **Walter Leistikow** (**Le Port★**, 1895) et des objets représentant les différentes tendances de l'**Art déco allemand★**.

Le grand Berlin

CARTE DE RÉGION P. 30

Avec près de 900 km2, le Land de Berlin ne manque pas de surprendre par la diversité de ses paysages : anciennes bourgades au charme provincial, pavillons noyés dans la verdure, cités-jardins, châteaux, lacs et vastes forêts.

★ Dahlem B2

Ce quartier est situé au sud-ouest de la ville, au sud du Kurfürstendamm.
Parsemé de villas dans le style des cottages anglais, adapté au cadre brandebourgeois par **Hermann Muthesius** (1861-1927), l'ancien domaine seigneurial de Dahlem est resté une banlieue résidentielle.
À la sortie de U Dahlem-Dorf, prenez à droite l'Iltisstraße.

★ Musée des Cultures européennes

(MUSEUM EUROPÄISCHER KULTUREN)

Arnimallee 25 - 030 266 42 42 42 - www.smb.museum - ♿ - tlj sf lun. 10h-17h, w.-end 11h-18h - 8 €.

Jusqu'en 2016, ce vaste complexe muséal faisait la part belle, sous le nom de Museen Dahlem, à l'**ethnographie** et aux **arts extra-européens** (Amérique centrale, Extrême-Orient, Afrique, Islam...). Ces fabuleux trésors ayant quitté les lieux pour rejoindre le château de Berlin *(voir p. 50)*, le MEK, fondé en 1999, dispose désormais d'un grand espace pour déployer sa très riche collection axée autour des cultures européennes (280 000 objets, répartis par thèmes ou distribués par « ethnies »). Pour l'instant, vous n'en verrez qu'une infime partie exposée selon un axe particulier : la question des identités locales face à l'émergence d'une culture globale. Les œuvres – une gondole vénitienne, un **masque★** du pays de Salzbourg, une armoire suédoise en bois peint... – témoignent des spécificités régionales mais aussi, pour certaines, d'un métissage culturel. La pièce la plus marquante est la **crèche de Noël mécanique★** de Saxe conçue dans un style orientalisant par Max Vogel en 1885 et constituée de 328 figurines dont beaucoup sont mobiles. C'est la seule crèche de ce genre qui soit conservée en dehors des Monts Métallifères.

★★ Jardin botanique (BOTANISCHER GARTEN)

Königin-Straße 6-8 - 030 838 501 00 - www.bgbm.org - ♿ - 9h-20h (16h en hiver) ; serres : 9h-19h (15h30 en hiver) - 6 €.

Ce jardin extraordinaire offre une profusion et une variété fascinantes d'arbres, de plantes et d'arbustes des cinq continents (22 000 espèces), en plein air et dans une immense **serre★★** (1906-1907). Celle-ci forme un véritable labyrinthe de dômes de verre abritant des plantes magnifiques des zones climatiques tropicales ou arides. Côté Königin-Luise-Straße, le **Musée botanique★** *(Botanisches Museum)* complète la visite (fermé pour travaux jusqu'en 2022)..

★★ Musée du mouvement Die Brücke (BRÜCKE-MUSEUM)

Bussardsteig 9 - BUS 115, arrêt Pücklerstraße, prendre la Pücklerstraße vers l'ouest, puis la première à gauche (Fohlenweg) et la première à droite - 030 8390 0860 - www.bruecke-museum.de - tlj sf mar. 11h-17h - fermé 24 et 31 déc. - 6 €.

Les cités-jardins

Né à la fin du 19e s. à l'initiative de l'urbaniste anglais Ebenezer Howard, le mouvement des cités-jardins *(Gartenstadtbewegung)* avait pour ambition de donner à chacun un habitat correct, au milieu d'un cadre verdoyant. Berlin fut précurseur dans ce domaine, et sous l'impulsion de Martin Wagner, directeur des services de l'Urbanisme à partir de 1926, la ville se dota de lotissements équipés de services de proximité, conçus par des architectes de renom tels que Walter Gropius, Bruno Taut ou Hans Scharoun. Parmi les plus célèbres, outre « La Case de l'oncle Tom » : « Le Fer à cheval » *(Hufeisensiedlung, Fritz-Reuter-Allee, Neukölln)* ou « La ville Blanche » *(Weiße Stadt, Aroser Allee, Reinickendorf)*.

Château de Pfaueninsel.
aldorado10/iStock

Ce musée est consacré au plus important groupement d'artistes de l'expressionnisme allemand, connu sous le nom de « **Die Brücke** » (le pont). Die Brücke fut fondé à Dresde en 1905 par quatre étudiants en architecture (Bleyl, Heckel, Kirchner et Schmidt-Rottluff), qui voulaient créer un art expressif par la déformation des lignes et l'utilisation de couleurs violentes. En 1911, le groupe se transféra à Berlin, où il se dispersa en 1913. La plupart des tableaux, sculptures, aquarelles et dessins exposés sont dus à **Karl Schmidt-Rottluff**, **Ernst Ludwig Kirchner** et Erich Heckel.

★★ Grunewald

Cette forêt à essences mixtes de 3100 ha était, dès le 16ᵉ s., une réserve de chasse des princes-électeurs. Elle est limitée à l'est par un chapelet de petits lacs, entre lesquels s'étendent des zones résidentielles. Au bord d'un de ces lacs, le lac de Grunewald, se trouve le charmant **pavillon Grunewald★** *(Jagdschloss Grunewald)*, construit en 1542 par Caspar Theyss pour le prince-électeur Joachim II. Ce petit château Renaissance fut reconstruit environ cent soixante ans plus tard dans le style baroque par le roi Frédéric Iᵉʳ. *Hüttenweg 100 - BUS 83 ou 115 (arrêt Clayallee puis 15mn de marche sur Im Jagen) - ✆ 030 813 35 97 - www.spsg.de - avr.-oct. : tlj sf lun. 10h-17h30 ; nov.-déc. et mars : w.-end et j. fériés 10h-16h, dernière entrée 15h - 6 €.*

Au sud-ouest de la ville A2

★ Lotissement « La Case de l'oncle Tom » (ONKEL TOMS HÜTTE)

Au croisement d'Onkel-Tom-Straße et Argentinische Allee, Zehlendorf (U Onkel Toms Hütte).

Conçu pour abriter 15 000 personnes, ce lotissement, construit sous la direction de Martin Wagner entre 1926 et 1932, est l'un des exemples les plus réussis de cités-jardins à Berlin. Autour de la station de métro qui en constitue le centre – avec centre commercial et cinéma –, les bâtiments de hauteur modérée (deux étages le plus souvent) sont implantés au milieu de la nature. À la sobriété de leurs façades répond l'éclat de leurs revêtements de couleurs vives, d'où le surnom de « lotissement-perroquet » *(voir p. 519)*.

★★ Île des Paons (PFAUENINSEL)

▶ *Accès en bac (mai-août : 9h-20h ; avr. et sept. : 9h-19h ; mars et oct. : 9h-18h ; nov.-fév. : 10h-16h - 4 €) depuis l'embarcadère situé au bout du Nikolskoer Weg (services suivant les besoins).*

Avec ses jardins paysagers et ses constructions, l'île des Paons, située sur la Havel, témoigne du goût qui régnait à la fin du 18e s. Le **château★** (1794-1797) est un exemple du style « ruines » qui était à la mode au début du romantisme. Les salons avec leurs parquets et leurs lambris en bois précieux conservent des souvenirs de la reine Louise *(Schloss Pfaueninsel - ✆ 0331 96 94 200 - www.spsg.de - château fermé pour restauration jusqu'en 2023)*.

Au sud-est de la ville B2

▶ *Pour visiter les curiosités ci-dessous, se rendre à Köpenick (au sud-est du centre de Berlin) : emprunter le réseau express régional (S-Bahn), ligne S47 jusqu'au terminus Spindlersfeld, puis le tram 61 ou 63 (arrêt Schlossplatz Köpenick).*

★★ Musée des Arts décoratifs (KUNSTGEWERBEMUSEUM)

Dans le château de Köpenick (Schloss Köpenick). ✆ 030 266 42 42 42 - www.smb.museum - ♿ - avr.-sept. : tlj sf lun. 11h-18h ; oct.-mars : jeu.-dim. 11h-17h - fermé j. fériés, 24 et 31 déc. - 6 €.

Fondé en 1867, il est le plus ancien **musée des Arts décoratifs** d'Allemagne et a l'insigne privilège d'être abrité dans le superbe **château de Köpenick**, construit entre 1677 et 1681 pour le prince de la cour Frédéric (futur roi Frédéric Ier). Parmi la vingtaine de salles à découvrir, signalons : les boiseries marquetées du château de **Haldenstein** (Suisse, vers 1548), le cabinet baroque aux miroirs du château de **Wiesentheid** (Franconie, 1724) et le charmant cabinet chinois du **palais Graneri** (Turin, 1740). À voir aussi, au 2e étage, l'imposante **Wappensaal**, ornée d'armoiries en stuc, et sous les combles, la riche collection de verres et porcelaines.

Les Lacs : großer Müggelsee et Wannsee

★★ Großer Müggelsee B2

▶ *De Köpenick : Tram 60 ou 61 (arrêt : Müggelseedamm/Bölschestr.).*

Ce lac de 4 km de long sur 2,5 km de large est le plus grand de Berlin. Il compte aussi parmi les plus majestueux. Les princesses de Prusse venaient y pique-niquer sous les tilleuls. Les premières régates y ont été organisées en 1881. Aujourd'hui, dans la forêt municipale de Köpenick, qui jouxte le plan d'eau, les possibilités de promenades sont nombreuses. On se baigne près de l'arrêt de tram *(Freibad Friedrichshagen - mai-août : 10h-19h - 5,50 €)*.

★ Wannsee AB2

▶ *De Hauptbahnhof ou Zoologischer Garten : S 1 (arrêts Nikolassee ou Wannsee).*

Cette anse de la Havel est dotée d'une plage de sable avec cabines et section naturiste *(Strandbad Wannsee - juin-sept. : 9h-20h - 5,50 €, 3,50 € dès 17h30)*. Vous préférez vous mettre au vert ? Prenez le BUS 218 *(1/h lun.-vend. ; 2/h sam.-dim.)* qui vous conduira à l'embarcadère de l'**île des Paons★★** *(voir p. 74 - Pfaueninsel ; accès en bac : mai-août 9h-20h ; avr. et sept. 9h-19h ; mars et oct. : 9h-18h ; nov.-fév. : 10h-16h - 4 €)*.

aldorado10/iStock

La porte de Brandebourg.

B. Gardel/hemis.fr

Kreuzberg, le Landwehrkanal.

B. Gardel/hemis.fr

Quartier de Kreuzberg, le fameux fast food de Hamburger le Burgermeister.

Carnet pratique

S'informer

Office de tourisme – Berlin Tourismus – ✆ 030 25 00 23 33 - *www.visitberlin.de (informations en français).*

Bureaux de tourisme (Berlin Tourist Infos) : *pte de Brandebourg, Pariser Platz - 9h30-18h (19h avr.-oct.) ; Hauptbahnhof (rdc, entrée Europaplatz 1) - 8h-22h ; Europa Center, Tauentzienstraße 9 (rdc) - lun.-sam. 10h-20h ; Park Inn (hall de l'hôtel), Alexanderplatz 7 - 7h-21h, dim. 8h-18h.*

Transports

Arriver à Berlin

Aéroports – Berlin-Brandenbourg (BER), le nouvel aéroport international, a été inauguré le 31 octobre 2020. Il est situé en partie sur le site de Schönefeld. L'ancien aéroport de Tegel a fermé ses portes. *✆ 030 60 91 60 910 - www.berlin-airport.de.*

Schönefeld est relié à la station d'Alexanderplatz par les trains régionaux RE7 et RB14, les lignes de métro S45 et S9. Le bus 171 assure la navette entre l'aéroport et la station de métro Rudow (U7) d'où l'on peut rallier facilement le quartier de Kreuzberg (Hermannplatz). Tarif « ABC ».

Gares – Berlin possède plusieurs gares mais la majorité des trains s'arrêtent à la gare centrale *(Hauptbahnhof)* située près du Bundestag et connectée aux lignes de S-Bahn S3, S5, S7, S9, S75 et de métro U55 - *www.bahnhof.de.*

Se déplacer dans Berlin

Voitures - Les transports en commun sont nombreux, rapides et pratiques. ☺ La nuit, bus, tramways et S-Bahn circulent entre 0h30 et 4h30. Certaines lignes de S-Bahn et toutes les lignes de métro (sauf U4 et U55) circulent en continu le week-end (même tarif qu'en semaine).

Informations – Les lignes de bus, de tram et de métro (U-Bahn) sont regroupées au sein de la **Berliner Verkehrsbetriebe** (BVG, régie des transports urbains berlinois) - *✆ 030 19 44 9 - www.bvg.de.*

Les transports suburbains et le réseau express régional (S-Bahn) sont gérés par le **Verkehrsverbund Berlin-Brandenburg** (VBB, réseau des transports urbains de la région de Brandebourg) - *✆ 030 25 41 41 41 - www.vbb.de*

☺ Les transports berlinois font souvent l'objet de travaux. Surveillez les panneaux indiquant d'éventuelles modifications d'itinéraires !

Zones et tarifs – Berlin et ses environs (dont Potsdam) sont divisés en 3 zones tarifaires (A, B et C) ; l'intérieur de la ville correspond à la zone AB. Les billets s'achètent dans les stations de métro, S-Bahn et tramway ou dans le bus. Pour être valable, le ticket doit être composté (sur le quai, à côté des distributeurs dans les stations de U-Bahn et de S-Bahn ; à l'intérieur des bus).

Le billet **simple** (valable 2h avec correspondances, dans la même direction) coûte 2,90 € (3,60 € pour les 3 zones ABC), et le billet à la **journée** (valable à partir de l'oblitération jusqu'à 3h le matin suivant) 8,60 € (9,60 € pour les 3 zones) ; le billet valable **7 jours** *(7 Tage-Karte)* coûte 34 € pour 2 zones, 41 € pour 3 zones ; à noter enfin le billet pour trajets courts *(Fahrausweis für Kurzstrecken)* à 1,90 € pour des trajets ne dépassant pas 3 stations de métro ou 6 stations de bus ou de tramway.

Welcome Card – Valable 48h, 72h ou 5 jours, elle permet à un adulte de circuler sur l'ensemble du réseau VBB. Tarif pour 2 zones (« AB ») : 23 € (48h), 33 € (72h), 46 € (5 j.) ; tarif pour 3 zones (« ABC ») y compris Potsdam : 28 €, 38 €, 49 €. Elle permet de bénéficier, en outre, de menues réductions (25 % en général) sur plusieurs visites guidées, une vingtaine d'attractions, une trentaine de théâtres ou cabarets et dans 35 musées (mais pas ceux de la Museumsinsel). En vente dans tous les points de vente de la BVG et aux distributeurs automatiques.

Visites

En bus touristique

Pour le prix d'un ticket de bus, la ligne 100 (bus à deux étages) circule le long des principaux monuments du centre.

Berlin City Tour – *030 7017 1250 - www.berlin-city-tour.de - 30 € (27 € en ligne ; 14 € enf.).* Visites commentées de 2h (en français avec casque) dans un bus à impériale. Départ ttes les 20mn entre 9h20 et 16h40. Une vingtaine d'arrêts avec possibilité de descendre du bus et de remonter par la suite. Points de départ : le Kurfürstendamm (Tauentzienstraße 16), la Potsdamerplatz, la Hauptbahnhof.

Bex – *880 41 90 - www.bex.de - tlj à partir de 10h - à partir de 26 €.* Cette compagnie propose un grand tour de Berlin avec visites audiocommentées en français. 18 arrêts. Point de départ : Kurfürstendamm 216.

À pied

Ciao-berlin ! – *162 595 95 97 - www.ciao-berlin.de - 50 €/h.* Stefano Gualdi, historien de l'art, vit à Berlin depuis 2001. Avec une équipe de guides professionnels, il organise des visites en français, individuelles ou en petits groupes, à Berlin et Potsdam. Ses visites sont préparées sur mesure, selon les mots clés que vous lui donnerez. Elles sont orientées art de vivre, architecture, histoire. Fin connaisseur de Berlin, il donne des clés pour comprendre la ville. Une visite passionnante, instructive et joyeuse.

Good morning Berlin – *www.goodmorningberlin.com - 25/30 €.* Élodie (ou Adrien) vous emmène en français et en petit comité (8 pers. maxi) pour une visite guidée thématique de 2h30 à 3h hors des sentiers battus. L'occasion de découvrir l'ancien no man's land, les hauts lieux de l'*underground* berlinois, le street art, les derniers squats ou les nouveaux bars improvisés... Sympathique, original et compétent.

Matthias Rau – *030 42 11 377 - www.matthiasrau-berlin.de - 15 € - réserv. conseillée.* Cet ex-Berlinois de l'Est fait découvrir sa ville avec passion et une sacrée pointe d'humour aux germanophones. Visites de quartiers du centre et périphériques (la visite « Unbekanntes Ostberlin » est une vraie perle), visite thématique sur le Berlin juif, visite à vélo le long du tracé du Mur.

En bateau

Circuits de 1h à 4h sur la Spree ou la Havel. Les classiques font une boucle autour de l'île des Musées (1h, départs de Friedrichsbrücke, Schlossbrücke, Liebknecht-Brücke, Friedrichstraße et face au Märkisches Museum). D'autres croisières ont également lieu sur le Landwehrkanal, ce qui permet notamment de découvrir le quartier de Kreuzberg.

Informations – *Reederverband - Kattfußstr. 29 - 030 23 91 317 - www.reederverband-berlin.de.* Agence rassemblant l'ensemble des compagnies de croisières. Brochure disponible dans les OT.

Stern-und-Kreis-Schiffahrt – *030 53 63 600 - www.sternundkreis.de - circuits d'1h à une journée.* Le plus grand spécialiste de la croisière à Berlin.

1

Reederei Riedel – *030 67 96 14 70 - www.reederei-riedel.de - durée : 1h à 3h - audioguide en français - 17/24 €.* Départs : Hauptbahnhof, Haus der Kulturen der Welt, Kottbusserbrücke... Le long de la Spree et du Landwehrkanal.

Reederei Bruno Winkler – *030 349 95 95 - www.reedereiwinkler.de.* Départs : Schlossbrücke, Bahnhof Friedrichstraße. 1h à 3h à travers les Berlin historique et moderne (16/24 €).

Carte spéciale musées

Vendue 51 €, valable 3 jours, la **WelcomeCard Museumsinsel** donne accès aux transports publics berlinois et aux collections permanentes de l'île des Musées. Elle permet en outre d'obtenir, comme la Welcome Card *(voir p. 77)*, un tarif réduit (25 %) dans 35 autres musées. En vente dans les Berlin Tourist Info *(voir « S'informer » p. 76)* et aux distributeurs de tickets de métro. *www.berlin-welcomecard.de.*

Nos adresses

Restauration

Alexanderplatz PLAN P. 46-47

Premier prix

44 **Allegretto Caffè Neues Museum** – B1 - *Bodestr. 1 - S Friedrichstraße, U Friedrichstraße - 030 28042307 - www.allegretto-neuesmuseum.de - 10h-18h (jeu.-sam. 20h) - 10/15 €.* Au rez-de-chaussée du Neues Museum. Le cadre, chaleureux, est signé David Chipperfield (responsable de la restauration complète du musée) et la carte, réduite mais appétissante : assiette de hors-d'œuvre égyptiens (8,90 €), sandwichs au saumon, salades, soupes et pâtisseries maison.

Budget moyen

47 **Mutter Hoppe** – B1 - *Rathausstr. 21 - U Klosterstraße, U Alexanderplatz - 030 24720603 - www.mutterhoppe.de - à partir de 11h30 - 15/40 €.* Grandes salles en sous-sol, où venir en famille ou entre amis déguster une cuisine allemande. Vendredi et samedi, de 19h30 à 22h30, concerts dans le style des années 1920 et 1930.

1 **Ephraim's** – C2 - *Spreeufer 1 - U Klosterstraße - 030 24725947 - www.ephraims.de - 12h-22h - 20/25 €.* La perle des cafés du quartier St-Nicolas, au mobilier « Gründerzeit » (fin 19e s.). Terrasse sur les bords de la Spree. Spécialités berlinoises, gâteaux et tartes maison.

Charlottenburg HORS PLAN

Budget moyen

Diekmann – *Meinekestr. 7 - U Uhlandstraße - 030 8833321 - www.diekmann-restaurants.de - ♿ - fermé dim. et midi les j. fériés - menu le midi 16,50 €, dîner 24/45 €.* Élégante décoration à l'ancienne dans ce restaurant qui propose des formules rapides le midi. Plats variés inspirés des cuisines allemande et française.

Lentz – *Stuttgarter Platz 20 - S Charlottenburg - 030 3241619 - ♿ - 9h-1h (cuisine jusqu'à 22h) - 15/20 €.* Brasserie berlinoise restée dans son jus, fréquentée par les habitants du quartier. On y sert une cuisine berlinoise traditionnelle. Grande terrasse à la belle saison.

Friedrichshain HORS PLAN

Budget moyen

Schneeweiss – *Simplonstr. 16 - S Warschauer Straße, U Warschauer Straße - 030 29049704 - www.schneeweiss-berlin.de - 18h-1h, w.-end 10h-1h (cuisine jusqu'à 23h) - 22/35 €.* Un écrin blanc dédié à la cuisine alpine créative. Sur les banquettes immaculées, une clientèle branchée bohème. Le week-end, petits-déjeuners tardifs et brunch de 10h à 15h (14,90 €).

Kreuzberg PLAN P. 56-57

Premier prix

25 **Curry 36** – A2 - *Mehringdamm 36 - U Mehringdamm - ✆ 030 2580 088336 - www.curry36.de - 9h-5h - portion 2 € env.* On dit que ce petit Imbiss sert l'une des meilleures Currywurst (LA spécialité de la capitale !) de Berlin. La file d'attente, jour et nuit, le prouve.

33 **Hasir** – D1 - *Adalbertstr. 10 - U Kottbusser Tor - ✆ 030 6142373 - www.hasir.de - 24h/24 - 18/29 €.* Le temple du Döner Kebap berlinois, où il a été inventé dans sa version sandwich en 1971. Délicieux ayran fait maison (yaourt salé à boire).

Budget moyen

62 **Max und Moritz** – C1 - *Oranienstr. 162 - U Moritzplatz - ✆ 030 69515911 - www.maxundmoritzberlin.de - à partir de 17h - 17/27 €.* Une incontournable institution berlinoise, ouverte en 1902, où l'on déguste des spécialités locales. Très copieux.

Pour se faire plaisir

23 **Rutz Zollhaus** – B2 - *Carl-Heinz-Ufer 30 - U Prinzenstraße - ✆ 030 233 276 670 -www. rutz-zollhaus.de - ♿ - merc.-sam. 16h-22h, dim. 13h-22h- 18/26 €.* Au bord du Landwehrkanal, l'ancienne maison de la douane vient d'être reprise par le talentueux Marco Müller : l'assurance de trouver de bonnes vieilles spécialités du Brandebourg réinterprétées sur un mode contemporain ainsi qu'une agréable terrasse au soleil où l'on sert pour moins de 10 € *(Gartenkarte)* charcuterie et salades.

20 **Spindler** – D2 - *Paul-Lincke-Ufer 42-43 - U Kottbusser Tor - ✆ 030 69598880 - www.spindler-berlin.de - tlj à partir de 18h et lun.-vend. 12h-15h - brunch le w.-end 10h-16h - plats du soir : 19/38 €.* Au bord du Landwehrkanal, un cadre charmant et une carte qui puise en France et en Italie. Pour les véganes, il y a, le midi, des *bowls* de riz rouge, avocat et petits pois (11,5 €) ; pour les autres, des tagliatelle au saumon et, le soir, de la dorade au fenouil et confit d'aubergines (28 €). Portions menues.

50 **Layla** – A1 - *Hallesche Str. 10 (à l'angle de la Möckernstraße) - S Anhalter Bahnhof - ✆ 151 225 63654 - www.layla-restaurant.com - mar.-dim. 18h-1h - menu 55 € ; plats 29/35 €.* Une belle palette de petits plats méditerranéens, mi-Tanger mi-Tel Aviv, préparés avec soin dans une cuisine ouverte par une brigade tout de blanc vêtue et servis par des serveurs tout en noir sous la supervision de Meir Adoni, dont on salue le talent de chef à chaque bouchée. Son halloumi grillé est un pur délice !

Une folie

21 **Tulus Lotrek** – C2 - *Fichtestr. 24 - BUS M41, U Südstern - ✆ 030 41956687 - www.tuluslotrek.de - tlj sf merc.-jeu. 19h-0h (cuisine jusqu'à 23h) - menus 120/150 €.* Cet ancien bistrot, tapissé d'un incroyable papier peint, joue la carte de l'audace avec des assemblages inédits de textures et de saveurs : une larme d'absinthe, un croquant de lard dans le cabillaud… Surprenant et délicieux. Service chaleureux.

Kurfürstendamm HORS PLAN

Pour se faire plaisir

Neni – *Budapester Str. 40 - S Zoologischer Garten, U Kurfürstendamm ou, U Zoologischer Garten - ✆ 030 120221200 - www.neniberlin.de - 12h-23h, w.-end 12h30-23h - 17/25 €, menu 38 €.* Au 10e étage de l'hôtel 25hours, une

1

cantine qui vaut autant pour sa vue imprenable sur le zoo que pour sa cuisine inspirée, aux parfums du Proche-Orient.

Mitte PLAN P. 36-37

Premier prix

Die ständige Vertretung – HORS PLAN - *Schiffbauerdamm 8 - Ⓢ Friedrichstraße, Ⓤ Friedrichstraße - ✆ 030 2823965 - www.staev.de - ♿ - 10h-1h - 17/28 € (plats du jour à midi à 7,90 €).* Brasserie culte ouverte en 1997, destinée à l'origine aux employés des ministères allemands qui ont dû déménager de Bonn à Berlin après la réunification.

Budget moyen

49 **Rotisserie Weingrün** - D2 - *Gertraudenstr. 10 - Ⓤ Spittelmarkt - ✆ 030 206 21900 - www.rotisserie-weingruen.de - lun.-sam. 17h-0h - plats 16/32 €.* L'adresse est très prisée des amateurs de grillades et de bons vins (allemands et autrichiens pour l'essentiel). À tester : le saumon flambé au gratin et petits légumes. Attention au prix excessif de l'eau minérale et réservation conseillée !

Pour se faire plaisir

48 **Bocca di Bacco** – B1 - *Friedrichstr. 167/168 - Ⓤ Französische Straße- ✆ 030 20672828 - www.boccadibacco.de - 12h-0h, dim. et j. fériés 18h-0h - 26/57 €.* À deux pas des Galeries Lafayette, une bonne table italienne qui a le sens du détail : il y a des grains de grenade dans la roquette et un soupçon de clémentine sur le filet de saumon en croûte. Réservation recommandée.

46 **Lutter und Wegner** – C2 - *Charlottenstr. 56 - Ⓤ Französische Straße - ✆ 030 20295415 - www.l-w-berlin.de - 11h-0h - 21/47 €.* La devise : « Le vin, les femmes et la chanson ». Une clientèle huppée a ses habitudes dans ce bar à vin fréquenté dans l'entre-deux-guerres par les stars.

17 **Borchardt** – C1 - *Französische Str. 47 - Ⓤ Französische Straße - ✆ 030 81886262 - www.borchardt-restaurant.de - à partir de 11h30 (cuisine jusqu'à 0h) - 25/80 €.* Colonnes et plafonds stuqués : voici l'une des adresses « chic et branchées », où « voir et être vu » ! Cuisine d'inspiration française.

Une folie

Rutz – HORS PLAN - *Chausseestr. 8 - Ⓢ Friedrichstraße, Ⓤ Oranienburger Tor, Ⓤ Friedrichstraße - ✆ 030 24628760 - www.rutz-restaurant.de - ♿ - mar.-sam. à partir de 17h30 - plats du Weinbar 17,50 €/28,50 €, menu 6 plats du Restaurant 180/220 €.* Bien connu des gourmets berlinois, le Rutz comporte deux sections : le Weinbar et le Restaurant. Dans le premier, le chef Marco Müller enchante les papilles avec des spécialités brandebourgeoises à prix raisonnables ; pour le second, il concocte une cuisine de haut vol, raffinée et pleine d'arômes. Son autre atout ? Sa carte des vins.

Potsdamer Platz PLAN P. 60-61

Premier prix

15 **Vapiano** – D2 - *Potsdamer Pl. 5 - Ⓢ Potsdamer Platz, Ⓤ Potsdamer Platz - ✆ 030 23005005 - www.vapiano.de - 11h-0h (vend.-sam. 1h) - 15/25 €.* Un self-service où l'on combine soi-même pâtes et sauce, sa propre salade ou sa pizza. Les cuisiniers s'activent devant vous. Basilic, romarin et menthe à disposition.

Joseph-Roth-Diele – HORS PLAN - *Potsdamer Str. 75 - au sud de la Neue Nationalgalerie - BUS M48 arrêt Lützowstr., Ⓤ Kurfürstenstraße - www.joseph-roth-diele.de - lun.-jeu. 10h-23h (vend. 0h) - 12 €/20 €.* Roulé de bœuf au chou rouge, spätzle aux lentilles et stullen (tartines)... : une carte locale à savourer à la bonne franquette dans un décor à la mémoire de l'écrivain Joseph Roth. Charmant.

Scheunenviertel PLAN P. 52-53

Premier prix

52 **PeterPaul** – B2 - *Torstraße 99 - U Rosenthaler Platz - ✆ 030 43773043 - www.peterpaul.berlin - 18h-23h- dim. 17h-22h - 6,50/11 €.* L'adresse idéale pour goûter aux classiques de la gastronomie allemande en version allégée et au format tapas. Boulettes berlinoises à la moutarde, poulet rôti au cresson... On en redemande! Service accueillant, réservation indispensable.

Pour se faire plaisir

Einsunternull – HORS PLAN - *Hannoversche Straße 1 - U Oranienburger Tor - ✆ 030 27577810 - www.restaurant-einsunternull.de - 12h-14h, 19h-23h - jeu.-lun. 12h-14h30 et 18h-22h30. Menu du midi à 39 € (3 plats), du soir à 89 € (3 plats) ou 139 € (6 plats).* Le restaurant le plus gourmet du moment! Grâce à un jeune virtuose du fourneau, Silvio Pfeufer qui a su nouer des contacts étroits avec des fermiers et des pêcheurs de la région, on savoure ici une cuisine à l'image de Berlin : multiculturelle et pleine de belles surprises.

Petite pause

Kurfürstendamm

Literatur Haus (Wintergarten) – *Fasanenstr. 23 - U Uhlandstraße - ✆ 030 8825414 - www.literaturhaus-berlin.de - 9h-0h.* La bourgeoisie cultivée berlinoise a ses habitudes dans ce salon de thé chic attenant à la Maison de la littérature. Grand choix de gâteaux. Terrasse dans un jardin ravissant.

Princess Cheesecake - *Knesebeckstr. 32 - U Uhlandstraße ou S Savignyplatz - ✆030 886 25870 - www.princess-cheesecake.de - tlj 10h-20h.* Une bonbonnière rosée où l'on déguste de délicates tartelettes, des mousses quasi aériennes et surtout des cheesecakes préparés avec du quark en provenance de l'écovillage de Brodowin près de Chorin. Un régal! Paiements par carte bancaire exclusivement.

Mitte

Café im Zeughaus – *Unter den Linden 2 - S Friedrichstraße, U Friedrichstraße - ✆ 02064 2744 - www.dhm.de - 10h-18h.* Le café du musée de l'Histoire allemande a deux atouts : un large choix d'en-cas et de petits plats, et une belle terrasse avec vue sur le Berliner Dom.

Prenzlauer Berg

Anna Blume – *Kollwitzstr. 83 - U Senefelderplatz - ✆ 030 44048749 - www.cafe-anna-blume.de - 8h-22h.* Le comptoir à gâteaux de ce café-pâtisserie-magasin de fleurs ravira les gourmands. Adorable terrasse fleurie.

Boire un verre

Friedrichshain

Timber Doodle – *Wühlischstr. 37 - Tram M5, 10 ou 13 arrêt Wühlischstr./Gärtnerstr. - ✆ 01525 3133786 - www.timberdoodle.de - mar.-sam. 19h-2h.* Ce bar au nom tiré d'une nouvelle de Dickens séduit par son décor chaleureux (on se croirait presque dans un club de gentlemen) et ses cocktails maison, mixés par Susanne Baró Fernández qui a longtemps vécu à Cuba.

Kreuzberg

Eiscafé Isabel – *Böckhstr. 1 - U Schönleinstraße - ✆ 030 69816832 - www.eiscafe-isabel.berlin - avr.-sept. : 10h-22h; reste de l'année : 10h-18h.* Au bord du Landwehrkanal, en face de l'Admiralbrücke, où se donne rendez-vous la jeunesse berlinoise aux beaux jours, grand choix de

1

glaces que l'on peut déguster sur une terrasse ensoleillée et souvent prise d'assaut.

Ankerklause – *Kottbusser Damm 104 - U Schönleinstraße, U Kottbusser Tor - 030 6935649 - www.ankerklause.de - à partir de 10h, lun. à partir de 16h.* Café-bar très fréquenté jour et nuit, repérable à son ancre bleue lumineuse sur le toit, avec terrasse perchée au-dessus du Landwehrkanal.

Dolden Mädel Braugasthaus – *Mehringdamm 80 - U Mehringdamm - 030 77326213 - www.doldenmaedel.de - 11h30-0h30 (vend.-sam. 1h30).* Un must pour les amateurs de bières artisanales. Chaque jour, le patron propose, en plus des 70 bières à la carte, une vingtaine de bières brassées en ville (la Berliner Berg, la Heidenpeters) ou à l'extérieur (la Mikkeller de Copenhague). On peut aussi s'y restaurer.

Kurfürstendamm

Monkey Bar – *25hours Hotel Bikini Berlin Budapester Str. 40 - S Zoologischer Garten, U Kurfürstendamm ou, U Zoologischer Garten - 030 120221200 - www.monkeybarberlin.de - 12h-2h.* Ce bar au 10e étage de l'hôtel 25hours a plusieurs atouts : une vue imprenable, une ambiance conviviale et un bon choix de vins du Palatinat. Comptez 8,50 € pour un cocktail soda cranberry, citron et framboise à la menthe fraîche sans alcool.

Nikolaiviertel

Brauhaus Georgbräu – *Spreeufer 4 - S Alexanderplatz, U Alexanderplatz - 030 2424244 - www.brauhaus-georgbraeu.de - 12h-0h.* Grande brasserie avec un immense Biergarten l'été en bordure de la Spree. Les spécialités berlinoises, et la bière brassée sur place, attirent beaucoup de monde.

Prenzlauer Berg

Prater Garten – *Kastanienallee 7-9 - U Rosenthaler Platz - 030 4485688 - www.prater-biergarten.de - par beau temps, d'avr. à sept, lun.-sam. à partir de 18h, dim. dès 12h.* Très central tout en étant calme, voici le plus ancien Biergarten de la ville. Un incontournable, avec une auberge.

Shopping

Les rues commerçantes les plus importantes sont Kurfürstendamm, Tauentzienstr. (grand magasin KaDeWe), Friedrichstr.

Galeries d'art

Vous en trouverez plusieurs entre l'Oranienburger Str. et la Rosa-Luxemburg-Platz, notamment le long de l'Auguststr.

Antiquaires

Ils se concentrent le long de l'Eisenachstr., la Kalkreuthstr. et la Fasanenstr.

Marchés

Puces – Großer Berliner Trödel- und Kunstmarkt (œuvres d'art et brocante), Straße des 17. Juni (Charlottenburg), w.-end 10h-17h ; marchés aux puces de Wilmersdorf, Fehrbelliner Platz, w.-end 7h-16h ; de Boxhagener Platz, dim. 10h-18h, du Mauerpark (accès par Bernauer Str. 63-64), dim. 10h-18h ; marché d'art et d'antiquités sur l'île des Musées, w.-end 11h-17h.

Alimentation – Marché turc, Maybachufer (à la lisière de Kreuzberg et de Neukölln), mar. et vend. 12h-18h30.

En soirée

Pour sortir, consultez l'agenda culturel du site www.berlin.de ou procurez-vous les magazines **Zitty** (www.zitty.de) et **Tip** (www.tip-berlin.de), très complets.

Pour assister à une représentation, mieux vaut réserver ses places trois semaines à l'avance auprès des théâtres ou des opéras.

La « scène berlinoise » est très « éclatée »; il existe de nombreux quartiers et rues animés : à Charlottenburg, autour de la Savignyplatz et sur le Kurfürstendamm; à Kreuzberg, dans l'Oranienstr. et la Wiener Str., ainsi que le long du Landwehrkanal; dans le quartier de Mitte, autour du Hackescher Markt, ainsi que dans le quartier de Prenzlauer Berg, le long de la Kastanienallee.

Charlottenburg

A-Trane – *Bleibtreustr. 1 - S Savignyplatz - 030 3132550 - www.a-trane.de - à partir de 20h (concerts à 21h).* Un club de jazz chic et décontracté à l'excellente réputation. Des musiciens célèbres, tels que Herbie Hancock, Ray Brown, Wynton Marsalis, se sont produits ici. Le samedi, les musiciens tapent le bœuf jusqu'à l'aube.

Deutsche Oper – *Bismarckstr. 35 - U Deutsche Oper - 030 34384343 - www.deutscheoperberlin.de.* C'est l'un des trois opéras de Berlin avec le Staatsoper et le Komische Oper. Il propose un grand répertoire d'opéras et de ballets et soutient également le répertoire contemporain.

Quasimodo Berlin – *Kantstr. 12a - S Zoologischer Garten, U Zoologischer Garten - 030 31804560 - www.quasimodo.de - à partir de 22h.* Un des meilleurs et plus anciens clubs de jazz de la ville, dans une vaste cave. Restaurant (service 11h30-23h).

Friedrichshain-Kreuzberg

Café Luzia – *Oranienstr. 34 - U Kottbusser Tor - 030 81799958 - www.luzia.tc - tlj à partir de 12h.* Idéal pour prendre une bière le soir dans la rue la plus animée du quartier. Ambiance cosy et destroy-chic à la fois, entre squat et boudoir. Fauteuils vintage et éclairages tamisés.

Watergate – *Falckensteinstr. 49 - U Schlesisches Tor - 030 61280394 - www.water-gate.de - à partir de 23h45 - fermé dim.-mar.* Club électro dont la piste de danse est posée au ras de la Spree, qui se couvre de reflets dorés au lever du soleil.

Mitte

Pierre-Boulez-Saal – *Französische Str. 33d - BUS 100, 200, TXL arrêt Staatsoper - 030 47997411 - www.boulezsaal.de - places : 10/65 €.* Une nouvelle valeur sûre pour les mélomanes : la salle modulable de 682 places, édifiée à l'initiative de Daniel Barenboim par l'architecte Frank Gehry (2017). On y programme une centaine de concerts de musique de chambre par an : lieder de Schubert, sonates de Mozart...

Prenzlauer Berg

Kulturbrauerei – *Knaackstr. 97 - U Eberswalder Straße - 030 44352170 - www.kulturbrauerei.de.* Ancienne brasserie 19e s., avec lieux de restauration, cinéma multiplex, boîtes de nuit, salles de concerts, galeries, centres dramatiques et boutiques. À noter : le Soda Club (www.soda-berlin.de) et ses soirées salsa du jeudi, ou l'Alte Kantine (www.alte-kantine.de), haut lieu de la musique pop d'ex-RDA, le mercredi soir, avec entrée à 3 €... pour les plus de 29 ans!

Tiergarten

Tipi am Kanzleramt – *Große Querallee - BUS 100 (arrêt Platz der Republik), S Hauptbahnhof, U Hauptbahnhof - 030 39066550 - www.tipi-am-kanzleramt.de - déb. spectacle 20h, dim. 19h.* Sous le grand chapiteau situé près du Bundeskanzleramt se succèdent opérettes, variétés, vaudevilles... On y programme assez souvent

1

Cabaret, la célébrissime comédie musicale qui évoque le Berlin des années 1930. Dîners-spectacles à 18h30 (33 € les 3 plats).

Wintergarten – *Potsdamer Str. 96 - U Kurfürstenstraße - ☎ 030 588 4340 - www.wintergarten-berlin.de - spectacles : mar.-sam. 20h, dim. 18h - places 32/80 €.* Ce théâtre propose régulièrement des spectacles de variétés sur le thème de la Belle Époque – *Rendez-vous avec Marlene Dietrich, Revue 2020* – mêlant acrobatie, danse et musique live. C'est frivole à souhait, un brin provocateur et toujours divertissant.

Hébergement

Alexanderplatz PLAN P. 46-47

Budget moyen

23 **Motel One Berlin-Hackescher Markt** – C1 - *Dircksenstr. 36 - S Alexanderplatz, U Alexanderplatz - ☎ 030 20054080 - www.motel-one.com - P 16 €/j - ♿ wifi - 207 ch. 107/159 € ☕.* Chambres déclinées en blanc et bleu dans un hôtel ultra-fonctionnel, très propre et stratégiquement situé près de « l'Alex ». Pour les fans de design minimaliste.

Pour se faire plaisir

8 **Hotel Hackescher Markt** – B1 - *Große Präsidentenstr. 8 - S Hackescher Markt - ☎ 030 280030 - www.hotel-hackescher-markt.com - 32 ch. 94/154 € - ☕ 17,50 €.* Bâtiment récent à la façade d'aspect historique. Chambres spacieuses. Celles avec terrasse sont très calmes.

Charlottenburg HORS PLAN

Budget moyen

Hotel-Pension Funk – *Fasanenstr. 69 - U Kurfürstendamm ou Uhlandstraße - ☎ 030 8827193 - www.hotel-pensionfunk.de - P 13 €/j. wifi - 14 ch. 89 € (WC et sdb sur le palier)/99 € ☕.* C'était, dans les années 1930, le pied-à-terre berlinois d'une diva du cinéma muet danois. Papiers peints fleuris et mobilier d'époque.

Kreuzberg PLAN P. 56-57

Premier prix

Hotel Transit – A2 - *Hagelberger Str. 53-54 - U Mehringdamm - ☎ 030 789 0470 - www.hotel-transit.de - 50 ch. à partir de 65 €.* Dans une ancienne manufacture de tabac, des chambres modestes mais fonctionnelles, toutes avec douche, appréciées des petits budgets.

Mitte PLAN P. 36-37

Budget moyen

Arte Luise Kunsthotel – HORS PLAN - *Luisenstr. 19 - S Friedrichstraße, U Friedrichstraße - ☎ 030 284480 - www.luise-berlin.com - P 15 €/j. - wifi - 50 ch. 87/144 € - ☕ 12,50 € - ✕.* Ce palais très classique, construit en 1825 et classé monument historique, héberge un hôtel original où des artistes ont apporté leur touche créative à la décoration des chambres.

Pour se faire plaisir

Honigmond Garden Hotel – HORS PLAN - *Invalidenstr. 122 - U Naturkundemuseum - ☎ 030 28445577 - www.honigmond.de - P - 16 ch. et 4 appart. - 114/147 € - ☕ 13,50 €.* Des chambres de caractère avec parquet, situées dans un quartier silencieux tout près du centre historique. En été, petit déjeuner servi dans le jardin.

Une folie

15 **Hotel Adlon Kempinski** – A1 - *Unter den Linden 77 - S Brandenburger Tor, U Brandenburger Tor - ☎ 030 22610 - www.kempinski.com - P 40 €/j. 🏊 ♿ - 385 ch. à partir de 280/390 € - ☕ 48 €.* Une légende vivante ! Depuis 1997, il est de nouveau possible de loger dans ce somptueux édifice restauré situé

près de la porte de Brandebourg et de l'avenue Unter den Linden. Le luxe est partout. On peut aussi découvrir l'hôtel de 14h à 18h pour prendre un verre ou s'offrir un *tea afternoon* à partir de 49 €.

Potsdamer Platz PLAN P. 60-61

Budget moyen

17 **Motel One Berlin-Potsdamer Platz** – D2 - *Leipziger Platz 12 - S Potsdamer Platz, U ou - 030 20670780 - www.motel-one.com - P 20 €/j. - - 239 ch. 99 € - 11,50 €.* L'ancien grand magasin Wertheim, transformé en hôtel ultra-fonctionnel, offre le meilleur rapport dans le quartier de la Potsdamer Platz. Le petit déjeuner avec vue sur le Bundesrat est appétissant et les transports en commun sont à portée de main.

Pour se faire plaisir

14 **Sheraton Grand Hotel Esplanade** – B2 - *Lützowufer 15 - U Nollendorfplatz - 030 254780 - www.esplanade.de - P - 394 ch. à partir de 130 € - 27 €.* Ce grand hôtel, gagné par l'animation culturelle du quartier, ressemble à une exposition consacrée à la décoration moderne. Chambres très modernes et luxueuses.

Hotel Henry – HORS PLAN - *Meinekestraße, 9 - U Kurfürstendamm - 030 884430 - www.henri-berlin.com - 68 ch. 108/148 € - 4,50/16 €.* Un boutique-hôtel de charme doté d'agréables salons et de trois catégories de chambre : les « Kabinett », compacts mais magiques, les « Chambres », confortables et pittoresques, et les « Salon-Zimmer », délicieusement classiques. En prime, des tartines gratuites le soir (19h-21h) !

Prenzlauer Berg PLAN P. 52-53

Premier prix

22 **Pfefferbett Hostel Berlin** – C1 - *Christinenstr. 18-19 - U Senefelderplatz - 030 93935858 - www.pfefferbett.de - - 45 ch. 59/99 € et dortoirs 17/29 €/pers. (un dortoir de 6 lits réservé aux femmes) - 7 € -* Cette auberge de jeunesse récente occupe un ancien bâtiment industriel vieux de 150 ans. Les ajouts modernes complètent parfaitement les vieilles briques. Un sérieux concurrent pour les hôtels design !

Budget moyen

16 **The Circus** – B2 - *Rosenthaler Str. 1 - U Rosenthaler Platz - 030 20003939 - www.circus-berlin.de - 60 ch. et appart. 99/124 €, dortoirs 19/23 € (entrée Weinbergsweg 1a) - 12 € (5 € pour les dortoirs).* À quelques minutes à pied de Hackerscher Markt, un agréable hôtel aux chambres claires et colorées, avec salle de bains commune ou privative, et appartements spacieux. Services nombreux (Internet, location de vélos, etc.). Terrasse et jardin.

1

Potsdam ★★★

La cité d'élection des anciens rois de Prusse possède un charme tout provincial, avec ses maisons basses, ses voies piétonnes, ses anciennes portes et son célèbre joyau rococo, le château de Sans-Souci, dissimulé au cœur de la verdure. Mais la capitale du Brandebourg vit aussi un véritable second souffle. Le centre redécouvre son canal longtemps enfoui. Un nouveau quartier à l'architecture résolument contemporaine se dresse au bord du Tiefer See. Même la place historique du Vieux Marché retrouve peu à peu son aspect d'origine...

Se repérer

178 000 habitants – Brandebourg

CARTE DE RÉGION A2 (P. 30)

PLAN DE VILLE P. 90

La capitale du Brandebourg, reliée à Berlin (Hauptbahnhof ou Zoologischer Garten) par les trains régionaux (RE1; 2 trains/h) et la S-Bahn 7 (6 trains/h), se situe à 40 km au sud-ouest de Berlin.

À ne pas manquer

Le château et le parc de Sans-Souci, le quartier hollandais, le château de Cecilienhof et la colonie russe Alexandrowka.

Organiser son temps

Prévoyez une journée pour apprécier le parc de Sans-Souci, et une autre pour profiter des charmes de la ville et des bords de la Havel.

En famille

Le Filmpark Babelsberg.

Carnet pratique p. 95

Nos adresses p. 96

Découvrir

PLAN DE VILLE P. 90

Le « ticket Sanssouci + » à 19 €, que l'on peut acheter à l'avance sur www.spsg.de, est un forfait valable dans tous les sites des parcs de Sans-Souci, Babelsberg et Neuer Garten.

★★★ Parc et château de Sans-Souci HORS PLAN A1

Tracé en partie par Peter Josef Lenné, le plus talentueux paysagiste de Prusse, ce parc de 300 ha compte quelques centaines d'espèces d'arbres et inclut plusieurs « fabriques » – châteaux, orangeries, moulin, belvédère, pagode... – bâties entre 1744 et 1860 *(voir illustration p. 520)*. Le tout compose un ensemble architectural et paysager exceptionnel. Classé au Patrimoine mondial depuis 1990, il attire chaque année quelque 400 000 visiteurs.

Église de la Paix (FRIEDENSKIRCHE)

Am Grünen Gitter 3 - tlj 10h-12h et 14h-17h (nov.-mars ouv. seult dim. 12h30-16h) - gratuit.

Elle fut construite sur le modèle de la basilique St-Clément de Rome entre 1844 et 1854. C'est ici qu'est enterré Frédéric-Guillaume IV. Dans l'abside, on peut admirer une belle **mosaïque★** du 13e s., provenant de l'île de Murano (Venise) ; dans le mausolée on aperçoit les gisants de l'empereur Frédéric III et de son épouse, ainsi que le sarcophage de Frédéric-Guillaume Ier. La **grotte de Neptune** *(Neptungrotte)* fut aménagée, d'après des plans de Knobelsdorff, entre 1751 et 1757.

Palais de Sans-Souci vu du parc.
Noppasin Wongchum/iStock

★ Galerie de tableaux (BILDERGALERIE)

✆ 0331 96 94 200 - www.spsg.de - mai-oct. : tlj sf lun. 10h-17h30 - 6 €.
La galerie fut construite entre 1755 et 1763. Dans la grande salle, au pompeux décor rococo, on admire principalement des œuvres des écoles italienne (Le Tintoret, Le Caravage, Bassano), française (Simon Vouet, Van Loo) et flamande (Terbrugghen, Van Dyck, Rubens), toutes acquises par Frédéric II.

★★★ Château de Sans-Souci (SCHLOSS SANSSOUCI)

✆ 0331 96 94 200 - www.spsg.de - ♿ - visite (guidée ou audioguidée) : tlj sf lun. 10h-17h30 (nov.-déc. 17h ; janv.-mars 16h30) - fermé 24-25 et 31 déc. - 14 € - l'accès au château suit un quota d'entrées. Il est conseillé d'acheter son billet à l'avance sur le site Internet ou de se rendre sur place dès l'ouverture.
Difficile de rester insensible à la majestueuse façade que l'on découvre à mesure que l'on gravit l'escalier. Selon le plan de l'architecte prussien Georg von Knobelsdorff, elle devait longer la terrasse mais le roi préféra la construire en retrait pour se ménager de belles échappées sur la nature environnante. Elle est ornée, côté terrasse, de 36 atlantes. De l'autre côté, la façade de la cour d'honneur est flanquée d'une élégante colonnade en demi-cercle.
La visite des salles révèle toute la virtuosité des artistes chargés de leur ornementation : une **bibliothèque** en bois de cèdre, riche de 2 288 volumes, tous en langue française et spécialement reliés pour Sans-Souci (Frédéric II tenait à ce que les reliures des livres soient différentes dans chacun de ses châteaux) ; une **salle de concert**, chef-d'œuvre du rococo prussien... La plus célèbre est la **salle de marbre** où se déroulaient les « tables rondes », réunions pleines d'esprit qui avaient pour vedette Voltaire. La **chambre Voltaire** (où le philosophe n'a jamais dormi) séduit par son décor de fleurs peintes et de fruits sculptés.

★ Nouvelles chambres (NEUE KAMMERN)

✆ 0331 96 94 200 - www.spsg.de - ♿ - visite guidée ou audioguidée avr.-oct. : tlj sf lun., 10h-17h30 ; visite guidée nov.-mars : 10h-17h - 6 €.

Les Nouvelles Chambres occupent une orangerie construite par Knobelsdorff en 1747, transformée en appartements pour les invités du roi entre 1771 et 1775. Le mobilier rococo de l'intérieur est clair et charmant. La **galerie d'Ovide★** est particulièrement remarquable, avec ses boiseries décorées de scènes tirées des *Métamorphoses* d'Ovide.

Vieux Moulin (HISTORISCHE MÜHLE)

✆ 0331 55 06 851 - www.muehlen-in-brandenburg.de - avr.-oct. : 10h-17h30 ; nov. et janv.-mars : w.-end 10h-16h - 4 €.

Derrière les Nouvelles Chambres se profile un vieux moulin, rendu célèbre par une anecdote : son tic-tac dérangeait le roi, qui s'efforça donc de convaincre le meunier d'arrêter de travailler ou de quitter l'endroit. Il tenta tous les moyens, allant même jusqu'à proposer de l'argent et à menacer, mais ce fut peine perdue. Frédéric II intenta alors un procès au meunier et le perdit, d'après le principe selon lequel : « Dans les tribunaux, les lois doivent parler et le roi se taire. »

Jardin sicilien (SIZILIANISCHER GARTEN)

Ce ravissant jardin de style Renaissance, situé entre les Nouvelles Chambres et la Nouvelle Orangerie, a été aménagé en 1856 d'après les plans de Lenné.

Nouvelle Orangerie (ORANGERIESCHLOSS)

✆ 0331 96 94 200 - www.spsg.de - ♿ - mai-oct. : tlj sf lun. 10h-17h30 ; avril : w.-end 10h-17h30 - 6 €.

La Nouvelle Orangerie fut édifée entre 1851 et 1860 dans le style des palais italiens de la Renaissance, d'après un plan de Frédéric-Guillaume IV. Parmi les somptueux appartements occupés par le tsar Nicolas Ier et son épouse, on remarque particulièrement la salle en malachite.

Pavillon des Dragons (DRACHENHAUS)

Cette petite pagode (surmontée de 16 dragons de cuivre) est aujourd'hui un salon de thé. Construite en 1770 par Karl von Gontard, à proximité d'un vignoble aménagé en 1769, elle servait alors de maison au vigneron.

Belvédère du Klausberg (BELVEDERE AUF DEM KLAUSBERG)

Ouvert dans le cadre d'expositions temporaires. Cette « fabrique » très originale (1770-1772) fut la dernière construction de Potsdam décidée par Frédéric II. Avant d'arriver au Nouveau Palais, on aperçoit le **temple des Antiquités**, qui devait accueillir une partie des collections du roi.

★★ Nouveau Palais (NEUES PALAIS)

✆ 0331 969 4200 - www.spsg.de - ♿ - avr.-oct. : tlj sf mar. 10h-17h30 (nov.-mars 17h ; janv.-mars 16h30) - visite guidée ou audioguidée : 6 €.

Cet imposant palais, à l'extrémité ouest du parc, fut bâti à l'initiative de Frédéric le Grand qui voulait démontrer que la puissance économique de la Prusse était demeurée intacte après la guerre de Sept Ans. Si l'extérieur peut sembler un peu lourd, bien éloigné en tout cas de l'élégante simplicité de Sans-Souci, il faut se souvenir qu'il s'agit avant tout d'une « fanfaronnade » royale. Sa largeur (213 m), ses quelque 400 pièces et la surabondance de son ornementation sculptée reflètent l'esprit de démesure qui présida au projet, réalisé en un temps relativement bref : 1763-1769. Derrière le château, les communs se présentent comme de petits châteaux à colonnades (1766-1769).

La visite du palais, qui dure environ une heure, permet de parcourir un grand nombre de pièces, dont la **salle aux Coquillages★** *(Muschelsaal)*, la luxueuse

Le Versailles prussien

Le règne du « Roi-Sergent » Frédéric-Guillaume Ier (1713-1740) fit de Potsdam un centre administratif et surtout une ville de garnison, au point que les trois quarts de sa population se composaient de militaires. Son fils, Frédéric le Grand (Frédéric II, 1712-1786, règne à partir de 1740), ami des arts et des lettres, dotera Potsdam des prestigieux monuments qui font aujourd'hui sa renommée, au premier rang desquels Sans-Souci et le Nouveau Palais. Le roi, qui exigeait que l'on parlât français à sa cour, et ce même à ses chiens, accueillit à Postdam de nombreux Français, dont Voltaire, qui y séjourna trois ans. Les deux rois reposent aujourd'hui dans le domaine de Sans-Souci.
La ville accueillit la **conférence de Potsdam**. Signé le 2 août 1945 au château de Cecilienhof par les dirigeants des puissances alliées (Churchill, puis Attlee, Truman et Staline), le traité définissait le rôle des vainqueurs dans les zones d'occupation et l'avenir de l'Allemagne.

salle de Marbre★ et le **théâtre**, installé dans l'aile sud. Collection d'œuvres du peintre de cour Antoine Pesne.

1

★ Château de Charlottenhof (SCHLOSS CHARLOTTENHOF)

✆ 0331 96 94 200 - www.spsg.de - visite guidée (45mn) uniquement - mai-oct. : tlj sf lun. 10h-17h30 - 6 €, 8 € billet combiné avec les Thermes romains.

Il fut construit entre 1826 et 1829 dans le style classique italien d'après des plans de Karl Friedrich Schinkel. On y voit le bureau et la chambre à coucher du géographe et explorateur Alexander von Humboldt.

Thermes romains (RÖMISCHE BÄDER)

✆ 0331 96 94 200 - www.spsg.de - visite guidée (45mn) - mai-oct. : tlj sf lun. 10h-17h30 - 5 €, 8 € billet combiné avec le château de Charlottenhof.

Les « thermes romains », où nul ne s'est jamais baigné, ont été dessinés par K. F. Schinkel et réalisés par Ludwig Persius entre 1829 et 1835, Lenné se chargeant du jardin. L'idée directrice de ce projet éminemment « romantique » consistait à associer différentes fabriques – petit temple, pergola, arcades... –, de telle sorte qu'elles soient en harmonie avec la nature.

★★ Pavillon chinois (CHINESISCHES TEEHAUS)

Mai-oct. : tlj sf lun. 10h-17h30 - 4 €.

Ce pavillon circulaire, décoré de statues dorées, est le fruit de la « sinomanie » du 18e s. À l'intérieur, exposition de porcelaines chinoises.

Se promener

PLAN P. 90

Le centre-ville

De la gare de Potsdam, le « Grand Pont » (Lange Brücke) mène directement au Parlement du Brandebourg (Landtag) qui porte sur une de ses façades les mots « Ceci n'est pas un château » ! Il s'agit d'une reconstitution de l'ancien château de Potsdam qui avait été bombardé en 1945 et complètement rasé vers 1960.

★ Musée du Cinéma (FILMMUSEUM POTSDAM) B2

Breite Straße 1A - ✆ 0331 27 181 12 - www.filmmuseum-potsdam.de - 10h-18h - fermé 24-25, 31 déc. et 1er janv. - 5/8 € selon expo.

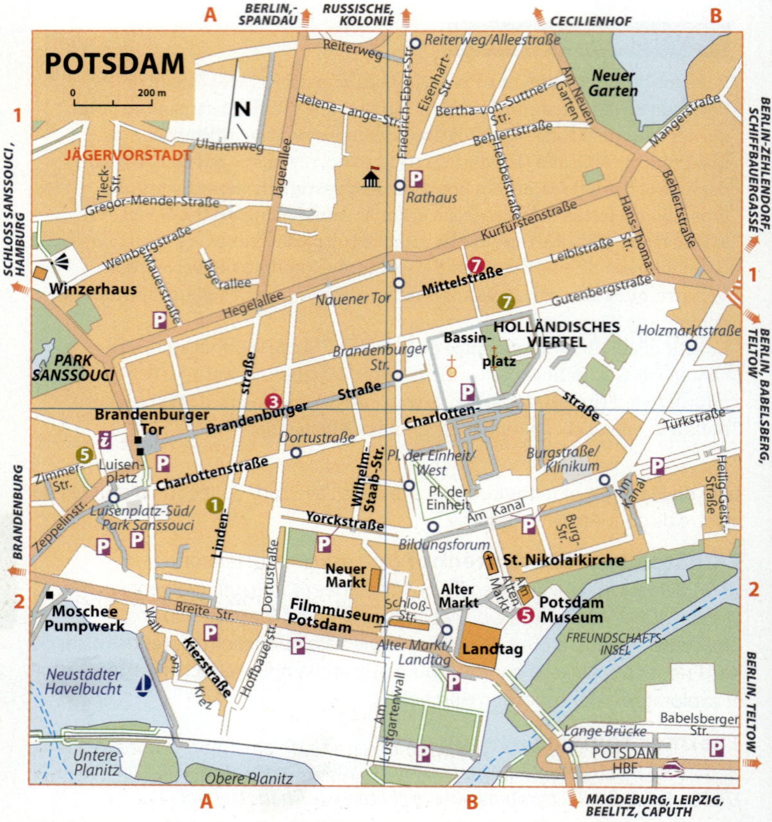

SE RESTAURER		SE LOGER	
Barberini	5	Am Großen Waisenhaus	1
La Maison du Chocolat	7	Bed and Breakfast am Luisenplatz	5
Lewy	3	Hotel Zum Hofmaler	7

La longue écurie baroque, à gauche du **Landtag**, est l'un des plus anciens monuments de la ville. À l'origine (1685 ; architecte : Johann Arnold Nering), il s'agissait d'une orangerie. De nos jours, elle abrite le musée du Cinéma, consacré pour l'essentiel aux mythiques studios de Babelsberg situés sur l'autre rive de la Havel *(voir p. 93)* où furent tournés, entre autres, *Les Nibelungen* de Fritz Lang (1924) et, plus récemment, *Le Pianiste* de Polanski (2002) ou *Inglourious Basterds* de Tarantino (2009).

★★ Nouveau Marché (NEUER MARKT) A2

Cette petite place, qui mêle divers bâtiments des 18e et 19e s., est l'une des plus anciennes et des plus belles de la ville. Arrêtez-vous en particulier devant le **Kutschenstall★**, au n° 9. Cet exemple précoce d'architecture néoclassique, édifié entre 1787 et 1790 sur des plans d'**Andreas Ludwig Krüger**, était destiné à abriter les chevaux des carrosses royaux. C'est aujourd'hui la **Maison de l'histoire prussienne et brandebourgeoise** *(Haus der Brandenburgisch-Preußischen Geschichte - www.hbpg.de - tlj sf lun. 10h-17h (18h vend.-dim.) - 4,50 €).*

Vieux Marché (ALTER MARKT) B2

Œuvre de Schinkel (1837), l'église **St-Nicolas★** *(Nikolaikirche - calendrier des concerts sur www.evkirchepotsdam.de)* qui domine la place offre un autre exemple convaincant du néoclassicisme allemand. Son dôme, achevé en 1850 par les élèves du maître, prend pour modèle la prestigieuse basilique St-Pierre de Rome. L'architecture du **Palais Barberini**, édifié en 1771 et aujourd'hui converti en centre d'expositions *(www.museum-barberini.com - merc.-lun. 10h-19h - 14 €; 18 € le w.-end)*, lorgne elle aussi du côté de l'Italie. Au nº 9, le **Potsdam Museum** *(tlj sf lun. 12h-18h - 5 €)*, installé dans l'ancien hôtel de ville conçu (1755) par Jan Bouman, retrace mille ans d'histoire de la ville.

★★ Quartier hollandais (HOLLÄNDISCHES VIERTEL) B1

Le même Bouman a construit vers 1735, de part et d'autre de la **Mittelstraße**, un quartier destiné à loger les artisans venus de Hollande, à l'invitation de Frédéric-Guillaume Ier, assécher les marais de Potsdam. L'une des 134 maisons de brique rouge est ouverte au public : le nº 8 de la Mittelstraße *(www.jan-bouman-haus.de - 13h-18h, w.-end 11h-18h - 3 €)*.

En sortant du Quartier hollandais, flânez sur la Brandenburger Straße : elle vous conduira tout droit à la porte de Brandebourg.

★ Porte de Brandebourg (BRANDENBURGER TOR) A2

Luisenplatz. La monumentale porte de Brandebourg, en forme d'arc de triomphe romain, fut réalisée dans le style baroque en 1770.

Schiffbauergasse

(QUARTIER DES ANCIENS CHANTIERS NAVALS) HORS PLAN B1

Les anciens chantiers navals, où l'on construisait jadis des embarcations à vapeur, sont devenus un centre culturel important résolument contemporain, ainsi qu'un lieu de balade apprécié. Un coup de jeune dans la classique Potsdam.

Le Quartier hollandais de Potsdam.
ullstein bild/Getty Images

★ **Théâtre Hans-Otto** (HANS-OTTO THEATER)

Schiffbauergasse 11 - ✆ 0331 98 118 - www.hansottotheater.de.

Avec sa façade de verre feuilletée de rouge, le théâtre de la ville (2006), dédié à Hans Otto, célèbre acteur du début du 20e s., est l'emblème du renouveau de Potsdam. Situé sur les bords du Tiefer See *(Havel)*, il est au cœur d'un vieux pôle industriel, métamorphosé en centre culturel et d'affaires, comprenant également un port de plaisance.

Musée FLUXUS+ (MUSEUM FLUXUS+)

Schiffbauergasse 4f - ✆ 0331 60 10 89 - www.fluxus-plus.de - merc.-dim. 13h-18h - 7,50 € (50 % de réduction le 1er merc. du mois).

Ce musée est dédié au mouvement artistique Fluxus (*fluxus*, « courant » en latin), né autour de 1960 à New York, Tokyo et dans quelques villes européennes. Visant à abolir les frontières entre l'art et la vie quotidienne et à les mêler en un même « courant », il détourne les objets et les codes. Le musée présente à la fois peintures et sculptures des artistes contemporains Costantino Ciervo, Hella de Santarossa, Lutz Friedel et Sebastian Heiner. Sont aussi exposées des œuvres du peintre Wolf Vostell.

À voir aussi

PLAN DE VILLE P. 90

★ Station de pompage « Mosquée » (MOSCHEE PUMPWERK) A2

Accès par Zeppelinstraße 176 ou Breite Straße 28 - ✆ 0331 96 94 200 - www.spsg.de - visite possible dans le cadre d'expositions temporaires - mai-oct. : 1er dim. du mois 10h-17h30 - 4 €.

Frédéric II n'avait jamais pu faire fonctionner les fontaines de Sans-Souci. Un siècle plus tard, Frédéric-Guillaume IV imagine un pavillon de style oriental destiné à abriter des pompes à vapeur pour les alimenter. L'architecte Persius réalise la « **Mosquée** » (1841-1843), mélange réussi et étonnant d'art et d'industrie. La visite permet aussi de découvrir la machinerie.

★ Babelsberg HORS PLAN B1

▶ À l'est du centre-ville. BUS 694 jusqu'à l'arrêt Schloss Babelsberg. Pour le Filmpark, BUS 601, arrêt Filmpark.

★ **Parc de Babelsberg**

De 8h à la tombée de la nuit - gratuit. Ce parc romantique, conçu par **Lenné et Pückler-Muskau**, est parsemé de fabriques néogothiques et éclectiques : **salle des Machines à vapeur** *(Dampfmaschinenhaus)* qui assurent l'alimentation en eau des fontaines, **Petit Château** *(Kleines Schloss)*, antérieur au château de Babelsberg, **maison des Matelots** *(Matrosenhaus)*, utilisée pour les bateaux du roi... Faites un détour par les **arcades du Tribunal** *(Gerichtslaube)* qui ne sont pas néogothiques : cet authentique monument du 13e s., provenant de Berlin, était destiné à être détruit mais a été offert au roi qui l'a reconstruit dans son parc. Enfin, la **Flatowturm**, tour quant à elle bien néogothique, offre une jolie vue sur le centre-ville de Potsdam *(✆ 0331 600 94 200 - www.spsg.de - mai-oct. : w.-end et j. fériés : 10h-17h30 - 4 €).*

Château de Babelsberg (SCHLOSS BABELSBERG)

Park Babelsberg 10 - ✆ 0331 96 94 200 - www.spsg.de - fermé pour travaux jusqu'en 2023.

Il voit le jour sur un terrain, au bord du Tiefer See, offert par Frédéric-Guillaume III à son fils cadet Guillaume, le futur empereur. Son épouse, la princesse Augusta de Saxe-Weimar, charge Schinkel d'y édifier une demeure néogothique en 1833. Mais le goût de la maîtresse de maison pour les décors chargés entraîne une brouille avec l'architecte, qui préfère les décors clairs, comme celui de la salle à manger octogonale. Le château est agrandi, après 1840, par un architecte répondant mieux aux désirs du couple princier, pour former ce curieux ensemble tarabiscoté et hétéroclite. On remarquera surtout, parmi les salles, le hall de danse néogothique.

Filmpark Babelsberg

Großbeerenstr. 200 - ☎ 0331 72 127 50 - www.filmpark-babelsberg.de - ♿ - juil.-août : 10h-18h ; avr.-juin et sept. : fermé. lun. et vend. - 22 €, enfant 15 €, carte famille 65 € ; tarif réduit en ligne (20 €, 13 €, 60 €) et avec la Berlin WelcomeCard ; parking 4 €.

Installé sur les terrains des célèbres studios de l'UFA et de la DEFA, le Filmpark Babelsberg est un parc d'attractions qui offre une découverte des processus de fabrication du cinéma et de la télévision, notamment des effets spéciaux et des numéros de cascades. La **Caligarihalle** et le **Filmkabinett** exposent des accessoires et des décors de productions réalisées à Babelsberg.

Au nord du centre-ville

BUS 603 jusqu'à l'arrêt Am Neuen Garten ou Schloß Cecilienhof. Pour la colonie russe : U 90 ou 92, arrêt Puschkinallee.

1

★★ Nouveau Jardin (NEUER GARTEN) B1

De 8h à la tombée de la nuit - gratuit.

Il fut aménagé à la fin du 18e s. sur la rive du lac Sacré *(Heiliger See)* par Peter Lenné pour Frédéric-Guillaume II, passionné par les jardins anglais.

L'établissement hollandais, où étaient hébergés les domestiques, l'Orangerie, la Pyramide et les cuisines, aménagées par Langhans dans un bâtiment imitant une ruine antique, méritent une visite ; à côté se trouve le palais de Marbre. Le château de Cecilienhof est situé au nord du Nouveau Jardin.

★ **Palais de Marbre (Marmorpalais)** – *☎ 0331 96 94 200 - www.spsg.de - ♿ - mai-oct. : tlj sf lun. 10h-17h30 ; janv.-avr. : w.-end 10h-16h (17h en avr.) - visite guidée uniquement - fermé 24, 25 et 31 déc. - 6 €, 16 € billet combiné avec Cecilienhof.*

Le palais de Marbre fut construit par Karl von Gontard et aménagé par Langhans pour servir de résidence d'été à Frédéric-Guillaume II (1786-1797). De l'intérieur, luxueusement décoré, on retiendra surtout la salle de concert, avec sa vue sur l'eau depuis trois côtés, et le cabinet oriental.

★★ **Château de Cecilienhof (Schloss Cecilienhof)** HORS PLAN B1 – *☎ 0331 96 94 200 - www.spsg.de - ♿ - avr.-oct. : tlj sf lun. 10h-17h30 (visite guidée ou audio-guidée) ; nov.-mars : tlj sf lun. 10h-16h30 (visite guidée uniquement) - 8/12 €.*

C'est dans le château de Cecilienhof que se déroula la conférence historique de Potsdam de 1945. Il fut construit dans le style anglais pendant la Première Guerre mondiale pour le prince héritier Guillaume (1882-1951) et son épouse Cécile de Mecklembourg-Schwerin (1886-1954).

Lieu historique de la conférence de Potsdam – À l'intérieur du château, il est possible de visiter, outre les salles de conférence et de réunion où fut rédigé et signé en 1945 l'accord de Potsdam *(voir encadré p. 89)*, l'appartement privé de la princesse royale, ainsi qu'une chambre de la princesse Cécile meublée sur le modèle d'une cabine de bateau.

★★ Colonie russe Alexandrowka (RUSSISCHE KOLONIE) HORS PLAN A1

Au nord du centre-ville. Comptez 1,5 km à pied ou U 90 ou 92 (départs de Hauptbahnhof, Alter Markt, Nauener Tor...) jusqu'à l'arrêt Puschkinallee.

En mémoire du tsar Alexandre Ier (1777-1825), Frédéric-Guillaume III charge Lenné de bâtir en 1826, sur le modèle des villages russes, treize maisons en bois disposées selon un plan en croix de Saint-André. Privilège accordé aux chanteurs d'un chœur militaire russe résidant à la cour, ces maisons ne peuvent être transmises que de père en fils : deux d'entre elles abritent encore leurs descendants. Au no 2, un musée évoque la vie de cette colonie russe (*✆ 0331 817 02 03 - www.alexandrowka.de - avril-sept. tlj sf merc. 10h-18h - hors saison : horaires réduits - 3,50 €*).

Belvédère du Pfingstberg

(BELVEDERE AUF DEM PFINGSTBERG) HORS PLAN B1

www.pfingstberg.de - avr.-oct. : 10h-18h ; nov.-mars : w.-end 10h-16h - 6 €, 16 € billet combiné avec le Cecilienhof ; 8,50 € avec le musée de la colonie Alexandrowka.

De tous les belvédères de Potsdam, c'est celui qui offre la vue la plus panoramique sur la ville. Il a été aménagé, au nord-ouest du Nouveau jardin, dans le style des villas de la Renaissance italienne (1847-1863) par Persius et Stüler pour Frédéric-Guillaume IV. Les autorités de la RDA en avaient interdit l'accès dès 1961 pour que l'on ne puisse voir ni Berlin-Ouest ni la zone frontalière.

À proximité

CARTE DE RÉGION P. 30

Château de Caputh (SCHLOSS CAPUTH) A2

À 5 km au sud-ouest. BUS 607 depuis la gare de Potsdam ou vélo le long du Templiner See - Straße der Einheit 2 - ✆ 0332 097 0345 - www.spsg.de - mai-oct. : tlj sf lun. 10h-17h30 ; nov.-avr. : w.-end et j. fériés 10h-17h - 6 €.

Sur la rive sud de la Havel, non loin de la maison où vécut (1929-1933) le physicien Albert Einstein, vous pourrez visiter un château datant de l'époque du prince-électeur Frédéric-Guillaume de Brandebourg (1620-1688). Les deux pièces à ne pas manquer sont la **salle des fêtes★** et, au sous-sol, la **Fliesensaal** revêtue, vers 1720, de 7 500 carreaux en faïence de Delft.

★ Abbaye de Lehnin (KLOSTER LEHNIN) A2

À 28 km au sud-ouest. ✆ 0178 61 871 38 - 10h-16h, sam. 10h-17h, dim. 13h-17h (nov.-mars : horaires réduits) - nombreux concerts durant l'été (Lehniner Sommermusik - programme sur www.klosterkirche-lehnin.de).

L'abbaye de Lehnin fut fondée en 1180 par le margrave Otton IV, fils d'Albert l'Ours, à l'intention des cisterciens. La basilique à trois nefs en brique porte l'empreinte du gothique primitif. Pierre tombale du margrave Otton IV et croix triomphale (1225).

Brandenburg an der Havel A2

À 38 km à l'ouest. En train depuis Potsdam : 2 trains/h (durée 18-28mn).

Cette ville établie au milieu des lacs du Havelland – le pays de la Havel – est le berceau du tout premier Électeur de la Marche de Brandebourg. Elle doit sa prospérité, dès le 14e s., au commerce et à la draperie. Les environs se prêtent à de belles balades en vélo : la plus agréable est le **tour des Sept-lacs** au départ du Neustädtischer Markt *(Sieben-Seen-Tour, 32 km, 3h30)*.

★ St-Pierre-et-St-Paul (Dom St. Peter und Paul) – *✆ 3381 211 22 21 - www.dom-brandenburg.de - cathédrale et musée : 10h-17h, dim. 12h-17h - nov.-avr. : musée fermé.* La cathédrale, fondée en 1165 et transformée au 14e s., possède plusieurs retables gothiques ; la crypte à deux nefs abrite un mausolée à la mémoire des pasteurs protestants assassinés pendant le nazisme.

Colonie russe Alexandrowka.
G. Gräfenhain/Sime/Photononstop

★ **Église Ste-Catherine** (Pfarrkirche St. Katharinen) – *11h-15h, dim. 13h-16h.* Édifiée au 15e s., elle présente une riche décoration extérieure et déploie un déambulatoire caractéristique du gothique construit en brique.
Plus au sud, le long de la Promenade Ste-Anne, un ancien couvent dominicain – construction en brique typique du gothique brandebourgeois – accueille depuis 2008 les riches collections du **musée archéologique**★ *(Archäologisches Landesmuseum)* qui documente les nombreux vestiges découverts dans la région : silex néanderthaliens, trésor mérovingien, restes de forts circulaires slaves du 9e s. et de « Wüstungen », villages fondés au Moyen Âge mais abandonnés suite à une épidémie de peste ou une crise agricole *(Neustädtische Heidestr. 28 - ✆ 03381 410 4112 - www.landesmuseum-brandenburg.de - - tlj sf lun. 10h-17h - 5 €).*

Carnet pratique

S'informer

Office de tourisme – *Am Alten Markt (Humboldtstraße 1-2) - ✆ 0331 275 588 99 - www.potsdamtourismus.de.*
Bureau de la gare principale – *Hauptbahnhof (près de la voie n° 6) - ✆ 0331 275 588 99.*

Visite de la ville

Balade guidée dans le centre historique – *www.potsdamtourismus.de - 2h - avr.-oct. à 11h - 12 €.* En allemand et en anglais, au départ de l'OT, Am Alten Markt (B2).
Location de vélos – *Gare de Potsdam (B2), quai de la S-Bahn - www.potsdam-per-pedales.de -*

avr.-oct. : 7h-19h, w.-end 9h30-19h - 12 € (10 € après 14h).

Croisières – La compagnie **Weisse Flotte** propose régulièrement des mini-croisières au départ du port de Potsdam, près du « Grand Pont » *(Lange Brücke, B2)*. Certaines font le tour de l'île de Potsdam *(Große Inselrundfahrt, 4h, 25 €)* ou des lacs de la Havel *(Havelseenrundfahrt, 3h45, 20 €)*, d'autres poussent jusqu'à Brandenburg an der Havel et retour *(10h, 32 €). Billetterie : Lange Brücke 6 - ☏ 0331 275 92 10 - www.schifffahrt-in-potsdam.de.*

Agenda

Dans le Quartier hollandais : la **Fête de la Tulipe** en avril (Tulpenfest); un **Marché de potiers** en sept. (Töpfermarkt, www.toepfermarkt-potsdam.de); la **Saint-Nicolas** (Sintaklaasfest) et un marché de Noël.

Festival de musique de Sans-Souci (Musikfestspiele Potsdam Sanssouci) – *Juin - ☏ 0331 28 28 - www.musikfestspiele-potsdam.de.* Pendant deux semaines, les jardins et châteaux de Sans-Souci accueillent une soixantaine de concerts et d'opéras.

Nuit des châteaux de Potsdam (Potsdamer Schlössernacht) – *Août - www.schloessernacht.de.* Une nuit durant, danse, théâtre et musique animent le parc illuminé de Sans-Souci. Feu d'artifice final au Nouveau Palais.

Nos adresses

Restauration

Premier prix

5 Barberini – B2 - *Humboldtstraße 5-6 - ☏ 0331 97992185 - www.museum-barberini.com - merc.-lun. 11h-19h (jeu. jusqu'à 21h) - plat du jour 15 €.* Au cœur du vieux Potsdam, le café du Museum Barberini est une halte commode pour grignoter une quiche ou une salade. L'été, on déjeune dans la cour du palais avec vue sur la Havel. Service un peu lent.

Budget moyen

Potsdam Zur historischen Mühle (Mövenpick) – HORS PLAN - *Zur historischen Mühle 2 - ☏ 0331 281493 - www.moevenpick-restaurants.com - P Parking P1 gratuit 1h - 8h-22h (lun.-vend. petit-déj. servi de 10h30 à 18h) - 19/25 €, menu 29,50 €.* Filet de sandre, escalope viennoise ou rösti suisse : la carte est variée et le jardin d'hiver agréable. Bon rapport qualité-prix. L'adresse idéale pour déjeuner à proximité immédiate du château de Sans-Souci.

3 Lewy – A1 - *Dortustr. 17 - ☏ 0331 2008802 - www.lewy-potsdam.de - 12h-21h.* À deux pas de la Brandenburger Str., voici un sympathique bistrot-œnothèque qui sert une cuisine inspirée dans une maison de 1739. Assiettes de charcuterie italienne, des gnocchi aux lardons du Tyrol, champignons, herbes et fromage du Trentin.

Alexandrowka Haus 1 – HORS PLAN - *Russische Kolonie 1 - ☏ 0331 2006478 - www.alexandrowka-haus1.de - ⊭ - mar.-dim. 12h-21h (cuisine jusqu'à 20h) - réserv. conseillée - 16/21 €.* Au rez-de-chaussée d'un des adorables petits chalets en bois de la colonie Alexandrowka, spécialités russes (pelmenis savoureux) dans une ambiance douillette et délicieusement kitsch. Accueil sympathique.

7 La Maison du Chocolat – B1 - *Benkertstr. 20 - ☏ 0331 2370730 - www.schokoladenhaus-potsdam.*

de - 🚭 - 10h-21h - 15/25 €. Ce restaurant tire son nom de la boutique dans laquelle on peut acheter, entre autres, de succulents gâteaux et truffes au chocolat. Un petit coin de France dans le quartier hollandais de Potsdam !

Il Teatro – HORS PLAN - *Schiffbauergasse 12 - ✆ 0331 20097291 - www.ilteatro-potsdam.de - mar.-dim. 12h-0h - formule déj. 9,50/11,50 €, plat 10/33 €.* À côté du théâtre Hans-Otto, une agréable adresse tenue par une famille italienne. Cuisine soignée à déguster, au soleil et en terrasse, face à la Havel.

Boire un verre

Café Heider – *Friedrich-Ebert-Str. 31 - ✆ 0331 2705596 - cafeheider.de - 9h-22h.* Animé à toute heure, le plus vieil établissement de la ville (1878) propose un vaste choix de cafés, de thés et de chocolats, sur fond de musique entraînante.

Shopping

☺ La principale rue commerçante est la Brandenburger Straße (A1-2) mais les boutiques les plus originales se concentrent dans le Quartier hollandais *(Holländisches Viertel, B1)*. Vous y trouverez quelques artisans comme **Königsblau Keramik** *(Mittelstr. 7 - 10h-18h - www.koenigsblau-schmerwitz.de)* et de jeunes designers (**Wild Oat** – *Benkertstr. 18 - lun.-sam. 11h-18h).*

Hébergement

Budget moyen

5 **Bed and Breakfast am Luisenplatz** – A2 - *Zimmerstr. 1 - ✆ 0331 9719020 - www.bed-breakfast-potsdam.de - P - 15 ch. et appart. 125/150 € ☕.* Des chambres et des appartements modernes, dotés d'un mobilier en bois clair, idéalement situés à proximité immédiate du parc de Sans-Souci.

7 **Hotel zum Hofmaler** – B1 - *Gutenbergstr. 73 - ✆ 0331 730760 - www.hofmaler-hotel-potsdam.de - 18 ch. 135 € ☕.* Au cœur du quartier hollandais, dans une maison du 18e s., chambres propres et confortables de 18 et 27 m². À l'arrière, un bâtiment moderne abrite des chambres dotées de balcons façon bastingage, avec vue sur un joli jardin d'intérieur, dans lequel on peut prendre le petit déjeuner.

1 **Am Großen Waisenhaus** – A2 - *Lindenstr. 28/29 - à 12mn à pied de la gare - ✆ 0331 6010780 - www.hotelwaisenhaus.de - P 9 €/j. - ♿ - 34 ch. 98/102 € ☕.* Chambres spacieuses et tout confort pour dormir comme un loir dans le centre historique. Le long bâtiment – une caserne, à l'origine (architecte Jan Boumann, 1753) – servit longtemps d'hôpital aux orphelins. Le petit déjeuner (inclus) est renversant !

Pour se faire plaisir

Inselhotel – HORS PLAN - *Hermannswerder 30 - à 3,5 km sud du centre-ville par le Lange Brücke, dir. Magdeburg - ✆ 0331 23200 - www.inselhotel-potsdam.de - 88 ch. 90/200 € ☕.* Cet hôtel moderne, qui accueille séminaires et congrès, est situé sur une île idyllique de la Havel (Hermannswerder). Hall soigné, chambres fonctionnelles et confortables. Plutôt élégant : le restaurant Seerestaurant. Mais le vrai petit « plus » réside dans le spa de 2000 m² et le... sauna flottant.

1

Rheinsberg★ et le nord-est du Brandebourg

Prenez le temps de faire le tour de l'Uckermark : longtemps chasse gardée des rois de Prusse, des chanceliers du Reich et de la nomenklatura est-allemande, cette région située au nord-est de la capitale offre aujourd'hui un généreux concentré de nature, surtout dans le parc national de la basse vallée de l'Oder où les Berlinois randonnent volontiers le week-end, entre prairies humides et roselières. Chemin faisant, vous croiserez de fiers châteaux comme celui de Rheinsberg, des vestiges du gothique cistercien et quelques villages où le temps semble s'être arrêté au milieu des coquelicots.

Se repérer

Brandebourg

CARTE DE RÉGION AB1 (P. 30)

Le nord-est du Brandebourg est aisément accessible depuis Berlin par l'autoroute A11/E28 mais pour rallier Rheinsberg et profiter pleinement des charmes de l'Uckermark, on empruntera les « petites » routes.

À ne pas manquer

Le château de Rheinsberg, l'abbaye de Chorin.

Organiser son temps

Comptez une journée pour Oranienburg et Rheinsberg et une autre pour le parc national de la basse vallée de l'Oder, Chorin et Niederfinow.

En famille

L'ascenseur à bateaux de Niederfinow.

Nos adresses p. 102

Châteaux de Rheinsberg et d'Oranienburg CARTE P. 30

★ Château de Rheinsberg A1

À 84 km au nord-ouest de Berlin. D'avr. à sept., un train régional relie Berlin à Rheinsberg. ☎ 03 39 31 72 60 - www.spsg.de - avr.-oct. : tlj sf lun. 10h-17h30 (nov.-déc. 17h ; janv.-mars 16h) - 10 €.

À Schwedt : Vierradener Straße 31 - ☎ 03332 25 590.

Festival d'opéra de Rheinsberg (Festivalsommer der Kammeroper) – *De fin juin à mi-août - www.kammeroper-schloss-rheinsberg.de.* Des chanteurs d'opéra investissent la cour, le théâtre et la salle des glaces du château de Rheinsberg.

Ce beau château élevé au bord du Grienericksee est associé au souvenir de **Frédéric II le Grand**, même s'il n'y vécut que quatre ans (1736-1740). C'est son père, Frédéric-Guillaume Ier, dit le Roi-Soldat, qui le lui avait acheté en 1734 (Rheinsberg n'était encore qu'un petit château fort du 16e s.) et lui avait donné les moyens financiers de le transformer en vraie résidence. L'architecte brandebourgeois Johann Gottfried Kemmeter en fit un édifice baroque à trois ailes. Le jeune « Fritz » participa à l'élaboration des plans, ainsi que Georg Wenzeslaus von Knobelsdorff, qui prit la direction des travaux à partir de 1737. Frédéric, comme il le déclara plus

Vue aérienne du château de Rheinsberg.
H. Blossey/imageBROKER/age fotostock

tard, y passa « les années les plus heureuses de sa vie » (il est vrai que les années qui ont précédé son séjour à Rheinsberg avaient été particulièrement difficiles : en 1730, ses relations avec son père étaient si tendues qu'il avait tenté de fuir vers l'Angleterre ; son père avait alors fait décapiter son ami Katte qui l'avait aidé dans sa fugue, et il avait fait enfermer Frédéric dans la forteresse de Küstrin). C'est à Rheinsberg que le jeune Frédéric, discutant avec ses amis et épousant les idées philosophiques de son époque, défendit l'idée que le prince devait être le « premier serviteur de son État ». Dès lors commença l'échange de correspondance avec Voltaire, qui sera poursuivi jusqu'à la mort de celui-ci en 1778.

L'architecte Knobelsdorff, le peintre Antoine Pesne et le sculpteur Friedrich Christian Glume ont marqué le style de Rheinsberg, qui devait connaître son apogée un peu plus tard avec le rococo de Charlottenburg et de Sans-Souci.

Le bâtiment central est dû à Knobelsdorff. Son attique porte 4 statues, des allégories de la rhétorique, de la musique, de la peinture et de la sculpture.

Intérieur – La salle des glaces *(Spiegelsaal)*, le cabinet de Bacchus et l'antichambre, dont le plafond comporte de magnifiques fresques d'Antoine Pesne, sont remarquables. La chambre rouge et la chambre à coucher de l'appartement où vivait la princesse Amalie renferment de nombreuses peintures. Quant à l'appartement de Ferdinand, il a été conçu selon les plans de Carl Gotthard Langhans en 1767.

Le château, qui fut du temps de la RDA une maison de cure pour diabétiques, abrite le **musée Kurt Tucholsky**, écrivain allemand (1890-1935) qui passa quelques jours à Rheinsberg en 1912 avec l'élue de son cœur. Le récit qu'il fit de cet épisode (*Rheinsberg - Ein Bilderbuch für Verliebte*) contribua à le rendre célèbre et donna une certaine aura à la ville *(Tucholsky-Museum - ✆ 03 39 31 390 07 - mar.-vend. 11h-17h30, w.-end 10h-17h30 - 4 €).*

Le parc – Aménagé selon les plans de Knobelsdorff et de Johann Samuel Sello, le parc tenait compte de l'intérêt particulier de Frédéric II pour l'art des jardins : un jardin utilitaire devait coexister avec un jardin d'agrément. Le prince Henri, le frère cadet de Frédéric II, agrandit le jardin en annexant l'autre berge du lac de Grienerick (très belle vue du château de ce côté).

Château d'Oranienburg (SCHLOSSMUSEUM ORANIENBURG) AB1

À 53 km au sud-est de Rheinsberg. ☎ 033 01 537 437 - www.spsg.de - avr.-oct. : 10h-17h30 ; nov.-mars : 10h-16h (w.-end 17h) ; janv.-mars : 10h-16h - fermé lun. - 6 €.

Ce château était l'une des plus belles demeures baroques du Brandebourg. Édifié en 1651 pour la première épouse du prince-électeur, Louise Henriette d'Oranien-Nassau (d'où le nom Oranienburg), il a beaucoup souffert des bombardements de la Seconde Guerre mondiale. Le décor n'est donc pas d'origine, mais il vaut le coup d'œil : cabinet de porcelaines, sièges en ivoire, tapisseries de la manufacture de Pierre Mercier et tableaux d'Antoon Van Dyck.

Les camps de Sachsenhausen et de Ravensbrück

Camp de concentration de Sachsenhausen B1

Bus 804 depuis la gare d'Oranienburg - ☎ 033 01 20 02 00 - www.sachsenhausen-sbg.de - ♿ - site ouv. tlj 8h30-18h (16h30 en hiver) ; exposition : mar.-dim. 10h-16h - fermé 1er janv., 24, 25 et 31 déc. - gratuit (audioguide 3 €).

Le **camp de concentration de Sachsenhausen** a été aménagé en musée-mémorial *(Gedenkstätte und Museum Sachsenhausen)*. Il fut construit dès 1936. Plus de la moitié des 200 000 personnes internées y périrent. Dans les baraquements, une exposition retrace l'histoire du camp et les expérimentations scientifiques sur les prisonniers. Dans le **musée Baracke 38**, une exposition est consacrée à l'histoire des déportés juifs. Un parcours à travers le camp *(suivre le plan remis à l'entrée)* permet de comprendre l'organisation implacable du système concentrationnaire, dont la cynique devise est toujours présente au-dessus de la porte d'entrée : *Arbeit macht frei* (« Le travail rend libre »).

Ravensbrück A1

À 1 km de Fürstenberg - desservi en 25mn depuis Berlin par le train RE5. ☎ 03 30 93 608 10 - www.ravensbrueck-sbg.de - tlj sf lun. 9h-17h (mai-sept. : jusqu'à 20h) ; exposition : mar.-dim. 10h-16h - gratuit (audioguide 3 €).

Le **camp de concentration** de Ravensbrück fut construit en 1938 sur les bords du lac de Schwedtsee. Il s'agissait du centre de détention pour femmes le plus important du pays : 132 000 femmes et 20 000 hommes originaires de 40 pays y furent déportés jusqu'en 1945. Des dizaines de milliers de femmes, d'enfants et d'hommes y périrent. Le **Mémorial national de Ravensbrück** *(Mahn-und Gedenkstätte Ravensbrück)* comprend encore des restes du camp, tels que le crématorium, les cellules et des parties du mur. Une exposition permanente, installée dans l'ancien poste de commandement, relate la vie et la souffrance des victimes, mais aussi leur solidarité et leur volonté de survivre.

Vers le parc national de la basse vallée de l'Oder

Templin B1

À 32 km de Ravensbrück - en train RE5 et RB12 : à 1h30 de Berlin avec changement à Löwenberg.

La petite ville où a grandi la chancelière Angela Merkel ne manque pas de charme : protégée depuis le 13e s. par un mur de 7 m de hauteur sur 1,7 km de long, elle conserve, en dépit des guerres et des incendies qui se sont succédé, quelques beaux modèles de **maisons à colombages** du 18e s. – vous en verrez notamment dans la Rühlstraße – ainsi qu'un bel **hôtel de ville** baroque (*Rathaus*, 1751) qui abrite aujourd'hui l'office de tourisme.

À signaler également, dans la Prenzlauer Tor, le **musée municipal** *(Museum für Stadtgeschichte - ✆ 0398 7200 0526 - mar.-vend. 10h-15h - 2 €)* qui raconte l'histoire de la perle de l'Uckermarck.

Parc national de la basse vallée de l'Oder

(NATIONALPARK UNTERES ODERTAL) B1

À 70 km de Templin par les L23 et L241 - depuis Berlin, train RE3 jusqu'à Angermünde puis bus UVG 468, arrêt Nationalparkzentrum. www.nationalpark-unteres-odertal.eu.

L'Office de tourisme de **Schwedt** *organise des balades découvertes à travers le parc, à vélo, à pied ou en canoë. ⓘ : Vierradener Straße 31 - ✆ 03332 25 590*

Ce parc naturel de 165 km² qui s'étire le long de la frontière germano- polonaise entre Hohensaaten et Stettin/Szczecin, a été créé en 1995. Sa particularité est d'être inondé de fin novembre à avril. Il s'agit en effet d'une zone alluviale, remodelée au début du 20e s. en polders selon le modèle néerlandais. L'exposition du **Centre des visiteurs** vous dira tout sur ces prairies humides et sur les oiseaux qui y vivent au milieu des loutres et des castors : le râle des genêts, la barge à queue noire *(Besucherzentrum Nationalparkhaus - Am Speicher 3 - château de Criewen près de Schwedt - avr.-oct. : 9h-18h ; nov.-mars : vend.-dim. 10h-17h - gratuit).*

1

★★ Abbaye de Chorin (KLOSTER CHORIN) B1

À 37 km au sud-ouest de Schwedt (72 km au nord-est de Berlin). ✆ 033366 70377 - www.kloster-chorin.org - avr.-oct. : 9h-18h ; nov.-mars : 10h-16h - fermé 24 et 31 déc. - 6 €.

Été musical de Chorin (Choriner Musiksommer) – *Fin juin à fin août - programme et billets sur sur www.choriner-musiksommer.de.* Les sam. et dim.

Les majestueux vestiges de l'abbaye de Chorin se dressent dans un site verdoyant entre lac (Amtssee) et forêt. L'édifice fut construit à partir de 1273 par les moines cisterciens de l'abbaye de Lehnin *(voir p. 94)*, à la demande des margraves de Brandebourg. L'abbaye fut ensuite désaffectée en 1542, plusieurs parties du bâtiment tombèrent en ruine. En 1825, l'architecte Karl-Friedrich Schinkel attira l'attention du roi de Prusse sur l'intérêt historique que présentait ce site et le persuada d'œuvrer pour sa sauvegarde. En partie réhabilitée, l'abbaye constitue l'un des plus beaux exemples d'architecture en brique d'Allemagne du Nord. Ce lieu paisible accueille l'été un festival de musique classique *(Choriner Musiksommer).*

Église – Les moines de Lehnin ont adopté à Chorin le même plan basilical à trois nefs, mais le sanctuaire est prolongé par une abside à sept pans, les travées de la nef ne sont plus jumelées, les ogives et les doubleaux ne reposent plus sur des dosserets mais sur des fûts en faisceau, et les piliers rectangulaires sont affinés par de minces colonnettes engagées. Dans son état actuel, l'édifice est dépourvu de son mur sud. La façade occidentale, à la division verticale très marquée, allie la rigueur à l'élégance : entre deux tourelles d'escalier, trois baies, séparées par des contreforts, sont surmontées d'une rosace tandis que la partie supérieure présente un joli décor de pignons et d'arcatures aveugles.

Bâtiments conventuels – Des bâtiments d'origine subsistent l'aile ouest, qui était destinée aux frères convers (c'est-à-dire aux frères se consacrant à des travaux manuels ; ils étaient 400), et l'aile est qui, avec l'aile sud (détruite) était réservée aux moines (ils étaient 80).

On peut encore voir la maison de l'abbé, la brasserie et les restes d'un moulin.

★ Ascenseur à bateaux de Niederfinow

(SCHIFFSHEBEWERK NIEDERFINOW) B1

À 27 km au sud de Chorin (61 km au nord-est de Berlin). Hebewerkstraße 70 - 0333 62 713 77 - www.schiffshebewerk-niederfinow.info - de fin mars à fin oct. : 9h30-17h30 ; nov.-déc. et mars : 10h-16h - fermé 24-26 déc., janv.-fév. - 3 €.
Lorsqu'il fut inauguré en 1934, c'était le plus grand ascenseur à bateaux du monde. Aujourd'hui encore, cet ouvrage d'art, véritable prouesse technique, permet à une péniche de 1000 t de franchir en 5mn un dénivelé de 36 m sur le canal Oder-Havel. Les visiteurs ont la possibilité d'assister à la manœuvre depuis une plate-forme. Le nouvel ascenseur (en cours de construction depuis 2009) prendra bientôt le relais pour acheminer les bateaux de plus fort tonnage.

Nos adresses

Restauration

Budget moyen

Der Seehof – *Seestr. 18 - 16831 Rheinsberg - 033931 4030 - www.seehof-rheinsberg.de - plat 15/20 €, menu 3 plats 33,50 €.* Un restaurant agréable où l'on sert une cuisine régionale préparée avec talent par le chef. À la belle saison, tables dans la cour.

Pour se faire plaisir

Café Wildau – *Wildau 19 - 16244 Schorfheide - 033363 52630 - www.cafe-wildau.de - tlj 12h-20h30 - fermé lors de privatisations (se rens.) - plat 15/22 €, menus 35/47 €.* Au bord d'un lac (Werbellinsee), une cuisine inspirée aux accents méditerranéens. Dim. 11h-14h, brunch à 29 €. Le Café Wildau fait aussi hôtel *(12 ch. et 7 appart. 89/129 € selon la sais.).*

Shopping

Ökodorf Brodowin – *Dorfstraße89, Brodowin (à 9 km à l'est de Chorin) - 033362 60022 - www.brodowin.de - tlj 9h-18h (10h-17h de nov. à mars)* - Perdu au milieu des lacs et des prairies, Brodowin est un écovillage où tout – légumes, fromages, animaux... – est 100 % bio. Le magasin de la rue principale (Hofladen), où s'approvisionnent les meilleurs chefs du Brandebourg, regorge de soupes de courges, jus de pomme-betterave, chutney de tomates...

Hébergement

Budget moyen

Der Seehof – *Seestr. 18 - 16831 Rheinsberg - 033931 4030 - www.seehof-rheinsberg.de - 11 ch. 110/120 €.* Cette ancienne ferme bâtie en 1750 et située à 100 m du lac cache derrière sa façade bleue un intérieur soigné et convivial.

Döllnsee-Schorfheide – *Döllnkrug 2 - 17268 Templin - à Groß Dölln (à 22 km SE de Templin par Ahrensdorf et B109) - 039882 630 - doellnsee.de - 126 ch. 90/120 €.* Construit en 1934 pour le garde-chasse de Göring et fréquenté par l'élite de la RDA, cet hôtel aménagé dans un goût classique en lisière de forêt a plusieurs atouts : un accès direct au lac, un *wellness lounge* et un aimable restaurant (cuisine internationale).

Le Spreewald★★ et le sud-est du Brandebourg

Un monde d'eau vous attend aux portes de Berlin. Un univers attachant, singulier, que l'on peut sillonner en bateau ou en voiture : toutes les routes du sud-est vous conduiront au cœur d'une incroyable mosaïque de canaux et de prairies – le Spreewald, classé réserve de biosphère depuis 1991 – où l'on parle encore le sorabe. Si vous n'êtes pas trop pressé, faites un crochet par la station thermale de Bad Saarow et par les villes de Francfort-sur-l'Oder et d'Eisenhüttenstadt : elles peinent encore à sortir du marasme, vingt-cinq ans après la réunification, mais elles ne sont pas dénuées d'intérêt.

Se repérer

Brandebourg

CARTE DE RÉGION B2 (P. 30)

Lübbenau, la porte d'entrée du Spreewald, se situe à 96 km au sud-est de Berlin par l'A 13.

À ne pas manquer

La promenade dans le parc de Branitz, les canaux du Spreewald.

Organiser son temps

Comptez 2 jours pour les sites détaillés ci-dessous. Attention : le Spreewald est le site le plus touristique du Brandebourg (près d'un million de visiteurs par an). Les week-ends de mai à juillet et le mois d'août sont particulièrement prisés.

En famille

La balade en barque sur les canaux autour de Lübbenau.

Carnet pratique p. 106

Nos adresses p. 107

Découvrir

CARTE DE RÉGION P. 30

Château de Wursterhausen (SCHLOSS KÖNIGS WUSTERHAUSEN) B2

À 34 km de Berlin par la B96A ; accès en train : S-Bahn 46 depuis Westkreuz jusqu'à Königs Wusterhausen puis 10mn de marche. Schlossplatz 1 - ✆ 033752 11 700 - www.spsg.de - tlj sf lun. 10h-17h (avr.-oct. 17h30) ; nov.-mars : seult w.-end - 6 €.

C'était la résidence d'automne de Frédéric-Guillaume Ier de Prusse dit le Roi-Soldat. Il y passait chaque année les mois d'août à novembre, le temps de sacrifier à sa passion pour la chasse. À l'intérieur, vous verrez une quarantaine de tableaux peints par le souverain en personne (1735-1739). Le jardin baroque est le premier du Brandebourg à avoir été conçu dans l'esprit des parcs d'André le Nôtre.

Bad Saarow B2

À 38 km de Königs Wusterhausen (75 km de Berlin) ; train Berlin-Fürstenwalde puis bus jusqu'à Bad Saarow.

Bad Saarow, que la proximité de Berlin avait transformée, au début du 20e s., en villégiature mondaine avec établissement de bains, sanatorium et jolies villas, se situe à l'extrémité nord du **Scharmützelsee**, le lac le plus long du Brandebourg (10 km). De nombreuses personnalités – des vedettes du cinéma muet, l'écrivain Maxime Gorki... – venaient y prendre les eaux et s'y reposer de l'agitation de la capitale, jusqu'au jour où l'Armée rouge décida d'occuper en partie la zone et d'en interdire l'accès. Depuis 1994, la station revit grâce à ses thermes *(www.bad-saarow.de)* et à ses hôtels *wellness*. On peut louer une embarcation à la marina ou monter à bord des bateaux de la **Scharmützelsee Schifffahrt** pour une mini-croisière *(Seestraße 40 - ✆ 033631 868 800 - www.bad-saarow-schiff.de - avr.-sept. 9h-18h - 18 € les 2h)*. On peut aussi faire le tour du lac en vélo électrique *via* Storkow et Wendisch Rietz *(50 km ; location de vélo à Bad Saarow : Fahrrad-Scheffler, Golmer Straße 6b - ✆ 033631 58 800 - scheffler-bad-saarow.de)*.

Eisenhüttenstadt B2

▶ *À 29 km de Francfort-sur-l'Oder (20mn en train).*

Lorsqu'elle est sortie de terre dans les années 1950 sous le nom de Stalinstadt (« la ville de Staline »), c'était la vitrine de l'urbanisme socialiste de la RDA. Il ne s'agissait pas d'une banale cité-dortoir mais d'une vraie ville, dotée d'espaces verts, de larges artères et de « palais ouvriers » réservés aux travailleurs des hauts fourneaux voisins (les aciéries sont aujourd'hui propriété du groupe Arcelor Mittal). Rebaptisée Eisenhüttenstadt en 1961 (mot à mot « Ville des usines sidérurgiques »), elle a perdu, depuis la réunification, beaucoup de ses habitants – 27 500 en 2015 contre 53 000 en 1988 – mais elle est classée monument historique. De prime abord un peu triste, elle n'en reste pas moins intéressante à visiter, notamment l'ancien jardin d'enfants transformé en **musée★** qui collecte, étudie et documente avec sérieux tous les objets liés à l'ex-RDA *(***Dokumentationszentrum Alltagskultur der DDR***, Erich-Weinert-Allee 3 - ✆ 03364 41 73 55 - www.alltagskultur-ddr.de - tlj sf lun. 11h-17h - fermé 24 et 31 déc. - 4 €)*. L'exposition permanente s'articule autour d'une dizaine de thèmes : éducation, travail, famille, pouvoir...

D'Eisenhüttenstadt, on peut rejoindre Lübbenau en passant par la jolie route de Treppeln et Weichensdorf.

★★ Le Spreewald B2

▶ *À 87 km d'Eisenhüttenstadt* via *Treppeln ; à 98 km de Berlin par l'autoroute A 3 - liaison en train depuis Berlin : 1 train/h (durée 1h10).*

Sillonnée par un entrelacs de plus de 300 cours d'eau, cette région aux allures de « Venise verte » fait la joie des amateurs de silence et de balade en chaland. Ancienne forêt marécageuse patiemment défrichée et asséchée, le Spreewald est l'un des fiefs de la minorité sorabe, population slave descendant des Vénèdes *(voir Bautzen p. 140)* : très attachés à leurs traditions, ses habitants continuent notamment à pratiquer la langue de leurs ancêtres.

★ Lübbenau B2

C'est l'une des portes d'entrée du Spreewald : de son petit port, on peut partir en barque pour une balade dans le labyrinthe (bien fléché) des cours d'eau. La vieille ville qui vécut longtemps du maraîchage (concombre, raifort), de la culture du lin et du commerce des draps, est dominée par l'**église St-Nicolas★** *(Stadtkirche St. Nikolai - Kirchplatz 4 - mai-oct. : tlj sf dim. 14h-16h - fermé j. fériés - offrande demandée - concerts de mai à sept. le dern. dim. du mois à 17h)*, bâtie entre 1738 et 1741 par le maître-architecte J. G Findeisen de Dresde, spécialisé dans les ouvrages

fortifiés. L'intérieur, aménagé dans le style baroque propre à Dresde, surprend par son homogénéité. Le long des murs courent des tribunes à deux étages, qui se terminent dans le chœur par des loges vitrées. Remarquez les **tombeaux**, notamment celui du comte Moritz Carl zu Lynar, réalisé vers 1765. La Torhaus héberge le **musée du Spreewald** *(Topfmarkt 12 - ✆ 03542 2472 - www.museum-osl.de - avr.-oct. : 10h-18h ; nov.-mars : 12h-16h - fermé lun. - 5 €)* qui donne un petit aperçu de la vie dans la Forêt de la Spree : costumes traditionnels sorabes, tissages à l'indigo, reconstitution d'ateliers et de boutiques.
Les abords du **château de Lübbenau** (édifié en 1817 et aujourd'hui aménagé en hôtel) valent le détour. On peut y voir le bâtiment de la chancellerie (1745), le château néoclassique (construit en 1817, aménagé en hôtel) et l'orangerie.

Promenade en chaland

On peut entreprendre à peu près partout des promenades en chaland, toutefois, Lübbenau s'est spécialisée dans cette activité.
Des parkings ont été aménagés à proximité de l'embarcadère (accès par la Dammstraße) et le long de la Poststraße (qui fait face à la gare).
Grosser Spreewaldhafen - Dammstrasse 77a - 03222 Lübbenau - ✆ 03542 22 25 - www.grosser-kahnhafen.de - 14 € le tour de 2h (avec pause de 30mn à Lehde), 16 € le tour de 4h (avec escale à l'auberge Wotschofska).
Les visites s'effectuent à bord de barques à fond plat sous la conduite d'un batelier-conférencier. On pénètre ainsi au cœur d'un paysage verdoyant, façonné par la main des hommes en un immense jardin : « un canevas de fils bleus dont les îles seraient les mailles », disait l'écrivain Theodor Fontane. Hors saison, seuls le glissement sur l'eau et les cris des oiseaux et des canards rompent le silence. Aux beaux jours, les canaux *(Fliesse)* sont embouteillés et bien plus bruyants.
Une escale à **Lehde★**, petit village de 150 habitants établi dans la lagune qui compte pratiquement autant d'îles *(Kaupen)* que de maisons, donne l'occasion de visiter le **musée de Plein Air** *(Freilandmuseum Lehde - avr.-sept. : 10h-18h ; oct. : 17h - 5 €)*. Trois fermes du début du 19e s. comprenant les bâtiments d'habitation et leurs dépendances exposent des meubles rustiques, des objets d'arts et de traditions populaires, des costumes et des outils agricoles.
Les visiteurs préférant une découverte pédestre peuvent emprunter, au départ de Lübbenau, trois sentiers : vers Lehde *(1h AR)*, vers Wotschofska et vers Leipe *(3h AR)*.
On peut aussi explorer la région à vélo : une boucle de 30 km a été aménagée entre Lübbenau et Burg *via* Lehde et Leipe (village de pêcheurs du 14e s.).

★★ Château de Branitz (SCHLOSS BRANITZ) B2

4 km au sud-est de Cottbus (39 km de Lübbenau) - en train depuis Berlin ou Dresde jusqu'à Cottbus (1h50) puis bus 10 (« Pücklerlinie ») au départ de la gare de Cottbus (arrêt « Branitz Schloss » - AR 3,80 €).
Robinienweg 5 - 03042 Cottbus - ✆ 0355 75150 - www.pueckler-museum.de - avr.-oct. : 10h-18h ; nov.-déc. : tlj sf lun. 11h-16h (visite guidée uniquement), w.-end 11h-16h - fermé 24 déc. - 8 € (inclut château et écuries), parking payant (1 € les 2 premières heures).
Joyau paysager, le parc de Branitz est le fruit d'une passion, celle du prince Hermann von Pückler-Muskau (1785-1871) pour l'art des jardins. Celui-ci dépensa sans compter pour aménager le site selon les canons anglais : étangs, massifs fleuris ou saules isolés et leurs cortèges de feuilles tombantes sont à découvrir autour du fastueux château princier.

Château

Grâce à la vente de son domaine de Muskau en 1845, le prince von Pückler put transformer et aménager luxueusement le **château de Branitz**, édifié en 1772 par Gottfried Semper. Certains meubles d'origine sont bien conservés, notamment ceux qui ornent la salle à manger et la bibliothèque.
Une galerie de peinture rassemblant des œuvres de **Karl Blechen**, artiste romantique né à Cottbus, a été aménagée dans certaines pièces.
Devant le château se dressent les anciennes **écuries** de style Tudor, où ont lieu des expositions temporaires, et la maison des Cavaliers, aujourd'hui reconvertie en salon de thé. Ces deux bâtiments sont reliés par une cour à pergola, ornée de reliefs en terre cuite dessinés par Bertel Thorvaldsen et de statues en zinc. Côté jardin s'ouvre une terrasse arborant deux griffons en bronze.

Parc

Sur 90 ha ont été aménagés éminences, cours d'eau et lacs pour créer un paysage lacustre artificiel. Le prince, qui consacra à cette réalisation les vingt-cinq dernières années de sa vie, apporta beaucoup de soin à faire alterner espaces dégagés, bouquets d'arbres, arbres isolés, fossés et étangs. « Un jardin de grand style, c'est comme une collection de tableaux qui ont besoin d'être encadrés pour être mis en valeur », aimait-il à dire.

Tumulus

Le prince von Pückler avait des conceptions bien particulières de la vie et de la mort. Ainsi exigea-t-il que sa dépouille soit soumise à l'action conjuguée de la soude caustique, de la potasse et du calcaire. Selon ses dernières volontés, ses restes furent ensevelis dans un tumulus (tertre surmontant une sépulture), haut de 11 m et planté de vigne sauvage, qu'on éleva dans le lac des Pyramides.

Carnet pratique

S'informer

Office de tourisme – *À Bad Saarow : Ulmenstraße 15 - ☏ 033631 86 81 00 - www.seenland-oderspree.de ; à Lübbenau : Ehm-Welk-Straße 15 - ☏ 035 42 88 70 40 - www.luebbenau-spreewald.com.*

Agenda

Concerts du Spreewald (Spreewaldkonzerte und Spreewälder Lichtnächte) – *Juil.-août - www.spreewaldkonzerte.de.* Sorties nocturnes sur les canaux illuminés du Spreewald ou balades en musique au départ du port de Lübbenau.

Jardins de Branitz en fête (Gartenfestival Schloß Branitz) – *Mi-mai - www.gartenfestival-branitz.de.* Plus de 50 horticulteurs de la région exposent au château de Branitz leurs dernières créations – orchidées, bonzaïs... – sur fond de musique baroque.

Nos adresses

Restauration

Budget moyen

Bollwerk 4 im Deutschen Haus – *Lindenplatz 1 - 15890 Eisenhüttenstadt - ✆ 03364 740264 - www.bollwerk4.de - mar.-sam. 12h-18h, dim. 12h-14h - plats 17/24 €, menu 32 €.* On se presse dans ces jolies salles à manger pour y déguster de la soupe au chou rouge, du coq au vin et autres petits plats du terroir.

Pour se faire plaisir

Bootshaus – *Parkallee 1 - (Hotel A-Rosa Scharmützelsee), à 8 km SO de Bad Saarow - ✆ 033631 63459 - www.a-rosa-resorts.de - 12h-22h - fermé janv.-mars et mar. - plat 15/33 €, menu 3 plats 45 €.* C'est le plus ravissant de tous les restaurants de l'hôtel A-Rosa : une maison en bois nichée juste au bord du ponton des yachts. Plats légers en journée et repas raffinés le soir, servis dans une ambiance très « Long Island ».

Speisenkammer – *Waldschlösschenstr. 48 - 3096 Burg - à 18 km E de Lübbenau par la L 49 - ✆ 035603 750087 - speisenkammer-burg.de - mar.-sam. à partir de 17h - menus 3 plats 44/55 €.* On y savoure une cuisine du Spreewald joliment troussée par Marco Giedow : escalope aux asperges, sandre aux poireaux et moutarde. Sa pintade lui a valu d'être élu meilleur chef du Brandebourg.

Shopping

Ernst Krügermann – *Kampe 5, Lübbenau - ✆ 03542 2358 -www.kruegermann.de - lun.-vend. 6h30-8h45, 9h15-12h et 12h30-15h30* - Vous avez raté le Gurkenmarkt, le célèbre « marché aux cornichons » qui se tient début juillet à Lübbenau ? Pas de panique, chez Krügermann, producteur d'authentiques cornichons marinés depuis 1896, vous en trouverez au raifort, à la moutarde, à l'aneth..., tous pourvus du label « indication géographique protégée ». C'est « la » spécialité culinaire du Brandebourg.

Hébergement

Premier prix

Pension Spreewelten – *Bahnhofstr. 3d - 03222 Lübbenau - ✆ 03542 889977 - www.spreewald-unterkuenfte.de - 11 ch. 80/95 € ☕.* Grâce à une poignée d'artistes inspirés, l'ancienne gare de Lübbenau a retrouvé des couleurs. Chaque pièce a son propre décor. Nos préférées : les chambres Uta Zepnick et Egidius Knops. Location de vélos et sauna.

Pour se faire plaisir

Esplanade Resort and Spa – *Seestr. 49 - 15526 Bad Saarow - ✆ 033631 4320 - www.esplanade-resort.de - 179 ch. 145/180 € ☕.* Beau domaine sur les berges du Scharmützelsee, doté de chambres tout confort, d'un spa et d'une marina privée.

1

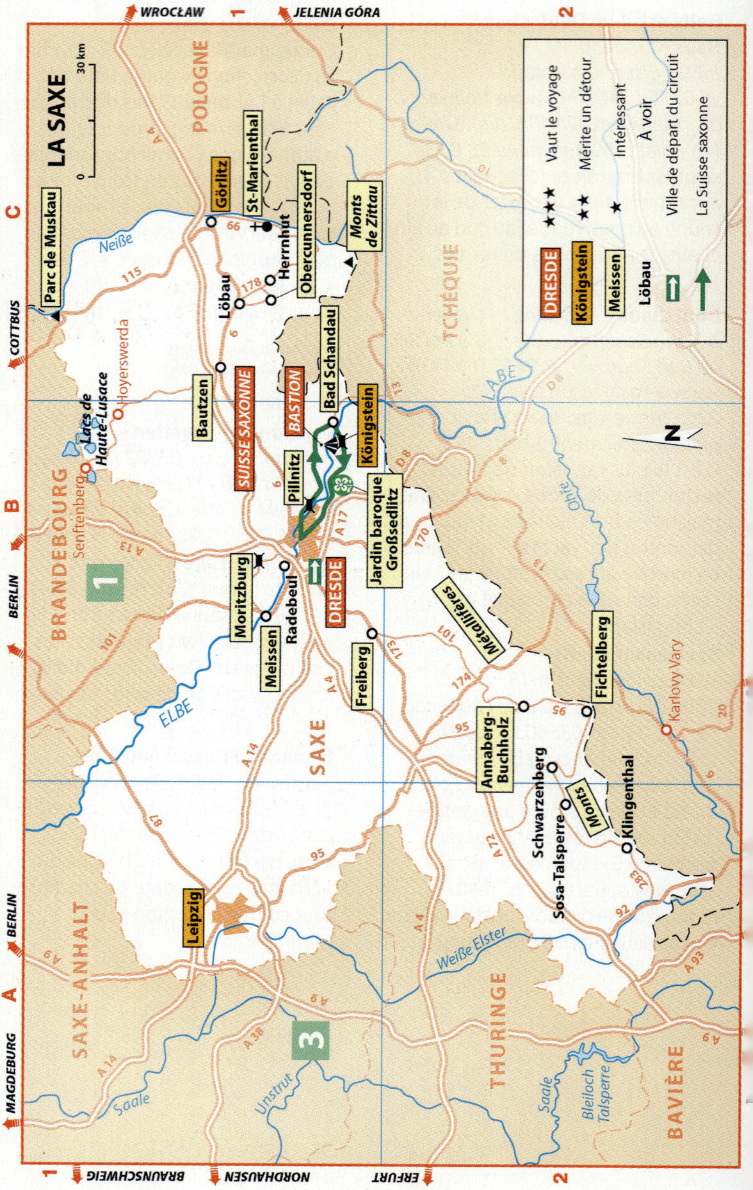
LA SAXE
0
30 km
WROCŁAW
JELENIA GÓRA
COTTBUS
BERLIN
MAGDEBURG
BRAUNSCHWEIG
NORDHAUSEN
ERFURT
POLOGNE
BRANDEBOURG
SAXE-ANHALT
SAXE
THURINGE
BAVIÈRE
TCHÉQUIE
Parc de Muskau
Görlitz
St-Marienthal
Herrnhut
Obercunnersdorf
Monts de Zittau
Löbau
Bautzen
Lacs de Haute-Lusace
Hoyerswerda
Senftenberg
SUISSE SAXONNE
BASTION
Bad Schandau
Königstein
Pillnitz
Jardin baroque Großsedlitz
Moritzburg
Radebeul
Meissen
DRESDE
Freiberg
Métallifères
Annaberg-Buchholz
Fichtelberg
Schwarzenberg
Sosa-Talsperre
Monts
Klingenthal
Karlovy Vary
Leipzig
Neiße
ELBE
LABE
Ohře
Weiße Elster
Saale
Unstrut
Bleiloch Talsperre
DRESDE
Königstein
Meissen
Löbau
Vaut le voyage
Mérite un détour
Intéressant
À voir
Ville de départ du circuit
La Suisse saxonne
N

2

La Saxe

CARTE MICHELIN RÉGIONAL 544 – SAXE

Dresde ★★★

Dresden

Joyau baroque blotti le long des berges de l'Elbe, la capitale de la Saxe est une cité monumentale où s'ordonnent avec grâce escaliers d'apparat, terrasses panoramiques et vastes places décorées de statues de saints et de monarques aux allures solennelles. Presque entièrement détruite à la veille de la chute du IIIe Reich, en 1945, cette ville, riche de huit siècles d'histoire, vit une véritable renaissance : centre historique rendu aux piétons, réhabilitations réussies des édifices hérités de l'ex-RDA et restaurations exemplaires des principaux monuments, à l'image de l'église Notre-Dame (Frauenkirche), dont la reconstruction à l'identique s'est achevée en 2005, ou la somptueuse Voûte verte, inestimable chambre du trésor des ducs de Saxe, rouverte l'année suivante.

Se repérer

554 700 habitants – Saxe

CARTE B1 (P. 104)

PLAN DE VILLE P. 114

Dresde est à 193 km au sud de Berlin et à moins de 50 km de la frontière tchèque.

À ne pas manquer

La Voûte verte, le Zwinger, les toiles de Caspar David Friedrich à l'Albertinum, le centre historique et le quartier baroque de Neustadt.

Organiser son temps

Pour la Voûte verte, achetez vos places à l'avance sur Internet ou dès l'ouverture des guichets.

En famille

Le musée d'Histoire militaire, le Salon des mathématiques et de la physique, le musée pour les Enfants au musée de l'Hygiène et de la Santé.

Carnet pratique p. 124

Nos adresses p. 125

Découvrir

PLAN DE VILLE P. 114

★★★ Le Zwinger A2

Le Zwinger-Ticket permet de visiter le même jour les trois musées du Zwinger pour 14 € *(gratuit -17 ans)*.

La visite de ce palais baroque du 18e s., érigé à la gloire du souverain Auguste le Fort, constitue l'un des temps forts de toute visite à Dresde. Le bâtiment abrite aujourd'hui trois musées dont la galerie de peinture des Maîtres anciens. Sévèrement endommagé par les bombardements de 1945, il a fait l'objet d'une minutieuse reconstruction.

L'entrée par le pavillon du Carillon *(Sophienstraße)* offre la meilleure vue d'ensemble sur la cour du Zwinger.

L'idée initiale d'Auguste le Fort était d'élever, à l'emplacement d'une ancienne forteresse, une orangerie. Son architecte, **Matthäus Daniel Pöppelmann** (1662-1736), donna une telle ampleur au projet que la destination du bâtiment changea en cours de chantier pour aboutir à une vaste esplanade entourée de galeries et de pavillons. Le grand attrait de ce joyau baroque est d'allier intimement l'ornementation

La vieille ville de Dresde sur les rives de l'Elbe.
J.-B. Rabouan/hemis.fr

sculptée due à l'atelier de **Balthasar Permoser** (1651-1732), artiste bavarois très influencé par ses séjours en Italie, à l'œuvre architecturale.

La vaste cour carrée comporte deux extensions semi-elliptiques incluant le **pavillon du Carillon** *(Glockenspielpavillon)* et le **pavillon du Rempart★★** *(Wallpavillon)*, où l'accord entre la sculpture et l'architecture s'exprime avec le plus de perfection. Aucun mur transversal ne vient rompre la verticalité des lignes tendues et animées par la vigueur et l'exubérance des atlantes à face d'Hermès, noyés dans les décors végétaux. Couronnant ce pavillon, l'**« Hercule portant le monde »**, auquel Auguste le Fort s'identifiait volontiers, est la seule œuvre signée personnellement par Permoser.

Par l'escalier du pavillon du Rempart, on accède à la terrasse conduisant, sur la droite, au **bain des Nymphes★★** *(Nymphenbad)*. C'est certainement au cours de son voyage en Italie que Pöppelmann trouva l'inspiration qui lui permit de réaliser ce merveilleux nymphée.

Du côté sud-ouest, le bâtiment est fermé par l'élégante **Zwingergalerie** que l'on doit admirer de l'extérieur, en passant sous la **porte de la Couronne** *(Kronentor)*. Cette dernière est décorée de statues représentant les Quatre Saisons et surmontée d'un bulbe terminé par la couronne polonaise portée par quatre aigles. La galerie nord-est a été construite par **Gottfried Semper** (1803-1879) en 1847.

★★★ Galerie de peinture des Maîtres anciens

(GEMÄLDEGALERIE ALTE MEISTER)

Semperbau, aile ouest. ✆ 0351 49 14 20 00 - www.skd.museum - ♿ - tlj sf lun. 10h-18h - 14 € (gratuit avec le Zwinger-Ticket).

À l'origine de cette Galerie, il y a deux princes de Saxe : le mécène Auguste II, qui rêvait de faire de Dresde une capitale des arts, et son fils Auguste III, vrai connaisseur en matière de dessins et de peintures. Avec l'aide du ministre Heinrich von Brühl, Auguste III acquit des tableaux dans toute l'Europe. La collection, qui compte aujourd'hui parmi les plus importantes au monde, comprend aussi bien des toiles signées d'illustres artistes allemands que des chefs-d'œuvre de la Renaissance italienne et de l'école espagnole. Signalons en particulier la grande *Adoration des Mages* de Joos van Cleve; les portraits de *Henri le Pieux* et *Catherine de Mecklembourg*, par Lucas Cranach; *Charles de Solier*, par Hans Holbein, la **Vénus endormie★** de Titien et Giorgione. Admirez aussi la célébrissime **Madone Sixtine★** de Raphaël (1512) et les superbes **vues de Dresde★★** que Bernardo Bellotto – le neveu de Canaletto (*encadré p. 116*) – a peintes entre 1747 et 1753. Son panorama de la ville vue de la rive droite avec le pont Auguste est d'une extraordinaire précision topographique. Sont aussi exposés des pastels de l'artiste vénitienne Rosalba Carriera, de séduisantes natures mortes hollandaises du 17e s. ainsi qu'une charmante composition de Vermeer : *Jeune fille lisant une lettre à la fenêtre* (1659).

★★ Collection de porcelaines (PORZELLANSAMMLUNG)

Entrée par la Sophienstraße. ✆ 0351 49 14 20 00 - www.skd.museum - ♿ (rdc) - tlj sf lun. 10h-18h - 6 € (gratuit avec le Zwinger-Ticket).

Cette **collection** réunit aussi bien des porcelaines du Japon et de Chine, acquises par Auguste le Fort, que des objets uniques issus de la célèbre manufacture de **Meissen**. Les fameux « **vases des dragons★** » *(Dragonervasen)* sont particulièrement impressionnants. Remarquez aussi les animaux en porcelaine grandeur nature de Meissen (1re moitié du 18e s.), que le roi avait commandés par centaines pour décorer le Palais japonais, ainsi que la salle consacrée à **Böttger**, qui introduisit la fabrication de la porcelaine dure en Europe en 1708, après avoir produit de la poterie ou « porcelaine rouge ».

★★ Salon des mathématiques et de la physique (MATHEMATISCH-PHYSIKALISCHER SALON)

Pavillon d'angle nord-ouest - ✆ 0351 49 14 20 00 - www.skd.museum - ♿ (rdc) - tlj sf lun. 10h-18h - 6 € (gratuit avec le Zwinger-Ticket).

Dans ce salon, le génie inventif des scientifiques est illustré par des instruments de mesure optiques, astronomiques et météorologiques datant du 16e au 19e s. Vous pouvez admirer des cadrans solaires, des sabliers et plusieurs modèles d'horloges, dont l'**horloge planétaire★** (*Planetenuhr*, 1569) du prince Auguste, réalisée à Marburg par Eberhard Baldewein. Le musée conserve aussi un télescope de style rococo (1742).

Se promener

PLAN DE VILLE P. 114

Dresde est traversée par l'Elbe qui la divise en deux parties bien distinctes. Au sud du fleuve se trouve la vieille ville *(Altstadt)* dominée notamment par des bâtiments de style baroque, les silhouettes du Zwinger, de l'opéra et de la cathédrale. Au nord, la ville nouvelle *(Neustadt)* s'ordonne autour de l'Albertplatz.

Les façades noircies des églises et des monuments ne sont pas le fait de la pollution : elle sont construites en grès de Suisse Saxonne, une pierre qui noircit en s'oxydant et crée une patine protectrice.

★★★ Le centre historique (ALTSTADT) AB2

Circuit tracé en vert sur le plan (p. 114). Partez de la Theaterplatz, où se trouvent le Zwinger, l'opéra et la cathédrale.

★★ Opéra Semper (SEMPEROPER) A2

Theaterplatz 2 - ✆ 0351 49 11 705 (billetterie) - dates des visites guidées (11 €) sur www.semperoper-erleben.de ou ✆ 0351 320 7360.

Le palais du Zwinger de style baroque.
R. Mattes/hemis.fr

Il fut construit entre 1871 et 1878 par **Manfred Semper**, ami personnel de Richard Wagner, sur des plans de son père Gottfried, auquel on devait le précédent édifice brûlé en 1869. Le bâtiment emprunte ses formes à la Renaissance italienne. La façade, en arc de cercle, est composée de deux étages d'arcades surmontés d'un troisième, en retrait. Les retours latéraux sont creusés de niches occupées par les statues de Shakespeare et Sophocle à gauche, de Molière et Euripide à droite. Des chefs d'orchestre célèbres, tel Karl Böhm, se produisirent au Semperoper, où neuf opéras de Richard Strauss, dont *Le Chevalier à la rose*, furent présentés pour la première fois.

2

Bombardé en 1945, seules la façade extérieure et ses statues résistèrent. L'intérieur fut reconstruit à l'identique, de 1977 à 1985 et l'opéra rouvrit ses portes en 1985. L'**orchestre** de l'opéra est le célèbre *Staatskapelle de Dresde*, à la renommée internationale. Le *Staatskapelle* est aussi un orchestre symphonique, fondé en 1548, ce qui ferait de lui le plus ancien orchestre au monde. Il est en tout cas considéré comme l'un des meilleurs et se produit dans le monde entier. Il donne également des concerts à l'église Notre-Dame *(www.staatskapelle-dresden.de)*.

La **Theaterplatz** est occupée en son centre par la statue équestre du roi Jean (1854-1873). Le bâtiment aux allures de temple grec est la **Garde de la vieille ville** *(Altstädter Wache)*, dessinée par le grand maître du classicisme berlinois, K. F. Schinkel (1830).

Traversez la Theaterplatz vers l'est.

★★ Cathédrale (HOFKIRCHE) A2

En travaux jusqu'en 2021 (horaires sous réserve : lun.-jeu. 9h-17h, vend. 13h-17h, sam. 10h-17h, dim. 12h-17h) - concerts d'orgue tout au long de l'année (7 € ; billets en vente 45mn avant le concert), programme sur bistum-dresden-meissen.de.

L'ancienne église catholique de la cour est le plus grand édifice religieux de Saxe. De plan basilical, elle fut construite de 1738 à 1755 sur ordre d'Auguste III par l'architecte italien Gaetano Chiaveri. Les Albertins venaient de se convertir au

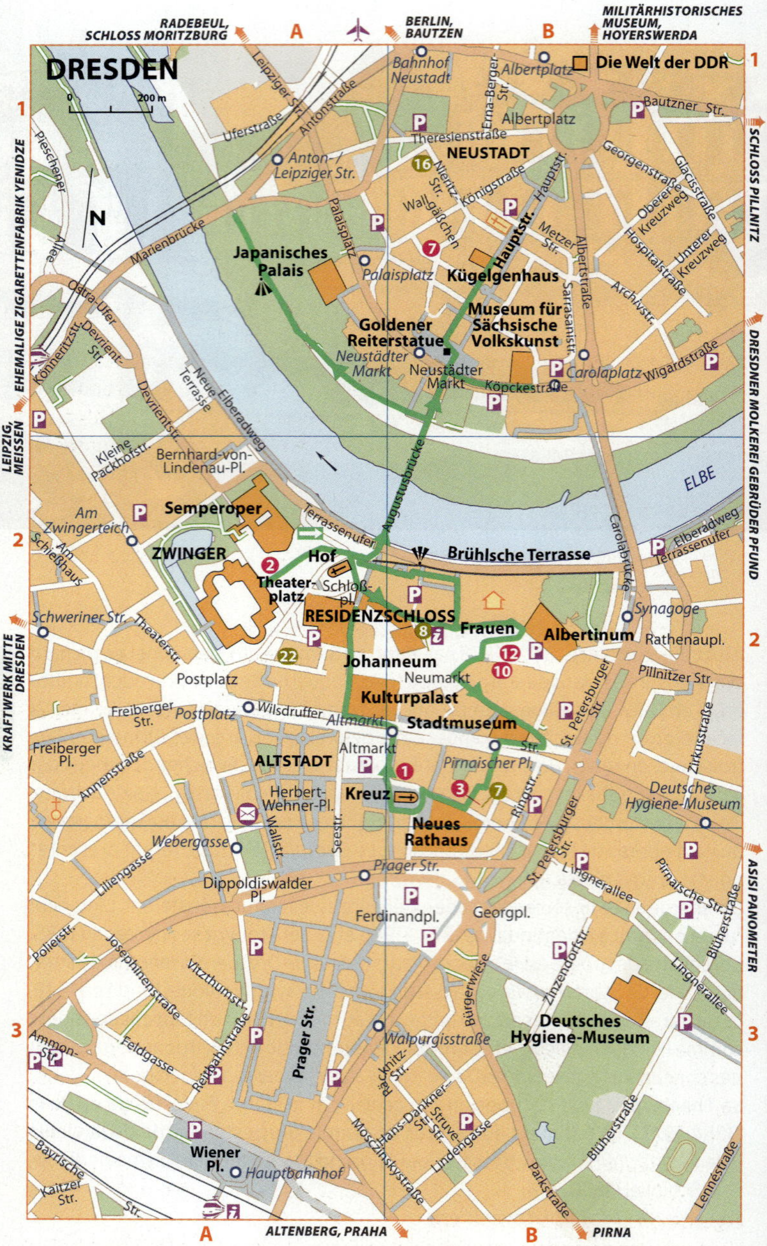

SE RESTAURER
- Aha Ladencafé 1
- Alte Meister 2
- Caroussel 7
- CoselPalais 10
- [m]eatery 3
- Ven 12

SE LOGER
- Gewandhaus Dresden 7
- Hotel Taschenbergpalais 22
- Hotel Martha Dresden 16
- Vienna House QF 8

Une lignée de facteurs d'orgues

Gottfried Silbermann (1683-1753) fit son apprentissage à Strasbourg dans les ateliers de son frère Andreas, créateur des célèbres orgues d'Ebersmunster en Alsace. Dès 1710, Gottfried s'installa à Freiberg, où il conçut des instruments au timbre exceptionnel. Son neveu, Johann Andreas, reprit lui aussi le flambeau de la profession et conçut 54 orgues dans la région du Rhin supérieur.

catholicisme romain, condition indispensable à leur accession à la couronne polonaise. Fortement inspirée du baroque italien, l'église, dominée par un clocher de 86 m, est décorée de statues d'apôtres et de saints disposées notamment sur les attiques. La nef est séparée des collatéraux par un déambulatoire circulaire ouvrant sur quatre chapelles ovales. Au maître-autel, un beau tableau (1750) d'Anton Raphael Mengs représente l'Ascension. La chaire a été réalisée par Permoser en 1722, tandis que l'orgue (1750-1753) constitue la dernière œuvre du fameux facteur Gottfried Silbermann (*encadré ci-dessus*).
Dans la crypte sont conservés les sarcophages de plusieurs rois et princes de Saxe, ainsi que le cœur d'Auguste le Fort dont le corps repose dans la cathédrale de Cracovie.

★★★ Château de la Résidence (RESIDENZSCHLOSS) A2

0351 49 14 20 00 - www.skd.museum - ♿ - tlj sf mar. 10h-18h - 14 € (22,50 € avec la Historisches Grünes Gewölbe).
Presque entièrement détruit à la fin de la Seconde Guerre mondiale, le château de style Renaissance, où résidait autrefois la cour, abrite la chambre du trésor des ducs de Saxe que l'on appelle la **Voûte verte★★★** *(Grünes Gewölbe)*, un **cabinet des estampes**, dont les 500 000 œuvres datant des 13e-20e s. sont dévoilées par roulement, un **cabinet turc**, une riche collection d'art ottoman, et un **cabinet des monnaies**.

★★★ La Voûte Verte historique (Historisches Grünes Gewölbe) – *L'accès à la Voûte verte historique, située au rez-de-chaussée du château, suit un quota strictement limité d'entrées (70 visiteurs/h). Il est donc vivement conseillé d'acheter ses billets à l'avance sur le site Internet ou de se rendre sur place à l'ouverture des guichets. Audioguide (en français) recommandé.*
Cette chambre du trésor unique en son genre est un point de passage obligé lors d'une visite de Dresde. Après un transfert provisoire à l'Albertinum, les chefs-d'œuvre de joaillerie et d'orfèvrerie rassemblés par Auguste II ont retrouvé leur emplacement d'origine, dans les salles de la **Voûte verte historique**, baptisée ainsi en raison de la couleur vert émeraude de la pièce principale. Les 2 000 pièces, toutes exceptionnelles, sont exposées dans neuf cabinets décorés avec le plus grand luxe et consacrés chacun à un matériau particulier (ambre, émeraude, argent blanc, joyaux, bronze, etc.).
Vous pourrez compléter cette visite avec les collections de la **Nouvelle Voûte verte★★** (1er étage), d'une valeur tout aussi inestimable. Prêtez une attention particulière aux réalisations de **Johann Melchior Dinglinger** (1664-1731), joaillier de la cour de Dresde. Son époustouflante **Cour du grand moghol★★** est un déluge de luxe et de raffinement composé de 137 statuettes en or émaillé, serties de plus de 5 000 pierres précieuses. Autres pièces de choix : le délirant **service à café en vermeil★** du même Dinglinger (1701) et la **cheminée d'apparat**, conçue en 1782 pour être offerte au tsar Paul Ier et reconstituée en 2004.

2

★ **Cabinet turc (Türckische Cammer),** 2e étage – Mise en dépôt pendant soixante-dix ans, cette collection qui illustre l'intérêt porté par la cour de Saxe à l'art militaire des Ottomans bénéficie depuis 2010 d'une muséographie entièrement nouvelle. La pièce maîtresse en est la **Dreimastzelt★★**, la tente ottomane d'Auguste le Fort qui avait commandé en 1713 un campement complet.
★ **Salle d'Armes (Rüstkammer),** 2e étage – Nul besoin d'être amateur d'armes pour être fasciné par l'arsenal rassemblé par la dynastie princière des Wettin. Cette importante collection compte 1300 pièces (boucliers de parade, armures de joute...) datant du 15e au 19e s. La collection d'**armures pour enfants** est unique. Elles étaient portées lors de tournois d'enfants à la cour de Saxe.
Avant de quitter le château, jetez un œil sur les **Paraderäume** – les salles d'apparat baroques d'Auguste Le Fort, qui font l'objet d'une patiente reconstruction – et montez au sommet de la **tour de l'Horloge** *(Hausmannsturm)* : vous y découvrirez une belle **vue★★** d'ensemble sur l'Elbe et sur la ville.
La façade extérieure du château reliant l'aile ouest au Johanneum est recouverte d'une immense mosaïque, la **Procession des princes★** *(Fürstenzug*, 102 m). Réalisée originellement par le peintre Wilhelm Walter selon la technique du sgraffite, cette peinture monumentale représentant les ducs de la maison de Saxe-Wettin fut transférée en 1906 sur 25 000 carreaux de porcelaine de Saxe. L'œuvre, qui sortit miraculeusement indemne des bombardements de 1945, met en scène 35 margraves, princes-électeurs et rois sur une période d'environ mille ans.
Reliant le Johanneum au bâtiment Georges, le **Langer Gang★** (Long Passage) est une longue galerie, formée par des arcades toscanes, qui ferme la cour des écuries. Le bâtiment du **Johanneum** (à gauche de l'entrée, *Schöne Pforte*, porte de style Renaissance), occupé autrefois par les écuries, abrite le **musée des Transports** *(Verkehrsmuseum - ☏ 351 86 440 - www.verkehrsmuseum-dresden.de - tlj sf lun. 10h-18h - 7 €)* : collections d'automobiles et de motocyclettes ; évolution des transports en commun urbains.
Traversez le Neumarkt.

Promenade sur les pas de Bellotto

Neveu de l'illustre Canaletto, le peintre vénitien **Bernardo Bellotto** (1722-1780) fit ses débuts dans l'atelier de son oncle dont il imitait le style à la perfection, au point qu'on l'appelait souvent **Canaletto le Jeune**.
À l'invitation du prince de Saxe, Bellotto quitta Venise en 1747 pour Dresde où il peignit plusieurs panoramas de la ville avant de prendre le chemin de Varsovie. Ses vues *(vedute)*, actuellement conservées à la Galerie des Maîtres anciens, restituent avec un soin infini la physionomie de Dresde à l'époque. Trois chevalets ont été installés aux endroits où Bellotto travaillait, vous pourrez ainsi observer la métamorphose du paysage urbain opérée depuis le 18e s. *(www.blicke-auf-dresden.de)*.
Vous trouverez la première installation rive gauche, sur la terrasse de Brühl. La deuxième vous attend sur la rive droite, devant l'hôtel Bellevue, à peu près à la hauteur du Palais japonais : elle correspond à l'endroit précis où Bellotto a peint en 1748 son célèbre panorama avec le pont Auguste, qui est devenu « la » vue classique de Dresde. Le troisième chevalet a été planté à l'angle sud des douves du Zwinger, face au vieux bastion Luna.

La vieille ville et l'église Notre-Dame.
R. Mattes/hemis.fr

2

★★ Église Notre-Dame (FRAUENKIRCHE) B2

✆ 0351 656 06 100 - lun.-vend. 10h-12h, 13h-18h.

L'imposante église Notre-Dame fut érigée à partir de 1726. Elle est l'œuvre maîtresse de l'architecte Georg Bähr. Le dôme, achevé en 1738 et considéré comme l'emblème de la ville, avait un diamètre de 23,5 m pour une hauteur de 95 m. L'édifice passe pour être le plus représentatif de l'architecture sacrée protestante. Presque entièrement détruite par les bombardements des 13 et 14 février 1945, l'église a été rebâtie à partir de 1994 et consacrée le 30 octobre 2005. Jusqu'à la réunification, ses ruines symbolisèrent de façon saisissante la destruction de la ville. Coût de la restauration : 182 millions d'euros, financés à 60 % par des dons privés. La **crypte** abrite l'autel de pierre du plasticien Anish Kapoor et la sépulture de l'architecte Georg Bähr. L'église peut recevoir jusqu'à 2 200 fidèles et accueille régulièrement des **concerts** *(sam. à 20h en général - 12 € - rens. et billets : ✆ 0351 656 06 701 - www.frauenkirche-dresden.de/kalender).*

Gagnez la terrasse de Brühl aménagée à l'emplacement des anciennes fortifications.

★ Terrasse de Brühl (BRÜHLSCHE TERRASSE) B2

Cette terrasse panoramique est reliée à la cathédrale par un escalier monumental : **vue★** intéressante sur l'Elbe et les édifices monumentaux du quartier de Neustadt, sur la rive droite, dont l'imposante façade néoclassique du **ministère des Finances et du Culte de Saxe** (1883). Le premier chevalet des panoramas de **Bellotto**, neveu de Canaletto, se trouve sur la terrasse *(encadré ci-contre).*

Rebroussez chemin et dirigez-vous vers l'Albertinum.

★★ Albertinum B2

Brühlsche Terrasse et Georg-Treu-Platz - ✆ 0351 49 14 20 00 - www.skd.museum - tlj sf lun. 10h-18h - 12 €.

L'ancien arsenal transformé en musée dans le style néo-Renaissance vers 1885 fut menacé par les importantes inondations de 2002. Il fut alors entièrement rénové et ses collections redéployées.

La reconstruction après 1945

« La Florence de l'Elbe »

Ville slave à l'origine, Dresde fut germanisée au 12e s. par les margraves de Misnie. Elle revint en 1485 au duc Albert et resta, jusqu'en 1918, possession de la lignée albertine.

C'est au cours de la première moitié du 18e s., sous le règne des électeurs de Saxe et rois de Pologne **Auguste II le Fort** et de son fils **Auguste III**, qu'eut lieu le véritable développement de la ville. Attirés par ces souverains mécènes, de nombreux artistes italiens, en particulier vénitiens, fréquentèrent alors la Cour de Dresde. De cette époque datent le magnifique ensemble baroque du Zwinger, le Palais japonais et l'église de la cour *(Hofkirche)*, ainsi que les exceptionnelles collections de peintures et d'objets d'art. À ces trésors, Dresde, qui fut aussi le berceau de l'expressionnisme allemand, adjoint les œuvres de nombreux peintres des 19e et 20e s.

Le 19e s. fut placé sous le signe du développement économique ; de nombreuses industries et manufactures, stimulées par le chemin de fer (la ligne Dresde-Leipzig fut inaugurée en 1839) et la navigation à vapeur sur l'Elbe, s'installèrent à la périphérie de la ville.

La nuit de l'apocalypse

À quelques mois de la fin de la Seconde Guerre mondiale, dans la nuit du 13 au 14 février 1945, Dresde fut la cible de l'un des plus importants bombardements alliés, destiné à briser le moral de la population. Après le passage de deux vagues de bombardiers britanniques et de plus de 300 forteresses volantes américaines, on évalua le nombre de morts à plus de 25 000 : la ville était détruite à 75 % (impressionnants clichés de Dresde en ruine au Stadtmuseum, *p. 119*). L'enjeu stratégique de cette opération militaire d'envergure était pourtant faible et l'ampleur du déploiement allié, destiné à frapper une ville alors peuplée de réfugiés, suscita bien des débats.

Une reconstruction réussie

Quelques chiffres illustrent l'importance de la reconstruction de l'**église Notre-Dame** : au milieu des ruines ont été retrouvées 8 390 pierres de façade, de mur et de plafond (soit un quart de la surface totale) dont 10 % seulement étaient intactes. 10 000 clichés anciens des plans originaux ont permis de localiser, de mesurer et de photographier les pierres avant de leur attribuer leur place définitive. Elles ont été répertoriées dans une base de données contenant 90 000 photographies numériques.

Le mariage de l'urbanisme ancien et moderne

La restauration du patrimoine historique – en particulier du Zwinger miraculeusement reconstitué – et la reconstruction des quartiers d'habitation, traversés par de larges artères, ont donné à Dresde sa spécificité alliant l'urbanisme moderne au patrimoine historique.

La **Prager Straße**, jonction entre le quartier de la gare et la vieille ville, est l'exemple le plus frappant de ce nouvel urbanisme, avec ses imposants immeubles alignés de part et d'autre d'une large allée piétonne : elle aboutit à la **Wiener Platz★**, encadrée par la Krugel Haus (bâtie autour d'une sphère en verre), et à la gare centrale *(Hauptbahnhof)* à la belle verrière de fer et de verre.

Aujourd'hui, l'Albertinum accueille la **Galerie des Maîtres modernes** *(Galerie Neue Meister)* avec des peintres du 19e s. à nos jours. Le romantisme allemand est représenté par plusieurs chefs-d'œuvre mélancoliques de Caspar David Friedrich : **Deux hommes contemplant la lune★** de 1819, **Bateaux dans le port, le soir★** de 1828 et **La Grande réserve★★** de 1832, qui dépeint les bords de l'Elbe à Ostra. Viennent ensuite l'impressionnisme français et allemand avec Claude Monet, Edgar Degas, Max Liebermann, Max Slevogt. Puis l'expressionisme allemand avec Otto Dix (son triptyque intitulé **La Guerre★**, 1929-1932, est très impressionnant) et des artistes du mouvement « Die Brücke » comme Ernst Ludwig Kirchner et Karl Schmidt-Rottluff. Les salles consacrées à la peinture allemande contemporaine font la part belle aux œuvres de Georg Baselitz et Gerhard Richter (voyez sa série 48 *Portraits*). Vous pourrez également découvrir une **collection de sculptures** *(Skulpturensammlung)*, gréco-romaines ainsi que des œuvres de Rodin et de Wilhelm Lehmbruck.

★ Musée de la Ville (STADTMUSEUM DRESDEN) B2

Wilsdruffer Straße 2 (entrée par la Landhausstraße) - ✆ 0351 488 73 02 - www.museen-dresden.de - ♿ - tlj sf lun. 10h-18h (vend. 19h) - fermé 24-25 et 31 déc. - 5 € (gratuit vend. à partir de 12h).

Construit entre 1770 et 1775 pour abriter les services de l'État de Saxe, cet édifice baroque abrite un musée consacré à l'histoire de Dresde depuis sa fondation au 13e s. La section la plus marquante est celle qui retrace la période nazie (un film de 12mn, tourné en 1942, documente la déportation des Juifs de Dresde vers le camp de Hellerberg) et la destruction apocalyptique de la ville en 1945 (photographies de la crémation des corps sur la place du Vieux-Marché au lendemain des bombardements alliés).

2

Nouvel hôtel de ville (NEUES RATHAUS) B2-3

www.dresden.de - tour fermée à la visite (jusqu'en 2030) en raison des travaux en cours dans les édifices environnants.

Situé derrière l'église Ste-Croix, cet édifice néo-Renaissance a été bâti au début du 20e s. Sa tour, surmontée d'une statue dorée d'Hercule, est la plus haute de Dresde (100 m), et offre une vue exceptionnelle sur la vieille ville.

★ Église Ste-Croix (KREUZKIRCHE) B2

✆ 0351 439 3939 - programme des concerts : www.kreuzkirche-dresden.de - billetterie : lun.-vend. 10h-18h, sam. 10h-14h et 45mn av. le début du concert (concerts d'orgue 7 €).

Cette église, la plus ancienne de la ville (début du 13e s.), fut remaniée dans le style baroque après sa destruction pendant la guerre de Sept Ans. Elle accueille la célèbre maîtrise masculine Sainte-Croix *(Kreuzchor)*, qui compte 400 voix et 800 ans d'existence ! C'est une des plus anciennes chorales d'Europe.

Palais de la Culture (KULTURPALAST) A2

Schlossstraße 2 - lun.-sam. 10h-19h - www.dresdnerphilharmonie.de.

Ce bâtiment, emblématique maison de la culture de la RDA, salle de concert et salle de spectacle, fut inauguré en 1969. La mosaïque extérieure raconte le « chemin du drapeau rouge » tandis qu'à l'intérieur, une longue peinture murale décrit la « vie socialiste ». La municipalité a fait le choix de préserver ces témoignages de l'histoire du pays et les a restaurés entre 2013 et 2017.

La salle de concert, entièrement refaite avec une acoustique dernier cri, accueille l'orchestre philharmonique de Dresde.

Empruntez la Wildsruffer Straße en direction du Zwinger et tournez à droite dans la Schloßstraße que vous remontez jusqu'au pont Augustusbrücke.

★★ La ville nouvelle (NEUSTADT) PLAN AB1

Cette partie de Dresde, en grande partie épargnée par les bombardements de 1945, occupe le territoire de l'*Altendresden* (Vieux Dresde) qui brûla en 1685. Elle a été rebaptisée Ville Nouvelle *(Neustadt)* lors de la reconstruction du quartier, à l'occasion de laquelle la pierre fut rendue obligatoire.

Dominée par la **statue équestre dorée** ★ (*Goldener Reiterstatue*, B1) d'Auguste le Fort, la **Hauptstraße** qui relie la place du Neustädter Markt à l'Albertplatz a fait l'objet d'une restauration de bon goût, qui a permis de préserver plusieurs demeures du 18e s.

Dans les années qui suivirent la réunification, Neustadt était le quartier alternatif de Dresde : il concentrait squats et ateliers d'artistes. Ses habitants le proclamèrent même « Bunte Republik Neustadt » (République colorée de Neustadt) pendant trois jours en juin 1990 ! Aujourd'hui plus bobo, il reste tout de même le repaire des artistes et des créatifs. Une illustration : le nº 25 **Görlitzerstraße**, révèle cours et passages aménagés par différents artistes. La *cour des éléments* est suivie par la *cour des animaux* et la *cour des créatures fabuleuses*. Le passage débouche sur **Alaunstraße**, une rue à arpenter pour ses magasins et ses bars. **Neustadt**, avec ses belles demeures de style baroque, néoclassique ou de l'époque des fondateurs, ainsi que ses nombreuses boutiques branchées, est un des lieux de promenade les plus agréables de la ville. C'est aussi le quartier où sortir et faire la fête. Le carré formé par la Bautzener Straße, la Königsbrücker Straße, le Bischofsweg et la Prießnitzstraße en constitue le cœur.

▶ *En venant du centre historique de Dresde, vous pouvez accéder à la ville nouvelle par l'Augustusbrücke.*

Engagez-vous à droite dans la Köpckestraße.

★ Musée des Arts et Traditions populaires

(MUSEUM FÜR SÄCHSISCHE VOLKSKUNST) B1

Köpckestraße 1 - ✆ 0351 49 14 20 00 - www.skd.museum - tlj sf lun. 11h-17h - 5 € (gratuit 2e dim. du mois à partir de 15h).

Ce musée très attachant a été aménagé dans le plus ancien bâtiment Renaissance de la ville, le Jägerhof, érigé en 1568. Il présente essentiellement des objets d'art populaire saxon : armoires peintes, tissus imprimés à l'indigo *(Blaudruckerei)*, vaisselle classée par lieu de production (faïence de Zittau, pots à miel de Lunzenau...). On remarquera bien sûr les costumes traditionnels saxons et sorabes, mais aussi les jouets de l'Erzgebirge sculptés dans le bois, les décorations de Noël et la crèche de Schneeberg (1958) inspirée par le monde de la mine. Riche collection de **marionnettes**★.

Revenez sur vos pas dans la Köpckestraße et à hauteur du Neustädtermarkt, tournez à droite pour remonter un peu la Hauptstraße.

Maison Kügelgen (KÜGELGENHAUS) B1

Hauptstraße 13 - ✆ 0351 804 47 60 - www.museen-dresden.de - merc.-dim. 10h-18h - 4 € (gratuit vend. après 12h).

Neuf pièces de cette jolie maison, fréquentée au début du 19e s. par de nombreux artistes et écrivains, lèvent le voile sur un pan important de l'histoire culturelle de Dresde : la période romantique. Vous y verrez l'atelier du portraitiste et peintre d'histoire **Gerhard von Kügelgen** (1772-1820) qui y emménagea avec sa famille

Laiterie des frères Pfund (voir p. 122)
A. Pistolesi/AGF RM/age fotostock

en 1808 (Kügelgen, qui enseignait à l'École des Beaux-arts de Dresde, fut l'un des professeurs de Caspar David Friedrich).
Revenez vers le Neustädtermarkt que vous traversez pour rallier la rive.

★ Palais japonais (JAPANISCHES PALAIS) A1

Palaisplatz 11 - ✆ 0351 49 14 20 00 - www.skd.museum - w.-end 11h-18h - gratuit.
Le Palais japonais est un vaste quadrilatère construit entre 1715 et 1717 sous la direction de Pöppelmann pour exposer la vaisselle en porcelaine de Meissen d'Auguste le Fort. Il héberge aujourd'hui des expositions temporaires autour des sciences naturelles ainsi qu'une collection d'ethnologie, dont la pièce maîtresse est la précieuse *Chambre de Damasa* de 1810, tout en panneaux de peuplier décorés de feuille d'or et de motifs peints, acquise en 1895 par Karl Ernst Osthaus, le fondateur du musée Folkwang à Essen, et restaurée en 2019. Notez les toits à l'orientale des pavillons d'angle. Du côté de l'Elbe, agréable jardin et **vue★** sur la rive gauche.

Musée de la RDA (DIE WELT DER DDR) B1

Antonstraße 2A - ✆ 0351 56 34 08 88 - www.weltderddr.de - ♿ - 9h30-18h - 9 €.
Si le passé récent de la Saxe vous intrigue, poussez jusqu'au centre commercial Simmel accolé au grand immeuble qui domine l'Albertplatz. Il abrite, au 1er étage, un musée entièrement dédié à l'État est-allemand. Y sont présentés, façon « brocante », différents aspects du quotidien de 1949 à la chute du Mur en 1989 : l'habitat, le travail, l'éducation, les loisirs, les institutions, la voiture... Pas banal !

À voir aussi

PLAN DE VILLE P. 114

Kraftwerk Mitte HORS PLAN A2

Wettiner Platz 7 ✆ 0351 860 4679 - www.kraftwerk-mitte-dresden.de - ♿ - Cette ancienne usine d'alimentation électrique, en cours de complète reconversion, va peut-être permettre le développement d'un nouveau pôle culturel à l'ouest du

Zwinger... Désormais consacrée à la culture et à la création artistique, elle abrite déjà une nouvelle scène musicale avec le **Staatsoperette Dresden**, théâtre ultra moderne, conçu pour accueillir opérettes et comédies musicales, tout en étant implanté dans une ancienne halle aux machines. Le **Theater Junge Generation, TJG**, destiné au jeune public, s'est installé lui aussi dans des locaux réhabilités. Bureaux, restaurants, bars sont progressivement aménagés. Une discothèque, le **Kraftwerk club**, organise des soirées disco, électro... De multiples projets sont encore en cours, tels l'installation d'un conservatoire, des salles de répétition pour musiciens et danseurs, une cinémathèque, des salles de cinéma, un musée de marionnettes, un musée de l'énergie...

★ Musée d'Histoire militaire

(MILITÄRHISTORISCHES MUSEUM DER BUNDESWEHR) HORS PLAN B1

Olbrichtplatz 2 - ✆ 0351 823 2803 - www.mhmbw.de - ♿ - tlj sf merc. 10h-18h - fermé 24-26 et 31 déc. et 1er janv. - 5 € ou 7 € selon l'exposition (gratuit lun. à partir de 15h) - agréable café au rez-de-chaussée (Zeitlos).

Ce bâtiment du 19e s., d'où jaillit une immense pyramide de métal, abrite le plus grand musée militaire d'Allemagne. Rénové par le célèbre architecte Daniel Libeskind, à qui l'on doit entre autres le Musée juif de Berlin, il a rouvert ses portes à l'automne 2011. Sur quatre niveaux sont présentées les évolutions technologiques du 14e s. à nos jours, ainsi que des expositions thématiques originales, telles que l'animal et l'armée ou la guerre et les jeux. La scénographie, brillante, trouve le ton juste entre installations interactives et distance critique nécessaire. Belle vue sur Dresde depuis le 4e étage.

Musée de l'Hygiène et de la Santé (DEUTSCHES HYGIENE-MUSEUM) B3

Lingnerplatz 1 - ✆ 0351 48 46 400 - www.dhmd.de - ♿ (rdc) - tlj sf lun. 10h-18h - fermé 1er janv., 24 et 25 déc. - 9 € - audioguide en français gratuit.

Ce musée moderne aborde l'Homme à travers ses dimensions biologiques, sociales et culturelles. Sur 2 500 m², « L'aventure humaine » *(Abenteuer Mensch)* présente un grand nombre d'objets (figures de verre, moulages de cire, modèles anatomiques) et de nombreux modules interactifs. De son côté, le **musée pour les Enfants** est consacré aux cinq sens.

Asisi Panometer HORS PLAN B3

Gasanstaltstraße 8b - ✆ 0341 35 55 340 - www.asisi.de - tlj sf lun. 10h-17h, w.-end 10h-18h - 11,50 €.

Le site propose des voyages virtuels grâce aux techniques numériques les plus pointues. L'exposition « Dresden Barock » permet de découvrir le panorama à 360° de la ville, un jour d'été de 1756. En alternance avec « Dresden 1945 ».

Ancienne fabrique de tabac Yenidze

(EHEMALIGE ZIGARETTENFABRIK YENIDZE) HORS PLAN A1

Weißeritzstraße 3, près du pont Marienbrücke, sur la rive gauche.

Avec sa coupole de verre aux reflets chamarrés et ses minarets dressés vers le ciel, cette ancienne manufacture de cigarettes construite en 1908 dans le style d'une mosquée éveille la curiosité. Elle abrite aujourd'hui des bureaux, ainsi qu'un restaurant et un *Biergarten* au sommet *(Kuppelrestaurant, 12h-22h30).*

Laiterie des frères Pfund (MOLKEREI GEBRÜDER PFUND) HORS PLAN B1

Bautzner Str. 79 - ✆ 0351 80 80 80 - www.pfunds.de - 10h-18h, dim. et j. fériés 10h-15h. L'intérieur de cette boutique est somptueux : murs et plafonds sont entièrement recouverts de faïences peintes à la main (1892), à motifs d'angelots et de guirlandes de fleurs. Nationalisée en 1972 par les autorités de la RDA, elle a

Le château de Moritzburg.
imageBROKER/hemis.fr

fermé ses portes en 1990 avant d'être joliment restaurée. Aujourd'hui, on y vend du fromage (200 sortes !). Café-restaurant au 1er étage.

À proximité

CARTE DE RÉGION P. 108

★ Château de Moritzburg (SCHLOSS MORITZBURG) B1

À 14 km au nord-ouest, par la Hansastraße - bus 326 de la gare de Dresden-Neustadt, arrêt Schloss Moritzburg. ✆ 035 207 873 18 - www.schloss-moritzburg.de - possibilité de visite guidée - avr.-oct. : 10h-18h (dernière entrée 17h) - 8 €.
Simple pavillon de chasse de style Renaissance construit entre 1542 et 1546 par le duc Maurice, ce château fut remanié entre 1723 et 1736 par M. D. Pöppelmann à la demande de Frédéric-Auguste Ier (1670-1733), qui voulait en faire un château d'apparat baroque. Le bâtiment à quatre ailes avec ses imposantes tours d'angle ocre et blanc, couleurs du baroque en Saxe, est entouré d'un lac artificiel et d'un parc aux proportions généreuses. Collection de trophées de chasse et de porcelaines de Meissen *(avr.-oct. à 10h30, 12h, 14h et 15h - 3,50 €)*, modelées pour la plupart au 18e s. par J. J. Kaendler et J. G. Kirchner.

★ Château de Pillnitz (SCHLOSS PILLNITZ) B1

À 15 km à l'est par la Bautznerstraße. August-Böckstiegel-Straße 2 - bus 63 de la gare de Dresden-Strehlen, arrêt Pillnitzer Platz - ✆ 0351 2613 260 - www.schlosspillnitz.de - ♿ - mai-oct. : tlj sf lun. 10h-18h - nov.-mars : w.-end 11h-14h - 8 € le ticket combiné château, parc et serre.
Ce **château** de plaisance situé sur la rive droite de l'Elbe a été conçu entre 1720 et 1724 par Matthäus Daniel Pöppelmann, l'architecte des princes-électeurs. La prédilection du baroque finissant pour les chinoiseries transparaît dans la forme des toits. Peu de salles se visitent dans le **musée du château**, mais deux bâtiments accueillent le **musée des arts décoratifs** et des expositions temporaires. Le **parc** *(ouv. dès 9h)* fut agrandi et transformé en jardin anglais en 1778. Les berges de l'Elbe invitent à la promenade.

Carnet pratique

S'informer

Offices de tourisme – *0351 501 501 - www.dresden.de - Neumarkt 2; Hauptbahnhof (gare centrale); Wiener Platz 4.*

Informations utiles

Quotidiens – *Sächsische Zeitung (www.saechsische.de), Dresdner Neueste Nachrichten (www.dnn.de).*

Internet – *www.dresden-tourist.de; www.dresden-online.de.*

Transports

Le centre historique de Dresde est essentiellement réservé aux piétons et aux vélos. La plupart des curiosités et musées se concentrent dans un périmètre restreint et sont facilement accessibles à pied. La ville est efficacement quadrillée par un réseau de 14 lignes de tramway, auxquelles s'ajoutent bus et trains express régionaux *(S-Bahn, DB)*.

Dresde possède deux grandes gares : la *Hauptbahnhof (Am Hauptbahnhof 4)* au sud de l'Elbe et la *Bahnhof Neustadt (Schlesischer Platz 1)* au nord du fleuve. La plupart des trains s'arrêtent dans l'une ou l'autre.

Aéroport – *www.dresden-airport.de.* L'aéroport international Flughafen Dresden est situé à moins de 10 km au nord de l'Elbe. La S-Bahn *(S2)* va à la gare centrale en 25mn *(2,40 € le trajet)*. Départs ttes les 30mn.

Transports en commun – Le réseau de la *Dresdner Verkehrsbetriebe* (DVB), régie des transports urbains de Dresde, est bien organisé, *0351 857 10 11 - www.dvb.de.*

Dresden-Citycard – Valable 24h, elle coûte 12 € *(15 € pour une famille)* et permet de voyager à volonté sur toutes les lignes de bus et de tramway et d'emprunter les bacs qui traversent l'Elbe. Tarifs réduits dans certains musées et sur certaines visites guidées de la ville en autocar et en bateau.

Citycard + Museumscard – Valable 2 j *(37 €, 66 € pour une famille)*, elle donne droit, en plus des transports, à des entrées gratuites dans 14 musées. La **Museumscard** seule *(14 musées, sans transports)* coûte 22 € pour 2 j.

Cartes en vente à l'OT et sur Internet.

Visites de la ville

Tours de la ville en autocar – Deux compagnies proposent plusieurs formules de visite *(Stadtrundfahrt)* qui durent entre 1h30 et 4h.

Die Roten Doppeldecker – *0351 49 40 404 - www.stadtrundfahrt-dresden.de - 17/36 €.* Départ de la Wilsdruffer Str., guide allemand.

Stadtrundfahrt Dresden – *0351 899 56 50 - www.stadtrundfahrt.de - avr.-oct. : dép. ttes les 15 à 30mn, 9h30-21h; nov.-mars : dép. ttes les 30mn, 9h30-20h - 20 €.* Départ d'Augustusbrücke/Theaterplatz. Le ticket est valable toute la journée et on peut descendre et monter à n'importe lequel des 22 arrêts. Audioguide en français.

Dresden Walks – *163 716 98 86 - www.dresdenwalks.com.* Une autre façon de découvrir la ville avec des visites thématiques à pied *(1h30 à 2h)*, en allemand ou en anglais *(10-12 €;)*. Point de rendez-vous : tlj à midi, sur la Schlossplatz, au pied du grand escalier.

Croisières – Sächsische Dampfschiffahrt – *0351 86 60 90 - www.saechsische-dampfschiffahrt.de.* Croisières quotidiennes sur l'Elbe à bord de bateaux à aubes d'époque ou de bateaux à moteur modernes, au départ de Dresde, vers Meißen en aval *(16 € AR)* et la Suisse saxonne en amont *(27 € AR pour Bad Schandau)*. Embarcadère et débarcadère : Terrassenufer sous la Brühlsche Terrasse.

Location de bicyclettes – *Mietstation, Glacisstr. 5 (Neustadt) - ☏ 0351 485 215 88 ou (mobile) 151 252 000 80 - www.mietstation-dresden.de - aux beaux jours 10h-13h, 14h-18, dim. 10h-13h, 16h-19h - ⊠. Vélo de ville : 10 €/j ; vélo électrique : 25 €/j (caution 50 €).*

Agenda

Filmfest Dresden – *Mi-avril - www.filmfest-dresden.de.* Festival international du court-métrage et du film d'animation.

Festival de musique de Dresde (Dresdner Musikfestspiele) – *Mai-juin - ☏ 0351 478 560 - www.musikfestspiele.com.* Concerts de musique classique sur la Theaterplatz, les escaliers de la terrasse de Brühl et dans les principales salles et églises.

Internationales Dixieland Festival Dresden – *Mi-mai – www.dixielandfestival-dresden.de.* Le clou de ce festival, l'un des plus importants du genre depuis 1971, est la parade musicale sur l'Elbe façon Mississippi, à bord d'un vieux vapeur à aubes.

Bunte Republik Neustadt – *Mi-juin - www.brn-dresden.de.* Grande fête de rue qui célèbre pendant trois jours et trois nuits la naissance de l'éphémère « Bunte Republik Neustadt » (alias BRN), instituée à la réunification par les habitants de ce quartier alternatif.

Elbhangfest – *Dernier w.-end de juin - www.elbhangfest.de.* Fête artistique et populaire le long de l'Elbe. Théâtre, lectures, artisanat.

La nuit des châteaux de Dresde (Dresdner Schlössernacht) – *Mi-juil. - www.dresdner-schloessernacht.de.* Fête en plein air dans les parcs de trois châteaux de la rive droite : Albrechtsberg, Lingner et Eckberg.

Moritzburg Festival – *Août - ☏ 0351 16 09 26 15 - www.moritzburgfestival.de - 8/56 €.* Chaque soir, à 19h ou 20h, un concert de musique de chambre (Brahms, Debussy, Dvorak, Smetana...) est programmé au château ou à l'église de Moritzburg.

Jazztage Dresden – *Nov. - www.jazztage-dresden.de - 19/39 €.* Dix jours durant, la ville vit au rythme du jazz. Un ou deux concerts par jour, dans différents lieux (Ostrapark, Park Hotel, QF...).

Striezelmarkt – *Déc. - www.dresden.de/striezelmarkt.* Le plus beau des 11 marchés de Noël de Dresde et le plus vieux de toute l'Allemagne. Il se tient chaque hiver, depuis 1434, sur l'Altmarkt *(tlj 10h-21h).* L'occasion de goûter aux traditionnels *Christstollen*, brioches au massepain et fruits secs.

2

Nos adresses

Restauration

Premier prix

❶ **Aha Ladencafé** – B2 - *Kreuzstr. 7 - ☏ 0351 4960673 - www.ladencafe.de - ⊠ - 9h-23h - plat 12/17 €, formule déj. 6-9 €.* Une plaisante adresse face à l'église Sainte-Croix, qui propose, au milieu d'une exposition d'art, une cuisine de saison sur le thème de l'exposition en cours. Vins du monde entier. Magasin d'artisanat au sous-sol.

Raskolnikoff – HORS PLAN - *Böhmische Str. 34 - ☏ 0351 8045706 - www.raskolnikoff.de - 11h-2h - plat 13/18 €, formule déj. 7,90 €, brunch 20/25 €.* Au cœur de Neustadt, ce petit resto flanqué d'une ravissante cour intérieure propose une cuisine inventive.

Historisches Fischhaus – HORS PLAN - *Fischerhausstr. 14 - à 5 km au nord-est du centre-ville; suivre la Bautzner Str - 0351 899100 - www.historisches-fischhaus.de - - fermé lun. - réserv. conseillée - plat 12/21 €.* Maison de tradition au cadre verdoyant, proche de la ville. Parmi les spécialités : poisson et gibier. En été, profitez du jardin, idyllique.

Lila Soße – HORS PLAN - *Kunsthofpassage, Alaunstr. 70 - tram 7 ou 8 arrêt Louisenstraße - 0351 8036723 - www.lilasosse.de - à partir de 16h, w.-end à partir de 12h - plat 4/12 €.* Si vous n'avez pas trop faim, essayez ce petit restau de la rive nord : il revisite les classiques de la cuisine allemande en verrine, façon tapas, rehaussés d'une once d'exotisme (wasabi, limette, lavande...). C'est délicieux et créatif *(de 4 à 12 € la verrine).*

Budget moyen

2 Alte Meister – A2 - *Theater Platz 1a - 0351 4810426 - altemeister.net - lun.-jeu. à partir de 17h, vend.-dim. à partir de 12h) - plat 13/27 €.* C'est le café très stylé du Zwinger. Logé dans l'ancien atelier du sculpteur Albert Braun, il se transforme le soir venu en véritable restaurant, mais vous pouvez y aller à n'importe quelle heure du jour les yeux fermés, juste pour un thé au jasmin ou un chavignol chaud.

12 Ven – B2 - *Rampische Str. 9 - 0351 795151021 - www.ven-dresden.de - fermé le dim. soir - plat 10/28 €, menu 3 plats 36 €.* Dans le genre urbain et design, Ven tient très bien la route. Le cadre est agréable et la cuisine moderne. À midi, 16 € pour une salade César. Le soir, les plats tournent autour de 24 €. Belle sélection de vins du Trentin-Haut-Adige et du Palatinat.

10 CoselPalais – B2 - *An der Frauenkirche 12 - 0351 4962444 - www.coselpalais-dresden.de - plat 11/23 €.* L'ancien palais baroque (18e s.) du comte de Cosel, garde du corps de Frédéric Auguste, abrite autour de sa cour un restaurant situé au pied de Notre-Dame. Cuisine classique.

3 [m]eatery – B2 - *Ringstr. 1 - 0351 494980 - www.meatery.de - 18h-22h30 - plat 28/63 €.* Le restaurant de l'hôtel Gewandhaus, comme son nom l'indique, est destiné aux amoureux de la viande. Le bœuf, raffiné sur place, vieilli à sec, est un délice sous toutes ses formes, tournedos, côtes de boeuf, entrecôtes, T-Bone (700 gr.). Il propose aussi des tartares de viande, de poisson ou végétarien, des salades et, bien sûr, des burgers (14/19 €). Le midi, le restaurant propose une carte réduite avec burgers et salades.

Une folie

7 Caroussel – B1 - *Königstr. 14 - 0351 80030 - www.buelow-palais.de - tlj sf dim.-lun., le soir uniquement (fermé mar. en hiver et en juil.-août) - plat 48 €, menu 5 plats 120 €.* Ce restaurant gâte ses hôtes avec un cadre de bon goût – porcelaines, poêle en faïence et tableaux décorent la salle – et l'excellente cuisine de Benjamin Biedlingmaier. Vous pouvez également prendre un verre sur l'agréable terrasse au toit de verre.

Petite pause

On trouve de nombreux salons de thé, bistrots et cafés dans la vieille ville, et à l'intérieur du quartier de la ville nouvelle, au croisement des rues Alaunstr. et Luisenstr.

Café Moka – *Schützengasse 2 - 0351 407 62 532 - www.dresden-kaffee.de - lun.-sam. 9h-17h.* Le torréfacteur Dresdner Kaffee a ouvert à deux pas du Zwinger un comptoir à l'attention des amateurs de bon café. On a le choix entre le

Dresde.
Nikada/iStock

Natura bio, le mélange au goût de noisette et caramel, etc. En prime : des gâteaux maison, des crêpes et du chocolat chaud.

Café Schinkelwache – *Theaterplatz 2 - ✆ 0351 4903909 - www.schinkelwache-dresden.de - 11h-23h.* Cet ancien poste de garde, construit par le fameux architecte du néoclassicisme allemand Friedrich Schinkel, est situé entre le Zwinger, le château et l'opéra.

Café Toscana – *Schillerplatz 7 - 5 km à l'est de la vieille ville au bord de l'Elbe - ✆ 0351 3100744 - www.cafe-toscana.de - 9h-18h.* Ce salon de thé classique avec jardin d'hiver et terrasse offre une belle vue sur le pont Blaues Wunder. Exceptionnel, son buffet de gâteaux est long de 12 m ! Également des plats du jour.

Tanteleuk – *Louisenstr. 24 (Neustadt) - ✆ 0351 407 54 562 - www.tanteleuk.de - 10h-18h, w.-end 11h-18h.* Des mur carrelés, des bancs tout simples : voici un local cosy comme une cuisine de grand-mère, qui sent bon le café équitable et le gâteau fait maison. Le dimanche, Katharina Traub prépare de savoureux bagels et des tartes aux framboises *(Himmeltorte).*

Shopping

Les principales artères commerçantes de Dresde sont la Prager Straße (grands magasins), la Wilsdruffer Straße et l'Altmarkt dans la vieille ville, la Königstraße (boutiques de luxe) et la Hauptstraße.

Kunsthofpassage Dresden-Neustadt – *Görlitzer Str. 21-25 - ✆ 0351 8106617 - kunsthof-dresden.de.* Entre Alaunstr. et Görlitzer Str. se succèdent plusieurs arrière-cours dont les façades, souvent fantaisistes, sont décorées selon différents thèmes. Boutiques d'artisanat et bars.

Neustädter Markthalle – *Metzer Str. 1 - à la hauteur de Hauptstr. 36; accès par Ritter Str. et Metzer Str - ✆ 0351 8105445 - markthalle-dresden.de - 8h-20h - fermé dim.* Dans ce marché couvert historique, stands de spécialités traditionnelles et internationales.

Marchés - Altmarkt – *à partir de 8h - fermé dim.* Au même endroit ont lieu le marché de printemps (Frühlingsmarkt) en mai et le marché d'automne (Herbstmarkt) en septembre, ainsi que le célèbre Striezelmarkt en décembre.

Sachsenmarkt – *Lingnerallee - près du Deutsches Hygiene-Museum - vend. 8h-17h.* Le plus grand marché de Dresde, créé après la réunification pour promouvoir les produits locaux.

En soirée

Pour tout savoir sur les manifestations culturelles, consultez l'agenda sur *www.dresden.de (onglet Kultur puis Veranstaltungen)* ou le *Dresdner - Kulturmagazin (www.dresdner.nu).* D'autres mensuels comme *SAX - Das Dresdner Stadtmagazin* ou *Prinz* sont aussi disponibles dans les kiosques.

Winzerstube Zum Rebstock – *Hauptstr. 17 - ✆ 0351 5633544 - www.winzerstube-zum-rebstock.de - tlj à partir de 11h30.* Cette adresse est à la fois une « Weinstube » et un caviste. L'établissement propose des crus de la région de Meissen ainsi que des petits plats pour les accompagner. Terrasse calme avec vue sur un magnifique pavillon baroque.

Wenzel Prager Bierstuben – *Königstr. 1 - ✆ 0351 8042010 - www.wenzel-bierstuben.de.* Une grosse auberge de 350 places avec cour vitrée où l'on boit à la bonne franquette de la Staropramen et de la Krusovice devant une calorifique spécialité tchèque (ou un goulasch plus léger aux légumes). À tester surtout pour l'ambiance !

Ballhaus Watzke – *Kötzschenbroder Str. 1 - en prolongement vers l'ouest de la Leipziger Straße - ✆ 0351 852920 - www.watzke.de - 11h-0h.* Brasserie située sur les bords de l'Elbe, dans un bâtiment historique dont le 1er étage accueillait autrefois de grands bals. Le Biergarten offre une superbe vue sur la vieille ville dite « vue de Canaletto » en référence à une toile du maître.

Brauhaus am Waldschlösschen – *Am Brauhaus 8b - à 2 km à l'est d'Albertplatz ; suivre la Bautzner Str - ✆ 0351 6523900 - www.waldschloesschen.de - 11h-23h (0h vend.-sam.).* Sans doute la plus belle brasserie de la ville. On y sert des bières brassées sur place, des cocktails et des plats traditionnels. Musique live le dim. de 12h à 16h. Le Biergarten offre de magnifiques vues sur l'Elbe.

Café Laïka – *Kamenzer Str. 20 - ✆ 0351 88943200 - www.cafe-laika.de - 17h-1h.* Ce café-bar à la déco vintage est l'endroit idéal pour qui veut découvrir les nuits animées de Neustadt.

Frank's Bar – *Alaunstr. 80 - au nord d'Albertplatz entre la Rothenburger Str. et la Königsbrücker Str - ✆ 0351 65888380 - www.franksbar.de - tlj sf dim. 18h-2h.* Dans une ambiance feutrée et un cadre agréable, ce petit bar propose plus de 200 cocktails avec ou sans alcool, sucrés ou acides, soft ou hard…

Schillergarten – *Schillerplatz 9 - ✆ 0351 811990 - www.schillergarten.de - 11h-23h.* Situé au bord de l'Elbe, sous le pont Bleu (Blaues Wunder), cet établissement possède l'un des plus grands Biergarten de Dresde.

Hébergement

Premier prix

Kangaroo-Stop – HORS PLAN - *Erna-Berger-Str. 8-10 - à 300 m de la gare de Neustadt - ✆ 0351 3143455 - www.kangaroo-stop.de - P - dortoirs 16/19 €/pers. - 24 ch. 46/55 € - appart. 100 € - ☕ 7 €.* Très centrale, cette auberge offre des nuitées à petits prix.

Gästehaus Mezcalero – HORS PLAN - *Königsbrücker Str. 64 - 500 m au nord de l'Albertplatz - ✆ 0351 810770 - www.mezcalero.de - P - 23 ch. 64/67 € (54/57 € avec toilettes et douche sur le palier) - ☕ 8 €.* Cet établissement a été entièrement aménagé d'après le modèle mexicain-aztèque : des couleurs agréables, des chambres personnalisées, certaines munies d'un lit en mezzanine. Dortoirs pour les petits groupes.

Budget moyen

Backstage Hotel – HORS PLAN - *Prießnitzstr. 12 - ✆ 0351 8887777 - www.backstage-hotel.de - P 7 €/j. - 12 ch. 80/85 € - ☕ 14 €.* Cette adresse occupe un ancien centre de production de la laiterie Pfund. Les chambres, à la déco assez kitsch, sont grandes, claires et confortables, certaines avec terrasse.

(16) **Hotel Martha Dresden** – B1 - *Nieritzstr. 11 - ✆ 0351 81760 - hotel-martha.de - ♿ - 50 ch. 113/121 € ☕.* Établissement traditionnel de l'Église évangélique, le Martha Dresden propose des chambres élégantes au mobilier classique de couleur miel, dont une partie est de style Biedermeier. Certaines chambres sont réservées aux personnes handicapées. Agréable salle de petit déjeuner, avec véranda face au jardin.

Hotel Schloss Eckberg – HORS PLAN - *Bautzner Str. 134 - 4 km env. de l'Albertplatz - ✆ 0351 80990 - www.schloss-eckberg.de - P - 84 ch. 95/106 € - ☕ 18 €.* Un parc de grand style et des chambres confortables – certaines abritant de précieuses antiquités, d'autres plutôt modernes – font de cet hôtel,

2

composé du château néogothique et de la Kavaliershaus (maison des Cavaliers), une adresse de choix. Le restaurant classique et de bon goût s'intègre parfaitement aux salles historiques.

À Radebeul

Villa Sorgenfrei – HORS PLAN - *Augustusweg 48 - 01445 Radebeul - à Radebeul (10 km O de Dresde) - ✆ 0351 7956660 - www.hotel-villa-sorgenfrei.de - 14 ch. et 2 suites 80/140 € - ☕ 14 €.* Dans un amour de villa de la fin du 18e s. dotée d'un ravissant jardin : l'adresse idéale pour dormir au vert, entre l'Elbe et les vignobles. Le restaurant (Atelier Sanssouci), est très soigné *(tlj sf mar.-merc. 18h30-22h)*. On peut rallier Dresde en tram (n° 4) ou en train (S1).

Pour se faire plaisir

8 **Vienna House QF** – B2 - *Neumarkt 1 - ✆ 0351 5633090 - www.viennahouse.com - 95 ch. 140/170 € - ☕ 23 €.* Notre petit nid préféré dans la vieille ville ? Le « Quartier an der Frauenkirche » alias QF, situé juste en face de la Frauenkirche, à l'emplacement d'un hôtel qui reçut en son temps Chopin et Dostoïevski. 95 ch. et suites de 26 à 58 m² très confortables, toutes réaménagées par l'architecte d'intérieur Lorenzo Bellini. Personnel souriant, excellent petit déjeuner.

Une folie

22 **Hotel Taschenbergpalais** – A2 - *Taschenberg 3 - ✆ 0351 49120 - www.kempinski.com/dresden - P - 214 ch. 136/156 € - ☕ 25 €.* Relié au château des électeurs de Saxe par un passage, ce palais baroque fut construit en 1705 par Auguste II Le Fort pour sa concubine, la comtesse Cosel. Détruit en grande partie pendant la Seconde Guerre mondiale, il a retrouvé toute sa splendeur. Les chambres disposent du plus grand confort et d'une décoration soignée : marqueterie, marbre, etc.

7 **Gewandhaus Dresden** – B2 - *Ringstr. 1 - ✆ 0351 49490 - www.gewandhaus-hotel.de - P - 97 ch. dont 3 suites 109/126 € - ☕ 25 €. -* ✕. Décoré avec goût, cet élégant boutique hôtel propose des chambres raffinées offrant plusieurs niveaux de confort : de la catégorie standard aux suites junior. Espace bien-être avec piscine et sauna. Il comporte un restaurant, **[m]eatery** *(voir ci-dessus)*, et un **salon de thé**, le *Kuchen Atelier*, qui propose des gâteaux maison *(merc.-dim. 13h-18h)*. Vous y goûterez la spécialité de Dresde au fromage blanc : *l'Eierschecke*.

La Suisse saxonne

★★★

Ce site naturel auquel on donne aussi le nom d'Elbsandsteingebirge, soit « Montagnes gréseuses de l'Elbe », est l'un des plus spectaculaires d'Allemagne avec ses abruptes falaises, ses gorges profondes et ses insolites aiguilles de grès. On comprend qu'il ait inspiré au peintre Caspar David Friedrich son célèbre « Voyageur contemplant une mer de nuages ». Depuis 1990, la Suisse saxonne est classée Parc national, pour la plus grande joie des alpinistes et des randonneurs.

Se repérer

Saxe

CARTE DE RÉGION B1 (P. 104)

CARTE DE LA SUISSE SAXONNE

À une quarantaine de kilomètres au sud-est de Dresde, près de la frontière tchèque.

À ne pas manquer

Le panorama du haut du Bastion ; la forteresse de Königstein.

Organiser son temps

Pour randonner dans le Parc national, ajoutez une journée à celle du circuit.

En famille

La balade en petit train dans la vallée de Kirnitzsch.

Nos adresses p. 135

Circuit conseillé

Circuit de 78 km, au départ de Dresde, tracé en vert sur la carte de la Suisse Saxonne p. 131 et la carte de région p. 108 – comptez une journée.

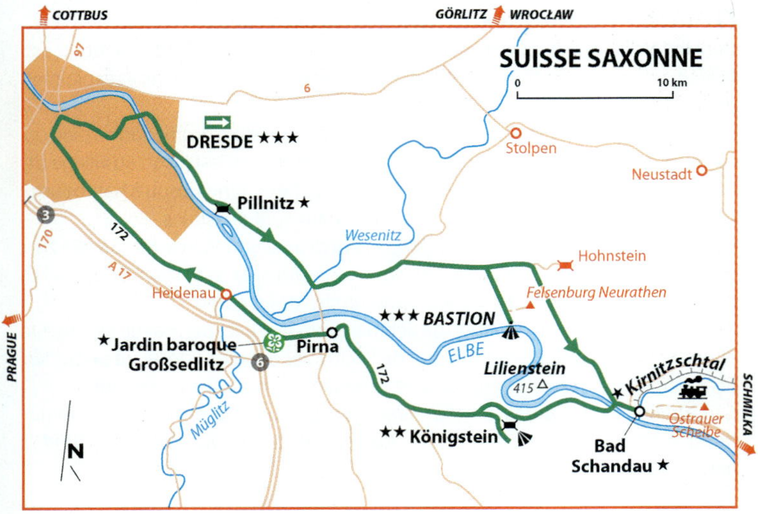

Le **Parc national de Suisse Saxonne** s'étend sur près de 93 km^2, traversé par l'Elbe, entre Pirna, sa porte d'entrée, et Schmilka, à la frontière tchèque. Cette région étonnante semble faite pour les randonneurs, les cyclistes, les grimpeurs de toutes sortes… et les contemplatifs. Elle compte des falaises, d'étranges formations rocheuses semblables à des aiguilles, des gorges et défilés, ainsi que des montagnes, dont la plus élevée est le *Lilienstein (415 m)*. On y a recensé 13 500 voies d'escalade parmi ses 750 rochers autorisés… Et de nombreux chemins de randonnée balisés (près de 400 km), dont le plus célèbre, le « *Malerweg* » ou *sentier des peintres*, mène sur les traces de Caspar David Friedrich et de Ludwig Richter.

★ Château de Pillnitz (PILLNITZ SCHLOSS) *(voir p. 123)*

★★★ Bastion (BASTEI)

Privilégiez le matin tôt, ou la fin de journée, car le site est très fréquenté, surtout le week-end. Bars et restaurants sur place.

▶ *En voiture, le site est très bien indiqué à partir de Dresde : suivez les panneaux marrons « Bastei ». Deux parkings : le premier est à plus de 20mn de marche, le second, à 10mn env.*

▶ *En train, au départ de Dresde, descendez à Kurort Rathen ; puis prenez le bateau pour traverser l'Elbe et, enfin, un sentier jusqu'au bastion (env. 45mn de marche).*

Ce magnifique belvédère, perché à près de 200 m au-dessus de l'Elbe, se présente comme une arête émergeant d'un décor de formations rocheuses. Ne manquez pas le **pont de la Bastei** *(Basteibrücke)* que l'on atteint après une courte descente : long de 76 m, il permet de passer d'un sommet à l'autre en enjambant le précipice qui s'ouvre entre les rochers ; des passerelles relient entre elles les impressionnantes tours de grès. La **vue**★★ embrasse une grande partie de la Suisse saxonne. Par beau temps, le regard glisse jusqu'à la Bohême.

Nombreux sentiers pédestres balisés au milieu des rochers, dont le « Malerweg ».

★ Bad Schandau

Accès à partir de Dresde par la rte B 172. En train : 45mn avec la S-Bahn n° 1. Par bateau à aubes, en 6h30 (départ à 10h, arrivée à Bad Schandau à 16h30).

ⓘ *Markt 12 – ✆ 035022 90030 - www.bad-schandau.de.*

Centre touristique le plus important de la Suisse saxonne, Bad Schandau est également une station thermale réputée pour ses sources ferrugineuses exploitées depuis 1730.

Les berges de l'Elbe ont été aménagées pour une agréable promenade à pied ou en vélo. La piste cyclable qui longe le fleuve conduit vers l'est jusqu'au village de Schmilka et à la frontière tchèque. Côté ouest, la piste continue jusqu'à Hambourg ! *(www.elbradweg.de)*. Des excursions en bateaux sont possibles.

Centre d'accueil du Parc national (Nationalparkzentrum) – *Dresdner Straße 2b - ✆ 035022 50 240 - avr.-oct. : 9h-18h ; nov.-déc. et fév.-mars : tlj sf lun. 9h-17h - 4 €.*
Il donne un petit aperçu des richesses naturelles de la région

À la sortie de la ville, en direction de Schmilka, on peut accéder, par un ascenseur et un sentier, au point panoramique de l'Ostrauer Scheibe : de là, **vue**★ sur les Schrammsteine, massif chaotique très prisé par les amateurs d'escalade.

La **vallée de la Kirnitzsch**★ *(Kirnitzschtal)*, que l'on peut remonter en chemin de fer, est bordée de rochers abrupts. *Kirnitzschtalbahn - avr.-oct. : 8h15-19h45 ; nov.-mars : 9h50-16h50 - 9 € AR.*

Vue sur l'Elbe depuis le Bastion.
G. Kirsch/age fotostock

Schmilka

Accès en train au départ de Dresde : S-Bahn, arrêt « Schmilka-Hirschmühle », puis bateau pour traverser l'Elbe. www.schmilka.de.

Ce petit village, basé à la frontière tchèque et abandonné par la plupart de ses habitants qui travaillaient tous pour la douane, a repris vie depuis quelques années, sous une banière bio et écolo, avec l'ouverture d'hôtels, de restaurants et d'une brasserie qui fabrique sa propre bière. Adossé au parc national, il accueille surtout des randonneurs, des alpinistes, des amoureux de la nature et du plein air. Les maisons réhabilitées (environ 60) l'ont été dans le respect de l'architecture locale.

Traversez l'Elbe à Bad Schandau et prenez à droite vers Königstein.

★★ Forteresse de Königstein (FESTUNG KÖNIGSTEIN)

Accès en train au départ de Dresde : S-Bahn nº 1, arrêt « Königstein » ; puis 30mn de marche, ou navette « Festungsexpress » (4 €) ttes les 30mn, 9h-16h30. Parking au pied de la forteresse. On accède au sommet par un chemin puis des marches, ou par un ascenceur. ✆ 0350 21 64 607 - www.festung-koenigstein.de - avr.-oct. : 9h-18h ; nov.-mars : 9h-17h - fermé 24 déc. et fermeture anticipée à 15h30 le 31 déc. - 10 € (hiver)/12 € (été).

La grande boucle de l'Elbe est dominée par le Lilienstein (415 m) situé sur la rive droite, et le **Königstein** (360 m), couronné par une formidable **forteresse**. Édifiée aux 13e et 16e s. et agrandie aux 17e et 18e s., celle-ci servit à plusieurs reprises de refuge à la cour de Saxe. Les prisonniers qui y étaient internés n'avaient pratiquement aucune chance de s'en échapper ; parmi les détenus les plus célèbres figurent Böttger, l'alchimiste inventeur de la porcelaine dure (*Meissen, p. 138*), August Bebel, fondateur avec Karl Liebknecht du Parti social-démocrate en 1869, et le général Henri Giraud (ce dernier réussit à s'évader en 1942, à l'aide d'une corde accrochée aux barreaux d'une meurtrière).

Le chemin de ronde, qui suit le rebord de cette « table de grès », offre des **vues★★** magnifiques sur l'Elbe, les sommets des monts Métallifères, les contreforts des montagnes de Lusace et les monts de Bohême.

Pirna

Accès en train, départs de Dresde ttes les 30mn.

Am Markt 7 - ✆ 0351 556 446 - www.pirna.de.

Dotée d'un centre médiéval qui abrite bâtiments gothiques et baroques, Pirna constitue une étape charmante. Au 18e s., le peintre Bernardo Bellotto (*p. 116*) immortalisa la place du marché et l'église St Marien (1502-1546). Pirna marque aussi le début de la **route des vins de Saxe**, qui longe l'Elbe jusqu'à Diesbar-Seusslitz, après avoir traversé Dresde et Meissen. Vignobles, châteaux et villages se succèdent le long du fleuve. La piste cyclable de l'Elbe suit cette route.

★ Jardin baroque Großsedlitz (BAROCKGARTEN GROSSSEDLITZ)

Accès en train au départ de Dresde : S-Bahn nº 2, arrêt Heidenau Großsedlitz ; puis 20mn de marche.

Parkstraße 85 - 01809 Heidenau - ✆ 03 529 56 390 - www.barockgarten-grosssedlitz.de - ♿ - avr.-oct. : 10h-18h - fermé nov.-mars - 5 €.

Ce **jardin** fut en partie aménagé en 1719 par Pöppelmann dans le goût français. Il fait aujourd'hui encore partie des compositions les plus achevées de l'art des jardins baroques allemands. Remarquez surtout le somptueux ensemble formé par les espaces verts entourés de haies, les bordures de fleurs, les sculptures en grès, les nombreux jeux d'eau, les deux orangeries et le petit château.

Poursuivez la route jusqu'à Dresde.

Nos adresses

Restauration

Budget moyen

Berghotel Bastei – *Bastei - 1847 Lohmen - à 16 km au nord-ouest de Bad Schandau - ✆ 035024 7790 - www.berghotel-bastei.de - 10h-22h30 - plats 13/21 €.* C'est « le » restaurant panoramique du Bastion. Au menu : truite de Rathmannsdorf au raifort et pommes de terres persillées ou médaillons de cerf aux airelles et champignons. À tester de préférence hors saison pour sa vue sensationelle. En hiver, feu de cheminée.

Ziegelscheune – *Elbweg 22 - Krippen (Bad-Schandau) - ✆ 035028 80437 - www.ziegelscheune.de - lun.-mar. 12h-22h, mar.-vend. 15h-22h, w.-end. 11h-22h (horaires réduits en hiver) - plats 12/20 €.* Sur la rive sud de l'Elbe, cette auberge « historique » est une halte prisée des randonneurs pour sa terrasse avec vue sur le fleuve et ses produits du terroir. les pommes viennent du verger, les herbes du potager, les fromages de Cunnersdorf. Attention : le service est lent !

Schifftor – *Lange Straße 31 - 01796 Pirna - ✆ 03501 779 84 96 - www.restaurant-schifftor.de - tlj 11h30-14h et 17h-22h30 - plats 14/18 €.* Au cœur de la vieille ville, ce restaurant propose, dans un cadre convivial et bleu marine, de bons plats de poisson à prix raisonnables. Le filet de sandre de la Havel en croûte de moutarde est particulièrement alléchant.

Activités

Eaux thermales

Toskana Therme – *Rudolf-Sendig-Straße 8A - 01814 Bad Schandau - ✆ 035022 54610 - www.toskanaworld.net - 10h-22h (0h vend.-sam.) - 17 € les 2h, prix réduits lun.-vend. 16h-19h.* Bad Schandau est le plus ancien centre de cure de Saxe. Son complexe thermal, détruit lors de la crue de l'Elbe de 2013, a retrouvé un second souffle. Relaxant en dehors des vacances scolaires.

Hebergement

Budget moyen

Parkhotel Bad Schandau – *Rudolf-Sendig-Str. 12 - ✆ 035022 520 - www.pura-hotels.de - 75 ch. 140/160 €.* Il se compose de deux entités distinctes : la Villa Sendig (1880) et la résidence Elbblick avec balcons (2002), toutes deux situées face au fleuve, dans un cadre très verdoyant. Bon restaurant dans le jardin d'hiver. Location de vélo pour les hôtes.

Bio Hotel Helvetia – *Schmilka 11 - à 6 km au sud-est de Bad Schandau - ✆ 035022 9130 - www.hotelhelvetia.eu - P - 22 ch. à 160/200 € en 1/2 P.* Un adorable hôtel, certifié bio, situé sur les berges de l'Elbe dans un parc de 2 ha planté de cyprès. Le prix des chambres, qui privilégient les matières naturelles, varie selon la vue – fleuve ou montagne. Le propriétaire a ouvert trois restaurants dans Schmilka, tous 100 % bio, ainsi que le charmant Café Richter : pour une pause pâtisserie ou un dîner. Excellent accueil.

2

Meissen ★

Bordée de coteaux viticoles produisant un vin blanc sec et fruité, Meissen est une cité de l'Elbe remarquablement préservée, dominée par sa cathédrale et son château au gothique flamboyant. Elle doit sa célébrité à sa Manufacture nationale de porcelaine, la première d'Europe, dont les œuvres sont marquées de deux épées bleues entrecroisées.

Se repérer

28 000 habitants – Saxe

CARTE DE RÉGION B1 (P. 104)

Meissen est à 195 km au sud de Berlin et à 25 km au nord-ouest de Dresde; à 30mn en S-Bahn de la gare centrale de Dresde (2 trains/h); en été, liaisons en bateau depuis Dresde avec la Sächsische Dampfschiffahrt *(p. 125)*.

À ne pas manquer

Le promontoire du Burgberg.

Organiser son temps

Prévoyez une demi-journée pour la ville.

En famille

L'atelier de démonstration de la Manufacture nationale de porcelaine.

Carnet pratique p. 138

Nos adresses p. 139

Découvrir

★ Le vieux Meissen

Meissen possède un riche patrimoine gothique et Renaissance. Sur la **place du Marché** *(Marktplatz)* se dressent l'hôtel de ville de la fin du gothique (1472-1478), la maison Benno *(Bennohaus)* de la seconde moitié du 15e s., l'officine du Marché *(Marktapotheke)*, édifice construit entre 1555 et 1560, ainsi que la maison du Cerf *(Hirschhaus)*, ornée d'un beau portail de 1642. À quelques pas de là, voir la porte des Drapiers *(Tuchmachertor)*, de la fin de la Renaissance (vers 1600), et la brasserie (*Brauhaus*, 1569-1574).

Église Notre-Dame (FRAUENKIRCHE)

Cette église à trois nefs, de style gothique flamboyant datant de la fin du 15e s., possède un carillon dont les 37 cloches sont en porcelaine de Meissen. Vous les entendrez sonner à 6h30, 8h30, 11h30, 14h30, 17h30 et 20h30.

★★ Le promontoire du Burgberg

D'avril à octobre, un bus relie toutes les 30mn les arrêts Albrechstburg, Dom et Porzellan-Manufaktur.

Sur cette hauteur se dressent le château, la cathédrale et les bâtiments conventuels. Du Burgberg se déploie une belle **vue** sur la vieille ville, le vignoble et les paysages traversés par l'Elbe. Pour en profiter pleinement, empruntez le chemin de ronde balisé « Historischer Rundweg ».

★ Albrechtsburg

03521 47070 - www.albrechtsburg-meissen.de - mars-oct. : 10h-18h; nov.-fév. : 10h-17h - fermé 24-25 déc. - 8 €, 15 € le billet combiné avec la Manufacture de porcelaine, 11 € avec la cathédrale.

Meissen, château Albrechtsburg.
J.-B. Rabouan/hemis.fr

La fondation du château doit être replacée dans le contexte des campagnes militaires menées par le roi allemand Henri Ier contre les populations slaves, à l'est de l'Elbe et de la Saale. En 929, il fit fortifier la montagne située à l'endroit stratégique constitué par un gué sur l'Elbe. Le château a été édifié à partir de 1471 (à l'initiative du margrave Albert von Wettin qui gouvernait la Saxe avec son frère Ernest) par Arnold von Westfalen, un des plus célèbres architectes de la fin du Moyen Âge. Il passe pour être l'un des plus beaux bâtiments profanes du gothique flamboyant. Entre 1710 et 1865, il a abrité la Manufacture nationale de porcelaine, première de ce style en Europe.

L'**escalier en colimaçon**, qui orne la façade, est un modèle du genre. Dans les nombreuses salles, souvent décorées de fresques du 19e s. évoquant le Moyen Âge de la Saxe, sont exposés, entre autres, de précieux objets d'art décoratif, principalement du 16e s. Ne manquez pas le « zoom » sur la mode de l'historicisme au début du 19e s., ni la Salle des banquets de 480 m² dite **Große Hofstube** (enfilez les chaussons !).

★ Cathédrale (DOM)

10h-17h (16h nov.-mars) - www.dom-zu-meissen.de - 5 € - concerts d'orgue (6,50 €) : mar.-sam. 12h-12h30 - visite guidée en all. (6,50 €) à 11h30, 12h30 et 13h30.

Église gothique à trois nefs et transept, la **cathédrale** a été construite à partir de 1250 sur les vestiges d'une église romane, et terminée vers 1410. On a commencé à construire les tours occidentales (hauteur : 81 m) en 1315, puis, après les destructions survenues entre 1904 et 1908, on les a achevées sur les plans de Carl Schäfer. Les esquisses des **dalles funéraires★** en bronze (début du 16e s.), dans la chapelle des Princes *(Fürstenkapelle)*, sont attribuées pour partie à Albrecht Dürer et Lucas Cranach l'Ancien, et proviennent du célèbre atelier de Peter Vischer à Nuremberg. Devant le jubé (1260-1270), sculpté à Naumburg, se trouve l'**autel des novices★** de l'atelier de Lucas Cranach l'Ancien. Les **statues des donateurs★★** (13e s.) dans le chœur principal représentent l'empereur Otton Ier et son épouse, Adélaïde de Bourgogne ; créées dans le même atelier, elles rappellent les statues du chœur

Une porcelaine réputée

La Manufacture de porcelaine fondée en 1710 doit beaucoup à l'alchimiste **Johann Friedrich Böttger** (1682-1719) qui découvrit le 29 mars 1709, sous le règne d'Auguste le Fort, la formule de la porcelaine dure chinoise, à base de kaolin. L'année suivante, l'électeur de Saxe fit installer la première manufacture européenne de porcelaine dans le château qui, par sa situation isolée et bien gardée, était tout à fait adapté à la protection du secret. Le kaolin provenait de mines situées au nord-ouest de la ville, où il est toujours exploité.

La richesse de décoration imitée des modèles chinois et japonais (dessins de végétaux, lions jaunes, dragons rouges et verts, rochers, oiseaux, fleurs, animaux fantastiques...) remonte à la première période de prospérité (le Vieux Saxe), sous Johann Gregorius Höroldt (1720-1755). On lui doit également le célèbre décor dit à l'**« oignon »** *(Zwiebelmuster)*, au bleu de cobalt, qui deviendra l'un des motifs sous glaçure les plus connus dans le monde. J. J. Kändler (1706-1775) fut le créateur des fameux animaux géants et d'innombrables services.

de la cathédrale de Naumburg.

La place est entourée par les **bâtiments conventuels** : la résidence du doyen date de 1526 *(au n° 5)*, la maison des chanoines de 1728 *(au n° 6)*, et le prieuré de 1500 environ *(au n° 7)*.

★ Manufacture nationale de porcelaine

(STAATLICHE PORZELLANMANUFAKTUR)

Erlebniswelt Haus Meissen, Talstraße 9. ✆ 03 521 46 82 08 - www.meissen.com et www.porzellan-stiftung.de - ♿ - 10h-16h (17h vend.-dim.) - fermé 24-26 déc. - 12 €.

En 1865, la Manufacture de porcelaine quitta le château d'Albrechtsburg pour s'installer au sud-ouest du centre-ville. L'histoire de cette industrie est retracée au travers des nombreuses pièces exposées, que l'on peut parfois juger kitsch aujourd'hui mais qui étaient très appréciées en leur temps.

Un atelier de démonstration *(Schauwerkstätte)* présente la préparation de la pâte à porcelaine et le processus de fabrication (files d'attente souvent longues pour la visite de l'atelier, réservez votre créneau horaire).

Carnet pratique

S'informer

Office de tourisme – *Markt 3 - ✆ 035 21 419 40 - www.touristinfo-meissen.de*

Agenda

Fête des vendanges (Weinfest) – *Fin sept. - www.meissner-weinfest.de.*

Trois jours durant, les vignerons de la région de Meissen présentent leur dernière cuvée au public dans trente lieux différents (Domplatz, Hahnemannsplatz, Tuchmachertor...). Le clou de ce grand rendez-vous annuel ? Le traditionnel cortège avec chars fleuris et feu d'artifice.

Nos adresses

Restauration

Budget moyen

Historisches Restaurant Vincenz Richter – *An der Frauenkirche 12 - ✆ 03521 453285 - www.restaurant.vincenz-richter.de - fermé dim. soir et lun. - plat 13/28 €, menu 3 plats 42 €.* Vous tomberez immédiatement sous le charme de cette maison de drapier de 1523. L'été, agréable terrasse dans la cour intérieure.

Ohms – *Dorint Parkhotel, Hafenstr. 27-31 - ✆ 03521 72250 - http://hotel-meissen.dorint.com - 12h-14h, 18h-21h30 - à la carte.* Cet hôtel, construit autour d'une jolie villa des années 1870, dispose sur les bords de l'Elbe d'un élégant restaurant avec vue sur l'Albrechtsburg. Le jardin d'hiver (Belvedere) est charmant. Le jardin avec tables en terrasse aussi. À la carte : un filet d'omble sur un fond de céleri *(18 €)* et un assortiment de fromages saxons servis avec un chutney de poires et une moutarde de figues *(14,50 €)*. Dim., brunch complet à 28 € *(12h-15h30)*.

Petite pause

Café am Dom – *Domplatz 5 - ✆ 03521 404486 - www.cafe-am-dom-meissen.de - 10h-18h, w.-end 10h-19h - fermé janv.-fév.* Au pied de la cathédrale, un large choix de cafés, chocolats et pâtisseries dont une vraie spécialité saxonne, l'*Eierschecke*, fourrée aux cerises ou au pavot. Aux beaux jours, le jardinet avec vue panoramique sur Meissen a beaucoup de charme.

Café Zieger – *Rote Stufen 5 - ✆ 03521 453147 - http://konditorei-zieger.de - 10h-18h, sam. 9h-18h, dim. 11h-18h - fermé lun.* Pâtissiers depuis cinq générations (1844), les Zieger sont connus pour leurs pralinés, leurs macarons et leurs jolis gâteaux. La spécialité de la maison : la *Meißner Fummel*, un biscuit constitué à 90 %... d'air !

Hébergement

Premier prix

Am Talkenberger Hof – *Am Talkenberger Hof 15 - 01640 Coswig - à 7 km de Meissen, prendre l'A 13 dir. Berlin, sortie Radeburg - ✆ 03523 74317 - www.talkenberger-hof.de - ⊭ P - 8 ch. 60 € ☕ et 1 appart. (6 pers.) 69/189 € ☕.* Sympathique petite pension, blottie au cœur des vignobles ; on y vient même à vélo ! Les chambres, propres et soignées, sont aménagées dans un style champêtre. De la terrasse, belle vue sur les environs.

Budget moyen

Ross – *Großenhainer Str. 9 - ✆ 03521 7510 - www.hotelrossmeissen.de - P - 30 ch. 108/123 € ☕.* Cet établissement familial séculaire est installé dans un ancien relais de poste, face à la gare. Un hôtel moderne avec des chambres propres et douillettes.

Pour se faire plaisir

Burgkeller – *Domplatz 11 - ✆ 03521 41400 - www.burgkeller-meissen.de - P - 26 ch. 112/135 € ☕.* Charmant petit hôtel ouvert en 1881. Les chambres élégantes donnent sur la cathédrale de Meissen. Les murs sont ornés de tableaux.

2

Bautzen ★

Budysin

Perchée en surplomb d'un méandre de la Spree, Bautzen est une cité pleine de charme. En arrivant sur le pont Friedensbrücke, vous pourrez admirer ses fortifications médiévales, son château gothique, sa cathédrale signalée par une tour au couronnement baroque et sa fontaine qui lui sert d'emblème. En déambulant dans ses venelles, vous atteindrez la Grand Place bordée de maisons bourgeoises : ici, vous entendrez sûrement encore les habitants parler la langue de leurs ancêtres : le sorabe.

Se repérer

39 000 habitants – Saxe

CARTE DE RÉGION C1 (P. 108)

Bautzen s'est développée sur le cours supérieur de la Spree qui ceinture la vieille ville. Elle est accessible par l'autoroute A 4 Dresde-Görlitz.

À ne pas manquer

La découverte du centre historique, à l'intérieur de ses fortifications et la tour du roi Frédéric-Auguste.

Organiser son temps

Consacrez une journée à Bautzen et ses alentours.

En famille

L'ancien château d'eau.

Nos adresses p. 143

Se promener

Hauptmarkt 1 - ✆ 035 91 420 16 - www.bautzen.de.

Procession de Pâques (Ostern in Bautzen) – *www.ostern-bautzen.de* - Le 1er dim. qui suit la première pleine lune après le 21 mars, grand marché d'œufs de Pâques et traditionnelle procession du dim. matin avec 50 cavaliers qui portent la lumière de Pâques à l'église Notre-Dame.

Grand Place (HAUPTMARKT)

La **Grand Place** est bordée de maisons bourgeoises et d'un hôtel de ville baroque, érigé en 1730 sur les plans de Johann Christoph Naumann. La tour asymétrique, située en avant, est coiffée d'une belle coupole. De la place, la Reichenstrasse mène à la **Reichenturm**. Du haut de cette tour penchée (haute de 56 m, depuis 1715, et accusant une inclinaison de 1,44 m) s'offre une belle vue sur la ville. *✆ 035 91 46 04 31 - www.bautzen.de - avr.-oct. : 10h-17h - 2,50 €.*

★ Musée de Bautzen (MUSEUM BAUTZEN)

Kornmarkt 1 - ✆ 03591 534 933 - www.museum-bautzen.de - tlj sf lun. 10h-17h (18h d'oct. à fin mars) - fermé 24 et 31 déc. - 3,50 €.

Voici, à deux pas de la Reichenturm, un musée moderne (2009) et riche de milliers d'objets objets répartis sur trois niveaux. Le rez-de-chaussée se penche sur la **région** – la Haute-Lusace – depuis la préhistoire et les premières implantations slaves et germaniques jusqu'au 19e s. (belle collection ethnographique en salles 5-12) ; le 1er étage est consacré à la **ville** de Bautzen à différents moments-clés de son histoire : la République de Weimar, l'occupation soviétique, etc. ; le 2e étage

Bautzen.
W. Meier/Getty Images

aborde l'art, de la Renaissance à nos jours, avec un intérêt particulier pour les objets Jugendstil. Instructif.

2

★ Cathédrale St-Pierre (DOM ST-PETRI)

www.st-petri-bautzen.de - avr.-sept. : 10h-16h (17h30 en été), dim. 12h-16h ; nov.-mars : 10h-12h, sam. 10h-16h, dim. 12h-16h. Concerts d'orgue en été à 19h30.

Église de type halle à trois nefs, la **cathédrale St-Pierre** (1213-1497) est la seule église de la région à être fréquentée à la fois par les catholiques et les protestants (office catholique dans le chœur, protestant dans la nef). La construction, commencée au 13e s., est marquée par un coude de l'axe central. Au milieu du 15e s., l'église fut agrandie dans sa partie sud. Les fenêtres en gothique flamboyant datent de cette époque. En 1664, la tour haute de 85 m reçut un couronnement baroque *(accès possible de Pâques à Noël : w.-end 13h-17h - 2 €).*

Voir à l'intérieur le grand crucifix en bois (1714) de Balthasar Permoser, le retable de G. A. Pellegrini *(La Remise des clefs à saint Pierre)* et surtout, dans la section protestante, le superbe autel tout blanc de la Sainte-Cène (**Abendmahlsaltar★**), très habilement conçu vers 1640 par un sculpteur anonyme de Zittau.

Suivez la rue qui longe la cathédrale jusqu'au couvent.

Les bâtiments du **couvent** restés intacts datent de 1683 ; la façade sud avec son grand portail (1755) est particulièrement belle. Entre les frontons arrondis à peine esquissés, on remarque les armoiries du couvent.

Suivez la Schlossstrasse.

Cette rue pleine de charme, bordée de maisons baroques pour la plupart restaurées, mène tout droit au château d'Ortenburg.

Château d'Ortenburg (SCHLOSS ORTENBURG)

À l'emplacement du château actuel d'Ortenburg s'éleva à partir de l'an 600 un fort qu'Henri Ier agrandit en 958 pour protéger ses frontières. Deux incendies dévastateurs anéantirent la forteresse au début du 15e s. et le roi de Hongrie Matthias Corvin (la Lusace fut province hongroise de 1469 à 1490) la fit réédifier de 1483

La ville des Sorabes

On estime à 60 000 environ le nombre de Sorabes qui vivent dans la région de la Lusace, à cheval sur les actuels Länder de Saxe et du Brandebourg. Ils sont là depuis plus de quatorze siècles : ce sont les grandes migrations du Haut Moyen Âge qui les ont conduits entre l'Elbe et la Neisse. Leur langue est apparentée à celle des Slaves de l'Ouest : le sorabe de Haute-Lusace (autour de Bautzen) est assez proche du tchèque, le sorabe de Basse-Lusace (autour de Cottbus) plus proche du polonais. L'enseignement du sorabe, interdit durant le IIIe Reich, fut encouragé par les autorités de la RDA qui fondèrent à Leipzig et Bautzen des instituts d'études sorabes. Aujourd'hui, même si beaucoup d'enfants l'apprennent encore à l'école, la pratique de la langue au quotidien s'érode : on ne compte plus que 25 000 locuteurs autour de Bautzen et un peu moins de 7 000 autour de Cottbus. De nombreuses traditions, telles que la décoration des œufs de Pâques et le port des grandes coiffes brodées, perpétuent les coutumes de cette minorité nationale.

à 1486 en style gothique tardif. La tour de l'aile nord porte encore aujourd'hui un relief représentant ce roi. La guerre de Trente Ans y laissa elle aussi de profondes cicatrices, qui furent effacées après 1648 par des travaux de reconstruction. En 1698, en plein baroque, le château se vit affubler de trois pignons Renaissance, un véritable anachronisme.

★ Musée des Sorabes (SORBISCHES MUSEUM/SERBSKI MUZEJ)

Ortenburg 3 - ✆ 03 591 270 870 - www.sorbisches-museum.de - ♿ - tlj sf lun. 10h-18h - fermé 24-25 et 31 déc. - 5 € - audioguide en français (gratuit).

Aménagé dans l'ancien entrepôt à sel (bâtiment annexe du château), le **musée des Sorabes** familiarise le visiteur avec l'histoire, la culture, la langue et le mode de vie des Sorabes du 6e s. à nos jours. Vous y verrez des œufs de Pâques peints, bien sûr, mais aussi des extraits de vieux films documentaires.

★ Fortifications

Très bien conservées et percées de portes, ces fortifications médiévales qui épousent les contours de Bautzen offrent une agréable vision d'ensemble sur la ville. Remarquez au nord les ruines de l'**église St-Nicolas** (*Nikolaikirche*, 1467) et le cimetière du même nom.

★ Ancien château d'eau (ALTE WASSERKUNST)

✆ 03 591 41 588 - www.altewasserkunstbautzen.de - avr.-oct. : 10h-17h ; nov.-déc. et fév.-mars : 10h-16h ; janv. : w.-end 10h-16h - 3 €.

L'**ancien château d'eau** fortifié fut érigé en 1558. Il a approvisionné la ville jusqu'en 1965. Il est intéressant de visiter l'intérieur de cet ouvrage technique, qui s'élève sur sept étages et possède un impressionnant mécanisme de pompage.

À proximité

CARTE DE RÉGION P. 108

★ Tour du roi Frédéric-Auguste (KÖNIG-FRIEDRICH-AUGUST-TURM), à Löbau B1

À 25 km au sud-ouest de Bautzen par la Herwigsdorfer Straße (18mn de train TL depuis Bautzen). ✆ 03585 45 01 40 - www.loebau.de - mai-sept. : 9h-20h, w.-end et j. fériés 9h-22h ; reste de l'année : 10h-18h, w.-end et j. fériés 10h-20h - 2 €.

La **tour du roi Frédéric-Auguste** (1854) est un belvédère en fonte, haut de 28 m, unique en Europe. Il a fallu assembler 6 000 pièces pour obtenir cet ouvrage en filigrane pesant 70 t. Des trois plates-formes, vue panoramique.

★ Obercunnersdorf B1

À 3 km au sud de Löbau, tournez à droite (15mn en bus 55 depuis Löbau).
Le village entier a été classé site historique, car il constitue un ensemble fermé de maisons sorabes typiques de Haute-Lusace. Un bon nombre de ces 250 maisons, que l'on appelle *Umgebindehäuse,* sont ouvertes au public.

Musée ethnographique de Herrnhut

(VÖLKERKUNDEMUSEUM HERRNHUT) B1

À 10 km au sud de Lobaü (20mn en bus 27). Musée : Goethestraße 1, Herrnhut - 0351 4914 2000 - www.skd.museum - tlj sf lun. 9h-17h - 3 €.
La petite ville de Herrnhut a été tracée au cordeau au 18e s. sur les terres du comte Nicolas de Zinzendorf qui tenait à y accueillir une communauté religieuse, les **Frères moraves** (en allemand, *Herrnhuter*), persécutés en raison de leur adhésion au protestantisme. Beaucoup de ces frères étaient des missionnaires qui partaient pour de longs voyages dans des contrées lointaines. Chaque fois, ils en rapportaient des objets appartenant aux peuples qu'ils voulaient évangéliser. Résultat : il existe à Herrnhut depuis 1878 un **musée ethnographique** aussi riche qu'insoupçonné : 6 000 pièces au total, provenant du Groenland (630), du Surinam (940), du Ladakh (380) etc. auxquels s'ajoutent les **objets★** rapportés de Polynésie par l'explorateur britannique **James Cook**.

Nos adresses

Restauration

Premier prix

Wjelbik – *Kornstr. 7 - 03591 42060 - www.wjelbik.de - tlj sf lun. 11h-15h, 17h30-22h, dim. 11h-15h - plat 12/20 €, menu 23 €.* On vous accueille par les mots *Witajce k nam* (« bienvenue » en sorabe) car la spécialité ici, c'est la cuisine de Haute-Lusace : soupe de mariage, roulé de bœuf farci à la moutarde... Service souriant et produits locaux : les carpes viennent des étangs voisins, l'huile de lin du Spreewald, le fromage de brebis de Bocka.

Shopping

Bauz'ner Senfladen – *Fleischmarkt 5 - 03591 597118 - http://bautzener-senfladen.de - 10h-18h, dim. 10h-16h.* Le temple de la moutarde artisanale : aux figues, à la bière, à l'ail sauvage... À l'intérieur, mini-musée dédié à la moutarde de Bautzen.

Hébergement

Budget moyen

Dom-Eck – *Breitengasse 2 - 03591 501330 - www.hotel-in-bautzen.de - 12 ch. 80/84 €.*
Tout près de la cathédrale St-Pierre, un hôtel familial tout simple mais soigné, avec un jardin d'hiver et des tableaux d'artistes sorabes et saxons. À Pâques, Ascension, Pentecôte et Saint-Sylvestre, séjour minimum de 3 nuits.

Parc de Muskau ★

Muskauer Park

Dans le recoin le plus septentrional de la Saxe se cache un petit paradis que l'on pourrait croire naturel : le parc de Muskau, le plus grand parc à l'anglaise d'Europe centrale. Il a été entièrement façonné par un prince du 19e s., passionné de jardins, Hermann Pückler-Muskau. Aujourd'hui, les 830 hectares de ce pan de campagne, à cheval sur la Pologne et l'Allemagne, sont inscrits sur la liste du patrimoine mondial de l'Unesco. On peut les parcourir à pied, en fiacre, à vélo, en bateau...

Se repérer

Saxe

CARTE DE RÉGION C1 (P. 108)

Bad Muskau est à 60 km de Bautzen par la B 156, 54 km de Görlitz par la B 115. La gare la plus proche (Weißwasser) est reliée au parc par le bus ZVON *(arrêt Kirchplatz)* et, d'avril à oct., par le « train de la forêt » *(horaires sur www.waldeisenbahn.de).*

À ne pas manquer

La vue depuis le sommet de la tour du Nouveau Château.

Organiser son temps

Comptez une demi-journée.

En famille

La balade en fiacre dans le secteur allemand au départ du Schlossvorwerk.

Se promener

Tourismuszentrum Muskauer Park (Neues Schloss) - 035771 63100 - www.muskauer-park.de.

★ Le parc

Accès libre - vélo autorisé (location : Fahrrad Nowak, Alte Schmiede - 0172 386 4778 - avr.-oct. : 10h-18h - 5 € la journée) - avr.-oct. : visites guidées du parc (1h30 à 2h) w.-end et j. fériés à 14h, départ de l'office du tourisme - 6 €.

Hermann von Pückler-Muskau (1785-1871) rêvait de doter Muskau d'un jardin sur le modèle des parcs romantiques alors à la mode en Angleterre. Pour cela, il fit déplacer un village entier de la vallée de la Neiße (Köbeln), racheta les forêts et clairières alentour et réussit, avec les conseils de l'architecte **K. F. Schinkel** et d'un paysagiste anglais, à aménager un superbe paysage de part et d'autre de la rivière, avec lacs, îles artificielles, ponts, bains... En 1845, des difficultés financières contraignirent le prince à mettre en vente le domaine. Il quitta Muskau pour s'installer sur ses terres de Branitz (*p. 105*). Les propriétaires suivants – les familles Nostitz, Orange-Nassau et Arnim – l'agrandirent considérablement. Mais, en 1945, la rivière devint frontière entre l'Allemagne et la Pologne, et les deux tiers du parc se retrouvèrent du côté polonais. Le secteur allemand, confisqué aux comtes d'Arnim, fut attribué à la ville de Muskau. Il est aujourd'hui propriété de la Saxe.

★ Les châteaux

035771 63 100 - fin mars-fin oct. : 10h-18h - 8 € l'exposition Pückler ; 12 € le billet combiné avec la jardinerie ; tour seule : 6 €. Pause possible au Café Vorweg (Bauhof 14 - avr.-oct. : 10h-18h).

Château de Muskau.
DieterMeryl/iStock

Il y en a deux : l'**Ancien Château** *(Altes Schloss)* où vivait le prince et le **Nouveau Château** *(Neues Schloss)*, remanié par les comtes de Nostitz (1863-1866) dans un style néo-renaissance. Ce Nouveau Château, incendié en 1945 par les soviétiques et abandonné durant des décennies, a été restauré en 2008 d'après des documents du 19e s. Les meubles ne sont pas d'origine mais l'exposition permanente évoque de façon plaisante la vie du génial et extravagant Pückler, à la fois écrivain, homme politique, éternel amoureux... La **tour** (*Schlossturm*, 35 m) offre une **vue panoramique★** sur les différentes « fabriques » du parc : le pont anglais *(Englische Brücke)* qui le relie au secteur polonais, l'orangerie de style mauresque...

À proximité

CARTE DE RÉGION P. 108

Les lacs de Haute-Lusace (LAUSITZER SEENLAND) B1

À environ 60 km au sud-ouest du parc de Muskau.

Le paysage a beaucoup changé, ces dernières années, entre **Hoyerswerda** et Senftenberg : les anciennes mines de charbon à ciel ouvert ont été délibérément inondées et transformées en autant de lacs. On envisage d'en créer 23 d'ici 2026, reliés par des canaux navigables et dotés de marinas, d'hôtels, de campings et de restaurants. Il y en a déjà 16 : le Knappensee, le Silbersee, le Bärwalder See... Si le projet aboutit, la Haute-Lusace deviendra la plus grande région lacustre artificielle d'Europe.

Görlitz ★★

Art gothique, Renaissance, baroque, Art nouveau : la belle cité de Görlitz, perle de l'ancienne province de Silésie, a retrouvé tous ses fastes d'antan après de longs travaux de rénovation. Elle doit ce riche patrimoine (4000 maisons classées) à la prospérité que lui procurèrent, aux 15e et 16e s., la fabrication de drap et le commerce de la guède, le pastel des teinturiers. Son centre historique est aujourd'hui si apprécié des réalisateurs – il a servi de décor à une centaine de films (*Inglourious Basterds*, *Monuments Men*, *Grand Budapest Hotel*...) – qu'on surnomme la ville Görliwood !

Se repérer

56 300 habitants – Saxe

CARTE DE RÉGION C1 (P. 108)
CARTE DE VILLE (P. 147).

Görlitz est à 107 km à l'est de Dresde. La ville s'est développée sur les bords de la Neisse, frontière avec la Pologne depuis le traité de Potsdam (1945).

Carnet pratique p. 150

Nos adresses p. 151

Découvrir

PLAN DE VILLE P. 147

★ Vieille ville

Le centre historique de Görlitz, épargné par les bombardements de la Seconde Guerre mondiale, s'articule autour de deux places de caractère, l'Obermarkt et l'Untermarkt. C'est là que se concentrent la plupart des curiosités de la ville, soigneusement restaurées grâce aux généreux dons d'un anonyme mécène.

Obermarkt A1-2

Cette place du 13e s., qui portait le nom de Leninplatz du temps de la RDA, s'étend entre la **Reichenbacher Turm**, porte fortifiée des 14e et 15e s., située côté ouest, et l'église de la Trinité à l'est. La partie nord conserve de belles maisons de style baroque. Au **no 29** *(Napoleon-Haus)*, la façade, dans laquelle s'ouvre un portail flanqué de colonnes, est finement décorée de stucs. Napoléon a séjourné dans cette maison en 1813 et a harangué ses troupes depuis le balcon du 1er étage.

Tour Reichenbach (REICHENBACHER TURM) A2

Avr.-oct. : tlj sf lun. 10h-17h - 3 €.

Mentionnée dès 1376, cette tour est considérée comme l'emblème de la ville. Empruntez les 165 marches qui conduisent au sommet de l'édifice (51 m) afin d'avoir une belle **vue**★ sur Görlitz et, par beau temps, jusqu'aux Monts des Géants, à la frontière polono-tchèque.

Le schlesisches himmelsreich

Avec un peu de chance, vous pourrez savourer la spécialité gastronomique locale. Ce plat, à la saveur aigre-douce, est composé de viande de porc salée et de fruits séchés. Il est servi avec des *Knödel* (boulettes) et une sauce blanche préparée au jus de citron.

Kaisertrutz A2

Platz des 17. Juni 1 - ✆ 03581 671 355 ou 03581 67 14 20 - www.goerlitzer-sammlungen.de - tlj sf lun. 10h-17h (vend.-dim. 18h) - 5 € (7 € le billet combiné avec la Barockhaus Neißstrasse 30 et la Reichenbacher Turm), coll. permanente gratuit 1er dim. du mois.

Cette massive rotonde de 19 m de diamètre, construite entre 1490 et 1541, faisait partie de l'ancienne fortification de la ville. Elle abrite aujourd'hui, réparties sur quatre niveaux, des collections d'art du 20e s. et d'histoire culturelle *(Kulturhistorisches Museum)*. Parmi les thèmes abordés figurent : la République de Weimar (Görlitz comptait à l'époque 94 000 hab. dont beaucoup de retraités prussiens), l'année 1945 avec la destruction des ponts et la création d'une frontière germano-polonaise le long de la Neisse, et la vie au temps de la RDA.

Église de la Trinité (DREIFALTIGKEITSKIRCHE) A1-2

10h-16h (18h en été). L'église de la Trinité bordant l'Obermarkt se caractérise par une haute tour baroque. À l'intérieur, les deux nefs du 15e s., très étroites, se prolongent par un chœur élevé entre 1371 et 1381. Remarquez les imposantes **stalles★** (1484), surmontées d'inscriptions franciscaines. Le maître-autel baroque (1713)

SE RESTAURER		SE LOGER
Dreibeiniger Hund 1	Lucie Schulte 2	Hotel Börse 2
	Tuchmacher 5	

est l'œuvre de Caspar Gottlob von Rodewitz, élève de Permoser ; la chaire des Douze Apôtres date de la fin de la Renaissance.

La **chapelle Ste-Barbe** renferme des trésors d'art sacré, notamment le **retable de la Vierge★** (1488), chef-d'œuvre du gothique tardif. Il représente Marie auréolée et la Nativité. Repliés, les panneaux du retable montrent la Passion du Christ. La Mise au tombeau fut réalisée par Hans Olmützer en 1492, tandis que l'émouvant Christ au repos (fin du 15e s.) est attribué à un maître du Sud de l'Allemagne.

Musée Silésien (SCHLESISCHES MUSEUM) AB1

Brüderstraße 8. ✆ 03581 87910 - www.schlesisches-museum.de - tlj sf lun. 10h-17h (vend.-dim. 18h) - 7 € (gratuit 1er dim. du mois).

Autrefois, les princes qui s'arrêtaient à Görlitz étaient logés au Schönhof, l'un des plus vieux monuments de la Renaissance allemande (1526). Aujourd'hui transformé en musée, l'édifice offre en 17 salles un tour d'horizon de l'histoire mouvementée de la Silésie qui avait pour capitale Breslau (l'actuelle Wrocław). Tour à tour duché polonais, colonie tchèque et province prussienne, la région a connu au 19e s. une industrialisation galopante et de vives tensions sociales. Une petite section est dédiée à la céramique de Bunzlau ; une autre, à la peinture de paysages, de l'époque romantique aux années 1930 (on retiendra en particulier *Le Grand Étang avec la Schneekoppe* d'Edward Harrison Compton, 1914).

★ Untermarkt B1

L'ancienne place commerçante de Görlitz, située au croisement de la Route de l'Ambre (Baltique-Bohême) et de la Via Regia (Kiev-St-Jacques de Compostelle), est dominée par la tour (1378) de l'**hôtel de ville** *(Rathaus,* AB1*)* ; à l'angle de la Brüderstraße, remarquez l'escalier extérieur (1537-1538) qui contourne une élégante statue (copie) représentant la Justice. À droite du portail Renaissance, un panneau sculpté de style gothique tardif (1488) figure les armoiries du roi de Hongrie Matthias Corvin. La partie centrale du bâtiment date de la Renaissance. L'édifice a été agrandi au début du 20e s. dans le style néogothique.

Au milieu de la place, l'**ancienne Bourse** *(Alte Börse)*, au portail décoré de figures allégoriques, est le plus ancien monument baroque de la ville (1706). Il est prolongé par l'**ancien poids municipal** *(Stadtwaage)*, composé de trois étages de style Renaissance élevés sur un rez-de-chaussée baroque.

Le côté sud de l'Untermarkt, bordé de maisons à arcades, est très évocateur du Görlitz des notables et des drapiers.

La maison baroque « Neißstraße 30 »

(BAROCKHAUS NEISSSTRASSE 30) B1

Neißstraße 30 - ✆ 03581 671 355 ou 03581 67 14 10 - www.goerlitzer-sammlungen.de - tlj sf lun. 10h-17h (vend.-dim. 18h) - fermé 24 et 31 déc. - 5 € (7 € le billet combiné avec la Kaisertrutz et la Reichenbacher Turm).

L'imposante maison baroque (1726-729) qui se dresse à l'angle sud-est de la place était, au 18e s., la propriété d'un drapier de Zittau (Johann Ameiß). Ses appartements donnent une belle idée du mode de vie de la bourgeoisie à Görlitz. Le premier étage abrite les 140 000 volumes de la **Bibliothèque des Sciences de Haute-Lusace★** *(visible aussi le lun. à 11h dans le cadre d'une visite guidée - 5 €)*. Le 2e étage, charmant lui aussi, réunit diverses collections (minéralogie, antiquités, musique...).

★ Église St-Pierre-et-Paul

(KIRCHE ST. PETER UND PAUL OU PETERSKIRCHE) B1

10h-18h (16h en hiver), dim. 11h30-18h (16h en hiver) - jeux d'orgue (« Anspiel ») les mar., jeu. et dim. à 12h.

La rivière Neisse, la vieille ville et l'église St Pierre et Paul.
H. P. Szyszka/Novarc Images/age fotostock

2

Cette imposante église à cinq nefs au toit de cuivre surplombe à pic la Neisse. Sa construction, qui dura 75 ans, s'est achevée à la fin du 15e s. Le portail ouest (1235) provient de l'ancienne église romane et a été remanié dans le style gothique tardif.
Intérieur – Les trois nefs du milieu sont coiffées par une belle voûte en étoile. Les baies sont ornées de remplages. Une statue d'ange supporte la **chaire** (1693), rehaussée de feuilles d'acanthe dorées. Le maître-autel baroque (1695), en grès et faux marbre, est une œuvre du sculpteur Georg Heermann. Le retable représente l'Ascension du Christ. Le **grand orgue★** (« *Sonnenorgel* », 1703) est dû à Eugen Kaspar (plus connu sous son nom italianisé : Eugenio Casparini), maître d'Andreas Silbermann. Le buffet de Johann Conrad Büchau, artiste originaire de la ville, est surmonté de trois groupes d'anges jouant de la musique. À noter également, le confessional protestant, aux envolées baroques, de 1717.
À droite de l'église se dresse le plus ancien bâtiment civil de la ville, la **maison de la Guède** (*Waidhaus*, 13e s.), où était stockée la précieuse plante tinctoriale, qui donnait la couleur bleue.
Au pied de l'église, un pont, inauguré en 2004, permet de traverser la Neisse et de faire quelques pas dans Zgorzelec, l'ancien faubourg de Görlitz, situé depuis 1945 en territoire polonais. La balade sur le Bulwar Grecki offre de jolis points de vue sur la rive allemande, surtout en fin de journée.

Magasin Karstadt (KARSTADT-WARENHAUS) A2

Réouverture prévue en 2021.
Dernier exemple de grand magasin de style Art nouveau encore debout, l'ancien **magasin Karstadt** que l'on surnomme souvent KaDeO (Kaufhaus der Oberlausitz, le « Grand magasin de Haute-Lusace »), fut conçu en 1912-1913 par l'architecte Schmanns de Potsdam. D'aspect massif à l'extérieur, le « Galeries Lafayette de l'Est saxon » possède une cour intérieure surmontée d'un toit de verre en berceau, un magnifique escalier et des colonnes d'une extrême élégance. Wes Anderson y a tourné en 2013 plusieurs séquences du film *The Grand Budapest Hotel*.

À proximité

CARTE DE RÉGION P. 108

★ St-Marienthal C1

À Ostritz, à 18 km au sud par la B 99 ; à 16mn de train de Görlitz (descendre à la gare de Krzewina Zgorzelecka, puis 2,5 km de marche).

Ce couvent de religieuses, niché dans un méandre de la Neiße lusacienne, est le plus vieux couvent cistercien de toute l'Allemagne : il a été fondé en 1234 par la reine Cunégonde de Bohême. L'édifice actuel, qui remonte à l'époque baroque (1683-1744), a terriblement souffert des crues de 2010. L'influence de la Bohême reste néanmoins visible dans la façade occidentale précédée d'un portique, d'une fontaine et d'une colonne de la Peste de 1704. Le vignoble du monastère est le plus oriental d'Allemagne.

Klosterkirche – Contrairement à la règle cistercienne, qui prescrit que les édifices religieux ne doivent comporter qu'un simple lanterneau, l'église abbatiale possède une tour. L'intérieur, voûté d'ogives, a été décoré en 1850 par des membres de l'école nazaréenne dans le style néoroman.

★ Monts de Zittau (ZITTAUER GEBIRGE) C1

À 35 km au sud par la B99.

Les monts de Zittau s'étendent sur environ 20 km et forment une barrière abrupte dominant le bassin de Zittau. C'est une région où l'on peut pratiquer l'escalade et les sports d'hiver ; elle est connue pour ses stations thermales comme Lückendorf, Oybin, Jonsdorf, qui sont autant de points de départ de promenades. Les points culminants, Lausche (793 m), Hochwald et Jonsberg sont faits de phonolithes, cônes abrupts disposés sur le grès. La caractéristique des monts de Zittau est la juxtaposition de grandes montagnes calcaires et de vestiges de hauteurs volcaniques.

Carnet pratique

S'informer

Office de tourisme – *Obermarkt 32 - ✆ 035 81 475 70 - www.goerlitz.de.*

Visites

D'avril à oct., l'OT Görlitz organise des balades à pied dans le centre historique, des tours guidés en bicyclette dans les quartiers de style Art nouveau *(1h30, 10 km, 8,50 €)* mais aussi des excursions de 3h à Zgorzelec, la partie polonaise de la ville située sur l'autre rive de la Neisse. *www.goerlitz-tourismus.de (onglet Stadtführungen).* Pour une visite en français : Laure Teillet *✆ 0176 2151 7543, laure-teillet.de.*

Agenda

Festival de théâtre de rue (Via Thea) – *Juin-juil. - www.viathea.de.* Trois jours durant, saltimbanques, acteurs, mimes et cracheurs de feu envahissent les rues.

Tippelmarkt – *Mi-juil. - www.tippelmarkt.de.* Marché de poterie sur l'Obermarkt.

Marché de Noël – *Déc.*

Nos adresses

Restauration

Budget moyen

1 Dreibeiniger Hund – A1 - *Büttnerstr. 12/13 - ✆ 03581 423980 - www.dreibeinigerhund.de - 11h-22h.* On apprécie l'auberge du « Chien à trois pattes » pour son cadre rustique, sa vaisselle en céramique de Bunzlau et ses petits plats du terroir (10/16 €) légèrement modernisés. Fondues en automne et en hiver.

2 Lucie Schulte – B1 - *Untermarkt 22 - ✆ 03581 410260 - lucieschulte.de - plat 14/23 €, menu 3 plats 37 €.* Ce joli restaurant se niche dans un petit passage près du marché. Belle salle voûtée et cuisine internationale.

Pour se faire plaisir

5 Tuchmacher – B1 - *Peterstr. 8 - ✆ 03581 47310 - www.tuchmacher.de - fermé lun. midi - plat 15/25 €, menu 31,50 €.* Dans le cadre attrayant d'une maison bourgeoise de la Renaissance, cet établissement sert une cuisine délicieuse dans le bar-restaurant ou sur l'agréable terrasse de la cour.

Hébergement

Budget moyen

Via Regia – HORS PLAN - *Jauernicker Str. 15-16 - ✆ 03581 7644330 - www.bestwestern.com - 40 ch. 76/82 € - ☕ 12,50 €.* Un ravissant hôtel à l'élégance moderne composé de vieilles maisons rénovées avec soin. Les chambres rendent hommage aux villes et villages qui longent l'ancienne route commerciale, d'où le nom de Via Regia (« voie royale »). Joli petit sauna et restaurant servant une cuisine allemande traditionnelle et des plats méditerranéens.

2 Hotel Börse – A1 - *Untermarkt 16 - ✆ 03581 76420 - www.boerse-goerlitz.de - P 6 €/j. - 27 ch. 120/140 € ☕.* Cette ancienne Bourse à la façade baroque (1714) s'élève sur une place du centre-ville. Belles chambres meublées avec goût, dont chacune porte le nom d'une ville européenne.

2

Annaberg-Buchholz ★

Connue pour sa fière église au gothique flamboyant, la ville d'Annaberg-Buchholz conserve les noms de ses deux anciennes localités. Appartenant à deux seigneuries différentes, celles-ci connurent un essor formidable, à partir du 15e s., avec la découverte d'importants gisements d'argent et d'étain dans la région, et finirent par ne former qu'une seule et même cité. La capitale des monts Métallifères exploita 600 mines avant de tirer sa richesse du travail de la dentelle, pour compenser le déclin de ses gisements.

Se repérer

19 700 habitants – Saxe

CARTE DE RÉGION B2 (P. 108)

À une centaine de kilomètres au sud-ouest de Dresde, Annaberg-Buchholz est située dans la région des monts Métallifères, à proximité de la frontière tchèque.

À ne pas manquer

L'église Ste-Anne.

Organiser son temps

Prévoyez une demi-journée pour découvrir la ville et traverser les monts Métallifères.

En famille

La mine d'argent Im Gößner.

Nos adresses p. 155

Découvrir

PLAN DE RÉGION P. 108

Buchholzer Straße 2 - 033733 19 433 - www.annaberg-buchholz.de.

★★ Église Ste-Anne (ST-ANNEN-KIRCHE) B2

Avr.-déc. : 10h-17h, dim. 12h-17h ; janv.-mars : 11h-16h, dim. 12h-16h.

L'église Ste-Anne, construite entre 1499 et 1525, constitue l'un des exemples les plus accomplis du gothique flamboyant de Saxe. Des douze piliers hauts et élancés naissent en volutes les nervures de la voûte, composée de sept étoiles alignées à six branches et sous-tendant chaque travée d'un dais en forme de fleur. Cette magistrale composition de la voûte est due à Jakob Heilmann de Schweinfurt.

Sur les murs latéraux courent des tribunes dont les parapets sont décorés de scènes de l'Ancien et du Nouveau Testament.

Au fond de l'édifice, sur le mur collatéral gauche, la **Belle Porte★★** *(Schöne Tür)*, provenant d'une autre église, montre une brillante polychromie. Elle fut réalisée par H. Witten en 1512. Sur la **chaire★★** (1516), du sculpteur F. Maidburg, remarquez un relief représentant un mineur.

Reprenant le même thème, le **retable des mineurs★** (1521 – *à gauche dans l'abside*) et ses revers peints détaillent les travaux de la mine.

Musée des monts Métallifères (ERZGEBIRGSMUSEUM) B2

Große Kirchgasse 16 - 03733 23 497 - visite guidée de la mine d'argent (1h) : jeu. et vend. 12h et 15h, w.-end 11h, 12h30, 14h et 15h30 - visite libre du musée : 10h-17h - fermé 24 et 31 déc. - 5 € mine d'argent, 3,50 € musée, 7,50 € billet

Le Fichtelberg.
Edith65/iStock

combiné mine et musée. Le musée des monts Métallifères retrace l'histoire de la ville et des mines. Une place de choix est réservée aux arts et traditions populaires.

La **mine d'argent** *(Besucherbergwerk)* **« Im Gößner »**, rattachée au musée et ouverte au public, propose une visite intéressante d'un gisement, exploité à Annaberg à partir de 1498 et parvenu à épuisement un quart de siècle plus tard. *Le puits d'accès est situé dans la cour du musée. Des escaliers métalliques mènent aux galeries qui s'étendent sur 260 m.*

2

Forge de Frohnau (FROHNAUER HAMMER) B2

Sehmatalstraße 3 - ✆ 03733 22 000 - www.annaberg-buchholz.de - visite guidée (1h) 9h-12h, 13h-16h - fermé 1er janv., 25 déc. - 5 €.
Ce musée occupe un ancien moulin à grain transformé en atelier de frappe de monnaie lors de la découverte des filons d'argent, puis en forge. Marteaux-pilons et soufflets sont actionnés par la force hydraulique.

À proximité

PLAN DE RÉGION P. 108

★ Freiberg B1

À 65 km au nord-est d'Annaberg-Buchholz, 37 km au sud-ouest de Dresde.
Située au pied des monts Métallifères, sur la route qui conduit à Dresde, Freiberg était au Moyen Âge la plus grande ville de Saxe. Elle vécut longtemps de l'exploitation de son sous-sol d'où l'on extrayait divers minéraux (argent, cuivre, plomb, zinc, fluorine, spath et agate). Si aujourd'hui toutes les mines sont désaffectées, la ville reste fière de son passé minier et perpétue des traditions comme les défilés annuels.

★★ La cathédrale – *✆ 03731 30 03 40 - www.freiberger-dom.de - ♿ -mai-oct. : mar.-vend. 13h-17h, w.-end. 11h30-17h - visite guidée mar.-sam. à 14h; le dim. à 11h30 (et 14h mai-oct.) - 5 €; visite guidée 6 € (7 € avec orgue).* Cette église-halle de style

gothique flamboyant fut érigée entre 1490 et 1501 pour remplacer l'ancienne cathédrale romane.
La **chaire★★** est un chef-d'œuvre de l'art sacré, dont la forme rappelle la corolle d'une tulipe. Elle fut réalisée autour de 1505 par le maître sculpteur Hans Witten et représente en fait un arbre de vie sur le tronc duquel s'amorce l'escalier.
Avec leurs trois claviers, leurs 45 registres et 2674 tuyaux, les **orgues★★** (1714) passent pour être le chef-d'œuvre du facteur **Gottfried Silbermann**. L'instrument aux formes équilibrées et décoré d'anges délicats possède un timbre resplendissant, que Silbermann obtint en fusionnant les savoir-faire saxon et français.
Admirez le splendide **portail doré★★** à huit voussures qui fut conçu vers 1230 pour l'ancienne église romane. Au tympan, voyez la Vierge en majesté et l'Adoration des Mages *(dépliant explicatif)*. Le portail tient son nom de l'ornementation polychrome, d'origine, qui présentait une dominante dorée.
La **chapelle mortuaire★** mérite également votre attention. Au 16e s., le chœur fut transformé pour recevoir les tombeaux de la ligne albertine de la dynastie de Saxe, puis modifié dans le style maniériste. Le tombeau du prince-électeur Maurice de Saxe, sculpté en 1563 par Antonius van Zerroen d'Anvers, constitue la première œuvre Renaissance de ce type en Saxe.

Circuit conseillé

CARTE DE RÉGION P. 108

★ Les monts Métallifères B2

Circuit de 81 km (93 km par Schwarzenberg), d'Annaberg-Buchholz à Klingenthal – Comptez env. 3h. Quittez Annaberg-Buchholz par la route 95 en direction d'Oberwiesenthal.
Ce massif de moyenne montagne doit son nom aux nombreux gisements de métaux précieux (argent, étain, cobalt, nickel et fer) disséminés dans son sous-sol. Ces richesses ont permis à plusieurs petites villes, telles Zwickau, Annaberg et Schneeberg, de se développer. Le sommet le plus haut, côté allemand, est le Fichtelberg (1214 m). Des lacs de retenue, des paysages ouverts et verdoyants, des forêts parcourues par des sentiers et des villages de villégiature contribuent à rendre la région particulièrement accueillante. L'itinéraire ci-dessous fait découvrir la partie occidentale des monts Métallifères et longe dans sa première partie la frontière tchèque.

★ Fichtelberg B2

Dominant la station climatique et de sports d'hiver d'**Oberwiesenthal**, le Fichtelberg (1214 m) est reconnaissable de loin grâce à ses installations météorologiques. On y accède par un télésiège *(Schwebebahn, ttes les 15mn de 9h à 17h - fermé avr. et nov. - 12 € AR)* ou à pied *(30mn AR, laisser la voiture sur le parking situé 500 m après la station inférieure du télésiège)*. Vaste **panorama★** sur les environs. Vers le sud, le mont Klinovec (1244 m), en territoire tchèque, est le point le plus élevé des monts Métallifères.
D'Oberwiesenthal à Ehrenzipfel, joli parcours à travers la forêt le long d'une rivière.
À Rittersgrün, vous pouvez emprunter l'extension vers Schwarzenberg ou continuer l'itinéraire principal.

Schwarzenberg B2

Perchée sur un éperon rocheux, la vieille ville, classée monument historique, se blottit autour du château et de l'église. La forteresse, érigée vers 1150, a été transformée de 1555 à 1558 en un pavillon de chasse à l'usage des princes-électeurs ;

aujourd'hui, un musée consacré à l'histoire de la région y a élu domicile *(Perla Castrum - ✆ 03774 233 89 - tlj sf lun. 10h-17h - 6 €)*. À côté se dresse l'imposante **église St-Georges★** *(St-Georgenkirche)* de style baroque (1690-1699). L'intérieur révèle une seule nef, un impressionnant plafond de bois et une chaire aux riches sculptures évoquant La Trinité. Une belle grille en fer forgé sépare la nef du sanctuaire.

Sosa-Talsperre

Du parking, gagnez à pied le kiosque, puis le promontoire. Petit lac de barrage dans un cadre forestier idyllique.

Après avoir longé la rive méridionale du lac de barrage d'Eibenstock, la route n° 283 remonte la vallée sinueuse de la Zwickauer Mulde avant d'atteindre Klingenthal.

Klingenthal A2

Fondée à la fin du 16e s. pour héberger les mineurs, cette localité est, depuis la seconde moitié du 17e s., un grand centre de fabrication d'instruments de musique. Remarquez l'église du Prince pacifique (*Zum Friedensfürsten*, 1737), édifice baroque à plan octogonal.

Nos adresses

Hébergement et restauration

Budget moyen

Traditionshotel Wilder Mann – *Markt 13 - ✆ 03733 1440 - www.hotel-wildermann.de - 69 ch. 95/120 €* ☕. Le plus central de tous les hôtels d'Annaberg-Buchholz, et l'une des plus vieilles maisons de la ville, est doté de chambres relativement cossues. Les plus calmes donnent sur la cour intérieure. Les prix sont plus élevés en fin d'année. L'établissement compte aussi deux restaurants convaincants : le Silberbaum *(fermé le midi hors sais. du lun. au vend.)* et le Kartoffelkeller *(fermé le midi)*.

Leipzig ★★

Si Dresde est la capitale administrative de la Saxe, Leipzig en est « le » pôle économique mais aussi « la » capitale culturelle et intellectuelle. Berceau historique de l'édition allemande, important foyer universitaire, mélomane depuis des générations – Bach, Mendelssohn, Schumann et Wagner y ont vécu – elle a joué un rôle de premier plan dans la chute du Mur de Berlin : c'est ici qu'ont germé les premières manifestations de 1989. Ces dernières années, Leipzig s'est très habilement modernisée : avec ses passages et ses rues piétonnes, le centre-ville est de plus en plus attrayant.

Se repérer

587 000 habitants – Saxe

CARTE DE RÉGION A1 (P. 104)
CARTE DE VILLE (P. 158)

Leipzig se situe à l'extrémité ouest de la Saxe, à 122 km à l'ouest de Dresde.

À ne pas manquer

Les œuvres du musée des Beaux-Arts, le Forum d'histoire contemporaine, le Grassi-Museum, les colonnes de la Nikolaikirche et les passages couverts du centre-ville.

Organiser son temps

Comptez au moins deux jours pour apprécier la ville et ses curiosités.

Carnet pratique p. 168

Nos adresses p. 168

Se promener

PLAN DE VILLE P. 158

★ Le centre historique

Circonscrite à l'intérieur du « Ring » routier, la vieille ville de Leipzig s'ordonne autour de la vaste place du marché *(Markt)*. Vous pourrez profiter de son animation permanente en déambulant dans ses rues réservées pour la plupart aux piétons, et reliées par de nombreux **passages couverts★** pleins de charme. Vous remarquerez également ses nombreuses **façades Art déco**.

★ Ancien hôtel de ville (ALTES RATHAUS) A2

Bâtiment tout en longueur, orné d'une belle façade Renaissance, l'ancien hôtel de ville possède un toit à pignons percés de fenêtres. Ce style de construction profane est l'un des premiers exemples d'architecture typique d'hôtel de ville de la

Sur les pas de la musique

À Leipzig, la musique est omniprésente. Pour la rendre plus visible encore, la ville a conçu un itinéraire fléché *(Leipziger Notenspur)* qui relie entre eux, sur 5 km, les principaux sites « musicaux » du centre ville : le monument à la mémoire de Wagner, l'ancien conservatoire, les archives de Bach, l'appartement de Grieg... 23 stations au total, dotées d'explications en allemand ou en anglais et d'un numéro : avec votre téléphone *(tarif local)* ou votre smartphone, vous pourrez écouter à chaque station quelques morceaux choisis. *www.notenspur-leipzig.de*

Ancien hôtel de ville.
Meinzahn/iStock

Renaissance allemande. L'édifice fut construit en 1556 sur les plans de Hieronymus Lotter, architecte et bourgmestre de Leipzig. L'hôtel de ville abrite le **musée historique de la Ville**, constitué de deux sections : « Leipzig Original » (de la préhistoire à la Bataille des Nations) et « Moderne Zeiten » (de l'industrialisation à nos jours). Belle maquette reproduisant la ville en 1823. *(Stadtgeschichtliches Museum). ✆ 0341 965 13 40 - www.stadtgeschichtliches-museum-leipzig.de - ♿ - tlj sf lun. 10h-18h - fermé 24 et 31 déc. - 6 €, gratuit 1er merc. du mois. Annexe au n° 3 de la Böttchergässchen, mêmes horaires (5 €).*

2

★★ Forum d'histoire contemporaine

(ZEITGESCHICHTLICHES FORUM LEIPZIG) AB2

Grimmaische Straße 6 - ✆ 0341 22 20 400 - www.hdg.de - mar.-vend. 9h-18h, sam.-dim. et j. fériés 10h-18h - gratuit.

Cet intéressant musée, consacré à l'histoire de la ville et de l'Est de l'Allemagne depuis la Seconde Guerre mondiale, est conçu comme un lieu de mémoire qui comprend également une bibliothèque et un centre d'information. Après une introduction sur la guerre et ses atrocités, l'exposition permanente, intitulée « Division et unité, dictature et résistance », retrace les moments clés de l'histoire contemporaine et évoque de façon touchante le quotidien de ses habitants : citations, banderoles, extraits de discours-clés, images de manifestations, photographies, etc.

★ Ancienne Bourse du Commerce (ALTE HANDELSBÖRSE) A2

Sur le Naschmarkt. L'**ancienne Bourse du Commerce**, construite entre 1678 et 1687 d'après les plans de Johann Georg Starcke, fut le premier édifice baroque de Leipzig ; elle est aujourd'hui utilisée pour des festivités. La statue, œuvre de Carl Seffner (1903), représente **Goethe** lorsqu'il était étudiant (1765-1768).

Katharinenstraße A2

Au nord de l'ancienne Bourse. Quelques maisons baroques sont conservées du côté ouest de la rue. La plus belle est sans aucun doute la **Romanushaus** (à l'angle

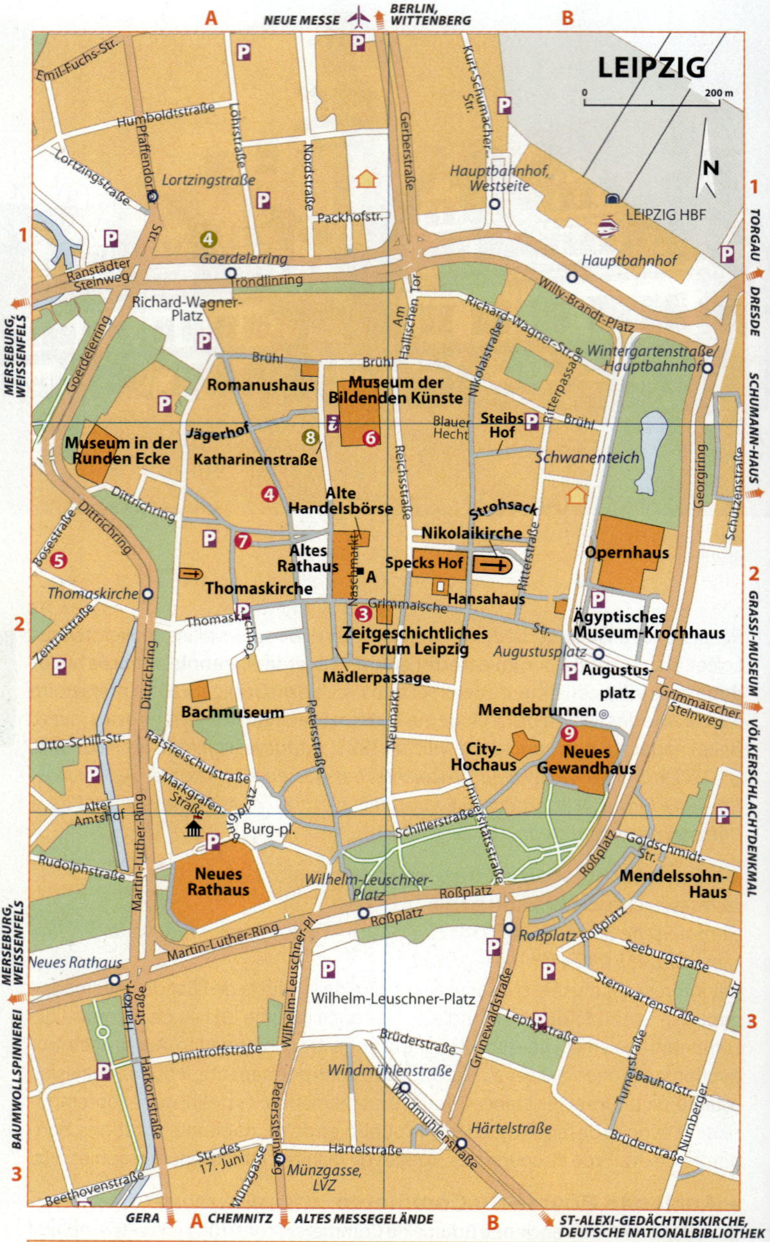

SE RESTAURER

Auerbachs Keller 3
Barthels Hof 4
Cafe Idee 6
Pilot 5
Stadtpfeiffer 9
Zill's Tunnel 7

SE LOGER

Fregehaus 8
Hotel Fürstenhof 4

Statue représentant Goethe étudiant .... A

du *Brühl, en cours de restauration*), bâtie de 1701 à 1704 sur des plans de Johann Gregor Fuchs pour le bourgmestre Franz Conrad Romanus. Les maisons voisines *(n°s 21 et 19)* furent construites vers le milieu du 18e s. et présentent de charmantes façades. La Fregehaus *(n° 11)*, elle aussi bâtie par Fuchs, appartenait au riche banquier Christian Gottlob Frege, le *Fugger* de Leipzig, dont l'empire commercial s'étendait sur toute l'Europe et même par-delà l'Atlantique.

★★ **Musée des Beaux-Arts** (MUSEUM DER BILDENDEN KÜNSTE) A1-2

Katharinenstraße 10 - ✆ 0341 216 990 - www.mdbk.de - mar. et jeu.-dim. 10h-18h, merc. 12h-20h, j. fériés 10h-18h - possibilité de visite guidée (1h30) - fermé lun., 24 et 31 déc. - 10 € (5 € avec la Leipzig Card).

Grâce à quelques grands mécènes des 19e et 20e s. (Maximilian Speck von Sternburg notamment), le « MdBK » de Leipzig s'est constitué une importante collection d'œuvres d'art de la fin du Moyen Âge à l'époque contemporaine. Ses points forts : les maîtres anciens (allemands et flamands) ainsi que la peinture allemande du 19e s. L'**édifice**, réalisé par un bureau d'architectes berlinois (Hufnagel, Pütz et Rafaelian), forme un cube de verre de 36 m de hauteur composé de puits de lumière et d'un vaste hall d'entrée.

1er étage : peinture des pays de langue allemande avec **Joseph Anton Koch**, qui était fasciné par la petitesse de l'homme dans l'univers majestueux des cimes (*La Cascade de Schmadribach dans la vallée de Lauterbrunna*, 1811) ; C. D. Friedrich dont on pourra admirer ici *Les Âges de la vie* (vers 1830), un tableau magique par sa gamme de couleurs. On découvrira aussi l'œuvre d'un artiste symboliste de Leipzig peu connu en France : le peintre, graveur et sculpteur **Max Klinger** (1857-1920). Son étrange composition intitulée *Le Christ sur l'Olympe* (1897) voulait célébrer la victoire du christianisme sur le paganisme, mais elle a été détournée de son sens en 1938 par les nazis qui en ont fait un hymne au IIIe Reich et à l'idéal aryen. La toile, récemment restaurée, a retrouvé les deux sculptures qui l'encadraient à l'origine : *le Repentir et l'Espoir*.

2e étage : parmi les Maîtres anciens allemands, citons **maître Francke** (*L'Homme de douleurs*, vers 1425), **Lucas Cranach l'Ancien** (son *Portrait de Luther en Junker Jörg*, 1521, nous montre Luther à l'époque où il résidait en grand secret au château de la Wartburg, près d'Eisenach, sous une fausse identité : « Junker Jörg »), **Lucas Cranach le Jeune**, représenté par une **Allégorie de la Rédemption★** résolument anti-catholique : ici, moines, cardinaux, religieuses et pape brûlent en Enfer (1557), et **Hans Baldung Grien** (*Les Sept Âges de la femme*, 1544).

Peinture flamande avec l'école de **Jan van Eyck** (*Portrait d'un vieil homme*, 1430-1440), **Rogier van der Weyden** (*La Visitation*, vers 1434), Jean Bellegambe de Douai (**Triptyque de la Crucifixion★**, vers 1520), atelier de **Rembrandt** (*Portrait*, vers 1653), **Frans Hals** (*Le Mulâtre*, vers 1630), Van Goyen, Van Ostade, Van Ruisdael)...

À signaler aussi : la *Marine* de Ludolf Backhuysen (1658) qui restitue fidèlement le mouvement de la houle pour mieux rappeler la faiblesse de l'homme face à la force de la nature. Le 2e étage réunit également quelques tableaux issus des écoles italienne et espagnole – le Tintoret (*Résurrection de Lazare*, vers 1565), le Greco (*L'Annonciation*, 1604) – et 41 œuvres du peintre suisse **Anton Graff** dont l'excellent *Autoportrait au chevalet* (1806).

Le **3e étage** expose une partie de la collection Bühler-Brockhaus dédiée au 19e s. français (Corot, Boudin, Fantin-Latour...), d'autres œuvres de Max Klinger et l'une des cinq versions de **L'Île des morts★** d'Arnold Böcklin (vers 1886), qui lui a été inspirée par un séjour sur île d'Ischia.

Église St-Nicolas (NIKOLAIKIRCHE) B2

Nikolaistraße. ✆ 0341 12 45 380 - www.nikolaikirche.de - tlj sf dim. 10h-18h.
C'est la plus grande église de Leipzig. Située au carrefour de deux importantes routes commerciales, elle fut tout naturellement consacrée au patron des commerçants, saint Nicolas. Initialement construite dans le style roman (1165), elle a été transformée en halle gothique vers 1520 avec une triple nef entourée d'une double galerie. L'**intérieur★**, conçu par Carl Dauthe dans le style classique (1784-1797), offre un spectacle saisissant : les **colonnes★** cannelées de couleur claire s'épanouissent en palmes d'un vert tendre ; la voûte est compartimentée en caissons vieux rose aux stucatures florales. Trente tableaux d'Adam Friedrich Oeser, contemporain de Dauthe, parent les porches et le chœur. Dans le chœur, le crucifix en bois, de style roman finissant, est réputé pour être la plus vieille œuvre d'art de Leipzig. L'orgue (1858-1862) est dû au célèbre facteur d'orgues Friedrich Ladegast, de Weissenfels. Dans la chapelle Nord, jetez un œil sur le retable de Niedergräfenhain et sur la chaire, tous deux des années 1510-1520.
L'église fut l'un des points de départ des manifestations pour la chute du Mur en 1989, suite à une initiative lancée dès 1982 par le pasteur Christian Führer : la **Prière pour la paix**, qui réunissait chaque lundi nombre de personnes pour prier, et qui, au fil des ans, prit une coloration de plus en plus politique.

★ Église St-Thomas (THOMASKIRCHE) A2

9h-18h - concerts (Thomaskonzerte) : ✆ 0341 222 24 200 - www.thomaskirche.org.
Citée pour la première fois en 1212 dans la charte de fondation du couvent des chanoines des augustins, St-Thomas ne reçut sa forme actuelle (une église à trois nefs) qu'à la fin du 15e s. Elle doit notamment sa célébrité à **Bach**, qui y fut *cantor* vingt-sept ans durant et qui repose en face de l'autel. Le **chœur d'enfants St-Thomas** *(Thomanerchor)*, jadis dirigé par Bach, contribue également à la notoriété de l'église : issu de l'école de St-Thomas fondée après 1212, il n'avait à l'origine que 12 chanteurs. Il en réunit aujourd'hui 80 et chante lors des vêpres du vendredi *(18h, 2 €)*, le samedi à 15h *(musique sacrée et cantates de Bach, 2 €)* et le dimanche à la messe de 9h30.

Musée Bach (BACHMUSEUM) A2

En face de l'église St-Thomas, Thomaskirchhof 15-16 - U 9 arrêt Thomaskirche - ✆ 0341 913 72 02 - www.bachmuseumleipzig.de - ♿ - tlj sf lun. 10h-18h - fermé 24-25 et 31 déc. - 8 € (-16 ans gratuit).
Il est installé dans la maison des Bose, une famille de commerçants avec laquelle le musicien s'était lié d'amitié. Construite en 1586, cette demeure fut remaniée au 18e s. Instruments (en particulier, l'orgue de la Johanniskirche sur lequel il joua en 1743), manuscrits et documents divers retracent la vie, l'œuvre et l'influence du

Une gare métamorphosée...

Abandonnée après la Seconde Guerre mondiale, la gare de Leipzig s'est refait une beauté à partir de 1995. En deux ans, les espaces ont été restaurés et un complexe commercial de 30 000 m² a vu le jour sur trois niveaux. Le changement est surprenant : l'édifice, érigé en 1915, avec son immense hall transversal de 267 m de long sur 32 m de large et ses deux halls d'entrée, est devenu un véritable temple de la consommation, dans lequel se sont installés 130 magasins et boutiques.

L'église Saint-Thomas.
Foto Beck/imageBROKER/age fotostock

grand compositeur. La plus grande partie du musée est consacrée aux années que Bach passa à Leipzig (de 1723 à 1750).

2

★ Musée égyptien (AEGYPTISCHES MUSEUM) B2

Goethestraße 2 (dans la Krochhaus) - U 4, 7, 8, 10, 11, 12 arrêt Augustusplatz - ✆ 0341 97 37 015 - www.uni-leipzig.de/aegyptisches-museum - tlj sf dim.-lun. 13h-17h, sam. 10h-17h - 5 €.
Installé dans ses nouveaux locaux, il abrite de remarquables collections regroupant environ 7 000 pièces depuis l'Ancien Empire jusqu'à l'ère chrétienne.

Les passages couverts

La plupart des passages couverts de Leipzig ont été restaurés de main de maître et offrent avec leurs magasins et cafés un mélange bigarré, apprécié des habitants autant que des touristes.

Mädlerpassage A2

En face du Naschmarkt. C'est le passage le plus somptueux et aussi le plus connu, sans doute à cause du **caveau d'Auerbach** immortalisé par Goethe dans *Faust*. Avant d'y descendre, ne pas oublier de jeter un coup d'œil aux deux bronzes de Matthieu Molitor, représentant *Faust, Méphisto et les buveurs*.

Specks Hof B2

Schuhmachergäßchen. La restauration de cet édifice, conçu (1911) pour présenter des articles de maroquinerie et de joaillerie durant la foire, a soulevé bien des controverses, mais le résultat est fort réussi : partie ancienne préservée et éléments modernes équilibrés. La cour du Specks Hof débouche dans la **maison de la Hanse** *(Hansahaus)*, pittoresque avec sa cour vitrée aux murs en brique vernissée.

Strohsack B2

Ce passage d'allure moderne relie la Nikolaistraße à la Ritterstraße. Regardez l'horloge incrustée dans le sol et recouverte de verre.

L'orchestre du Gewandhaus

L'orchestre du Gewandhaus a été créé en 1743 par de riches marchands et artisans. À partir de 1781, les concerts furent donnés dans la grande salle du bâtiment de la guilde des drapiers. C'est là qu'eurent lieu entre autres les premières du *Triple Concerto* de Beethoven, de la *Symphonie en ut majeur* de Schubert, de la *Symphonie écossaise* de Mendelssohn et du *Concerto pour violon en ré majeur* de Brahms. En 1884, la ville érige spécialement pour l'Orchestre un palais des concerts. Ce bâtiment fut détruit en 1944 par des bombardements. Ce n'est qu'en 1981 que fut inauguré le troisième Gewandhaus.

Steibs Hof B2

Entre la Brühlstraße et la Nikolaistraße. Ce bâtiment d'exposition, avec ses cours intérieures au carrelage bleu et blanc, a été érigé en 1907 pour un marchand de fourrures – Leipzig était en effet jusque dans les années 1930 le centre européen de la pelleterie. Au fond du passage, mini-« musée » de la RDA *(N'Ostalgie Museum, mar.-dim. 10h-18h - 6,50 €).*

Jägerhof A1-2

Entre la Hainstraße et la Grosse Fleischergasse. Un cinéma s'est installé dans ce passage aux murs carrelés dans les tons ivoire, un petit bijou de l'Art nouveau finissant (1913-1914).

Le ring et ses alentours

Cette grande artère circulaire et verdoyante suit le tracé des anciennes fortifications médiévales. Les institutions principales et les édifices les plus prestigieux de la ville jalonnent son parcours, dont l'imposante **gare centrale** *(Hauptbahnhof)* qui était, lors de son inauguration en 1915, l'une des plus importantes têtes de ligne en Europe avec plus de 25 quais, un hall réservé aux trains de Prusse, un autre aux trains de Saxe.

Augustusplatz B2

L'ancienne Karl-Marx-Platz, qui a fait l'objet d'une rénovation complète, regroupe quelques-uns des monuments les plus marquants de la ville. Sur le côté nord se dresse l'**opéra** *(Opernhaus - ✆ 0341 12 61 261 - www.oper-leipzig.de),* bâti du temps de la RDA (1956-1960) à l'emplacement de l'ancien opéra détruit par un raid aérien en 1943. Il est particulièrement renommé pour son acoustique. Il se prolonge, en direction de la gare centrale, par un parc agréable *(Schwanenteich)* dont un recoin abrite une statue de Wagner.

À l'ouest, le regard s'arrête inévitablement sur la **Krochhaus**, le premier « gratte-ciel » de la ville. Il a été élevé en 1928-1929 et se trouve couronné d'une réplique des Maures, qui frappent les heures sur la tour de l'Horloge de Venise. Cependant, le bâtiment le plus marquant du côté occidental de la place est **la tour « City-Hochhaus »** (142 m), qui abritait autrefois l'université.

Neues Gewandhaus B2

✆ 0341 1270 280 - www.gewandhausorchester.de.

Cette salle de concert prestigieuse fut inaugurée en 1981 (*encadré ci-dessus*). Plus de 1900 spectateurs peuvent y prendre place pour écouter notamment l'orchestre symphonique du Gewandhaus, longtemps dirigé par Kurt Masur (1970-1996). Le buste de Beethoven (1902), qui se trouve dans le foyer, est dû au

Le musée Grassi.
M. Snell/robertharding/age fotostock

sculpteur **Max Klinger**, originaire de Leipzig. La fontaine **Mendebrunnen** (1886), devant le Gewandhaus, est une allégorie de l'empire des eaux.

2

Maison de Schumann (SCHUMANN-HAUS) HORS PLAN B2

Inselstraße 18 - ✆ 0341 3939 2191 - www.schumann-verein.de - 14h-18h, w.-end 10h-18h - 6,50 € - concerts le sam. à 18h (10/15 €).
C'est dans ce bel immeuble que Robert Schumann composa sa Symphonie n° 1 dite *Le Printemps*. Il y vécut avec sa femme Clara, les quatre années qui suivirent leur mariage (1840). Le grand salon où ils recevaient leurs amis (Liszt, Wagner, Berlioz, le conteur danois H.-C. Andersen…) sert aujourd'hui de salle de concert.

Maison de Mendelssohn (MENDELSSOHN-HAUS) B3

Goldschmidtstraße 12 - ✆ 0341 962 88 20 - www.mendelssohn-stiftung.de - Tlj 10h-18h - 8 €. Cette maison fut la dernière résidence du célèbre compositeur, de 1845 à 1847. Mendelssohn s'installa à Leipzig à partir de 1835 pour diriger la prestigieuse salle de concert du **Gewandhaus**. À l'intérieur de l'appartement du 1er étage, qu'il occupa jusqu'à sa mort à l'âge de 38 ans, vous découvrirez en particulier son cabinet de travail, lumineux et décoré de copies des nombreuses aquarelles qu'il dessinait, avec la chaise originale du musicien. *Concert tous les dim. à 11h (15 €).*

Nouvel hôtel de ville (NEUES RATHAUS) A3

Visites guidées dim. à 11h (et parfois à 13h) - 10 € - rens. sur www.leipzigdetails.de.
Construit entre 1899 et 1905 sur les fondations de l'ancien château Pleissburg (où Luther et Eick, en 1519, eurent une dispute restée célèbre), il associe des éléments Renaissance, baroques et Jugendstil à des parties plus modernes.. Il est possible de monter au sommet du beffroi *(sem. à 14h - 3 € - 250 marches).*

L'autre capitale de l'Allemagne orientale

Les foires de Leipzig

La localité est mentionnée pour la première fois dans la chronique de l'évêque Thietmar de Merseburg relatant la mort de l'évêque de Meissen dans la *urbs Lipzi*. Vers 1165, le bourg de Lipzk obtient une charte urbaine. Sa situation au carrefour des grands axes de circulation et l'octroi de la *Stadtbrief* – l'une des distinctions les plus anciennes du droit féodal bourgeois – par le margrave Othon le Riche lui permettent de tenir marché. Dès le 12e s., des foires se déroulent à Pâques et à la Saint-Michel, et, à partir de 1458, au Nouvel An. Celles de printemps et d'automne, symbolisées par le célèbre double « M » *(Mustermesse, « foire d'échantillons »)*, ont lieu depuis 1896.

La ville de la musique…

La musique occupe une place particulière dans la vie des habitants de Leipzig. Dans l'église St-Thomas repose **Jean-Sébastien Bach**, qui vécut ici entre 1723 et 1750 et occupa la fonction de *Director musices* de la ville et celle de *cantor* dans cette même église, où se produit toujours un chœur d'enfants réputé. C'est à Leipzig qu'il composa la *Passion selon saint Matthieu*, l'*Art de la Fugue* et la *Messe en si mineur*.

Lorsque le compositeur **Felix Mendelssohn** prit la tête de l'orchestre du Gewandhaus en 1835, la formation qu'il animait comptait déjà au nombre des plus prestigieuses d'Europe. En dix ans, grâce à lui, les activités musicales à Leipzig acquirent une notoriété internationale. Il créa notamment l'École supérieure de musique, qui, suivant une longue tradition d'enseignement, entretient avec les musiciens du Gewandhaus des liens si étroits qu'ils sont à l'origine du « son » particulièrement homogène de l'orchestre et de son pupitre de cordes. Il favorisa aussi la reprise d'œuvres oubliées, comme la *Passion selon saint Matthieu* de J.-S. Bach, qu'il dirigea dès 1829.

Clara Wieck et **Robert Schumann** passèrent leur première année de mariage à Leipzig, au no 18 de l'Inselstraße, où furent composées les premières mesures de la *1re Symphonie* dite du *Printemps*.

… et du livre

L'un des premiers livres, le *Glossa super Apocalipsim* d'Annius de Viterbe, fut imprimé par un artisan ambulant à Leipzig en 1481. En 1825 furent fondés la Bourse du commerce du livre allemand puis, en 1912, la Bibliothèque allemande et le musée allemand du Livre et de l'Écriture.

Une cité prospère

La découverte au 16e s. de mines d'argent, dans les montagnes voisines de l'Erzgebirge, a longtemps assuré la richesse de Leipzig. La ville reste aujourd'hui un pôle économique important et ne cesse de se développer depuis la réunification ; dotée d'infrastructures modernes (gare entièrement rénovée, aéroport, *business center*, sans oublier le *City-Tunnel* qui passe sous le centre-ville depuis 2013), elle a su attirer des investisseurs de premier ordre, comme Porsche, Siemens, DHL et BMW. Et, plutôt branchée, elle est appréciée des jeunes.

Les autres musées de Leipzig

★★ Musée Grassi (GRASSI-MUSEUM) HORS PLAN B2

Situé à l'est du centre historique, sur la Johannisplatz, accessible par le Grimmaischer Steinweg - www.grassimuseum.de - tlj sf lun. 10h-18h - fermé 24 et 31 déc. - 8 €/musée ou 15 € le billet combiné, gratuit le 1er merc. du mois.

Le complexe imposant du musée Grassi, avec ses quatre cours intérieures, a été construit de 1925 à 1929 par les architectes Carl William Zweck et Hans Voigt dans le style expressionniste mâtiné d'Art déco. Après une rénovation confiée à l'architecte anglais David Chipperfield et à un cabinet de Leipzig, le bâtiment abrite à nouveau les trois musées suivants :

★ Musée des Arts décoratifs (Museum für Angewandte Kunst) – ✆ *0341 222 91 00.* Les collections permanentes, qui bénéficient d'une scénographie très soignée, sont distribuées depuis 2012 en fonction de trois parcours : de l'Antiquité à l'historicisme *(n° 1)* ; les arts de l'Asie *(n° 2)* ; du Jugendstil à nos jours *(n° 3)*.

Du **1er parcours** *(30 salles)*, on retiendra, entre autres : le **retable de Zwickau★**, œuvre maîtresse du sculpteur Peter Breuer (*Zwickauer Altar*, 1502-1504) ; l'**assiette en majolique** d'Urbino décorée de grotesques et d'un médaillon figurant Alexandre devant Diogène (1560) ; le trésor du Conseil de la Ville de Leipzig (16e s.) ; la **collection de porcelaines★** et les peintures néo-classiques, inspirées de gravures de Piranèse (1795), qui décoraient la **Salle romaine d'Eythra★**, un château situé au sud de Leipzig. À noter aussi : la vaisselle en métal argenté conçue vers 1880-1900 par un pionnier du design industriel, le Britannique Christopher Dresser.

Le **2e parcours** rappelle à quel point l'Extrême-Orient a été, au fil des siècles, une source d'inspiration pour les arts décoratifs européens. À voir en particulier : le long paravent chinois en laque de la dynastie Qing et la série des huit masques japonais du théâtre nô.

Le **3e parcours**, sur deux étages, occupe à lui seul 149 salles du musée ! Ses points forts : l'**Art nouveau**, qu'il soit français (Gallé, Lalique, Daum...), allemand ou autrichien (avec les Ateliers Viennois) ; l'**Art déco** en Saxe (belle salle à manger de 1928, signée Ernst Max Jahn qui conçut aussi, dans les années 1950, le mobilier de l'Opéra de Leipzig) ; la section, très intéressante, dédiée au fonctionnalisme et au Bauhaus (avec des sièges de Ludwig Mies van der Rohe et de Marcel Breuer) ; la production scandinave et le design de la RDA représenté, entre autres, par le téléviseur Alex de Horst Giese, vedette de la foire de Leipzig en 1958.

★★ Musée d'Ethnographie (Museum für Völkerkunde) – ✆ *0341 973 19 00.* C'est l'un des plus anciens et des plus importants d'Europe. Il propose, à partir d'une grande diversité d'objets matériels et d'une riche documentation, un vaste panorama de l'histoire, de la culture et du mode de vie des peuples d'Asie, d'Afrique, d'Amérique, d'Australie et d'Océanie. Au gré de votre visite, vous verrez : l'intérieur d'une **yourte** mongole ; des **boucliers** d'aborigènes australiens, rapportés du Cape York en 1907 par un médecin berlinois ; un exemplaire de **coiffe-masque** *(orok)* à plumes sur armature de rotin porté dans le nord du Brésil par les Wayana-Aparai ; la collection de **bouddhas** et **thangkas** (rouleaux peints du Tibet) réunie par Hermann Speck von Sternburg qui fut ambassadeur à Pékin de 1891 à 1896 ; et une salle entièrement consacrée – ce qui est rare – aux minorités ethniques de Russie (Iakoutes, Oudmourtes, Mordves...).

★ Musée des Instruments de musique (Museum für Musikinstrumente) – ✆ *0341 973 07 50.* Il constitue le premier musée de ce genre en Allemagne.

2

Leipziger Baumwollspinnerei.
Roetting/Pollex/Look/age fotostock

5000 instruments sont conservés ici, dont certains vieux de cinq siècles. On pourra notamment admirer un clavicorde, créé à Venise en 1543, une épinette (1693), un piano-forte de Florence (1726) et une guitare d'Antonio Mariani (Venise, 1680), aux incrustations de nacre finement ouvragées. Une curiosité : l'orthotonophonium de 1914, sorte d'harmonium permettant de jouer les 72 degrés d'une octave.

Musée de la Stasi (MUSEUM IN DER RUNDEN ECKE) A2

Au nord-ouest du centre historique, Dittrichring 24 - ✆ 0341 961 24 43 - www.runde-ecke-leipzig.de - ♿ - 10h-18h - fermé 1er janv., 23-26, 31 déc. et 1er janv. - gratuit, documents en allemand, mais audioguide en français.

Pendant 40 ans, cet immeuble à l'angle « arrondi » (d'où son nom, *Runde Ecke*) servit de quartier général aux officiers de la Stasi responsables du district de Leipzig. En 1989, lorsque le vent se mit à tourner, ils entreprirent de faire disparaître les dossiers mais un comité de citoyens réussit à sauver de la destruction 3,7 millions de fiches et à transformer l'immeuble, un an plus tard, en musée-mémorial. L'exposition intitulée « Stasi – pouvoir et banalité » donne un aperçu des méthodes de la Sécurité d'État qui comptait 85000 employés (24000 dans le seul district de Leipzig), tous à l'affût des moindres faits et gestes de leurs concitoyens. L'aménagement intérieur a été conservé en l'état : un sol en linoléum, des papiers peints jaunâtres, des portes à rideaux de fer, une malette de déguisement, un appareil à décacheter le courrier et des bocaux destinés à conserver les odeurs.

Autour des anciens terrains de foire

▶ *À 2 km env. au sud-est de la Wilhelm-Leuschner-Platz.* U *2 ou 16.*

Anciens terrains de foire (ALTES MESSEGELÄNDE) HORS PLAN A3

Ils s'étendent entre la Deutscher Platz et le parc Wilhelm-Külz, au sud-est de la ville. Accès par la Windmühlenstraße.

Église du Souvenir St-Alexis

(ST-ALEXI-GEDÄCHTNISKIRCHE) HORS PLAN B3

Philipp-Rosenthal-Straße. Construite par W. A. Pokrowski (1912-1913) dans le style de l'ancienne Russie, elle est dédiée aux 22 000 soldats russes tombés au cours de la bataille de Leipzig, ou bataille des Nations. Iconostase de 18 m de hauteur.

Bibliothèque allemande (DEUTSCHE NATIONALBIBLIOTHEK) HORS PLAN B3

Deutscher Platz - U 2 ou 16 arrêt Deutsche Nationalbibliothek.

Fondée en 1912, elle rassemble un vaste ensemble d'œuvres en langue allemande dont le nombre s'élève actuellement à 17 millions de titres (elle reçoit en moyenne 1500 nouveaux titres par jour). Elle héberge en outre le **musée allemand du Livre et de l'Écriture** *(Deutsches Buch- und Schriftmuseum - ✆ 0341 2271 324 - www.dnb.de - tlj sf lun. 10h-18h (jeu. 20h) - accès libre).*

★ Monument de la bataille des Nations

(VÖLKERSCHLACHTDENKMAL) HORS PLAN B2

Par la Johannisplatz. Straße des 18 Oktober 100 - U 2 ou 15, S-Bahn 1 ou 4 arrêt Völkerschlachtdenkmal - ✆ 0341 241 68 70 - www.stadtgeschichtliches-museum-leipzig.de - ♿ - avr.-oct. : 10h-18h ; nov.-mars : 10h-16h - fermé 1er janv., 24, 25 et 31 déc. - 8 € - visite guidée le jeu. à 14h - audioguide en français.

Élevé à l'occasion du centième anniversaire de la victoire des Alliés (essentiellement Prussiens) sur les armées de Napoléon (1813), ce grandiloquent mémorial a été inauguré en 1913 après quinze années de travaux. Ses 500 marches conduisent à la terrasse qui permet d'embrasser toute la ville et ses environs. Au cœur de l'édifice, la **crypte** est soutenue par des géants et sculptée de veilleurs en armure.

2

Plagwitz-Lindenau

▶ À 3 km ouest de la Richard-Wagner-Platz par la route 87 (Ranstädter Steinweg). U 14 ou S 1 depuis la gare, arrêt S-Bahnhof Plagwitz.

★ Ancienne filature de coton (BAUMWOLLSPINNEREI) HORS PLAN A3

Spinnereistrasse 7 - www.spinnerei.de - ✆ 0341 498 02 00 - mar.-sam. 11h-18h - visites guidées des ateliers (1h) vend. 12h-16h, sam. 11h-16h, 11 €.

L'ancien site industriel de Plagwitz, totalement abandonné au lendemain de la Réunification, est aujourd'hui le quartier le plus créatif de Leipzig grâce aux galeristes, architectes, visionnaires et utopistes qui ont investi ses 90 ha. Le meilleur exemple ? La **filature cotonnière** où travaillaient, au début du 20e s., près de 4 000 ouvrières. Ses halles se sont métamorphosées en une effervescente « fabrique d'art » où 120 artistes (dont Neo Rauch, le meilleur représentant de la Nouvelle École de Leipzig) ont leur atelier et font vernissage commun trois week-ends par an *(en janv., mai et sept.)*. Dans la **Halle 20A** (« Archiv Massiv »), la petite exposition consacrée à l'histoire de la filature est le point de départ des visites guidées. Au sortir de la Spinnerei, les fans d'architecture moderne ne manqueront pas la sphère en verre et béton qui surgit d'un mur de briques de la Niemeyerstraße : c'est l'un des tout derniers projets (2011) du Brésilien **Oscar Niemeyer**.

Carnet pratique

S'informer

Office de tourisme – *Katharinenstraße 8 - ✆ 0341 7104 260 - www.leipzig.travel.*

Visites

Le centre-ville se visite à pied. Les quartiers périphériques sont facilement accessibles en tram. Billet à l'unité : 2,70 € ; le forfait pour la journée *(Tageskarte)* est plus avantageux : 7,60 €.

Leipzig Card – Valable de 1 à 3 jours (1 jour : 12,40 €, 3 jours : 24,90 €, 3 jours pour 2 adultes et 3 enfants de moins de 14 ans : 46,60 €), elle offre la gratuité des transports mais aussi des tarifs réduits dans les principaux musées de la ville ainsi que dans des restaurants et auprès de certaines compagnies de visites guidées. Rens. auprès de l'OT.

Agenda

Festival Bach (Bachfest) – *Juin - www.bach-leipzig.de.* 110 concerts sur 10 jours dans 25 lieux différents, avec la participation du Thomanerchor et de l'orchestre du Gewandhaus. Réservez à l'avance : la billetterie est ouverte dès le 15 octobre de l'année précédente ! Sur place : ✆ 018 06 56 20 30.

Fête de l'Eau (Wasserfest) – *2e quinzaine d'août - www.wasserfest-leipzig.de.* Nombreuses manifestations sur les plans d'eau, canaux et lacs autour de Leipzig (Cospuden) mais aussi dans le nouveau port de Lindenau (quartier de Plagwitz).

Semaine Schumann (Schumann Festwoche) – *Sept. - billets (20/35 €) sur www.schumann-verein.de ou ✆ 0341 39 39 21 91.* Ce festival de musique de chambre se tient chaque année à la date anniversaire du mariage de Robert et Clara Schumann (vente des billets 12 mois à l'avance).

Festival Mendelssohn (Mendelssohn-Festtage) – *Août-sept. - www.gewandhausorchester.de.* 10 jours de concerts au Gewandhaus et dans la maison de Mendelssohn en l'honneur du compositeur.

Marché de Noël (Weihnachtsmarkt) – *23 nov.-23 déc. : 10h-21h (vend.-sam. 22h) - www.leipzig.de (onglet Veranstaltungen und Termine).* 250 stands dans les rues autour de l'ancien hôtel de ville. On y donne l'Oratorio de Noël (1734) de Bach.

Wagner 22 – *Juin-juill. 2022 - www.oper-leipzig.de.* En hommage à Richard Wagner né au n° 3 de la rue Brühl, l'Opéra de Leipzig donne, dans l'ordre chronologique, l'intégrale de son œuvre en quatre semaines.

Nos adresses

Restauration

Premier prix

6 Cafe Idee – A2 - *Katharinenstr. 10 - ✆ 0341 3373757 - www.michaelis-leipzig.de - 10h-18h, merc. 12h-20h, j. fériés 10h-18h - fermé lun. - menu à 10,90 €.* Pour un déjeuner léger et contemporain, visez le grand cube vitré du musée des Beaux-Arts : salades, quiches et plats du jour y sont préparées par le traiteur Michaelis.

5 Pilot – A2 - *Bosestr. 1 - ✆ 0341 962 89 550 - www.pilot-leipzig.de - 8h30-1h, w.-end 9h-1h - plats 10/13 €.* À côté du Théâtre, une cantine décontractée au mobilier dépareillé, servant des plats créatifs : rafraîchissantes salades de pastèque et féta, bruschetta aux tomates pour les petites faims, plateaux de charcuterie à partager *(Kunz' Schinken Brettl)*... Très sympathique.

Budget moyen

7 **Zill's Tunnel** – A2 - *Barfußgäßchen 9 - ✆ 0341 9602078 - www.zillstunnel.de - ♿ - plat 14/18 €.* Depuis 1841, cette maison est à la fois une brasserie et une taverne. La carte est entièrement rédigée en saxon (plats régionaux principalement).

4 **Barthels Hof** – A2 - *Hainstr. 1 - ✆ 0341 141310 - www.barthels-hof.de - 11h30-23h, dim. et j. fériés 9h-23h - plat 10/23 €.* Un hôtel typique de foire, construit entre 1747 et 1750 pour le marchand Gottlieb Barthel. Depuis plus de cent ans, un restaurant occupe ses murs ; on vous y servira une cuisine simple (spécialités saxonnes).

3 **Auerbachs Keller** – A2 - *Grimmaische Straße 2-4 - ✆ 0341 216100 - www.auerbachs-keller-leipzig.de - lun.-jeu. 17h-22h, vend.-dim. 12h-15h et 17h-22h - plat 14/26 €.* Aménagé en 1913 dans un sous-sol voûté du Mädler-Passage, ce restaurant de 500 couverts séduit par son décor néo-gothique, son ambiance enjouée et ses opulentes spécialités saxonnes (le classique rôti de sanglier au chou rouge, quenelles de pommes de terre et sauce champignon). Bruyant mais typique !

Une folie

9 **Stadtpfeiffer** – B2 - *Augustusplatz 8 - ✆ 0341 2178920 - www.stadtpfeiffer.de - le soir seult. - fermé dim.-lun., juil.-août et 25 déc. - plat 40/58 €,menu 4 plats 118 €.* Petra et Detlef Schlegel sont aux petits soins pour leurs hôtes, qu'ils accueillent avec élégance. Excellente cuisine de saison, classique et élaborée avec soin. Deux menus au choix en plus de la carte.

Petite pause

☺ Les « Leipziger Lerchen », les alouettes de Leipzig, sont une des spécialités de la ville que vous trouverez dans toutes les pâtisseries. Après que le roi de Saxe eut interdit, en 1876, la chasse de ces oiseaux dont la préparation contribuait à la renommée gastronomique de la ville, les pâtissiers eurent l'idée de créer une nouvelle spécialité du même nom, faite de pâte d'amandes enveloppée de pâte brisée.

Café Kandler – *Thomaskirchhof 11 - ✆ 0341 2132181 - www.cafekandler.de - 10h-19h, sam. 9h-20h, dim. 9h-18h.* Face à l'église St-Thomas, un aimable café sur deux niveaux proposant un large assortiment de thés, gâteaux et Leipziger Lerchen. Aux beaux jours, Freisitz (on peut s'attabler à l'extérieur).

Kaffeehaus Riquet – *Schuhmachergässchen 1-3 - ✆ 0341 9610000 - www.riquethaus.de - 9h-19h.* Repérable aux deux têtes d'éléphant en façade, cette ancienne maison de commerce du 19e s. est aménagée depuis 1996 sur le modèle d'un café viennois. Salle à l'étage.

Shopping

☺ Le shopping est très plaisant à Leipzig. De nombreux passages commerciaux abritent sous leurs verrières une multitude de boutiques et des cafés. Promenez-vous dans Mädlerpassage, Specks Hof, Strohsack, Steibs Hof ou Jägerhof, vous ne le regretterez pas !

Gourmétage – *Poststr. 13 - ✆ 0341 2316240 - website.gourmetage.com - 10h-20h - fermé dim.* Le meilleur caviste-épicerie fine du quartier. En rayon, des vins saxons de Vincenz Richter, du domaine de Wackerbarth et du château de Proschwitz.

En soirée

Pour vous informer, procurez-vous le calendrier mensuel des manifestations *Leipzig im...* : disponible auprès de Leipzig Tourist Service, 0,50 € *(www.leipzig-im.de)*. Consulter aussi le mensuel *Prinz (prinz.de/leipzig)* en vente dans les kiosques de la ville.

Les lieux de sortie – Vous trouverez une forte concentration de bars toujours animés dans le centre-ville, entre Brühl et le Neues Rathaus. Le lieu le plus vivant est la Barfußgäßchen, une ruelle en zone piétonne bordée exclusivement de bars (le **Barfusz** au n° 6-8), restaurants et cafés. Autre fief des noctambules, principalement des étudiants, la Gottschedstrasse, à l'ouest du centre-ville. Elle débouche dans Dittrichring à hauteur de la Thomaskirche. Au sud du Ring, la longue Karl-Liebknecht-Straße surnommée « KarLi » (2,5 km !) et desservie par les trams 10 et 11, est jalonnée de bars ouverts jusqu'à 2h voire 5h du matin. Le plus intéressant est **Die Nato** au n° 46.

Gasthaus & Gosebrauerei Bayerischer Bahnhof – *Bayrischer Platz 1 - au croisement de la Windmühlenstr. et de la Nürnberger Str - ✆ 0341 1245760 - www.bayerischer-bahnhof.de - 11h - 0h.* Dans cette ancienne gare, on brasse de nouveau aujourd'hui la Gose, la bière traditionnelle de Leipzig qui, dans les années 1960 avait disparu (on ajoute aux ingrédients habituels du sel, de l'acide lactique et de la coriandre). D'autres bières sont également proposées. Cadre rustique, beau Biergarten (self-service) et plats copieux.

Kümmel-Apotheke – *Grimmaische Str. 2-4 - dans Mädlerpassage - ✆ 0341 9608705 - www.kuemmel-apotheke.de - 9h30-22h, vend.-sam. 9h30-1h, dim. 10h30-20h.* Ici vous pouvez venir à toute heure prendre un verre ou un petit repas dans un cadre agréable et regarder flâner les gens dans le Mädlerpassage.

Vinothek 1770 – *Tröndlinring 8 - dans l'hôtel Fürstenhof - ✆ 0341 1400 - www.vinothek-1770.de - 16h -1h.* Haut lieu pour les amateurs de vin qui y trouvent plus de 170 crus internationaux. Les bouteilles au mur derrière le zinc annoncent l'ordre des vins proposés sur la carte. Pour accompagner la dive bouteille : fromages, antipasti et quelques plats selon la saison, ainsi que de bons cigares.

Horns Erben – *Arndtstraße 3 (au sud du Ring, à deux pas de la « KarLi ») - ✆ 0341 141618 (concerts) ou 264 26 029 (dîner) - www.horns-erben.de - jeu.-dim. 19h-1h - f. en été.* Grâce à quatre étudiants de Leipzig, la vieille Weinstube que Wilhelm Horn, producteur de schnaps et autres spiritueux, avait fondée en 1923, a entamé une nouvelle vie : celle d'un bar indie à l'ambiance club où l'on s'arrête pour prendre un verre et écouter du jazz.

Hébergement

Budget moyen

Hotel Am Bayrischen Platz – HORS PLAN - *Paul-List-Str. 5 - à 5mn à pied de la W.-Leuschner-Platz - ✆ 0341 140860 - hotel-am-bayrischen-platz.de - P - 32 ch. à 90/100 €.* En septembre 1874, Karl Marx et sa fille Eleanor logèrent dans cet hôtel construit dans le style d'une villa. Si vous le souhaitez, vous pourrez passer la nuit dans la chambre qu'il occupa. Tout comme les autres, elle est meublée avec beaucoup de goût.

Hotel Michaelis – HORS PLAN - *Paul-Gruner-Str. 44 - à 5mn à pied de la W.-Leuschner-Platz - ✆ 0341 26780 - www.michaelis-leipzig.de - P ♿ - 65 ch. 110/140 €*

. Ce bâtiment de 1907, classé monument historique, a été rénové avec beaucoup de soin. Les chambres séduisent par leur harmonie et leur élégance.

8 **Fregehaus** – A2 - *Katharinenstr. 11 - 0341 26393157 - hotel-fregehaus.de - 17 ch. 90/120 € et 3 appart. 120 € - 12 €.* À un saut de puce du musée des Beaux-Arts, un charmant hôtel aménagé avec beaucoup de goût dans la cour intérieure d'un immeuble baroque de 1706 par Sabine Fuchshuber, qui a su donner un coup de jeune (2014) aux chambres tout en conservant l'authenticité du lieu. Excellent petit déjeuner (marmelade maison, vrais croissants...). Réception au 2e étage.

Une folie

4 **Hotel Fürstenhof** – A1 - *Tröndlinring 8 - 0341 1400 - www.hotelfuerstenhof-leipzig.com - P - 90 ch. 120/200 € - 19,50/24 €.* La façade de cet hôtel particulier classique (1770) dissimule un intérieur d'une luxueuse élégance. Le service est irréprochable. Le complexe de bains séduit par son ambiance, tendance méditerranéenne. Restaurant au cadre raffiné.

Le café Riquet à Leipzig.
H. P. Szyszka/Novarc Images/age fotostock

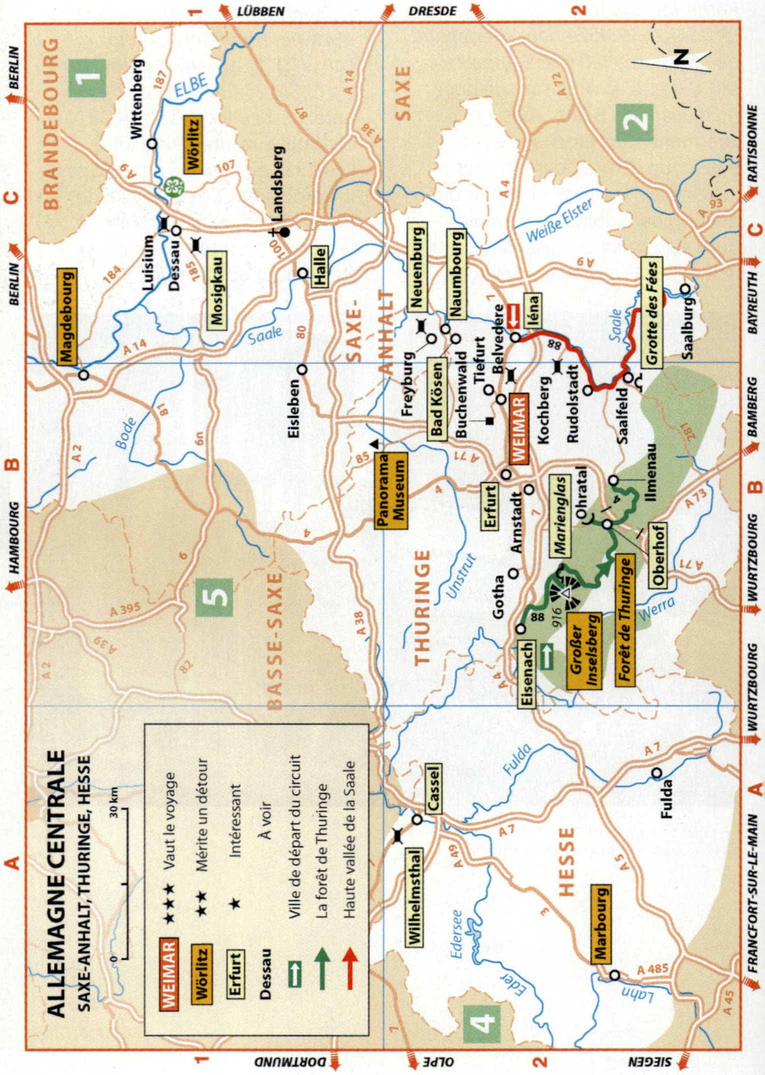
ALLEMAGNE CENTRALE
SAXE-ANHALT, THURINGE, HESSE
0
30 km
WEIMAR ★★★ Vaut le voyage
Wörlitz ★★ Mérite un détour
Erfurt ★ Intéressant
Dessau À voir
Ville de départ du circuit
La forêt de Thuringe
Haute vallée de la Saale
BRANDEBOURG
SAXE-ANHALT
SAXE
THURINGE
BASSE-SAXE
HESSE
Magdebourg
Wittenberg
Wörlitz
Luisium
Dessau
Mosigkau
Landsberg
Halle
Eisleben
Freyburg
Neuenburg
Naumbourg
Bad Kösen
Buchenwald
Tiefurt
Belvedere
Iéna
WEIMAR
Kochberg
Rudolstadt
Saalfeld
Grotte des Fées
Saalburg
Panorama Museum
Erfurt
Arnstadt
Ohratal
Marienglas
Ilmenau
Oberhof
Gotha
Eisenach
Großer Inselsberg
Forêt de Thuringe
Cassel
Wilhelmsthal
Fulda
Marbourg
ELBE
Saale
Bode
Weiße Elster
Unstrut
Werra
Fulda
Edersee
Eder
Lahn
BERLIN
HAMBOURG
DORTMUND
OLPE
SIEGEN
FRANCFORT-SUR-LE-MAIN
WURTZBOURG
BAMBERG
BAYREUTH
RATISBONNE
LÜBBEN
DRESDE
A
B
C
1
2
4
5
N

3

Allemagne centrale

CARTE MICHELIN RÉGIONAL 542, 543 ET 544 – SAXE-ANHALT, THURINGE ET HESSE

Magdebourg ★★

Magdeburg

La capitale de la Saxe-Anhalt, qui s'étire le long des rives de l'Elbe, est bien plus agréable qu'il n'y paraît de prime abord. Héritière d'une longue histoire jalonnée de guerres et de destructions, elle constitue une étape importante sur la route de l'art roman et gothique : c'était la ville préférée de l'empereur germanique Otton le Grand. Vous ne manquerez pas d'apprécier l'abbaye Notre-Dame, l'église St-Jean, où Luther prêcha, et, surtout, la splendide cathédrale St-Maurice-et-Ste-Catherine, joyau national.

Se repérer

238 600 habitants – Saxe-Anhalt

CARTE DE RÉGION B1 (P. 166)

PLAN DE VILLE P. 175

Magdebourg occupe le cœur de la Saxe-Anhalt, sur le cours moyen de l'Elbe. La ville se trouve au « point de rencontre » des autoroutes A 2 (Berlin-Hanovre) et A 14 (vers Leipzig).

Organiser son temps

Comptez une bonne journée pour visiter la ville.

En famille

Le parc de l'Elbe, la Citadelle verte.

Carnet pratique p. 178

Nos adresses p. 178

Découvrir

PLAN DE VILLE P. 175

★★★ Cathédrale St-Maurice et Ste-Catherine

(DOM ST. MAURITIUS UND ST. KATHARINA) A2

Au sud de la vieille ville. Entrée par le portail nord. 10h-17h (mai-sept. 18h, nov.-mars 16h) - visites guidées (6 €) tlj à 14h; dim. aussi à 11h30 - concerts d'orgue le dim. le dim. 16h-17h (mai-sept.), programme sur www.orgelpunkt-magdeburg.de.

Au moment où le style roman s'essouffle en Allemagne, la construction au début du 13e s. du « Dom » représente la première tentative d'implantation du style gothique reprenant les canons architecturaux des grandes cathédrales françaises. Le projet fut décidé par l'archevêque Albert II, qui avait étudié en France et avait vu surgir les nouvelles cathédrales. Il posa la première pierre de l'ouvrage en 1209 après l'incendie du précédent édifice ottonien. La cathédrale de Magdebourg, achevée en 1520 avec la construction de sa tour ouest, haute de 103 m, peut être considérée comme le premier grand édifice religieux du gothique allemand.

À l'extérieur, le chevet dégage, grâce à ses trois étages (absidioles, déambulatoire, rond-point du chœur), une impression de puissance. Sur le côté nord, le **portail du Paradis** *(accès par l'intérieur de la cathédrale)* supporte les **statues**★★ des Vierges folles et des Vierges sages (vers 1250), qui marquent, à l'image de la statuaire de Bamberg et Naumbourg, une étape dans l'évolution de la sculpture gothique, de plus en plus portée vers l'expression du sentiment.

Intérieur – De larges travées divisent la haute nef, baignée de lumière. Le **tombeau en bronze**★ (entre les tours) de l'archevêque Ernst de Saxe a été fondu

en 1495 dans l'atelier de Peter Vischer, à Nuremberg. **Statues★** représentant le Christ et l'Église ou, plus vraisemblablement, Otton Ier et son épouse Editha, abritées sous une petite chapelle à seize côtés (milieu du 13e s., bas-côté nord). Juste derrière, remarquer la **chaire en albâtre★** dans le style Renaissance tardive (fin du 16e s.). Le jubé du gothique rayonnant permet d'accéder au chœur, qui abrite le sarcophage tout simple de l'empereur Otton Ier, et aux stalles de 1363, décorées de superbes ouvrages sculptés. À droite, **statue★** en grès de l'Africain saint Maurice, vers 1250. Dans le transept nord, admirez la sculpture sur bois réalisée par Ernst Barlach, *Monument aux victimes de la Première Guerre mondiale* (1929). Le transept sud permet d'atteindre le cloître qui abrite une chapelle de source.

Dommuseum Ottonianum A2

Domplatz 15 - ✆ 0391 540 35 30 - www.dommuseum-ottonianum.de - tlj sf dim. 10h-17h - 7,50 € (14-17 ans 5 €).

Les 650 m² de ce nouveau musée archéologique et diocésain, inauguré en 2019, ont pour vocation de faire découvrir l'histoire de l'archiépiscopat de Magdebourg, mais surtout deux figures majeures du Moyen Âge européen : l'empereur Otton le Grand (912-973) et son épouse, la reine Editha (910-946).

3

Se promener

PLAN DE VILLE P. 175

★ Vieille ville

Le centre historique de Magdebourg, détruit à 90 % en 1945, s'étend à l'ouest de l'Elbe. Les monuments et curiosités évoqués ci-dessous sont situés en bordure du fleuve selon un axe sud-nord, depuis l'abbaye Notre-Dame jusqu'à la colline St-Pierre.

★★ Abbaye Notre-Dame (KLOSTER UNSER LIEBEN FRAUEN) A2

Regierungsstraße 4-6 - ✆ 0391 56 50 20 - www.kunstmuseum-magdeburg.de - tlj sf lun. 10h-17h, w.-end 10h-18h - fermé 24-25 et 31 déc. - 6 €.

L'**abbaye Notre-Dame**, fondée au 11e s., fut affectée en 1129 à l'ordre des Prémontrés qui durent y renoncer en 1632 pendant la guerre de Trente Ans. Elle servit ensuite de séminaire et d'école (jusqu'en 1945). Depuis 1974, elle abrite un **musée des Beaux-Arts** (belle collection de sculptures, de l'Antiquité à nos jours, sous une **triple voûte**). L'**église abbatiale★** sert de salle de concert depuis 1977. La basilique à trois nefs reçut sa voûte gothique entre 1220 et 1240. La crypte, également à trois nefs, située sous le chœur, est la partie la plus ancienne de l'édifice. Le **cloître★** est particulièrement harmonieux. La **Brunnenhaus**, la fontaine couverte d'un toit conique, est l'un des plus vieux édifices de ce type en Allemagne.

Citadelle verte (GRÜNE ZITADELLE) A2

Breiter Weg 8 - ✆ 0391 620 86 55 - www.hundertwasser-magdeburg.de - tlj 10h-18h - visites guidées (en allemand, 1h), avr.-oct. : vend. et sam. à 15h (autres horaires possibles : voir site), départ du point information de la Citadelle verte - 7 €.

Inaugurée fin 2005, cette œuvre est l'un des derniers projets de Friedensreich Hundertwasser. L'artiste autrichien, disparu en 2000, a voulu concevoir une « oasis pour l'Homme et la nature dans un océan de maisons rationnelles ». La réalisation de cet ensemble architectural a été très controversée. La Citadelle verte abrite aujourd'hui plusieurs dizaines d'appartements, des bureaux, un hôtel *(Art Hotel - www.arthotel-magdeburg.de)*, des boutiques, ainsi qu'une exposition permanente rassemblant des œuvres de Hundertwasser.

Une cité marchande souvent éprouvée

Magdebourg connut une ascension rapide grâce à l'empereur **Otton Ier** qui y fit bâtir son palais favori et l'éleva au rang d'archevêché en 968. L'importance précoce de cette cité marchande, connue de Luther dès 1524, diminua temporairement en 1631 avec la destruction de la ville par les troupes impériales. Cette période malheureuse de l'histoire de Magdebourg coïncide avec l'émergence de personnalités majeures, telles que le bourgmestre et physicien **Otto von Guericke** (1602-1686), célèbre pour ses expériences sur les effets du vide, ou le compositeur baroque **Georg Philipp Telemann** (1681-1767). Au 19e s., l'industrialisation permit à la ville de s'agrandir et de prospérer de nouveau. Le 16 janvier 1945, un intense bombardement aérien détruisit le centre à 90 %. Magdebourg a été patiemment reconstruite sous le régime de la RDA, souvent dans le style austère de l'architecture socialiste...

La Citadelle verte de Magdebourg par Friedensreich Hundertwasser (détail).
S. Reinhard/Sime/Photononstop

Hôtel de ville (RATHAUS) B1

Devant ce bâtiment baroque (1691-1698) à deux étages, doté d'un beau carillon *(10h-18h)*, se dresse une copie dorée de la célèbre statue du **chevalier de Magdebourg** (vers 1240). L'original est conservé au *Kulturhistorisches Museum*.

Église St-Jean (JOHANNISKIRCHE) B1

✆ 0391 59 34 443 ou 450 - www.mvgm.de - 10h-17h - fermé lun. et pour certaines fêtes - 3 €.

C'est la plus ancienne église de Magdebourg (son nom est évoqué dès 941). Luther y prêcha en 1524 (monument commémoratif devant l'église). Elle fut détruite jusque dans ses murs de clôture pendant la Seconde Guerre mondiale. Elle sert aujourd'hui de salle de spectacles et d'expositions. Il est possible de monter en haut de la tour sud *(attention aux marches de hauteur inégale !)*. À 60 m d'altitude, belle **vue panoramique★★** sur Magdebourg.

3

Colline St-Pierre (PETRIBERG) B1

Au nord de l'hôtel de ville, au bord de l'Elbe. Trois églises marquent la **colline St-Pierre** : la **chapelle Ste-Madeleine** (1315), simple nef gothique, l'**église St-Pierre**, halle gothique à trois nefs (14e-15e s.), avec son beau porche sud en brique dans le style gothique, et l'**église des Wallons** (*Wallonerkirche*, 1285), ancienne abbatiale d'une communauté wallonne réformée (1694-1945).

★ Parc de l'Elbe (ELBAUENPARK) HORS PLAN B1

Au nord-est de la vieille ville, à droite de l'Elbe. Accès depuis le centre par la Schleinufer et la Markgrafenstraße. ✆ 0391 59 34 50 - www.elbauenpark.de - ♿ - mai-août : 9h-19h ; sept.-oct. et avr. : 9h-18h ; mars : 10h-18h - 8 €.

Grand parc de 90 ha avec lac, jardins à thème, maison aux papillons, piste de luge d'été et vue panoramique. Le centre d'intérêt essentiel de ce parc réside toutefois dans sa **tour millénaire★★** *(Jahrtausendturm, Tessenowstraße 7)*, la plus haute tour en bois du monde avec 60 m de haut. Une exposition interactive informe sur 6 000 ans d'histoire de la science et de l'humanité.

À voir aussi

Musée d'histoire culturelle (KULTURHISTORISCHES MUSEUM) A2

Otto-von-Guericke-Straße 68-73 - ✆ 0391 540 3530 - www.khm-magdeburg.de - tlj sf lun. 10h-17h, w.-end 10h-18h - 5 €.

Ce musée, fondé en 1906, illustre parfaitement l'histoire mouvementée de la ville, depuis sa première mention en 805 jusqu'à la Révolution pacifique de 1989. L'œuvre la plus célèbre – la statue du **chevalier de Magdebourg** (dont la copie trône sur la place de l'hôtel de ville) est exposée dans la salle Kaiser-Otto, décorée en 1906 par Arthur Kampf de grandes fresques évoquant la vie de l'empereur Otton Ier. À retenir aussi : la maquette des maisons du Breiter Weg (du temps où elle était l'une des plus belles rues baroques d'Allemagne), et la **maquette de Magdebourg** au lendemain des destructions du 16 janvier 1945, réalisée d'après des photos aériennes. Au 1er étage, une tapisserie flamande du 16e s. (Tournai) aborde un thème rarement traité dans l'histoire de l'art : la vente d'enfants volés.

Carnet pratique

S'informer

Office de tourisme – *Breiter Weg 22 - ✆ 0391 6360 1402 - www.magdeburg-tourist.de.*

Agenda

Festival Telemann (Telemann Festtage) – *Mars - www.telemann.org.* 10 jours durant, toute la ville (Opéra, cathédrale, Abbaye Notre-Dame...) résonne des œuvres du compositeur G. F. Telemann.

Festival de Marionnettes (Blickwechsel) – *Fin juin - www.puppentheater-magdeburg.de.* Une trentaine de troupes de marionnettistes, originaires de 12 pays différents, sont invitées à présenter leurs derniers spectacles au Puppentheater de Magdebourg.

Chorales 2022 (Chorfest Magdeburg) – *octobre 2022 - www.interkultur.com.* Grande rencontre et concours de chorales internationales, tous genres confondus (chœur de chambre, musique sacrée a cappella, répertoire traditionnel...).

Nos adresses

Restauration

Budget moyen

Die Kirche – HORS PLAN - *Alt-Prester 86 - sur la rive droite de l'Elbe, traverser les deux bras du fleuve et suivre Cracauer Str., Genthiner Str. et Pechauer Str. vers le sud - ✆ 0391 5353352 - www.restaurant-die-kirche.de - fermé le midi en sem. et le lun. - réserv. conseillée - plat 15/27 €, menu 3 plats 31,90 €.* Situation et cadre exceptionnels pour ce restaurant bâti à l'emplacement d'une ancienne église néogothique. Dans une ambiance feutrée, vous y savourerez une cuisine raffinée au goût du jour. L'été, profitez de sa belle terrasse ombragée au bord de l'eau.

Pour se faire plaisir

Landhaus Hadrys – *An der Halberstädter Chaussee 1 - Ottersleben - ✆ 0391 6626680 - landhaus-hadrys.de - fermé dim.-lun. - menu 3 plats 37 €.* Une belle villa ancienne abrite ce restaurant aux tonalités rouges, doté d'un joli salon. Agréable terrasse donnant sur le jardin.

Highkitchen – *Otto-von-Guericke-Straße 86A - ✆ 0391 563 93 95 - highkitchen.de - mar.-sam. 17h30-22h30 - menu 4 plats 54 €.* C'est le plus haut restaurant de Magdebourg ! On l'apprécie pour sa vue panoramique au-dessus des toits et pour sa cuisine créative et soignée, mi-allemande mi-méditerranéenne : la truite, par exemple, s'accompagne d'un risotto à l'orange et aux campanules. Portions menues mais savoureuses.

Boire un verre

Alt Magdeburg – *Breiter Weg 8a - (au rdc de la Citadelle verte) - ✆ 0391 5823154 - www.cafealt magdeburg.de - 8h-18h.* Avec ses photos jaunies, son phonogramme et son piano, on pourrait se croire dans un vrai café du vieux Magdebourg. Mais le choix de gâteaux, lui, n'a rien d'un trompe-l'oeil !

Hébergement

Budget moyen

Mercure Hotel Plaza – *Halberstädter Str. 146-150 - ✆ 0391 60510 - www. hotel-plaza-magdeburg.de - P ♿ - 104 ch. 70/95 € - ☕ 12,50 €.* Cet hôtel en périphérie de la ville est bien desservi par les transports. Derrière sa façade blanche et moderne, des chambres au confort douillet et à l'aménagement de bon goût accueillent les hôtes.

Residenz Joop – *Jean-Burger-Str. 16 - ✆ 0391 62620 - www. residenzjoop.de - P - 25 ch. 80 € ☕.* Cette villa située dans un quartier résidentiel et calme a été, de 1903 jusqu'à la Seconde Guerre mondiale, le siège du consulat suédois. Aujourd'hui reconvertie en hôtel, elle dispose de chambres spacieuses de bon confort et aménagées avec goût.

Pour se faire plaisir

Herrenkrug Parkhotel – *Herrenkrug 3 - ✆ 0391 85080 - hotel-magdeburg.dorint.com - 149 ch. et junior suites 80/90 € ☕ 21 €.* À 200 m du terminus du tram 41, un hôtel tout confort, ultra-reposant, situé dans un parc de 46 ha sur les berges de l'Elbe. En prime : un espace wellness, une impressionnante salle Jugendstil et un beau jardin d'hiver où l'on sert avec le sourire des plats de saison (11/34 €).

Dessau

Dessau-Roßlau

La cité des princes bienfaiteurs d'Anhalt est réputée pour son riche patrimoine du Bauhaus, puisque l'école du même nom s'y installa au milieu des années 1920. En 2007, elle a fusionné avec la ville voisine, Roßlau, mais n'en continue pas moins d'offrir à ciel ouvert une véritable leçon d'architecture et d'histoire du design. À vos appareils photo !

Se repérer

81 200 habitants – Saxe-Anhalt

CARTE DE RÉGION C1 (P. 172)

Près du confluent de l'Elbe et de la Mulde, Dessau est accessible par l'autoroute A 9 qui relie Berlin à Munich.

À ne pas manquer

Les édifices du Bauhaus.

Carnet pratique p. 182

Nos adresses p. 183

Les édifices du Bauhaus

Le forfait « **Kombiticket Bauhaus Dessau** », valable 72h *(15 €)*, donne accès au Bâtiment du Bauhaus, aux Maisons des Maîtres et à la Cité Törten.
Dessau possède un grand nombre de bâtiments élevés par le Bauhaus qui, depuis 1996, ont été classés au Patrimoine culturel mondial par l'Unesco.

★ Bauhaus Museum Dessau

Mies-van-der-Rohe-Platz 1 (à 10mn à pied de la gare) - ☏ 0340 65 08 2501 - www.bauhaus-dessau.de - mar.-dim. 10h-18h - 5,50 €.
Ce musée flambant neuf, dessiné par un jeune cabinet d'architectes catalans pour le 100e anniversaire de la fondation de l'École du Bauhaus, renferme au 1er étage l'une des plus importantes collections au monde d'objets (49 000 !) associés au Bauhaus. La scénographie, originale, retrace l'histoire de la célébrissime école et de son concept pédagogique bien particulier à travers de nombreux documents : projets d'étudiants très... expérimentaux, prototypes industriels et, bien sûr, des meubles devenus de véritables icônes du design, tel le fauteuil *Wassily* de Marcel Breuer (1925) en tube d'acier chromé ou le *Siège* conçu par Ludwig Mies van der Rohe pour l'Exposition universelle de Barcelone en 1929.

Bureau municipal de l'Emploi (STÄDTISCHES ARBEITSAMT)

August-Bebel-Platz 16. Conçue par Gropius en 1928, cette construction plate et semi-circulaire est l'exemple type de l'architecture fonctionnaliste.

Cité Törten (SIEDLUNG DESSAU TÖRTEN)

Située au sud de Dessau, la cité Törten a été édifiée par Gropius de 1926 à 1928 pour pallier le manque de logements et permettre aux ouvriers d'accéder à la propriété ; elle se compose de 314 maisons alignées. Même si la plupart ont été modifiées, elles portent encore la marque du Bauhaus.

Bâtiment du Bauhaus (BAUHAUSGEBÄUDE)

Gropiusallee 38 (à l'ouest de la gare) - ☏ 0340 65 08 2501 - www.bauhaus-dessau.de - 10h-17h - fermé 24 et 31 déc. - 8,50 €, audioguide en français 5 € - visites

Le Bauhaus

En 1919 fut créée à Weimar, sous le nom de *Staatliches Bauhaus*, l'école d'architecture et d'art à l'origine d'un très important mouvement novateur du 20e s. Sous la direction de **Walter Gropius** étaient enseignées l'architecture, la peinture et la sculpture, ainsi que toutes les disciplines annexes. Les élections de 1924 ayant porté l'extrême droite à la tête de la Thuringe, l'établissement déménagea et les artistes s'installèrent à Dessau. Dans cette ville, plus propice à la réalisation de leurs projets, ils mirent au point dans leurs ateliers une nouvelle conception de l'aménagement intérieur. Cependant, en 1932, la montée du nazisme entraîna la dissolution de l'institut de Dessau. Le directeur de l'époque, **Mies van der Rohe**, transféra alors l'école à Berlin afin de poursuivre ses activités. Mais, le 12 avril 1933, peu après l'accession au pouvoir des nazis, l'institut dut définitivement fermer ses portes. Conséquence de cette fermeture, les idées et les concepts du Bauhaus se diffusèrent à travers le monde, exerçant une influence considérable sur l'architecture internationale du 20e s. *(voir p. 207)*.

guidées (7 €) tlj à 11h et 14h (allemand), vend. à 12h (anglais). Bâtiments illuminés fin août lors de la Fête de la couleur.
« L'École supérieure de création », construite sur les plans de Walter Gropius, ouvrit ses portes en 1926. Le **bâtiment du Bauhaus** réunit toutes les caractéristiques propres au style prôné par ce mouvement : blocs cubiques, supports masqués aux angles, façade en verre.

Maisons des maîtres (MEISTERHÄUSER)

Ebertallee 59-71 - ✆ 0340 65 08 2501 - www.bauhaus-dessau.de - avr.-oct. : 10h-17h ; nov.-mars : 11h-17h - fermé 24-26 et 31 déc., 1er janv. - 8,50 €, 15 € billet combiné avec le Bâtiment du Bauhaus et la Cité Törten - visites guidées tlj à 12h30 et 15h30 (allemand), vend. à 13h30 (anglais).
Walter Gropius avait conçu pour les enseignants de l'école du Bauhaus un petit ensemble, composé de sa propre maison et de trois autres mitoyennes, les **Maisons des Maîtres**, érigées entre 1925 et 1926 sur une parcelle boisée.
Deux maisons mitoyennes sont encore en état et accessibles : la **Kandinsky-Klee-Haus** et la **Feiningerhaus**, laquelle abrite aujourd'hui le **centre Kurt-Weill**, dédié au compositeur né à Dessau en 1900. On y décèle rapidement les innovations apportées par le Bauhaus en matière de « lumière et d'air », à une époque où la plupart des logements étaient encore aménagés comme à la fin du 19e s.

Kornhaus

Kornhausstraße 146 (au nord de la ville). Restaurant des bords de l'Elbe bâti en 1929 selon les plans de Hermann Baethe et Carl Fieger.

Autres bâtiments du Bauhaus

Maison en acier et maison Fieger *(dans la Südstraße)*, bâtiment de la consommation *(Konsumgebäude, Am Dreieck 1 - tlj sf lun. 12h-18h (avr.-oct.) ; 11h-15h30 (fév.-mars et nov.) - fermé en déc.-janv. - gratuit avec le forfait « Kombiticket Bauhaus »)* et maisons à charmilles *(Peterholzstraße)*.

À voir aussi

Georgium (SCHLOSS GEORGIUM)

Puschkinallee 100 - ✆ 0340 66 12 6000 - www.georgium.de - réouv. prévue 2021 (horaires et tarif sous réserve : mar.-dim. 10h-17h - 4,50 €).

Ce charmant château néoclassique, construit par Friedrich Wilhelm von Erdmannsdorff pour le prince Jean-Georges, est niché dans un vaste parc *(Georgengarten)*. Il abrite une **galerie de peinture** *(Anhaltische Gemäldegalerie Dessau)* comportant des œuvres de maîtres allemands du 15e au 19e s., dont Cranach l'Ancien (retable princier) et Hans Baldung Grien, des toiles du 18e s. et des tableaux des écoles flamande et hollandaise du 15e au 17e s.

À proximité CARTE DE RÉGION P. 172

Luisium (SCHLOSS LUISIUM) C1

▶ *À Waldersee, 4 km environ à l'est de Dessau.*

✆ 0340 218 370 - www.gartenreich.de - visite guidée (1h) - mai-sept. : tlj sf lun. 10h-17h (ouvert lun. de Pentecôte) ; oct. : w.-end et j. fériés 10h-17h - 8,50 €.

Ce délicieux manoir néoclassique fut édifié de 1774 à 1778 pour la princesse Louise d'Anhalt-Dessau par Friedrich Wilhelm von Erdmannsdorff. Les plafonds et les murs sont ornés de séduisantes compositions aux couleurs tendres. Le bijou est niché dans un écrin de verdure. Agrémenté d'ornements inspirés de l'Antiquité, le parc fait partie du « royaume des jardins », aménagé par Léopold III de Dessau à **Wörlitz★★**.

★ **Château Mosigkau** (SCHLOSS MOSIGKAU) C1

▶ *En bordure de la B 185, à environ 5 km au sud-ouest de Dessau.*

✆ 0340 50 255 721 - www.gartenreich.de - visite guidée (1h) - mai-sept. : tlj sf lun. 10h-17h (ouvert lun. de Pentecôte) ; oct. : w.-end et j. fériés 10h-17h - 8,50 €.

Le **château de Mosigkau**, « folie » érigée entre 1752 et 1757, servit de résidence jusqu'à sa mort à la princesse Anna Wilhelmine, fille de Léopold Ier. Cet édifice de deux étages à trois ailes (architecte : Christian Friedrich Damm) est un exemple réussi de l'architecture rococo et forme, avec le jardin, un ensemble charmant. Les différentes pièces du château sont richement meublées ; tentures de soie et de damas, boiseries, lambris blancs et plafonds en stuc reflètent le caractère enjoué du rococo. Ne manquez pas la **Gartensaal★** qui abrite une remarquable collection de tableaux de maîtres flamands et hollandais.

Carnet pratique

S'informer

Office de tourisme – *Ratsgasse 11 - ✆ 0340 204 14 42 - www.tourismus.dessau-rosslau.de.*

Transports-visites

La **WelterbeCard** *(19,90 €, 24h ; 39,90 €, 72h)* donne un accès gratuit à tous les transports de Dessau, au Museum für Stadtgeschichte, au château de Mosigkau et aux différents sites sites du Bauhaus. En vente à l'OT.

Nos adresses

Restauration

Premier prix

Zum alten Dessauer – *Lange Gasse 16 - ✆ 0340 2205909 - www.alter-dessauer.de - 11h-0h - plat 12/18 €.* Une très ancienne brasserie (1676) dotée d'un *Biergarten* et d'un bon choix de bières maison : *Alter Dessauer, Fürst Leopold*... La plus appréciée est la *Zwickelbier* (non filtrée), à siroter avec un assortiment de « tapas » locales. Portions généreuses.

Budget moyen

Alte Schäferei Pächterhaus – *Kirchstr. 1 - Dessau-Roßlau - ✆ 0340 21727809 - www.paechterhaus-dessau.de - fermé lun., mar. midi et dim. soir - plat 22/29 €, menu 3 plats 41 €.* Dans cette maison à colombages de 1743, on goûte une agréable cuisine régionale.

Kornhaus – *Kornhausstr. 146 - ✆ 0340 65019963 - www.kornhaus-dessau.de - à partir de 11h (12h en hiver) - plats du jour 10/20 €.* Si vous aimez le Bauhaus, c'est ici qu'il faut déjeuner : le cadre est signé Carl Fieger (1929) et la vue sur l'Elbe agréable. À la carte, des plats allemands, méditerranéens et végétariens à base de produits locaux : truites de Thießen, jus de fruit bio de Liebenwerda...

Boire un verre

Café-Bistro – *Gropiusallee 38 - ✆ 0340 6508444 - www.klubimbauhaus.de - 8h-0h, dim. 8h-18h.* Choix de cafés, rafraîchissements et snacks en libre service au sous-sol du Bauhausgebäude. La cantine à l'étage *(Mensa, lun.-vend. 8h-15h)* a elle aussi le goût du Bauhaus.

Shopping

Das Landei – *Johannisstraße 15 - ✆ 0340 520 4390 - www.landei-dessau.de - lun.-vend. 9h30-14h et 15h-17h (18h mar. et jeu.).* Sur 60 m², le « temple » du produit du terroir et du circuit court : fromages, poissons fumés, huiles de courge et de lin, eaux-de-vie, miel, confitures ou pain bio, tout vient des fermes environnantes. En prime, des soupes à emporter.

Hébergement

Premier prix

Ateliergebäude – *Gropiusallee 38 - ✆ 0340 6508250 - www.bauhaus-dessau.de - 23 ch. 60/65 €.* On dort dans les anciens ateliers des élèves de Walter Gropius (1926). C'est spartiate et épuré (pas d'ascenseur, pas de petit déjeuner, sanitaires communs) mais ultra-propre et authentiquement Bauhaus !

City-Pension – *Ackerstr. 3a - ✆ 0340 8823076 - www.city-pension.travel - 24 ch. 69 € - ☕ 6 €.* Proche du centre, cet hôtel à étages offre des chambres claires, spacieuses et fonctionnelles.

Budget moyen

Fürst Leopold Hotel – *Friedensplatz 1 - ✆ 0340 25150 - www.radissonblu.com - 204 ch. 77/90 € - ☕ 16 €.* Cet hôtel business, du groupe Radisson Blu, est fonctionnel, spacieux et stratégiquement situé face à un arrêt de la S-Bahn, à 500 m de la gare de Dessau.

3

Parc de Wörlitz ★★

Wörlitzer Park

Havre de paix s'étendant sur 112 ha, le parc de Wörlitz est le premier jardin anglais aménagé sur le continent. Il servira d'exemple à de nombreux jardins réalisés par la suite en Prusse. Vous flânerez avec le plus grand plaisir au fil de ses chemins ou de ses canaux, à bord d'une barque, à la découverte de ses nombreuses îles.

Se repérer

Saxe-Anhalt

CARTE DE RÉGION C1 (P. 172)

Le parc de Wörlitz se situe à 17 km à l'est de Dessau et à quelques kilomètres de l'autoroute A 9 reliant Berlin à Leipzig.

Organiser son temps

Prévoir une demi-journée.

En famille

La balade en barque *(Gondel)* sur les canaux du parc *(mai-sept. : 10-17h; 45mn - 10 €)*. Les îles du parc (Roseninsel, Teelauben) sont accessibles en bac *(Fähre - 1 € la traversée)*.

★Château de Wörlitz SCHLOSS WÖRLITZ

Förstergasse 26 - 034 905 310 09 - www. woerlitz-information.de. 034905 40 90 - www.gartenreich.de - mai-sept. : tlj sf lun. 10h-18h ; oct. : tlj sf lun. 11h-17h - 8,50 € (13 € le billet combiné avec la Maison gothique).

Ce **château** néoclassique fut édifié par Erdmannsdorff de 1769 à 1773 sur le modèle du château Claremont dans le Surrey, de style palladien. Le bâtiment à deux étages, crépi en jaune et blanc, tranche avec la végétation environnante. Le vestibule, soutenu par quatre colonnes corinthiennes, s'ouvre par une porte couronnée d'un tympan de facture simple. Une inscription indique que le prince fit construire ce château pour son épouse Louise (la fille du jardinier). Les aménagements intérieurs

Le parc d'un prince mécène

Le **prince Léopold III d'Anhalt-Dessau** (1740-1817), souverain éclairé, très soucieux de la prospérité de son État (*Dessau*), se lança dans de grandes entreprises politiques. Désireux de mêler l'utile à l'agréable, il encouragea également la littérature, la musique, l'architecture et l'art des jardins. Il fut particulièrement sensible, à l'occasion de ses voyages, à l'harmonie des jardins anglais ; elle lui semblait illustrer à merveille le principe fondamental de la philosophie des Lumières, à savoir l'unité de la nature et de la raison. Son ami, l'architecte **Friedrich Wilhelm von Erdmannsdorff**, l'aida à réaliser des jardins comparables en Allemagne. C'est ainsi qu'un jardin vit le jour dès 1764. Au premier coup d'œil, il ressemble à un paysage naturel, mais il résulte en réalité de la transformation d'un site : les axes panoramiques (parfois jusqu'à 14 « lignes de visée »), les multiples édifices ainsi que les différents ponts s'intègrent dans un paysage que l'on peut qualifier d'arcadien. L'élaboration de cette œuvre d'art s'est déroulée en trois étapes jusqu'en 1800.

La maison gothique dans le parc de Wörlitz.
H. P. Szyszka/Novarc Images/age fotostock

sont soignés, comme en témoignent la canalisation d'eau, les monte-charge, les lits escamotables et les placards muraux. Les sculptures et les ouvrages d'ébénisterie furent réalisés par des artisans locaux.
À l'intérieur, les pièces ont conservé quasi intégralement leur décor d'origine. À remarquer : l'élégante **salle à manger** *(Speisesaal)*, décorée de nombreux stucs et de fines colonnes corinthiennes, ainsi que la **grande salle des fêtes** *(Großer Festsaal)*, couverte d'un plafond à caissons et de fresques peintes d'après Caracci. Ne manquez pas non plus la **bibliothèque** et les autres pièces, ornées de tableaux (Snyers, Van Ruysdael, Antoine Pesne) et de meubles provenant de l'atelier de Roentgen, comme dans le cabinet de la Princesse.

★ Maison gothique (GOTISCHES HAUS)

☏ 034 905 40 90 - www.gartenreich.com - mai-sept. : tlj sf lun. 11h-17h ; oct. : w.-end 11h-17h - 8,50 € avec la visite guidée (6 € sans ; 13 € le billet combiné avec le Château).
Bâtie en plusieurs étapes (1773-1813), à l'origine pour y loger le jardinier du château, la **maison gothique** présente, côté canal, une façade imitée de celle de l'église gothique de la Madonna dell'Orto à Venise, et arbore, côté jardin, une façade en brique de style anglais Tudor percée de fenêtres ogivales, inspirée de Strawberry Hill près de Twickenham. Cette maison est la première construction néogothique édifiée en Allemagne après la *Nauener Tor* à Potsdam.
C'était pour le prince un refuge où il aimait séjourner. Grâce à l'aide du savant suisse Johann Caspar Lavater, il put acquérir une belle collection de **peintures suisses sur verre★** des 15e et 17e s., qui servirent à décorer les fenêtres. À l'intérieur, toutes les salles sont ornées de tableaux (*Portrait masculin* du Tintoret dans le cabinet de la Guerre, œuvres de Lucas Cranach l'Ancien dans la bibliothèque).

Wittenberg

Lutherstadt Wittenberg

Cette petite ville est surtout connue pour avoir accueilli Luther, qui y passa de nombreuses années. Appelé en 1512 par l'électeur Frédéric le Sage à venir enseigner la philosophie dans l'université nouvellement créée, il fut aussi nommé prédicateur de la ville. Un an après sa mort survenue en 1546, Charles Quint s'empara de la ville et vint méditer sur sa tombe. Aujourd'hui, quatre édifices de la cité sont inscrits au Patrimoine mondial de l'humanité : les églises du Château et de Ste-Marie, les maisons de Luther et Melanchthon. Chaque été, la capitale de la Réforme attire des milliers de « pèlerins ».

Se repérer

46 000 habitants – Saxe-Anhalt

CARTE DE RÉGION C1 (P. 172)

La ville se situe à 23 km à l'est de Wörlitz.

Carnet pratique p. 188

Nos adresses p. 188

Se promener

★ Église du Château (SCHLOSSKIRCHE)

Am Schlossplatz - ✆ 03491 506 91 60 - www.schlosskirche-wittenberg.de - 10h-18h, dim. 11h30-18h ; en hiver : fermeture à 16h - 2 € - visites guidées (45mn) : avril-oct., tlj à 13h (le sam. aussi 10h30) ; nov.-mars, vend.-dim. à 13h - 4 €, 3 € ascension de la tour (10h-15h30, dim. 12h-15h30).

L'église du château, incendiée en 1760, fut reconstruite dans le style baroque. C'est sur ses portes que Luther afficha en 1517 ses 95 thèses. Refaites en bronze en 1855, les portes en reproduisent le texte. L'église contient les tombeaux de Luther et de Melanchthon, ainsi que l'épitaphe en bronze de Frédéric le Sage, réalisée en 1527 par Peter Vischer.

★ Place du Marché (MARKT)

La place du Marché est bordée de maisons à pignons. Voir les statues de Luther et de son disciple Melanchthon. À l'angle sud-ouest se trouve la maison habitée entre 1505 et 1547 par Lucas Cranach l'Ancien, qui fut maire de la ville.

Église municipale Ste-Marie (STADTKIRCHE ST. MARIEN)

Pâques-oct. : 10h-18h, dim. 11h30-18h ; nov.-Pâques : 10h-16h, dim. 11h30-16h - visites guidées tlj à 14h (4 €).

L'église paroissiale gothique à trois nefs fut décorée dans le style néogothique au 18e s. Luther y prêcha, comme en témoigne le **retable de la Réforme★** (1547) peint par Lucas Cranach l'Ancien. Fonts baptismaux décorés par Hermann Fischer.

★ Maison de Luther (LUTHERHAUS WITTENBERG)

Collegienstraße 54 - ✆ 03491 420 31 18 - mar.-dim. 10h-18h (17h nov.-mars) - 8 € (10 € le billet combiné avec la Maison Melanchthon) ; audioguide (allemand ou anglais) 3 € - visite guidée (3 €) vend.-dim. à 15h30.

Le mémorial de Luther.
H. P. Szyszka/Novarc Images/age fotostock

Dans la cour de l'ancienne université se trouve la maison occupée par Luther à partir de 1524. Aménagé en 1883, le **musée de la Réforme** rassemble des collections de bibles anciennes, des manuscrits ainsi que des éditions originales de Luther. Une section est consacrée aux arts au temps de la Réforme.

Maison Melanchthon (MELANCHTHON HAUS)
Collegienstraße 60 - ✆ 03491 420 31 10 - www.martinluther.de - avr.-oct. : 10h-18h ; nov.-mars : tlj sf lun. 10h-17h - 4 €. Maison où vécut et mourut Melanchthon, disciple de Luther et auteur de la *Confession d'Augsbourg*. Cabinet de travail, documents relatifs à ses œuvres. Plus modéré que Luther, il travailla au rapprochement des différents mouvements de la Réforme.

Panorama Luther 1517
Lutherstraße 42 - ✆ 03491 45949 10 - asisi.de - visible jusqu'en 2022 : 10h-18h (17h en hiver) - 11 €.
Le peintre Yadegar Asisi a essayé de reconstituer, sur un grand panorama circulaire à 360°, la place du Château de Wittenberg à l'époque de Martin Luther et Lucas Cranach. Montez sur la plate-forme : le résultat est assez spectaculaire !

À voir aussi

Signalons, pour les fans d'architecture, deux ensembles assez originaux : les 363 maisons de la **cité ouvrière de Piesteritz** *(Werkssiedlung Piesteritz, dans l'ouest de la ville)*, bâtie en 1916-1919 et classée monument historique depuis 1986 ; le **lycée Luther-Melanchthon** *(Straße der Völkerfreundschaft 130, dans le nord de la ville)*, un immeuble en béton du temps de la RDA habilement remodelé (1997) par l'artiste autrichien Hundertwasser à la demande des élèves.

Carnet pratique

S'informer

Office de tourisme – *Schlossplatz 2 - ✆ 03491 49 86 10 - www.lutherstadt-wittenberg.de.*

Agenda

Fête de la Réforme (Reformationsfest) – *Fin oct.* Spectacles de rue, festival de musique Renaissance et bal au temps de Frédéric le Sage pour commémorer la publication, sur la porte de l'église du château, des 95 thèses de Luther contre les indulgences.

Hofkonzerte – *Juil.-déc.* Concerts dans les Cranach-Höfe et autres arrière-cours du centre historique.

Maiblumenfest – *Mai.* Les horticulteurs de la région fleurissent la place du Marché.

Nos adresses

Restauration

Budget moyen

In Vino Veritas – *Mittelstr. 3 - ✆ 03491 7690565 - www.restaurant-vino.de - à partir de 17h - fermé dim. - plat 15/25 €.* L'une des tables les plus romantiques de Wittenberg. Le service est attentionné, la cuisine inspirée. Il y a parfois des petits soucis avec les sauces et les cuissons mais les produits sont ultra-frais.

Brauhaus Wittenberg – *Markt 6 - ✆ 03491 433130 - www.brauhaus-wittenberg.de - tlj à partir de 11h - plat 14/17 €.* La meilleure adresse pour un déjeuner traditionnel à prix raisonnable : les spécialités allemandes tiennent bien au corps et la bière est du cru.

Petite pause

Café Klatschmohn – *Kirchplatz 9 - ✆ 03491 506650 - www.cafe-klatschmohn.de - 11h-18h - fermé dim.-lun.* Au cœur de Wittenberg, un sympathique café, à tester pour sa jolie cour intérieure et ses gâteaux maison. Tout est bio.

Hébergement

Budget moyen

Schwarzer Bär – *Schloßstr. 2 - ✆ 03491 4204344 - schwarzer-baer-wittenberg.de - 32 ch. 95/115 €* ☕. Derrière une façade classée, des chambres modernes et plaisantes. Bon rapport qualité-prix.

Soibelmanns – *Collegienstr. 56-57 - (accès par la Wallstraße) - ✆ 03491 4250 - www.stadtpalais.bestwestern.de - 80 ch. 110/135 €* ☕. On apprécie ce Best Western pour sa situation très centrale et le confort de ses chambres (celles qui donnent sur la cour sont les plus calmes). Du sauna, vue sur… la maison de Luther !

Halle ★

La plus grande ville de la Saxe-Anhalt doit d'abord sa prospérité à l'exploitation du sel, qui commença au début du Moyen Âge : dès 806, une forteresse fut érigée ici même pour protéger les sources salées. Aujourd'hui, la ville concentre d'importantes usines chimiques et de construction mécanique. Halle cultive également son identité culturelle, avec des traditions universitaires qui remontent au 17e s. Mais elle est surtout la ville natale de Georg Friedrich Haendel. Chaque année, un festival renommé rend hommage à son célèbre musicien.

Se repérer

239 000 habitants – Saxe-Anhalt

CARTE DE RÉGION C1 (P. 172)
PLAN DE VILLE P. 191

Halle est établie sur les bords de la Saale, à une trentaine de kilomètres au nord-ouest de Leipzig.

À ne pas manquer

La visite du château de Moritzburg et de sa galerie d'art, la maison de Haendel.

En famille

Le musée des Salines.

Carnet pratique p. 192

Nos adresses p. 193

Se promener

PLAN DE VILLE P. 191

★ Place du Marché (MARKTPLATZ) B2

La vaste **place du Marché** est dominée par les tours de l'église du Marché et la **tour Rouge** *(Roter Turm)*, édifiée au 15e s. et haute d'environ 80 m. Au centre se dresse la statue de Haendel (1859). Le marché et le passage des tramways en font l'endroit le plus animé de la ville. La maison rouge que vous voyez au fond (*Marktschlösschen*, du 16e s.) abrite aujourd'hui l'office de tourisme de Halle.

★ Église du Marché (MARKTKIRCHE) B2

Avril-déc. : 10h-17h, dim. 15h-17h ; janv.-mars : 11h30-16h, dim. 11h30-12h30 - juin-sept. : concerts le sam. à 12h (30mn - obole bienvenue).

Cette église à trois nefs dépourvue de chœur a été élevée de 1529 à 1554 entre les paires de tours de deux églises romanes en ruine. À l'intérieur, on peut admirer le délicat entrelacs des nervures apposé sous la voûte en berceau, remarquable par l'absence de divisions transversales correspondant aux travées. Les murs des nefs latérales portent des tribunes en pierre. La chaire de 1547 se distingue par son abat-voix (1596), œuvre de Heinrich Heidereiter. Le **retable du maître-autel**★, représentant la Vierge et l'Enfant, a été peint par un élève de Cranach. Dans une chambre située derrière l'autel est conservé le masque mortuaire de Luther.

Église St-Maurice (ST. MORITZKIRCHE) A2

Hallorenring - avril-oct. : tlj sf lun. 11h-12h, 15h-17h, w.-end 13h-17h ; en hiver : mar.-dim. 14h-15h.

Église à trois nefs, élevée entre 1388 et 1511, l'**église St-Maurice** possède des voûtes réticulées et en étoile, caractéristiques du style gothique flamboyant. Elle recèle diverses **œuvres★ du sculpteur Conrad d'Einbeck** (voir en particulier *L'Homme des douleurs*), une statue de saint Maurice (1411) et une Pietà (1416).

Musée des Salines (TECHNISCHES HALLOREN- UND SALINEMUSEUM) A2

Kleine Märkerstr. 2 - ✆ 0345 209 32 30 - www.salinemuseum.de - fermé pour travaux (réouv. prévue 2022).

Le **musée des Salines** est consacré à l'histoire de l'exploitation des mines de sel par les Halloren, corporation des sauniers de Halle.

Cathédrale (DOM) A1

Am Domplatz 3 - mar.-sam. 13h-16h (en été, ouv. dès 11h).

L'église abbatiale gothique à trois vaisseaux (14e s.) fut transformée sous le cardinal Albert de Brandebourg vers 1520. Les piliers portent les statues du Christ, des apôtres et de saints, exécutées vers 1520 dans l'atelier de Peter Schroh, un des sculpteurs les plus talentueux de son temps. Comme la chaire (vers 1525), elles s'apparentent déjà au style de la Renaissance.

★★ Musée des Beaux-Arts du château de Moritzburg (KUNSTMUSEUM MORITZBURG) A1

Friedemann-Bach-Platz 5 - ✆ 0345 21 25 90 - www.kunstmuseum-moritzburg.de - tlj sf merc. 10h-18h - fermé 24 et 31 déc. - 12 €.

C'est en 1484 que fut construit le Moritzburg, première des quatre ailes que compte la forteresse. Jusqu'en 1541, elle fut la résidence favorite des archevêques de Magdebourg et de Mayence. Détruite pendant la guerre de Trente Ans, une partie de la forteresse fut transformée au début du 20e s. en musée. Aujourd'hui rénové, il accueille de nombreuses expositions temporaires mais aussi la plus riche collection d'art de Saxe-Anhalt (220 000 œuvres au total).

Du Moyen Âge au baroque – La salle voûtée *(Gothische Gewölbe)* séduit par ses deux ravissants **retables** des années 1510, tous deux réalisés par des ateliers spécialisés de la région : le retable avec André, Madeleine et Martin provient de l'église de Pressel, et celui avec Élisabeth et Marie de l'église de Kämmeritz.

Les pièces historiques (Historische Zimmer) – Ne manquez pas la **Salle du tribunal** *(Gerichtszimmer)*, qui conserve des lambris et un plafond à caissons de 1594, ni la **Salle des fêtes★** *(Festsaal)*, que les comtes de Halle utilisaient pour les mariages, les banquets et les réceptions officielles. Elle est décorée depuis 1588 d'allégories des Quatre Saisons (d'après Hendrik Goltzius).

Peinture allemande des 19e et 20e s. – Les collections exposées rassemblent des œuvres de premier ordre appartenant aux périodes du **romantisme**, de l'**impressionnisme** et de l'**expressionnisme**. Le mouvement Die Brücke *(p. 73)* est illustré par des œuvres de ses principaux membres : Otto Müller, Ludwig Kirchner, Erich Heckel, Karl Schmidt-Rottluff. À leur suite sont présentés les précurseurs de la peinture abstraite, Kandinsky et Feininger. Une mention spéciale pour Emil Nolde (*Lichte See*, 1915) et pour un paysage d'un peintre suisse, Alexandre Calame : **Au col de la Handeck★** (1839).

Sculpture allemande des 19e et 20e s. – Œuvres d'Ernst Barlach *(La Baigneuse)* et de Wilhelm Lehmbruck. Verrerie et céramique du Moyen Âge à nos jours, porcelaine et orfèvrerie.

★ Maison de Haendel (HÄNDEL HAUS) A1

Große Nikolaistraße 5 - ✆ 0345 500 900 - www.haendelhaus.de - tlj sf lun. 10h-18h (nov.-mars 17h) - fermé 24, 25 et 31 déc. - 6 €, audioguide en français gratuit.

Le compositeur est né dans cette grande maison à colombages en 1685. Il quitta Halle en 1703 et finit, après plusieurs étapes en Allemagne et en Italie, par s'établir

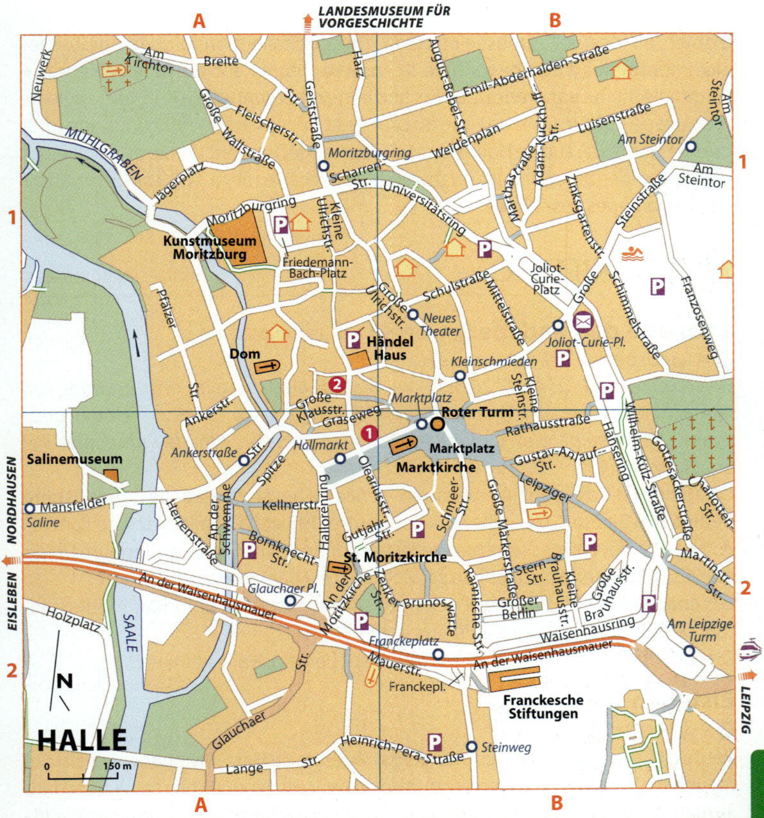

SE RESTAURER	
Gasthaus Zum Schad........ 2	Mönchshof 1

à Londres. Il prit la nationalité britannique en 1727. La maison a été très habilement transformée en musée en 1948. À noter l'**orgue** de Gottlieb Mauer (1770), la pièce historique dite **Bohlenstube** (restes de peintures murales) et la plus récente pergola intitulée « Sous le soleil de l'Arcadie ».

Franckesche Stiftungen zu Halle B2

Franckeplatz 1 - ✆ 0345 2127400 - www.francke-halle.de - tlj sf lun. 10h-17h - 6 €. Ce gigantesque complexe scolaire et social protestant, fondé en 1702 par le pasteur August Hermann Francke, fut longtemps l'un des établissements les plus en vue d'Allemagne. Dès le 18e s., il disposait d'une riche **bibliothèque★**, aménagée comme les coulisses d'un théâtre baroque *(Kulissenbibliothek, Lindenhof, Haus 22)*, et d'un **cabinet de curiosités**, conçu pour montrer aux élèves l'inépuisable diversité de la création divine (*Naturalienkammer*, dans l'ancien dortoir des orphelins). Tous deux sont remarquablement bien conservés.

Musée de la Préhistoire de Saxe-Anhalt (LANDESMUSEUM FÜR VORGESCHICHTE) HORS PLAN A1

Richard-Wagner-Straße 9 - ✆ 0345 524730 - www.landesmuseum-vorgeschichte.de - tlj sf lun. 9h-17h, w.-end et j. fériés 10h-18h - 5 €. Avec plus de 10 millions d'objets en réserve, ce musée possède l'une des collections archéologiques les plus importantes d'Europe centrale. Il conserve notamment le **disque de Nebra★★** (Himmelscheibe von Nebra), la plus ancienne représentation de la voûte céleste retrouvée à ce jour. Daté de l'âge du bronze et découvert en 1999 dans une forêt près de Nebra (au sud de Halle), le disque sur lequel figurent la lune et les pléiades donne une idée assez précise du savoir de nos ancêtres, il y a 3 600 ans, en matière de phénomènes cosmiques.

À proximité

CARTE DE RÉGION P. 172

Chapelle de Landsberg (DOPPELKAPELLE LANDSBERG) C1

À Landsberg, à 19 km à l'est de Halle.

Hillerstraße 8 - ✆ 034 602 20 690 - www.stadt-landsberg.de - visite guidée (1h) mai-oct. : lun.-vend. sur RV, sam. 15h, dim. 11h, 15h ; nov.-avr. : sur RV - fermé 22 déc.-6 janv., Vend. saint, dim. de Pâques, 1er Mai, Ascension, lun. de Pentecôte, 3 et 31 oct. - 2 €.

On aperçoit de loin, perchée sur une éminence rocheuse, la **chapelle de Landsberg** dédiée à la Sainte-Croix. Elle vit le jour entre 1195 et 1200 à la place de l'ancien édifice. Pendant la messe, le peuple restait confiné dans la partie inférieure tandis que les seigneurs assistaient au service dans la chapelle haute.

Les **chapiteaux★** des piliers et colonnes sont ornés de magnifiques motifs figurant des personnages, des animaux et des fleurs.

Du haut du balcon, belle **vue★** à la ronde sur Leipzig, Halle et Merseburg.

Eisleben B1

À 34 km à l'ouest.

Petite cité minière en vue des premières hauteurs du Harz, Eisleben a vu naître et mourir **Martin Luther**. La mémoire du réformateur est évoquée non seulement dans sa **maison natale** *(Luther-Geburtshaus – (Luther-Geburtshaus – Lutherstraße 16 - mar.-dim. 10h-17h (16h en hiver) - 5 €, 10 € le billet combiné avec la Sterbehaus et l'Elternhaus)* et dans la maison qui le vit s'éteindre *(Luther-Sterbehaus – Andreaskirchplatz 7)*, mais aussi par l'église Sts-Pierre-et-Paul *(Sankt-Petri-Pauli-Kirche)*, où il fut baptisé en 1483, l'église St-André *(Sankt Andreas)*, qui abrite la chaire où il prêcha pour la dernière fois, et la Marktplatz, où sa statue fut érigée en 1883.

Carnet pratique

S'informer

Office de tourisme – *Marktplatz 13/ Marktschlößchen - ✆ 0345 122 99 84 - www.halle-tourismus.de.*

Transports-visites

Les **Halle Coupons** (9,50 € pour 1 j ; 15,50 € pour 2 j) donnent un accès gratuit aux transports et des réductions dans 10 musées et 8 restaurants.

Halle à vélo – L'OT édite un plan des pistes cyclables qui longent la Saale sur 20 km du nord au sud, entre Brachwitz et Schkopau. Location de bicyclette : **Fahrrad Focken**, *Große Steinstraße 11 - ✆ 0345 6856343 - 9h-18h, sam. 10h-13h - 15 €/j (29 € un e-bike).*

Agenda

Festival Haendel (Händel-Festspiele) – *Fin mai-déb. juin - www.haendelhaus.de.* Plus de 50 concerts, opéras, oratorios et la représentation du *Messie* de Haendel à la Marktkirche, où le compositeur fut baptisé.

Fête des lampions (Laternenfest) – *Dernier w.-end d'août – www. laternenfest.halle.de.* Une grande fête familiale et bon enfant, avec force lampions sur la Saale et les îles, feux d'artifice, cortèges de bateaux et musique *live*.

Nos adresses

Restauration

Budget moyen

1 **Mönchshof** – A2 - *Talamtstr. 6 - 0345 2021726 - www. moenchshof-halle.de - fermé dim. soir - plat 15/26 €.* Lambrissé de bois sombre, ce restaurant est situé juste à côté de la cathédrale et propose une bonne cuisine traditionnelle régionale.

2 **Gasthaus Zum Schad** – A1 - *Kleine Klausstr. 3 - 0345 5230366 - gasthaus-schad. de - 11h-23h - fermé dim.-lun. - plat 12/20 €.* Une « auberge » à tester surtout pour l'ambiance. Bière maison et cuisine traditionnelle (boudins, goulasch, roulé de bœuf au chou...). Cuissons inégales. Si vous n'avez pas un gros appétit, commandez une *kleine Portion.*

Alchimistenklause – HORS PLAN A1 - *Reilstr. 47 - 0345 523 36 48 - alchimistenklause.de - mar.-sam. 12h-15h et 17h-21h. - plat 14/21 €.* Une bonne table servant plats de saison et spécialités de la région, revues et corrigées par Oliver Bachmann (croustillant de canard au romarin, foie de volaille rôti aux pommes...).

Petite pause

Halloren Café – *Marktplatz 13 - 0345 2997679 - www.halloren. de - 9h-18h, dim. et j. fériés 10h-18h.* Juste à côté de l'office du tourisme, le Marktschlösschen héberge le café de la Schokoladenfabrik de Halle (1804). Sa spécialité : le chocolat chaud et les pralinés.

Moritzkunstcafé – *Friedemann-Bach-Platz 5 - 0345 4704807 - www.moritzkunstcafe.de - 10h-18h.* Au rez-de-chaussée du Kunstmuseum Moritzburg : un décor intérieur agréable, un service souriant et des gâteaux assez savoureux. Petite carte composée de flammekueches, salades, panini maison... (6,50/11 €) et de plats du jour (7,50 €).

Hébergement

Budget moyen

Dorint Charlottenhof – HORS PLAN - *Dorotheenstr. 12 - 0345 29230 - hotel-halle-saale. dorint.com - 166 ch. 80/90 € - 18 €.* À 10mn à pied de la gare, près de la Leipzigerstraße qui descend au centre de la ville, un hôtel fonctionnel à prix corrects. Vital-Club au dernier étage avec jacuzzi sur la terrasse.

Apart-Hotel Halle – HORS PLAN - *Kohlschütterstr. 5-6 - 0345 52590 - www.apart-halle. de - P 8,90 €/j. - 48 ch. 100/110 €.* Cet hôtel est né du rachat d'une vieille villa et d'un ancien hôpital. De hauts plafonds et des stucs caractérisent le décor des deux bâtiments. Dans les chambres modernes et confortables dominent l'acajou ou le bois naturel clair.

Naumbourg ★

Naumburg

Au cœur d'un paysage où s'enchevêtrent vignes et forêts, la petite ville de Naumbourg déploie ses charmantes maisons autour de son exceptionnelle cathédrale, qui marie avec grâce roman et gothique. Nietzsche, le plus illustre de ses admirateurs, y fit de nombreux séjours. Le dernier week-end de juin, toute la ville s'enflamme pour la fête du kirsch.

Se repérer

32 400 habitants – Saxe-Anhalt

CARTE DE RÉGION C2 (P. 172)

Naumbourg se situe à 230 km au sud-ouest de Berlin.

À ne pas manquer

La cathédrale St-Pierre-et-St-Paul.

Organiser son temps

Comptez une demi-journée pour la ville. Mais Naumbourg, qui se trouve au milieu du parc national Saale-Unstrut-Triasland, constitue une base idéale pour découvrir la région.

Nos adresses p. 197

Découvrir

Markt 6 - 03445 273 125 - www.naumburg.de.

★★ Cathédrale St-Pierre-et-St-Paul (DOM ST. PETER UND PAUL)

Orgel punkt zwölf – *Mai-oct.* Tous les merc. et w.-end à 12h, concerts d'orgue à St. Wenzel *(30mn, 4 €).*

Accès par la Domstraße - 9h-18h, dim. 11h-18h ; hiver : 10h-16h, dim. 12h-18h - visites guidées (1h) mars-oct. : lun.-jeu. 10h et 14h, vend.-sam. 10h, 14h et 16h, dim. 12h, 14h et 16h ; nov.-fév. : 11h - 7,50 € audioguide inclus (9,50 € avec la visite guidée).

Église à double chœur, la **cathédrale St-Pierre-et-St-Paul** illustre l'évolution architecturale du roman tardif vers le gothique primitif.

La nef et le chœur oriental ont été élevés au début du 13e s. dans le style roman. Une dizaine d'années plus tard, la partie occidentale était complétée par un chœur

De la cité commerçante à la ville modèle

Naumbourg, siège d'un évêché depuis 1028, se trouve au bord du bassin de Thuringe. Dès le 12e s., un bourg autonome s'établit à côté de la cité épiscopale. Naumbourg était à la fin du Moyen Âge et pendant la Renaissance une importante place commerciale – la foire *(Peter-Pauls-Messe)* qui s'y tenait concurrençait celle de Leipzig. Le congrès de Vienne en fit une ville prussienne où s'établit l'administration de la province de Saxe. Largement épargnée par la Seconde Guerre mondiale, Naumbourg fut en 1991 l'une des cinq villes des nouveaux Länder de l'Est à être sélectionnée comme modèle de réhabilitation d'un centre historique. La structure économique est essentiellement marquée par les activités administratives et les prestations de services ainsi que par les petites et moyennes entreprises de type artisanal.

Vue de Naumbourg.
N. Stengert/Prisma/age fotostock

présentant déjà les traits du gothique primitif. Le chœur oriental, sous lequel subsiste une crypte romane, sera transformé au 14e s. dans le style gothique.
Chœur occidental – Le « maître de Naumbourg », auteur des célèbres **statues des donateurs★★★** placées autour du chœur, a incontestablement porté à son apogée la sculpture allemande du Moyen Âge. L'individualisation des figures et la profondeur de l'expression donnent à ces statues un caractère d'humanité et de grandeur. Les plus célèbres sont celles du margrave Ekkehardt et de son épouse Uta, fondateurs de la ville (à droite, au milieu).
Le **jubé★★** porte une suite de hauts-reliefs représentant les scènes de la Passion exécutées par le même atelier. Au-dessus de la porte centrale, ornée d'une Crucifixion, une fresque, enchâssée dans un quadrilobe, représente le Christ en majesté.

3

Autour de la place du Marché (MARKTPLATZ)

La **place du Marché** est bordée de maisons des 16e et 17e s. L'**hôtel de ville**, de style gothique flamboyant, arbore un portail de 1611 et six pignons à remplage. Le même décor de façade se retrouve au **petit château** (*Schlösschen*, 1543), derrière lequel se détache l'église St-Venceslas. À l'entrée de la Herrenstraße, un édifice gothique tardif à pignon à redans et remplages, baptisé Hohe Lilie, est occupé par le **Musée municipal** (*Stadtmuseum - ✆ 03445 70 35 03 - tlj sf lun. 10h-17h - fermé les 24-25, 31 déc. et 1er janv. - 4 €*).

★ Église St-Venceslas (ST-WENZEL)

Mai-oct. : 10h-12h, 12h30-17h ; avr. et nov. : tlj sf dim. 13h-15h - fermé déc.-mars.
Un lieu de culte est mentionné pour la première fois ici en 1228. L'actuelle **église St-Venceslas** est une église-halle en gothique flamboyant du 15e s., au plan singulier : la largeur de l'octogone occidental correspond à la longueur ouest-est jusqu'à l'entrée du chœur surélevé à l'est (33 m). Entre 1610 et 1618 furent ajoutées cinq galeries Renaissance et, au milieu du 18e s., l'intérieur fut transformé en style baroque, avec plafond en voûte aplatie, superbe autel sculpté,

La Marktplatz de Naumburg.
T. Stankiewicz/Look/age fotostock

chaire et orgue. Ce dernier est le plus grand ouvrage conservé de **Zacharias Hildebrandt** (16e s.) et sa composition a été fortement influencée par Jean-Sébastien Bach.
On remarquera deux tableaux de **Lucas Cranach l'Ancien** : *L'Adoration des Mages* (1522), en face de la chaire, et *La Bénédiction des enfants* (1529), dans l'abside sud du chœur. Sur chacun des tableaux, le peintre s'est représenté lui-même. Joli point de vue sur la ville depuis la **tour**, haute de 73 m *(de Pâques à fin oct. : 10h-17h - attention : 202 marches - 2 €).*

Autres maisons anciennes

Dans la Jakobstraße, on s'arrêtera devant l'ancienne poste (*Alte Post*, 1574) à oriel d'angle, à trois étages. La **Marienstraße** recense un grand nombre de maisons patriciennes, aux portails ouvragés témoignant de la prospérité passée de la ville. Notez la scène de combat entre Samson et le lion de la *Peter-Pauls-Haus*. Dans la **Herrenstraße**, de beaux oriels, en particulier au nº 1 (le plus ancien de la ville), auquel on peut ajouter celui de la pharmacie adjacente *(Lorbeerbaumapotheke)* et celui du nº 8 (1525).

Marientor

Avr.-oct. : 10h-16h30 - 0,50 €. Seule porte conservée parmi les cinq donnant autrefois accès à la ville ; elle constitue un exemple rare de double porte aux tours jumelées avec cour d'embûche à chicane et chemin de ronde. L'appareil date du 14e s., mais fut remanié et renforcé au 15e s.

Maison de Nietzsche

Am Weingarten 18 - ✆ 03445 20 16 38 - tlj sf lun. 14h-17h, w.-end et j. fériés 10h-17h - 4 €.
Nietzsche fut soigné dans cette maison par sa mère, de 1890, date de son effondrement mental, à 1897. Photos et documents (en allemand) évoquent l'itinéraire intellectuel et géographique du philosophe voyageur.

À proximité CARTE DE RÉGION P. 172

Freyburg C2

À 7 km au nord. Dominée par l'imposante silhouette du château de Neuenburg, cette localité viticole occupe un **site** pittoresque au bord de l'Unstrut. À bord d'un bateau à vapeur, on peut effectuer une croisière à travers les paysages sereins de la région.

★ **Schloss Neuenburg** - *034 464 35 530 - www.schloss-neuenburg.de - avr.-oct. : 10h-18h ; nov.-mars : tlj sf lun. 10h-17h - 6,50 €.* Fondé en 1090 par le landgrave Louis de Thuringe, il comporte une particularité architecturale, la **chapelle double★**, bâtie en 1230, dans laquelle le peuple et les nobles assistaient séparément à l'office ; les nobles à l'étage supérieur, le peuple en bas. L'ornementation s'inspire du style en vogue dans les régions baignées par le Rhin inférieur, comme l'illustrent les arcs doubleaux dentelés et les **chapiteaux★** historiés dorés. L'escalier à vis Renaissance desservant le premier étage de la chapelle a été transféré ici au 19e s. Le **logis** abrite une douzaine de salles magnifiquement meublées, notamment la salle des fêtes et la salle princière s'ouvrant par un portail de 1552. Le beffroi coiffé d'ardoises (fin 12e s.), qui abrite une exposition sur l'histoire de l'édifice et de la ville, est affectueusement appelé **« Gros Guillaume »** *(Dicker Wilhelm).*

★ Bad Kösen C2

À 7 km au sud-ouest, sur la route B 87.

Charmante ville de cure établie sur les rives de la Saale, cette localité abrite une **installation technique★** destinée à extraire la saumure. Elle comporte une roue à aubes mue par en dessous, un double système de **bras de transmission** s'étirant sur 180 m (1780), ainsi qu'un bâtiment de graduation long de 320 m.

Maison romane *(Romanisches Haus – Am Kunstgestänge) - 0344 63 276 68 - tlj sf lun. 10h-17h (nov.-mars 16h) - fermé de mi-déc. à mi-janv. - 4 €.* Cette maison, qui abrite un musée, est déjà mentionnée en 1138 comme ferme du **monastère de Schulpforta** (situé à l'entrée de Bad Kösen, cet ancien monastère se visite. Il a été transformé en internat et a accueilli plusieurs figures allemandes de la littérature et de la philosophie). Les objets exposés évoquent en partie cette époque, comme une armoire romane à parements du 13e s. Les ravissantes poupées empreintes de nostalgie, que Käthe Kruse confectionna dans son atelier à Bad Kösen de 1912 à 1950, ont trouvé une place idoine dans cette maison.

3

Nos adresses

Hébergement-restauration

Budget moyen

Hotel Stadt Aachen – *Markt 11 - 03445 261080 - ck-domstadt-hotels.de - 33 ch. 90/110 € - 13 €.* Un petit hôtel sans prétention, idéal pour dormir au cœur de la vieille ville. Prix un peu plus élevés en week-end.

Ratskeller – *Markt 1 - 03445 2616397 - www.ratskeller-brauhaus.de - 11h30-22h30 - plat 11/17 €.* Plats traditionnels dans un cadre rustique : flammekueche, goulasch au chou, fromage saxon gratiné au jambon... et bière maison.

Iéna ★

Jena

Célèbre pour la victoire remportée par Napoléon le 14 octobre 1806 contre les Prussiens, Iéna doit également sa renommée à Carl Zeiss et à Ernst Abbe, inventeurs du microscope. Devenue grâce à eux, au milieu du 19e s., le berceau de l'industrie optique allemande, la ville reste aujourd'hui encore un pôle de haute technologie. Iéna est enfin une cité de grande tradition universitaire, où résonnent toujours les noms de Goethe, Schiller ou des frères Humboldt. Hors de la ville, la remontée du cours de la Saale offre de beaux paysages jalonnés de châteaux.

Se repérer

111 400 habitants – Thuringe

CARTE DE RÉGION C2 (P. 172)
PLAN DE VILLE P. 199

Iéna est située à 255 km au sud-ouest de Berlin.

Organiser son temps

Prévoyez une journée entière pour visiter la ville.

En famille

Le planétarium Zeiss.

Carnet pratique p. 201
Nos adresses p. 202

Centre ville

PLAN CI-CONTRE

Porte St-Jean (JOHANNISTOR) A1

Elle constitue, avec la **Pulverturm** (de l'autre côté de la place), les restes des fortifications du 14e s.

Musée de la Ville (STADTMUSEUM) B1

Markt 7 - ✆ 03641 49 82 61 - www.stadtmuseum-jena.de - mar., merc. et vend. 10h-17h, jeu. 15h-22h, w.-end 11h-18h - fermé lun., 1er janv., 24-25 et 31 déc. - 8 € (inclut la Romantikerhaus).

Les quatre niveaux du **musée**, installé dans le plus beau bâtiment gothique de la ville, présentent l'histoire de cette dernière depuis sa fondation et accueillent, tous les trois mois, une exposition d'œuvres issues de sa collection d'art moderne.

Maison du Romantisme allemand (ROMANTIKERHAUS) B2

Unterm Markt 12a - ✆ 03641 498249 - www.romantikerhaus-jena.de - tlj sf lun. 10h-18h - fermé 1er janv., 24-26 et 31 déc. - 4 €, audioguide allemand/anglais.

Iéna a joué, à la fin du 19e s., un rôle majeur dans la naissance du courant romantique. Le musée aménagé dans la jolie maison verte où vécut le philosophe **J. G. Fichte** (auteur du célèbre *Discours à la nation allemande*) se penche en particulier sur les années 1785-1805 où la ville ne comptait que 4 500 habitants mais attirait déjà 800 étudiants et quelques brillants professeurs. Parmi eux : Schiller, Schlegel, Tieck, Brentano, Hegel...

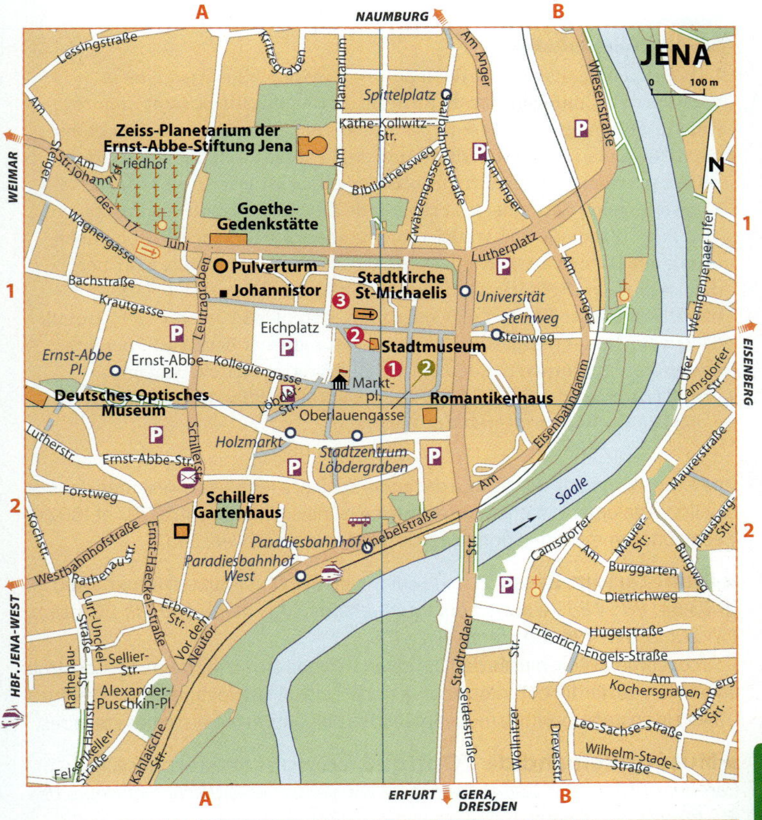

SE RESTAURER

Markt 11 Kaffeerösterei..... 1
Philisterium............... 2
Scala- Das Turm Restaurant............... 3

SE LOGER

Zur Noll.................... 2

Église St-Michel (STADTKIRCHE ST-MICHAELIS) A1

www.stadtkirche-jena.de - mai-oct. : lun.-sam. 10h-17h, dim. 10h-12h30.
Ancienne collégiale des cisterciennes, l'**église St-Michel** fut profondément remaniée au 15e s. dans le style gothique : remarquez le portail à baldaquin. L'église abrite la plaque de la tombe de Martin Luther (le réformateur repose à Wittenberg).

Mémorial Goethe (GOETHE-GEDENKSTÄTTE) A1

Fürstengraben 26 - ✆ 03 641 94 90 09 ou 03 641 93 11 88 - actuellement fermé pour travaux (réouverture prévue en 2021).
L'écrivain vécut cinq années à Iéna et disait y trouver la tranquillité nécessaire à la création littéraire. La maison du gardien du jardin botanique, qu'il habitait lors de ses séjours, devenue le **mémorial Goethe**, conserve divers souvenirs du poète.

Pavillon de Schiller (SCHILLERS GARTENHAUS) A2

Schillergässchen 2 - ✆ 03 641 94 01 070 - www4.uni-jena.de - avr.-oct. : tlj sf lun. 11h-17h (nov.-mars fermé aussi le dim.) - 3,50 €.

La bataille d'Iéna

La politique expansionniste de Napoléon, dans laquelle s'inscrivait la création de la Confédération du Rhin qui marquait la fin du Saint Empire romain germanique, ne manqua pas d'inquiéter les Prussiens. Le 1er octobre 1806, Napoléon recevait un ultimatum de la Prusse lui enjoignant de retirer ses troupes au-delà du Rhin. Essuyant un refus net, l'état-major prussien décida d'attaquer les Français de Thuringe. Napoléon affronta avec 200 000 hommes les troupes commandées par le prince de Hohenlohe, tandis que Davout, avec des effectifs bien inférieurs, tenait tête à l'armée dirigée par le roi Frédéric-Guillaume III en avant d'Auerstaedt. Les batailles d'Iéna et d'Auerstaedt, qui se déroulèrent le 14 octobre 1806, furent décisives pour les troupes françaises, qui atteignirent Berlin le 27 octobre. Un musée, dans le quartier de Jena-Cospeda, retrace les événements *(Jenaer Str. 12 - ✆ 03641 82 09 25 - avr.-nov. : merc.-dim. 10h-13h, 14h-17h - 3,50 €, audioguide en allemand et anglais).*

Une exposition sur le thème « La décennie Schiller à Iéna » est présentée dans ce pavillon, également réaménagé en musée. Schiller l'habita entre 1797 et 1802 et y écrivit notamment une bonne partie de sa trilogie *Wallenstein*.

★ Planétarium Zeiss (ZEISS-PLANETARIUM DER ERNST-ABBE-STIFTUNG JENA) A1
✆ 03 641 88 54 88 - www.planetarium-jena.de - ♿ - mar.-vend. 11h-20h, sam. 10h-20h15, dim. 10h-18h - fermé lun. - 11 €.
Il constitue, avec le **musée de l'Optique**, la grande attraction de la ville. Construit en bordure du jardin botanique par la firme Zeiss, il fait voyager le spectateur à travers le cosmos, parmi le mouvement des planètes et les systèmes stellaires.

★ Musée allemand de l'Optique (DEUTSCHES OPTISCHES MUSEUM) A1
Carl-Zeiß-Platz 12 - ✆ 03 641 44 31 65 - www.deutsches-optisches-museum.de - ♿ - fermé pour travaux (réouv. prévue en 2023).
Ce musée retrace 500 ans d'histoire de l'optique. Très importante collection de lunettes, microscopes, télescopes, objectifs et appareils photographiques.

Haute vallée de la Saale

CARTE DE RÉGION P. 172

Circuit de 61 km tracé en rouge sur la carte de région – Comptez 4h. Quittez Iéna en direction du sud-ouest et de Rudolstadt en suivant la B 88.
Prenant sa source à l'extrémité orientale de la forêt de Thuringe, la Saale parcourt 427 km vers le nord, avant de rejoindre l'Elbe en amont de Magdebourg. Son cours est un fil conducteur naturel entre des villes comme Iéna et Halle ou des chefs-d'œuvre de l'architecture tels Merseburg et Naumbourg. Les méandres de ses rives offrent des paysages agréables ponctués de pittoresques châteaux. Notre itinéraire remonte la vallée supérieure de la Saale et vous invite à découvrir l'attrayante région des lacs.

Rudolstadt B2
Résidence des princes de Schwarzbourg-Rudolstadt jusqu'en 1918, c'est ici qu'eut lieu la première rencontre entre Goethe et Schiller en 1788. La ville est dominée par le **château de Heidecksburg★**, édifié à partir de 1737. Visite de plusieurs **salles★★** décorées dans le style rocaille (la **Festsaal** de l'aile ouest est la plus belle salle rococo de toute la Thuringe). *✆ 03 672 42 900 - www.heidecksburg.de - merc.-dim. 10h-18h (17h nov.-mars) - 8 €.*

Saalfeld B2

Au Moyen Âge, Saalfeld comptait parmi les cités les plus importantes de Thuringe grâce à l'extraction du cuivre et de l'argent et à sa situation sur la route de la Bohême qui lui assuraient une importante fonction commerciale. Saalfeld impressionne aujourd'hui encore le visiteur par ses nombreux édifices historiques.

Sur la Marktplatz, la façade de l'**hôtel de ville** Renaissance s'articule autour d'une tour-escalier encadrée par deux oriels. En face, la **pharmacie du Marché** *(Stadtmarkt-Apotheke)* est l'un des rares édifices romans de la région (restauré).

L'**église Saint-Jean** *(Stadtkirche St-Johannis)* conserve au portail principal un Jugement dernier (fin 14e s.) et, à l'intérieur, une jolie voûte peinte vers 1520 de motifs floraux.

Dans le **musée municipal de Saalfeld** *(Stadtmuseum)*, situé dans le monastère des franciscains, visite des salles historiques, montrant l'histoire de la ville, les différents costumes traditionnels thuringiens et plusieurs retables du gothique flamboyant provenant des ateliers de Saalfeld. *036 71 59 84 71 - www.museumimkloster.de - ♿ - tlj sf lun. 10h-17h - fermé 24 et 31 déc. - 5 €.*

★ Grottes des Fées (FEENGROTTEN) B2

À 1 km au sud-est de Saalfeld par la route n° 281. 036 71 550 40 - www.feengrotten.de - avril-oct. : 10h-17h - nov.-mars : 11h-15h30 - fermé janv. - 12,50 € (-16 ans 9,50 €).

Des concrétions et des pétrifications se sont formées dans les **grottes des Fées**, galeries désaffectées d'une ancienne mine.

Quittez Saalfeld par la B 85. Franchissez la Saale sur le barrage de Hohenwarte.

La **retenue de Hohenwarte** s'étale sur une dizaine de kilomètres en formant de larges méandres magnifiquement intégrés au paysage. La route coupe par le plateau sur lequel alternent les bois et les cultures.

Par Drognitz et Remptendorf, gagnez le barrage de Bleiloch, pour revenir sur la rive droite.

Avec 29 km de long et près de 200 millions de mètres cubes de volume, c'est le plus important des cinq lacs artificiels situés entre Blankenstein et Saalfeld.

Saalburg C2

Partiellement recouvert par la montée des eaux, Saalburg a conservé des restes de ses fortifications du 16e s.

Carnet pratique

S'informer

Office de tourisme – *Markt 16 - 036 41 49 80 50 - www.jenatourismus.de.*

Visites

La **JenaCard** *(11,90 €)* donne accès, pendant 48h, à tous les transports urbains, aux musées de la ville et des réductions sur les entrées du Pavillon de Schiller et le Planétarium Zeiss.

Agenda

Fête de la Vieille ville (Jenaer Altstadtfest) – *Mi-sept. - www.jenatourismus.de*. Dix jours durant, elle bat son plein sur la place du Marché et l'Eichplatz. Au programme : manèges, rock, fanfares et feux d'artifice (le sam.).

Nos adresses

Restauration

Premier prix

1 **Markt 11 Kaffeerösterei** – B1 - *Markt 11 - ☎ 03641 356703 - www.markt11.de - 9h-19h, dim. 11h-19h.* Un excellent torréfacteur qui sert le petit déjeuner jusqu'à 15h et des en-cas à prix doux : pâtes au pesto, toast fromage-salami, salade César... Ses cafés les plus rares ? Le Mocca Matari du Yemen et le Mount Everest Supreme du Népal.

Pour se faire plaisir

2 **Philisterium - Das Museumscafé in der Göhre** – A1 - *Markt 7 - ☎ 03641 498252 - www.philisterium-jena.de - mar.-merc. et vend. 11h-17h, jeu. 15h-22h, w.-end 11h-18h.* Un ancien estaminet à tester pour son décor de 1893 et ses spécialités maison tel le chocolat chaud servi avec de la crème et un doigt d'eau-de-vie.

Une folie

3 **Scala - Das Turm Restaurant** – A1 - *Leutragraben 1 - ☎ 03641 356666 - www.scala-jena.de - fermé dim. soir - plat 29/34 €, menu 3 plats 58 €, menu déj. en sem. 24/30 €.* La vue est impressionnante depuis le dernier étage de l'Intershop-Tower, où se situe ce restaurant moderne. Ses fenêtres couvrent toute la hauteur de la salle.

Loisirs

🚲 **Balade à vélo** – De tous les itinéraires cyclables balisés au départ de Iéna (« Le tour des châteaux » en 32 km, « Du pavillon de Schiller au pavillon de Goethe » en 20 km...), le plus original est le **Napoleon-Radweg** qui vous entraîne sur les traces des armées napoléoniennes : comptez 35 km de l'auberge Papiermühle, où campaient les soldats, à Bad Kösen. Détails et plan auprès de l'OT.

Hébergement

Budget moyen

BraugasthofPapiermühle – HORS PLAN - *Erfurter Str. 102 - ☎ 03641 459898 - www.jenaer-bier.de - P - 24 ch. 80 € - ☕ 9 €.* Deux jolies maisons en brique et en pierre abritent cet hôtel familial. Les chambres sont décorées de meubles de bois sombre. L'auberge datant de 1737 dispose de sa propre brasserie.

2 **Zur Noll** – B1 - *Oberlauengasse 19 - ☎ 03641 597710 - zur-noll.de - 45 ch. 70/75 € - ☕ 10 €.* À deux pas de la Marktplatz, une auberge familiale, rustique mais fonctionnelle. Les chambres lambrissées (Bohlenzimmer, 95 €) sont les plus douillettes. Bon à savoir : l'adresse propose des tarifs réduits le w.-end.

Weimar ★★★

Célèbre pour avoir donné son nom à la République de Weimar (1918-1933), dont la Constitution fut rédigée sur place, cette ville au charme subtil peut aussi se prévaloir d'être la « capitale du classicisme allemand ». Chaque recoin est en effet imprégné de la mémoire de ses génies passés : Cranach y réalisa son ultime œuvre majeure, le triptyque de l'église Herder, Bach y fut maître de chapelle, Liszt y dirigea l'opéra, Nietzsche y finit ses jours... Sans oublier Goethe qui habita ici pendant plus de vingt ans. Ses petites rues bordées de maisons colorées, sa place de l'hôtel de ville animée chaque jour par le marché et son château à l'orée d'un parc à l'anglaise ont sûrement contribué à les retenir.

Se repérer

65000 habitants – Thuringe

CARTE DE RÉGION B2 (P. 172)
PLAN DE VILLE P. 206

Traversée par l'Ilm, Weimar se situe au cœur de la verte Thuringe, à une vingtaine de kilomètres de la capitale du Land, Erfurt. L'autoroute A 4 la relie à Dresde côté est et à Francfort au sud-ouest.

À ne pas manquer

S'imprégner de l'atmosphère du centre historique et visiter la maison de Goethe.

Organiser son temps

Comptez deux jours pour découvrir la ville.

Carnet pratique p. 212

Nos adresses p. 213

3

Se promener

PLAN DE VILLE P. 206

★★ Le centre historique

Itinéraire tracé en vert sur le plan.

Lieu vivant et essentiellement piéton, le centre-ville de Weimar s'ordonne autour de deux places importantes et géographiquement voisines : la *Theaterplatz*, sur laquelle se trouve le Théâtre national, ainsi que la place du Marché *(Marktplatz)*.

★★ Maison de Goethe et musée national Goethe (GOETHES WOHNHAUS UND GOETHE NATIONALMUSEUM) B3

Frauenplan 1 - ✆ 036 43 54 54 00 - www.klassik-stiftung.de - tlj sf lun. 9h30-18h, (nov.-mars 16h) - fermé 24 déc. - 12,50 €.

Goethe a habité cette maison baroque du *Frauenplan* durant plus de vingt ans, de 1809 jusqu'à sa mort en 1832. L'intérieur est pour l'essentiel en l'état. On visite la salle à manger, le cabinet de travail, la bibliothèque (5400 titres), la chambre à coucher et le jardin. Chaque pièce a fait l'objet d'une décoration particulière utilisant largement les peintures et sculptures amassées par le grand homme lors de ses voyages. L'exposition permanente du Musée national situe Goethe dans le contexte du classicisme weimarien de la fin du 18e s. et du début du 19e s. Manuscrits, lettres et objets d'art évoquent ses contemporains : hommes de lettres comme Wieland, Herder et Schiller, ou mécènes comme la duchesse Anna Amalia et son fils le duc Charles Auguste.

De la maison de Goethe, gagnez celle de Frau von Stein par l'Ackerwand.

Maison de Frau von Stein (HAUS DER FRAU VON STEIN) B3

Ackerwand 25. Goethe fit la connaissance de **Charlotte von Stein**, dame d'honneur de la duchesse Anna Amalia, en novembre 1775, et son inclination pour elle marqua les dix premières années de son séjour à Weimar. La maison, aujourd'hui rose, fut transformée en 1776 selon les plans du poète.

Place de la Démocratie (PLATZ DER DEMOKRATIE) B2

La statue équestre du grand duc de Saxe-Weimar-Eisenach, Charles Auguste (1757-1828), est l'œuvre de A. von Donndorf.

L'ancien palais, au sud (1770-1774), est occupé par l'**École supérieure de musique « Franz Liszt »**.

Le palais de couleur crème, situé au n° 1 de la place (16e-18e s.) abrite aujourd'hui la **bibliothèque de la duchesse Anna Amalia★★** *(Herzogin Anna Amalia Bibliothek)*. En partie ravagée par un incendie en septembre 2004, elle a rouvert ses portes en octobre 2007. Ses fonds ont été heureusement en grande partie épargnés : elle contient des manuscrits du Moyen Âge, des incunables, de précieux imprimés des 16e et 17e s. et surtout des exemplaires originaux du 18e s. de grande valeur. Depuis quelques dizaines d'années, la bibliothèque s'est attachée à rassembler des éditions et des traductions sur le siècle des Lumières *(Aufklärung)*. Au 1er étage, la remarquable **Rokoko-Saal★★**, conçue en 1766 par l'architecte A.F. Straßburger, séduit par son plan ovale et son décor de stucs rocaille *(tlj sf lun. 9h30-14h30 - 8 € audioguide inclus - accès limité : réservez votre billet longtemps à l'avance sur info@klassik-stiftung.de ; les rares places restantes pour le jour même sont en vente sur place dès 9h ; on trouve parfois quelques billets à acheter auprès de l'OT, guichet « Klassik Stiftung Weimar »)*.

De la place de la Démocratie, gagnez la place du Marché voisine.

Maison de Cranach (CRANACH-HAUS) B2

Markt 11-12 - ne se visite pas. C'est dans cette maison Renaissance (1549) aux pignons à volutes que **Lucas Cranach** a passé la dernière année de sa vie. L'atelier du peintre était installé au 3e étage.

En face, l'**hôtel de ville** *(en cours de restauration)*, bâti vers 1500 et largement remanié au milieu du 19e s.

Engagez-vous dans la Schillerstraße en direction de la place du Théâtre.

★ Maison de Schiller (SCHILLERS WOHNHAUS) B2

Schillerstraße 12 (accès par la Neugasse) - ✆ 03643 545 400 - www.klassik-stiftung.de - avr.-oct. : tlj sf lun. 9h30-18h ; nov.-mars : tlj sf lun. 9h30-16h - fermé 24 déc. - 8 € - visite guidée le sam. à 13h.

L'écrivain **Schiller** (1759-1805) s'établit ici en avril 1802 pour être plus près de son ami Goethe. C'est ici qu'ont été écrits *La Fiancée de Messine* et *Guillaume Tell*. Une partie de la maison est aménagée en **musée**. La pièce la plus authentique de toute la maison est la n° 215 au 2e étage : il s'agit du **bureau** *(Arbeitszimmer)* où Schiller lisait et méditait, parfois des nuits entières. Les papiers peints reproduisent fidèlement ceux qu'il avait lui-même choisis.

Suivez la Schillerstraße jusqu'à la Theaterplatz.

Théâtre national allemand (DEUTSCHES NATIONALTHEATER OU « DNT ») A2

Le bâtiment actuel, en partie reconstruit après la Seconde Guerre mondiale, date de 1907 et a été bâti sur un édifice baroque de 1779. C'est là, sous la direction de Goethe, que furent joués les grands drames de Schiller (en particulier *Les Brigands* et *Wallenstein*). En 1850 y fut donnée la première de *Lohengrin* de Richard Wagner.

La bibliothèque Anna Amalia.
H. & D. Zielske/LOOK-foto/Getty Images

Devant le théâtre, **statues de Goethe et Schiller★★**, exécutées en 1857 par E. Rietschel.

Palais de la Veuve (WITTUMSPALAIS) B2

Am Palais 3 - ✆ 03643 545 400 - avr.-oct. : tlj sf lun. 10h-18h ; nov.-mars : tlj sf lun. 10h-16h - fermé 24 déc. - 6,50 € - visite guidée en musique le 1er sam. du mois à 11h.
Ce palais baroque à deux ailes (1767) doit son nom de **palais de la Veuve** au fait d'avoir été la résidence de la duchesse Anna Amalia après la mort de son époux. Celle-ci accueillit dans ses célèbres salons des personnalités aussi prestigieuses que Wieland, Goethe, Herder et Schiller (leurs portraits sont accrochés dans le Salon rouge). On retiendra surtout : le Salon vert et la Salle des Fêtes, habillée de faux marbre.
Le **musée Wieland** illustre l'œuvre du « Voltaire allemand », traducteur et maître à penser du siècle des Lumières.
Gagnez la Herderplatz par le Zeughof puis la Rittergasse.

Église St-Pierre-et-St-Paul (HERDERKIRCHE OU STADTKIRCHE) B2

Am Herderplatz - 10h-18h, w.-end 10h-12h, 14h-16h ; nov.-mars : 11h-12h, 14h-16h.
Cette église à trois nefs construite en 1500 fut fortement « baroquisée » entre 1735 et 1745. Dédiée à saint Pierre et saint Paul, elle est aussi appelée **église de Herder** en souvenir des prêches du philosophe qui y est enterré et dont on peut voir la statue à l'extérieur. On y admire le **triptyque de Cranach★★**, commencé par Lucas Cranach l'Ancien et terminé par son fils en 1555 ; sur la droite, on reconnaît Luther et Cranach l'Ancien.
De magnifiques **tombeaux Renaissance★** ornent le chœur de cette modeste église.

Château de Weimar (STADTSCHLOSS WEIMAR) B2

Burgplatz 4. ✆ 03643 545 400 - www.klassik-stiftung.de - fermé pour travaux jusqu'en 2023.
Suite à un incendie, le grand-duc Charles Auguste fit reconstruire le **château** de 1789 à 1803 dans le style néoclassique. L'édifice (à quatre ailes) a été achevé en 1914 par la construction de l'aile sud. On y découvre certaines des plus belles

3

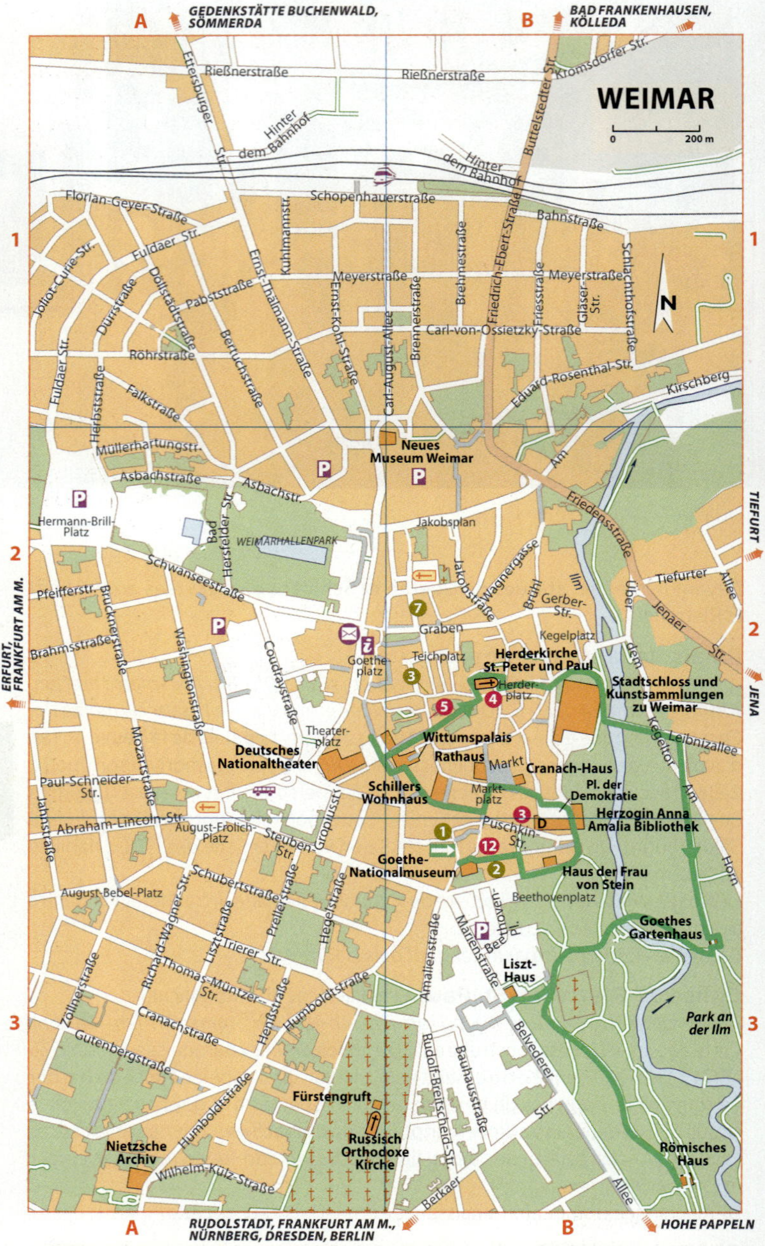

SE RESTAURER

AnnA 3

Gasthaus Zum Weißen Schwan.................... 12

Scharfe Ecke 5

Suppenbar Estragon 4

SE LOGER

Die Sonne 7

Familienhotel Weimar 2

Hotel Am Frauenplan 1

La Casa dei Colori 3

Hochschule für Musik «Franz Liszt» .... D

salles du début et de la fin du classicisme allemand : la salle des Fêtes, la Grande Galerie et la salle des Poètes en l'honneur de Goethe, Schiller, Wieland et Herder. Le **musée** abrite les collections d'art de Weimar, dont une importante **collection de Cranach★★** *(Sibylle de Clèves, Portrait de Luther)*, plusieurs retables thuringiens, un précieux cabinet en ébène serti de pierres dures (Augsbourg, 1660), trois tableaux de **C. D. Friedrich**, un séduisant *Golfe de Sorrente* signé Hackert et une délicate *Brodeuse* de G.F. Kersting (1811). Au sud-ouest de l'édifice, la tour du château (1729-1732) avec son couronnement baroque.

★★ Parc de l'Ilm B2-3

Weimar est une ville verte. De Tiefurt au Belvédère, ce n'est qu'un ruban de verdure dont le centre est formé par le parc aménagé le long de l'Ilm, à quelques pas seulement du centre-ville. En dessinant ce jardin anglais, l'intention de Goethe n'était pas de brider la nature, mais de la modeler en la respectant.

★★ Le pavillon de Goethe (Goethes Gartenhaus, B3**)** – *Tlj sf lun. 10h-18h (16h en hiver) - 6,50 €.* Charles Auguste fit don de ce **pavillon** à Goethe, qui y résida de 1776 à 1782 et qui le considérait comme son refuge préféré jusqu'à la fin de sa vie.
« Elle est sans prétention/Cette petite maison avec son grand toit/Tous ceux qui y sont venus/Ont eu le cœur en fête/Les arbres plantés de mes mains grandissaient et verdissaient/Et pour l'esprit aussi/C'était un terrain béni. » (Goethe) rédigea la première mouture des *Années d'apprentissage de Wilhelm Meister*, ainsi que d'importantes parties d'*Iphigénie*, les esquisses d'*Egmont* et *Torquato Tasso*. Le bâtiment a été converti en un musée regroupant meubles et dessins de Goethe. Face au pavillon se trouve la **Borkenhäuschen**, lieu de détente préféré de Charles Auguste ; la **Maison romaine** *(à 10mn, Römisches Haus - merc.-lun. 11h-17h - fermé de nov. à mars - 3,50 €)*, bâtiment de style néoclassique (1791-1797), a été conçue par Goethe pour Charles Auguste.

Traversez le parc en direction de la Belvederer Allee.

★ Maison de Liszt (Liszt-Haus, B3**)** – *Entrée Belvederer Allee, Marienstr. 17 - ✆ 03643 545 400 - www.klassik-stiftung.de - avr.-oct. : tlj sf mar. 10h-18h ; oct.-mars : tlj sf mar. 10h-16h - 4,50 €, audioguide pour le 1er étage ; écouteurs pour le rez-de-chaussée.* Dans cette ancienne maison des jardiniers, visite des pièces où vécut **Franz Liszt** lors de son deuxième séjour à Weimar de 1869 à 1886. On retiendra surtout le **Musiksalon** où le compositeur organisait des concerts dominicaux, la salle à manger (avec un portrait de Liszt, très idéalisé, par Ary Scheffer) et la chambre pour le moins exiguë où dormait son domestique, Fortunato.

3

À voir aussi

PLAN DE VILLE P. 206

★ Musée du Bauhaus Weimar (BAUHAUS-MUSEUM WEIMAR) A2

Stéphane-Hessel-Platz 1 - ✆ 03643 545 400 - www.klassik-stiftung.de et bauhausmuseumweimar.de - ♿ - merc.-lun. 9h30-18h - 10 €, audioguide gratuit ; billet combiné avec le Neues Museum Weimar : 15 € - visite guidée le vend. à 16h (et le lun. à 13h avril-oct.).

Si vous aimez l'esthétique du Bauhaus, ne manquez pas ce tout nouveau musée inauguré en 2019 à l'occasion du centenaire de cette École d'arts décoratifs qui s'est illustrée à Weimar de 1919 à 1925, avant son départ pour Dessau. Édifié par Heike Hanada à la lisière du Weimarhallenpark, il explore de manière thématique, sur quatre niveaux (2 250 m^2), l'histoire des ateliers où élèves et professeurs ont d'abord réalisé des pièces uniques puis, à partir de 1923, des articles destinés

Une ville d'art et de lettres

L'« Athènes allemand » (Madame de Staël)

On ne peut guère faire un pas dans la ville sans rencontrer le souvenir des hommes les plus prestigieux du panthéon des Arts et des Lettres allemands comme Cranach, Bach, Liszt, Schiller. Weimar connut son heure de gloire avec l'arrivée au pouvoir de la duchesse Anna Amalia en 1758. Sous son impulsion, la ville devint un centre intellectuel de première importance dominé par **Johann Wolfgang von Goethe** (1749-1832) qui, à 26 ans, fut appelé dans cette petite capitale d'à peine 5 000 habitants. Pendant plus de vingt-cinq ans, Goethe dirigea le théâtre, qui allait devenir le Théâtre national allemand. Il se lia d'amitié avec **Friedrich von Schiller** qui, en 1799, s'établit définitivement dans la ville. La collaboration entre les deux hommes ainsi que les travaux de l'écrivain et théologien J.-G. **Herder**, qui résida à Weimar de 1776 à 1803, expliquent que Weimar ait été considérée comme la ville phare du « classicisme allemand ».

L'art et la musique à Weimar

C'est à Weimar que, de 1552 à sa mort, Lucas Cranach l'Ancien travailla et acheva sa dernière grande œuvre, le triptyque de l'autel de l'église Herder/St-Pierre-et-St-Paul *(Herderkirche)*. Jean-Sébastien Bach, organiste et maître de chapelle à Weimar de 1708 à 1717, composa durant cette période de nombreuses œuvres pour orgue. En 1848, Franz Liszt vint s'installer à Weimar et, en prenant la direction des concerts et de l'opéra de la ville, rassembla autour de lui l'élite artistique de l'époque. En 1860 fut ouverte l'école des beaux-arts qui allait marquer la peinture du 20e s. C'est sous l'influence de peintres aussi célèbres qu'Arnold Böcklin (1827-1901) que se créa « l'école de peinture de Weimar ».

« Jugendstil » et « Bauhaus »

L'artiste belge Henry van de Velde, l'un des maîtres du Jugendstil ou « Art nouveau », fut appelé à Weimar en 1902. Avec un groupe d'artistes, il fonda l'École des arts décoratifs, puis érigea quelques maisons de type Jugendstil, comme dans la Cranachstraße aux nos 15 et 47. Sa propre maison, *Hohe Pappeln* (hauts peupliers), sise au n° 58 Belvederer Allee et récemment restaurée *(avr.-oct. : tlj sf mar. 10h-18h, 16h en hiver - 4,50 €)*, témoigne de sa créativité. En 1919, à Weimar, **Walter Gropius** fusionne l'École des arts décoratifs et l'École des beaux-arts sous la dénomination *Das Staatliche Bauhaus Weimar*. Le style du Bauhaus s'affirme alors (dans le sud-est du Parc de l'Ilm, avec la maison **Am Horn**, de 1923, *ouv. tlj sf mar. 10h-18h ; 4,50 €*), mais la très conservatrice Weimar ne peut faire face à ce concept de renouveau radical et, en 1925, le mouvement doit quitter la ville pour s'installer à Dessau.

La République de Weimar

La Constitution de la « République de Weimar » (1919-1933) fut adoptée par l'Assemblée nationale réunie dans le théâtre de la ville en 1919. Cependant, le gouvernement regagna Berlin une semaine après l'adoption du texte. Par sa tradition humaniste, la ville de Goethe avait simplement fourni à la démocratie naissante un contrepoint bienvenu au climat politiquement lourd du Berlin d'après-guerre.

Rue de Weimar.
Nikada/iStock

à être produits en série. Plusieurs de ces réalisations, qui font partie de la riche collection réunie par Walter Gropius, sont devenues des classiques du design : la lampe de Wilhelm Wagenfeld, la théière de Marianne Brandt, le fauteuil en érable de Marcel Breuer, les meubles de Mies van der Rohe (3e étage)...

Nouveau Musée de Weimar (NEUES MUSEUM WEIMAR) AB2

Jorge-Semprún-Platz 5 - ✆ 036 43 545 400 - tlj sf mar. 10h-18h (nov.-mars 16h) - 8 €.

Le Nouveau Musée, édifice néo-Renaissance, a été bâti de 1863 à 1869 pour abriter le Musée grand-ducal. Quartier général de la direction régionale du parti nazi sous le IIIe Reich, il a aujourd'hui retrouvé sa vocation première : il accueille de nombreuses, et souvent intéressantes, expositions temporaires comme celle de 2019 consacrée aux années 1900.

Cimetière historique et caveau princier

(HISTORISCHER FRIEDHOF UND FÜRSTENGRUFT) AB3

Tlj sf mar. 10h-18h (10h-16h en hiver) - 4,50 €. Au centre du cimetière historique, le **caveau princier** fut érigé par C. W. Coudray entre 1825 et 1827. C'est ici que reposent, côte à côte, Goethe, Schiller et le duc Charles Auguste.

Derrière le monument se trouve l'**église russe orthodoxe**, construite entre 1859 et 1862 pour la grande-duchesse Maria Pawlowna, belle-fille de Charles Auguste. Charlotte von Stein, muse de Goethe, repose également dans ce cimetière.

Archives Nietzsche (NIETZSCHE ARCHIV) A3

Humboldstraße 36 - ✆ 03643 545 400 - www.klassik-stiftung.de - avr.-oct. : tlj sf mar. 11h-17h - 4,50 €.

C'est dans cette maison que le philosophe Friedrich Nietzsche passa les trois dernières années de sa vie (il mourut en 1900). Atteint d'aliénation mentale, il y fut soigné par sa sœur Élisabeth. Elle institua ici les **Archives Nietzsche** et confia à Henry Van de Velde, en 1903, l'aménagement du rez-de-chaussée. La plus belle pièce des Archives est la **bibliothèque★**, où les meubles comme les autres éléments s'intègrent de façon harmonieuse. Remarquez le buste de Nietzsche réalisé par Max Klinger. Des documents retracent la vie et l'œuvre du philosophe.

À proximité

CARTE DE RÉGION P. 172

Château de Tiefurt (SCHLOSS TIEFURT) B2

À 2 km à l'est.

Hauptstr. 14, Weimar-Tiefurt - ✆ 03643 545 400 - tlj sf mar. - avr.-oct. : 11h-17h - 3,50 €.

Ancienne résidence d'été (18e s.) de la duchesse Amalia, le **château de Tiefurt** est entouré d'un parc à l'anglaise. Sous l'impulsion d'Amalia, le château et le parc devinrent des centres de rencontres littéraires, dont les habitués avaient pour nom Goethe, Wieland, Herder, Schiller, Humboldt...

Château du Belvédère (SCHLOSS BELVEDERE) B2

À 4 km au sud-est.

Weimar-Belvedere - ✆ 03643 545 400 - tlj sf lun. - avr.-oct. : 10h-18h - 6,50 €.

Le Belvédère est l'un des châteaux d'agrément (1724-1732) les plus réussis de Thuringe. Il est composé d'un important corps central flanqué de deux ailes basses, et complété par quatre bâtiments annexes et une orangerie *(déc.-avril, vend.-dim.*

11h-16h - 2,50 €). Dans le château, visiter les pièces d'apparat soigneusement restaurées et le **musée du rococo** (collection exceptionnelle de porcelaines, verres et meubles du 17e au 19e s.). Le parc, qui était à l'origine aménagé dans le style baroque, fut remanié entre 1814 et 1840 en jardin anglais.

Château de Kochberg (SCHLOSS KOCHBERG) B2

Großkochberg, à 35 km au sud par la B 85.

036743 54 54 00 - www.klassik-stiftung.de - accès libre au parc toute l'année - château : ouv. mars-oct., merc.-lun. 11h-17h - 3,50 €.

Ce château Renaissance (1600), niché dans un ravissant paysage, était la résidence d'été de Charlotte von Stein à laquelle Goethe rendit fréquemment visite entre 1775 et 1788. La demeure a gardé plusieurs souvenirs de l'écrivain mais aussi un peu de l'amosphère de son époque : des papiers peints à la main, un parc romantique… Le théâtre très intime, habillé de faux marbre, fonctionne encore *(036743 225 32 - www.liebhabertheater.com - mai-oct. - 75 places 19/40 €).*

★★ Musée du Panorama (PANORAMA MUSEUM), Bad Frankenhausen B1

À 55 km au nord-ouest.

034 671 6190 - www.panorama-museum.de - jeu.-dim. 10h-17h - 8 € - bar-restaurant sur place.

Perché sur les hauteurs de la montagne de Kyffhäuser, ce musée abrite la peinture monumentale de Werner Tübke, la **Première révolution bourgeoise en Allemagne** : cette toile circulaire de 123 m de long sur 14 m de haut évoque la révolte de 1525 où 6 000 paysans tentèrent, ici même, de renverser l'autorité séculière. Ils furent emmenés par Thomas Müntzer, réformateur radical persuadé que le moment était arrivé d'installer le royaume de Dieu sur Terre. Il fut finalement décapité et les insurgés, pour la plupart, massacrés. Inauguré à la veille de la chute du mur de Berlin, ce projet commandé par l'ex-République démocratique était conçu à l'origine comme un mémorial dédié à l'histoire de la RDA. L'artiste, qui consacra plus de 20 ans à son élaboration, en fit une œuvre universelle, composée de plus de 3 000 personnages.

Le Panorama de la Guerre des paysans, de Werner Tübke.
M. Schutt/dpa-Zentralbild/age fotostock/Adagp, Paris, 2021

3

Mémorial de Buchenwald (GEDENKSTÄTTE BUCHENWALD) B2

À 8 km au nord-ouest, bus n° 6 de Weimar (dir. « Buchenwald »).

03 643 43 00 00 - www.buchenwald.de - ♿ - tlj sf lun. - avr.-oct. : 10h-18h ; nov.-mars : 10h-16h - dernière entrée 30mn av. fermeture - possibilité de visite guidée (2h) d'avril à oct. à 10h30, 11h30, 12h30, 13h30 et 14h30 - fermé 1er janv., 24-26 et 31 déc. - gratuit.

À quelques kilomètres seulement de ce haut lieu de l'humanisme que fut Weimar, l'Ettersberg hébergea huit années durant l'un des plus importants camps de concentration du régime hitlérien. Créé en juillet 1937 pour l'internement des opposants allemands, le camp reçut rapidement les Juifs et les Tsiganes persécutés par les nazis, puis, au fur et à mesure de l'invasion de l'Europe, des ressortissants de nombreux pays occupés : au total, environ 250 000 hommes de 32 nationalités différentes, y compris des enfants, prirent le chemin de Buchenwald. Pour plus de 60 000 d'entre eux, ce fut un voyage sans retour. Le 11 avril 1945, les prisonniers, profitant de la fuite des gardiens SS à l'approche des troupes américaines, parvinrent à se libérer ; il était 15h15, horaire que l'horloge du camp, pour mémoire, indique de façon définitive.

Mémorial *(Gedenkstätte Buchenwald) – Brochure descriptive et plan à l'entrée.* Le centre d'information projette un film retraçant l'histoire du camp. Le circuit de visite pénètre dans le camp par la porte du bâtiment d'entrée, sur laquelle figure encore la sinistre inscription : *Jedem das Seine* (À chacun son dû). L'emplacement des baraques est matérialisé sur le sol ; en bas, vers la droite, le bâtiment des effets a été transformé en musée. À l'extérieur du camp, un chemin conduit à la carrière où les conditions de travail inhumaines provoquaient un taux de mortalité particulièrement élevé parmi les détenus qui y étaient affectés.

Camp spécial n° 2 – Les forces soviétiques d'occupation ont ouvert ce camp spécial en 1945. Elles y ont interné jusqu'en 1950 d'anciens cadres du parti nazi, des criminels nazis, mais aussi des prisonniers politiques. De source soviétique, on estime à plus de 7 000 le nombre de personnes qui y trouvèrent la mort.

Mémorial – *1 km en direction de Weimar.* Par le portail d'entrée et le chemin des Stèles, on accède à l'allée des Nations reliant trois fosses communes. Pour finir, on atteint la tour-clocher devant laquelle se dresse un ensemble sculptural réalisé par Fritz Cremer et symbolisant la résistance dans le camp.

Carnet pratique

S'informer

Office de tourisme – *Markt 10 - 03 643 74 50 - www.weimar.de.*

Visites

La **Weimar Card**, valable 48h *(32,50 €)*, donne accès à tous les transports et à la plupart des musées de la ville.

Agenda

Festival Bach en Thuringe (Thüringer Bachwochen) – *Mars-avr. - www.thueringer-bachwochen.de.* Concerts de Bach à la Herderkirche et la Weimarhalle.

Été à Weimar (Weimarer Sommer) – *Juin-sept. - www.weimar.de.* Concerts en plein air, théâtre, master classes et, fin août, grande fête à l'occasion de l'anniversaire de Goethe.

Nos adresses

Restauration

Premier prix

4 **Suppenbar Estragon** – B2 - *Herderplatz 3 - ✆ 03643 908599 - www.estragon-suppenbar.de* - *10h-19h, dim. 12h-16h - 10/15 €.* Agréable petite adresse face à l'église St-Pierre et St-Paul, proposant une cuisine simple à base de soupes et de salades, parfumées aux herbes.

5 **Scharfe Ecke** – B2 - *Eisfeld 2 - ✆ 03643 202430 - merc.-dim. 11h-14h et 17h-22h.* L'adresse idéale pour goûter aux Klöße et autres spécialités traditionnelles de la Thuringe. On dîne aux chandelles. Attention : c'est copieux !

Pour se faire plaisir

12 **Gasthaus Zum Weißen Schwan** – B3 - *Frauentorstr. 23 - ✆ 03643 908751 - www.weisserschwan.de - 11h-23h - plat 12/24 €.* Goethe y aurait eu ses habitudes... Très joliment restauré, il offre une atmosphère à la fois rustique et intime.

Une folie

3 **AnnA** – B2 - *Markt 19 - ✆ 03643 802 639 - www.hotelelephantweimar.de - tlj 12h-22h - plat 26/36 €.* Relooké dans un style années 1930, le restaurant de l'hôtel Elephant surprend les papilles avec des compositions inédites – bœuf tartare rehaussé d'une glace à la truffe, ceviche de truite au concombre... – et une belle carte de vins issus de Thuringe et de Franconie pour la plupart. Service soigné.

Petite pause

Cafe Frauentor – *Schillerstr. 2 - ✆ 03643 511322 - www.cafe-frauentor.de - 9h-23h.* Un café presque viennois réputé pour ses pâtisseries. L'*Apfelstrudel* est fait maison et le café Maria-Theresia servi, comme il se doit, avec un doigt de liqueur d'orange.

Hébergement

Premier prix

7 **Die Sonne** – B2 - *Rollplatz 2 - ✆ 03643 4685555 - diesonne-weimar.de - P - 22 ch. 98 €* ☕. Coquette maison en brique au cœur de la vieille ville. Chambres pratiques et accueillantes, où domine le bois clair. Copieux petit déjeuner sous forme de buffet.

Budget moyen

1 **Hotel Am Frauenplan** – B3 - *Brauhausgasse 10 - ✆ 03643 49440 - hotel-am-frauenplan.de - P - 48 ch. 84/85 €* ☕. Face à la maison de Goethe, cet hôtel occupe l'ancien palais de la comtesse von Bernstoff. Chambres confortables et feutrées.

2 **Familienhotel Weimar** – B3 - *Seifengasse 8 - ✆ 03643 4579888 - www.familienhotel-weimar.de - 9 appart. à partir de 89 € - ☕ 13,80 €.* Appartements de 3 à 7 personnes dotés d'un balcon, d'une kitchenette et habilement agencés avec des matériaux écologiques par l'architecte Jörg Weber.

3 **La Casa dei Colori** – B2 - *Eisfeld 1a - ✆ 03643 489640 - www.casa-colori.de - 10 ch. 80/100 € - ☕ 15 €.* Au cœur du vieux Weimar, une petite pension très soignée aux chambres ravissantes. Service souriant, excellent petit déjeuner.

Pour se faire plaisir

Romantik Hotel Dorotheenhof – HORS PLAN - *Dorotheenhof 1 - 4 km au nord-est du centre - ✆ 03643 4590 - www.wellnesshotel-weimar.de - P - 56 ch. 165/220 €* ☕. Cette ancienne propriété du capitaine de cavalerie Carl von Kalkreuth abrite, dans un cadre champêtre, un bel hôtel de style maison de campagne. Restaurant « Le Goullon », aux tables soigneusement dressées sous un charmant plafond voûté.

3

Erfurt ★

Capitale de la Thuringe, Erfurt est une cité paisible et pleine de charme, avec ses maisons à colombages, ses édifices Renaissance, ses églises gothiques et son pittoresque pont des Épiciers. Favorisée par les archevêques éclairés de Mayence, la ville des clochers est également un foyer universitaire historique, qui a attiré les plus grands noms de l'humanisme allemand, parmi lesquels Luther, Goethe, Schiller, Herder et Bach.

Se repérer

213 700 habitants – Thuringe

CARTE DE RÉGION B2 (P. 172)

PLAN DE VILLE P. 216

Erfurt est située au cœur de la Thuringe, entre Gotha et Weimar.

À ne pas manquer

La cathédrale Ste-Marie.

Organiser son temps

Prévoyez une journée pour flâner dans les charmantes rues du centre.

Carnet pratique p. 218

Nos adresses p. 219

Autour de la Domplatz

PLAN DE VILLE P. 216

La Domplatz est dominée par les deux édifices imposants que sont la cathédrale Ste-Marie et l'église St-Séverin.

★★ Cathédrale Ste-Marie (DOM ST-MARIEN) A2

Mai-oct. : 9h30-18h, dim. 13h-18h ; nov.-avr. : 9h30-17h, dim. 13h-17h - visite guidée : tlj à 14h - entrée libre, visite guidée 4,50 €.

La cathédrale, basilique romane originelle, élevée en 1154 sur la colline de la citadelle, reçut au milieu du 14e s. un chœur gothique très élancé et le porche nord. Un siècle plus tard, la nef romane fut remplacée par une nef de style gothique flamboyant, entourée par d'amples collatéraux.

★★ Portails nord – Le porche d'entrée est formé par deux portails supportant une élégante statuaire : au nord-est, la facture des Apôtres rappelle le travail des maîtres des cathédrales françaises, tandis que le portail nord-ouest présente les Vierges folles et les Vierges sages.

Intérieur – Admirez l'autel de la Vierge, roman (1160), la **statue-candélabre★** dite « Wolfram » (1160), la pierre tombale du comte de Gleichen et de ses deux femmes,

La ville du pastel

En 742, saint Boniface, venu d'Angleterre, créa à Erfurt un évêché, bientôt rattaché à celui de Mayence. Sa situation sur l'importante route commerciale reliant le Rhin à la Russie lui permit de devenir dès le Moyen Âge une place commerciale de premier plan au point de faire partie de la Ligue hanséatique au 15e s. : Erfurt constitua ainsi un véritable trait d'union entre les puissants ports du Nord et l'Europe centrale. C'est principalement le commerce du pastel, seule plante alors capable de produire la couleur bleue, qui assura sa prospérité aux 15e et 16e s.

Cathédrale Sainte-Marie.
H. P. Szyszka/Novarc Images/age fotostock

les stalles du chœur ouvragées (14e s.), les **vitraux★** du chœur (vers 1370-1420), dont certains montrent des scènes de la vie quotidienne à la fin du Moyen Âge.

★ Église St-Séverin (ST. SEVERI-KIRCHE) A2

Mai-oct. : 9h30-18h, dim. 13h-18h ; nov.-avr. : 9h30-17h, dim. 13h-17h.
Ancienne abbatiale des bénédictins du monastère St-Paul et des chanoines de St-Augustin, l'**église St-Séverin** est une église à cinq nefs de style gothique primitif. Dans le collatéral sud, **sarcophage★** de saint Séverin (vers 1365), évêque de Ravenne.
Jolie **vue★** sur la vieille ville depuis le plateau de Petersberg, l'une des citadelles baroques les mieux préservées d'Europe centrale (1665-1707 ; *visite guidée (1h30) les jeu., vend. et sam. au départ de l'office de tourisme - 9 €, 6 € avec l'ErfurtCard).*

3

Autour du marché au poisson

(FISCHMARKT) A2

Hôtel de ville (RATHAUS) A2

Fischmarkt 1 - lun., mar. et jeu. 8h-18h, merc. 8h-16h, vend. 8h-14h, w.-end. 10h-17h.
L'intérieur de l'imposant hôtel de ville, de style néogothique, est décoré de **fresques★** évoquant la vie de Luther ainsi que les légendes de Faust et Tannhäuser. Au nord de la place (*nos 13-16*), la maison *Zum Breiten Herd* est un bel édifice à trois étages de style Renaissance (1584).

★ Pont des Épiciers (KRÄMERBRÜCKE) AB2

Construit en 1325, ce pont dit « des Épiciers » a des allures de Ponte-Vecchio ; particularité unique au nord des Alpes : ses deux côtés sont occupés par des maisons habitées. Elles étaient au nombre de 62 au Moyen Âge. Aujourd'hui réduites à

32, ces étroites maisons à colombages, coiffées de toits raides, constituent un ensemble de caractère « médiéval », même si elles datent pour la plupart des 16e-19e s.

★ Musée Anger (ANGERMUSEUM) B2

Anger 18 - ✆ 0361 655 1651 - www.angermuseum.de - tlj sf lun. 10h-18h - 6 € (gratuit le 1er mar. du mois.

Le **musée Anger**, installé dans un édifice baroque de 1706, est surtout connu pour son exposition sur l'art en Thuringe au Moyen Âge (**retables**★★ des 14e, 15e et 16e s. ; **Pietà**★★ du maître du sarcophage de saint Séverin ; tableau de Hans Baldung Grien sur le thème de la Genèse et *Laissez venir à moi les petits enfants* de Lucas Cranach, 1537). La galerie de peinture réunit des tableaux de paysagistes allemands des 18e et 19e s. À voir en particulier : *La Vallée du Cadore dans les Alpes italiennes* (1836) de Friedrich Nerly, natif d'Erfurt, et le *Paysage de la Spree* (1840) du Berlinois Eduard Gaertner.

Le musée Anger abrite aussi un petit trésor : une peinture murale de l'expressionniste Erich Heckel (1922-1924), *Les Étapes de la Vie (Lebensstufen).*

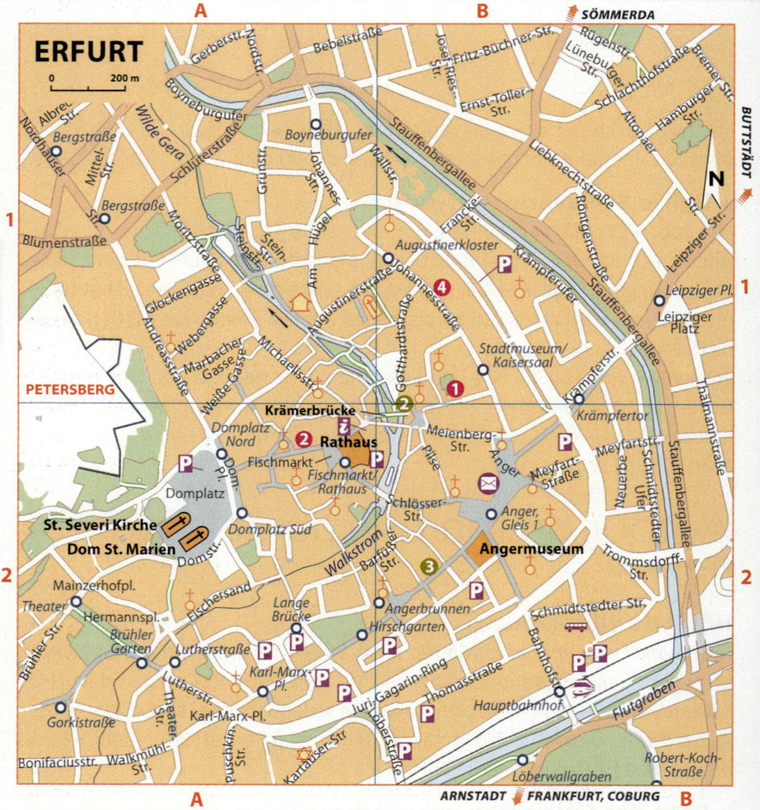

SE RESTAURER		SE LOGER
Clara- Restaurant im Kaisersaal 1	Il Cortile 4	Krämerhaus........ 2
	Köstritzer « Zum Güldenen Rade » 2	Zumnorde 3

Spiritualité et humanisme

Les nombreux clochers s'élevant au-dessus des toits de la ville permettent de mesurer le rôle joué sur le plan religieux par Erfurt sous l'impulsion des archevêques-électeurs de Mayence. Après **maître Eckhart**, prieur des dominicains de Saxe (établis à Erfurt à partir de 1303), qui sera à l'origine du courant des mystiques rhénans, la ville reçoit deux siècles plus tard le jeune **Martin Luther**. Après ses études de philosophie à l'université, considérée comme le foyer de l'humanisme allemand, il entre en 1505 au couvent des augustins, qu'il quittera six ans plus tard pour s'établir à Wittenberg.

À proximité

CARTE DE RÉGION P. 172

Arnstadt B2

À 16 km au sud d'Erfurt.

Cette petite ville de Thuringe, fondée dès le 8e s., est surtout connue pour le séjour qu'y fit **J.-S. Bach** de 1703 à 1707 en tant qu'organiste de l'église paroissiale *(An der Neuen Kirche)* qui porte aujourd'hui son nom. Dans le **musée du Château**, une exposition permanente intitulée « Bach in Arnstadt » est d'ailleurs consacrée au compositeur *(Schlossmuseum, Schlossplatz 1 - ✆ 03628 602932 - tlj sf lun. 9h30-16h30 - 6 €)*. À voir aussi, dans ce même musée, la **collection de poupées★** (*Puppensammlung* « Mon Plaisir »), les tapisseries bruxelloises de la Renaissance et les **porcelaines★** d'Asie et de Meissen.

L'ancien cimetière (Alter Friedhof, *Bahnhofstraße*) conserve les sépultures d'une vingtaine de membres de la famille Bach.

Gotha B2

À 23 km à l'ouest d'Erfurt.

Gotha acquit une réputation internationale par son almanach qui éditait la généalogie des familles nobles. La place du Marché, aux ravissantes maisons bourgeoises, s'étend jusqu'au château. L'**hôtel de ville**, de style Renaissance (1567-1574), avec son portail et sa façade nord richement ornés, se trouve sur le marché principal, dans la partie basse de la ville. Le château massif, un peu en retrait, domine l'ensemble.

Château Friedenstein (Schloss Friedenstein) – *✆ 03 621 82 34 51 - www. stiftungfriedenstein.de - avr.-oct. : tlj sf lun. 10h-17h ; nov.-mars : tlj sf lun. 10h-16h - fermé 24 et 31 déc. - 10 € (forfait « Friedenstein-Karte », valable 1 j. pour tous les musées du château).*

Le **château de Friedenstein**, austère édifice baroque à trois ailes, fut commencé en 1643 par Ernest Ier le Pieux, et terminé en 1655. Si l'extérieur peut décevoir, l'intérieur est un régal : plus de 30 pièces de style baroque, rococo et classique. Les plafonds originaux en stuc de la fin du 17e s., les sols en marqueterie et le précieux mobilier (quelques pièces de l'atelier d'Abraham Roentgen) sont remarquables. Le château et son voisin, le pompeux **Herzogliches Museum** *(tlj 11h-17h ; 10h-16h nov.-mars)*, hébergent de nombreuses collections réunies au cours des siècles par la maison de Gotha.

La **collection d'œuvres d'art** comprend des peintures hollandaises et flamandes du 17e s., mais surtout des œuvres allemandes des 15e et 16e s. Les **tableaux de Lucas Cranach l'Ancien** retiennent l'attention, de même que le gracieux **Couple d'amoureux de Gotha★**, premier portrait double de la peinture allemande, peint en 1484 par un maître inconnu. Le **retable de Gotha★**, conçu vers 1540 dans

Erfurt, le pont des Épiciers (Krämerbrücke).
bbsferrari/iStock

l'atelier du peintre Heinrich Füllmaurer, est également magnifique : ses 157 panneaux racontant la vie du Christ en font l'œuvre la plus imagée de l'art sacré allemand.

À signaler aussi : la collection remarquable de sculptures de l'artiste français **Jean Antoine Houdon** (1741-1828), la deuxième après celle du musée du Louvre. Une **collection d'objets antiques et d'art égyptien** – peu importante, mais de qualité – qui témoigne de la passion de ses collectionneurs. La visite du château de Friedenstein devrait également inclure la visite du **Ekhof-Theater** (1774 ; *mar.-dim. 10h-17h, 16h en hiver - audioguide allemand/anglais : 2,50 €*), le plus ancien théâtre baroque d'Allemagne. Il se réveille chaque été à l'occasion du Ekhof-Festival *(www.ekhof-festival.de)*.

Parc du château – Le parc de style anglais comprend un magnifique espace boisé et une orangerie construite entre 1747 et 1767 : il est très agréable de s'y promener.

Carnet pratique

S'informer

Office de tourisme – *Benediktsplatz 1 - ✆ 0361 664 00 - www.erfurt-tourismus.de.*

Visites

L'**ErfurtCard Mobil**, valable 48h *(19,90 €)*, donne accès à tous les transports et musées de la ville.

Agenda

Krämerbrückenfest – *3e w.-end de juillet.* Depuis 1975, c'est la traditionnelle fête de la vieille ville d'Erfurt : artisans et saltimbanques se pressent autour du Pont des Épiciers.

Domstufen-Festspiele – *2 sem. en août - www.domstufen-festspiele.de.* Puccini, Verdi... : chaque soir, les marches de la cathédrale se transforment en scène lyrique.

Nos adresses

Restauration

Premier prix

4 **Il Cortile** – B1 - *Johannesstr. 150 - Signal-Iduna-Passage - ✆ 0361 5664411 - ilcortile.de - merc.-sam. 18h-21h.* L'autre valeur sûre d'Erfurt, en dehors du restaurant Zumnorde, est cette délicieuse cantine italienne, connue pour son savoureux buffet d'antipasti et la qualité de ses pâtes maison (13 à 18 €).

2 **Köstritzer « Zum Güldenen Rade »** – A2 - *Marktstr. 50 - ✆ 0361 5613506 - www.zum-gueldenenrade.de - plats 11-17 €.* Dans la vieille ville, non loin de la mairie ; murs en pierre de taille, bois et tableaux offrent un décor agréable à ce restaurant. Jardin d'été et terrasse dans la cour intérieure. Un bâtiment séparé abrite un ancien moulin à tabac.

Une folie

1 **Clara - Restaurant im Kaisersaal** – B1 - *Futterstr. 15/16 - ✆ 0361 5688207 - www.restaurant-clara.de - à partir de 18h30 - fermé 3 sem. en août., dim.-lun. - menus 88/119 €.* La Suissesse Maria Groß propose une cuisine harmonieuse, créative et sophistiquée, soulignée par une belle présentation des plats. Bons conseils de l'équipe pour les accords mets et vins. Le tout est servi dans une salle moderne aux lignes droites et simples.

Shopping

Goldhelm Eiskrämer – *Krämerbrücke 12-14 - ✆ 0361 60004004 - www.goldhelm-schokolade.de - 10h-19h, dim. 11h-18h.* Même en plein hiver, on fait la queue devant les sorbets de Goldhelm préparés à partir de produits exclusivement régionaux : fleurs de sureau, groseille à maquereaux... Classé meilleur glacier de Thuringe en 2015 par le magazine allemand *Feinschmecker.*

L'Escargot – *Krämerbrücke 32 - ✆ 0361 6430772 - 11h-19h, sam. 11h-16h, lun. 13h-19h - fermé dim.* Corinna Krummrich est une sympathique caviste qui défend avec talent les vins de sa région (Saale et Unstrut). Prix raisonnables. À emporter ou à déguster sur place.

Hébergement

Pour se faire plaisir

2 **Krämerhaus** – B1 - *Krämerbrücke 15 - ✆ 0361 6441880 - www.kraemerhaus.de - 6 suites 85/150 € ☕ 20 €.* Les suites, de 37 à 86 m², sont dotées pour certaines d'une cuisine. Le tout a été aménagé avec beaucoup de goût dans la maison orange qui borde le pont des Épiciers. Jolies vues sur la Gera ou sur le pont.

3 **Zumnorde** – B2 - *Anger 50-51 - accès par la Weitergasse - ✆ 0361 56800 - www.hotel-zumnorde.de - P 17 €/j. -51 ch. 120/165 € ☕.* Chambres de belle dimension, réparties autour d'une cour intérieure dans un immeuble du 19e s. situé au cœur de la ville. Excellent restaurant. Sauna avec vue sur les toits.

3

Eisenach ★

Haut lieu de la culture allemande, la « chère ville » de Luther vit naître également le génie Bach, dans une discrète demeure du centre historique. Dominant la cité et ses venelles pittoresques du haut de son pic rocheux, la forteresse de la Wartburg était le théâtre des célèbres joutes des troubadours. Ce monument national, où Luther trouva refuge et Wagner l'inspiration de son « Tannhäuser », attire aujourd'hui près de 450 000 visiteurs par an.

Se repérer

42 400 habitants – Thuringe

CARTE DE RÉGION B2 (P. 172)

PLAN DE VILLE P. 221

Ville de l'ex-Allemagne de l'Est proche de la frontière qui divisait les deux Allemagnes, Eisenach est située aux confins nord-ouest de la forêt de Thuringe.

À ne pas manquer

La Wartburg, la forêt de Thuringe.

En famille

Découvrir le gypse de la grotte de Marienglas.

Carnet pratique p. 225

Nos adresses p. 225

Découvrir

PLAN DE VILLE CI-CONTRE

★★ Forteresse de la Wartburg A2

Visite : 2h. Laissez la voiture sur l'un des parkings (payants) de la Wartburg puis comptez 15mn de montée à pied. Il est aussi possible de prendre le bus n° 10 depuis la place du Marché. ✆ 03 691 25 00 - www.wartburg.de - visite guidée avr.-oct. : 8h30-17h (dernière entrée) ; nov.-mars : 9h-15h30 (24 déc. 11h, 31 déc. 14h) - 12 €.

La visite guidée d'une heure (en allemand, rarement en anglais) permet de parcourir les salles historiques. Remarquez notamment la **salle des Troubadours** avec sa grande fresque, sur laquelle le peintre romantique Moritz von Schwind a représenté la légendaire joute poétique entre *Minnesänger* sur la Wartburg.

Ancienne résidence des landgraves de Thuringe, la Wartburg est inscrite, depuis 1999, au Patrimoine mondial de l'Unesco. Il s'agit d'un site exceptionnel, chargé d'histoire, dont la visite est incontournable lors d'un passage à Eisenach.

Perchée sur un éperon rocheux, la forteresse se présente comme un assemblage de constructions de différentes époques. On passe d'abord sous le porche de la maison d'entrée, dont les parties les plus anciennes datent du 12e s., pour atteindre la **première cour** *(Erster Burghof)* encadrée par des bâtiments à colombages des 15e et 16e s. La seconde cour donne accès aux parties les plus intéressantes de la forteresse : sur la gauche, le **« palais »**★, qui servait de logis aux landgraves, superpose trois étages garnis d'arcatures romanes du début du 13e s.

Depuis la redoute et la tour sud, **vue**★ panoramique sur Eisenach et la forêt.

La visite s'achève par le **musée de la Wartburg** qui retrace la construction de la forteresse ; plusieurs tableaux de Lucas Cranach l'Ancien. Par le chemin de ronde couvert, on accède à la **chambre de Luther** *(Lutherstube)*, où le réformateur en exil travailla à la traduction du Nouveau Testament en langue allemande.

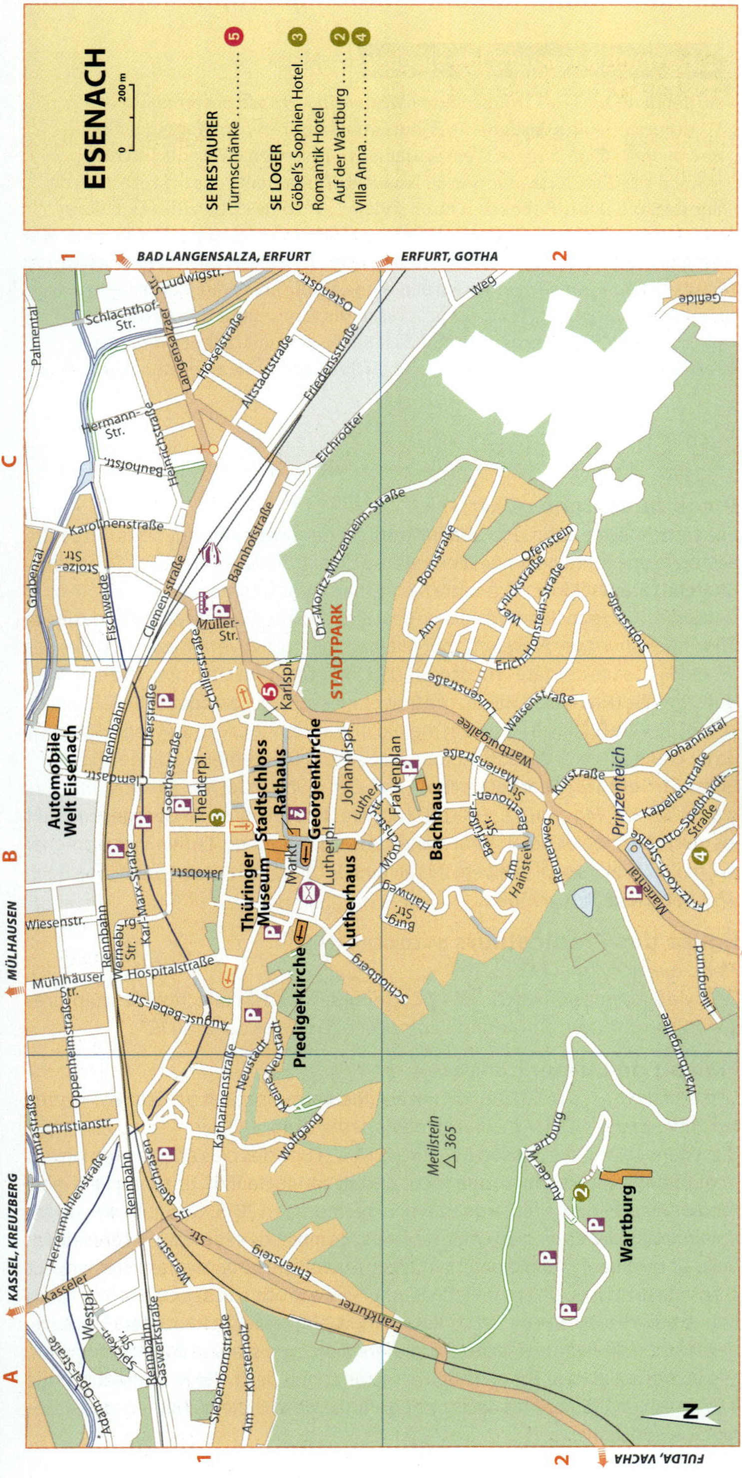
EISENACH
0 200 m
SE RESTAURER
Turmschänke 5
SE LOGER
Göbel's Sophien Hotel.. 3
Romantik Hotel
Auf der Wartburg 2
Villa Anna.............. 4
BAD LANGENSALZA, ERFURT
ERFURT, GOTHA
MÜHLHAUSEN
KASSEL, KREUZBERG
MEININGEN
FULDA, VACHA
Automobile Welt Eisenach
Thüringer Museum
Stadtschloss
Rathaus
Georgenkirche
Predigerkirche
Lutherhaus
Bachhaus
Wartburg
STADTPARK
Metilstein △ 365
Prinzenteich

3

Eisenach à travers les siècles

Au début du 13e s., les troubadours *(Minnesänger)* s'affrontèrent à la Wartburg au cours des fameuses joutes qui inspirèrent à Wagner le thème de son opéra *Tannhäuser*. C'est également à Eisenach qu'étudia **Luther**, avant d'y rédiger sa traduction du Nouveau Testament sous la protection du duc de Saxe. **Jean-Sébastien Bach** y vit le jour en 1685. La ville était alors résidence des ducs de Saxe-Eisenach, qui durent la céder en 1741 à la maison de Saxe-Weimar. En 1817, la Wartburg servit de cadre à une manifestation patriotique organisée par les corporations étudiantes pour exalter le sentiment national et les idées progressistes. Une cinquantaine d'années plus tard (1869), le « programme d'Eisenach » marquera la création par August Bebel et Wilhelm Liebknecht du Parti social-démocrate allemand.

Se promener

PLAN DE VILLE P. 221

Place du Marché (MARKT) B1

Elle est bordée de bâtiments administratifs et de maisons bourgeoises. Au centre se trouve une fontaine ornée d'une statue du patron de la ville, saint Georges.

Château (Stadtschloss) – La sobre façade baroque du **château** ferme le côté nord de la place. Cette ancienne résidence des ducs de Saxe-Weimar abrite le **musée de Thuringe** *(Thüringer Museum)* : porcelaines, faïences et verreries régionales des 18e et 19e s. ; salle des fêtes rococo. *✆ 036 91 67 04 50 - merc.-dim. 10h-17h - 4 €.*

Hôtel de ville (Rathaus) – Bâtiment à trois étages du 16e s. (baroque et Renaissance), l'**hôtel de ville** fut bâti à l'emplacement d'une ancienne taverne et remanié après un incendie survenu en 1636. Remarquez sa tour légèrement inclinée.

Église St-Georges (Georgenkirche) – *Avr.-oct. : 10h-12h30, 14h-17h ; nov.-mars : tlj sf dim. 10h-12h, 14h-16h - 2 €.* Église à trois nefs (16e s.), l'**église St-Georges** contient les pierres tombales de plusieurs landgraves de Thuringe. Luther vint y prêcher le 2 mai 1521, alors qu'il avait été mis au ban de l'Empire, et Jean-Sébastien Bach y fut baptisé le 26 mars 1685.

Église des Prédicateurs (PREDIGERKIRCHE) B1

Merc.-dim. 10h-13h - 4 €.

De style gothique primitif (fin 13e s.), cette église a reçu la **collection de sculptures sur bois★** du musée de Thuringe, composée d'œuvres du 12e au 16e s.

Maison de Luther (LUTHERHAUS) B1

Lutherplatz 8 - ✆ 036 91 2 98 30 - www.lutherhaus-eisenach.de - 10h-17h - fermé lun. (nov.-mars) - 10 € (expo permanente seulement : 8 €).

C'est dans cette belle **maison** de la fin du 14e s., l'une des plus anciennes maisons à colombages de Thuringe, que vécut **Luther** de 1498 à 1501, en tant qu'élève de l'école latine. Elle a été remarquablement restaurée en 2015. On peut y voir divers documents et livres religieux, dont le recueil complet de ses thèses. Avant Luther, on lisait rarement la Bible dans les pays de langue allemande : les livres étaient chers et surtout ils étaient en latin. Luther mit à profit son séjour à la Wartburg pour traduire le Nouveau Testament dans la langue de la chancellerie de Saxe. L'exposition rappelle le rôle du réformateur dans la naissance de l'allemand écrit. Elle lève aussi le voile sur un chapitre moins connu de l'histoire : l'institut fondé à Eisenach en 1939 par les nazis pour gommer de la Bible de Luther toute référence au judaïsme.

Maison de Bach (BACHHAUS) B2

Frauenplan 21 - ✆ 03 691 79 340 - www.bachhaus.de - 10h-18h - 10 €.
Considérée comme la **maison natale de Jean-Sébastien Bach**, fils d'Ambroise, lui-même musicien et notable d'Eisenach, cette discrète demeure, située au 21 Frauenplan, montre un cadre de vie typique de la fin du 17e s. ; manuscrits et portraits évoquent le souvenir de l'artiste et de plusieurs autres membres de la famille Bach, également compositeurs. On y donne de nombreux concerts (musique de Bach interprétée sur des instruments de l'époque).

Musée de l'Automobile (AUTOMOBILE WELT) B1

Friedrich-Naumann-Str. 10 - ✆ 03 691 77 212 - www.awe-stiftung.de - tlj sf lun. - avr.-oct. : 10h-18h ; nov.-mars : 11h-17h) - 6 € (droits photo 1 €).
Inaugurée fin 2001, l'exposition permanente, **Automobile Welt Eisenach** (Le monde automobile d'Eisenach), présente l'histoire technique de la construction automobile à Eisenach (1896-1991), liée aux noms de Dixi, BMW (fabriquées à Eisenach entre 1928 et 1940) et surtout Wartburg, le fleuron de l'industrie automobile de l'ex-RDA qui en a produit plus d'un million d'exemplaires entre 1955 et 1989.

Circuit conseillé

CARTE DE RÉGION P. 172

★★ La forêt de Thuringe (THÜRINGER WALD) B2

Circuit de 110 km tracé en vert sur la carte de région – D'Eisenach à Ilmenau - Comptez une journée.
La haute route de Thuringe suit en grande partie le **Rennsteig**, chemin de randonnée long de 160 km qui court sur la ligne de crête de la forêt de Thuringe et qui franchit les plus hauts sommets, comme le Großer Inselsberg et le Großer Beerberg. Poumon vert au cœur de l'Allemagne, la forêt de Thuringe recouvre presque complètement un massif culminant à près de 1 000 m d'altitude. Les

3

Forteresse de la Wartburg.
imageBROKER/hemis.fr

nombreux sentiers et le vaste choix d'hébergements combleront les amateurs de randonnées et les estivants.
Quittez Eisenach en direction de Gotha.

Großer Inselsberg B2

1h AR à pied. 916 m. Le **panorama★★** embrasse une grande partie de la forêt de Thuringe.

★ Grotte Marienglas (MARIENGLASHÖHLE) B2

À Friedrichroda, empruntez la route B 88 en direction de Tabarz (le parking est situé à 800 m de la sortie du village, à gauche). ✆ 03 623 31 16 67 - www.marienglashoehle-friedrichroda.de - ♿ (galerie supérieure) - visite guidée (50mn) avr.-oct. : 10h-17h ; nov.-mars : 10h-16h - 7,50 €.

De cette cavité naturelle était extrait le gypse cristallin, dont l'utilisation dans la décoration des autels est à l'origine du nom donné à la grotte *Marienglas* (verre de Marie).

La route coupe le Rennsteig et serpente entre le Regenberg (727 m) et le Spießberg (749 m), offrant de nombreuses possibilités de randonnées, surtout en direction de l'**Ebertswiese**, zone de prairies marécageuses.

Elle continue vers Oberhof par le Kanzlersgrund, vallée aux belles prairies.

★ Oberhof B2

Situé à environ 800 m d'altitude, c'est le plus important centre de loisirs et de sports d'hiver de la forêt de Thuringe.

Dans le **Rennsteiggarten**, parc botanique consacré à la flore des montagnes d'Europe centrale, on peut observer plus de 4 000 variétés de plantes. *✆ 03684 22 22 45 - avr.-sept. : 9h-18h ; oct.-nov. : 9h-17h - 8 €.*

Barrage de l'Ohratal (OHRATALSPERRE) B2

Prendre la B 247 jusqu'au grand parc de stationnement.

Le **barrage de l'Ohratal** est une retenue d'une superficie de 82 ha qui peut stocker 17,5 millions de m^3 d'eau. Elle alimente Erfurt, Weimar, Iéna et Gotha.

Quittez Oberhof en direction de Schmücke, Großer Beerberg.

Cette route bucolique serpente entre le Großer Beerberg (982 m) et le Schneekopf. Du parc de stationnement de l'auberge de Schmücke, beau point de vue sur la vallée. Le Finsterberg apparaît à gauche.

Ilmenau B2

Cette localité située en bordure septentrionale de la forêt de Thuringe est surtout liée au nom de Goethe, qui appréciait particulièrement son aspect harmonieux. Une plaque a été apposée sur la maison municipale (*Amtshaus*, place du Marché), aménagée en musée Goethe *(Goethe Stadtmuseum - Am Markt 7 - tlj sf lun. 10h-17h - 3 €)*, et une autre dans le pavillon de chasse de Gabelbach. Un chemin d'environ 20 km baptisé **Sur les traces de Goethe** *(« Auf Goethes Spuren »)* relie les lieux où résonne encore le nom du poète.

Carnet pratique

S'informer

Office de tourisme – *Markt 24 - ✆ 03691 792 30 - www.eisenach.info.*

Agenda

Eisenacher Sonntagskonzert – *De Pâques à fin oct. - dim. à 16h - www.kirchenkreis-eisenach.de.* Concerts gratuits à l'église St-Georges.

Concerts à la Wartburg – *www.wartburg.de.* Au programme, une trentaine de concerts tout au long de l'année dans le cadre du Wartburg-Festival, du MDR Musiksommer ou des Thüringer Bachwochen *(voir p. 212)*. On y donne aussi *Tannhäuser* de Wagner *(places de 49 à 89 €).*

Nos adresses

Restauration

Budget moyen

5 **Turmschänke** – B1 - *Karlsplatz 28 - ✆ 03691 213533 - www.turmschaenke-eisenach.de - P - tlj sf dim. à partir de 18h - plat 16/28 €, menu 3 plats 37 €.* Avec son charme rustique, le restaurant de la *Nicolaiturm* est le cadre idéal pour la cuisine régionale soignée d'Ulrich Rösch.

Shopping

Marché d'Eisenach (Wochenmarkt) – *Lun., merc. et vend. 8h-16h, sam. 8h-12h, sur la Marktplatz.* Pour faire le plein de produits locaux : paniers de légumes bio en direct des fermes de la région, confitures maison ou bières artisanales comme la *Broihan*, la *Mumme* et la *Rotbier* issues de la brasserie Schmalkalden *(braumanufaktur-schmalkalden.de - Weidebrunner Gasse 8).*

Activités

Une passerelle de 530 m de long *(Baumkronenpfad)* serpente au milieu et au-dessus des arbres pour permettre aux randonneurs d'admirer la forêt de Thuringe. *Accessible par beau temps - avr.-oct. : 10h-19h ; nov.-mars : 10h-16h - 11,50 €. Bus n° 27a depuis Eisenach (3 bus/j.). En voiture (23 km) : prendre la B 84 en direction de Reichenbach et Craula jusqu'au parking Thiemsburg. www.nationalpark-hainich.de.*

Hébergement

Pour se faire plaisir

4 **Villa Anna** – B2 - *Fritz-Koch-Str. 12 - ✆ 03691 23950 - hotel-villa-anna.de - 15 ch. 109 € - ☕ 10 €.* Une agréable combinaison d'atmosphère historique et d'élégance toute moderne dans cette villa. Accueil chaleureux.

3 **Göbel's Sophien Hotel** – B1 - *Sophienstr. 41 - ✆ 03691 2510 - www.goebel-hotels.com - P - 68 ch. 100/135 € - ☕ 14 €.* Propriété en centre-ville, qui propose des chambres modernes et fonctionnelles. Spa et sauna.

Une folie

2 **Romantik Hotel auf der Wartburg** – A2 - *Auf der Wartburg 2 - Sur la Wartburg (navette jusqu'à l'hôtel) - ✆ 03691 7970 - wartburghotel.de - P - 37 ch. 210/260 € ☕ 19,50 €.* De par sa localisation, en dessous même de la Wartburg, une nuit dans cet hôtel est une expérience hors du commun. Le restaurant Landgrafenstube vous accueille dans un cadre élégant et sobre, avec terrasse panoramique.

Cassel ★

Kassel

Avec son parc romantique aux ruines fantaisie et sa riche galerie des Maîtres anciens où l'on peut admirer des œuvres de Dürer, Rembrandt et Rubens, le Wilhelmshöhe fait la renommée de Cassel. La cité des frères Grimm connaît une intense activité culturelle, théâtrale, musicale et universitaire (25500 étudiants) autour d'un Science Park à la pointe des technologies. La plus célèbre de ses manifestations est la Documenta, exposition internationale d'art contemporain. Vous pourrez profiter enfin des rives verdoyantes de la Fulda et de son île.

Se repérer

199000 habitants – Hesse

CARTE DE RÉGION A2 (P. 166)

PLAN DE VILLE P. 228

Cassel se trouve à 168 km au sud de Hanovre. La ville s'articule autour de deux pôles : le centre *(Mitte)* et la station thermale de Bad Wilhelmshöhe. L'avenue qui les relie – la Wilhelmshöher Allee (6 km) – est desservie toutes les 15mn (30mn le soir) par le tram n° 1.

À ne pas manquer

La galerie des Maîtres anciens, le parc de Wilhelmshöhe et sa cascade.

Organiser son temps

Prévoyez une demi-journée pour la visite de Wilhelmshöhe, une bonne journée pour découvrir la ville. Vous pouvez aussi opter pour une promenade en bateau à partir du pont « Fuldabrücke ».

En famille

Le musée d'Astronomie et le planétarium.

Carnet pratique p. 232

Nos adresses p. 232

Découvrir

PLAN DE VILLE P. 228

★★ Wilhelmshöhe HORS PLAN A2

Accès depuis le centre-ville : U 1 jusqu'au terminus Wilhelmshöhe (Park) situé au pied du parc, à 232 m d'alt. - parc ouv. toute l'année - jeux d'eau : mai-sept. les merc., dim. et j. fériés de 14h30 (statue d'Hercule) à 15h45 (Fontänenteich) - illuminations nocturnes : 1er sam. du mois (juin-sept.).

★★ Le parc

L'aménagement de ce parc de 2,4 km² (l'équivalent de 350 terrains de football), où poussent près de 800 essences d'arbres, a commencé en 1701 sous le landgrave Charles, d'après les plans de l'architecte italien Guerniero. De style baroque, il fut transformé dans la seconde moitié du 18e s. en un jardin anglais comportant des temples, des pavillons, des grottes et des ruines artificielles. C'est le château du **Löwenburg**, une ruine fantaisie élevée entre 1793 et 1801, qui témoigne le mieux du goût pour le sentimentalisme romantique (remarquez à l'intérieur les armes, les armures et les objets d'ameublement). Le clou du parc est sans doute l'**Hercule★**, emblème de Cassel, qui se dresse au point le plus

Château du Löwenburg à Cassel.
CHROMORANGE/Dieter/Chromorange Photostock/age fotostock

élevé (525 m). Cette gigantesque statue – copie (1717) de l'Hercule Farnèse conservé au Musée national archéologique de Naples – se trouve au sommet d'une pyramide, elle-même posée sur un gigantesque octogone (hauteur totale du monument : 72 m) ! On y a donc une belle **perspective★★** sur le parc et le château jusqu'à Cassel. Le tout est inscrit, depuis 2013, au Patrimoine mondial de l'Unesco.

Au pied de l'octogone commence le grand **escalier d'eau**. C'est le point de départ des **grandes eaux★** : les eaux se jettent dans la grande cascade jusqu'au bassin de Neptune, avant de poursuivre leur cours plus bas jusqu'au bassin de la Fontaine, devant le château. Le dénivelé entre les deux points extrêmes atteint 200 m.

3

Château de Wilhelmshöhe (SCHLOSS WILHELMSHÖHE)

℘ 0561 31 68 00 - www.museum-kassel.de - tlj sf lun. 10h-17h - possibilité de visite guidée (1h) - fermé 24, 25 et 31 déc. - 6 € (« Tagesticket »), audioguide 3 € (allemand ou anglais).

Le château, de style classique, fut achevé en 1803. Les salons historiques de l'aile sud (musée du château – *Schlossmuseum*) sont garnis de précieux meubles Louis XV et Empire. Largement endommagé au cours de la Seconde Guerre mondiale, le château fut reconstruit sans son dôme central d'origine. Depuis juin 2000, l'édifice a été réaménagé afin de donner un nouvel éclat à la galerie des Maîtres anciens qu'il abrite, notamment grâce à l'adjonction d'un toit en bâtière en verre.

★ **Antiquités** – Dans l'entrée, des vases antiques des 6e et 5e s. av. J.-C., classés par origine géographique (Chypre, Crète...), évoquent l'époque classique grecque. L'Empire romain est représenté par l'**Apollon de Cassel** (copie du 2e s., d'après Phidias), une série de bustes, un sarcophage et des urnes, l'art égyptien par des statuettes de dieux et d'animaux sacrés en bronze et en pierre. À signaler aussi : la collection assez exceptionnelle de maquettes en liège reproduisant des bâtiments de la Rome antique, réalisées à Rome par Antonio Chichi à la demande du landgrave Frédéric II (il en avait commandé 33).

SE RESTAURER	SE LOGER
L'Orangerie 9	Stadthotel 2

★★★ **Galerie des Maîtres anciens** – Ses réserves sont constituées par les collections des landgraves. Les maîtres allemands sont représentés par des œuvres majeures : *Crucifixion* d'Altdorfer (1512), *Triptyque* portatif de Cranach l'Ancien (1509), *Portrait d'Élisabeth Tucher* par Dürer (1499), *Hercule et Antée* de Baldung Grien (1531).

La peinture hollandaise est également bien illustrée par des œuvres de **Rembrandt** : *Bénédiction de Jacob* (1656), admirable **Portrait de Saskia van Uylenburgh**★ *(v. 1640)*, *La Sainte Famille au rideau*, *Paysage d'hiver*, et des autoportraits tel *L'Homme au chapeau mou* de Franz Hals (1660). **Rubens** est représenté par un *Triomphe de la Victoire* (1614) plein de pathos, une *Vierge Marie, refuge des pécheurs*, et **Van Dyck** par un portrait de *Sebastian Leerse avec sa femme et son fils*. Jordaens se peint lui-même en joueur de luth dans *Les Noces du peintre*. Paysages et scènes de la vie courante par Bruegel l'Ancien, Ruysdael, Metsu et Jan Steen. Des œuvres de maîtres italiens (le Tintoret, Titien, Bassano), espagnols (Ribera, Murillo) et français (Poussin avec *Victoire de l'Amour sur Pan* et Simon Vouet avec *Sophonisbe recevant la coupe de poison*) complètent cette magnifique collection. Une mention spéciale pour le monumental tableau de **Johann Melchior Roos** qui dépeint les 70 animaux de la ménagerie du landgrave Charles (1721).

★ **Aile Weißenstein** (Weißensteinflügel - *Visite guidée uniquement - d'avril à fin oct. : tlj sf lun. ttes les heures 10h-16h ; de nov. à fin mars : vend.-dim. ttes les heures 10h-15h - 6 €, inclus dans le « Tagesticket »*). L'aile Sud, édifiée dans un style classicisant (1786) par Simon Louis du Ry – l'architecte du landgrave Guillaume IX – est la partie la plus ancienne du château de Wilhelmshöhe. Les 23 pièces que l'on peut y visiter – appartements privés et salles d'apparat – ont miraculeusement survécu aux années de guerre et constituent un précieux témoignage sur la vie à la cour de Hesse vers 1800.

Le centre-ville

De prime abord, on pourrait le juger un brin ennuyeux. Pourtant, le centre-ville de Cassel, avec ses immeubles des années 1950 (les plus réussis sont aujourd'hui classés monuments historiques), réserve de bonnes surprises. Il suffit, pour les croiser, de se promener entre la Treppenstraße de 1953 (la toute première zone piétonnière d'Allemagne) et la rivière Fulda : ce quartier est parsemé, grâce à la Documenta, de sculptures contemporaines signées Joseph Beuys, Claes Oldenburg, Giuseppe Penone... Il compte aussi plusieurs musées, dont le Grimm-Welt, inauguré en 2015.

★ Musée de la Hesse (HESSISCHES LANDESMUSEUM) A2

Brüder-Grimm-Platz 5 - ✆ 0561 31 680 300 - www.museum-kassel.de - tlj sf lun. 10h-17h - fermé 24-25 et 31 déc. - 6 €.

Le **musée de la Hesse** – de la Hesse du Nord à vrai dire – occupe toujours l'imposant bâtiment de style néo-Renaissance et Jugendstil conçu par l'architecte munichois Theodor Fischer en 1913, mais il vient de faire peau neuve : les 6 000 objets répartis sur trois étages se concentrent désormais sur la préhistoire, les arts appliqués du Moyen Âge au 19e s. et les traditions populaires. Au gré de cette collection aussi remarquable qu'instructive, on découvre de précieux objets en ambre, des pièces d'argenterie de Cassel, des porcelaines manufacturées à Fulda et des cristaux de Bohême colorés pour lesquels le landgrave de Hesse-Cassel Guillaume VIII (1751-1760) avait manifestement un goût prononcé. Les papiers peints qui couvrent plusieurs murs du deuxième étage reproduisent à l'identique des échantillons historiques conservés au **musée allemand du Papier peint** *(Deutsches Tapetenmuseum)* qui devrait ouvrir ses portes en 2022 juste en face du Musée de la Hesse.

3

Monde des frères Grimm (GRIMM-WELT) A2

Weinbergstraße 21 - ✆ 0561 598 61 90 - www.grimmwelt.de - tlj sf lun. 10h-18h (vend. 20h) - 7 €.

Même s'il s'adresse surtout à un public germanophone, poussez la porte du **Monde des frères Grimm**. Habilement conçu par un cabinet d'architectes d'Aix-la-Chapelle, ce « musée » plonge le visiteur dans la vie et l'œuvre des Grimm, mondialement connus pour avoir collecté plus de 200 contes et légendes. Tous ceux qui ont une âme d'enfant retrouveront donc avec plaisir l'univers de *Blanche-Neige, Hansel et Gretel, Tom Pouce, Le joueur de flûte de Hameln*... Mais le grand mérite du Monde des Grimm est aussi de rappeler ce qui constitua, en réalité, l'essentiel de leur carrière : l'élaboration, avec l'aide d'un réseau de correspondants, d'un « trésor de la langue allemande », à une époque (1838) où l'Allemagne n'existait pas (elle était morcelée en une quarantaine d'États). Le projet était

Noyau littéraire et artistique

Jakob (1785-1863) et **Wilhelm Grimm** (1786-1859) vécurent à Cassel de 1805 à 1830. Ils y travaillèrent comme bibliothécaires de la cour. Par leurs travaux communs sur la linguistique et la littérature (grammaire allemande, premiers tomes du dictionnaire de la langue allemande), ils furent les initiateurs de la philologie allemande. Passionnés d'histoire populaire, ils recueillirent dans toute la Hesse un nombre considérable de contes et de légendes qu'ils publièrent entre 1812 et 1822 sous le titre *Kinder- und Hausmärchen (Contes de l'enfance et du foyer)*. Bien qu'elle soit également connue pour son intense activité musicale et théâtrale, Cassel est aussi célèbre pour la **Documenta**, une exposition internationale d'art contemporain qui, depuis 1955, a lieu tous les cinq ans. Le centre principal de cette manifestation est le **Fridericianum** sur la vaste Friedrichsplatz; cette construction préclassique fut conçue par Simon Louis du Ry pour être le musée et la bibliothèque du landgrave Frédéric II.

colossal et en 1863, à la mort de Jacob, le dictionnaire n'en était encore qu'à la lettre F. Heureusement, les 600 000 fiches que les Grimm avaient soigneusement préparées ont permis à d'autres lexicologues de poursuivre la tâche. Résultat : 33 volumes (34 824 pages), numérisés depuis 2004. À retenir en particulier : les très poétiques **dioramas**★ réalisés par Alexej Tchernyi.

Nouvelle Galerie (NEUE GALERIE) A2

Schöne Aussicht 1, à 5mn à pied de l'arrêt de tram Rathaus - ✆ 0561 316 80 400 - www.museum-kassel.de - tlj sf lun. 10h-17h - 6 €; audioguide (allemand/anglais) 3 €.

En s'attachant aux artistes des 19e et 20e s., la Nouvelle Galerie vient habilement compléter les collections du château de Wilhelmshöhe. Deux étages leur sont entièrement consacrés, de **Johann E. Hummel** (*Le château de Wilhelmshöhe*, 1800) à **Joseph Beuys** (*Le Troupeau*, 1969) en passant par **Carl Spitzweg** (*Couple d'amoureux dans la forêt*, 1865) et **Johan Christian Dahl** (*Cascade en Norvège*, qui fut découpée en six morceaux pendant la guerre). À signaler aussi : les œuvres de la colonie d'artistes de **Willingshausen** (rez-de-chaussée), les toiles de **Lovis Corinth** et la section dédiée à la **Documenta**.

★ Parc de la Karlsaue AB2

Ce vaste parc est établi depuis le 18e s. au bord de la Fulda. Les endroits les plus fréquentés sont les jardins en pente aménagés sous la terrasse de Schöne Aussicht et l'île artificielle des Siebenbergen.

Dans un angle nord du parc se dresse l'**Orangerie** (1710), qui abrite le **musée d'Astronomie et le planétarium** *(Astronomisch-Physikalisches Kabinett)*. La prestigieuse **collection**★★ de montres et d'instruments astronomiques anciens a pu être réunie grâce à l'intérêt que portait Guillaume IV à l'astronomie, lequel fonda le premier observatoire astronomique européen à Cassel. Elle comporte de précieux instruments scientifiques anciens, dont la grande horloge planétaire construite en 1561 selon les plans du landgrave Guillaume IV. *✆ 0561 316 80 500 - www.museum-kassel.de - tlj sf lun. 10h-17h - fermé 24, 25 et 31 déc. - 3 € le cabinet d'astronomie, 6 € le planétarium.*

À quelques pas de l'Orangerie, le **Marmorbad** (1728 - *avr.-sept. : tlj sf lun. 10h-17h - 4 €*) est orné, à l'intérieur, de statues et de bas-reliefs inspirés de la mythologie grecque.

Les cascades dans le Parc Wilhelmshöhe.
mseidelch/iStock

À proximité

CARTE DE RÉGION P. 172

★ Château de Wilhelmsthal (SCHLOSS WILHELMSTHAL) A2

À Calden, 12 km au nord par la Rasenallee.

0561 31 68 0123 ou 05674 68 98 - www.museum-kassel.de - avril-oct. : tlj sf lun. 10h-17h ; nov.-fév. : vend.-dim. 10h-16h - possibilité de visite guidée (1h) - fermé 1er janv., 24-25 et 31 déc. - 4 €.

Édifice rococo (1743-1770) construit par François de Cuvilliés, le château de Wilhelmsthal est situé dans un parc à l'anglaise. La **décoration intérieure**, supervisée par Johann August Nahl qui avait exercé ses talents au château de Sans-Souci (Potsdam), est très soignée avec de beaux lambris, un mobilier de valeur (commode avec incrustations de nacre), porcelaines de Chine et 70 portraits de dames élégantes peints par J. H. Tischbein l'Ancien, une « galerie des beautés » *(Schönheitengalerie)* correspondant au goût de la cour à l'époque.

3

Carnet pratique

S'informer

Office de tourisme – *Wilhelmsstraße 23 - ✆ 0561 70 77 07 - www.kassel-marketing.de.*

Agenda

Documenta – *Tous les 5 ans, pdt 100 j. (la prochaine a lieu en 2022) - www.documenta.de.* Cette manifestation, qui a pour « quartier général » le **Fridericianum** *(Friedrichsplatz 18)*, suscite souvent débats et polémiques, mais elle s'est imposée depuis 1955 comme un événement majeur dans le monde de l'art contemporain. Elle attire à Cassel près de 900000 visiteurs.

Kultursommer Nordhessen – *Mai-août - www.kultursommer-nordhessen.de.* Musique de chambre, chorale, jazz, danse... sans oublier le pique-nique géant dans le parc du château de Wilhelmsthal : au total, ce sont 113 manifestations dans 64 lieux différents qui ponctuent l'été.

Marché de Noël (Märchenweihnachtsmarkt) – *Fin nov.-fin déc. - www.weihnachtsmarkt-kassel.de - 11h-20h.* Ce marché placé sous le signe des frères Grimm est l'un des plus courus d'Allemagne.

Nos adresses

Restauration

Budget moyen

9 **L'Orangerie** – B2 - *An der Karlsaue 20b - ✆ 0561 28610318 - orangerie-kassel.de - avr.-oct. : fermé dim. soir ; reste de l'année : fermé lun.-mar. et dim. soir - plat 10/24 €, brunch dim. 11h-15h 22 €.* Logé dans un bâtiment baroque du 18e s., restaurant avec belle terrasse donnant sur le parc.

El Erni – HORS PLAN - *Parkstr. 42 - ✆ 0561 710018 - www.el-erni.de - 18h-22h30 - plat 9/26 €.* Des salles claires et lumineuses donnent à ce restaurant espagnol son aspect accueillant. Terrrasse ombragée.

Denkmahl – HORS PLAN - *Friedrich-Ebert-Str. 98 - ✆ 0561 12215 - www.denkmahl.com - lun.-vend. 9h30-23h, sam. 16h-23h, dim. 10h-23h - plat 9/25 €, menu 32,50 €.* La cuisine de Sascha Kovacs associe spécialités du nord de la Hesse et influences méditerranéennes, et cela fonctionne : plateau d'antipasti, flammekueche à la saucisse épicée *(Ahle Wurscht)*. Le dim. *(10h-15h)* brunch à 14,50 € à base de produits du terroir (fromages aux herbes aromatiques, salami au fenouil, œufs bio...).

Petite pause

Falada – *Weinbergstr. 21 - (à l'intérieur du Grimm-Welt) - ✆ 0561 81045460 - www.faladakassel.com - tlj sf lun. 10h-18h (20h vend.).* Sympathique café avec jolie vue sur les environs de Cassel, plusieurs plats du jour le midi, des salades à toute heure et des pâtisseries maison (Falada est le nom d'un cheval qui, dans un conte de Grimm, avait le pouvoir de parler...).

Shopping

Wochenmarkt – *Wildemannsgasse 1 - ✆ 0561 780395 www.markthalle-kassel.de - jeu-vend. 7h-18h, sam. 7h-14h.* Le marché qui se tient dans les anciennes écuries de la Renaissance (Marstall), entre Königsplatz et Fulda, réunit un grand choix de spécialités gastronomiques du nord de la Hesse : charcuterie (dont la fameuse *Ahle Wurscht*), pains, bières locales...

En soirée

Steckenpferd – *Kastenalsgasse 8 - ✆ 0561 92011470 - braumanufaktur-steckenpferd.de - merc.-sam. 17h-22h.* Erik Schäfer et Johannes Alt ont transformé cette ancienne boucherie située près du Pferdemarkt en micro-brasserie et bar à bières. Le décor, tout en bois et céramique, est plaisant. L'occasion de goûter aux créations de la maison, telle la *Läuft* fruitée et non filtrée.

Theaterstübchen – *Jordanstraße 11 - www.theaterstuebchen.de - 6/18/32 € selon concert.* Depuis 1996, le bar musical tendance jazz, blues, funk, soul et pop de Markus Knierim est une institution dans la vie nocturne de Cassel. Il est doté d'une petite scène où se produisent souvent de vraies pointures (Ron Carter, Marla Glen, Matt Bianco...) et il organise, le sam. à partir de 21h, de sympathiques soirées disco.

Activites

Bon air et eaux thermales – La forêt de Wilhelmshöhe, réputée pour son bon air, est sillonnée de six « parcours de santé » comme le Thermalquellenweg *(4,5 km)* ou le Prinzenweg *(7,5 km)*, doté d'un bain d'eau froide pour les pieds et les bras. Après quoi, on peut se délasser dans les eaux thermales et les huit saunas du **Kurhessen Therme** – *Wilhelmshöher Allee 361 - ✆ 0561 318080 - www.kurhessen-therme.de - 9h-23h, merc. et vend.-sam. 9h-0h - 20 €/4h, 26 €/j.*

Hébergement

Budget moyen

Hotel Astoria – HORS PLAN - *Friedrich-Ebert Str. 135 - ✆ 0561 72830 - www.adessohotel.com - 40 ch. 75/110 € - ☕ 8,90 €.* Chambres contemporaines dans une maison du début du 20e s.

Hotel Chassalla – HORS PLAN - *Wilhelmshöher Allee 99 - ✆ 0561 92790 - www.chassalla.kasseltophotels.com - 44 ch. 87 € ☕.* Propriété familiale située dans le centre. Chambres sobres.

(2) **Stadthotel** – A2 - *Wolfsschlucht 21 - ✆ 0561 788880 - www.stadthotel-kassel.de - 42 ch. 87/93 € - ☕ 10 €.* Hôtel situé face à la galerie royale. Chambres spacieuses.

Schweizer Hof – HORS PLAN - *Wilhelmshöher Allee 288 - ✆ 0561 93690 - www.hotel-schweizerhof-kassel.de - 98 ch. et appart. - 85/120 € ☕.* Cet hôtel moderne et fonctionnel est la base idéale pour visiter Wilhelmshöhe : il est situé à deux pas de l'arrêt de tram n° 1. Mobilier design et très bon petit déjeuner. Accueil souriant.

Fulda

Fulda est restée profondément marquée par son passé religieux. Gardienne du tombeau de saint Boniface, l'« évangélisateur » de l'Allemagne, la ville a conservé un noyau baroque de palais, de clochers, de portes et balustrades monumentales. Ses nombreux parcs invitent à la promenade.

Se repérer

68 600 habitants – Hesse

CARTE DE RÉGION A2 (P. 172)

Fulda est à 104 km au nord-est de Francfort.

Organiser son temps

Comptez quelques heures pour faire le tour de Fulda.

Nos adresses p. 235

Se promener

Bonifatiusplatz 1 - 0661 102 18 14 - www.tourismus-fulda.de.

Carnaval (Fölsch Foaset) – *Lun. des Roses* (Rosenmontag) *et Mar. Gras*. Le carnaval le plus important de toute la Hesse.

Cathédrale (DOM)

Sem. 10h-18h (17h nov.-mars), sam. 10h-15h, dim. 13h-18h - mai-oct. (sf août) : concerts d'orgue le sam. 12h-12h30.

En 1704, l'architecte Johann Dientzenhofer reconstruit la cathédrale sur les bases de l'ancien sanctuaire, dans un style baroque inspiré des réalisations italiennes. L'église a été érigée autour du tombeau de saint Boniface, placé dans une crypte *(Bonifatiusgruft)* sous le maître-autel. À la base du **monument funéraire★** en forme d'autel *(Bonifatiusaltar)*, le bas-relief d'albâtre du 18e s. représente le saint quittant sa sépulture au moment du Jugement dernier.

Les reliquaires (« chef » de saint Boniface) sont conservés dans le **musée de la Cathédrale** *(Dommuseum)* où est également exposée une importante collection de vêtements liturgiques baroques *(accès sur la gauche de la cathédrale). 0661 87 207 - www.bistum-fulda.de - ♿ - mar.-dim. 13h-17h (16h nov.-mars) - fermé 15 janv.-15 fév. - 3 €.*

Un centre religieux et économique

L'abbaye bénédictine fondée à l'initiative de saint Boniface, l'évangélisateur de la Germanie, et où ce dernier fut inhumé en 754, constitue au Moyen Âge un foyer de spiritualité, d'art et d'érudition auquel l'Allemagne doit les premiers monuments de sa littérature (*Chant de Hildebrand*, copié par deux moines vers 820). C'est aussi une ville commerçante qui, jusqu'aux guerres de Religion, continue à se développer avant d'être marginalisée. La cité connut un nouvel essor, en même temps que l'abbaye, à la fin du 17e s., grâce aux princes-abbés qui entreprirent la construction de la cathédrale, d'un nouveau château, d'une université, d'un hôpital et de palais pour l'aristocratie. De cette période, placée sous le signe du baroque, la ville garde une grande cohérence architecturale.

★ Église St-Michel (MICHAELSKIRCHE)

Avr.-oct. : 10h-18h ; nov.-mars : 10h-12h, 14h-17h.
Dominant le parvis de la cathédrale, l'église St-Michel avec sa puissante tour carrée est une prouesse architecturale : elle possède en son centre une crypte carolingienne dont les voûtes retombent sur un seul pilier ! Au-dessus, une rotonde datant du début du 9e s. repose sur huit colonnes.

Château (STADTSCHLOSS)

Tlj sf lun. 10h-17h - visites guidées 10h30 (sf vend.) et 14h - 3,50 € (6 € avec guide).
L'ancien château Renaissance, agrandi et transformé de 1706 à 1721 par J. Dientzenhofer, est devenu la résidence des princes-abbés de Fulda. Voyez les **appartements**, avec la salle de l'empereur et celle des princes, richement décorées, la collection de porcelaine de Fulda. Le cabinet des glaces, de style rococo, peut être considéré comme le fleuron des lieux. Une promenade dans les jardins mène à l'**Orangerie** (1724), par un escalier d'honneur en ovale, où est placé à mi-hauteur le **vase de Flore** (1728), œuvre baroque du sculpteur Johann Friedrich Humbach, originaire de Bamberg.

Musée Vonderau (VONDERAU MUSEUM)

Jesuitenplatz 1 - ✆ 0661 102 32 10 - www.museum-fulda.de - tlj sf lun. 10h-17h - 3,50 € (5,30 € le billet combiné avec le Château) ; audioguide 2 €.
Un musée dont les collections se répartissent en fonction de trois grands thèmes : la ville, les œuvres des peintres et sculpteurs de la région, la géologie de la Hesse orientale. On privilégiera surtout le premier parcours qui retrace l'histoire de Fulda, de l'âge de pierre à nos jours, à travers de nombreux documents et des reconstitutions d'intérieurs anciens (la *Drogerie zum Krokodil*). Ne manquez pas les deux exemplaires de la **Fulda Mobil** : cette mini-voiture a été construite à Fulda (1951-1969) en 2900 exemplaires.

3

Nos adresses

Restauration

Budget moyen

Goldener Karpfen – *Simpliziusbrunnen 1 - ✆ 0661 86800 - www.hotel-goldener-karpfen.de - 12h-23h - formule déj. (2 plats) 26 €, plat 14/44 €, menus 39/75 €.* Table réputée pour son atmosphère élégante (on dîne ici aux chandelles) et pour la saveur de sa cuisine de saison. Desserts originaux, telle cette crème caramel à la lavande et à l'orange.

Dachsbau – *Pfandhausstr. 8 - ✆ 0661 74112 - www.dachsbau-fulda.de - 12h-14h, 18h-22h - fermé lun.-mar. - plat 20/32 €, menu 48,50 €.* Les classiques de la gastronomie allemande, revus et corrigés avec talent par Christine Stubert et servis dans le cadre très cosy d'une vieille maison,près de la Friedrichstraße. Réservez !

Hébergement

Pour se faire plaisir

Maritim Hotel – *Paulusspromenade 2 - ✆ 0661 2820 - www.maritim.com - 112 ch. 80/125 € ☕ 18 €.* Pour dormir face au jardin du Château, rien de tel que cet établissement cossu qui allie le confort moderne et le 18e s. Le petit déjeuner se prend dans l'incroyable Salle Apollon. Piscine et sauna.

Marbourg ★★

Marburg

Dressée à flanc de colline au bord de la Lahn, Marbourg se distingue par son château perché sur un éperon rocheux et par son imposante église gothique, dédiée à sainte Élisabeth. Cette dernière, princesse de Hongrie venue se retirer ici pour soigner les malades incurables, fit longtemps de la ville un centre de pèlerinage, jusqu'à ce que la Réforme transforme la cité en un important foyer de théologie protestante. Aujourd'hui, Marbourg se définit par sa prestigieuse université, qui lui prête un air de sympathique cité estudiantine, à la vie nocturne animée.

Se repérer

76 800 habitants – Hesse

CARTE DE RÉGION A2 (P. 172)

PLAN DE VILLE P. 238

Marbourg est à 93 km au nord de Francfort.

À ne pas manquer

Les trésors de l'église Ste-Élisabeth, conservés dans l'édifice même et au musée d'Art et d'Histoire régionale.

Organiser son temps

Comptez une journée pour découvrir la ville.

Carnet pratique p. 240

Nos adresses p. 241

Découvrir

PLAN DE VILLE P. 238

★★ Église Ste-Élisabeth (ELISABETHKIRCHE) A1 ET PLAN DE L'ÉGLISE

06 421 65 573 - www.elisabethkirche.de - ♿ - avr.-sept. : 9h-18h, dim. 11h-18h ; oct.-mars : 10h-16h, dim. 11h-18h - 2,70 € - visite guidée (4 €) : avr.-oct., lun.-vend. à 15h ; dim. à 11h15 et 15h.

Construite de 1235 à 1283, l'église Ste-Élisabeth est la première église gothique proprement allemande et possède un certain nombre d'œuvres d'art exceptionnelles. Le type germanique s'exprime dans ses trois nefs d'égale hauteur qui en font un modèle d'église-halle, et à l'ensemble homogène formé par le chœur et les croisillons, tous terminés par une abside. À cela s'ajoute un caractère typiquement hessois par la disposition transversale des combles qui couvrent les nefs latérales. Les tours surmontées de flèches de pierre prennent assise sur de puissants contreforts.

Nef – On y remarque les œuvres suivantes :

1) La statue de sainte Élisabeth (vers 1470), vêtue d'une robe de cour et tenant l'église dans sa main.

2) Le jubé gothique très ajouré présente des consoles (moulures saillantes servant de support) finement décorées. Sur l'autel, vers la nef, crucifix moderne d'Ernst Barlach.

Chœur et transept – Notez surtout les **œuvres d'art★★★** suivantes :

Château de Marburg.
imageBROKER/hemis.fr

3) Le magnifique retable de la Vierge (1517) avec, dans la partie inférieure du tableau d'autel (prédelle), une Pietà de 1360.
4) Le mausolée de sainte Élisabeth (après 1250). Le sarcophage montre un bas-relief du 14e s. représentant sa mise au tombeau.
5) Dans des niches, des vestiges de fresques des 14e et 15e s. qui représentent l'épisode de la charité d'Élisabeth (le landgrave voit, en esprit, l'image du Christ dans le lit où Élisabeth avait placé un malade) et l'exhumation solennelle de 1236.
6) La **châsse de sainte Élisabeth**★★ *(Elisabethschrein)* est présentée dans l'ancienne sacristie. Ce chef-d'œuvre d'orfèvrerie fut terminé vers 1250 par des artisans rhénans. Les scènes les plus intéressantes de la vie de la sainte figurent sur les panneaux inclinés du coffret.
7) Le vitrail de sainte Élisabeth, reconstitué à partir de médaillons du 13e s., représente les bienfaits de la sainte.
8) Couronnant l'ancien siège du célébrant, la statue de sainte Élisabeth personnifiant la Charité (1510) est attribuée à Juppe, l'un des meilleurs artistes de Marbourg.
9) Le « chœur des Landgraves » (croisillon droit), où reposent les landgraves de Hesse, les descendants de sainte Élisabeth.
En sortant de l'église, pénétrez dans le vieux Marbourg par le Steinweg, une

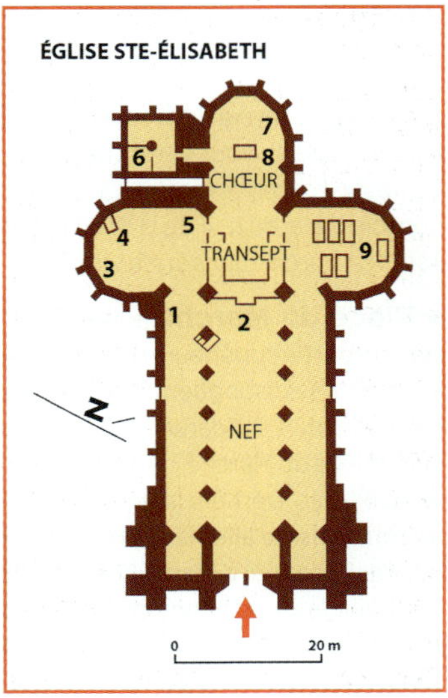

3

SE RESTAURER

Bückingsgarten 3
Weinstube Weinlädele 9
Zur Sonne 1

SE LOGER

Welcome Hotel 9

Friedrich Karl von Savigny Haus .... **B**

rampe à trois niveaux qui se prolonge par la voie dite Neustadt et la Wettergasse. Chemin faisant, vous verrez de curieuses têtes sortir d'un mur, une allusion à un conte *(Le Loup et les sept chevreaux)* recueilli par les frères Grimm qui habitaient non loin de là, au n° 4 de la Wendelgasse.
Tournez à droite dans la Marktgasse.

★ Place du Marché (MARKTPLATZ) A2

Dans la partie supérieure, l'Obermarkt séduit par ses maisons anciennes, parmi lesquelles se distinguent les n°s 14, 21 (1560) et 23.
La maison du n° 18, datant de 1323, constitue la plus ancienne maison d'habitation. La fontaine du Marché, dédiée à saint Georges, est un point de rendez-vous pour les habitants. Derrière la superbe façade à pans de bois du n° 16 (1675), un **musée du romantisme allemand** *(Haus der Romantik)* évoque le mouvement littéraire qui s'est épanoui à Marbourg entre 1800 et 1806, autour de l'écrivain Clemens Brentano, auteur de nombreuses nouvelles dont l'*Histoire du brave Gaspard et de la belle Annette.* ✆ *06421 917 160 - www.romantikmuseum-marburg.de - mar.-vend. 14h-17h, w.-end 11h-13h, 14h-17h - 3 €.*

Un centre de pèlerinage important

Fille du roi de Hongrie, **sainte Élisabeth** (1207-1231), princesse destinée au landgrave (titre princier) Louis de Thuringe, fut conduite dès l'âge de quatre ans à la forteresse de la Wartburg, siège de la cour de Thuringe, près d'Eisenach. En 1221, elle épouse le landgrave Louis, que la peste emporte en 1227. Élisabeth décide alors de se retirer du monde et s'installe au pied du château de Marbourg, dans un logement contigu à un hospice d'incurables dont elle accepte la charge. Elle y meurt d'épuisement à l'âge de 24 ans. Dès 1235, Élisabeth est canonisée. Ses restes sont exhumés l'année suivante et l'ordre Teutonique fait construire une magnifique église gothique, destinée à recevoir ses reliques. Celles-ci attirent des foules nombreuses faisant de la ville un grand centre de pèlerinage de l'Occident chrétien.
En 1527, un descendant de la sainte, le landgrave **Philippe le Magnanime**, passe avec éclat à la Réforme. Décidé à porter un coup fatal au culte des reliques, il fait forcer la châsse vénérée et se saisit lui-même des ossements de son aïeule pour les faire enfouir dans le cimetière voisin.

Hôtel de ville (Rathaus) – Bâtiment gothique, élevé entre 1512 et 1527. Au-dessus de la porte de la tourelle d'escalier, une belle sculpture, due à Juppe, représente Élisabeth tenant les armes de sa maison de Hesse-Thuringe.
L'horloge animée fait entendre, à chaque heure, le chant d'un coq.
Par la Nicolaistraße, gagnez le terre-plein de l'église Ste-Marie.
L'**église luthérienne Ste-Marie** *(Marienkirche - entrée côté clocher - 8h-18h)*, qui date de la fin du 13e s., est réputée pour son acoustique et dotée d'un beau maître-autel baroque de 1626. Elle est précédée à droite par l'édifice gothique de l'ancien ossuaire *(Karner)*. De la terrasse, la vue se dégage sur les toits de la vieille ville et sur la vallée. Dans l'alignement de la façade de l'église, étroitement encaissée, une jolie échappée, en contre-haut, permet d'apercevoir le château.
Au bout de l'esplanade, descendez par un passage vers la charmante **Kugelkirche**, église gothique d'époque tardive (fin 15e s. - *mai-sept. : 8h-21h, sam. 10h-21h, dim. 10h-18h ; oct.-avr. : 8h-17h30, w.-end 10h-18h*). À l'intérieur, intéressant retable néogothique de 1899 incluant des figures en bois de la fin du 15e s.
Poursuivez, en montant, le long de la Kugelgasse. Avant la porte Kalbstor, prenez à droite la Ritterstraße.
Au nº 15, maison du grand historien du droit, **Friedrich Karl von Savigny**, qui forma avec Clemens von Brentano, Achim et Bettina von Arnim (1785-1859), Jakob et Wilhelm Grimm le cercle des romantiques de Marbourg.

★ Château (LANDGRAFENSCHLOSS) A2

✆ 06421 282 23 55 - www.uni-marburg.de/uni-museum - avr.-oct. : tlj sf lun. 10h-18h ; nov.-mars : tlj sf lun. 10h-16h - fermé 1er janv., 25-26 et 31 déc. - 5 € (7 € le billet combiné avec le musée des Beaux-Arts).
Le château fut, du 13e au 17e s., la résidence des landgraves de Hesse. De la terrasse, on découvre la vallée de la Lahn. La visite des bâtiments les plus chargés d'histoire, situés au sommet de l'éperon (13e-15e s.), conduit successivement à travers la salle des Princes, salle gothique à deux nefs, la salle ouest, offrant une vue sur les vestiges des précédents châteaux forts (9e et 11e s.), la salle sud, évoquant le souvenir de la fondation de l'université (1527) et des colloques religieux de Marbourg (1529), et enfin la chapelle, qui a conservé son pavement de céramique.

3

Rue Schuhmarkt à Marburg.
GeorgHanf/iStock

★ **Musée d'Art et d'Histoire régionale (Museum für Kulturgeschichte)** – Situé dans l'aile dite « Wilhelmsbau », du 15e s., il abrite, entre autres, de précieux objets d'art provenant de l'église Ste-Élisabeth (fragments de vitraux, tapisserie du 15e s. représentant l'histoire de l'enfant prodigue, etc.) ainsi qu'une collection de boucliers du Moyen Âge.

Musée des Beaux-Arts

(Marburger Universitätsmuseum für bildende Kunst) B2

Biegenstraße 11 (Ernst-von-Hülsen-Haus) - ✆ 06421 282 23 55 - www.uni-marburg.de/uni-museum - tlj sf mar. 11h-13h, 14h-17h (le dernier jeu. du mois 11h-21h) - 5 €.

Le musée des Beaux-Arts présente des peintures et des sculptures allemandes du 16e s. au 20e s., dont *Le Facteur de Rosenthal* par Carl Spitzweg, des œuvres de Kandinsky, Kirchner, Corinth et de la colonie d'artistes de Willingshausen.

Carnet pratique

S'informer

Office de tourisme – *Biegenstraße 15 (Erwin-Piscator-Haus) - ✆ 064 21 991 20 - www.marburg-tourismus.de.*

Agenda

Les Trois jours de Marbourg (Drei Tage Marburg) – *2e w.-end de juil. - www.marbuch-verlag.de.* Chaque année, plus de mille musiciens, acrobates, danseurs et sportifs se donnent rendez-vous en ville pour une grande fête haute en couleur et en feux d'artifice.

Nos adresses

Restauration

Budget moyen

9 **Weinstube Weinlädele** – A2 - *Schlosstreppe 1 - ✆ 06421 14244 - www.weinlaedele.de - plat 10/23 €.* Plats contemporains et régionaux, avec, entre autres, des tartes flambées.

1 **Zur Sonne** – A2 - *Markt 14 - ✆ 06421 17190 - www.zur-sonne-marburg.de - 8h-14h, 18h-22h - plat 12/20 €.* Restaurant installé dans une maison du 16e s. et présentant une carte variée.

Pour se faire plaisir

3 **Bückingsgarten** – A2 - *Landgraf-Philipp-Str. 6 - accès possible par Gisonenweg - ✆ 06421 1657771 - www.bueckingsgarten-marburg.de - 12h-22h - plat 18/28 €, biergarten 7/18 €).* Au pied du château, une séduisante maison à colombages avec vue imprenable sur les toits de Marbourg. On y sert en terrasse des plats simples et, à l'intérieur, une cuisine de saison plus élaborée. Service un peu débordé en été mais toujours souriant.

Shopping

Marburger Töpferhaus – *Steinweg 8 - 35037 Marburg - ✆ 06421 65611 - www.marburger-kunsttoepferei.de - 10h30-13h, 14h30-18h30, sam. 10h30-17h - fermé dim.* Belle série de pichets, cruches, pots et autres *Dippchen*, façonnés par les Schneider, céramistes depuis six générations.

Activites

Balades en bateau – *Embarcadère : Ufercafé, Auf dem Wehr 1a. - 35037 Marburg - ✆ 06421 8048467 - www.lahnschiff-elisabeth.de - mi-mai-mi-sept. : w.-end et j. fériés 15h, 16h et 17h - 1h - 7 €.* Sur la Lahn avec l'*Elisabeth II*. Le ticket s'achète auprès du batelier 15mn avant le départ.

Hébergement

Budget moyen

Dammühle – HORS PLAN - *Dammühlenstr. 1 - Wehrshausen, 5 km à l'ouest par la Barfüßertor - ✆ 06421 93560 - hotel-dammuehle.de - P - 27 ch. 122/132 € ☕.* Dans un moulin du 14e s., petit hôtel à colombages aux chambres joliment décorées. Restaurant, aire de jeux.

Fasanerie – HORS PLAN - *Zur Fasanerie 5 - Gisselberg, 5 km au sud de Marburg par Am Grün, Frankfurter Str. et Gisselberger Str. - ✆ 06421 97410 - hotel-fasanerie.de - P - 40 ch. dont 29 doubles - 105/128 €. fermé 20 déc.-10 janv.* Pour les voyageurs motorisés qui ont envie de dormir au vert plutôt qu'en ville, un hôtel classique, propre et confortable.

Pour se faire plaisir

9 **Welcome Hotel** – B2 - *Pilgrimstein 29 - ✆ 06421 9180 - www.welcome-hotels.com - P - 150 ch. 104/139 € ☕.* Chambres confortables, service chaleureux, terrasse et restaurant.

Im Kornspeicher – HORS PLAN - *Molkereistr. 6 - ✆ 06421 948410 - www.hotel-kornspeicher.de - 25 ch. 90 € - ☕ 15 €.* Pour les automobilistes, un hôtel moderne, ultra-fonctionnel et écoresponsable situé à 2 km du centre historique, près de la gare Marburg-Südbahnhof. Bon rapport qualité-prix.

Une folie

Vila Vita Hotel Rosenpark – HORS PLAN - *Anneliese Pohl Allee 7-17 - ✆ 06421 60050 - www.rosenpark.com - P - 194 ch. 117/165 € - ☕ 25 €.* Luxueuse propriété au calme en bordure de la Lahn. Centre de bien-être et spa. Cuisine internationale.

Cathédrale de Cologne.
J. Arnold Images/hemis.fr

4

L'ouest Rhénanie du nord - Westphalie

CARTE MICHELIN RÉGIONAL 543 – RHÉNANIE DU NORD-WESTPHALIE

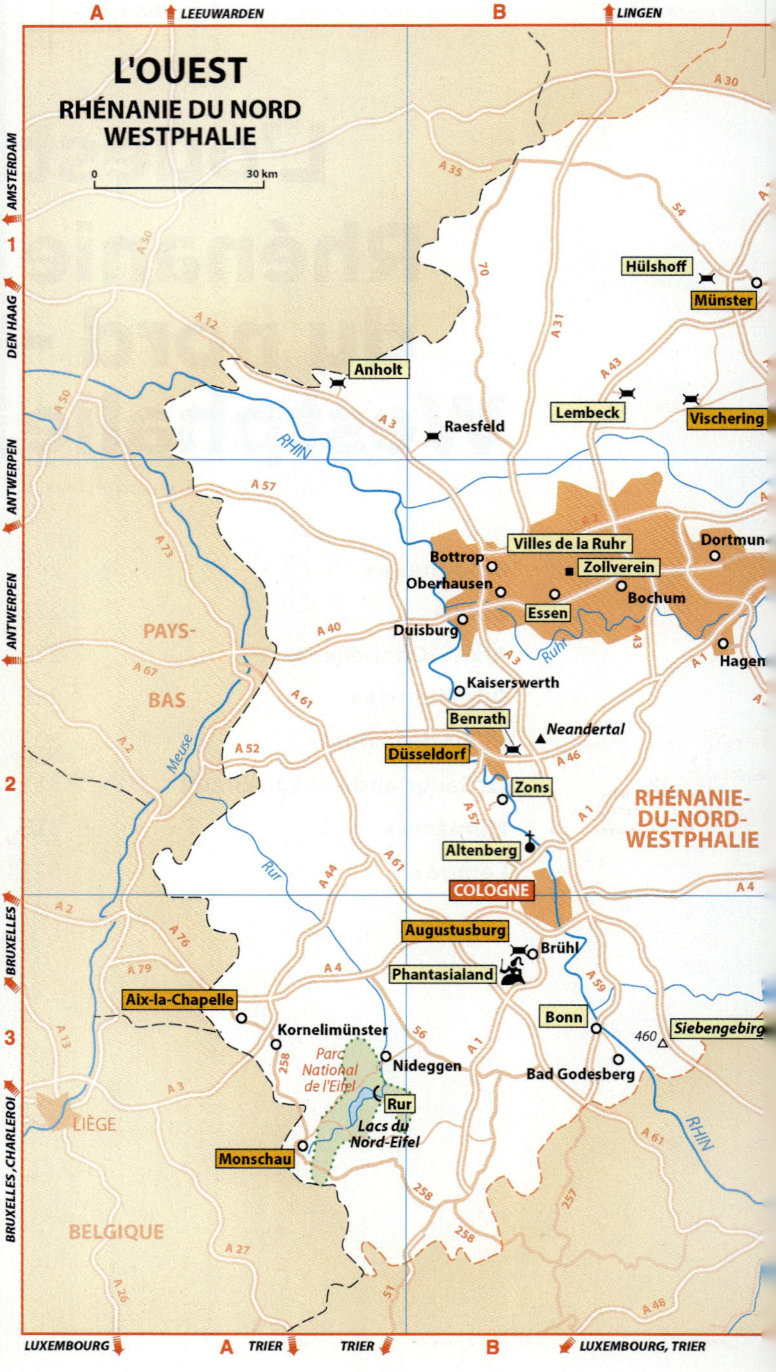
A
LEEUWARDEN
B
LINGEN
L'OUEST
RHÉNANIE DU NORD
WESTPHALIE
0
30 km
AMSTERDAM
1
DEN HAAG
ANTWERPEN
ANTWERPEN
2
BRUXELLES
3
BRUXELLES, CHARLEROI
A 30
A 35
54
70
A 50
A 12
A 31
Hülshoff
Münster
A 43
Anholt
Lembeck
Vischering
A 50
A 3
Raesfeld
RHIN
A 57
A 2
A 73
Villes de la Ruhr
Dortmund
Bottrop
Zollverein
Oberhausen
Bochum
Essen
PAYS-
A 40
Duisburg
A 43
Hagen
A 67
A 3
Ruhr
A 1
Kaiserswerth
BAS
A 61
Benrath
Neandertal
A 2
Meuse
A 52
Düsseldorf
A 46
Zons
RHÉNANIE-
DU-NORD-
WESTPHALIE
A 57
A 1
Altenberg
Rur
A 44
A 61
COLOGNE
A 4
A 2
A 76
Augustusburg
Brühl
A 79
A 4
Phantasialand
A 59
Aix-la-Chapelle
Bonn
Kornelimünster
56
460
Siebengebirge
A 13
258
Parc
National
de l'Eifel
Nideggen
A 1
Bad Godesberg
A 3
Rur
LIÈGE
Lacs du
Nord-Eifel
A 61
RHIN
Monschau
258
257
258
BELGIQUE
A 27
A 26
51
A 48
LUXEMBOURG
A
TRIER
TRIER
B
LUXEMBOURG, TRIER

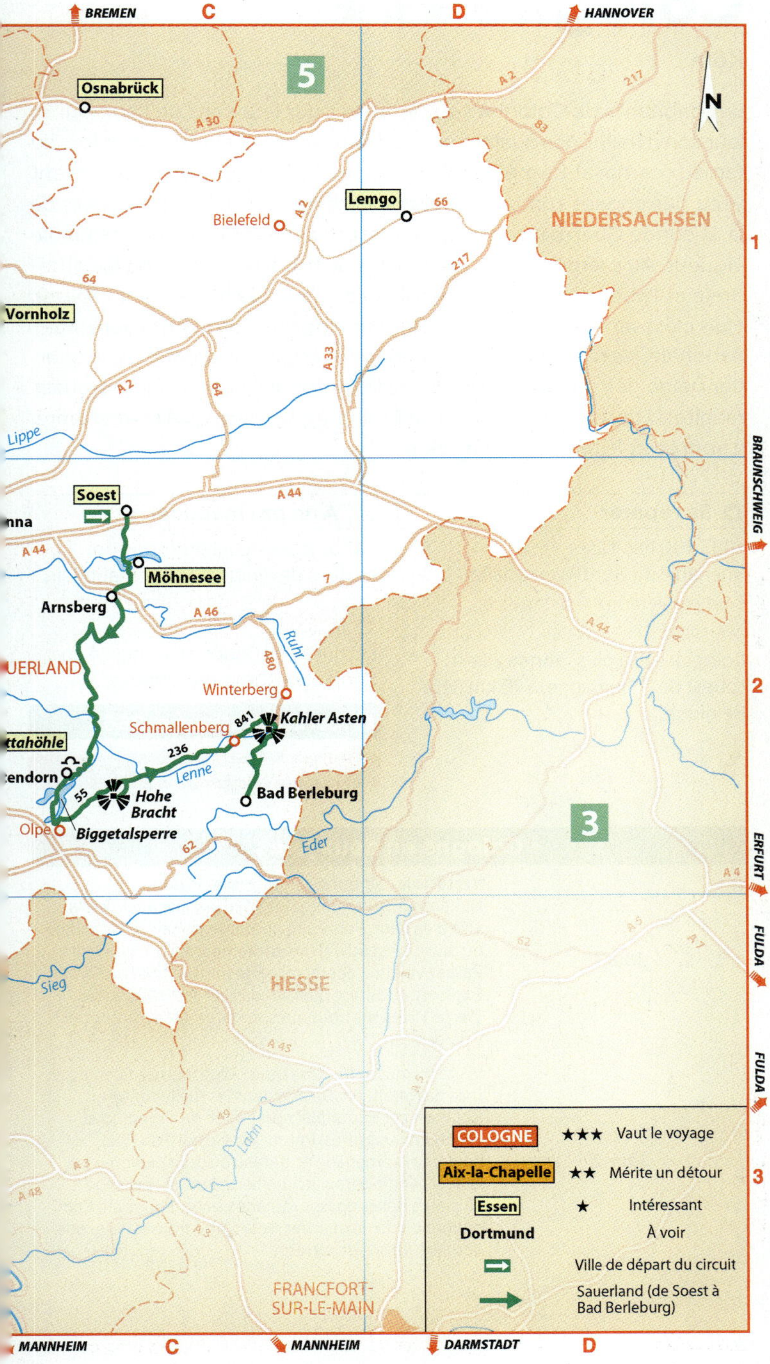

BREMEN
C
D
HANNOVER
5
Osnabrück
A 30
A 2
217
83
N
Lemgo
66
Bielefeld
A 2
NIEDERSACHSEN
1
64
217
Vornholz
A 33
A 2
64
Lippe
BRAUNSCHWEIG
Soest
A 44
nna
A 44
Möhnesee
Arnsberg
7
A 46
A 44
A 7
Ruhr
480
UERLAND
2
Winterberg
841
Kahler Asten
Schmallenberg
ttahöhle
236
Lenne
endorn
55
Hohe Bracht
Bad Berleburg
3
Olpe
Biggetalsperre
62
Eder
ERFURT
A 4
A 5
62
A 7
FULDA
Sieg
HESSE
A 45
A 5
FULDA
49
Lahn
A 3
A 48
A 3
3
COLOGNE ★★★ Vaut le voyage
Aix-la-Chapelle ★★ Mérite un détour
Essen ★ Intéressant
Dortmund À voir
Ville de départ du circuit
Sauerland (de Soest à Bad Berleburg)
FRANCFORT-SUR-LE-MAIN
MANNHEIM
C
MANNHEIM
DARMSTADT
D

Cologne ★★★

Köln

Les habitants de Cologne sont réputés pour leur sens de l'humour et leur convivialité, des qualités que l'on peut apprécier entre autres lors du fameux carnaval. La métropole rhénane où il fait si bon vivre a pourtant vécu des années sombres. Presque entièrement détruite au cours de la Seconde Guerre mondiale, elle s'est relevée avec une remarquable vigueur. Au premier abord, les hordes de touristes autour de la cathédrale et l'abondance de bâtiments des années 1970 peuvent rebuter. Mais c'est sans compter le foisonnement de musées d'envergure internationale, les rives du Rhin, réaménagées en jardins agréables, le quartier belge des créateurs (autour de la Rudolfplatz), et les nombreuses manifestations culturelles, qui en font une cité cosmopolite et vivante, à apprécier le temps d'un week-end !

Se repérer

1085 700 habitants – Rhénanie du Nord-Westphalie

CARTE DE RÉGION B2-3 (P. 244-245)
PLANS DE VILLE P. 254-255

Cologne est la plus grande ville à l'ouest de l'Allemagne, à 70 km de la Belgique.

À ne pas manquer

La cathédrale et la profusion de musées de renommée internationale.

En famille

Le musée du Chocolat, le musée du Sport et des Jeux olympiques.

Carnet pratique p. 266

Nos adresses p. 267

Cologne en deux jours	
Jour 1	Visite de la cathédrale. Franchissez le pont Hohenzollern et montez au Köln Triangle pour voir la ville d'en haut. Puis visite du Musée romain germanique ou du musée Ludwig (art contemporain) ou du Wallraf. Passez voir une des maisons de parfum (*4711* ou *Farina*). Explorez ensuite le quartier des Belges *(Belgisches Viertel)* avec ses boutiques, cafés et restaurants pour y dîner.
Jour 2	Visite du musée Rautenstrauch-Joest ou du Schnütgen près de Neumarkt. Balade dans les ruelles entre Neumarkt et Rudolfplatz pour faire du shopping et profiter des galeries. Retour vers le bord du Rhin, pour une promenade en bateau ou pour explorer le quartier moderne de Rheinauhafen. Au passage, plusieurs belles églises romanes à voir. Longez le Rhin pour rejoindre le quartier de la cathédrale et boire une dernière *Kölsch* en terrasse.

La cathédrale de Cologne, la châsse des Rois mages.
Joko/Arco Images/age fotostock

Découvrir

PLANS DE VILLE P. 254-255

★★★ La cathédrale (DOM) PLAN DE LA CATHÉDRALE

Se reporter au plan p. 248 et à l'illustration p. 516. ✆ 0221 92 58 47 30 - www.koelner-dom.de - ♿ - 6h-19h30 (21h mai-oct.), dim. 13h-16h30 - visites guidées (45mn) en allemand (11h, 12h30, 14h, 15h30 ; dim. et j. fériés 14h et 15h30) et en anglais (10h30, 14h30, dim. et j. fériés 14h30) ; en français sur demande préalable - 7/8 €. Voir aussi l'office de tourisme.

Le chœur, et donc la châsse des Rois mages, est uniquement accessible lors de visites guidées. Le déambulatoire est fermé lors des services liturgiques.

À ne pas manquer : la châsse des Rois mages, les vitraux, le retable appelé « autel des patrons de la ville », la croix de Gero.

Avec plus de six millions de visiteurs par an, le *Dom* est l'un des sites les plus visités en Allemagne. L'édification de cette imposante cathédrale, dédiée à St-Pierre, a duré plus de six cents ans. En 1164, Frédéric Barberousse offre à la ville de Cologne des **reliques des Rois mages** rapportées de Milan ; les pèlerins affluent toujours plus nombreux. Pour leur présenter le reliquaire, le chapitre décide en **1248** la construction d'une nouvelle cathédrale, la première église gothique de Rhénanie. Les cathédrales de Paris et d'Amiens servent de modèles. En 1300, le chœur est terminé. Lorsque la construction de la tour sud est interrompue en 1520, celle-ci possède déjà deux étages. Vers 1530, les bâtisseurs parviennent juste à couvrir le reste de l'édifice au niveau du rez-de-chaussée avant l'arrêt des travaux de la nef et du transept. Presque trois siècles s'écoulent avant que ne soit comblé le vide qui s'étend dans la partie haute à partir du triforium, entre le chœur et la tour : ce n'est qu'en 1842, dans l'engouement romantique pour le gothique, que l'on reprend la construction selon les plans originaux. L'inauguration solennelle du bâtiment achevé a lieu en **1880**, en présence de l'empereur Guillaume Ier. Cependant, la cathédrale fait l'objet de constantes rénovations, ce qui fait dire aux Colonais que « le jour où la cathédrale sera terminée, l'apocalypse sera proche ».

Extérieur

La configuration de la **façade à deux tours** (façade ouest) marque l'apogée du gothique rayonnant : ses étagements et ses rangées de verrières, de gâbles richement décorés, de contreforts élancés partent en gerbes touffues, comme autant de lignes fuyant vers l'extrémité des flèches qui s'élèvent à 157 m de hauteur. L'abside orientée vers le Rhin, avec sa multitude de contreforts et d'arcs-boutants, est un exemple de prouesse architecturale. Sur le portail sud, les **portes de bronze (1)** (1948-1953) sont de E. Mataré ; sur le vantail droit, représentation de la Jérusalem céleste au-dessus de Cologne en flammes.

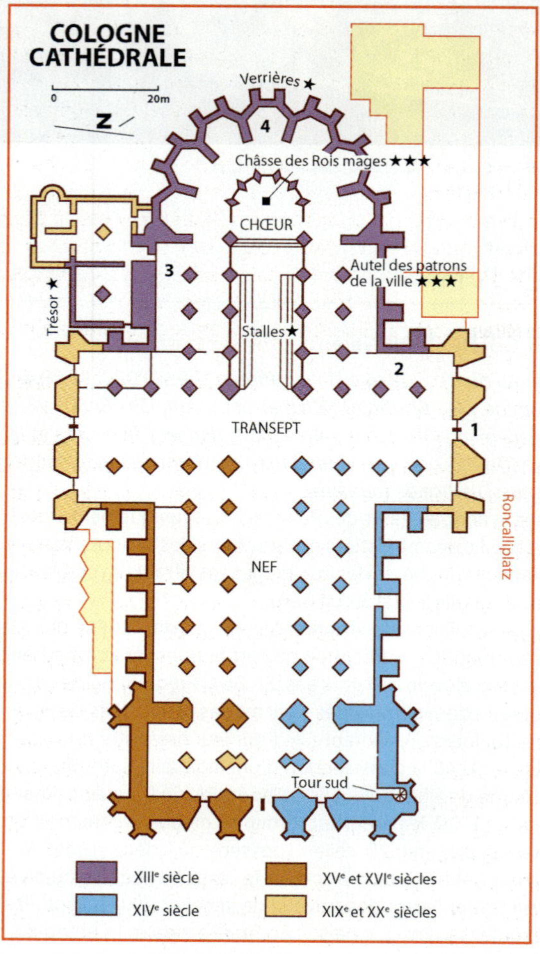

Intérieur

En pénétrant à l'intérieur par le portail ouest, on découvre une perspective unique sur toute la longueur de la nef (144 m de long, 45 m de large, 43,5 m de haut) jusqu'au chœur : vu de la nef, le chœur semble flotter dans de lointains infinis, tandis que la voûte plane à une hauteur irréelle.

Les cinq **verrières★** de style gothique tardif (1507-1508) du bas-côté nord illustrent, entre autres, la vie de la Vierge et celle de saint Pierre.

Au-dessus du triforium, dans les fenêtres hautes, une magnifique et unique série de **vitraux★★** du début du 14e s. (démontés et protégés pendant la guerre) représentent 48 rois, alternativement barbus et imberbes, sur fond rouge ou bleu. Au milieu, juste dans l'axe de la châsse éponyme, l'Adoration des rois mages.

La première chapelle (chapelle de la Croix), dans le déambulatoire nord, abrite la **croix de Gero★ (3)** du 10e s., témoignage de l'art ottonien. La chapelle axiale (chapelle des Rois mages) fut parée dès 1265 d'un **vitrail de la Bible** qui compare l'ancien et le nouveau Testament (*Älteres Bibelfenster* – **4**). Derrière le **maître-autel** se dresse la **châsse des Rois mages★★★**, pièce d'orfèvrerie finement décorée de personnages, qui contiendrait les reliques des trois Rois mages. La châsse en forme de basilique, aux dimensions inhabituelles (2,20 m de long), fut commencée vers 1180 par **Nicolas de Verdun** et terminée vers 1230 par des maîtres de Cologne. Dans la dernière chapelle du déambulatoire à droite (chapelle de Marie) se trouve le célèbre **autel des patrons de la ville★★★**, un retable peint par **Stefan Lochner** (vers 1440). La partie centrale montre l'Adoration des Mages ; sur les panneaux extérieurs, les saints patrons de la ville de Cologne : à gauche sainte Ursule, à droite saint Géréon. L'un des pilastres du mur sud est orné de la **Madone de Milan**, Vierge à l'Enfant d'un style assez comparable aux statues des piliers du chœur (fin du 13e s.).

Dans le transept sud se trouve le **retable des Cinq Maures** (*Agilolphusaltar* – **2**), un grand polyptyque anversois de 1521.

Au-dessus de la porte sud ont été inaugurés en 2007 des **vitraux** multicolores conçus par l'artiste contemporain Gerhard Richter - qui n'ont pas fait l'unanimité à Cologne. Ils symbolisent le scintillement de pierres précieuses et illuminent l'intérieur de la cathédrale.

Chœur – *Accessible lors de visites guidées.* Les 104 **stalles★** richement sculptées (1310) sont les plus grandes stalles médiévales d'Allemagne. Au-dessus, des **fresques** peintes vers 1332-1340 illustrent diverses légendes de la vie de saints. Les **14 statues** des piliers du chœur représentent Jésus, Marie et les apôtres.

Tour sud *(Turmbesteigung) – Entrée indépendante par le côté sud de la cathédrale - nov.-fév. : 9h-16h, 17h en mars-avr. et oct., 18h de mai à sept. - 6 €, billet combiné avec le trésor 8 €.* Après l'ascension très raide (533 marches) de la plate-forme (97 m de hauteur), on jouit d'un large panorama sur Cologne et ses environs. Ne pas manquer de jeter un coup d'œil dans la **salle des cloches**. La **cloche Saint-Pierre** *(Petersglocke)*, fondue en 1923, d'un poids de 24 t – le battant à lui seul pèse 800 kg – mérite son surnom de *Dicker Pitter* en tant qu'une des plus grosses cloches du monde.

★ **Trésor** *(Domschatzkammer) – Entrer par le croisillon nord, à l'extérieur, côté gare - ✆ 0221 17 94 05 30 - www.domschatzkammer-koeln.de - ♿ - 10h-18h - 6 €.* Le trésor, exposé sous les voûtes gothiques de la sacristie, réunit de nombreux objets liturgiques en or et en argent, des crosses épiscopales et des croix. Remarquer la châsse baroque, la crosse de saint Pierre et l'ostensoir de reliques avec la chaîne de saint Pierre, ainsi que l'étoffe d'époque des Rois mages.

Une cité riche et prospère

Cologne au temps des Romains

En 38 av. J.-C., les **Ubiens**, peuple germanique allié des Romains, reçurent du général Agrippa (gendre d'Auguste) l'autorisation de s'établir sur la rive gauche du fleuve ; ils fondèrent alors l'oppidum Ubiorum. En l'an 50, l'oppidum obtint le titre de colonie romaine grâce à Agrippine ; la troisième épouse de l'empereur Claude et mère de Néron, était native de Cologne. Devenue résidence du gouverneur de la Germanie inférieure, la cité prit le nom de *Colonia Claudia Ara Agrippinensium* (CCAA) et reçut son premier mur d'enceinte (les restes les plus visibles se trouvent dans la Zeughausstraße, la porte nord de la ville devant la cathédrale, et le **prétoire** sous l'hôtel de ville). Ce fut le début d'une époque florissante pour l'artisanat, le commerce et l'architecture, qui ne prit fin qu'à l'époque des grandes invasions (5e s.).

La ville sainte au bord du Rhin

D'abord évêché, puis archevêché (depuis Charlemagne), Cologne connut un essor sans précédent au Moyen Âge. Jusqu'à la bataille de Worringen en 1288, les archevêques de Cologne exercèrent un pouvoir non seulement spirituel, mais aussi temporel. On édifia ainsi plus de 150 églises – dont la cathédrale –, couvents et collégiales. La « Rome du Nord » devint un centre brillant de la vie religieuse, intellectuelle et artistique. Au 13e s. et au début du 14e s., de grands penseurs enseignèrent à Cologne : les dominicains **Albert le Grand** (professeur de Thomas d'Aquin) et **maître Eckart**, ainsi que le franciscain écossais **Duns Scot**. C'est le travail de ces érudits religieux qui permit en 1388 la fondation de l'université par les bourgeois colonais.

Une cité d'abord commerçante puis industrielle

De commerce...

Sa situation au bord du Rhin, au carrefour des grandes voies de communication, fit de Cologne une ville commerciale importante. Le système de poids et mesures en usage à Cologne s'imposa dans toute l'Allemagne du Nord. L'instrument de ce pouvoir fut le **Stapelrecht** (droit d'entrepôt) : les marchands étrangers passant par Cologne étaient obligés de laisser au moins trois jours leurs chariots dans la ville, pour y vendre leurs marchandises ; les gens du lieu bénéficiaient ainsi d'un droit d'achat prioritaire. C'est en 1360 qu'eut lieu la première foire. L'élévation au rang de ville libre en 1475 ne fit qu'entériner juridiquement le rôle prépondérant que la bourgeoisie de Cologne exerçait déjà depuis le 13e s. Aujourd'hui, les foires et expositions qui se déroulent à la **Koelnmesse** attirent près de trois millions de personnes par an.

... et d'industrie

Dans la seconde moitié du 19e s., l'industrialisation apporta à Cologne une croissance fulgurante. Après la Première Guerre mondiale, **Konrad Adenauer** contribua de façon décisive au développement de la ville moderne. Celui qui devait devenir le premier Chancelier de la République fédérale resta maire de Cologne de 1917 à 1933, date de sa déposition par les nazis. C'est sous son mandat qu'eurent lieu la réouverture de l'université (1919), fermée en 1798 sous l'occupation française et la construction du palais de la foire à Deutz. Industries chimiques et pharmaceutiques sont désormais installées à Cologne, qui est parallèlement l'un des pôles de l'industrie automobile en Allemagne (Ford y a établi son siège social européen). Cette solide présence industrielle favorise le développement de la recherche scientifique et Cologne accueille 52 000 étudiants dans ses universités et centres de recherche.

Ville d'art et de culture, ville des médias

À côté de la musique et des spectacles, les arts plastiques occupent une place prépondérante : parallèlement aux 40 musées que compte la ville, environ 130 galeries présentent au public les productions contemporaines. De grandes foires artistiques internationales ont lieu chaque année : **ART Cologne, ART. FAIR** et **Cologne Fine Art.** Imprimeurs et éditeurs de livres (et de journaux) se sont établis à Cologne il y a plusieurs siècles déjà. Plus récemment, le secteur des **médias** s'est beaucoup développé et plus de 55 000 personnes y travaillent. Aujourd'hui, Cologne rivalise avec Hambourg comme capitale allemande de la télévision avec six chaînes, dont RTL, qui y produisent un tiers des programmes de télévision allemands. La ville compte également neuf chaînes de radiodiffusion, 35 journaux, magazines et éditeurs, un complexe consacré aux médias et une école supérieure des médias.

Un symbole : l'eau de Cologne

La célèbre *Aqua mirabile* était déjà connue à Cologne au 16e s. Mais son commerce ne commença qu'au 18e s. avec l'arrivée d'une famille d'immigrants italiens : les Farina. **Jean-Marie Farina** *(« Nos adresses » p. 270)* développa la vente de cette préparation, censée posséder des vertus médicinales. Son succès poussa d'autres fabricants à produire cette eau miraculeuse, bientôt exportée sous le nom d'« eau de Cologne ». L'un d'eux, **Wilhelm Mühlens**, fonda en 1792 un établissement dans la Glockengasse. Pendant l'occupation française, l'administration napoléonienne interdit l'utilisation de l'eau de Cologne comme remède. Mais les fabricants contournèrent la loi en la présentant sous forme d'eau de toilette. À la même époque, l'occupant français établit un numérotage des maisons et des rues. Le numéro 4711 fut attribué à la maison Mühlens de la Glockengasse : il devint en 1875 la marque de fabrique de la « véritable eau de Cologne » *(« Nos adresses p. 269)*.

Les temps forts du carnaval

La saison du carnaval, qui s'ouvre le 11 novembre à 11h11, est marquée par plusieurs temps forts : le **carnaval des femmes** (le jeudi précédant le Lundi des Roses – attention : sans crier gare, les femmes coupent la cravate des messieurs !) ; les **Veedelszöch**, défilé des habitants des quartiers et des écoliers, qui a lieu le dimanche et où l'on retrouve les survivances d'un passé romain ; le **défilé du lundi des Roses** *(Rosenmontag)*, où alternent chars, fanfares et caricatures géantes qui parodient l'actualité ; le **Mardi gras**, dernier jour des festivités, dont on marque la fin à minuit en brûlant le *Nubbel*, pantin de paille déguisé. Le soir du mercredi des Cendres, les sociétés carnavalesques se réunissent pour le repas de poisson qui annonce le début du Carême. Pendant le carnaval, les Colonais et les nombreux touristes font la fête sans discontinuer.

Toutes les informations sur l'itinéraire du défilé, l'achat des billets et la réservation de chambres sont disponibles sur le site de l'OT.

La vieille ville

PLAN II P. 255

Itinéraire tracé en vert sur le plan II p. 255 – Comptez 1h45 pour la visite de la vieille ville (visite des musées non comprise).

★★ Musée romain germanique (RÖMISCH-GERMANISCHES MUSEUM) D1

Roncalliplatz 4 - 0221 22 12 44 38 - www.roemisch-germanisches-museum.de.

Attention, le musée est fermé pour rénovation jusqu'en 2024. Néanmoins, la mosaïque de Dionysos et le mausolée de Lucius Publicius restent visibles dans le cadre d'une visite guidée *(mar.-dim. à 10h, 11h, 15h, 15h30, 16h et 16h30 - 3 €)*. Par ailleurs, pendant la durée du chantier, une sélection d'objets est exposée dans la Belgische Haus *(Cäcilienstraße 46/Kronengasse 2)* : merc.-lun. 10h-18h - 6 €.

Capitale de la province romaine de la Germanie inférieure, Cologne connut entre le 1er et le 4e s. une intense prospérité, matérialisée par des échanges très féconds entre la civilisation romaine et la culture germanique des **Ubiens** (peuple vivant sur la rive droite du Rhin). Les différents témoignages de cette époque, exhumés au fil du temps, sont exposés dans ce musée.

Du sous-sol, on retiendra surtout la **mosaïque de Dionysos★**, ouvrage romain (14,50 m sur 7 m) composé de 1,5 million de tesselles, magnifiquement conservé. Découverte à cet endroit précis lors du creusement d'un bunker en 1941, elle ornait le sol de ce qui devait être une salle dédiée aux banquets (en lien avec le dieu du vin). Le musée doit aussi sa célébrité au **mausolée de Lucius Publicius**, officier de la 5e légion retiré à Cologne (vers 40 apr. J.-C.). Reconstruit dans les années 1960, cet édifice monumental (14,60 m de haut) prend toute son ampleur vu des étages supérieurs. On distingue aisément les pierres rapportées des pierres originales.

Parmi les décorations de demeures colonaises, on accordera une attention particulière à la **mosaïque des Philosophes** : ce sol de mosaïque d'une étonnante ordonnance géométrique représente les Sept Sages de la Grèce (Diogène dans son tonneau, les philosophes Platon et Socrate, etc.). La précieuse collection de **verreries★★** conjugue à l'infini les fantaisies de l'imagination. Elle comprend des pièces uniques, comme la **coupe diatrète** du 4e s. (vase décoratif coulé en plusieurs fois avant d'être orné d'un remplage en relief et d'une inscription grecque de couleur pourpre) des bouteilles à décor de **serpentins** (2e s.), ou une série de récipients anthropomorphes.

Les **bijoux** funéraires romains et « barbares » en or ciselé ou en émail cloisonné sont d'une inestimable valeur archéologique.

★★ Musée Ludwig (MUSEUM LUDWIG) D1

Heinrich-Böll-Platz - 0221 22 12 61 65 - www.museum-ludwig.de - tlj sf lun. 10h-18h (22h le 1er jeu. du mois) - fermé 1er janv., jeu.-mar. pdt le carnaval, 24-25 et 31 déc. - 12 € (7 € le 1er jeu. du mois après 17h).

Aménagé dans un bâtiment construit par P. Busmann et G. Haberer, l'architecture moderne du musée Ludwig, au toit en dents de scie, contraste avec la cathédrale gothique et la gare ; le complexe architectural englobe aussi dans ses sous-sols la **Philharmonie**. La présentation des œuvres peut être un peu déroutante, n'hésitez pas à vous munir du plan du musée pour ne rien manquer. Et commencez par le 2e étage !

Ce musée accorde une grande place à l'art du 20e s.. À l'**expressionnisme** notamment (2e étage), illustré par des œuvres des mouvements **Die Brücke** et du **Cavalier bleu** *(Der Blaue Reiter)*, ainsi qu'à l'art allemand de l'entre-deux-guerres : constructivisme, Bauhaus, Nouvelle Objectivité... On s'arrêtera en particulier devant *Chemin principal et chemins secondaires* de Klee (1929), l'autoportrait d'Otto Dix et les paysages d'Emil Nolde. Ce même étage renferme également un **musée de l'Histoire**

Vue sur Schokoladenmuseum.
G. Gräfenhain/Sime/Photononstop

de la photo *(ouvert à l'occasion d'expositions temporaires, se renseigner).*
La section réservée au surréalisme réunit des gouaches, des peintures à l'huile et des collages du pionnier du dadaïsme, **Max Ernst** *(Au Rendez-vous des amis)*, né à Brühl près de Cologne (*p. 263*), ainsi que des œuvres d'Arp, Schwitters, Miró, Dalí et Magritte.
L'art moderne est représenté par les **cubistes** Braque, Gris, Léger et Delaunay ; le **nouveau réalisme** par des œuvres d'Arman, Klein, César, Saint-Phalle, Calder, Tàpies, Burri et Dubuffet. **Pablo Picasso** occupe une place particulière : vous le suivrez ici dans toutes les phases de sa création artistique grâce à une collection d'œuvres des plus complètes. Une salle, enfin, est entièrement consacrée à **Max Beckmann**.
Le 1er étage se concentre sur l'**art allemand d'après-guerre et contemporain**. L'occasion de découvrir les œuvres du **groupe Zéro**, et surtout de **Joseph Beuys**, Baselitz, Richter, Polke et Kiefer. Vous pourrez y retrouver quelques grandes figures de la peinture abstraite américaine (Rothko, Newman, de Kooning) et du **pop art** (Rauschenberg, Warhol, Segal). À ne pas manquer : l'installation d'Edward Kienholz intitulée **The Portable War Memorial★** (1968) qui dénonce l'absurdité de la guerre. De nombreuses œuvres d'artistes contemporains internationaux originaires d'Europe, d'Amérique, du Japon et de Chine – parmi lesquelles une série d'œuvres de grand format – complètent ce panorama des dernières tendances artistiques.
Traversez le pont vers l'est.
Le pont **Hohenzollern** (Hohenzollernbrücke) est le pont de chemin de fer le plus fréquenté du monde (un train toutes les deux minutes, de jour comme de nuit). Sa rambarde côté voies de chemin de fer est couverte de cadenas d'amour. Après la traversée, la **vue★** sur la ville est très photogénique, en particulier le matin. Possibilité d'agréables balades sur les quais le long du Rhin.

★ Köln Triangle Panorama HORS PLAN I B1-2
Ottoplatz 1 - 2234 9921 555 - www.koelntriangle.de - ♿ - mai-sept. : 11h-23h (w.-end et j. fériés 10h-23h) ; oct.-avr. : 12h-20h (w.-end et j. fériés 10h-20h) - 3 €.

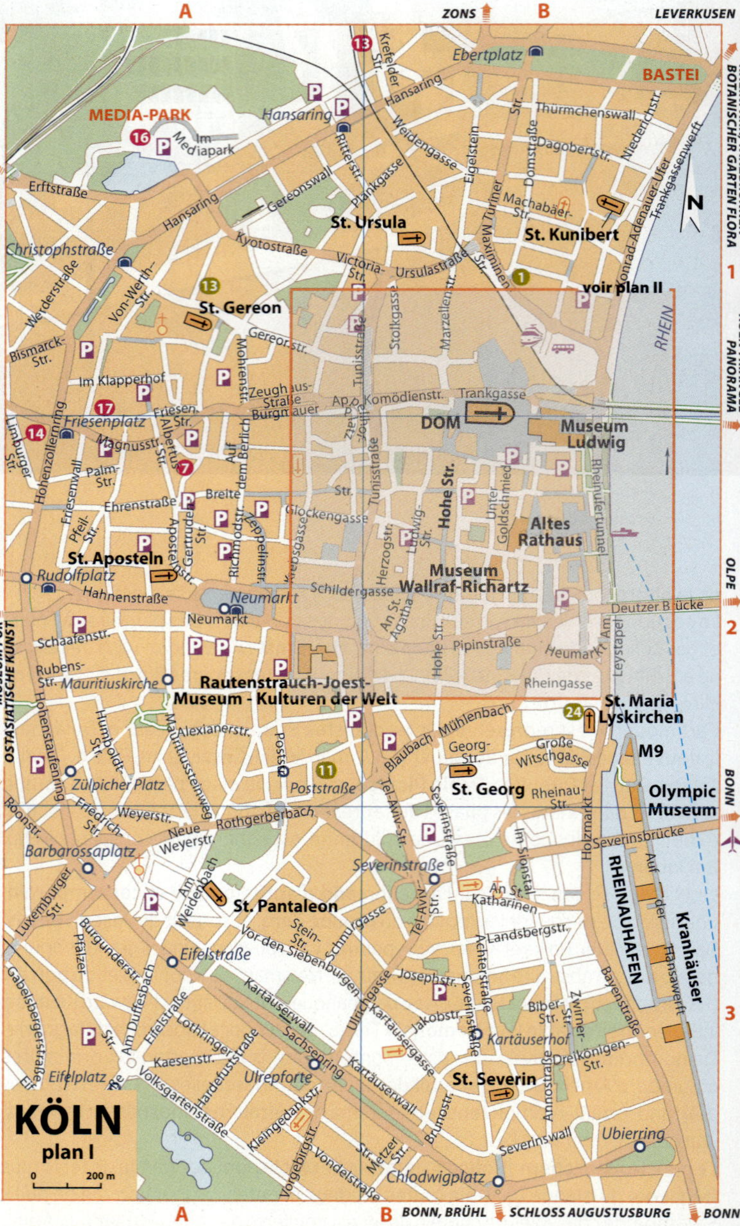

SE RESTAURER
Hase 7
Le Moissonnier 13
Limbourg 14
Osman 30 Restaurant 16
Päffgen 17

SE LOGER
Hotel Brandenburger Hof 1
Hotel Im Kupferkessel 13
Hotel im Wasserturm 11
Hotel Lyskirchen 24

Imhoff-Stollwerck-Museum M9

Cette plate-forme panoramique permet d'admirer Cologne d'en haut et d'identifier ses principaux monuments et églises, avant de partir à sa découverte.
Longez le Rhin vers le sud et traversez le pont Deutz vers l'ouest pour rejoindre le Heumarkt.
Le **Heumarkt** (marché au foin, D2) est dominé par la statue équestre de Friedrich Wilhelm III, roi de Prusse entre 1770 et 1840.
Engagez-vous dans la Bolzengasse vers l'ouest. Remarquez au passage l'amusante vitrine du magasin de déguisements Deiters (p. 270).

Salle des fêtes Gürzenich CD2

Cette salle des fêtes constitue l'une des premières constructions gothiques profanes (1441-1444) ; elle servit de modèle à de nombreuses maisons bourgeoises.

SE RESTAURER
Brauerei zum Pfaffen 25
Funkhaus 5
Gilden im Zims 6
Herings im Martinswinkel ... 10
Peters Brauhaus 22

SE LOGER
Altstadthotel & Apartments Hayk 10
Centro Hotel Kommerz 8
Excelsior Hotel Ernst 7
Hotel Allegro 9
Hotel Kunibert der Fiese 16
Hotel Sion 12
Lint Hotel 19
Stern am Rathaus 22

INDEX DES RUES
Bischofsgarten-Str. 1
Große Neugasse 3
Kurt-Hackenberg-Pl. 5
Quatermarkt 7

Utilisée dès le Moyen Âge pour les réceptions et banquets, la salle constitue depuis le 19e s. l'un des hauts lieux du carnaval.
Remontez la Martinstraße vers le nord.

★★ Musée Wallraf-Richartz (MUSEUM WALLRAF-RICHARTZ) CD2

Obenmarspforten - ✆ 0221 22 12 11 19 - www.wallraf.museum - tlj sf lun. 10h-18h (1er et 3e jeu. du mois 22h) - fermé 1er janv., carnaval, 24-25 et 31 déc. - 13 €.
Ce musée qui occupe depuis 2001 un nouvel édifice de grand style conçu par **Oswald M. Ungers** accueille tout au long de l'année des expositions temporaires de renommée mondiale.
Le 1er étage abrite une collection unique de **peinture colonaise du Moyen Âge**, qui culmine avec un lot d'œuvres, attachantes et minutieuses, du gothique tardif (belle *Vierge dans la roseraie*★ de Stefan Lochner), provenant des nombreuses églises détruites au début du 19e s., lorsque la Rhénanie était sous domination française. Les œuvres de peintres allemands, italiens (Lorenzetti, Martini), flamands et hollandais témoignent, elles aussi, de la dimension européenne de la peinture religieuse de l'époque. Le portrait est très bien représenté par **Bartholomäus Bruyn l'Ancien**. Parmi les **maîtres allemands** figurent **Dürer** *(Le Joueur de fifre et le joueur de tambourin)* et Lucas Cranach l'Ancien ; parmi les Italiens du 16e s., les Vénitiens Titien et le Tintoret.
Le 2e étage est consacré à l'art baroque. On y retrouve avec plaisir les grands noms de la **peinture hollandaise et flamande** – Rubens, Ruysdael, **Rembrandt** et son énigmatique *Autoportrait* de 1622 – mais aussi ceux des écoles espagnole (Murillo), italienne (Tiepolo, Bordone) et française (*Jeune fille se reposant*, de Boucher ; *Grands paysages*, de Claude Lorrain).
La section dédiée aux 19e et 20 s. (3e étage) est dominée par les artistes allemands, ceux de la génération romantique (C. D. Friedrich), les **réalistes** avec **Wilhelm Leibl**, natif de Cologne, et les impressionnistes **Max Liebermann** (*Le Blanchiment des toiles sur l'herbe*★) ou **Fritz von Uhde** dont le *Concert en famille* (1881) est truffé de symboles : le corbeau, la cruche renversée… La peinture française débute avec le romantisme (Delacroix) et le réalisme (Courbet) pour aboutir aux **impressionnistes** : Renoir, Monet, Cézanne, Gauguin, Bonnard, Morisot… Quelques œuvres pointillistes (Signac), fauves (Matisse, Vlaminck), surréalistes (Picabia, Max Luce), et symbolistes (Odilon Redon), et plusieurs bronzes à partir de 1800 (Rodin).
Continuez sur la Judengasse. Remarquez, sur votre gauche, la Zone archéologique et le musée Juif (Miqua) qui ouvrira en 2022. Rens. ✆ 0221 221 33422 - www.museenkoeln.de.

L'école de Cologne

Au 14e s. déjà, l'enluminure et la décoration d'autels étaient florissantes. La peinture colonaise connut son apogée au début du 15e s. avec les œuvres du **maître de sainte Véronique** et de **Stefan Lochner**, natif de Meersburg (lac de Constance). À partir de 1450, et sous l'influence de la peinture hollandaise, on abandonna l'idéalisme mystique de l'époque gothique pour se tourner vers le réalisme gracieux de la Renaissance. La peinture colonaise de chevalet est caractérisée par la délicatesse des coloris et la suavité des sujets. La grande époque de la sculpture religieuse, à Cologne, se situe entre le 14e et le 15e s. De nombreuses **Madones** témoignent du style dit « tendre » » *(Weicher Stil)*, qui se répandit dans toute l'Europe vers 1400 : sourire à peine esquissé, douceur des drapés, déhanchement gracieux, telles sont les principales caractéristiques de ces Vierges du gothique flamboyant.

Le musée Wallraf Richartz.
O. Berg/dpa/age fotostock

★ Ancien hôtel de ville (ALTES RATHAUS) D2

Rathausplatz 2 - ✆ 0221 221 301 00 - 9h-16h (mar. 18h, vend. 12h) - fermé w.-end.
Situé au milieu de l'ancien quartier juif, l'ancien hôtel de ville se caractérise par une **tour** gothique (1407-1414, *le carillon fonctionne à 9h, 12h, 15h et 18h*) et un **pavillon Renaissance** formant un porche (1569-1573).
Les noms des rues alentour (Judengasse, Salomonsgasse) témoignent encore de l'existence du ghetto, dont portes et barrages régulaient l'accès, et qui fut incendié lors d'un pogrom en 1349. Seul bâtiment ayant résisté à l'assaut, le **Mikwe**, de 1170, abrité sous une pyramide de verre, servait pour le bain rituel *(de nouveau visible à partir de 2022, après inauguration du musée Miqua qui retracera l'histoire de la communauté juive de Cologne).*
Descendez les escaliers sur la droite vers la place du Vieux-Marché (Alter Markt).
La place du **Vieux-Marché** *(Alter Markt)* est située à l'ancien emplacement du port romain et possède en son centre une fontaine dédiée à Jan von Werth. C'est ici que l'on donne le coup d'envoi du carnaval de Cologne. Toute proche, dominée par une énorme tour cantonnée de quatre clochetons, l'**église Grand-St-Martin★** *(Groß Sankt Martin)* est entourée de vieilles maisons (reconstruites). Son intérieur roman est un chef-d'œuvre d'élégance et de simplicité *(selon les heures de la journée, offices chantés)*. Le **quartier St-Martin** *(Martinsviertel)*, entre le Vieux Marché et le Rhin, regorge d'auberges et de cafés jusqu'aux quais et aux jardins aménagés au bord du Rhin.

Engagez-vous à gauche dans la Kleine Budengasse.

Prétoire (PRÄTORIUM) D2

Kleine Budengasse - ✆ 0221 221 22 394 - tlj sf lun. 10h-17h - 3,50 € - fermé jusqu'en 2022.
Les fondations du **prétoire**, ou palais du préteur (autrement dit, du gouverneur en charge de cette province romaine de Germanie, 1er au 4e s.), furent mises au jour après la Seconde Guerre mondiale et en grande partie sauvegardées. L'ouvrage

massif, construit en tuf de l'Eifel, présente des fissures laissant supposer que la dernière construction se serait effondrée à cet endroit. Dans le vestibule sont rassemblés figurines, tuiles, récipients, stèles funéraires et quelques éléments architecturaux de l'époque romaine. On peut accéder au **système d'écoulement**, utilisé comme abri pendant la guerre par les habitants de la ville.
Continuez sur la Große Budengaße, prolongée par la Minoritenstraße. Prenez la Kolumbastraße à gauche.

★★ Musée diocésain Kolumba C2

Kolumbastraße 4 - ✆ 0221 93 31930 - www.kolumba.de - ♿ - tlj sf mar. 12h-17h - fermé 1er janv., carnaval, 1er-14 sept., 24-25 et 31 déc. - 8 €.
En 2009, le musée Kolumba a intégré un bâtiment aux lignes épurées, dû au grand architecte suisse Peter Zumthor. Ce dernier a remarquablement incorporé les ruines de l'église Ste-Colombe, maintenant dominée par un haut plafond soutenu par de fins et hauts piliers qui plongent dans les fouilles. Les riches collections d'art sacré médiéval qui comprennent aussi bien des accessoires liturgiques et des statues provenant de la cathédrale que des pièces d'orfèvrerie (le célèbre crucifix Herimann avec une tête romaine en lapis-lazuli) ont pour vedette incontestée **La Madone à la violette** du peintre Stefan Lochner. Une particularité : ces objets sont systématiquement associés à des œuvres d'art contemporain. Un pari audacieux mais réussi, qui jette des passerelles entre les siècles et invite à la réflexion. Ne manquez pas la « salle de lecture » au 2e étage (salle 22) !
Vous pouvez faire un crochet par la maison 4711 pour vous rafraîchir à la fontaine d'eau de Cologne (voir p. 269), puis reprendre la Drusugstraße, et à droite An der Rechtschule.

★ Musée des Arts décoratifs (MUSEUM FÜR ANGEWANDTE KUNST) C1

An der Rechtschule - ✆ 0221 221 23860 - www.makk.de - ♿ - tlj sf lun. 10h-18h - fermé 1er janv., carnaval, 24-25 et 31 déc. - 4/7 € selon l'expo temporaire.
Pendant la durée des travaux, les collections permanentes ne sont pas visibles.
Ce musée donne un bel aperçu de l'évolution des arts décoratifs, depuis les créations artisanales du Moyen Âge jusqu'au design postmoderne. À côté d'une importante collection de meubles, la section dédiée à la **céramique** réunit des productions très variées allant des grès rhénans jusqu'aux majoliques italiennes et islamiques en passant par la porcelaine européenne produite depuis 300 ans. Dans la partie réservée au travail du métal, l'étain fin des 16e et 17e s. ainsi que la **section des bijoux** constituent les points forts de la collection. Les pièces majeures de la **section du verre** sont les verres (de teinte verdâtre) fabriqués dans les régions forestières d'Allemagne, les verres vénitiens en filigrane, les coupes baroques et les créations de style Art nouveau (Émile Gallé).
Remarquer également la **section des sculptures** rassemblant des œuvres de Tilman Riemenschneider, la **collection de textiles** avec une section mode, et les statues animalières de la manufacture de porcelaine de Meissen.
La **section design** donne un aperçu du moulage du 20e s. à nos jours.

À voir aussi

PLANS P. 254-255

★★ Musée Schnütgen (SCHNÜTGEN-MUSEUM) PLAN II C2

Cäcilienstraße 29-33 (même entrée que le Rautenstrauch-Joest-Museum) - ✆ 0221 22 13 13 55 - www.museum-schnuetgen.de - ♿ - tlj sf lun. 10h-18h (jeu. 20h) - fermé 1er janv., carnaval, 24-25 et 31 déc. - 6 €, 10 € billet combiné avec le musée Rautenstrauch-Joest.

Le vieux centre-ville de Cologne et l'église Ste-Marie-du-Capitole.
J. Arnold Images/hemis.fr

Le cadre de l'église Ste-Cécile (12e s.), l'une des 12 églises romanes encore debout à Cologne, convient bien à ce musée consacré à l'art religieux du 6e s. au 19e s., mais essentiellement centré sur le Moyen Âge. Un grand nombre de **Madones en bois** illustrent la période du « style tendre » *(Weicher Stil)* dans la statuaire colonaise. Le saint Jérôme au lion (Erkelenz, 1460-1470) constitue un chef-d'œuvre de la sculpture sur bois du gothique flamboyant. Le panneau d'autel en or (vers 1170) vient de Ste-Ursule. Les objets médiévaux en **ivoire** originaires d'Allemagne, de France ou de Byzance sont d'une extrême finesse. Les travaux d'**orfèvrerie** ne leur cèdent en rien. Voir aussi les **vitraux**, les objets en bronze des chrétiens d'Orient et, enfin, la somptueuse collection de tissus (parements) du Moyen Âge au 18e s.

4

★ Musée ethnographique Rautenstrauch-Joest

(RAUTENSTRAUCH-JOEST-MUSEUM KULTUREN DER WELT) PLAN II C2

Cäcilienstraße 29-33 - ✆ 0221 221 31356 - www.museenkoeln.de/rjm - ♿ -tlj sf lun. 10h-18h (jeu. 20h) - fermé 1er janv., 24-25 et 31 déc. - 7 €, 10 € billet combiné avec le musée Schnütgen.

Ce musée, qui a fait peau neuve en 2010 après d'importants travaux de restauration, conserve 60 000 objets et plus de 100 000 photographies historiques d'Afrique, d'Asie, d'Amérique et d'Océanie. Vous n'en verrez qu'une sélection, habilement présentée par thème. Au rez-de-chaussée, les deux pôles d'intérêt sont le **grenier à riz** de l'île de Sulawesi (Indonésie) et le théâtre d'ombres (wayang kulit) de Java. Au 1er étage, une série d'intérieurs vous entraîne chez les Asmat de Nouvelle-Guinée, les Touareg du Sahara et les Indiens des Plaines avec un crochet par une **alcôve kayseri** de Cappadoce, lambrissée dans le goût rococo. Du 2e étage, on retiendra surtout la superbe **rotonde des masques★**, de Bornéo à l'Alaska.

★★ Musée d'Art d'Extrême-Orient

(MUSEUM FÜR OSTASIATISCHE KUNST) HORS PLAN A2

Universitätsstr. 100 - U 1 ou 7 arrêt Universitätsstraße - ✆ 0221 221 28608 - www.mok-koeln.com - ♿ - tlj sf lun. 11h-17h (11h-22h le 1er jeu. du mois) - fermé 1er janv., 24-25 et 31 déc. - 7 €/9,50 €.

La collection de ce musée, le plus vieux d'Allemagne en ce domaine (il fut fondé en 1909), est conservée dans un édifice dû à Kunio Maekawa ; le jardin japonais a été dessiné par Masayuki Nagare. Elle comprend des **bronzes archaïques** des dynasties Shang et Zhou (Chine, 16e-12e s. av. J.-C.) ainsi qu'une remarquable collection de **sculptures et de peintures bouddhiques** des 6e-16e s. (Chine, Japon), de délicates peintures chinoises et des **meubles des dynasties Ming** (1368-1644) et Qing (1644-1911) qui recréent l'atmosphère sereine d'un cabinet d'homme de lettres. Les **paravents japonais**, décorés de fleurs et d'oiseaux ou de scènes de *matsuri* (festivités annuelles) sur fond d'or *(kimpaku)*, et les illustrations *ukiyo-e* emportent le visiteur dans un monde disparu. Tous ces trésors ne sont malheureusement visibles qu'en dehors des expositions temporaires.

★ Centre de documentation du National-socialisme

(NS-DOKUMENTATIONSZENTRUM) PLAN II C1

Appellhofplatz 23-25 - ✆ 0221 22 12 63 32 - www.nsdok.de - ♿ - tlj sf lun. 10h-18h (22h le 1er jeu. du mois), w.-end 11h-18h - audioguide en français (2 €) - 4,50 €.

Entre 1935 et 1945, cette maison de ville fut le quartier général de la Gestapo. Elle l'utilisa comme prison pour les opposants au régime et y conduisit ses interrogatoires. Les inscriptions des détenus sur les murs des cellules étroites, certaines en français, sont les témoins saisissants de cette page sombre de l'histoire allemande. Expositions permanentes et temporaires, forums, importante bibliothèque.

★ Rheinauhafen PLAN I B3

Le nouveau quartier de Cologne a été construit entre 1998 et 2001 sur d'anciens greniers à blé et entrepôts fluviaux. Une belle symbiose règne entre les immeubles contemporains et les constructions en brique réhabilitées. Les trois **Kranhäuser** (BRT Architekten), en particulier, empruntent dans des dimensions spectaculaires la forme de grues portuaires et accueillent bureaux et habitations.

Ne manquez pas la visite des églises Ste-Marie-des-Lys (B2) et Ste-Marie-du-Capitole (PLAN II CD2), toutes proches *(voir p. 261 et 262)*.

★ Musée du Chocolat (IMHOFF-STOLLWERCK-MUSEUM) PLAN I B2 (M9)

Am Schokoladenmuseum 1a - ✆ 0221 931 88 80 10 - www.schokoladenmuseum.de - tlj sf lun. (sf en déc.) 10h-18h - dernière entrée 1h av. la fermeture - fermé de Jeu. gras au merc. des Cendres, 1er janv., les lun. de nov., 24-25 et 31 déc. - 11,50 €.

Ce musée d'un caractère insolite, non seulement par son architecture, mais surtout par son **site★**, est aménagé dans un bâtiment du port douanier construit à l'époque des fondateurs *(Gründerzeit)*, qui a été intégré dans un édifice en verre accessible par un petit pont jeté sur le Rhin.

L'histoire du chocolat y est présentée de façon divertissante et interactive : fabrique de chocolat miniature et dégustation ; serre tropicale avec cacaoyer ; beaux récipients et collection de publicités. La maison Stollwerck, fondée à Cologne en 1839, retrace l'histoire de cette boisson autrefois réservée à l'aristocratie.

★ Musée du Sport et des Jeux olympiques

(OLYMPIC MUSEUM) PLAN I B2-3

Im Zollhafen 1 - ✆ 0221 33 60 90 - www.sportmuseum-koeln.de - ♿ - tlj sf lun. 10h-18h - fermé 1er janv., jeu.-merc. pdt le carnaval, 24-25 et 31 déc. - 6 €.

Ce musée retrace l'histoire des Jeux olympiques en s'attardant plus précisément sur les Jeux « modernes », du 19e s. à nos jours. Conjointement à une collection de photos, de documents visuels et sonores, vous découvrirez le matériel, les équipements sportifs et les progrès accomplis dans ce domaine.

Rheinauhafen, les trois Kranhäuser sur les bords du Rhin.
imageBROKER/hemis.fr

★★ Les églises romanes

Pour les horaires d'ouverture des églises, voir le site www.romanische-kirchen-koeln.de. Pour les concerts dans les églises, voir le site www.kirchenmusik-koeln.de.
À Cologne, la période romane (milieu du 10e s.-milieu du 13e s.) a vu la construction de très nombreuses églises. En parcourant la vieille ville, où douze églises de cette époque subsistent, on a donc un admirable aperçu des différents styles de l'architecture religieuse romane en Rhénanie. Certains types caractéristiques de construction, comme le **plan tréflé** du chœur et du transept, se sont développés à Cologne (*chapitre « Art et architecture : Le style roman-rhénan » p. 508).*

4

★★ Ste-Marie-du-Capitole (ST. MARIA IM KAPITOL) PLAN II CD2

10h-18h, dim. 13h-18h. Précédée d'un cloître, cette église est un édifice du 11e s. caractéristique de l'architecture ottonienne tardive, bâti sur les fondations d'un temple romain. Le **chœur et le transept à plan tréflé★** sont les plus anciens de ce type à Cologne. La crypte qui s'étend sous le chœur est la plus grande d'Allemagne, après celle de la cathédrale de Spire. Dans le chœur, à gauche, statue de la Madone du bienheureux Hermann-Joseph datant de 1180 environ. À gauche, devant le **jubé Renaissance** (réalisé vers 1525), se dresse la Madone de Limbourg (fin du 13e s.). À l'extrémité ouest de la nef, deux **stèles funéraires** de Plektrudis, épouse de Pépin de Herstal : celle de gauche date de 1160 et celle de droite de 1280. À l'extrémité ouest du bas-côté sud, superbes **portes de bois★★** romanes de 1065 représentant des scènes de la vie du Christ.

★ Ste-Marie-des-Lys (ST. MARIA IN LYSKIRCHEN) PLAN I B2

10h-18h, dim. 10h-16h. L'extérieur de cette petite basilique à trois nefs voûtées est assez anodin, mais l'intérieur abrite de belles **fresques★** du 13e s. Les voûtes sur croisée d'ogives de la nef centrale présentent un cycle de vingt-quatre scènes bibliques.

St-Georges (ST. GEORG) PLAN I B2
Tlj sf. dim. 9h-17h. Cette vaste basilique romane ornée d'un porche Renaissance conserve, dans le transept droit, un très beau **tryptique★** attribué à Bartholomäus Bruyn der Ältere (1493-1555). Le panneau central représente une poignante Pietà.

St-Séverin PLAN I B3
10h-18h, sam. 10h-13h, dim. 13h-17h. L'église St-Séverin est la plus ancienne fondation chrétienne de Cologne. L'**intérieur★** présente une belle nef gothique. Remarquez, dans les deux bras du transept, des tableaux du **maître de saint Séverin**, dans le croisillon sud une croix fourchue du 13e s., et derrière le maître-autel la châsse (refaite au 19e s.) de saint Séverin. Dans la crypte, **tombeau de saint Séverin**, évêque de Cologne vers 400 et l'un des saints patrons de la ville.

★ **St-Pantaléon** PLAN I A3
Lun.-vend. 9h-12h et 12h45-17h, sam. 9h-17h, dim. 12h30-17h. Construite au 10e s., cette église est un témoignage de l'architecture ottonienne. À l'intérieur, **jubé★** gothique flamboyant. Dans la crypte et le bas-côté droit, tombeaux de l'archevêque Bruno de Cologne (10e s.), frère d'Otton le Grand, et de l'impératrice Théophanie, épouse d'Otton II (10e s.).

Sts-Apôtres (ST. APOSTELN) PLAN I A2
10h-13h, 14h-17h. Cette basilique romane très massive domine le quartier de la Neumarkt Platz. L'intérieur vaste et un peu froid renferme de nombreuses statues. Remarquez son joli chevet en forme de trèfle à trois feuilles.

★ **St-Géréon** (GEREONSKIRCHE) PLAN I A1
Mar.-vend. 10h-12h et 15h-17h, sam. 10h-12h. L'originalité de cette église vient de son plan elliptique et de l'adjonction en 1220 d'un **décagone★** entre ses deux tours. La **crypte** au pavé en mosaïque (11e s.) contient les sarcophages de saint Géréon et des martyrs des légions thébaines. Les **fresques** sont du 13e s. et le retable surmontant l'autel est un exemple de style Renaissance encore pétri de réminiscences gothiques. Dans le chœur, côté nord, remarquez le tabernacle avec des reliefs retraçant la Cène (1608) et la tapisserie d'Aubusson; côté sud, Vierge à l'Enfant (1400) polychrome.

St-André (ST. ANDREAS) PLAN II C1
8h-18h. L'église St-André, du roman tardif, fut construite dans le premier quart du 13e s. Elle renferme des sculptures remarquables. Au début du 15e s., le long chœur fut démoli et remplacé par un chœur gothique, sur le modèle de celui d'Aix-la-Chapelle (1414-1420). Dans les chapelles gothiques, on peut admirer des restes de peintures murales datant de la 1re moitié du 13e s.

★ **Ste-Marie-de-l'Assomption** (ST. MARIÄ HIMMELFAHRT) PLAN II C1
8h-18h. Bien que ne faisant pas partie des douze grandes églises romanes, c'est une des plus belles de Cologne. Construite au 17e s., elle surprend par ses vastes dimensions. Son intérieur, minutieusement reconstitué après la Seconde Guerre mondiale, hésite encore entre le style gothique et le baroque. Autels et tableaux débordent de dorures, de statues, mais le regard reste attiré par le retable monumental du chœur qui se dresse sur toute la hauteur de l'édifice.

Ste-Ursule (ST. URSULA) PLAN I B1
Mar.-vend. 15h-17h, sam. 10h-12h et 15h-17h, dim. 15h-17h. Son **intérieur★**, très lumineux, est agrémenté de vitraux modernes et de quelques verrières du 15e s. Le chœur gothique abrite un cycle peint (30 scènes) par Stephan Lochner (1456)

illustrant le martyre de sainte Ursule, princesse anglaise tuée par les Huns au 5e s. avec 10 de ses compagnes. La tradition a transformé ce chiffre en 11 000. La châsse d'Ursule (1256) et la châsse d'Éthérines (1170-1180), en cuivre repoussé, sont déposées dans le sanctuaire. Dans le narthex sud, la Chambre d'or (1643) contient plus de 120 bustes-reliquaires et 700 ossements.

À proximité

CARTE DE RÉGION P. 244-245

Brühl et ses châteaux - Phantasialand B3

Dans la petite ville de Brühl, que l'on peut rejoindre en 15mn par le train depuis Cologne ou Bonn *(liaisons très fréquentes)*, se trouvent deux chefs-d'œuvre du rococo allemand, inscrits à ce titre au Patrimoine mondial de l'Unesco : le **château d'Augustusburg** et son pavillon de chasse, **Falkenlust**. Le château est situé en face de la gare de Brühl *(3mn à pied)*. Vous pourrez également visiter le **musée Max Ernst**, situé tout près. Le parc à thèmes **Phantasialand** est facilement accessible en navette depuis la gare de Brühl.

★★ Château d'Augustusburg (SCHLOSS AUGUSTUSBURG)

13 km au sud de Cologne, dans la ville de Brühl. Comptez au moins 1h de visite.
02 232 44 000 - www.schlossbruehl.de - ♿ - visite guidée (1h) - fév.-nov. : mar.-vend. 9h-12h, 13h30-16h, w.-end et j. fériés 10h-17h - fermé déc.-janv. et carnaval - 9 € (billet combiné avec le château de Falkenlust 14 €, avec le musée Max Ernst 16 €).

L'archevêque et prince-électeur de Cologne, Clemens-August, membre de la famille princière de Wittelsbach, fit bâtir ce château pour qu'il devienne sa résidence d'été. Sa construction, commencée en 1725, dura 43 ans jusqu'en 1768. Johann Conrad Schlaun, architecte originaire de Westphalie, puis **François Cuvilliés**, architecte officiel à la cour de Bavière, en firent un somptueux château rococo. Pour émerveiller les visiteurs, on construisit un fantastique escalier, avec au plafond un superbe trompe-l'œil faisant croire à une coupole. Quant aux jardins, leur aménagement fut confié à un élève de Le Nôtre.

★★ **Escalier** – Ce magnifique escalier est l'une des plus belles réalisations de **Balthasar Neumann**, architecte officiel à la cour de Wurtzbourg. Les nombreux éléments en faux marbre se déploient dans les tons gris-vert et jaune orangé. Cariatides et atlantes sont groupés par quatre autour de chaque pilier, soutenant la voûte. La **fresque du plafond**★, de Carlo Carlone, glorifie le prince et la dynastie des Wittelsbach. En été, des concerts s'y déroulent.

★★ **Intérieur** – La visite permet de découvrir plus d'une vingtaine de pièces. Mobilier du 18e s. (qui n'est pas celui d'origine), poêles en faïence alimentés à l'arrière par les domestiques qui empruntaient des couloirs conçus à cet effet. Les murs sont peints ou recouverts de soie damassée, de faïence, de cuir doré, de tapisserie d'Aubusson.

Nouveaux grands appartements – Salle de garde (endommagée pendant la guerre et restaurée) coiffée d'un plafond peint par Carlo Carlone ; salle à manger dotée d'une galerie, de peintures murales et de fresques au plafond ; superbe **salle d'audience**★.

Appartement d'été – Les pièces, situées au rez-de-chaussée, étaient habitées pendant les chaudes journées d'été. Pour accentuer l'impression de fraîcheur, on a artistiquement carrelé le sol avec des pavés bleu et blanc de Rotterdam composant de jolis motifs.

Appartement jaune – Appartement privé de Clemens-August. Cuvilliés décora les pièces dans le style Régence.

★ **Jardin** – Ce jardin à la française imaginé par Dominique Girardet, élève de Le Nôtre, avec son plan d'eau où se reflètent le somptueux édifice et son parterre en broderie, fut transformé en jardin paysager, aménagé vers 1840 par Peter Joseph Lenné.

★★ Château de Falkenlust (JAGDSCHLOSS FALKENLUST)

À environ 1,5 km du château d'Augustusburg ; après la pièce d'eau, empruntez la Falkenluster Allee - 30mn de marche, également accessible en voiture.

02232 44 000 - www.schlossbruehl.de - fév.-nov. : mar.-vend. 9h-12h, 13h30-16h, w.-end et j. fériés 10h-17h - fermé déc.-janv. et carnaval - 7 €, billet combiné avec le château d'Augustusburg 14 €.

Ce ravissant pavillon de chasse rococo à deux étages, surmonté d'un belvédère lui-même coiffé d'un lanternon, est entièrement conçu selon un plan symétrique. Construit entre 1729 et 1737, d'après les plans de Cuvilliés, il fut l'élégant pavillon de chasse du prince-électeur de Cologne Clemens-August.

Rez-de-chaussée – Vestibule avec statues en pied. Les murs du salon, réservé aux sociétés de chasse, sont recouverts de carreaux bleu et blanc provenant de Rotterdam. Salle à manger ornée de lambris, de nombreux stucs et de décorations rocaille. Remarquez le petit **cabinet des laques★**, ainsi que le **cabinet des glaces★** *(au 1er étage)*, véritable œuvre d'art avec ses boiseries serties d'éléments bleus et ses cadres sculptés et dorés. L'escalier est recouvert de carreaux de faïence bleus et blancs, sur le thème de la chasse.

★ Musée Max Ernst (MAX ERNST MUSEUM BRÜHL DES LVR)

À 13 km au sud de Cologne, dans la ville de Brühl.

Comesstraße 42 - 02232 57930 - www.maxernstmuseum.lvr.de - ♿ - visite guidée (1h) ateliers - tlj sf lun. 11h-18h - fermé 24, 25 et 31 déc., 1er janv., carnaval - 10,50 € (gratuit le dernier jeu. du mois ; 14 € pendant les expositions temporaires).

Inauguré en 2005, ce musée rend hommage au sculpteur, peintre, graphiste et poète **Max Ernst**, né en 1891 à Brühl. Il est installé dans un ancien pavillon néoclassique, qui a été agrandi et rénové pour pouvoir accueillir plus de 70 sculptures, la quasi totalité de ses œuvres graphiques, ainsi que tableaux et photographies. On y découvre le parcours de cet artiste étonnant qui lança le mouvement Dada à Cologne et fut un membre actif du surréalisme en France. Cherchant à solliciter le hasard, le rêve, l'imagination, Max Ernst explora de nombreuses techniques : collage, frottage, grattage, décalcomanies... Les objets du quotidien (boîtes à œufs, pot de fleurs, poêle à frire, casseroles...) étaient utilisés comme moules pour ses sculptures en plâtre, coulées plus tard en bronze – ainsi dans « **Mon ami Pierrot** ». « **Une semaine de bonté** », le premier roman surréaliste et provocateur qu'il réalisa entièrement en collages, est présenté en partie (en totalité sur écran). Enfin les **D-Paintings**, les 36 tableaux qu'il offrit à sa femme, Dorothea Tanning, chaque année pour son anniversaire sont intégralement réunis : magnifique résumé de son œuvre et des diverses techniques utilisées. Deux expositions temporaires ont lieu chaque année, sur un artiste du 20e ou 21es. en lien avec Max Ernst.

Agréable bistrot du musée qui propose d'excellentes pâtisseries.

★ Phantasialand

À 21 km au sud de Cologne, à la sortie sud de Brühl. Berggeiststr. 31-41 - train pour Brühl puis navette Phantasialand shuttle à la gare - 3 € AR ; horaires : voir le site.

Le grand escalier du château de Augustusburg.
F. Monheim/Bildarchiv Monheim/age fotostock

02232 36 200 - www.phantasialand.de - - avril-juin et sept.-oct. : 10h-18h; juil.-août : 10h-20h; reste de l'année se renseigner (les caisses ferment à 16h) - 52,50 € (4-11 ans 42,50 €). Forfaits familles.

Ce parc à thèmes construit en 1967 sur l'ancien site d'une mine de lignite, s'agrandit et se dote régulièrement de nouvelles attractions, principalement des *roller coasters* (grands 8), qui vont toujours plus hauts avec des sensations toujours plus fortes ! Environ deux millions de visiteurs par an pour les sept zones thématiques qui se succèdent (Berlin, Mexico, Africa, China town, Fantasy, Mystery). La dernière née, **Klugheim**, au sombre décor moyenâgeux et fantastique à la fois, a été inaugurée en 2016 avec deux nouveaux *coasters* très impressionnants. Plusieurs spectacles de danse ou d'acrobatie par jour, dans différents lieux : **Ice College 2016** *(sur glace)* **Jump**, **Asia artistic** et d'autres encore.

Deux hôtels à thème si vous souhaitez passer la nuit au parc, possédant chacun plusieurs restaurants : **Ling Bao** pour une ambiance chinoise ou africaine pour l'hôtel **Matamba**.

Au nord de Cologne

★ Cathédrale d'Altenberg B2

À 20 km au nord-est.

L'ancienne abbatiale cistercienne appelée aussi *Bergischer Dom* (cathédrale du duché de Berg) est située dans un vallon du pays de Berg, apprécié des Colonais. Depuis 1857, dans l'église de style gothique, on célèbre en alternance les culte catholique et protestant. Notez les **vitraux à grisaille** dans le chœur et la gigantesque **verrière** colorée (18 m sur 8 m) au-dessus du portail ouest, réalisée en 1400.

4

Carnet pratique

S'informer

Office de tourisme – *En face de la cathédrale, Kardinal-Höffner-Platz 1 - 0221 34 643 0 - www.koelntourismus.de.*

Arriver ou partir

En train – *Hauptbahnhof - Am Bahnhofsvorplatz - koeln-hbf.de.* Train Thalys au départ de Paris-Gare du Nord *via* Aix-la-Chapelle et Bruxelles. Jusqu'à 5 trains directs/j (3h14 de trajet). *Rens. 3635 - www.thalys.com.*

Transports

Vous avez l'intention de visiter plusieurs musées ? Même si la plupart sont à portée de pied, il peut être utile de vous procurer la **KölnCard**. Valable 24h, cette carte permet de profiter de 20 % de réduction sur le billet d'entrée de nombreux musées et activités et d'utiliser les transports gratuitement. Disponible en deux versions (tarifs 2020 : 9 € pour 24h et 18 € pour 48h). En vente à l'OT, face à la cathédrale, dans de nombreux hôtels et agences de voyage, ou dans les distributeurs de billets du réseau KVB et de la DB (Deutsche Bahn).

Transports en commun – Cologne est bien desservie par un réseau de bus, tramway *(ticket à l'unité 2 €)* et métro, divisé en plusieurs zones tarifaires jusqu'à Bonn. *www.kvb-koeln.de* et *www.vrsinfo.de.*

Visites

En autocar – Tour en autocar (1h30) organisé par la compagnie **Cologne Coach Service** avec guide et visite d'un musée. Départ de l'OT, en face de la cathédrale - *0221 979 25 70 - www.ccs-busreisen.de - tlj à 10h, 12h et 14h, (avr.-oct. : vend. et sam. aussi à 16h) - 15 €.* La même compagnie propose un circuit « Hop On Hop Off » (1h50), où l'on peut descendre et monter à sa guise (18 € ; 14,40 € avec la KölnCard).

À pied – StattReisen Köln - *0221 732 51 13 - www.stattreisen-koeln.de.*

Visites culturelles – Stefan Rath – *0173 533 00 54 - info@stefanrath.com. 95 €/h.* Cet historien d'art et d'architecture organise des visites passionnantes de la cathédrale et de la ville.

En bateau – La compagnie de navigation sur le Rhin de Cologne-Düsseldorf est celle qui possède le plus de bateaux d'excursion sur le Rhin et qui vous mènera le plus loin (jusqu'à Mayence).

Köln-Düsseldorfer Deutsche Rheinschiffahrt (KD) - *Sur les quais du Rhin, en face de l'hôtel Hayk - 0221 208 83 18 - www.k-d.com.*

À vélo – La *Radstation Köln*, outre la location de vélos (6 € les 3h, 12 € les 24h), propose d'avril à oct. des visites guidées en allemand (3h) à vélo (*départ tlj à 13h30 de Markmannsgasse, au niveau du Deutzer Brücke) - 0221 1397190 - www.radstationkoeln.de - 22,50 €.*

Agenda

Marché de Noël – *De mi-nov. au 23 déc.*

Carnaval – *Déb. de la saison le 11 nov. à 11h11.* Il se termine avec le carnaval de rue, le défilé du lundi des Roses, et le Mardi gras.

Art Cologne – *Nov. - www.artcologne.com.* L'une des plus grandes expositions mondiales d'art moderne et contemporain. Elle réunit plus de 200 galeries.

Nos adresses

Restauration

Dans la vieille ville

Premier prix

10 **Herings im Martinswinkel** – D2 - *Fischmarkt 9 - 0221 2575751 - herings-im-martinswinkel.de - tlj sf mar. 11h-0h - plat 12/20 €.* Mariné, en filet, en rollmops ou frit : les préparations de hareng sont la spécialité de ce restaurant au joli cadre façon brasserie. Terrasse de choix, sur une place pittoresque.

6 **Gilden im Zims** – D2 - *Heumarkt 77 - 0221 16866110 - www.gilden-im-zims.de - plat 13/25 €.* Pendant que l'on patiente (peu) pour son snack, schnitzel ou plat traditionnel régional, on peut lire dans le menu des anecdotes sur les « héros » qui ont fait l'histoire de Cologne. Le cadre mêle habilement design contemporain et vieilles pierres. Au sous-sol, une magnifique salle de night-club s'anime le week-end.

5 **Funkhaus** – C1 - *Wallrafplatz 5 - 0221 955645424 - www.funkhaus-koeln.de - 8h30-0h (vend.-sam. 1h) - plats 10/17 €.* Une brasserie qui a conservé son décor des années 1950, du temps où elle servait de cantine aux employés de la station de radio WDR. On y sert avec le sourire de bons petits plats (les *Königsberger Klopse*, boulettes de viande épicées au concombre et sauce aux câpres) et plusieurs sortes de petit déjeuner (dont le copieux *Lebensart* à 15,60 €).

Budget moyen

22 **Peters Brauhaus** – D1 - *Mühlengasse 1 - 0221 2573950 - peters-brauhaus.de - plat midi 8,90 €, soir 11/21 €.* Une brasserie typique de Cologne. Le bois ajoute convivialité et chaleur au cadre rustique et confortable du lieu. Plusieurs espaces avec un coin brasserie et une salle de restaurant.

25 **Brauerei zum Pfaffen** – D2 - *Heumarkt 62 - 0221 2577765 - zum-pfaffen.koeln - 11h-0h - plat 10/20 €.* L'un des plus célèbres brasseurs de Cologne. Dans un décor rustique, on vient surtout pour déguster la bière typique de la ville, la *Kölsch*, et des plats régionaux. En été, agréable *Biergarten* à l'arrière.

7 **Hase** – A2 - *St.-Apern-Str. 17 - 0221 254375 - www.hase-restaurant.de - fermé dim. - plat 14/26 €.* Les tables en bois clair de ce restaurant-bistrot ajoutent à la note rustique du lieu. Quelques plats, classiques, sont proposés sur une ardoise.

Dans le quartier des Belges et de Neumarkt

Premier prix

Metzgerei Schmitz – HORS PLAN - *Aachener Str. 30 - 0221 1395577 - salonschmitz.com - 11/21 €.* Cette ancienne boucherie restée dans son jus accueille une cantine de restauration allemande, où tout est bio et fait maison (tartes, salades, gâteaux). Essayez le traditionnel Reibekuchen mit Apfelmus und Schwarzbrot (galettes de pomme de terre, pain noir beurré, compote de pomme).

17 **Päffgen** – A1 - *Friesenstr. 64-66 - 0221 135461 - www.paeffgen-koelsch.de - 9h-23h (1h vend.-sam., 22h dim.) - plat 10/22 €.* Authentique ambiance de brasserie, avec des boiseries anciennes et une solide cuisine du terroir local. Pour ceux qui n'ont pas très faim, il est possible de prendre de petites assiettes de fromages ou de charcuterie, tout en buvant une *Kölsch*.

Budget moyen

Belgischer Hof – HORS PLAN - *Brüsseler Str. 54 - 0221 54817017 - www.belgischer-hof.de - 18h-2h - plat 15/26 €, menu 3 plats 32/37 €.* Dans une ambiance qui rappelle la Méditerranée, avec de petites lanternes sur les tables en bois sombre, on se laissera tenter par une tarte flambée ou des plats d'inspiration française.

Pour se faire plaisir

14 **Limbourg** – A2 - *Limburger Str. 35 - 0221 2508880 - limbourg.restaurant - fermé midi - plat 20/39 €, menu 3 plats 40/45 € - réserv. conseillée.* Le cadre romantique du Limbourg est idéal pour un tête-à-tête. Le menu tourne autour d'une carte restreinte, régulièrement renouvelée, et de saison.

Au nord

Une folie

16 **Osman 30 Restaurant** – A1 - *Im Mediapark 8 - 0221 50052080 - www.osman-cologne.de - fermé le midi sf dim. - menu 49 €, plat 24/39 €.* Restaurant moderne et chic au 30e étage de la tour de verre du Media-Park. Bar à vins et brunch le sam.

13 **Le Moissonnier** – B1 - *Krefelder Str. 25 - 0221 729479 - www.lemoissonnier.de - fermé dim.-lun. - réserv. recommandée - plat 48/58 €, menus 99/151 €.* On se sent « comme un coq en pâte » dans ce bistrot typique de style Art nouveau (Jugendstil), aménagé dans une maison ancienne du centre-ville.

Petite pause

Espresso Perfetto – *Kolumbastr. 8 - 0221 2710800 - espresso perfetto.de - 8h-19h - fermé dim.* Ici, on déguste son expresso ristretto au comptoir, à l'italienne! Assortiment de machines à café rutilantes et collection d'affiches publicitaires rétro.

Café Reichard – *Unter Fettenhennen 11 - en face de la cathédrale - 0221 2578542 - www.cafe-reichard.de - 8h30 - 20h.* Ce café au décor intérieur classique comporte un jardin d'hiver et une terrasse. Si l'on y ajoute la superbe vue sur la cathédrale, on comprend pourquoi l'établissement est aussi fréquenté. La véranda est sans nul doute le meilleur emplacement pour observer le fourmillement de la ville.

Café Jansen - Fassbender – *Obenmarspforten 7 - 0221 2727390 - www.fassbender.de - 9h-18h30, sam. 9h-19h, dim. 10h-18h.* Elégant salon de thé, calme mais pas snob, pour déguster glaces et gâteaux.

Manufactum – *Brückenstr. 23 - 0221 29942360 - www.manufactum.de - 10h-19h (sam. 18h) - fermé dim. - plat 7,90/8,50 €.* Juste en face du musée diocésain Kolumba, ce grand magasin de déco – il en existe 7 autres en Allemagne – est doté d'un café lumineux où l'on peut grignoter pâtisseries, tartines, quiches, plats chauds et salades. Frais et bon.

En soirée

La bière traditionnelle de Cologne, servie habituellement dans des verres de 0,2 l, est la *Kölsch*. La ville revendique 3000 bars, cafés et restaurants pour la découvrir! Les cafés se concentrent principalement dans le quartier des Belges (Belgisches Viertel) – PLAN I A2 – et de l'autre côté de Hohenzollern Straße, entre la Aachener Straße et la Venloer Straße, le quartier de l'université (autour de la Zülpicher Straße) et le Friesenviertel (Friesenstraße, autour des métros Friesenplatz et Rudolfplatz). La *Kölsch* s'accompagne souvent d'un *Halver Hahn* (pain de seigle avec fromage et rondelles d'oignon), de l'*Himmel und Erde* (purée de pomme de terre, compote et tranche de boudin) ou *Kölsche Kaviar* (pain de seigle accompagné d'une tranche de boudin et de rondelles d'oignon).

Boire un verre

Biergarten im Stadtgarten – *Venloer Str. 40 - rue qui part de la station Friesenplatz vers l'ouest - ✆ 0221 9529940 - www.stadtgarten.de - 12h-0h, vend.-sam. 12h-1h, dim. 10h30-23h (fermé par mauvais temps).* À quelques encablures du centre-ville, vous trouverez cet agréable Biergarten à l'entrée du parc public *(Stadtgarten)*. Petit déjeuner le dimanche servi de 10h30 à 14h30.

Früh am Dom – *Am Hof 12-18 - ✆ 0221 2613215 - www.frueh-am-dom.de - 11h-0h, w.-end 10h-0h.* Brasserie décontractée, offrant sur chacun de ses trois niveaux une cuisine différente. Le client se voit servir sa *Kölsch* sans même l'avoir commandée. Le restaurant au 1er étage conviendra à ceux qui recherchent le calme ; la cave est, quant à elle, plus typique.

Papa Joe's Biersalon « Klimperkasten » – *Alter Markt 50-52 - ✆ 0221 2582132 - www.papajoes.de - 11h-1h.* Ambiance rétro garantie dans ce restaurant dont les murs et même le plafond sont couverts de vieilles photos. Un voyage dans le temps au son du piano ou des airs entraînants joués par des automates musiciens.

Papa Joe's Jazzlokal « Em Streckstrump » – *Buttermarkt 37 - rue parallèle au Rhin qui part de Groß St. Martin vers le sud - ✆ 0221 2577931 - www.papajoes.de - 19h30-1h, dim. à partir de 15h30 (sf mai-août) - entrée gratuite.* Depuis plus de 30 ans, le jazz règne en maître sur les soirées de cet établissement. Le prix des consommations est un peu élevé, mais les concerts sont gratuits et l'ambiance y est toujours bonne. Tous les dimanches *(sf juin-sept)* : « Seven O'Clock Jazz ».

Gaffel am Dom – *Bahnhofsvorplatz 1 - ✆ 0221 913 9260 - www.gaffelamdom.de - 11h-0h (2h vend.-sam.).* Chacune des 25 marques de *Kölsch* a un goût différent. Ici, les *Köbes* – comme on appelle les serveurs à Cologne – font monter la température ambiante avec de grandes rasades de bière *Gaffel* (3,80 € les 50 cl) et des dés de liqueurs locales, prune ou poire, à siroter avec des *Reibekuchen* ou un *Halver Hahn*. Service efficace, un peu bruyant aux heures de pointe.

Sortir

Staatenhaus – *Rheinparkweg 1 - ✆ 0221 221 28400 - www.oper.koeln - billets 16/125 €.* En attendant la réouverture (2023) du Schauspielhaus sur l'Offenbachplatz, c'est dans cette salle en demi-cercle, face au Rhin, que se produit l'excellent Opéra de Cologne. Au répertoire, des œuvres classiques (Mozart, Rossini...) mais aussi contemporaines (Britten, Zimmermann, etc.).

Shopping

Neumarkt et le **quartier des Belges** (HORS PLAN I A2) est propice au lèche-vitrines : créateurs et boutiques indépendantes fourmillent autour d'Antwerpener Straße.

Schildergasse et Hohe Straße (PLAN II C1-2), au pied de la cathédrale, présentent les grandes marques d'un shopping plus traditionnel.

Ehrenstraße (PLAN I A2) mélange boutiques modes, sport, librairies et restauration rapide.

4711 Echt Kölnisch Wasser – *Glockengasse 4 - ✆ 0221 27099911 - www.4711.com - 9h30-18h30, sam. 9h30-18h - fermé dim.* La maison traditionnelle de la fameuse eau de Cologne. Vous y trouverez une fontaine de l'*Aqua mirabile* pour vous rafraîchir, une exposition historique, ainsi que des souvenirs et des produits de beauté. Le carillon sur la façade sud de la maison joue *La Marseillaise* toutes les heures entre 9h et 19h.

Farina-Haus – *Obenmarspforten 21 - ✆ 0221 3998994 - www.farina.org - 10h-19h, dim. 11h-17h.* Autre maison de parfum renommée, Farina élabore une eau de Cologne davantage portée sur les agrumes et le fruit.

Deiters – *Gürzenichstr. 25 - ✆ 0221 2508711 - www.deiters.de - 10h-20h - fermé dim.* Passage obligé si vous êtes à Cologne pour le carnaval, ce magasin propose toutes sortes de déguisements plus extravagants les uns que les autres.

Activités

Claudius Therme – *Sachsenbergstr. 1 - bus 150 (ttes les 20mn) depuis la gare de Deutz - ✆ 0221 981440 - www.claudius-therme.de - 9h-0h (dernière entrée 22h30) - 2h : 14,50 € en sem., 16,50 € le w.-end; 4h : 20,50 € en sem., 22,50 € le w.-end; journée : 28,50 € en sem., 30,50 € le w.-end.* Au cœur du Rheinpark, une oasis de relaxation, alimentée par la source thermale du lac de Laach, dotée de jacuzzis, de piscines, d'un *banya* russe et d'un sauna finlandais avec vue sur la cathédrale.

Hébergement

Outre la période du carnaval, la ville accueille régulièrement des foires et salons de renommée internationale : les prix montent alors en flèche. Mieux vaut se renseigner et réserver à l'avance.

Dans la vieille ville

Premier prix

10 **Altstadthotel & Apartments Hayk** – D2 - *Frankenwerft 9 - ✆ 0221 9257440 - www.haykhotel.com - 14 ch. 76/83 € - ☕ 9,50 €.* Le meilleur rapport qualité-prix des hôtels situés sur les quais du Rhin. Beaucoup de charme et un accueil très chaleureux. Quelques appartements en plus.

Budget moyen

13 **Hotel Im Kupferkessel** – A1 - *Probsteigasse 6 - rue au nord de Christophstr. à la hauteur de St-Gereon - ✆ 0221 2707960 - www.im-kupferkessel.de - 12 ch. 85/89 € ☕.* Petit hôtel bien tenu et à l'accueil chaleureux aux abords de la vieille ville. Les chambres sont petites et de confort simple (quelques-unes avec salle de bains à l'étage).

16 **Hotel Kunibert der Fiese** – D1 - *Am Bollwerk 1-5 - ✆ 0221 9254680 - www.kunibertderfiese.de - 22 ch. 80/90 € - ☕ 12,50 €.* Un bon compromis entre confort, prix et localisation (près du centre). D'autres hôtels de même catégorie se trouvent à proximité, tous avec vue sur le Rhin.

1 **Hotel Brandenburger Hof** – B1 - *Brandenburger Str. 2-4 - ✆ 0221 122889 - www.brandenburgerhof.de - P - 29 ch. 75/105 € ☕.* Au nord de la vieille ville et à proximité de la gare principale *(Hauptbahnhof)* et de la cathédrale, cet hôtel aux chambres fonctionnelles (certaines avec salle de bain sur le palier) possède un petit jardin.

8 **Centro Hotel Kommerz** – D1 - *Johannisstr. 30-34 - ✆ 0221 16100 - www.centro-hotels.de - P 15 €/j. - 77 ch. 85/100 € - ☕ 8,90 €.* Situé juste à la sortie de la gare principale (côté opposé à la cathédrale), cet immeuble typé années 1970 attire le regard avec sa façade blanche et bordeaux. Intérieur rénové, chambres bien équipées et confortables. Sauna. Copieux petit déjeuner.

Pour se faire plaisir

12 **Hotel Sion** – D1 - *Kleine Budengasse 15 - ✆ 0221 9259310 - www.hotel-sion.de - 25 ch. 145/160 € ☕.* Rénové en 2016, un hôtel de centre-ville à la sobre

façade, aménagé dans un style international. Service accueillant, chambres confortables où domine le bois et les tons gris clair.

22 **Stern am Rathaus** – D2 - *Bürgerstr. 6 - ✆ 0221 22251750 - www.stern-am-rathaus.de - 8 ch. 95/130 €* ☕. Des chambres petites mais élégantes, en plein centre-ville, à 1mn de l'hôtel de ville et 3mn de la cathédrale. Excellent petit déjeuner composé de produits régionaux et de confitures maison. Pas d'ascenceur.

19 **Lint Hotel** – D2 - *Lintgasse 7 - ✆ 0221 920550 - www.lint-hotel.de - 18 ch. 100/125 € - ☕ 10 €*. Hôtel au mobilier contemporain, équipé de tout le confort moderne, au cœur du centre historique.

11 **Hotel im Wasserturm** – A2 - *Kaygasse 2 - ✆ 0221 20080 - www.hotel-im-wasserturm.de - 88 ch. 105/160 € - ☕ 20 €*. Cette imposante construction en brique, qui fut autrefois le plus grand château d'eau d'Europe, offre un cadre original, des chambres de grande qualité et un design intérieur signé Andrée Putman. Le hall est impressionnant. Depuis le restaurant, situé au 11e étage, belle vue sur la ville.

Une folie

7 **Excelsior Hotel Ernst** – C1 - *Domplatz - ✆ 0221 2701 - www.excelsiorhotelernst.de - P - 137 ch. 209/249 €* ☕. La meilleure adresse de Cologne, juste en face de la cathédrale. Un très beau hall d'entrée en marbre permet d'accéder à cet établissement traditionnel luxueux.

Dans le quartier des Belges (Belgisches Viertel)

Premier prix

Pension Otto – HORS PLAN - *Richard-Wagner-Str. 18 - ✆ 01578 5952825 - pensionotto.de - 5 ch. 75/95 € - ☕ 4/10 €*. On se sent vraiment chez soi dans cette petite pension familiale, installée au 2e étage d'une maison de ville. L'accueil chaleureux y est pour quelque chose. Chambres simples et bien insonorisées. Préférez tout de même celles sur cour. Une pension similaire se trouve à l'étage supérieur.

Vers Rheinauhafen

Budget moyen

9 **Hotel Allegro** – D2 - *Thurnmarkt 1-7 - ✆ 0221 2408260 - www.hotel-allegro.com - P - 40 ch. 85 €* ☕. À deux pas du musée du Chocolat, chambres modernes ou décorées dans le style bavarois, avec lit à baldaquin et meubles en pin. L'emplacement sur un boulevard passant est compensé par la vue sur le Rhin, les fenêtres isolantes et une moquette bien épaisse.

24 **Hotel Lyskirchen** – B2 - *Filzengraben 26-32 - ✆ 0221 2402097715 - www.hotellyskirchen.de - 105 ch. 80/95 € - ☕ 19,50 €*. Tout près du Rhin, dans une rue tranquille, chambres modernes, un peu minimalistes (salle de bain ouverte sur la chambre avec rideau). Piscine et salle de sport. À 10mn de la cathédrale, mais au calme. L'hôtel fait des promotions.

4

Bonn ★

Lorsque Bonn devint capitale de l'ex-RFA en 1949, évinçant Francfort, ce fut une surprise pour beaucoup d'Allemands. Sa taille modeste et son prétendu caractère « provincial » lui valurent même le surnom ironique de « village fédéral ». À défaut d'être aujourd'hui une grande capitale européenne, elle offre le charme d'une cité riche en musées, à l'atmosphère calme et accueillante. Bonn est également la ville de Beethoven qu'elle célèbre de multiples manières, en particulier à l'occasion d'un festival. Ville fluviale, elle permet aussi de nombreuses excursions.

Se repérer

327 250 habitants – Rhénanie du Nord-Westphalie

CARTE DE RÉGION B3 (P. 244-245)
PLAN DE VILLE P. 274

Bonn est à 30 km au sud-est de Cologne (25mn en train RE5).

Organiser son temps

Comptez une journée.

Carnet pratique p. 278

Nos adresses p. 278

Le centre ancien

PLAN DE VILLE P. 274

Maison de Beethoven (BEETHOVENHAUS) B1

Bonngasse 20 - ✆ 0228 981 75 25 - www.beethoven-haus-bonn.de - tlj 10h-18h - fermé 1er janv., carnaval, Vend. Saint, dim. de Pâques, 24-26 et 31 déc. - 10 €.

C'est dans cette maison bourgeoise que naquit Beethoven en décembre 1770. Un musée y a été aménagé dès 1890, dans lequel sont exposés des documents sur la vie et l'œuvre du grand compositeur. On voit ainsi des portraits de Beethoven et de ses amis, des manuscrits originaux, des instruments de musique lui ayant appartenu, ses cornets acoustiques et deux masques du maître dont un masque mortuaire. De l'autre côté de la cour, la *Digitale Beethoven-Haus* réunit des installations multimédia sur deux étages : vous pourrez écouter toute l'œuvre enregistrée par *Deutsche Grammophon* – dont le sublime *allegro con brio* de la Sonate pour piano op. 53 – et découvrir des archives numérisées (partitions, lettres).

Descendez la Bonngasse en direction du Markt.

Ancien hôtel de ville (ALTES RATHAUS) B2

Markt. Cet hôtel de ville, charmant édifice rococo (1738) à la façade rose et grise, est célèbre pour son bel escalier extérieur à double volée, que de nombreuses

Le plus célèbre enfant de la ville

Ludwig van Beethoven (1770-1827) a vu le jour et a grandi dans le quartier de l'**église St-Rémi** *(St. Remigius-Kirche)*. À 13 ans, il jouait du violon alto et du clavecin dans l'orchestre de la cour électorale. À 22 ans, grand admirateur de Mozart et de Haydn, il quitta définitivement Bonn pour Vienne, où il arriva avec pour tout bagage sa virtuosité de pianiste. C'est pourtant son travail de compositeur (symphonies, sonates, variations) qui le fit passer à la postérité *(☛ p. 529)*.

L'ancien hôtel de ville de Bonn.
klug-photo/iStock

personnes politiques ont gravi lors de séjours officiels dans la capitale. Juste derrière se trouve le modeste mais intéressant **Musée municipal** (Stadtmuseum Bonn - *Franziskanerstr. 9 - ✆ 0228 772877 - www.bonn.de/stadtmuseum - merc. 9h30-14h, jeu.-sam. 13h-18h, dim. 11h30-17h - fermé durant le Carnaval - 2,50 €*) qui égrène en 18 salles l'histoire de la ville depuis l'antiquité romaine. On y verra, entre autres, quelques vues très romantiques du Rhin, une épicerie de 1893 ainsi que la salle à manger d'une famille de la grande bourgeoisie locale (Bonn, vers 1900, comptait 121 millionnaires, qui s'étaient fait bâtir de petits palais sur les berges du Rhin et le long de l'actuelle Adenauerallee).
Dirigez-vous vers le Rhin.

Alter Zoll B2

Du bastion de l'Alter Zoll, on découvre un panorama sur l'ensemble de Bonn, le Rhin et les environs. La **vue★** sur le fleuve et le Siebengebirge *(voir À proximité)* est particulièrement agréable en fin d'après-midi.

Résidence des princes-électeurs (KURFÜRSTLICHE RESIDENZ) B2

L'ancienne résidence estivale des princes-électeurs, bâtiment baroque (1697-1725) tout en longueur, possède un grand parc. Le château abrite l'université depuis 1818.
La Poppelsdorfer Allee, grande rue bordée de châtaigniers, mène au château de Poppelsdorf (voir plus loin).

★ Cathédrale (MÜNSTER) AB2

Münsterplatz - www.bonner-muenster.de - fermée pour travaux jusqu'en 2021.
L'ancienne **collégiale** St-Cassius-et-St-Florentius s'est développée sur le site d'un lieu de culte antique de la seconde moitié du 3e s. L'édifice actuel porte l'empreinte des styles florissants du 11e au 13e s., les éléments de l'art roman et du gothique de transition s'unissant en une rare harmonie.
À remarquer, de style roman, les fonts baptismaux et les sculptures à l'entrée du chœur, ainsi qu'un graffite datant d'environ 1200, qui représente la Vierge entre saint Cassius et saint Florentius. Une fresque (environ 1300) montre l'Assomption

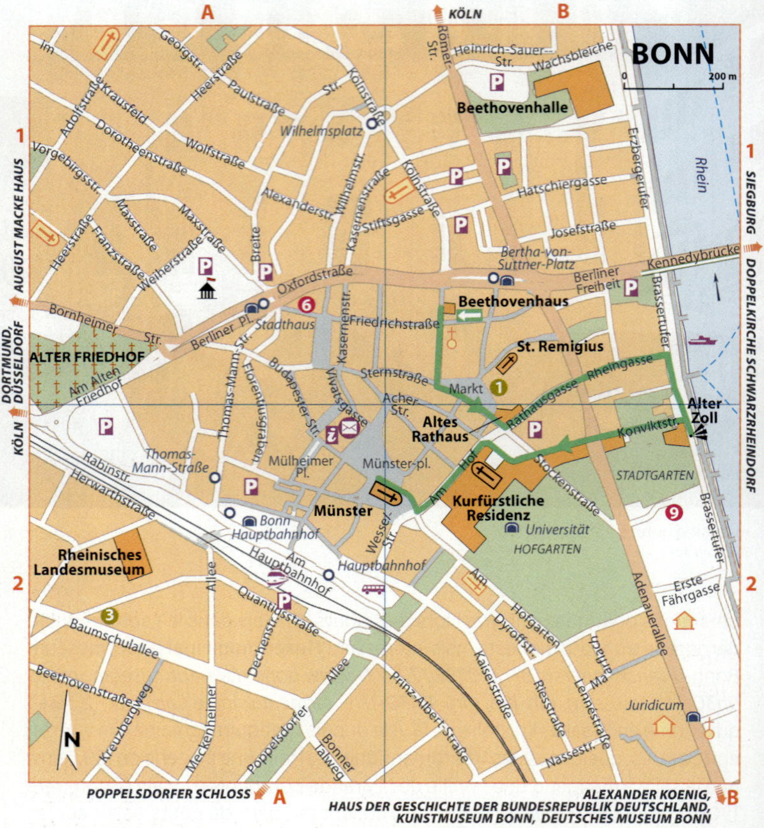

SE RESTAURER		SE LOGER	
Brauhaus Bönnsch	6	Hotel Villa Esplanade	3
Oliveto	9	Sternhotel	1

de la Vierge. Le tabernacle remonte à 1619, tandis que le reste du mobilier date pour l'essentiel du baroque ou de la fin du 19e s.
Sous le chœur surélevé se trouve la crypte à trois nefs (1040) abritant la châsse des martyrs. Le beau **cloître★** roman *(lun.-vend. 10h-17h, sam. 10h-15h30, dim. 11h-16h30)* est réputé être le mieux conservé de son époque en Allemagne.

★ Musée rhénan (RHEINISCHES LANDESMUSEUM, LVR) A2

Colmantstr. 14-16 - ✆ 0228 20 700 - www.landesmuseum-bonn.lvr.de - ♿ - tlj sf lun. 11h-18h (sam. 13h-18h), fermé 1er janv., carnaval, 24-25 et 31 déc. - 8 €, gratuit le 1er vend. du mois (audio guide en anglais ; explications uniquement en allemand).
Après plus d'une décennie de présentation thématique, ce musée à la surprenante architecture de bois, d'acier et de verre redéploie ses collections avec un souci plus aigu de la chronologie. Le visiteur y gagne ainsi une meilleure vue d'ensemble de l'histoire, de la culture et des arts en Rhénanie. On retiendra surtout, au 1er étage, la section consacrée à **la préhistoire** qui présente, outre un crâne de l'homme de Neandertal, une intéressante **stèle celtique** en grès du 4e s. av. J.-C. (la *Pfalzfelder Säule*) mesurant à l'origine 3,50 m de hauteur. Dans la section dédiée

aux **antiquités romaines** *(Römische Abteilung)*, admirez la **mosaïque du dieu du soleil★** (250 apr. J.-C.), chef-d'œuvre de l'art romain représentant la divinité sur son char dans le cercle du zodiaque.

Ancien cimetière (ALTER FRIEDHOF) A1-2

Bornheimer Strasse. On trouve dans l'**ancien cimetière** les tombes d'artistes et d'érudits célèbres : August Wilhelm von Schlegel, Robert et Clara Schumann.

Maison d'Auguste Macke (AUGUST MACKE HAUS) HORS PLAN A1

Hochstadenring 36 - ✆ 0228 65 55 31 - www.august-macke-haus.de- tlj sf lun. 11h-17h (jeu. 13h-21h) ; fermé durant le Carnaval - 9,50 €.

Auguste Macke (1887-1914) vécut à Bonn de 1910 à 1914 et produisit au cours de ces cinq années une œuvre picturale impressionnante dans laquelle on discerne les influences de l'impressionnisme et du fauvisme. À l'intérieur de cette demeure néoclassique de 1878, des tableaux du peintre mais aussi des archives sur l'expressionnisme rhénan.

L'ancien quartier du gouvernement et le boulevard des musées (BUNDESVIERTEL - MUSEUMSMEILE)

Le gouvernement de la RFA avait installé ses administrations à environ 1,5 km au sud du centre ancien. Plusieurs ministères y travaillent encore et les Nations unies y ont des bureaux. Ce quartier est aussi celui où plusieurs musées, dont certains à l'architecture résolument moderne, ont pris place le long de la Willy-Brandt Allee.

Musée Alexander Koenig

(ZOOLOGISCHES FORSCHUNGSMUSEUM ALEXANDER KOENIG) HORS PLAN B2

Adenauerallee 160 - ✆ 0228 9122102 - www.zfmk.de - 10h-18h (dernière entrée 17h), merc. 10h-21h - fermé lun. sf j. fériés, 24-25 et 31 déc. - 5 €.

Ce musée d'Histoire naturelle porte le nom de son fondateur, Alexander Koenig (1858-1940), zoologue passionné qui rassembla sa collection après plusieurs voyages en Arctique et en Afrique. Mammifères, oiseaux, insectes sont représentés dans leur habitat, sur « notre planète bleue ». Plusieurs milieux – savane, forêt tropicale, désert, Arctique et Antarctique – se succèdent, pour sensibiliser le visiteur à la nécessité de préserver les écosystèmes et protéger les espèces.

4

★ Maison de l'histoire de la République fédérale d'Allemagne

(HAUS DER GESCHICHTE DER BUNDESREPUBLIK DEUTSCHLAND) HORS PLAN B2

Willy-Brandt Allee 14 - ✆ 0228 91 65 400 - www.hdg.de - ♿ - tlj sf lun. 9h-19h, w.-end 10h-18h - fermé 24 et 31 déc. - gratuit.

L'ex-capitale de l'Allemagne de l'Ouest

Bonn doit sa notoriété mondiale au fait d'avoir été la capitale de la RFA. Après sa nomination en tant que premier chancelier fédéral le 23 mai 1949, **Konrad Adenauer** fit en effet pression pour que la « paisible bourgade » de Bonn devienne la capitale « provisoire » de la nouvelle République. Elle le resta quarante ans. Le quartier gouvernemental se développa au sud-est de la ville, dans une partie résidentielle. Ici et là fleurirent les ambassades. De nombreux musées virent également le jour. Depuis que Berlin est capitale de l'Allemagne réunifiée, Bonn a renoué avec la simplicité ; elle est aujourd'hui une ville universitaire paisible dont la vie culturelle constitue sans aucun doute l'un des points forts.

Voici une intéressante exposition qui retrace de manière vivante – grâce à de nombreux témoignages et des bornes interactives – l'histoire politique, économique et sociale de l'Allemagne, de 1945 à nos jours. Elle s'intéresse plus particulièrement aux répercussions de la Guerre froide sur les deux États (RFA,RDA) et à l'impact de la mondialisation sur le quotidien des Allemands. Au cours des travaux, une cave romaine a été mise au jour puis intégrée au musée *(sous-sol)*.

★ Musée des Beaux-Arts (KUNSTMUSEUM BONN) HORS PLAN B2

Helmut-Kohl-Allee 2 - U 16, 63 ou 66 arrêt Heussallee/Museumsmeile - ✆ 0228 77 62 60 - www.kunstmuseum-bonn.de - ♿ - tlj sf lun. 11h-18h (merc. 21h), fermé carnaval, 24-25 et 31 déc. - 7 €.

C'est davantage en déambulant à l'intérieur du très spacieux musée des Beaux-Arts, inauguré en 1992, qu'en contemplant son imposante façade que l'on découvre le talent de l'architecte Axel Schultes. L'expressionnisme y est bien représenté (rez-de-chaussée), surtout à travers les œuvres d'**August Macke**, qui vécut à Bonn. L'art allemand depuis 1945 occupe une place importante, avec des œuvres de Gerhard Richter, Anselm Kiefer, Georg Baselitz, Markus Lüpertz et Michael Beutler. Trois salles sont consacrées à Joseph Beuys et à ses réalisations.

Le **hall d'exposition de la République fédérale d'Allemagne** voisin *(Kunst und Ausstellungshalle der Bundesrepublik Deutschland - www.bundeskunsthalle.de - tlj sf lun. 10h-19h, 21h mar.-merc. - 10 €/17 € selon l'expo)* a été réalisé par l'architecte viennois Gustav Peichl. Les 16 piliers situés devant la façade qui donne sur la rue symbolisent les Länder allemands.

À 2 km au sud se trouve un musée des techniques et de la technologie.

Deutsches Museum Bonn HORS PLAN B2

Ahrstraße 45 - ✆ 0228 302 255 - www.deutsches-museum-bonn.de - ♿ - tlj sf lun. 10h-17h, sam. 12h-17h - fermé carnaval, 24-25 et 31 déc. - 9 €.

Un musée consacré à la science et à la technologie. Il présente plusieurs découvertes de scientifiques en Allemagne, récompensées par des prix Nobel.

Le château de Poppelsdorf (POPPELSDORFER SCHLOSS) et le quartier universitaire HORS PLAN A2

Meckenheimer Allee 171 - ne se visite pas.

Le château de Poppelsdorf (1715-1753) fut construit d'après les plans de l'architecte français **Robert de Cotte**.

Côté ville, la façade à trois pavillons reflète l'influence classique française. La cour intérieure présente quant à elle les marques du style italien. Derrière le château s'étend le **jardin botanique** de l'université.

Autour du château se trouve le **quartier universitaire** où les bâtiments des différentes spécialités alternent avec de belles demeures, le long d'allées plantées (en particulier la Mozartstrasse).

À voir aussi PLAN DE VILLE P. 274

★ Schwarz-Rheindorf HORS PLAN B1

▶ *Sur la rive droite du Rhin. Sortez par Kennedybrücke.*

L'**église**★ romane à deux étages fut consacrée en 1151. Les murs de la chapelle inférieure sont décorés de fresques très expressives, illustrant des scènes du livre d'Ézéchiel. La chapelle supérieure contenait, selon le modèle de la chapelle Palatine d'Aix, un trône pour l'empereur.

À proximité CARTE DE RÉGION P. 244-245

Bad Godesberg B3

À 11 km au sud-est du centre-ville par Willy-Brandt Allee puis Godesberger Allee et Bonner Str.

Ce riche quartier, situé au sud de la ville, fut le siège des ambassades étrangères jusqu'au déménagement du gouvernement. Il séduit le visiteur avec ses belles villas et ses magnifiques parcs (Redoute, Draischbrunnen). La **promenade le long du Rhin**, où se trouvent les embarcadères des bateaux d'excursion, est très fréquentée. L'intense activité fluviale anime le paysage dominé par l'hôtel du Petersberg et la ruine du Drachenfels. Sur un éperon basaltique, au milieu de la ville, se dressent les ruines du **Godesburg**, château construit au 13e s. par les princes-électeurs de Cologne. Du donjon, beau **panorama★** sur la ville, la dépression de Bonn jusqu'à Cologne et les Siebengebirge. Un restaurant s'y est installé.

★ Siebengebirge B3

À env. 20 km à l'est de la ville.

Le massif volcanique des Sept-Montagnes, qui culmine à 460 m d'altitude, domine Bad Godesberg depuis la rive droite du Rhin, où s'agrippent les plus septentrionaux des vignobles rhénans. Au pied du massif, le long du Rhin, se trouvent les localités de **Bad Honnef-Rhöndorf** (maison de Konrad Adenauer) et **Königswinter**, d'où part un funiculaire montant jusqu'au **Drachenfels★**. C'est ici que, selon la légende, Siegfried, le héros de la chanson des Nibelungen, a vaincu le dragon avant de se baigner dans son sang, devenant ainsi invulnérable. À mi-pente se dresse le château historicisant de **Drachenburg** (1882), remarquablement restauré en 2011 *(✆ 02223 901970 - www.schloss-drachenburg.de - avr.-oct. : 11h-18h, 19h en juil.-août - 7 €).*

De la terrasse, près des ruines de la tour, on jouit d'un vaste **panorama★★** avec (de gauche à droite) les plateaux du Westerwald et de l'Eifel, Bad Godesberg, Bonn et enfin Cologne. *Funiculaire - ✆ 0222 39 20 90 - www.drachenfelsbahn.de - ttes les 30mn, mai-sept. : 9h-19h ; oct. et mars : 10h-18h ; avr. : 10h-19h ; nov. et janv.-fév. : ttes les heures, 12h-17h, w.-end 11h-18h - 12 €.*

Vue depuis le château de Drachenburg.
S. Ziese/Blickwinkel/age fotostock

Carnet pratique

S'informer

Office de tourisme – *Windesckstr. 1 (près de la Münsterplatz) - ✆ 0228 77 50 00 - www.bonn.de.*

Agenda

Beethovenfest – *Sept.-oct. - ✆ 0228 50 20 13 13 - www.beethovenfest.de.* Les concerts ont lieu dans 23 sites de la ville ou de ses environs.

2021 – Le 250e anniversaire de la naissance de Beethoven, qui devait être fêté en 2020, est reprogrammé en 2021 avec, tout au long de l'année, des expositions, des concerts et l'intégrale de ses neuf symphonies. Programme sur *www.bthvn2020.de.*

Le Rhin en flammes - De Linz à Bonn – *1er sam. de mai.* Le spectacle se termine à Bonn par un feu d'artifice somptueux.

Nos adresses

Restauration

Premier prix

6 **Brauhaus Bönnsch** – A1 - *Sterntorbrücke 4 - ✆ 0228 650610 - www.boennsch.de - 11h-1h (3h vend.-sam.), dim. 12h-1h - menu du midi 10 €, plat 11/17 €.* En plein centre-ville, une adresse très courue aux beaux jours où vous pourrez commander non seulement une *Bönnsch* – la bière de Bonn, non filtrée – mais aussi les grands classiques de toute brasserie rhénane : *Halver Hahn, Himmel und Erde* (voir p. 268, rubrique « En soirée »)... Bonne ambiance.

Pour se faire plaisir

9 **Oliveto** – B2 - *Adenauerallee 9 - ✆ 0228 26010 - ameronhotels.com - fermé sam. midi en déc.-mars - plat 14/38 €.* Cuisine italienne raffinée avec tous les accents de la Méditerranée, à déguster en profitant de la vue imprenable sur les eaux du Rhin.

Hébergement

Budget moyen

3 **Hotel Villa Esplanade** – A2 - *Colmanstr. 47 - ✆ 0228 983800 - hotel-villa-esplanade.de - 17 ch. 105/132 € ☕.* Cette villa du 19e s. a conservé son charme ancien : la grande salle du petit déjeuner, avec ses hauts plafonds, n'a rien perdu de sa splendeur.

Pour se faire plaisir

1 **Sternhotel** – B1 - *Markt 8 - ✆ 0228 72670 - www.sternhotel-bonn.de - 80 ch. 155/190 € ☕.* Situé près de l'ancien hôtel de ville, cet établissement à la belle façade fait partie de l'histoire de la ville. Central et calme, il propose des chambres confortables offrant toutes les commodités.

Aix-la-Chapelle ★★

Aachen

Aix-la-Chapelle est une ville de cure réputée, dont les sources d'eau chaude étaient déjà connues des Celtes. Lieu de résidence préféré de Charlemagne, qui en fit la capitale de l'Empire franc, elle possède une remarquable cathédrale où furent couronnés trente empereurs. Aujourd'hui, dotée d'une université technique de bonne réputation, elle doit à la proximité de la Belgique et des Pays-Bas le charme d'une ambiance cosmopolite.

Se repérer

247 300 habitants – Rhénanie du Nord-Westphalie

CARTE DE RÉGION A3 (P. 244-245)

PLAN DE VILLE P. 282

Aix-la-Chapelle est à 70 km à l'ouest de Cologne (50mn en train RE1). À 2h35 de Paris en Thalys.

Organiser son temps

Comptez deux jours.

Carnet pratique p. 286

Nos adresses p. 286

Découvrir le centre

PLAN DE VILLE P. 282

Le centre historique entoure la cathédrale et se découvre à pied, le long de petites rues et de places triangulaires ornées de fontaines. Vous y verrez peu de maisons médiévales car un incendie détruisit la ville en 1656. Reconstruite au 17e s., Aix devint une élégante station thermale. Les bombardements de 1940 à 1944 la détruisirent aux deux tiers. Aujourd'hui, ses multiples visages (historique, religieux, étudiant) attirent des visiteurs du monde entier.

★★ La cathédrale Notre-Dame (DOM) B2

0241 4770 91 45 - www.aachenerdom.de - ♿ - avr.-déc. : 7h-19h ; janv.-mars : 7h-18h - visite guidée (45mn, 5 €) dép. ttes les h 11h-16h, w.-end 13h-17h - achat des tickets au centre d'information.

La cathédrale est fermée aux visites pendant les offices religieux. Notre conseil : passez d'abord au centre d'information, le « **Dominformation** » situé Johannes-Paul-II-Str. *(10h-17h ; 18h avr.-déc.)* pour vous inscrire à une visite guidée *(visite tlj ttes les h. en allemand, à 14h en anglais ; les sam.-dim. à 13h en français)*. Sans guide, vous n'aurez pas accès au chœur ni au premier étage où se trouvent la châsse et le trône de Charlemagne.

La tour, haute de 74 m, indique le cœur du centre-ville. Le noyau de la cathédrale est constitué par la basilique octogonale à coupole dont Charlemagne entreprit la construction peu avant 800. C'était le premier édifice construit au nord des Alpes sur le modèle des églises byzantines. En 1355, pour pouvoir accueillir le grand nombre de pèlerins, on décida la construction du chœur gothique qui fut consacré en 1414, pour le six centième anniversaire de la mort de l'empereur. La cathédrale fut le premier monument allemand inscrit sur la liste du Patrimoine mondial de l'Unesco en 1978.

Extérieur – *Partant du Katschhof (côté nord), faites le tour de la cathédrale.* On voit successivement la chapelle St-Nicolas (avant 1487), la chapelle St-Charles-Hubert

(1455-1474) avec son portail flamboyant, et enfin le chœur, où des statues du 19e s. s'intercalent entre les hautes fenêtres. De la Münsterplatz *(côté sud)*, on a une belle vue sur la plus grande partie visible de l'église carolingienne surmontée d'une coupole à côtes (17e s.). Sur ce côté s'élèvent trois chapelles : la chapelle St-Matthias (1414), la chapelle Ste-Anne (avant 1449), toutes deux gothiques, et la chapelle hongroise (1756-1767). On accède au porche carolingien par une **porte en bronze** à deux vantaux, décorée de têtes de lion (vers 800).

Intérieur – *Le chœur et l'étage supérieur ne sont accessibles que dans le cadre d'une visite guidée*. L'octogone est entouré d'un déambulatoire à deux étages, dont les ouvertures, à l'étage supérieur, sont fermées par des grilles en bronze de l'époque carolingienne. La coupole est décorée de somptueuses mosaïques du 19e s. En son centre est suspendu un splendide **lustre★★** en cuivre offert par Frédéric Barberousse (1165). À droite des deux piliers précédant le chœur se trouve la statue vénérée de Notre-Dame d'Aix (14e s.).

Le chœur – Il est éclairé par 13 hautes fenêtres (25,60 m.) ornées de vitraux modernes (les originaux ont été détruits pendant la guerre). À droite, au-dessus de la porte donnant accès à la sacristie, on peut voir l'**ambon d'Henri II★★★**, chaire en cuivre doré ornée de pierres précieuses (début du 11e s.). Le maître-autel carolingien resplendit d'une **Pala d'Oro★★★** (parement en or), où sont représentées des scènes de la Passion et un Christ en gloire (vers 1020).

Dans l'abside, la **châsse de Charlemagne★★★** (*Karlsschrein*; 1200-1215), merveilleux travail en argent doré et repoussé, conserve depuis 1215 les ossements de l'empereur. Ornée des statuettes de huit rois couronnés à Aix, elle fut réalisée à la demande de Frédéric Barberousse.

Dans la travée d'entrée du chœur, **châsse de la Vierge★★★** (*Marienschrein*, 1238), d'une importance historique et religieuse majeure. Réalisée en argent doré, elle représente la Vierge et les douze apôtres, Charlemagne et le pape Léon III. Elle contient quatre « grandes reliques » sacrées pour les catholiques (robe de Marie, langes de Jésus, pagne de Jésus sur la croix, drap qui reçut la tête de saint Jean-Baptiste décapité). Exposées dans la cathédrale tous les sept ans depuis 1349, c'est pour les vénérer que les fidèles accomplissent le fameux pélerinage d'Aix-la-Chapelle *(Heiligtumsfahrt)*. Le prochain est prévu en 2021.

Premier étage – Dans la travée ouest se trouve le **trône★** de Charlemagne. Ce siège, resté intact, est fait de simples plaques de marbre ajustées. Une fois élus et sacrés, plus de trente empereurs du Saint Empire romain germanique montèrent sur ce trône et y furent couronnés entre 936 et 1531.

Capitale franque et ville de sacre

Charlemagne (747 ou 748-814), roi des Francs depuis 768, choisit Aix-la-Chapelle pour y installer de façon permanente la cour franque, qui avait mené jusque-là une vie itinérante. En l'an 800, il fut couronné empereur romain. Il soumit les Saxons et les Bavarois et consolida la frontière de son empire contre les invasions des Maures, des Slaves et des Danois. Il attira de grands savants à sa cour ; des écoles religieuses et des couvents favorisèrent le développement de la culture et de la christianisation. Charlemagne a ainsi transmis à l'Occident les trésors de la culture latine et le bénéfice d'un effort de réorganisation administrative. Il fut enterré dans l'octogone de la chapelle palatine. De 936 à 1531 (soit pendant 600 ans), 30 princes allemands furent sacrés rois de Germanie dans la cathédrale d'Aix-la-Chapelle. En 1562, la ville dut céder ce privilège à Francfort-sur-le-Main.

Dans la cathédrale, la châsse de Charlemagne.
R. Mattes/hemis.fr

★★★ Trésor de la cathédrale (DOMSCHATZKAMMER) B2

Entrez par la Klostergasse - ✆ 0241 4770 9140 - ♿ - avr.-déc. : lun. 10h-14h, mar.-dim. 10h-18h ; janv.-mars : lun. 10h-14h, mar.-dim. 10h-17h - 5 €, visite guidée 8 €.
Exposé dans une partie du cloître, ce trésor réunit une collection unique d'objets précieux, de l'Antiquité tardive au gothique, réalisés à l'occasion d'un couronnement ou donnés par un roi à la cathédrale. Plus de 100 œuvres d'art sont exposées parmi lesquelles : le **sarcophage de Proserpine** (3e s.) dans lequel Charlemagne fut inhumé en 814 jusqu'à ce que sa dépouille soit transférée dans une châsse et exposée dans la cathédrale suite à sa canonisation au 12e s. ; le **buste-reliquaire de Charlemagne** (après 1349) en or et en argent, offert par Charles IV ; la **croix de Lothaire**, ornée de pierres précieuses (vers 1100) ; le retable de la Passion dit **retable d'Aix-la-Chapelle** (vers 1520), œuvre d'un maître anonyme et une situle (vase-bénitier) en ivoire unique en son genre (vers 1000). On y découvre également un beau coffre du 13e s. aux armes de Richard de Cornouailles et (au sous-sol) de nombreux parements liturgiques regroupés autour de la **Cappa Leonis** (14e s.), qui servait de manteau de couronnement.

Hôtel de ville (RATHAUS) B1-2

✆ 0241 423 7310 - www.rathaus-aachen.de - ♿ - 10h-18h - possibilité de visite guidée (1h) sur demande à l'office de tourisme - 6 €.
L'hôtel de ville fut construit au 14e s. à l'emplacement du palais de Charlemagne, dont il reste encore la tour de Granus *(à l'angle de la Krämerstraße)*. De longues galeries reliaient l'ancien palais et la cathédrale et le tout constituait un monumental ensemble sur 4 ha *(voir les reconstitutions virtuelles au Centre Charlemagne)*. Remanié à plusieurs reprises, aux 18e et 19e s. et en particulier après 1945, l'hôtel de ville rappelle le passé impérial de la ville en exposant sur sa façade *(côté marché)* des statues d'empereurs et de rois couronnés à Aix.
À l'intérieur s'ouvre la **salle blanche** *(Weißer Saal)*, où fut négociée en 1748 la paix d'Aix-la-Chapelle. La **salle du Conseil** *(Ratssaal)* est décorée de boiseries

SE RESTAURER
Aachen Brauhaus 7
EB Elisenbrunnen 2
Ratskeller 1

SE LOGER
Aquis Grana City Hotel.................. 7
Pullman Aachen Quellenhof 1

(1730) d'un maître de Liège. Les portraits de Napoléon et de Joséphine qui s'y trouvent rappellent l'occupation française. C'est dans la **salle du couronnement** *(Krönungssaal)* voûtée d'ogives que se déroulaient les banquets des couronnements impériaux, jusqu'en 1531. Aujourd'hui, on y décerne chaque année le prix Charlemagne *(Karlspreis)* qui récompense ceux qui ont œuvré pour l'Europe. Les fresques du 19e s., œuvres d'Alfred Rethel, évoquent divers épisodes du haut Moyen Âge allemand (entre autres, la victoire de Charlemagne sur les Sarrasins en 778 près de Cordoue). Dans une vitrine, vous pouvez admirer la réplique des joyaux de l'Empire : la croix impériale, le globe, l'évangéliaire du couronnement, le sabre de Charlemagne. Les originaux se trouvent à Vienne.
Sur la place, la **fontaine du marché,** la plus ancienne de la ville, est ornée d'une statue de Charlemagne, dont l'original se trouve dans l'hôtel de ville.

Centre Charlemagne (NEUES STADTMUSEUM AACHEN) B2

Katschhof 1 - ✆ 0241 432 4931 - www.centre-charlemagne.eu - ♿ - tlj sf lun. 10h-18h - 6 €. Pour célébrer les 1200 ans de la mort de Charlemagne, la ville a inauguré ce musée en 2014. Situé dans l'ancienne cour intérieur du palais, il survole de manière chronologique l'histoire d'Aix-la-Chapelle : la préhistoire, la capitale carolingienne, ville des couronnements, les pélerinages, l'incendie de 1656, la ville thermale, l'occupation napoléonienne... Maquettes, plans, films, stations multimédia permettent de se faire une assez bonne idée de l'ensemble que constituaient le palais et la cathédrale.

Hof B2

Sur la charmante place triangulaire, appelée *Hof*, des vestiges de thermes romains ont été découverts en 1967. Le portique romain qui s'y élève est une copie de l'original exposé à Bonn *(musée rhénan)*.

Musée Couven (COUVEN MUSEUM) B2

Hühnermarkt 17 - ✆ 0241 432 4421 - www.couven-museum-de - lun. 10h-17h (13h-17h le 1er sam. du mois) - 6 €.

Installé dans une belle demeure de 1662, remaniée en 1786, ce musée reconstitue dans une vingtaine de salles l'habitat bourgeois aux 18e et 19e s. à travers meubles, boiseries, tableaux, porcelaine... Un voyage dans le passé. Au rez-de-chaussée, la pharmacie Adler de 1788, où se fabriquait et se vendait du chocolat considéré alors comme un médicament, rappelle que ce produit et son industrie ont une implantation ancienne à Aix (le groupe Lindt y a aujourd'hui une usine). À noter aussi : les deux salles décorées de carreaux de céramique du 16e au 19e s., inspirés pour certains de scènes d'Antoine Watteau et François Boucher.

Elisenbrunnen (FONTAINE D'ÉLISE) B2

Friedrich-Wilhelm-Platz. Ce bâtiment à colonnade, lieu de promenade et buvette, fut construit en 1827 pour rendre hommage à Élisabeth de Bavière, devenue reine de Prusse. Il est, avec la cathédrale, l'emblème d'Aix-la- Chapelle, car il témoigne de l'importance des sources d'eau chaude (entre 50 et 75 °C) dans le développement de la ville. Une eau tiède et sulfurée sort de la fontaine thermale située dans la rotonde. Sur les murs, les noms des visiteurs célèbres de la station : Pépin le Bref, Charlemagne, Pétrarque, Casanova, Dürer, Pierre le Grand...

Dans les jardins d'Elisenbrunnen, une **vitrine archéologique** a été installée en 2013, suite aux fouilles réalisées dans la ville. Elle met en valeur certains détails des fondations romaines. Ailleurs dans Aix, on peut contempler d'autres vestiges de sites antiques ou carolingiens, grâce à des plaques de verre appelées « **fenêtres archéologiques** ».

Fontaines – De curieuses fontaines en bronze ont été construites à Aix, dont une dans ce jardin : **Geldbrunnen** (le cycle de l'argent, 1976) réalisée par le sculpteur Karl-Henning Seemann. Plus loin, vers le Hof, se dresse **Puppenbrunnen** (la fontaine aux poupées, 1975, par Bonifatius Stirnberg) avec des personnages articulés que l'on peut manipuler.

4

Au-delà des anciennes fortifications

Le boulevard circulaire qui entoure la ville suit le tracé des anciennes fortifications dont il subsiste quelques tours. La première ceinture fut construite par Frédéric Barberousse en 1171 et la seconde au 14e s. N'hésitez pas à franchir le boulevard pour découvrir deux intéressants musées.

★ Musée Suermondt-Ludwig HORS PLAN B2

Wilhelmstr. 18 - à 10mn à pied de la gare (ou bus 3 ou 13 arrêt Augustastraße) - ✆ 0241 479 80 40 - www.suermondt-ludwig-museum.de - tlj sf lun. 10h-17h - 8 € (14 € avec expo temporaire).

Deux donateurs, Barthold Suermondt et plus tard Peter Ludwig, sont à l'origine de cette riche collection de sculptures et de peintures du 12e s. au 20es. Le musée fondé en 1883 et qui porte leur nom est installé depuis 1901 dans la **villa Cassalette**, construite au 19e s. pour un industriel du textile. L'imposant escalier central, la verrière et les peintures murales témoignent de l'élégance de la demeure.

Belle collection (au rez-de-chaussée) de **sculpture médiévale** réunissant 500 pièces allemandes, françaises et flamandes du 12e au 16e s., réparties par région (Picardie, Westphalie, Meuse...). Remarquez la *Vierge à l'Enfant* de Hans Multscher (actif à Ulm v. 1420) et celle du Maître d'Osnabrück (1520), ainsi que le *Christ en Croix* de Henrick Douwerman (Kalkar v. 1520).

Au 1er étage, la collection de **peinture** axée autour de l'art allemand, néerlandais et espagnol comprend des œuvres de Cranach, Van Dyck, Rembrandt, Abraham van Beyeren (natures mortes), Zurbaran, Ribera... ainsi que des œuvres du 19e et du 20e s. avec Emil Nolde, Otto Dix... À ne pas manquer : l'étonnant **cabinet de curiosités** *(Bürgerliche Kunstkammer)* empli de souvenirs coloniaux : précieux témoin du goût de la bourgeoisie d'Aix au 19e s., il intrigue plus particulièrement par son petit « ossuaire » constitué de 40 têtes miniatures sculptées vers 1780 dans le Grödnertal (Tyrol du Sud). Au 2e étage, collection de **vitraux** des 14e-18e s. et 20e s.

Ludwig Forum (LUDWIG FORUM FÜR INTERNATIONALE KUNST) HORS PLAN B1

Jülicher Str. 97-109 - ✆ 0241 18 07 104 - www.ludwigforum.de - ♿ - tlj sf lun. 10h-17h (jeu. 20h) - 6 € (gratuit le jeu.).

C'est à Aix-la-Chapelle en 1970 que Hans Ludwig installa un premier musée pour sa collection d'art contemporain, marquée par le Pop Art et l'hyperréalisme. En 1991, ce fonds investit le **Ludwig Forum**, une ancienne usine de parapluies totalement réaménagée pour pouvoir l'accueillir. C'est donc dans de vastes et lumineux espaces industriels que l'on admire une partie des œuvres exposées par roulement (environ 3 000 pièces d'art se trouvent dans les réserves). Vous y verrez les réalisations d'artistes du monde entier dont Andy Wharhol, Richard Hamilton, Duane Hanson, Roy Lichtenstein, Chuck Close, Jasper Johns, Anselm Kiefer, Gerhard Richter, Shigeo Toya... En parallèle, des expositions ainsi que des concerts et des spectacles, se déroulent dans ce forum dédié à l'art contemporain.

Thermes Carolus (CAROLUS THERMEN) HORS PLAN B1

Passstraße 7 - ✆ 0241 18 27 40 - www.carolus-thermen.de - ♿ - 9h-23h - horaires réduits les 24-25 et 31 déc. - 14/20 € selon jour et durée (massage non compris).

Pour plonger finalement dans l'eau thermale d'Aix, chaude et sulfurée, rendez-vous dans les huit bassins extérieurs et intérieurs des **Carolus Thermen** *(plusieurs saunas, soins bien-être et détente dans l'espace spa. Trois restaurants sur place).*

À proximité

CARTE DE RÉGION P. 254-255

Kornelimünster A3

▶ À 10 km au sud-est - bus 35 ou SB66 depuis Aix-la-Chapelle.

Kornelimünster, avec ses maisons de pierre bleu et gris à toits d'ardoise, est typique des petites villes de l'Eifel. La place du marché est entourée de maisons des 17e et 18e s.

L'ancienne **église abbatiale★** est une construction irrégulière à cinq nefs (14e-16e s.), dont l'origine remonte à une église de bénédictins de l'époque carolingienne.

Les galeries situées au-dessus du chœur *(côté est)* datent du 17e s., la chapelle octogonale St-Corneille fut ajoutée au début du 18e s. L'intérieur gothique (voûte sur croisée d'ogives, peintures de plafond) possède une décoration essentiellement baroque : voir surtout le **maître-autel** baroque, que J.-J. Couven a modifié vers 1750 dans le style rococo ; à gauche se trouve la statue en pierre de saint Corneille (vers 1460). Riches **reliques★**.

Depuis l'**église** romano-gothique **St-Stéphane** dans le cimetière situé sur une hauteur *(au nord)*, belle **vue** sur l'église, l'abbaye et la cité.

Un couple de collectionneurs

Les musées **Ludwig** d'Aix-la Chapelle et de Cologne portent le nom de leurs riches fondateurs : le couple Irène et Peter Ludwig, très tôt passionnés par l'art, en particulier contemporain. Leur vaste collection est répartie dans 26 musées à travers le monde : à Budapest, Vienne, St-Pétersbourg, Pékin... sous forme de donation ou de prêt permanent.

★★ Monschau A3

À 35 km au sud d'Aix-la-Chapelle - bus SB66 depuis Aix-la-Chapelle.

La petite ville de Monschau, qui porta le nom de Montjoie jusqu'en 1919, est une ravissante bourgade nichée au fond d'une gorge sinueuse de la Ruhr. Le promeneur découvre, au fil de rues tortueuses, un chapelet de maisons étroites et hautes, aux toits d'ardoise, alignant leurs façades à colombages au bord de l'eau. Monschau est réputée pour ses spécialités culinaires, en particulier les *Montjoier Düttchen* (croissants de Montjoie). La cité est établie à l'ouest du massif de l'Eifel, à quelques kilomètres seulement de la frontière belge. Un **belvédère★★** aménagé en bordure de la route 258, en venant d'Aix-la-Chapelle, permet d'avoir un superbe coup d'œil sur la ville.

Le quartier le plus ancien est situé autour de la Kirchstraße *(voir la vieille maison recouverte d'ardoise au n° 33)*.

★ **La maison Rouge (Rotes Haus)** – *Laufenstr. 10 - ✆ 02 472 50 71 - www.rotes-haus-monschau.lvr.de - avr.-nov. : tlj sf lun. 10h, 11h, 12h, 14h, 15h, 16h - fermé 3 oct. - 5 €.* Le drapier et commerçant Johann Heinrich Scheibler fit construire en 1760 cette maison, qui lui servait de logement et de magasin. L'**aménagement intérieur★** reflète le goût bourgeois des 18e et 19e s.

4

Les lacs du Nord-Eifel A3

À 32 km au sud-est d'Aix-la-Chapelle - Circuit de 85 km – une demi-journée.

À 2 km au nord de Monschau, un **belvédère★**, sur la droite de la route, domine la ville. À partir d'Imgenbroich, de belles échappées se dégagent à droite sur la région des lacs de la Rur. Quittant Schmidt, on aperçoit la ruine de Nideggen.

Nideggen – Le **château** *(Burg)* en grès rose, construit au 12e s., fut la résidence des comtes et ducs de Juliers jusqu'au 15e s., puis il tomba en décrépitude. Du donjon, aménagé en **musée des Forteresses et Châteaux** en Eifel *(Burgenmuseum - www.kreis-dueren.de - tlj sf lun. 10h-17h - 3,50 €)*, belle **vue★** sur la vallée de la Ruhr entaillant les plateaux de l'Eifel, au sud, et, au nord, sur le bassin d'Aix-la-Chapelle. L'église du 12e s., restaurée, possède un chœur roman décoré de fresques.

★ **Barrage de la Rur** (Rurtalsperre) – Dans un site sauvage, le lac de barrage, dit aussi lac de Schwammenauel, forme avec celui de l'Urft, au sud, le plus important plan d'eau de l'Eifel. Des **services de vedettes** permettent de les parcourir. La route traverse le barrage et s'engage dans la forêt de Kermeter. À Einruhr, on longe l'extrémité sud du lac, que l'on domine du belvédère aménagé dans la montée.

Carnet pratique

S'informer

Office de tourisme – *Elisenbrunnen, Friedrich-Wilhelm-Platz - ✆ 0241 180 29 50 - www.aachen-tourismus.de.*

Visites

Museumscard Six for Six – Nouveau forfait, valable 6 mois, donnant accès à 5 musées et à l'hôtel de ville d'Aix-la-Chapelle. Disponible dans les musées ou par mail : *kulturservice@mail.aachen.de*. Tarif 2021 : 14 €.

Agenda

Marché de Noël – *De fin nov. au 23 déc.* (4 semaines avant Noël).

Prix international Charlemagne - *Mi-mai.* Prix décerné chaque année depuis 1950 à une personnalité ayant œuvré pour l'Union européenne.

2021 – Les trois expositions qui devaient célébrer en 2020 le 500e anniversaire de la visite du peintre Albrecht Dürer et de l'empereur Charles Quint à Aix-la-Chapelle ont été reprogrammées pour 2021. *www.duerer2020.de.*

Nos adresses

Restauration

Premier prix

7 **Aachen Brauhaus** – B2 - *Kapuzinergraben 4 - ✆ 0241 36017 - aachener-brauhaus.de - fermé dim. de janv. à août - plat 9/18 €.* Brasserie traditionnelle allemande en centre-ville, très fréquentée par les touristes tout comme par les locaux. Choix varié de plats régionaux et nationaux à des prix raisonnables. Budget moyen.

Budget moyen

2 **EB Elisenbrunnen** – B2 - *Friedrich-Wilhelm-Platz 14 - ✆ 0241 94313490 - www.eb-aachen.de - 9h-23h - plat 10/16 €.* Grande terrasse et belle salle avec coin bibliothèque. Salades, snacks de diverse qualité ainsi que des spécialités locales : *Himmel und Ääd* (boudin noir, purée et pommes caramélisées), *Aachener Sauerbraten* (roastbeef mariné, choux rouge, pommes et *Spätzle*), mais aussi quelques plats végétariens. Brunchs et petits déjeuners.

Pour se faire plaisir

1 **Ratskeller** – B1 - *Markt 40 - ✆ 0241 35001 - www.ratskeller-aachen.de - plat 16 €.* Ce coquet restaurant a été aménagé dans l'hôtel de ville historique donnant sur le marché, sous une ancienne voûte d'arête. Spécialité de la maison, le coq au vin (en français dans le texte) et ses pommes de terre braisées au romarin.

Une folie

La Bécasse – HORS PLAN - *Hanbrucher Str. 1 - ✆ 0241 74444 - www.labecasse.de - fermé dim., lun. midi et sam. midi - menu midi 38,50 €, menu 75/110 €.* La cuisine de ce restaurant moderne se focalise sur des produits de qualité provenant surtout de la frontière belge et préparés avec une note personnalisée. Toujours recommandés : les plats du jour.

Petite pause

Une spécialité d'Aix-la-Chapelle à découvrir : le *Printen*, un biscuit au pain d'épice, nappé de chocolat, emblème du marché de Noël de la ville.

Aachener Café Haus – *Krämerstr. 9 - ✆ 0241 9008890 - aachener-cafe-haus.de - 9h-18h30 (8h30 sam.), dim. 10h-18h.* Entre la cathédrale et l'hôtel de ville, un café vitré sur trois côtés que l'on apprécie pour son cadre, ses encas (quiches maison, assiette de saumon au raifort…), son café bien torréfié et ses gâteaux.

Domkeller – *Hof 1 - ✆ 0241 34265 - www.domkeller.de - 10h-2h, vend.-sam. 10h-3h.* Dans une maison en brique du centre historique, bar-resto convivial qui attire les étudiants. Musique live ou DJ en soirée. Grande terrasse sur la zone piétonne. Sélection de gâteaux et de snacks.

Nobis Printen – *Münsterpl. 3 - ✆ 0241 968000 - nobis-printen.de - 7h-18h30, sam. 7h30-17h, dim. 8h-17h.* Boulangerie, café avec nombreux sandwichs et surtout les *Printen* de toute sorte !

Café Van den Daele – *Büchel 18 - (près du Couven Museum) - ✆ 0241 35724 - www.van-den-daele.de - 9h-18h, dim. 10h-18h.* Venez déguster ici la spécialité locale, les *Printen* (pain d'épice), ou bien la *Milchreisfladen* (galette de riz). L'intérieur, typique du « baroque » d'Aix et de Liège, ne manque pas de charme.

À Kornelimünster

Cafe Münsterländchen – *Abteigarten 2 - À Kornelimünster - ✆ 02408 9298182 - www.cafe-muensterlaendchen.de - 9h-18h.* En plein centre de Kornelimünster, ce café typique de l'Eifel, apprécié par les locaux, propose de délicieux gâteaux et sandwichs.

En soirée

Café Molkerei – *Pontstr. 141 - depuis Markt vers le nord-ouest - ✆ 0241 48982 - www.molkerei-ac.de - 10h-1h, vend.-sam. 10h-3h.* Ce café, très fréquenté par les étudiants, s'est installé au cœur d'un des quartiers les plus populaires d'Aix-la-Chapelle, dans une ancienne laiterie. Le matin, on y sert des formules petit déjeuner. Le soir, cocktails savoureux.

Magellan – *Pontstr. 78 - depuis Markt vers le nord-ouest - ✆ 0241 4016440 - magellan-aachen.de - 10h-1h, vend.-sam. 10h-2h.* Cet établissement, à la fois café-bar et restaurant, est très agréable en été, du fait de sa terrasse ombragée.

Altes Kurhaus – *Kurhausstr. 1 - ✆ 0241 4324922 ou 0241 40142004 - programme et billets : www.altes-kurhaus-aachen.de.* Cette ancienne salle de bal (1786), réputée pour son acoustique, accueille chaque mois de nombreux concerts et récitals de musique classique.

Hébergement

Pour se faire plaisir

(7) **Aquis Grana City Hotel** – B2 - *Büchel 32 - ✆ 0241 4430 - www.hotel-aquis-grana.de - P - 98 ch. 80/150 € ☕.* Hôtel cosy au décor d'esprit design. Accueil personnalisé et chambres au calme dans le cœur d'Aix.

(1) **Pullman Aachen Quellenhof** – B1 - *Monheimsallee 52 - ✆ 0241 91320 - pullman.accor.com - P 16 €/j. - piscine - 181 ch. 130/150 € - ☕ 22 €.* Construit en 1913, le Quellenhof a le charme des grands hôtels du siècle passé : vastes et élégants salons, personnel attentionné… Excellent petit déjeuner, très varié, servi dans une salle avec baie vitrée donnant sur la terrasse. Mention spéciale pour le spa avec piscine, sauna et fitness en accès libre.

4

Düsseldorf ★★

Capitale du Land de Rhénanie du Nord-Westphalie et l'un des centres économiques les plus importants d'Allemagne, Düsseldorf se présente comme une ville d'affaires prospère, qui fait aussi référence en matière de mode, d'architecture et d'art contemporain. La prestigieuse Königsallee – la « Kö », comme disent les habitants – fait ainsi le bonheur des fashionistas allemandes. Et que dire de l'originalité des réalisations architecturales qui embellissent la ville depuis maintenant un quart de siècle ? Le centre commercial Kö-Bogen en est l'exemple le plus récent. Quant à la promenade sur les bords du Rhin, créée voilà 20 ans, elle relie la vieille ville aux constructions modernes du port des médias, nouveau quartier branché. Enfin, la ville a construit ou rénové ses musées pour présenter des collections d'une grande qualité.

Se repérer

642 300 habitants – Rhénanie du Nord-Westphalie

CARTE DE RÉGION B2 (P. 244-245)

PLAN DE VILLE P. 290

Düsseldorf est à 40 km au nord de Cologne.

À ne pas manquer

Le Medienhafen (port des Médias), une *Alt-Bier* à une terrasse sur la « Kö ».

Carnet pratique p. 296

Nos adresses p. 296

Se promener

PLAN DE VILLE P. 290

Vieille ville, Berges du Rhin, Kö

Vieille ville (ALTSTADT) A2

La vieille ville se situe entre la Königsallee et le bord du Rhin : un dédale d'étroites rues piétonnes, dans lesquelles il faut flâner. Avec ses bars et ses restaurants souvent bondés dès les premières heures du soir, ce quartier passe pour être **« le plus grand comptoir d'Europe »**.

Commencez par la **Place du Marché** *(Marktplatz)*. Au centre se dresse la statue équestre en bronze du prince électeur Jean Guillaume II dit Jan Wellem (début du 18e s.) et derrière l'**ancien hôtel de ville** (fin du 16e s.).

La **Bolkerstraße** est certainement la rue piétonne la plus animée de la vieille ville ; on y trouve au n° 53 la maison natale de Heinrich Heine. Empruntez la **Schneider-Wibbel-Gasse**, avec son carillon *(jeux à 11h, 13h, 15h, 18h et 21h)*.

En revenant sur la Bolkerstraße et en vous dirigeant vers la Burgplatz, dominée par la **tour du château** *(Schlossturm)*, seul vestige du château des comtes de Berg, vous croiserez sous les platanes la statue des **« Radschläger »** (1954), ces garçons qui faisaient la roue en échange de quelques pièces de monnaie. Cette coutume de la roue, dont vous trouverez de multiples illustrations dans la ville, en porcelaine, en magnet ou en pâte d'amandes, remonterait à la victoire de Worringen en 1288 que les enfants de Düsseldorf auraient ainsi célébrée.

Construite au 14e s., l'**église St-Lambert** *(Basilika St. Lambertus - Stiftsplatz 7)* abrite le plus important monument funéraire Renaissance conservé à Düsseldorf :

Tour du Rhin (voir p. 293).
imageBROKER/hemis.fr

le tombeau en albâtre et marbre noir du duc Guillaume V de Clèves. Tout près, une petite rivière se jette dans le Rhin : c'est la Düssel, qui a donné son nom à la ville.

★ Berges du Rhin (RHEINUFERPROMENADE) A2

Une longue promenade le long des bords du Rhin *(1,5 km)* relie la vieille ville et le nouveau quartier du port, **Medienhafen**, situé au sud. Elle commence au niveau de la tour du château, où un escalier descend vers le fleuve et sa double allée, réservée aux piétons et aux cyclistes. Bars et buvettes s'y succèdent, d'où l'on peut admirer le Rhin, la vue sur la tour du Rhin *(Rheinturm)*, le pont suspendu et la rive opposée du fleuve où s'étend le quartier élégant d'Oberkassel. Plusieurs manifestations se déroulent sur les berges, dont la fête organisée par l'importante communauté japonaise de Düsseldorf.

★ K20 - Musée d'Art de Rhénanie-du-Nord-Westphalie (K20 - KUNSTSAMMLUNG AM GRABBEPLATZ) A2

Grabbeplatz 5 - ✆ 0211 83 81 204 - www.kunstsammlung.de - ♿ - tlj sf lun. 10h-18h, w.-end et j. fériés 11h-18h (1er merc. du mois 22h et gratuit à partir de 18h) - fermé 20 fév., 24-25 et 31 déc. - 12 €, 18 € billet combiné avec le musée d'Art contemporain K21. Une navette relie les musées K20 et K21 (pour le musée K21, voir p. 291).

Le land de Rhénanie-Westphalie commença à constituer une collection en 1960 avec l'acquisition de 88 toiles de Paul Klee. Il continua dans les années qui suivirent et décida la construction d'un premier musée (le K20) puis d'un second (le K21) pour abriter une importante collection d'œuvres d'art du 20e s.

Ce bâtiment moderne conçu par les architectes danois Dissing et Weitling en héberge une partie. Commencez par le 2e étage : vous y verrez des œuvres de Matisse, Bonnard, Kirchner... À ne pas manquer : l'installation *Palazzo Reale* de Beuys (1985) et les 92 tableaux et dessins de **Paul Klee**, qui fut professeur à l'Académie des beaux-arts de Düsseldorf, de 1930 à 1933. Des expositions d'artistes contemporains s'y déroulent régulièrement.

SE RESTAURER

- Bistro Sommelier 4
- EssBar 6
- Fischhaus 12
- Kushi Tei of Tokyo 2
- Münstermanns Kontor 8
- Na Ni Wa 7
- Parlin Weinbar 5
- Positano 3
- Zum Schiffchen 9

SE LOGER

- Hotel Doria 1
- Orangerie 9

KIT (ART DANS LE TUNNEL - KUNST IM TUNNEL) A3

Mannesmannufer 1b - ✆ 0211 89 20 769 - www.kunst-im-tunnel.de - ♿ - tlj sf lun. 11h-18h. 4 €.

Situé sur les berges du Rhin, cet endroit insolite – un étroit tunnel de 888 m² – fut creusé pour entreposer le matériel des travaux de construction de la Rheinuferpromenade. Des artistes s'y installèrent et il fut alors décidé de l'aménager en un lieu d'exposition pour de jeunes créateurs. Des artistes du monde entier y présentent leurs premières œuvres (quatre expositions par an).

★ Carlstadt A2-3

Au sud de la vieille ville, le quartier de **Carlstadt** réunit galeries et antiquaires dans ses rues parallèles bordées de maisons du 18ᵉ s. en particulier sur la Bastion Str. La Bilker Str. abrite l'**Institut Heinrich-Heine** *(Bilker str. 12-14 - ✆ 0211 89 95 571 - www.duesseldorf.de/heineinstitut - tlj sf lun. 11h-17h, sam. 13h-17h - 4 €).*

Centre de recherche et bibliothèque, il présente une exposition permanente sur le célèbre poète, auteur du *Livre des Chants*, avec lettres, manuscrits, tableaux et des expositions temporaires.

De l'autre côté de la rue, se trouve la maison où vécurent **Robert et Clara Schumann** à partir de 1850. Sur la place du marché *(Carlsplatz)*, plusieurs stands proposent des déjeuners sur le pouce.

★ Musée Hetjens (HETJENS-MUSEUM) A2

Schulstrasse 4 - ✆ 0211 89 94 210 - www.duesseldorf.de/hetjens - tlj sf lun. et j. fériés 11h-17h (merc. 21h) - expo permanente : 4 € (gratuit le dim.) ; 5 € avec expo. temporaire.

Le musée Hetjens, installé dans le palais Nesselrode (18ᵉ s.), embrasse toute l'histoire de la céramique, depuis 6 000 ans av. J-C jusqu'à nos jours. Il s'est constitué à partir de la riche collection de Laurenz Heinrich Hetjens, léguée à la ville en 1909. Terre cuite précolombienne, vaisselle lustrée de Valence, majolique d'Urbino, carreaux de Delft, porcelaine de Meissen, frises d'Iznik : aucun continent n'est oublié !

★ K21 - Musée d'Art contemporain

(K21 KUNSTSAMMLUNG IM STÄNDEHAUS) A3

Ständehausstraße 1, proche du centre, au sud de Harold-Str. - ✆ 0211 83 81 204 - www.kunstsammlung.de - mêmes horaires que le K20 - ♿ - 12 €, 18 € billet combiné avec le Musée K20.

Ce musée, ouvert en 2002, occupe l'ancien siège du Parlement, entièrement remanié pour l'occasion par les architectes munichois Kiessler + Partner. Leur travail est au diapason des collections : moderne. La façade de 1880 a été conservée, mais ils lui ont adjoint une coupole de verre et d'acier en guise de toit. L'aménagement de l'espace et de la lumière est juste stupéfiant. Un ensemble très réussi. Le **Pardo's**, le café du musée – par ailleurs une halte de qualité –, fait aussi partie de leur réalisation.

Extension du musée K20, le K21 est dédié à l'art contemporain du 21ᵉ s. (ne manquez pas l'installation de l'Argentin Tomás Saraceno, *In Orbit* !), mais il expose également des travaux « plus anciens », des œuvres de Marcel Broodthaers et Nam June Paik notamment. Étant donné la mission de ce musée, de nombreux événements artistiques s'y produisent régulièrement.

★ Königsallee B2-3

La « Kö », cette large et élégante avenue, qui s'étend sur près de 1 km de part et d'autre de l'ancien fossé d'enceinte, fut aménagée en 1804 en l'honneur du roi

4

Düsseldorf capitale du land NRW

La Rhénanie du Nord -Westphalie est le premier Land d'Allemagne avec 18 millions d'habitants. La densité de la population y est le double de la moyenne nationale avec de grandes villes comme Cologne, Düsseldorf, Essen, Dortmund ou Duisbourg. 57 % des entreprises ont leur siège dans la région de Düsseldorf.

de Prusse, Frédéric-Guillaume IV. Aujourd'hui, c'est une institution, « le » lieu de rendez-vous, de promenade et de shopping, bondé le samedi après-midi. Boutiques de luxe, élégants centres commerciaux et banques s'y succèdent. Récemment, des enseignes bon marché s'y sont installées : H & M, Zara côtoient désormais Gucci, Cartier, Tiffany, Hermès... Au n° 1 de la Kö, remarquez le **Kaufhof**, à la façade Jugenstil, l'un des premiers grands magasins construit en Allemagne au début du 20e s. De l'autre côté de l'avenue, **Kö-Bogen** est bien davantage qu'un nouveau centre commercial situé entre Königsallee, Schadowstrasse et Schadowplatz. Son étonnante façade sinueuse tout en panneaux de verre et de pierre est l'œuvre de l'architecte Daniel Libeskind, connu pour sa construction du Musée juif de Berlin. Kö-Bogen est devenu un nouvel espace urbain, où l'on se promène et d'où on peut aller à présent au **Jardin de la cour** *(Hofgarten)*.

★ Jardin de la cour et château Jägerhof

(HOFGARTEN ET SCHLOSS JÄGERHOF) A1-2, B2

De mai à sept., concerts (Hofgartenkonzerte) gratuits le dimanche à 11h.

Ce parc ombragé part de la Königsallee au nord-ouest et se prolonge vers le musée des Beaux-Arts, au bord du Rhin, et à l'est vers le château de Jägerhof. La partie la plus ancienne du parc (entre le lac et le château) fut dessinée par l'architecte français Nicolas de Pigage en 1769. Ce fut le premier jardin public en Allemagne. Son agrandissement se fera à partir de 1811, d'après les plans de Maximilian Weyhe.

Sur une petite colline, baptisée Napoleonsberg, un bronze de Maillol, *Harmonie*, signale le modeste **monument** dédié à Heine. Jägerhof, où Napoléon séjourne lors de son passage à Düsseldorf, est l'ancienne résidence du maître des chasses des princes-électeurs. Elle fut construite au 18e s., avec la participation de Nicolas de Pigage, et reconstruite après la guerre. Le château abrite aujourd'hui le **musée Goethe** (B1-2), qui contient des manuscrits, des autographes, des dessins et des gravures ainsi qu'une maquette de sa maison à Weimar. *Jacobistraße 2 - ✆ 0211 89 96 262 - www.goethe-museum.com - tlj sf lun. 11h-17h (sam. 13h-17h) - 4 € (gratuit le dim.).*

★ Musée des Beaux-Arts (MUSEUM KUNSTPALAST) A1

Ehrenhof 4-5 - ✆ 0211 566 42 100 - www.kunstpalast.de - ♿ - tlj sf lun. 11h-18h (jeu. 21h) - fermé 24 et 31 déc. - expo permanente : 5 € (gratuit le jeu.) ; 12 € avec exposition temporaire.

Depuis 2011, le musée des Beaux-Arts présente son importante collection de peintures du 15e au 20e s. en parallèle avec des sculptures et des œuvres d'arts décoratifs. Vous y verrez des natures mortes hollandaises (Frans Snyders, Abraham Mignon), des tableaux de maîtres flamands (Rubens et son *Assomption de la Vierge*, 1616), italiens (Bellini, Bellotto), espagnols (Zurbarán) et français. La peinture allemande du 19e s. (Caspar-David Friedrich, C. G. Carus), les romantiques de l'école de Düsseldorf, les impressionnistes et les expressionnistes comme Otto Dix, August Macke, Kirchner ou Emil Nolde... constituent l'autre point fort du musée.

Les salles consacrées à la sculpture sont riches de très belles œuvres du Moyen Âge. L'exceptionnelle **collection de verrerie★★** couvre, sur trois niveaux, toutes les époques et tous les continents, de la Rome antique à l'Extrême-Orient en passant par la Bohême et la Thuringe, culminant avec les créations Art nouveau. On peut voir aussi une section consacrée à l'Orient (artisanat d'art islamique, tissus), ainsi qu'une vaste collection d'objets conçus par des maîtres du design.

Port des Médias (MEDIENHAFEN) HORS PLAN A3

U 706 ou 709, arrêt Stadttor - divers types de visites proposées - www.medienhafen.de - tours en bateau ou visites guidées (www.duesseldorfer-stadtfuehrer.de).
En pleine effervescence, le quartier Medienhafen offre un véritable tour d'horizon de l'architecture contemporaine. Des célébrités comme David Chipperfield ou Frank O. Gehry (qui a conçu le remarquable groupe d'immeubles **Neuer Zollhof 1-3**) ont contribué à sa métamorphose. Le projet se poursuit avec le développement d'activités professionnelles de création (publicité, arts, médias...) et l'ouverture de luxueuses boutiques de design, auquel le centre commercial Stilwerk est entièrement consacré. Malgré sa mutation, le quartier a conservé un peu de son atmosphère portuaire grâce à quelques éléments classés monuments historiques, tels que les parapets en fer forgé, les voies de l'ancienne cour de débord et les grues servant au transbordement.

Tour du Rhin (RHEINTURM) HORS PLAN A3

Stromstraße 20 - BUS 725 ou 726 arrêt Rheinturm - ✆ 0211 863 200 18 - ♿ - 10h-0h (vend.-sam. 1h) - fermé 24 déc. et Rosenmontag - 9 €. Bar au niveau M168 et restaurant tournant à l'étage supérieur.
Le mieux est sans doute de commencer la visite du quartier par la tour du Rhin, tour de la télévision inaugurée en 1982. Depuis le bar situé à 168 m de hauteur, on a un **panorama** sur l'ensemble des créations architecturales très diverses qui marquent le paysage urbain sur 15 ha : le centre-ville, concentré sur la rive droite du Rhin, s'oppose à la rive gauche. Paisibles, de grands prés où paissent des moutons apparaissent au premier plan ! C'est sur ces prés (165 000 m²) que s'installe la Kermesse du Rhin en juillet (4 millions de visiteurs en dix jours). Derrière, l'élégant quartier d'**Oberkassel** avec ses maisons aux façades Art nouveau.

4

Le Kö-Bogen, par Daniel Libeskind.
Chris-mueller/iStock

Riche passé et présent prospère

Ville des arts

Düsseldorf n'acquiert le droit de cité qu'au 13e s. et devient résidence des ducs de Berg. Au 17e s. s'y installe la dynastie des électeurs palatins, branche de la maison de Wittelsbach, dont le représentant le plus célèbre fut Jean Guillaume, dit Jan Wellem (1690-1716). Mécène et apôtre du baroque, il s'entoure d'une cour brillante de musiciens, peintres et architectes, et fait de la ville une cité des arts. Une bonne part de la galerie de tableaux rassemblés par ses soins fait aujourd'hui l'orgueil de l'Ancienne Pinacothèque de Munich.
Après la Révolution française, Napoléon fait de Düsseldorf la capitale du grand-duché de Berg. Murat et Jérôme Bonaparte se succèdent au gouvernement. Elle devient prussienne en 1815.

Les artistes célèbres de la ville

Fils d'un petit commerçant de la Bolkerstraße, le poète et grand voyageur **Heinrich Heine (1797-1856)** vécut à Düsseldorf une jeunesse tout imprégnée de la présence française et du personnage de Napoléon. Poète volontiers pamphlétaire, défenseur du libéralisme, européen d'esprit et surtout francophile, il se définissait lui-même comme un « rossignol allemand qui aurait fait son nid dans la perruque de M. de Voltaire ».
Schumann et Mendelssohn figurent parmi les musiciens qui firent la réputation musicale de Düsseldorf. **Robert Schumann (1810-1856)**, nommé directeur de la musique de la ville en 1850, passa quatre années dans une maison de la Bilker Straße. Déjà gravement déséquilibré, il tenta de se suicider en se jetant dans le Rhin (1854). **Felix Mendelssohn-Bartholdy (1809-1847)**, son ami, dirigea brillamment le Festival du Rhin à Düsseldorf.

« Bureau de la Ruhr » et capitale de la mode

Düsseldorf n'est pas seulement une importante place financière de l'Allemagne, c'est aussi le siège de nombreuses entreprises rhénanes. Cette fonction est symbolisée par le **« Dreischeibenhaus »** (immeuble de Thyssen, appelé les « Trois Tranches »).
La ville, qui accueille aussi plusieurs fois par an des présentations de collections et différentes expositions, revendique le titre de capitale allemande de la mode. Chaque année, plus de 2 000 participants venus de 40 pays se pressent à la foire consacrée à la mode, les « Collections Première Düsseldorf ». Une promenade dans la **Königsallee** montre que cette prétention est justifiée.

Le Japon à Düsseldorf

Düsseldorf joue un rôle de plus en plus important dans les relations économiques entre l'Allemagne et le Japon. On dénombre 450 succursales pour les firmes japonaises et plus de 7 000 Japonais sont installés à Düsseldorf. L'important **Centre culturel japonais** « EKO » *(Brüggener Weg 6 - Niederkassel - www.eko-haus.de)* qui comprend un jardin japonais et un temple bouddhiste est un des signes de la forte présence asiatique en ville. Elle est gaiement illustrée lors du « Japan Tag » la fête qui se déroule en mai sur les bords du Rhin et qui se termine chaque année par un feu d'artifice.

À proximité

CARTE DE RÉGION P. 244-245

Kaiserswerth B2

À 9 km au nord, dir. Duisburg - U 79 arrêt « Klemensplatz » - excursions par l'OT.
La charmante petite ville de Kaiserswerth, quartier de Düsseldorf depuis 1929, est une destination de week-end très prisée des *Düsseldorfer*. Ils aiment y aller à vélo, en longeant les berges du Rhin (12 km de voie aménagée) et se retrouvent dans les tavernes au bord du fleuve. Les ruines imposantes qui se trouvent au bord du Rhin sont celles du **palais impérial** de l'empereur Frédéric Barberousse (*Barbarossa Pfalz*, 12e s.), qui avait installé à Kaiserswerth la douane rhénane. Dans le centre ancien, vous verrez des maisons des 17e et 18e s., dont la façade en brique du restaurant gastronomique **Im Schiffen** (1733) et celle de l'ancien octroi, **Altes Zollhaus**, toutes deux sur la Kaiserswerther Markt *(nos 4 et 9)*.

★ Château de Benrath (SCHLOSS BENRATH) B2

À 10 km au sud-est - U 71 ou 83 arrêt « Schloss Benrath ».
0211 892 19 03 - ♿ - www.schloss-benrath.de - visite guidée uniquement (50mn, réserv. conseillée) - tlj sf lun. 11h-17h (avr.-oct. : w.-end 18h) - fermé 1er janv., Vend. saint, 24-25 et 31 déc. - 14 € billet combiné pour château et musées ; musées : 6 €.
Le château rose pâle de Benrath, construit entre 1755 et 1770 par Nicolas de Pigage, est d'ordonnance purement Louis XV. Deux ailes basses flanquent le pavillon central conçu pour le prince-électeur du Palatinat, Carl Theodor (1724-1799). Les appartements du château ont conservé leur décoration d'origine dans le style rococo, dont la sobriété annonce déjà le classicisme. Ils abritent de magnifiques meubles qui datent de la seconde moitié du 18e s.
Chacune des ailes abrite un musée : à gauche, le **musée de l'art du jardin en Europe** et, à droite, un **musée d'histoire naturelle**, moins convaincant.
Le **parc★**, tracé à la française et très arboré, s'étend à l'ouest sur 61 ha jusqu'au Rhin.

Neandertal B2

À 14 km à l'est par Am Wehrhahn. Par le train S 28 (20mn).
La vallée encaissée de la Düssel doit son nom de Neandertal au poète religieux calviniste Joachim Neander (1650-1680) qui venait souvent s'y retirer. C'est là, dans une grotte aujourd'hui détruite, que fut trouvé en 1856 le fameux squelette de **« l'homme de Neandertal »**, vieux d'environ 60 000 ans. Une plaque sur un rocher triangulaire (sur le côté droit de la route, 3 km après le passage sous l'autoroute) indique le lieu de la découverte.
Musée Neandertal (Neanderthal Museum) – *Talstraße 300 - 021 04 97 97 0 - www.neanderthal.de - tlj sf lun. 10h-18h, Nouvel An 13h-18h - fermé 24-25 et 31 déc. - audioguide - 11 €.* Situé non loin de la grotte disparue, ce musée consacré à l'**évolution de l'humanité** donne un aperçu de la vie des hommes préhistoriques et relate l'histoire de leur découverte. Reconstitution saisissante de cet ancêtre dont les traits du visage ont été calculés par ordinateur sur la base de la forme du crâne. Des personnages grandeur nature en silicone ont été recréés en silicone.

★ Zons B2

À 18 km au sud. Parking à l'entrée. Traversez le Rhin par un bac, vélo ou voiture, à Rheinfähre Zons-Urdenbach.
Cette pittoresque petite ville rhénane fut fortifiée au 14e s. Le Rhin passait alors au pied de la ville et il fallait assurer la perception des droits de péage ! Ses remparts et ses tours lui confèrent un charme particulier. Elle est demeurée presque intacte et représente ainsi un bon exemple de **forteresse** du Moyen Âge.

Carnet pratique

S'informer

Offices de tourisme – *À la gare : Immermannstraße 65b - ✆ 0211 17202844 - Dans la vieille ville : Marktstraße/angle Rheinstraße - ✆ 0211 17 202 840 - www.duesseldorf-tourismus.de (réserv. d'hôtels) - www.duesseldorf.de (manifestations).*

Visites

DüsseldorfCard – *✆ 0211 17 202 854 - www.duesseldorf-tourismus.de.* Entrées gratuites, accès aux transports en commun et réductions ; carte disponible à l'office du tourisme et dans les musées. Valable 24h *(10 €)*, 48h *(15,50 €)* ou 72h *(21 €)* ; prix double pour les cartes familiales (2 adultes et 2 enfants).

Transports

La ville est au cœur d'un important nœud autoroutier qui la relie notamment à Cologne, Duisburg, Essen ou Dortmund. On peut se rendre à Düsseldorf depuis Paris en Thalys. La ville possède également un aéroport international. Pour ce qui est du transport fluvial, il est possible de suivre le cours du Rhin jusqu'à Cologne avec, entre autres, les compagnies suivantes :

KD – *✆ 0211 20 88 318 - www.k-d.com.*

Weisse Flotte – *✆ 0211 30 86 72 - www.w-flotte.de.* Pour se renseigner sur le réseau de bus et de trains de la région :

Rheinbahn – *✆ 01806 50 40 30 - www.rheinbahn.de.*

Deux compagnies organisent des visites en bus ou à pied (avec un tour en bateau dans le *Medienhafen* en été). Rens. et réservations : *✆ 0211 418 970 - www.adorf.de.*

Vélo

Les pistes cyclables sont nombreuses, dans la ville, au bord du Rhin, et pour aller découvrir la rive gauche du fleuve. Location à la gare : **Radstation**, *Willi-Becker-Allee 8a - www.zwd.de - 7h-20h, w.-end 10h-15h - 8 € (4h), 13 € (24h), 26 € (2 j.).*

Nos adresses

Restauration

Premier prix

7 **Na Ni Wa** – B2 - *Oststr. 55 - ✆ 0211 161799 - www.naniwa.de - fermé lun.-mar. - menu déj. 16,80 €, plat 10/13 €.* Cantine japonaise très prisée pour sa qualité : ici vous trouverez des soupes de nouilles (*Ramen, Yakisoba*...) et des nouilles sautées. Pas de sushis.

Budget moyen

12 **Fischhaus** – A2 - *Bergerstr. 3-7 - ✆ 0211 8549864 - fischhaus-duesseldorf.de - 11h30-0h - plat 15/22 €.* Poissons évidemment à l'honneur dans ce restaurant type bistrot. Grande baie vitrée et terrasse pour les beaux jours.

2 **Kushi Tei of Tokyo** – B2 - *Immermannstr. 38 - ✆ 0211 360935 - www.kushitei-of-tokyo.de - 12h-14h, 18h-21h45, dim. et fériés 17h-22h - menu 32/38 €, menu midi 10/18 €.* Fréquenté par la communauté japonaise, vous y mangerez de bons sushis et sashimis, à prix raisonnable.

9 **Zum Schiffchen** – A2 - *Hafenstr. 5 - ✆ 0211 132421 - www.brauerei-zum-schiffchen.de - plat 10/26 €.* Restaurant-brasserie typique de Düsseldorf, établi depuis plus de 350 ans et chargé de traditions. Cuisine rhénane, tables lustrées et un Biergarten attrayant et célèbre.

4 Bistro Sommelier – A2 - *Mühlenstr. 34 - Andreas Quartier - ✆ 0211 24092140 - bistrosommelier.com - 12h-22h (21h dim.) - plat 18/27 €.* Votre steak-frites vous manque ? Vous n'êtes pas très sushi ? Voici, au cœur de la vieille ville, une bonne brasserie plus française que rhénane, qui fait aussi bar à vin.

Pour se faire plaisir

8 Münstermanns Kontor – A2 - *Hohe Str. 11 - ✆ 0211 1300416 - www.muenstermann-kontor.de - fermé sam. soir, dim. et lun. - plat 15/23 €.* Ici, la salle ne désemplit pas ! Rien d'étonnant, car à l'agréable ambiance décontractée s'ajoute une cuisine régionale savoureuse ainsi que des plats internationaux simples, allant de la soupe de poisson provençale aux *Königsberger Klopse* (boulettes de viande de Königsberg). Le déjeuner est très couru.

3 Positano – B1 - *Freiligrathstr. 36 - ✆ 0211 4982803 - www.trattoria-positano.de - fermé lun. - plat 9/26 €.* Vous êtes en Italie du sud : plats méditerranéens et poissons sont ici en vedette. Le menu du midi à prix doux est très recommandable. Parking gratuit.

5 Parlin Weinbar – A2 - *Altestadt 12-14 - ✆ 0211 877 445 95 - www.parlin-weinbar.de - mar.-sam. 18h-0h (deux services : 18h-20h et 20h-22h), dim. 17h-23h. - menu 45 € - ⊭.* Idéal pour siroter sous un plafond joliment stuqué des vins triés sur le volet accompagnés de petits plats originaux : poulpes grillés à la crème de fenouil, coquilles saint-jacques aux poires et boudin noir... Réservation fortement conseillée.

6 EssBar – B1 - *Kaiserstraße 27 - ✆ 0211 911 939 05 - www.hm-essbar.de - mar.-vend. 12h-14h et 18h30-0h, sam. 18h30-0h - menu 3 plats 39 € - plats 14/29 €.* Le menu change toutes les quatre semaines mais la cuisine, signée Daniel Baur, est toujours plaisante, pour les papilles comme pour les yeux. La tendance ? Germano-française avec quelques emprunts à l'Asie (tataki de thon aux fruits de la passion et légumes wok). Ambiance décontractée, petite terrasse aux beaux jours.

Petite pause

Klosterhof – *Citadellstr. 2 - ✆ 0211 9010260 - www.bistro-klosterhof.de - 11h-17h30 - fermé dim.-lun.* Prenez un café ou une boisson dans ce « Bistro im Maxhaus » et découvrez un bel espace, lumineux et reposant : dans la vieille ville, une grande salle, recouverte d'une verrière, idéale pour une pause.

Rheinturm Düsseldorf – *Stromstr. 20 - ✆ 0211 8632000 - www.rheinturm.de - 10h-0h - plat 16/38 €.* Moins d'une minute suffit pour se rendre, en ascenseur, dans ce bar-lounge & restaurant japonais (QOMO), situé à 172 m de hauteur. Sa rotation tout en douceur autour de son propre axe vous permettra de profiter d'une vue superbe sur la ville.

En soirée

☺ La vieille ville de Düsseldorf est connue comme étant le zinc le plus long du monde en raison de ses très nombreux bars, pubs et restaurants qui se succèdent entre Ratinger Straße et Karlsplatz. La bière brune dite *Alt-Bier* fait la fierté de la ville.

Uerige – *Berger Str. 1 - entre Karlsplatz et Marktplatz - ✆ 0211 866990 - www.uerige.de - 10h-0h - fermé Lun. gras et 25 déc.* Vous voulez goûter l'*Alt-Bier* ? Alors venez ici : ambiance assurée ! Des tonneaux servent de tables ; en été, tout se passe dans la rue, où se rencontre un public varié.

Hébergement

☺ La ville étant un centre important pour les foires

internationales, il est préférable d'organiser à l'avance son séjour. Réservation à l'hôtel ou chez l'habitant - *✆ 211 17 202 851 - www.duesseldorf-tourismus.de.*

Premier prix

Jugendherberge Düsseldorf – HORS PLAN - *Düsseldorfer Str. 1 - accessible à pied depuis le centre-ville, peu après avoir traversé le pont Oberkasseler - ✆ 0211 557310 - duesseldorf.jugendherberge.de - 338 lits 40 €/pers. ☕ - 25 ch. double 88/97 € ☕.* Possibilité d'acheter sur place une carte permettant l'accès à cette auberge de jeunesse internationale. Mieux vaut réserver si vous voulez une des 25 chambres doubles.

Budget moyen

Flora – HORS PLAN - *Auf'm Hennekamp 37 - ✆ 0211 934980 - www.novum-hotels.de - P 8 €/j. - 40 ch. 51/87 € - ☕ 9,90 €.* À proximité d'une station de S-Bahn, hôtel bien tenu qui propose des chambres modernes et fonctionnelles.

1 **Hotel Doria** – B1 - *Duisburger Str. 1a - ✆ 0211 499192 - www.doria.de - P 9,50 € - 44 ch. 78/89 € ☕.* À 10mn à pied du centre-ville, dans un quartier commerçant où se mêlent bistrots et restaurants. Les chambres, insonorisées, sont confortables. Attention, les prix triplent pendant les foires.

Windsor Hotel – HORS PLAN - *Grafenberger Allee 36 - ✆ 0211 914680 - www.windsorhotel.de - 18 ch. 62/85 € - ☕ 9 €.* Accueil personnalisé et de grande qualité dans ce petit hôtel meublé avec soin et décoré avec une attention particulière.

Hotel Sir and Lady Astor – HORS PLAN - *Kurfürstenstr. 18 et 23 - ✆ 0211 173370 - www.windsorhotel.de - 37 ch. 60/80 € - ☕ 9 €.* Les propriétaires du Windsor gèrent également ces 2 hôtels de part et d'autre de la rue. Même accueil chaleureux, et même soin dans la décoration. On s'y sent très vite chez soi. Situé dans une rue calme, à 5mn à pied de la gare et tout près du quartier japonais et de ses restaurants. Petit déjeuner très copieux.

Pour se faire plaisir

9 **Orangerie** – A2 - *Bäckergasse 1 - ✆ 0211 866800 - www.hotel-orangerie-mcs.de - 27 ch. 160 € ☕.* Un joli hôtel idéalement situé au cœur de la vieille ville. Les chambres modernes portent les noms des artistes de la ville.

Villes de la Ruhr ★

Ruhrgebiet

La Ruhr, façonnée par le charbon et l'acier, ne peut être une destination touristique classique. Cette myriade de villes, au paysage demeuré industriel, s'est profondément transformée depuis trente ans, en raison du déclin des industries lourdes. Elle a réhabilité de manière spectaculaire les sites de production qui ont fermé et s'est alors tournée vers la culture. Elle a su préserver son patrimoine et le réinvestir en y créant des lieux de vie pour ses habitants. Les villes de la Ruhr veulent rester vivantes et sont devenues un terrain d'expérimentation pour l'architecture, les aménagements urbains et la création. De nombreux musées d'art moderne et contemporain s'y sont installés, investissant des bâtiments industriels transformés ou conçus par les meilleurs architectes internationaux. L'histoire récente se mêle à la création contemporaine, ne manquez ni l'une ni l'autre.

Se repérer

CARTE DE RÉGION B2 (P. 244-245)

Liaison directe par train en Thalys Paris-Essen (4h25) et Paris-Dortmund (4h40). La Ruhr s'étend sur environ 60 km de Duisbourg à Dortmund, à 30 km au nord de Düsseldorf par le train R2. Le réseau routier est très dense.

À ne pas manquer

Zollverein, le parc paysager de Duisbourg et le musée de la Mine à Bochum.

Organiser son temps

Deux jours permettent de se faire une idée de la région.

En famille

Le musée de la Mine à Bochum.

Carnet pratique p. 309

Nos adresses p. 309

4

Découvrir

CARTE DE RÉGION P. 244-245

Traversée par des autoroutes, cette grande région urbaine, appelée **Métropole Ruhr**, s'étend de Duisbourg à Dortmund sur 4 438 km². Constituée de onze villes indépendantes où vivent 5,2 millions d'habitants (180 nationalités), c'est la plus grande agglomération d'Allemagne.

Deux cents mines de charbon ont fermé depuis 1960 et la production sidérurgique s'est concentrée sur un petit nombre d'usines géantes le long du Rhin. De colossales opérations d'aménagement et des créations d'espaces verts ont transformé ce qu'on appelait le « pot à charbon » *(Kohlenpott)*. Pour partir à la découverte du patrimoine industriel, **mines de charbon, hauts-fourneaux, cokeries, gazomètres ou terrils**, suivez la *Route der Industriekultur (www.route-industriekultur.ruhr, signalée sur place par des panneaux marrons)* dont les points forts sont le site de Zollverein et le parc paysager de Duisbourg. Nous proposons ci-dessous les principales curiosités, en termes de patrimoine industriel et de musées d'art. Privilégiez partout les visites guidées, car les sites sont immenses.

Visites privées en anglais ou français : Stephan Haas - www.tourserviceruhr.de

★ Essen - 583 100 HABITANTS - B2

La capitale de la Ruhr, ancienne capitale minière de l'Europe, offre désormais des zones piétonnes animées par des magasins et des espaces verts. Les trois quarts de la population active travaillent aujourd'hui dans les services et le commerce.

★ Site de Zollverein

Gelsenkirchener Straße 181 - à la gare centrale d'Essen, prenez le **U** *107 jusqu'à l'arrêt Zollverein - ✆ 0201 24 68 10 - www.zollverein.de. Pensez à prendre un plan du « Zollverein World Heritage Site » au point info.*

Le site de Zollverein, inscrit au Patrimoine mondial de l'Unesco depuis 2001, est sans doute le complexe industriel le plus renommé de la Ruhr et le meilleur témoin de l'ère du charbon et de l'acier. Sur une étendue de 100 ha, il est divisé en trois espaces : le puits XII, le puit 1/2/8 et la cokerie. Le premier puits de charbon y fut creusé en 1847, la dernière production de charbon eut lieu en 1986 et la cokerie ferma ses portes en 1993. *Commencez votre visite par le puits Zollverein XII.*

★ **Puits XII** (Schacht XII) – Cette ancienne mine de charbon est l'un des joyaux de la Ruhr. À l'entrée principale se dresse le grand chevaleret, ou tour d'extraction de la mine, de 55 m de haut. Derrière lui se trouve l'ancien bâtiment de lavage de charbon, transformé aujourd'hui en musée de la Ruhr.

Les superbes bâtiments en brique qui composent le puits XII furent construits en 1932 par les architectes Fritz Schupp et Martin Kremmer. Ce puits, considéré par les spécialistes comme un chef-d'œuvre de technologie, extrayait 12 000 tonnes de charbon par jour ! Se voulant une mine modèle et la « plus belle mine du monde », où symétrie et géométrie dominent, Zollverein appartenait au plus grand groupe sidérurgique européen (Vereinigte Stahlwerke AG) et avait été créé pour être sa carte de visite. Il cessa de fonctionner en 1986.

★ **Musée de la Ruhr** (Ruhr Museum) – *Kohlenwäsche « A14 » - ✆ 0201 24681 444 - www.ruhrmuseum.de - 10h-18h - fermé 24-25 et 31 déc. - 8 €.* Aménagé dans une ancienne installation de lavage de charbon, le musée de la Ruhr a ouvert ses portes en 2010. Les escalators de 58 m de long vous emmènent à 24 m de haut. L'éclairage orange dans les rampes et les escaliers évoque la couleur des flammes. Le musée est essentiellement consacré, outre ses collections géologiques et archéologiques, à l'histoire sociale de l'industrialisation. Il retrace notamment la situation des familles ouvrières et le mode de vie de la grande bourgeoisie de la Ruhr – des Krupp notamment – au tournant du 20e s.

Sentier-mémorial (Denkmalpfad) – *Réserv. obligatoire - ✆ 0201 24 68 10 - www.denkmalpfad-zollverein.de - lun.-vend., visites à 11h, 14h, 16h ; w.-end et vac, ttes les heures à partir de 11h - 9,50 €.* Vous pourrez accéder aux anciennes installations en suivant la visite guidée du « chemin du charbon », de la production au chargement.

Musée du Design Red Dot (Red Dot Design Museum) – *Kesselhaus « A7 » - ✆ 0201 30 10 460 - www.red-dot-design-museum.org - 11h-18h (fermé lun. sf vac. scol. de la Rhénanie) - fermé 24, 25, 31 déc. et 1er janv. - 6/9 € selon l'expo.* Ici, point de grands classiques du design du 20e s. mais les objets – meubles, machines, automobiles... – primés lors du dernier concours organisé par Red Dot et mis en valeur par un accrochage très réussi.

Vous pouvez prolonger votre visite dans les allées où se sont installés des magasins et des ateliers d'art graphique. Le décor du restaurant Casino vaut le coup d'œil. Restent le **puits 1/2/8**, la **cokerie** (*Zentralkokerei*) et les immenses espaces

Zollverein XII, tour d'extraction de la mine.
S. Ziese/Blickwinkel/age fotostock

entre ces bâtiments, parfois envahis par la végétation, décorés de sculptures en plein air. Promenez-vous jusqu'à la cokerie pour y voir une insolite grande roue.

Cathédrale (ESSENER DOM)

Lun. et vend. 10h-18h30, mar.-jeu. 6h30-18h30, sam. 9h-19h30, dim. 9h-20h.
La partie la plus ancienne de la cathédrale est le **chœur ouest★** à trois pans (10e s.), inspiré de celui d'Aix-la-Chapelle. L'église – halle gothique actuelle – a été édifiée à la fin du 13e s. sur la crypte ottonienne (vitraux de Manessier). La chapelle latérale gauche abrite une œuvre de grande valeur, la **Vierge d'or★★★**, datant de 980 ; elle passe pour être la plus ancienne statue de la Vierge en Occident. Dans la partie ouest se trouve un gigantesque chandelier à sept branches (vers l'an 1000), décoré de motifs géométriques.
★★ **Trésor de la cathédrale** (Domschatzkammer) – *Burgplatz 2 - ✆ 0201 220 42 06 - www.domschatz-essen.de - mar.-dim. 11h-17h - fermé certains j. fériés - 4 €.* Il conserve au sous-sol quatre splendides **croix processionnelles★★★** (10e et 11e s.), une couronne de la Vierge *(Essener Krone)* en or et pierres précieuses du 11e s., des ostensoirs et des évangéliaires.

★★ Musée Folkwang (MUSEUM FOLKWANG)

Museumsplatz 1 - ✆ 0201 884 5444 - www.museum-folkwang.de - ♿ - tlj sf lun. 10h-18h (jeu.-vend. 20h) - fermé 1er janv., lun. avant Mar. gras, 24-25 et 31 déc. - expos spéciales 5/8 €, expos permanentes gratuit.
De renommée internationale, ses collections permanentes sont exposées depuis 2010 dans un bâtiment très lumineux conçu par le célèbre architecte David Chipperfield. Le musée réunit des peintures, sculptures, gravures et photographies d'artistes allemands et français des 19e et 20e s. Arrêtez-vous en particulier devant la romantique *Vue sur le château* de Pillnitz de Johann Clausen Dahl, *La Moisson* de Vincent Van Gogh (1889) et *Les Ramasseuses de varech* de Paul Gauguin (1889). Autre point fort de la collection : les peintres des mouvements Die Brücke et Cavalier bleu, ainsi que les maîtres du Bauhaus. L'art après 1945 est présent à

4

L'empire industriel Krupp à Essen

De la petite entreprise de fonderie fondée en 1811 par son père, **Alfred Krupp** (1812-1887) fit l'un des plus gros producteurs d'acier et d'armement d'Europe. En 1847, il mit au point un nouveau type d'acier fondu qui lui permit de couler le tube d'un canon lourd en une seule pièce. Les besoins de la guerre de 1870 remplirent son carnet de commandes. À sa mort, il employait plus de 20 000 personnes. Son fils, **Friedrich Alfred**, agrandit le patrimoine familial. Sa petite-fille **Bertha** épousa un fervent partisan du nazisme, le baron von Bohlen und Halbach, qui mit l'entreprise au service du IIIe Reich. La gestion du groupe fut confiée à leur fils Alfried en 1953. Il l'orienta vers des « activités de paix » qui lui permirent de retrouver une place prépondérante dans l'industrie. Depuis 1968, le groupe est géré par une fondation. Il a fusionné en 1998 avec Thyssen.

travers les œuvres de Baselitz, Kiefer, Lüpertz, Richter et de quelques Américains (Pollock, Newman, Stella).

★ Villa Hügel

Haraldstraße (à la gare centrale d'Essen, prendre la S-Bahn n° 6 jusqu'à Essen-Hügel) - ✆ 201 61 62 90 - www.villahuegel.de - possibilité de visite guidée (1h/1h30, 8 € billet d'entrée compris) - parc : 8h-20h - villa : tlj sf lun. 10h-18h - 5 € - .

Cette villa de l'époque bismarckienne est située dans un joli parc, sur la rive nord du lac de Baldeney. C'est **Alfred Krupp** qui en dessina les plans et la fit construire en 1872. Destinée à servir d'habitation et de lieu de réception, elle comptait pas moins de 269 pièces ! Trois générations de la famille Krupp s'y succédèrent jusqu'en 1945. Elle est ouverte au public depuis 1953. L'état général et l'ameublement de cette maison sont les mêmes qu'en 1915. On peut toujours y admirer les magnifiques tapisseries murales (15e au 18e s.) de la décoration d'origine. La villa accueille aujourd'hui des expositions d'art.

Bochum - 365 000 HABITANTS - B2

Huestrasse 9 - ✆ 0234 96 30 20 - www.bochum-tourismus.de - lun.-vend. 10h-18h, sam. 10h-16h.

★★ Musée allemand de la Mine (DEUTSCHES BERGBAU-MUSEUM)

Am Bergbaumuseum 28 - au départ de la gare Bochum Hbf, U 35 jusqu'à Deutsches Bergbau-Museum - ✆ 0234 58 77 126 ou 0234 58 77 0 - www.bergbaumuseum.de - ♿ - tlj sf lun. 8h30-17h, 10h-17h (dernière entrée 15h30) - fermé 1er janv., 1er Mai, 24-26 et 31 déc. - 10 €. Visites guidées hors vac. scolaires. Habillez-vous chaudement (température : 12°).

Créé en 1930, dans un but pédagogique, alors qu'il y avait plus de 30 mines à Bochum et qu'il était nécessaire de recruter des mineurs, ce musée très complet est passionnant. Il évoque le quotidien des mineurs, leurs conditions de travail ainsi que les différentes techniques utilisées, hier et aujourd'hui.

Commencez par la **mine-musée** *(Schaubergwerk)*, certes reconstituée mais exceptionnelle. Un ascenceur vous dépose à 17 m sous terre pour visiter, dans 2,5 km de galeries, des reconstitutions de mines de charbon de 1850, 1920, 1960 et 2000. Percer les galeries, étayer, tailler le charbon dans des veines inclinées : le travail est resté le même, mais quelle évolution technique ! Le pic et la pelle ont été remplacés à partir de 1920 par des marteaux-piqueurs et aujourd'hui par des haveuses. Un faux cheval rappelle aux visiteurs que les wagonnets ont longtemps été tirés par des chevaux. Les galeries modernes, plus larges et plus hautes, sont soutenues par des arceaux métalliques. Vous pouvez ensuite monter au sommet de la **tour d'extraction**, de 62 m de haut (avec ascenseur).

Le **musée**, rénové en 2019, réunit plus de 3 000 objets répartis en 4 thèmes : gisements, industrie minière, charbon, art. Engins d'origine, modèles réduits et graphiques illustrent les différentes étapes de l'extraction du minerai.

Musée des Beaux-Arts (KUNSTMUSEUM BOCHUM)

Kortumstraße 147 - ✆ 0234 910 42 30 - www.kunstmuseumbochum.de - ♿ - tlj sf lun. 10h-17h (merc. 20h), - fermé 1er janv., Vend. Saint, 1er mai, 24-26 et 31 déc. - 5 €.

Installée depuis 1960 dans un bâtiment moderne, vaste et inondé de lumière, son importante collection embrasse l'art des 20e s. et 21e s. : symbolisme et cubisme tchèque, avant-garde d'Europe de l'Est réunie autour de Kasimir Malewitsch, expressionnisme allemand ou œuvres du mouvement Cobra. Sont également exposées des œuvres caractéristiques d'artistes phares comme Francis Bacon ou Frank Stella.

Oberhausen - 210 800 HABITANTS - B2

★ Gazomètre (GASOMETER)

Oberhausen-Neue Mitte (à proximité du centre). Arenastraße 11 - ✆ 0208 850 37 30 - www.gasometer.de - ♿ - tlj sf lun. 10h-18h - fermé pour travaux (réouv. prévue 2021) - 10 €.

Cet ancien réservoir à gaz, le plus grand d'Europe, construit en 1928-1929, est devenu depuis 1994 un lieu spectaculaire pour des manifestations culturelles, des expositions ou des événements. Véritable « cathédrale de l'industrie », de 100 m de hauteur intérieure, il procure une étonnante perception de l'espace, mis en lumière et en musique selon les expositions. Son ascenseur panoramique monte à 106 m pour rejoindre le toit du gazomètre qui offre une vue sur l'ouest de la région (*escalier extérieur de 592 marches*).

★ Musée de l'Industrie du Rhin (ZINKFABRIK ALTENBERG)

Au centre (derrière la gare), Hansastraße 20 - ✆ 022 34 99 21 555 - www.industriemuseum.lvr.de - tlj sf lun. 10h-17h, w.-end 11h-18h - fermé pour travaux (réouv. prévue 2021) - 6 €.

L'usine d'Altenberg a fermé ses portes en 1981, après 130 années d'activité. Le musée de l'Industrie du Rhin, qui a élu domicile dans l'ancien hangar de laminage,

4

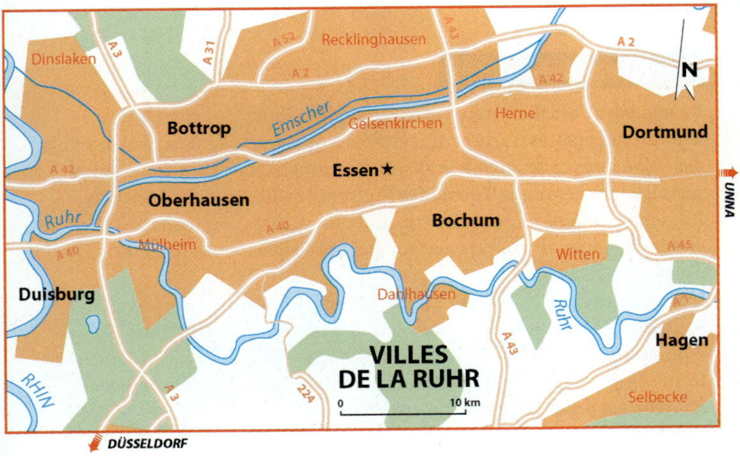

est non seulement consacré à l'histoire du progrès technique depuis le milieu du 19e s., mais il met aussi en lumière le rôle déterminant de la sidérurgie dans l'histoire de la région Rhin-Ruhr.

Duisburg – 498 500 HABITANTS - B2

Le **port intérieur** de Duisbourg « **Innenhafen** » a conservé une partie de ses anciens silos. Un nouveau quartier s'est créé depuis 1990, sans voitures, au bord du canal, dans une partie du port qui était inutilisée et qui a été réhabilitée. L'architecte Norman Foster a conçu le réaménagement de l'ensemble des bâtiments. Les rez-de-chaussée sont occupés par des bars et des restaurants. Le musée d'art moderne MKM se trouve sur les bords du canal.

Musée d'art moderne Küppersmühle

(MKM MUSEUM KÜPPERSMÜHLE FÜR MODERNE KUNST)

Innenhafen, Philosophenweg 55 - ✆ 0203 301 948 -11 - www.museum-kueppersmuehle.de - ♿ - jeu.-dim. 11h-18h, merc. 14h-18h - fermé lun.-mar. - 6/9 € selon l'exposition.

Depuis son ouverture en 1999, ce musée d'art moderne et contemporain, installé dans une ancienne minoterie, très habilement convertie par les architectes Herzog & De Meuron, présente la collection de Karl Ströher, qui comprend des œuvres allemandes postérieures aux années 1950 (Bernard Schultze, Georg Baselitz, Anselm Kiefer, Gerhard Richter, etc.). Il organise également trois à quatre expositions d'art contemporain par an. L'audacieux projet d'extension du musée devrait être inauguré en 2021.

★★ Musée Lehmbruck (LEHMBRUCKMUSEUM)

Au centre de Duisburg, Kantpark - Friedrich-Wilhelm-Str. 40 - ✆ 0203 283 32 94 - www.lehmbruckmuseum.de - ♿ - tlj sf lun. 12h-17h (parfois aussi 21h jeu.), w.-end 11h-17h - 9 €.

Ce très beau musée présente l'essentiel de l'œuvre de **Wilhelm Lehmbruck** (1881-1919) dans un bâtiment lumineux, spécialement conçu par son fils pour accueillir ses sculptures et ses peintures. Vous les découvrirez aux côtés d'œuvres d'autres sculpteurs des 20e et 21e s. (Arp, Barlach, Beuys, Brancusi, Calder, Giacometti, Moore, Kollwitz, LeWitt, Magritte, Tinguely, etc.). Des œuvres plus contemporaines occupent une récente extension des bâtiments. Le parc de 7 ha qui entoure le musée sert lui aussi de cadre aéré à des sculptures impressionnantes d'artistes internationaux.

Terrils et belvédères

De nombreux **terrils** entourent les villes de la Ruhr. Ces monticules aujourd'hui plantés d'arbres et recouverts de verdure sont parfois devenus des belvédères et des zones de loisirs. Certains sont ornés d'étonnantes installations comme le **Tétraèdre** *(Tetraeder – Beckstraße)* à **Bottrop**. Immense triangle en acier de 50 m de hauteur, installé sur quatre piliers, et au sommet duquel vous pouvez facilement accéder, pour y découvrir une vue d'ensemble de la Ruhr.

Inauguré fin 2011, le **Tiger & Turtle - Magic Mountain** *(Kaiserswerther Straße ou Ehinger Straße, fermé en cas d'intempéries)* à **Duisburg** est une étonnante installation offrant un belvédère sur la Ruhr. Une structure en forme de « grand huit », mais sur laquelle vous pouvez vous promener en hauteur, est posée au sommet d'un terril.

Tiger & Turtle à Duisburg.
S. Ziese/Blickwinkel/age fotostock

★ Parc paysager de Duisburg-Nord

(LANDSCHAFTSPARK DUISBURG NORD)

Duisburg-Meiderich, Emscherstraße 71 - ✆ 0203 429 1919 - www.landschaftspark.de - jeux de lumière le week-end à partir de la tombée de la nuit. Gratuit.

Ce parc qui s'est développé autour d'une usine sidérurgique désaffectée est devenu un vaste espace de liberté pour les habitants de Duisbourg. Lorsque l'usine a cessé toute activité en 1985, la volonté de conserver ce patrimoine a évolué vers un projet original : ouvrir totalement l'espace et détourner le rôle premier des lieux et des bâtiments pour le consacrer à la musique, au cinéma, au spectacle, à la promenade, au sport… Vous pouvez ainsi monter au sommet d'un haut-fourneau, totalement libre d'accès, à 54 m de hauteur, ou dîner dans l'ancienne centrale électrique. Plus rare : le gazomètre a été transformé en école de plongée sous-marine, des murs sont réservés à l'escalade, des espaces de jeux ont été créés pour les enfants. Un autre haut-fourneau devient salle de cinéma en plein air l'été, et les anciennes halles industrielles accueillent aujourd'hui toutes sortes de manifestations : spectacles, congrès ou… mariages.

Dortmund - 587 000 HABITANTS - B2

ℹ Kampstraße 80, en face de la Hauptbahnhof - ✆ 0231 18 99 90 - www.visit.dortmund.de - tlj sf dim. 10h-18h, sam. 10h-15h.

Mentionnée pour la première fois vers 885, Dortmund devint ville d'Empire en 1220 et fut au Moyen Âge une **cité hanséatique** florissante. Frappée de plein fouet par la guerre de Trente Ans, elle ne comptait plus en 1648 que 2 000 habitants. L'essor décisif vint au milieu du 19e s., avec la révolution industrielle. La ville fut dès lors liée au **charbon**, à **l'acier**… et à la **bière**. Des 28 brasseries qui avaient pignon sur rue, il en reste trois aujourd'hui, dont la *DAB*. Le premier club de football fondé en 1909 par des jeunes ouvriers des aciéries et des mineurs prit le nom de **Borussia**, qui était celui d'une bière locale. Cette ville, neuve aujourd'hui car détruite à 95 % pendant la guerre, est essentiellement tournée vers le secteur tertiaire et a vu la disparition des trois industries qui ont façonné son histoire récente.

Dix ans de travaux pour une région blessée

En 1988, le gouvernement fédéral allemand lance un projet pour l'avenir de la Ruhr dévastée : ce sera l'exposition internationale d'architecture de l'**Emscher-Park** (IBA), point de départ et moteur de la revitalisation de la Ruhr. Durant 10 ans, de 1989 à 1999, 120 projets seront conçus et mis en œuvre par 19 villes. L'héritage de l'industrie lourde a été perçu par les acteurs locaux comme une chance à saisir pour créer une nouvelle région culturelle. La nomination de la Ruhr comme capitale européenne de la Culture en 2010 a été vécue comme une reconnaissance pour ces efforts et un encouragement à poursuivre la revitalisation de la région pour en faire un noyau culturel de tout premier ordre. Le festival « **Ruhrtriennale** » a vu le jour dans ce sillage en 2002.

Musée du Football allemand (DEUTSCHES FUSSBALLMUSEUM)

Platz der Deutschen Einheit 1 - ✆ 0231 476 46 60 - www.fussballmuseum.de - ♿ - 10h-18h - fermé lun. - 17 € (15 € en ligne) - visites guidées en français possibles.

Ce musée ultra-moderne, inauguré en octobre 2015 et situé en centre-ville, face à la gare, présente 140 ans d'histoire du football en Allemagne. Cinéma en 3D, écrans multimédias avec questions et réponses, retracent les grands matchs nationaux, les buts célèbres. On y découvre la vie quotidienne dans un stade, l'histoire des règles, les ligues allemandes. On y voit des objets cultes : ballons, chaussures, coupes, le bus de l'équipe gagnante de la Coupe du monde 2014. Pour les passionnés de foot bien entendu.

★ Musée Ostwall (MUSEUM OSTWALL)

Leonie-Reygers-Terrasse 2 - ✆ 0231 502 47 23 - www.dortmund.de ou www.dortmunder-u.de - ♿ - tlj sf lun. 11h-18h (jeu. et vend. 20h), - fermé 1er janv., 18 nov., 24-25 et 31 déc. - exposition permanente : gratuit.

Le musée Ostwall (fondé en 1949) s'est installé en 2009 dans le célèbre bâtiment « **Dortmunder U** », une ancienne brasserie construite en 1926 et devenue centre d'art et de création. Les étages 4 et 5 du bâtiment présentent les collections du musée : l'art du 20e s. à nos jours, peintures, sculptures, objets d'art, photographies, vidéos. Au 4e étage, la visite commence par des œuvres du mouvement Fluxus, puis remonte les années jusqu'à l'expressionnisme (Max Beckmann, August Macke, Jawlenski). Le 5e présente des œuvres de Joseph Beuys, Dieter Roth, ainsi qu'une installation très poignante de Wolf Vostell, « TEK », évoquant la souffrance humaine dans un camp de concentration (1970).

Dortmunder U et ses 7 étages, c'est aussi un campus accueillant étudiants, ateliers et projets artistiques. Bar et restaurant au rez-de-chaussée et, au dernier étage, terrasse et salle de cinéma.

★ Musée d'Art et d'Histoire des civilisations
(MUSEUM FÜR KUNST UND KULTURGESCHICHTE)

Hansastr. 3 - ✆ 0231 502 55 22 - www.dortmund.de - ♿ - tlj sf lun. 11h-18h (jeu. et vend. 20h) - fermé 1er janv., 24-25 et 31 déc. - exposition permanente : gratuit.

Installé dans un magnifique bâtiment Art déco (l'ancienne caisse d'épargne construite en 1923), cet intéressant musée présente plusieurs collections qui englobent des domaines très différents. On débute au rez-de-chaussée par l'archéologie : la section consacrée à la période romaine abrite les restes d'une « palissade de javelots » *(pila muralia)* provenant du camp d'Oberaden et le **trésor de Dortmund★**, un ensemble de 444 pièces d'or datant pour la plupart du 5e s. apr. J.-C. Viennent ensuite l'art religieux à la fin du Moyen Âge (beau retable portatif de Cornelis Engebrechtsz, 1510), puis la peinture du 19e s. (Berliner Sezession, C. D. Friedrich), les arts décoratifs et le mobilier à différentes époques (superbe **lit en chêne★** de la ferme des Mönck à Spenge, 1837) ainsi que le design des années 1980. Plusieurs décors ont été habilement reconstitués, en particulier le carrelage du pavillon de chasse de Ruthe (1750), une pharmacie du 18e s., un salon de musique de Brême et un boudoir de la colonie d'artistes de Darmstadt (1907).

Églises de Dortmund

Dortmund possède quatre églises édifiées entre le 13e et le 15e s. Détruites pendant la guerre, elles furent toutes reconstruites à l'identique. Les richesses intérieures avaient le plus souvent été mises à l'abri.

★ **Église St-Renaud (Reinoldikirche)** – *Ostenhellweg, près du marché - lun.-vend. 14h-18h, sam. 10h-18h, dim. 13h-18h.* L'église St-Renaud et ses trois nefs (début du gothique) conservent, à gauche de l'entrée du chœur, la statue en bois du patron de la ville, saint Renaud, et à droite celle de Charlemagne (14e et 15e s.) ; retable sculpté de la fin du gothique (15e s.).

Église St-Pierre (St. Petrikirche) – *Petrikirchhof 7, en centre-ville, près de Kampstr. - mar.-vend. 11h-17h, sam. 10h-16h.* De style gothique, sa construction débuta en 1322. Elle possède un précieux **triptyque flamand★★**, sculpté dans le chêne : c'est la **« merveille dorée »** de Dortmund, réalisée en 1521. La passion du Christ y est racontée au travers de 633 statuettes dorées, œuvre du maître Jan Gilleszoon Wraghe (*tryptique fermé pendant la Semaine sainte).*

Musée de la Brasserie (BRAUEREI MUSEUM)

Steigerstr. 16 - ✆ 0231 840 02 00 - www.dortmund.de - tlj sf lun. 10h-17h (20h jeu.), sam. 12h-17h - fermé 1er janv., 24-25 et 31 déc. - gratuit (le 2e et le 4e jeu. du mois à 17h, visite guidée de 2h comprenant musée, brasserie et dégustation : 16 €).

Installé dans les anciens locaux de la brasserie Hansa, à côté de la brasserie en activité **Dortmunder Brauerein**, ce musée retrace l'histoire de la bière à Dortmund, depuis la fabrication artisanale à la production industrielle.

★ Mine de charbon Zollern II/IV (ZECHE ZOLLERN II/IV)

(Musée industriel de la Westphalie) Grubenweg 5 - banlieue ouest, dir. Bövinghausen - U 47 jusqu'à Dortmund-Huckarde Bushof puis BUS 462 jusqu'à Industriemuseum Zollern - ✆ 0231 696 11 11 - www.lwl.org - tlj sf lun. 10h-18h - fermé 23 déc.-1er janv. - 5 € (2,50 €), programmes pour enfants en été.

La mine Zollern II/IV, ouverte en 1903, accueillit jusqu'à 2 500 mineurs entre 1910 et 1920. Les élégants bâtiments en brique devaient témoigner de l'importance et du prestige de leur propriétaire (Gelsenkirchener Bergwerks AG) tout comme le modernisme de l'équipement technique. La **Halle aux machines**, sorte de cathédrale d'acier, de brique et de verre, bel exemple d'Art nouveau industriel, a rouvert en 2016, après neuf ans de restauration. Aujourd'hui musée d'histoire sociale et culturelle de la mine, le site explique la vie quotidienne des mineurs (maladies, hygiène, loisirs). On visite les bureaux des directeurs, les vestiaires ou « salle des pendus » (les vêtements hissés dans des paniers pendaient au plafond), le guichet où les « gueules noires » étaient payés tous les dix jours. Le sommet de la tour d'extraction est accessible.

L'ancienne écurie a été transformée en bar, *Biergarten* et restaurant – *Pferdestall - mar.-dim. 12h-24h - 12/25 €.*

4

La halle aux machines - Zollern II/IV.
R. Kiedrowski/Arco Images/age fotostock

Unna - 58 600 HABITANTS - B2

Centre international d'art lumière

(ZENTRUM FÜR INTERNATIONALE LICHTKUNST)

À l'est de Dortmund. Lindenplatz 1 (indiquer Massener Str. 31 pour le GPS) - ✆ 023 03 103 751 - www.lichtkunst-unna.de - visites guidées seult (1h30) - mar.-vend. à 13h et 15h (jeu. à 17h aussi), w.-end à 11h, 12h, 13h, 14h, 15h, 16h et 17h - 10 €.

À 10 m sous terre, dans les caves d'une ancienne fabrique de bière, s'est installé en 2001 ce musée d'un genre nouveau. Onze artistes internationaux ont créé de magnifiques jeux d'ombre et de lumière, qui prennent une étrange résonance dans ces lieux. Une expérience étonnante (œuvres de Mario Merz, James Turrell, Rebecca Horn, Christian Boltanski, Olafur Eliasson).

Hagen - 188 800 HABITANTS - B2

Deux musées forment le nouveau « **Kunstquartier** », quartier artistique de Hagen.

Musée Osthaus (OSTHAUS MUSEUM)

Museumplatz 1 - de la gare de Hagen, BUS 510 ou 520 arrêt Stadtmitte - ✆ 02331 207 31 38 - www.osthausmuseum.de - ♿ - tlj sf lun. 12h-18h - fermé 1er janv., lun. de Pâques et de Pentecôte, 1er Mai, 24-25 et 31 déc. - 7 € (billet combiné avec le musée Emil-Schumacher).

Karl Ernst Osthaus, industriel et mécène, créa ici en 1902 le musée Folkwang (la collection fut reprise en 1922 par la ville d'Essen). Le bâtiment qui abrite le musée Osthaus a été aménagé dans le style **Art nouveau** par **Henry van de Velde**. Rénové en 2009, il réunit plusieurs œuvres de l'expressionnisme allemand (Kirchner, Nolde, Dix) et consacre une place importante à l'artiste Christian Rohlfs, qui travailla à Hagen jusqu'à sa mort en 1938.

Musée Emil-Schumacher (EMIL-SCHUMACHER MUSEUM)

Museumplatz 1-2 - ✆ 02331 306 00 66 - www.kunstquartier-hagen.de - ♿ - tlj sf lun. 12h-18h - fermé 1er janv., lun. de Pâques et de Pentecôte, 1er Mai, 24-25 et 31 déc. - 7 € (billet combiné avec le musée Osthaus).

Ce musée ouvert en 2009, l'un des plus importants de la Ruhr en matière d'art moderne et contemporain, est consacré à l'œuvre du peintre Emil Schumacher (1912-1999), l'un des représentants de l'expressionnisme abstrait allemand. Environ 500 de ses œuvres sont présentées, dont 88 peintures et 25 céramiques...

Carnet pratique

Agenda

Ruhrtriennale – *De mi-août à sept. - ✆ 0209 60 50 71-00 - www.ruhrtriennale.de.* Festival annuel pluridisciplinaire et international (musique, danse, théâtre) dans les sites industriels aménagés.

Nos adresses

Restauration

Budget moyen

À Dortmund

Pfefferkorn – *Hoher Wall 38 - ✆ 0231 143644 - dortmund.pfefferkorn-restaurants.de - plat 9/38 €.* Remarquable aménagement dans le style ancien, décoration en bois sombre. Carte variée, viandes (autour de 15/35 €) et poissons. Réservation conseillée.

Pour se faire plaisir

À Dortmund

Der Lennhof – *Menglinghauser Str. 20 - Dortmund-Barop - ✆ 0231 758190 - www.der-lennhof.de - 12h-14h30, 18h-22h - plat 19/28 €, menu 54/62 €.* De l'extérieur, une maison à colombages ancienne, à l'intérieur, modernité et raffinement. Spécialités de viande de bœuf.

À Essen

Casino Zollverein – *Gelsenkirchener Str. 181 - ✆ 0201 830240 - www.casino-zollverein.de - fermé lun., le midi hors sais. et 1 sem. en janv. - plat 20/30 €.* Dans l'atelier à compresseurs de la mine Zollverein, on a associé un style moderne à une architecture industrielle impressionnante. Cuisine internationale.

HUGENpöttchen – *August-Thyssen-Str. 51 - 2,5 km à l'O - ✆ 02054 12040 - www.hugenpoet.de - plat 23/30 €.* Installé dans le château Hugenpoet, ce restaurant propose une savoureuse cuisine régionale, tel le sébaste et son risotto de moules. Depuis la terrasse, on profite de la vue sur le superbe parc du château.

À Bochum

Livingroom – *Luisenstr. 9-13 - ✆ 0234 9535685 - www.livingroom-bochum.de - fermé dim. - plat midi 8,50/15 €, plat 15/35 €.* Dans un cadre très moderne, un restaurant, bar et bistrot, qui propose une cuisine internationale intéressante. Spécialités de grillades et de viandes, grand choix de vins.

À Duisbourg

Bistro NT – *Neudorfer Str. 33 - 47057 Duisbourg - ✆ 0203 3186550 - www.hotel-friederichs.de - fermé sam. midi, dim. et j. fériés - plat 18/32 €.* Envie de délicieuses paupiettes de bœuf ou d'un lapin mijoté avec des tomates au basilic ? Et de finir le repas par une poire Belle-Hélène ? Voici le type de plats qui vous seront servis dans ce restaurant au sympathique esprit bistrot.

En soirée

À Essen

Aalto-Theater – *Opernplatz 10 - ✆ 0201 8122 200 - www.theater-essen.de - billetterie ouv. 90mn av. le début du spectacle.* Chef-d'œuvre de l'architecte finlandais Alvar Aalto (1988), cette prestigieuse salle accueille ballets, opéras et concerts de l'excellent Philharmonique d'Essen. On peut aussi la visiter en dehors des spectacles *(8 €, dates précises sur le site).*

Activités

Movie Park Germany – *Warner Allee 1 - 46244 Bottrop-Kirchhellen - accès par la A 31, sortie Kirchhellen - ✆ 02045 899899 - www.movieparkgermany.de - fermé nov.-mars - 44/50 € (37 € sur Internet).* Parc d'attractions sur le thème « Hollywood en Allemagne », avec environ 40 attractions.

Shopping

Märkische Spezialitätenbrennerei – *In der Asmecke 12 - 58091 Hagen - ✆ 02337 485894 - www.msb-hagen.de - lun.-vend. 8h-17h.* Au sud de Hagen, tout près de Dahl, Klaus Wurm a fondé en 2010 une distillerie qui produit des liqueurs et eaux-de-vie déjà réputées (coing, mirabelles, quetsches...) mais aussi, sous la marque DeCavo, un whisky qui a pour particularité de vieillir dans l'une des grottes de la région *(Dechenhöhle).*

Hébergement

Budget moyen

À Bochum-Wattenscheid

Beckmannshof – *Berliner Str. 39 - ✆ 02327 30370 - hotel-beckmannshof.de - 21 ch. 98 € ☕.* Dans un bâtiment de 1927, hôtel convivial et bien tenu, situé près des accès routiers. Restaurant agréable dans un cadre rustique.

À Dortmund-Höchsten

Haus Überacker – *Wittbräucker Str. 504 - B 234 - ✆ 02304 982850 - www.haus-ueberacker.de - P - 17 ch. 80 € - ☕ 10 € - ✕ fermé jeu. -14/31 € - fermé jeu.* Hôtel tenu par une famille dans une coquette maison à colombages. Les chambres sont en partie lambrissées et pourvues de mobilier en bois. La cuisine est inégale mais il y a un nouveau jardin d'hiver chauffé et une terrasse sur jardin.

À Essen

Welcome Hotel – *Schützenbahn 58 - ✆ 0201 17790 - www.welcome-hotels.de - 176 ch. 76/84 € - ☕ 17 €.* Situé en centre-ville, cet hôtel est bien aménagé et confortable. Restaurant lumineux avec une grande baie vitrée donnant sur un jardin.

Pour se faire plaisir

À Dortmund

Esplanade Hotel – *Burgwall 3 - ✆ 0231 58530 - www.esplanade-dortmund.de - P 10 €/j. - 85 ch. 84/110 € - ☕ 18 €.* En centre-ville et à 10mn à pied de la gare, cet hôtel moderne dirigé par la famille Kortmann est bien placé. Vous y recevrez un accueil chaleureux. Chambres confortables. Espace wellness.

Le Sauerland ★

Ce massif montagneux couvert de forêts et aux villages encaissés déploie, au fil des méandres de la Lenne ou de la Ruhr, des paysages de carte postale. Il est particulièrement recherché en hiver par les amateurs de ski dont la plupart convergent vers la ville de Winterberg. Outre la randonnée et le VTT, le Sauerland, qui possède de nombreux lacs, est un lieu idéal pour la pratique des sports nautiques.

Se repérer

Rhénanie du Nord-Westphalie
CARTE DE RÉGION C2 (P. 244-245).
Le Sauerland est situé au nord-est de Cologne. Il est facilement accessible par le réseau autoroutier de Cologne, Düsseldorf ou Münster.

Organiser son temps

Comptez une journée pour le circuit proposé.

Nos adresses p. 313

Circuit conseillé

De Soest à Bad Berleburg

Circuit de 181 km tracé en vert sur la carte de région p. 244-245 C2.

★ Soest

Au 13e s., Soest (prononcez zôst), première ville de Westphalie, adhère à la Hanse. Commerce et richesse favorisent un essor rapide. En 1444 éclatent les hostilités avec la ville de Cologne *(Soester Fehde)* et avec elles le début de son déclin. Soest, isolée, perd peu à peu son importance commerciale.

Le paysage urbain est marqué par les constructions à colombages, situées le long de rues disposées en étoile. Les flèches des différentes églises dominent le centre.

★ **Église St-Patrocle** (St. Patrokli-Dom) – *10h-17h30 (visite guidée le 2e dim. du mois à 16h - 2 €).* Tout l'intérêt de l'église St-Patrocle, forte construction romane

4

Village niché dans les collines du Sauerland.
Harald Schmidt/iStock

Montagnes, lacs et forêts

Si le Sauerland n'est pas la région la plus haute du Massif schisteux rhénan, il est cependant la plus montagneuse. Il culmine à 843 m au **Langenberg**, près de Winterberg-Niedersfeld, qui forme déjà une transition avec le paysage montagneux du Waldeck. Les nombreux lacs artificiels du Sauerland alimentent en eau et en énergie les villes industrielles de la Ruhr et servent aussi aux sports nautiques. Le Haut Sauerland, particulièrement le massif du Rothaargebirge, couvert de hêtres et de conifères, est une région touristique très fréquentée.

des 11e et 12e s., se concentre sur la **partie ouest★★** ainsi que sa **tour★★** carrée parfaitement équilibrée et sobrement décorée d'arcatures et de roses aveugles.

★ **Église Notre-Dame-des-Champs** (Wiesenkirche) – *11h-16h, dim. 11h30-16h.* Cette église-halle gothique très lumineuse date du 14e s. Au trumeau du portail sud, une Vierge à l'Enfant (fin du 14e s.). Au-dessus du portail nord, le **vitrail de la Cène** (1520) donne lieu à une évocation des spécialités du pays : tête de porc, jambon, pichets de bière, verres de schnaps et petits pains de seigle. L'œuvre d'art la plus importante est le **retable d'Aldegrever★** (1525), dans l'absidiole de droite ; il présente la Vierge auréolée de lumière, entre sainte Agathe et saint Antoine.

★ Möhnesee

Ce lac artificiel situé en bordure nord du Sauerland s'étend sur 10 km, derrière un barrage de 650 m de long et de près de 40 m de hauteur. Au nord, ses rives sont ouvertes au tourisme et aux sports nautiques ; en revanche, la partie sud bordée de forêts est une réserve naturelle où viennent nicher de nombreuses espèces d'oiseaux.

Arnsberg

La ville ancienne s'étage sur un éperon, au-dessus d'un méandre de la Ruhr. Au nord, la tour de l'Horloge commande l'accès des ruines du Schlossberg ; au sud, le quartier de l'abbaye garde une superbe porte rococo, la *Hirschbergertor.*

Après Arnsberg, la route contourne par la droite le lac artificiel sur la Sorpe, puis traverse le massif du Lennegebirge (alt. 656 m) ; très jolis points de vue, surtout aux abords du col. Une fois passé Finnentrop, on traverse la vallée de la Bigge ponctuée de passages rocheux.

★ Attahöhle

À droite de la route, juste avant la localité d'Attendorn. ✆ 02722 93750 - www.atta-hoehle.de - visite guidée (40mn) d'avr. à mi- août : 10h-16h30 ; de mi-août à oct. : 10h-16h ; reste de l'année se renseigner - 10 €.

Cette grotte, qui s'étend sur 3 km, renferme une multitude de stalactites et de stalagmites, et des draperies de pierre parfois translucides.

Attendorn

Attendorn a connu son heure de gloire au Moyen Âge, comme en témoignent l'**hôtel de ville** (14e s.) avec son pignon à escalier près de l'ancien marché *(Alter Markt)*, la halle ouverte à arcades et, juste à côté, la **cathédrale du Sauerland** *(Sauerländer Dom - tlj sf dim. 9h-17h30, sam. 11h-14h)*, église-halle gothique aux magnifiques décorations intérieures (14e s.).

Au sud-est d'Attendorn, de l'autre côté de la Bigge, se dresse le **château de Schnellenberg** qui, dans sa configuration actuelle, remonte pour l'essentiel au 17e s.

Biggetalsperre

Couplé à celui de la Lister, le **barrage de la Bigge** constitue la plus grande retenue de Westphalie ; il a été mis en eau en 1964.

À environ 2 km avant Olpe, bifurquez à gauche sur la B55. Après Bilstein, sur la route de montagne, prenez l'embranchement à droite en direction de la Hohe Bracht.

Hohe Bracht (584 M)

La tour-belvédère (620 m) offre un beau panorama sur le massif très mamelonné du Rothaargebirge, jusqu'au Kahler Asten.

Après avoir traversé le paysage bucolique de la vallée de la Lenne, on atteint les villages de **Grafschaft** *et d'***Oberkirchen** *(jolies maisons à colombages). La région devient plus sauvage et plus accidentée. Après* **Nordenau***, village typique du Haut Sauerland, où les maisons sont recouvertes d'ardoise, et Altastenberg, station de sports d'hiver située sur un plateau bien dégagé (beau panorama), on arrive au Kahler Asten.*

Kahler Asten

C'est le point culminant du massif du Rothaargebirge (841 m). Il permet d'avoir un très large **panorama**, surtout si l'on grimpe à la tour-belvédère.

Au nord-est se trouve la station climatique et de sports d'hiver de Winterberg. Par une route sinueuse mais bien tracée (belles échappées vers le sud), on redescend dans une région riche en ardoisières.

Bad Berleburg

Situé au centre de la vieille ville historique de Bad Berleburg, le **château** des princes de Sayn-Wittgenstein marque encore largement l'image de cette station thermale. Le château, aujourd'hui « baroquisé », remonte au 13e s. Il prête son cadre à des manifestations musicales et peut se visiter *(mar., jeu., sam. et dim. à 14h30 - 5 € -).*

4

Nos adresses

Restauration

Budget moyen

À Arnsberg

Ratskeller – *Alter Markt 36 - 02931 3672 - www.ratskeller-arnsberg.de - fermé lun. - plat à midi 8/9 €, plat 13/20 €.* Cette auberge modernisée est la plus ancienne table d'hôte de la ville. Cuisine internationale au restaurant.

À Schmallenberg - Oberkirchen

Gasthof Schütte – *Eggeweg 2 - 57392 Schmallenberg - (à proximité de la B 236) - 02975 820 - www.hotel-schuette.de - menu 38/62,50 €, plat 22/36 € - 60 ch. à partir de 180 € en demi-pension.* Le charme de cette auberge typique de la région a été joliment préservé. La cuisine est savoureuse, aux influences à la fois classiques et internationales. Goûtez les spécialités telles que les fèves à la westphalienne avec du porc salé et de la saucisse fumée ou le boudin poêlé sur un lit de chou. Spa et piscine à l'hôtel.

À Schmallenberg - Latrop

Hanses Bräutigam – *Latrop 2736 - 02972 9900 - www.hotel-hanses.de - plat 13/24 € - 24 ch. 113/123 €.* Une maison à colombages, typique du Sauerland, avec un restaurant qui propose une cuisine régionale. Les chambres sont soignées.

À Schmallenberg - Westfell

Schneider – *Winterberger Str. 5 - 57392 Schmallenberg-Westfeld - ✆ 02975 332 - www.schneider-westfeld.de - fermé lun. - 25 € (16 € en demi-pension) - 17 ch. et 3 suites 68/98 €* . Une auberge familiale, située entre Winterberg et Schmallenberg. Restaurant lumineux qui sert une cuisine traditionnelle. Terrasse aux beaux jours. Prix spéciaux courts séjours.

Pour se faire plaisir

À Arnsberg

Menge – *Ruhrstr. 60 - ✆ 02931 52520 - hotel-menge.de - fermé dim.-lun. - dîner slt - menu 3 plats 43 €, plat 15/36 €.* Christoph Menge mitonne des plats savoureux et ambitieux, contemporains ou classiques, comme l'escalope à la sauce aigre ou la crème bavaroise au duo de rhubarbe. Au gré des saisons : bœuf Galloway, gibier ou agneau – de la région, il va sans dire.

Shopping

Sauerländer Bauernkäserei Löffler – *Dornheim 1 - 57392 Schmallenberg-Dornheim - ✆ 02971 908168 - www.bauernkaeserei.de - merc. 9h-13h et 14h-17h, vend. 14h-17h, sam. 9h-13h.* Dans la ferme de Paul-Josef Löffler, vente et dégustation de ses savoureux fromages affinés au poivre, cumin, ail des ours...

Hébergement

Budget moyen

À Möhnesee-Körbecke

Haus Griese – *Seestr. 5 - 59519 Möhnesee - ✆ 02924 9820 - www.hotel-haus-griese.de - P 15 €/j. - 36 ch. 120 € - plat 13/33 €, menu 33 €.* C'est non loin du lac de Möhne que s'élève cette maison parfaitement tenue, qui propose des chambres meublées avec soin, particulièrement agréables dans la partie récente. Restaurant clair, aménagé de façon contemporaine.

À Arnsberg

Menge – *Ruhrstr. 60 - ✆ 02931 52520 - hotel-menge.de - P - 18 ch. 89/119 €* . La famille Menge dirige l'établissement depuis sept générations. Accueil cordial, chambres bien équipées, sans oublier le délicieux petit déjeuner et ses confitures maison. Si vous aimez faire du vélo, l'hôtel se trouve sur la piste cyclable de la vallée de la Ruhr.

À Schmallenberg

Schäferhof – *Jagdhaus 21 - ✆ 02972 9639830 - www.schaeferhof.com - P - 11 ch. 104/114 €* . Le magnifique paysage, les jolies chambres confortables (dont deux suites) et l'accueil distinguent cet établissement impeccablement tenu par la famille Grobbel. Atmosphère conviviale au restaurant et charmante terrasse plongeant dans la verdure.

Pour se faire plaisir

À Attendorn

Burg Schnellenberg – *Schnellenberg 1 - ✆ 02722 6940 - burg-schnellenberg.de - 42 ch. 95/140 €* . L'imposant château dominant la ville a été transformé en hôtel-restaurant confortable. Les chambres sont variées, plus spacieuses dans la tour. Espace sauna, salle d'armes transformée en restaurant et ravissante terrasse.

Münster ★★

Capitale historique de la Westphalie, Münster est l'un des centres universitaires les plus importants d'Allemagne. Une restauration active après 1945 lui a rendu aujourd'hui l'attrait de ses nombreuses façades gothiques, baroques et Renaissance. Les amateurs de vélo apprécieront particulièrement cette ville : ses rues et les centaines de kilomètres de pistes cyclables aux alentours fourmillent de bicyclettes, appelées « Leeze » dans le dialecte local.

Se repérer

314 300 habitants – Rhénanie du Nord-Westphalie

CARTE DE RÉGION B1 (P. 244-245)

Accessible par l'autoroute A 1 (Dortmund-Brême), Münster est à 1h de voiture environ des grandes villes de la Ruhr, à 152 km de Cologne et à 171 km de Brême

Carnet pratique p. 320

Nos adresses p. 320

Se promener

★★ Cathédrale St-Paul (DOM)

Cette cathédrale trapue à deux tours, deux chœurs et deux transepts, appartient au style westphalien de transition du 13e s.

Entrer par le porche sud (16e s.). Le portail intérieur est entouré de statues (13e s.) et dominé par le Christ du Jugement ; au trumeau, saint Paul (16e s.), patron de l'église.

Faire le tour intérieur dans le sens contraire des aiguilles d'une montre.

La nef principale, très ample, aux larges travées, est couverte de voûtes bombées rappelant les voûtes angevines. Les nefs latérales sont très basses. Le déambulatoire possède une **horloge astronomique**★ de 1540, animée par des jaquemarts. Tom Ring l'Ancien a peint, au sommet, une galerie occupée par des spectateurs. La chapelle du Saint-Sacrement, à gauche de l'entrée du cloître, possède un **tabernacle**★ en argent du 18e s., provenant d'un atelier d'Augsbourg. Du croisillon gauche du transept, on accède au sobre cloître (14e s.).

★★ Le trésor de la cathédrale (Domkammer) – *Accès par l'aile Nord du cloître (Horsteberg 7-9). ☏ 0251 495 288 - www.paulusdom.de - fermé pour rénovation.*

Le bâtiment moderne où est exposé le trésor s'intègre de façon harmonieuse à la cathédrale, à laquelle il est indirectement accolé par le cloître.

Au rez-de-chaussée, les 14 bustes-reliquaires des prophètes (15e s.) en cuivre et en argent repoussé, le chef-reliquaire de saint Paul du 11e s. et une madone du 13e s., tous deux en or repoussé, entourent la **croix processionnelle** du chapitre, point de mire du trésor. Au sous-sol, collection de vêtements liturgiques, surtout des 17e et 18e s., et d'objets rituels ; au centre, un autel portatif du 12e s., orné de broderies de perles. Au 1er étage, parmi la statuaire gothique et baroque, **retable de saint Jean** (1520).

★ Musée d'art et de culture de Westphalie

(LWL MUSEUM FÜR KUNST UND KULTUR)

Domplatz 10 - ☏ 0251 59 07 01 - www.lwl.org - mar.-jeu. 9h-18h, vend.-dim. 10h-20h (2e vend. du mois minuit) - fermé 31 déc. - 9 € (13 € avec l'expo temporaire ; gratuit 2e vend. du mois, de 18h à minuit).

4

L'art médiéval westphalien revit au 1er étage de ce musée régional à travers la présentation, très soignée, de nombreux retables, vitraux et statues provenant de la cathédrale et des églises de Münster. Remarquez en particulier dans les salles 1.05, 1.08 et 1.10, les **retables★★**, dus à Conrad von Soest, Koerbecke et aux maîtres de Liesborn et de Schöppingen. L'influence flamande est sensible dans les œuvres de la famille Tom Ring (salle 1.15) : Ludger Tom Ring fut un précurseur de la nature morte à l'époque où l'iconoclasme protestant interdisait de peindre toute scène religieuse. Son *Trois paons* (1566) compte parmi les trésors du musée. Le 2e étage regroupe les œuvres du 20e s. (avec August Macke, Ernst Ludwig Kirchner, Kandinsky et Emil Nolde mais aussi Yves Klein, Lucio Fontana et Daniel Spoerri).

★ Prinzipalmarkt

Ce lieu chargé d'histoire est le centre de l'activité commerciale. Les maisons à pignons de style gothique tardif ou Renaissance appartenaient à la riche bourgeoisie. Sous les arcades, propices à la flânerie, de beaux étalages côtoient boutiques et cafés. Au nord, le Prinzipalmarkt se poursuit par la Bogenstraße (à mi-hauteur, sur une placette, populaire statue d'un colporteur avec sa hotte, le *Kiepenkerl*).

Hôtel de ville (RATHAUS)

La façade à pignons de l'hôtel de ville (fin du 14e s.) est un remarquable exemple de l'architecture civile gothique. Elle est ornée de fins remplages et de pinacles.

★ **La salle de la Paix** (Friedenssaal) – *✆ 0251 492 27 24 - ♿ - mar.-vend. 10h-17h, w.-end 10h-16h - 2 €.* La salle de la Paix, avec ses belles boiseries, date de la seconde moitié du 12e s. Elle fut le théâtre, en 1648, de la proclamation de la paix entre l'Espagne et les Pays-Bas, qui déboucha sur les traités de Westphalie. Transféré en d'autres lieux pendant la dernière guerre, l'ancien mobilier est conservé tel que Gérard Terborch l'avait représenté sur son tableau figurant la conclusion de la paix. Le mur nord est occupé par une armoire à casiers dont les 22 portes en bois ont été finement ciselées (1536) de motifs très variés : scènes bibliques, figures de saint, écus armoriés et… vices humains.

★ Musée Pablo-Picasso (KUNSTMUSEUM PABLO PICASSO MÜNSTER)

Picassoplatz 1 - ✆ 0251 414 47 10 - www.kunstmuseum-picasso-muenster.de - ♿ - tlj 10h-18h (vend. jusqu'à 20h) - 10 €. Près de 800 lithographies constituent le fonds permanent de ce musée, où sont régulièrement proposées des expositions temporaires avec d'autres œuvres de l'artiste.

La paix de Westphalie

Proclamée le 24 octobre 1648 à Münster, elle mit fin à la guerre de Trente Ans. Elle fut le résultat de cinq années de négociations, menées dans la ville, entre l'empereur et les plénipotentiaires des États catholiques (France et Espagne). Les discussions entre l'empereur et les États protestants eurent lieu à Osnabrück. La conséquence du traité fut un émiettement accru de l'Allemagne, au détriment du prestige impérial. La paix reconnut ou confirma la cession à la France de l'Alsace et des trois évêchés (Metz, Toul et Verdun), ainsi que l'indépendance des Pays-Bas et de la Suisse. Elle favorisa par là-même l'ascension de la Prusse. Sur le plan religieux, la paix de Westphalie reconnut les trois confessions, les calvinistes recevant les mêmes droits que les luthériens.

La vieille ville de Münster.
R. Harding/hemis.fr

Église St-Lambert (LAMBERTIKIRCHE)

Sous son élégante **flèche★** ajourée de 99 mètres, la tour renferme les trois cages de fer dans lesquelles furent exposés les cadavres des chefs anabaptistes après la répression du mouvement en 1536 (répliques visibles au Stadtmuseum). L'intérieur présente une voûte en réseau dans la nef principale et des voûtes en étoile dans les nefs latérales. Au chevet de l'église, la maison de la guilde des merciers offre un beau pignon de 1588.

Musée de la Ville (STADTMUSEUM)

Salzstraße 28 - ✆ 0251 492 4503 - www.stadt-muenster.de - tlj sf lun. 10h-18h, w.-end 11h-18h - gratuit.

Cette exposition très intéressante retrace l'histoire de la ville et permet de mieux comprendre sa prise de contrôle (1534) par les anabaptistes qui y légalisèrent la polygamie et la répression qui s'ensuivit. Notez, au 1er étage, les photos du décor du château des Princes-Évêques et, au 2e, le théâtre de marionnettes, le stand de tir de la foire et la reconstitution d'un café de la Marienplatz (1954).

4

Erbdrostenhof

Palais de 1757 à la majestueuse façade concave, avec une avant-cour triangulaire, est l'œuvre du plus grand architecte baroque de Westphalie, Johann Conrad Schlaun.

★ Château des Princes-Évêques (RESIDENZSCHLOSS)

Ancien château baroque des princes-évêques, la Résidence, bâtie dans un écrin de verdure, appartient actuellement à l'université. La façade à trois corps, conçue par Johann Conrad Schlaun, est élégante. Les placages de grès sur la brique rouge en rompent la monotonie. Derrière s'étend un parc *(Schlossgarten)* entouré d'eau, près du jardin botanique. Au sud du château, les espaces verts se poursuivent par la promenade des Bastions *(Wallpromenade)*.

À proximité

CARTE DE RÉGION P. 244-245

★ Osnabrück C1

À 57 km de Münster par l'A1.

Bierstraße 22-23 - ✆ 0541 323 2202 - tlj sf dim. 9h30-18h, sam. 10h-16h.

Fondée en l'an 780 par Charlemagne, cette ville est aujourd'hui la quatrième de Basse-Saxe (164 800 hab.) et mérite un petit détour : son centre historique, en partie piétonnier, conserve en effet plusieurs façades rococo et quelques charmantes maisons à pans-de-bois comme la Haus Willmann au nº 7 de la Krahnstraße et le romantique hôtel-restaurant Walhalla au nº 24 de la Bierstraße. Jetez un œil sur la **mairie** *(Rathaus)*, édifiée en 1512 dans le style du gothique tardif, et sur l'**église Ste-Marie** *(Marienkirche)*, autre témoignage de la prospérité d'Osnabrück qui faisait encore partie au 17e s. de la Ligue hanséatique et commerçait avec Brême et la Frise. À visiter : la maison natale du peintre **Felix Nussbaum** *(Felix-Nussbaum-Haus, Lotter Straße 2 - ✆ 0541 323 2207 - www.osnabrueck.de/fnh - w.-end 10h-18h ; 1er jeu. du mois 11h-20h - 5 €)*. Daniel Libeskind, l'architecte du Musée Juif de Berlin et du Ground Zero de New York, y a conçu un corridor nu et froid pour symboliser les œuvres que cet artiste aurait pu peindre s'il n'avait pas été assassiné à Auschwitz à l'âge de 39 ans. Juste à côté, la **villa Schlikker**, convertie en musée d'histoire culturelle (*mêmes horaires que la maison de Felix Nussbaum*), expose des œuvres du Néerlandais Anton Mauve et du Danois Michael Ancher ainsi qu'une reconstitution d'une vieille épicerie de quartier (« Tante-Emma-Laden »).

★ Les châteaux du pays de Münster

Dans la région, au relief peu accentué, qui s'étend autour de Münster, s'égrènent une centaine de châteaux entourés de douves ou d'étangs. Si la plupart appartiennent à des particuliers et ne peuvent être vus que de l'extérieur, certains accueillent les visiteurs. Leur bon état de conservation et leur architecture originale font de la visite un moment fort de la découverte de la Westphalie.

★ Vornholz C1

À Ostenfelde, le gracieux château de Vornholz, avec son corps principal (1666) flanqué de deux ailes, est un exemple typique de *Wasserburg*, aménagé sur deux îles de la région de Münster.

★ Burg Hülshoff B1

Havixbeck - www.burg-huelshoff.de - avr.-sept. : 11h-18h30 - 5 €.

Les grosses tours carrées des dépendances (première île) du **château** accompagnent un corps central de gentilhommière (seconde île) élevé en 1545, en brique et en pierre, présentant des pignons à décrochement et un lanternon. La chapelle néogothique a été ajoutée en 1870.

★ Burg Vischering B1

Lüdinghausen - ✆ 02 591 799 00 - www.burg-vischering.de - avr.-oct. : tlj sf lun. 10h-18h30 ; nov.-mars : 10h-16h30 - fermé 24-26 et 31 déc. - 3,50 € (enf. 1,50 €).

Les deux parties du **château** se dressent sur des îles protégées par une double ceinture de murailles. En 1271, l'évêque de Münster fit bâtir le *Hauptburg* sur sur des pilotis de chêne et de frêne. Les remaniements ultérieurs (adjonction d'une tour au centre en 1550 et d'une avancée côté sud vers 1620) n'ont pas sensiblement modifié sa silhouette trapue. À l'intérieur, meubles de différentes époques, dont un lit d'apparat du 16e s. à panneaux sculptés, peintures murales et fresques ornant les plafonds et cheminées de grès.

Le château de Anholt.
S. Ziese/Blickwinkel/age fotostock

Les dépendances *(Vorburg)*, érigées sur la première île, servaient autrefois de communs. Aujourd'hui, elles accueillent des expositions temporaires.

★ Schloss Lembeck B1

☏ 02369 7167 - www.schlosslembeck.de - musée : visite guidée (45mn) w.-end et j. fériés 11h-16h ; jardin : 11h-17h - fermé nov.-fév. - 6 € (musée et jardin).

L'effet de perspective de la longue allée d'accès au château, accusé par la succession de portails baroques et de voûtes ménagés dans les différents corps de bâtiment, est saisissant. À l'emplacement de la forteresse du 14e s. fut édifiée, à la fin du 17e s., la bâtisse monumentale qui se répartit sur deux îles. Tous les angles sont occupés par des tours massives à couronnement baroque. À l'intérieur, visite de quelques salons, dont la grande salle décorée de lambris et de stucs, aux meubles précieux, tapisseries, porcelaines et tableaux du 17e au 19e s.

4

Raesfeld B1

www.gemeinde-raesfeld.de - visite extérieure seulement.

Le château, construit entre 1643 et 1658 par Alexander von Velen, se compose aujourd'hui d'un ouvrage principal à deux ailes, d'un bâtiment abritant les dépendances et d'une chapelle. Haute de près de 50 m, la tour, dont la flèche est couronnée d'un bulbe, est visible à la ronde.

★ Wasserburg Anholt A1

☏ 02 874 900 890 - www.wasserburg-anholt.de - visite guidée (1h) mai-sept. : tlj sf lun. 11h-17h ; fermé d'oct. à avr. - 12 €.

Entouré d'un parc paysager de 34 ha et de jardins baroques reconstitués, ce château ceint de douves est constitué d'un ouvrage principal et d'un pavillon d'entrée (12e au 17e s.), remanié vers 1700 en une résidence baroque disposée autour d'une cour carrée. Le musée donne une bonne impression de trois siècles d'habitat princier : collection de tableaux (Rembrandt, Bruegel, Murillo), tapisseries, meubles, porcelaines, armes.

À l'intérieur, voyez le grand escalier en chêne, la salle des chevaliers avec sa galerie d'ancêtres, la salle de réception décorée de tapisseries flamandes, les collections de porcelaine et la galerie de peinture rassemblant des œuvres de maîtres néerlandais.

Carnet pratique

S'informer

Office de tourisme – *Syndikatplatz 3 - ✆ 02 514 92 27 10 - www.stadt-muenster.de.* Autre antenne dans le hall de l'hôtel de ville - *Prinzipalmarkt 10 - ✆ 02 514 92 27 24.* Vous y trouverez des informations sur la région avec des cartes détaillées pour la découvrir à vélo.

Nos adresses

Restauration

Budget moyen

Altes Gasthaus Leve – *Alter Steinweg 37 - ✆ 0251 45595 - www.gasthaus-leve.de - fermé dim. - plat 11/25 €, plat du jour à midi 8/16 €.* Établissement fondé en 1607 aux salles richement décorées de bois et de superbes faïences anciennes.

Pinkus Müller – *Kreuzstr. 4-10 - ✆ 0251 45151 - www.pinkus.de - fermé dim. - 18/35 €.* Une brasserie riche de traditions, fréquentée par des étudiants. Cuisine régionale servie sur de longues tables en bois.

Wielers-Kleiner Kiepenkerl – *Spiekerhof 47 - ✆ 0251 43416 - kleiner-kiepenkerl.de - fermé lun. en hiver - plats 13/34 €.* Établissement de la vieille ville à l'ambiance conviviale (les nombreux habitués en témoignent). Attrayante terrasse.

Pour se faire plaisir

Gabriel's – *Hotel Kaiserhof - Bahnhofstr. 14 - ✆ 0251 4178600 - www.kaiserhof-muenster.de - menu 3 plats 42 €, plat 26/34 €.* Le décor affiche un style citadin très actuel. Épuré et pourtant luxueux, le restaurant porte la signature du maître de maison. Cuisine internationale.

À Osnabrück

Walhalla – *Bierstr. 24 - 49074 Osnabrück - ✆ 0541 34910 - www.hotel-walhalla.de - menu 52,50 €, plat 19/36 € - 69 ch. 109/144 €* ☕. Cette maison traditionnelle a été agréablement modernisée. À l'image de sa cuisine, à la fois classique et internationale.

En soirée

Les deux pôles de la vie nocturne sont le **Kuhviertel** et le **Stadthafen**. Le premier est un tout petit quartier de la vieille ville qui aligne ses bars autour de la Rosenplatz et de la Kreuzstraße (Pinkus Müller, Himmel Hölle, etc.). Le second, situé au sud-est de la gare, autour de Hafenweg et Kreativkai, concentre les clubs préférés des Münsteraner (Coconut Beach, Hot Jazz Club...).

Activités

🚲 Le vélo est le meilleur moyen pour sillonner le verdoyant pays de Münster, qui compte plusieurs centaines de kilomètres de pistes cyclables (la Friedensroute, par exemple, de 170 km entre Münster et Osnabrück). **Location** : **Radstation** – *Berliner Platz 27a - devant la gare (en sous-sol) - ☏ 0251 4840170 - www.radstation.de - 5h30-23h, w.-end 7h-23h - 8 €/1 j, 20 €/3 j, 37,50 €/1 sem.* Prévoir son passeport.

Hébergement

Budget moyen

Hotel-Restaurant Hiltruper Hof – *Westfalenstr. 148 - ☏ 02501 27880 - www.hiltruper-hof.de - P - 17 ch. 89 € ☕ - ✕ fermé le midi (sf dim.), lun.-mar. et dim. soir - plat 13/25 €.* Petit hôtel familial depuis 150 ans. Chambres soignées et modernes. À proximité, bons équipements de sports et loisirs. C'est un point de départ idéal pour des promenades à vélo.

Hotel Conti – *Berliner Platz 2 - ☏ 0251 8469280 - hotel-conti-muenster.com - P 12 €/j. - ♿ - 101 ch. 63/109 € - ☕ 12 €.* Près de la gare, une maison de ville de sept étages aux chambres spacieuses et confortablement meublées. Petit bistrot avec terrasse sur la rue.

Central – *Aegidiistr. 1 - ☏ 0251 510150 - www.central-hotel-muenster.de - 25 ch. à partir de 115 € ☕.* Le faible du propriétaire de l'hôtel pour l'art moderne est évident. D'intéressantes œuvres de Beuys, Warhol and Co vous accueillent dans cet hôtel personnalisé.

Lemgo ★

Fondée en 1190 par les comtes de Lippe, Lemgo fut entourée en 1365 de remparts, encore debout de nos jours. Les somptueuses maisons patriciennes du gothique tardif et de la Renaissance, au cœur de la vieille ville, témoignent de la prospérité de cette ancienne cité hanséatique.

4

Se repérer

41100 habitants – Rhénanie du Nord-Westphalie

CARTE DE RÉGION D1 (P. 244-245)

À l'est de la Rhénanie-Westphalie, Lemgo se trouve à quelques kilomètres de l'A 2 qui relie Hanovre (89 km) à Dortmund : à 45mn en train de Bielefeld.

Nos adresses p. 323

★ La ville ancienne

ℹ *Kramerstraße 1 - ☏ 05261 98 870 - www.lemgo-marketing.de.*

Entrez dans la ville par la porte de l'est (Ostertor) d'où part la Mittelstraße, qui constitue l'axe de la ville ancienne. De très belles maisons bourgeoises à colombages bordent la rue. Remarquez sur la façade du n° 17 (1587) les jolies sculptures en bois sur quatre étages et arrêtez-vous un instant devant le n° 27 (à l'angle de la Rosenstraße) et le n° 36, dite maison des Planètes (1585).

La place du marché de Lemgo.
S. Ziese/imageBROKER/age fotostock

★★ Hôtel de ville (RATHAUS)

L'hôtel de ville se compose de plusieurs bâtiments construits à différentes époques, le plus ancien au début du 14e s. Il intègre au coin de la Marktplatz une splendide apothicairerie de style Renaissance avec au premier étage de la façade les portraits sculptés de dix philosophes et médecins célèbres, d'Aristote à Paracelse. Les arcades centrales accueillirent vers 1670 de terribles procès en sorcellerie. *Avancez à gauche dans la Breite Straße.*

Maison du bourgmestre des sorcières (HEXENBÜRGERMEISTERHAUS)

Breite Straße 17-19 - ✆ 05261 213 276 - www.museen-lemgo.de - tlj sf lun. 10h-17h - fermé 1er janv., 24, 25 et 31 déc. - gratuit.

Cette maison (1571) arbore une belle façade patricienne, caractéristique du style Renaissance de la Weser. À l'intérieur, **musée** retraçant l'histoire de la ville et en particulier la chasse aux sorcières qui s'y déroula entre 1583 et 1681 : 254 personnes furent exécutées. Une section présente l'histoire des juifs à Lemgo et une autre la vie du naturaliste et explorateur Engelbert Kämpfer né à Lemgo en 1651, auteur d'un ouvrage très détaillé sur le Japon où il vécut dans les années 1690 (il est l'introducteur de l'acupuncture en Europe).

Église Ste-Marie (MARIENKIRCHE)

Tlj sf lun. 8h-18h (16h en hiver).

Église gothique à trois nefs de la fin du 13e s. et du début du 14e s. Belles orgues Renaissance (1587-1595), parmi les plus anciennes d'Allemagne, boiseries finement sculptées, fonts baptismaux (1592), chaire (1644) et croix triomphale (vers 1500). *Revenez à la Papenstraße que vous suivez à droite.*

Église St-Nicolas (ST. NICOLAIKIRCHE)

Tlj sf lun. 9h-18h. Dédiée au patron des marchands, l'église St-Nicolas (13e s.) mêle les éléments romans (ancien tympan à trois personnages, dans le bas-côté droit ; triptyque de pierre dans le bas-côté gauche) et gothiques (fresques et clefs de voûte). La chaire et les jolis **fonts baptismaux** sont de la fin de la Renaissance.

La Papenstraße ramène au point de départ.

À voir aussi

★ Maison de Junker (JUNKERHAUS)

Hamelner Str. 36 - ✆ 05261 667 695 - www.museen-lemgo.de - avr.-oct. : tlj sf lun. 10h-17h ; nov.-mars : vend.-dim. 11h-15h - 3 €.

Karl Junker (1850-1912), architecte, peintre et sculpteur, contemporain de l'essor de l'Art nouveau, a laissé dans sa maison à la belle façade le témoignage d'un style surprenant. Il a organisé son plan comme une spirale suivant un jeu savant de correspondances et de mouvements opposés, provoquant divers effets de surprise.

Château de Brake (SCHLOSS BRAKE)

Schlossstrasse 18. ✆ 052 61 9 45 00 - www.museum-schloss-brake.de - ♿ - tlj sf lun. (sf j. fériés) 10h-18h - fermé 1er janv., 24, 25 et 31 déc. - 3 €.

Une partie de ce château,du 16e s., qui fut longtemps la résidence des comtes de Lippe, abrite un **musée de la Renaissance** *(Weserrenaissance-Museum)*. Il réunit des œuvres (meubles, céramiques, peintures, sculptures...) datant de la Réforme jusqu'à la guerre de Trente Ans.

Nos adresses

Restauration

Pour se faire plaisir

À Herford

Am Osterfeuer – *Hellerweg 35 - ✆ 05221 70210 - am-osterfeuer.de - fermé le midi sf dim. et lun.-mar. - plat 14/27 €, menu 3 plats 39,90 €.* Hans-Jörg Dunker cuisine avec un goût révélant son penchant pour la cuisine méditerranéenne (selle de porc ibérique grillée), sans toutefois rien perdre de ses attaches régionales.

À Detmold

Detmolder Hof – *Lange Str. 19 - ✆ 05231 980990 - www.hotel-detmolderhof.de - fermé dim.-lun., merc. midi et vend. midi - plat 24/28 €, formule déj. 19 € - 13 ch. 159/199 € ☕.* Dans une maison historique située en plein cœur de la ville, le restaurant Jan propose une carte faisant honneur aux spécialités de Westphalie.

Hébergement

Budget moyen

À Lage - Stapelage

Haus Berkenkamp – *Im Heßkamp 50 - 32791 Lage - ✆ 05232 96100 - www.haus-berkenkamp.de - P - 21 ch. 82 € - ☕ 8 € - ✕ menu 33/43,50 €.* Ici, on est séduit par l'accueil chaleureux et la tranquillité d'un lieu entouré de verdure. L'ancienne auberge, construite en 1849, est dirigée par la famille Berkenkamp.

À Herford

Zur Fürstabtei – *Elisabethstr. 9 - ✆ 05221 27550 - www.fuerstabtei.de - P - 20 ch. 125 € ☕.* Dans le centre historique, une maison à colombages du 17e s. abrite aujourd'hui un hôtel charmant qui propose des chambres à l'élégant mobilier en pin ou en merisier.

La ville de Hameln.
westend 61/hemis.fr

5

Brême et la Basse-Saxe

CARTES MICHELIN RÉGIONAL 541 ET 543 – BASSE-SAXE, BRÊME

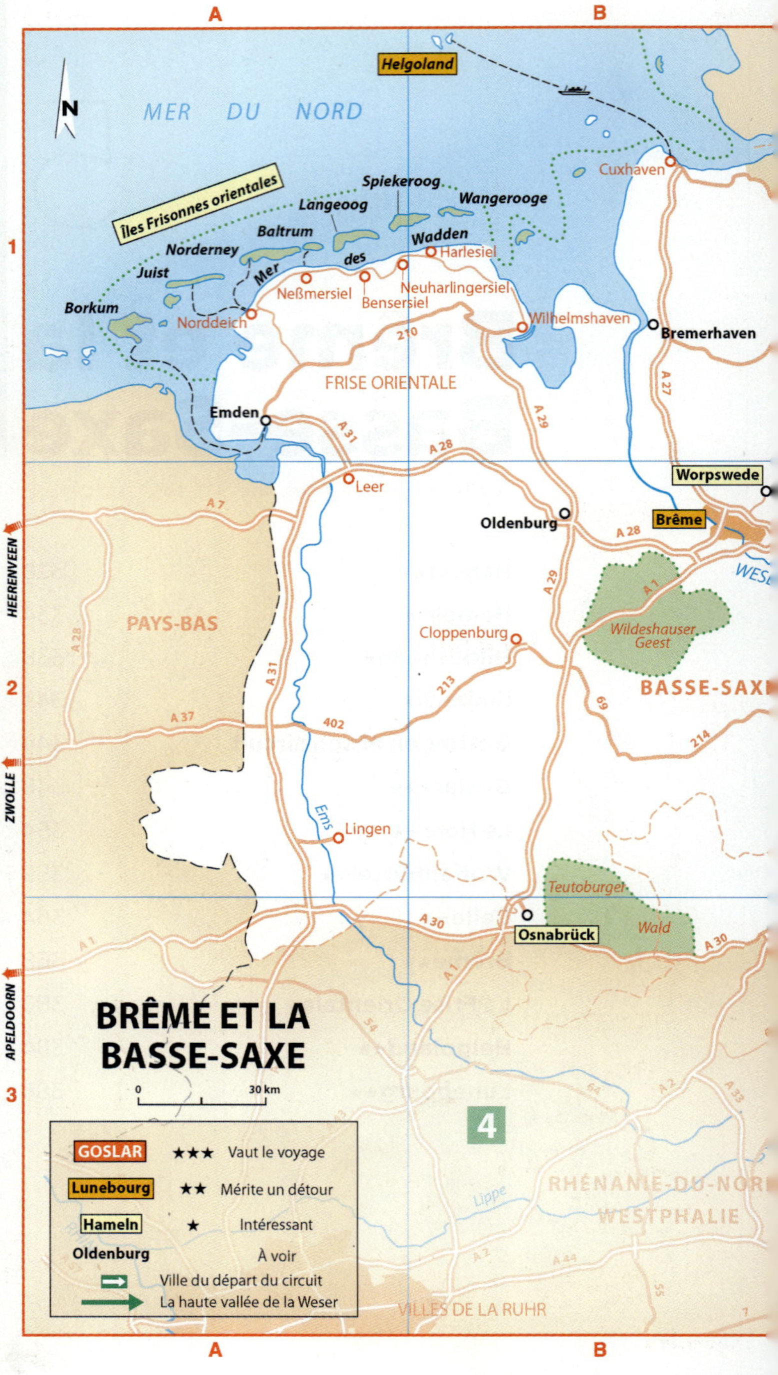

A
B
1
2
3
MER DU NORD
N
Helgoland
Îles Frisonnes orientales
Spiekeroog
Wangerooge
Langeoog
Baltrum
Norderney
Juist
Borkum
Mer des Wadden
Harlesiel
Neßmersiel
Bensersiel
Neuharlingersiel
Norddeich
Cuxhaven
Wilhelmshaven
Bremerhaven
FRISE ORIENTALE
Emden
Leer
Oldenburg
Worpswede
Brême
Weser
Wildeshauser Geest
Cloppenburg
BASSE-SAXE
PAYS-BAS
HEERENVEEN
ZWOLLE
APELDOORN
Ems
Lingen
Teutoburger Wald
Osnabrück
Lippe
RHÉNANIE-DU-NORD WESTPHALIE
VILLES DE LA RUHR
4
BRÊME ET LA BASSE-SAXE
0 30 km
GOSLAR ★★★ Vaut le voyage
Lunebourg ★★ Mérite un détour
Hameln ★ Intéressant
Oldenburg À voir
Ville du départ du circuit
La haute vallée de la Weser

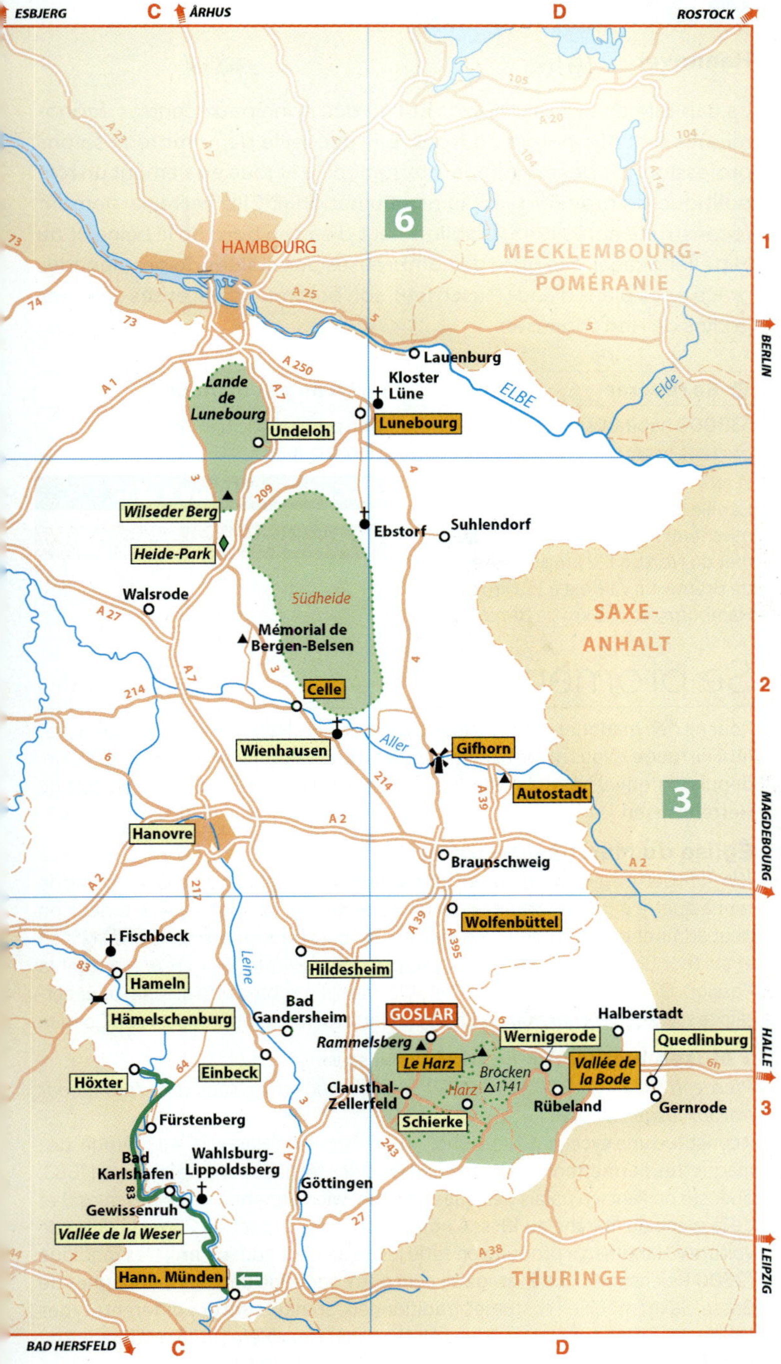
ESBJERG
C
ÅRHUS
D
ROSTOCK
6
HAMBOURG
MECKLEMBOURG-
POMÉRANIE
1
BERLIN
Lauenburg
Kloster
Lüne
ELBE
Elde
Lande
de
Lunebourg
Undeloh
Lunebourg
Wilseder Berg
Heide-Park
Ebstorf
Suhlendorf
Walsrode
Südheide
SAXE-
ANHALT
Mémorial de
Bergen-Belsen
2
Celle
Wienhausen
Aller
Gifhorn
Autostadt
3
MAGDEBOURG
Hanovre
Braunschweig
Wolfenbüttel
Fischbeck
Hameln
Hildesheim
Leine
Hämelschenburg
Bad
Gandersheim
GOSLAR
Halberstadt
Rammelsberg
Wernigerode
Quedlinburg
HALLE
Le Harz
Brocken
1141
Vallée de
la Bode
Höxter
Einbeck
Clausthal-
Zellerfeld
Harz
Rübeland
Gernrode
Schierke
Fürstenberg
Bad
Karlshafen
Wahlsburg-
Lippoldsberg
Göttingen
Gewissenruh
Vallée de la Weser
Hann. Münden
THURINGE
LEIPZIG
BAD HERSFELD
A 1
A 7
A 2
A 250
A 25
A 27
A 39
A 395
A 38
A 20

Hanovre ★

Hannover

La capitale de la Basse-Saxe est l'un des principaux centres économiques de l'Allemagne du Nord. Elle accueille de nombreux salons professionnels de renommée internationale et joue également un rôle politique de premier plan au niveau national. Cité verte, largement reconstruite après 1945, établie à fleur d'eau au bord de la Leine et du Mittellandkanal, elle offre de nombreuses possibilités de promenades grâce à ses plans d'eau (Maschsee), son bois municipal et ses célèbres jardins de Herrenhausen.

Se repérer

538 000 habitants – Basse-Saxe

CARTE DE RÉGION C2 (P. 326-327)

PLAN DE VILLE P. 330

La ville de Hanovre se situe à mi-chemin entre la Baltique et la mer du Nord, à 129 km au sud-est de Brême. La ville est à 159 km de Hambourg et 292 km de Berlin.

À ne pas manquer

Une promenade dans les jardins de Herrenhausen.

Carnet pratique p. 332

Nos adresses p. 333

Se promener

PLAN DE VILLE P. 330

Pour ne rien manquer des principales curiosités de Hanovre, rien de plus facile : un « Fil rouge » vous mène à travers la ville, sur une longueur d'environ 4 200 m, depuis le nouvel hôtel de ville (belle vue de la coupole) jusqu'aux jardins de Herrenhausen.

Église du Marché (MARKTKIRCHE) A1

10h-18h. Cette église gothique en brique se distingue par un clocher en forme de tour à quatre pignons terminée par un clocheton pointu (14e s.). À l'intérieur, on peut admirer de beaux vitraux du 14e s., des fonts baptismaux de bronze (15e s.) et surtout un superbe **retable★★** sculpté polychrome (15e s.) représentant la Passion. On ignore l'auteur de ce retable, mais il semble s'être inspiré, pour certaines scènes, de la *Passion du Christ* de Martin Schongauer conservée à Colmar.

★ Musée historique (HISTORISCHES MUSEUM) A1

Pferdestraße 6 - ✆ 0511 1684 3052 - www.hannover-museum.de - fermé pour travaux jusqu'en 2023.

Il constitue une excellente introduction à l'histoire de Hanovre. Au 1er étage, des maquettes permettent de se faire une idée des fortifications de la ville en 1683, du faste de l'ancien palais des ducs de Brunswick-Lunebourg *(Leineschloss)* et de la place du Marché au 18e s. À noter aussi, dans la section 20e s., la drôle de voiture « Hanomag » produite en série jusqu'en 1928 pour un prix très modique (2 300 Reichsmark). Le 2e étage se concentre sur la vie dans les campagnes de Basse-Saxe : mobilier, costumes traditionnels, architecture des différents types de fermes. Le monumental tableau *Messe dans la tourbière* (1895) est l'œuvre de **Fritz Mackensen**, cofondateur de la colonie de Worpswede *(voir p. 374)*.

Vue sur la ville de Hanovre.
K. Johaentges/Look/Photononstop

Musée August-Kestner (MUSEUM AUGUST KESTNER) A2
Trammplatz 3 - ✆ 0511 1684 2730 - www.museum-august-kestner.de - tlj sf lun. 11h-18h (merc. 20h) - 5 € (gratuit vend.).
La modeste collection d'antiquités romaines, momies égyptiennes et urnes étrusques vous laissera sans doute sur votre faim. En revanche, la section dédiée aux arts décoratifs réunit de belles pièces, certaines très connues comme la chaise Landi de Hans Coray (1938) ou la chaise-fourmi d'Arne Jacobsen (1951) – deux classiques du design – et d'autres plus rares, comme le secrétaire postmoderne dit **Frankfurter Schrank** conçu par Norbert Berghof en 1985.

★ **Nouvel hôtel de ville** (NEUES RATHAUS) AB2
Le nouvel hôtel de ville, construit entre 1901 et 1913 sur 6 000 pilotis en hêtre, est en partie ouvert au public. Le rez-de-chaussée accueille plusieurs maquettes géantes de la ville du 16e s. à nos jours. Celle de Hanovre après les bombardements de la Seconde Guerre mondiale qui l'ont détruite à 70 % (260 000 bombes dans la seule nuit du 9 octobre 1943) est particulièrement saisissante. Il est par ailleurs possible de monter au sommet du bâtiment en utilisant un ascenseur unique en son genre, avec des rails qui suivent la courbe du dôme. *✆ 0511 168 45 333 - ♿ - de mi-mars à mi-nov. : 9h30-18h30, w.-end et j. fériés 10h-18h ; de mi-nov. à fin déc. : 11h-16h30 - fermé 1er janv., 24-26 et 31 déc. - 3,50 € pour l'ascenseur (« Kuppelauffahrt »).*

5

★ **Musée de Basse-Saxe** (LANDESMUSEUM HANNOVER) B2
Willy-Brandt-Allee 5 - ✆ 0511 9807 686 - www.nlmh.de - ♿ - tlj sf lun. 10h-18h - fermé 1er janv., Vend. saint, 1er Mai, 24-25 et 31 déc. - 4 € (gratuit vend. 14h-18h ; 10 € avec expo. temporaire.
La **section d'histoire naturelle** *(Naturwelten)*, dotée d'un aquarium, se veut très « généraliste » – formation des continents et des océans, faune marine des Canaries aux Caraïbes, etc. – mais donne tout de même un petit aperçu des particularités géologiques de la Basse-Saxe.

La **section anthropologique** *(Menschenwelten)* entend retracer l'histoire de l'humanité de Neandertal à nos jours, à travers de nombreux objets provenant de fouilles en Basse-Saxe ou rapportés des cinq continents (Nouvelle-Guinée, Mexique, Cameroun et Indonésie principalement).

La **section Beaux-Arts★** *(Kunstwelten)*, plus cohérente, passe en revue de manière chronologique neuf siècles de peinture et de sculpture avec un accent sur l'art allemand du Moyen Âge à la Renaissance et durant les 19e et 20e s. : Holbein, Cranach, Riemenschneider, Liebermann, Slevogt, artistes de la colonie de Worpswede. À voir en particulier : le retable de la *Crucifixion de Göttingen* par Hans Raphon, un maître de l'époque de Dürer, et la série de quatre tableautins de **Caspar David Friedrich**, peints dans le Harz à différents moments de la journée. Les écoles italienne du 14e au 18e s., flamande et hollandaise du 17e s. sont représentées d'une part par Botticelli, Tiepolo et Panini *(La Piazza Navona en 1756)*, d'autre part par Rubens, Ruysdael et Rembrandt (*Le Baptême de l'Eunuque*, 1640).

SE RESTAURER
Broyhan-Haus 1
Der Gartensaal 4
Röhrbein 17

SE LOGER
CVJM City Hotel 1
Grand Hotel Mussmann 5
Kastens Hotel Luisenhof 4

Musée Sprengel (SPRENGEL-MUSEUM HANNOVER) B2

Kurt-Schwitters-Platz - ✆ 0511 16 84 38 75 - www.sprengel-museum.de - mar.-jeu. et sam. 13h-18h, vend. et dim. 10h-18h - 7 € (gratuit vend.).

Un stabile de Calder, *Le Hallebardier*, aux abords du Maschsee, signale ce musée consacré à l'art du 20e s. Parmi les cubistes, remarquez *Les Trois Femmes* (1908) de Picasso. Les peintres du Brücke (Karl Schmidt-Rottluff : *Quatre baigneuses sur la plage*) et ceux du Cavalier bleu (Kandinsky, Jawlensky, Macke : *Nu au collier de corail*, Marc : *Chevaux et Aigle*) sont représentés par des œuvres maîtresses. Admirez plusieurs portraits de Max Beckmann *(Femme au bouquet d'œillets)*.

En sortant du musée, promenez-vous sur les berges du **Maschsee** (AB2). C'est un lac totalement artificiel, créé dans les années 1930 à l'instigation du parti nazi qui voyait là l'occasion de réduire le nombre de chômeurs hanovrais. 1650 ouvriers ont déblayé à la main 780 000 m³ de terre pour creuser ce bassin de 2,5 km de long. Sur le pourtour, le parti a fait installer en 1936 six sculptures dont le **Porteur de torche** *(Fackelträger)*, qui se dresse en face du musée Sprengel, au sommet d'un haut pilier, rare témoin de la propagande du IIIe Reich. On a tout de même enlevé la croix gammée.

★★ **Jardins de Herrenhausen** (HERRENHÄUSER GÄRTEN) HORS PLAN A1

Comptez 1h30. Sortir par Leibnizufer - Herrenhäuser Straße 4 - U 4 ou 5 arrêt Herrenhäuser Gärten - ✆ 0511 168 340 00 - www.hannover.de/Herrenhausen - ♿ - mai-août : 9h-20h, le reste de l'année : fermeture à la tombée du jour - billet combiné Großergarten/Berggarten/musée du Château 8 € (6 € en hiver).

Situés au nord-ouest de la ville, ils comprennent quatre parcs différents réunis par une allée de tilleuls : la Herrenhäuser Allee, tracée en 1726 *(les automobilistes doivent emprunter la Nienburger Straße)*.

★★ **Großer Garten** – Commencé en 1666, il fut façonné et agrandi par la princesse Sophie entre 1680 et 1710 ; « ce jardin qui est ma vie... », écrivait-elle souvent. La partie la plus ancienne est un parc à la française peuplé de statues allégoriques et de dieux romains. Sur le côté est s'étend le théâtre de verdure, tandis qu'à l'opposé on trouve un labyrinthe. Dans la partie sud, les allées rayonnent autour de petites pièces d'eau.

Georgengarten – *✆ 0511 168 340 00 - ♿ - 9h-18h - gratuit.* Il fut réalisé dans le goût des jardins romantiques à l'anglaise, de 1835 à 1841, avec de grandes étendues de pelouse. Au centre s'élèvent un temple dédié à Leibniz et le pavillon Wallmoden,

La maison de Hanovre

Quand la principauté de Hanovre échoit au 17e s. à une branche de la maison de Brunswick et Lunebourg, la cour élit domicile à Hanovre et Herrenhausen s'anime. La princesse palatine Sophie, amie des arts et des lettres, fait venir le compositeur Haendel et le philosophe Leibniz comme bibliothécaire de la cour. En 1692, la principauté est élevée au rang d'électorat de Brunswick et de Lunebourg.

Le mariage, en 1658, du duc Ernest-Auguste avec cette même princesse Sophie, petite-fille du roi Jacques Ier Stuart, avait donné à la maison de Hanovre des droits sur la couronne d'Angleterre. En 1714, l'électeur George-Louis, fils de la princesse Sophie, devient donc roi d'Angleterre sous le nom de George Ier, tout en conservant son titre d'électeur de Hanovre. En 1814, le congrès de Vienne élève la principauté au rang de royaume. George III, roi d'Angleterre depuis 1760, devient du même coup roi du Hanovre.

qui accueille le petit **musée Wilhelm-Busch** *(Wilhelm-Busch Museum - tlj sf lun. 11h-18h - 6 €)*, consacré au poète, illustrateur et humoriste (1832-1908) qui s'est immortalisé comme le précurseur de la bande dessinée avec *Max und Moritz*.

★ **Berggarten** – Les serres de ce jardin botanique abritent environ 2 500 variétés d'orchidées, des cactus et autres plantes « succulentes », ainsi que la flore des Canaries. Au fond de la perspective principale s'élève le mausolée de la maison royale de Hanovre.

Welfengarten – Dans le parc est édifié le château des Guelfes *(Welfenschloss)*, aujourd'hui occupé par l'université. Devant les bâtiments se dresse le cheval de Saxe *(Sachsenroß)*, emblème du Land de Basse-Saxe réalisé par Friedrich Wolff en 1876.

Museum Schloss Herrenhausen – *Avr.-oct. : 11h-18h ; nov.-mars : tlj sf lun. 10h-16h.* L'ancienne résidence d'été des Guelfes, ravagée pendant la guerre, a été entièrement reconstruite (2013). Une partie est convertie en musée : l'aile est aligne dans la pénombre souvenirs et portraits de personnalités qui ont marqué le royaume de Hanovre ; l'exposition de l'aile ouest, plus intéressante, porte sur l'histoire des jardins baroques de Herrenhausen (plans, maquettes et photographies).

Carnet pratique

S'informer

Office de tourisme – *Ernst-August-Platz 8 (en face de la gare) - ✆ 0511 12345 111 - www.hannover-tourism.de.*

Agenda

Festival du Maschsee (Maschseefest) – *Fin juil.-déb. août - www.hannover.de/maschseefest.* Concerts en plein air, soirées dansantes et cuisines du monde sur les berges du lac : c'est « le » grand festival qui attire chaque année à Hanovre près de deux millions de visiteurs.

Nos adresses

Restauration

Budget moyen

Da Vinci – HORS PLAN - *Hildesheimer Str. 228 - ✆ 0511 8436556 - rist-da-vinci.de - tlj sf dim. - plat 9/24 €.* Du buffet d'entrées typiques aux plats de viande ou de poisson, en passant par les pizzas et les pâtes maison, toute la carte est italienne.

4 **Der Gartensaal** – A2 - *Trammplatz 2 - ✆ 0511 16848888 - www.hannover.de - ♿ - de mi-mai à fin août : 11h-22h ; reste de l'année : 11h-18h - formule déj. 12,50 € - 11/22 €.* Ce restaurant de style bistrot est installé dans un endroit hors du commun : le hall d'entrée sud de l'hôtel de ville. De très hautes fenêtres offrent de superbes vues sur un parc et un étang. L'été, vous pouvez également profiter de la terrasse située devant le restaurant.

1 **Broyhan-Haus** – A1 - *Kramerstr. 24 - ✆ 0511 323919 - www.broyhanhaus.de - à partir de 11h30 - plat 16/2 €, plat du jour à midi 7,50/11,50 €.* Ce bâtiment, parmi les plus anciennes maisons de la ville, fut édifié dans la seconde moitié du 14e s. Il fut acheté en 1537 par

le maître brasseur Cord Broyhan. L'intérieur, aménagé sur 3 étages, s'articule autour de comptoirs et de caves de bière Urbock.

17 **Röhrbein** – B1 - *Joachimstr. 6 - ☎ 0511 51948383 - www.roehrbein-hannover.de - fermé dim. - plat 16/27 €.* Ce restaurant aux allures de bistrot se trouve dans la galerie Luisenpassage. Cuisine régionale savoureuse aux accents bourgeois, service sympathique et décontracté.

Pour se faire plaisir

Basil – HORS PLAN - *Dragonerstr. 30 - ☎ 0511 622636 - www.basil.de - fermé le midi et dim. - plat 15/30 €, menu 38,50/59,50 €.* Dans les anciennes écuries des dragons royaux sont aujourd'hui cuisinés des plats variés dans un décor de colonnes en fonte et de voûte en brique.

Petite pause

Teestübchen – *Ballhofplatz 2 - ☎ 0511 3631682 - teestuebchen-hannover.de - 10h-23h (vend.-sam. 0h).* Derrière la façade de lierre se cache, depuis 1970, le meilleur salon de thé de Hanovre. Un intérieur habilement « nostalgique » où l'on peut aussi siroter un verre de merlot du Trentin ou de pinot gris du Frioul.

Holländische Kakao-Stube – *Ständehausstr. 2-3 - ☎ 0511 304100 - www.hollaendische-kakao-stube.de - 9h-19h30 (sam. 18h30) - fermé dim.* L'ancien comptoir de dégustation que Van Houten avait ouvert à Hanovre en 1895 est une institution. On y vient pour son chocolat chaud et ses pâtisseries. Un brin bruyant aux heures de pointe.

Julian's Bar – *Arthur-Menge-Ufer 3 - ☎ 0511 36600823 - www.julians-restaurant.de - 6h30-1h.* Envie d'un cappuccino, d'un thé « rosée du matin » ou d'un verre de vin face au lac ? Direction : le bar de l'hôtel Marriott, à l'angle du Maschsee ! Il a de grandes baies vitrées et une terrasse avec des fauteuils en osier comme à la plage.

En soirée

Brauhaus Ernst August – *Schmiedestr. 13 - ☎ 0511 365950 - www.brauhaus.net - 8h-3h (vend.-sam. 5h), dim. 9h-3h.* En plein centre-ville, une grosse brasserie à tester surtout le soir pour l'ambiance (musique live 6 j/sem. à partir de 20h ou 21h) et pour leur bière culte, la Lüttje Lage.

heimW – *Theaterstr. 6 - ☎ 0511 2352303 - heim-w.de - 10h-1h, vend.-sam. 10h-2h - fermé dim.* Café-bar, style années 1970, à l'atmosphère décontractée. Même si vous n'avez pas le mal du pays (Heimweh), l'accueil familial et les plats raffinés, cuisinés en fonction des saisons, justifieront votre halte.

Oscar's – *Georgstr. 54 - ☎ 0511 2352434 - www.oscarsbar.de - tlj sf dim. à partir de 16h.* Bar à cocktails traditionnel à l'intérieur décoré de bois sombre. L'été, vous profiterez de la terrasse sur le trottoir pour déguster l'un des 200 whiskys ou autres boissons avec ou sans alcool de la carte. Cadre idéal pour terminer la visite de la ville. Happy hour 16h-20h.

Hébergement

La ville étant régulièrement le siège de foires internationales, il peut s'avérer indispensable de réserver longtemps à l'avance. Par le site de l'OT, on peut réserver tous les hôtels. *☎ 0511 1 234 51 11.*

Budget moyen

1 **CVJM City Hotel** – A1 - *Limburgstr. 3 - ☎ 0511 36070 - www.cityhotelhannover.de - ♿ - 48 ch. 90/95 € ☕.* Agréable hôtel tenu de manière irréprochable dans la zone piétonne de cette

ville de foires. L'aménagement confortable des chambres et de la salle réservée au petit déjeuner donne à l'endroit de faux airs méditerranéens.

Pour se faire plaisir

4 Kastens Hotel Luisenhof – B1 - *Luisenstr. 1-3 - ✆ 0511 30440 - www.kastens-luisenhof.de - P - 149 ch.150 € ☕ - ✕ plat 24/32 €, formule déj. 24 €, menu 59 €.* Le confort est omniprésent dans cet hôtel, le plus ancien de Hanovre (1856). Équipement élégant et personnalisé. De la suite « Tour », superbe vue sur la ville.

5 Grand Hotel Mussmann – B1 - *Ernst-August-Platz 7 - ✆ 0511 36560 - www.grandhotel.de - P 20 €/j. - 104 ch. 129/159 €* ☕. Un hôtel ultra pratique – il est situé juste en face de la gare – doté de chambres parfaitement insonorisées, spacieuses et tout confort (on dort ici sur la Rolls du matelas à ressorts ensachés !). Bon petit déjeuner et sauna ouvert sur demande (10 €).

Hameln ★

Cité privilégiée du folklore allemand, Hameln est surtout connue pour la légende du charmeur de rats, racontée par les frères Grimm au 19e s. Les très belles maisons à colombages continuent à entretenir l'atmosphère de conte de fées à jamais attachée à la ville. Hameln rayonne sur le Weserbergland, un espace de collines et de cours d'eau dont une partie est préservée au sein d'un grand parc naturel.

Se repérer

57 500 habitants – Basse-Saxe

CARTE DE RÉGION C3 (P. 326-327)

Implantée au bord de la Weser, Hameln est à 47 km au sud de Hanovre, 45mn en train : S-Bahn n° 5.

Organiser son temps

Comptez une journée pour Hameln et ses environs.

Nos adresses p. 337

★ Vieille Ville (ALTSTADT)

Deisterallee 1 - ✆ 05151 95 78 23 - www.hameln.de.
Engagez-vous dans l'Osterstraße, l'une des rues les plus connues de Hameln. C'est là que les enfants suivirent le joueur de fifre, un certain 26 juillet 1284... Arrêtez-vous à hauteur de la Kleine Straße pour admirer les splendides maisons Renaissance (Haus Osterstraße 12, Leithaus et Stiftsherrenhaus).

★ Maison du charmeur de rats (RATTENFÄNGERHAUS)

Osterstraße 28. Cette grande maison de 1603 est fascinante : sa façade, tout en pierre avec des bandeaux différemment travaillés, est enrichie de nombreux ornements sculptés (bustes, masques). Son pignon, portant les volutes et pinacles propres au style de la Weser, se dresse haut dans le ciel.

Un joyau de la Renaissance de la Weser

Hameln est dotée de belles maisons anciennes, parfois gâchées, malheureusement, par des enseignes un peu trop clinquantes. Les façades les plus caractéristiques appartiennent à la Renaissance de la Weser (fin 16e s.-début 17e s.). Ce style d'architecture se distingue par les volutes cornues et les aiguilles qui décorent les pignons, les bandeaux de pierre délicatement taillés qui cerclent les bâtiments, les pavillons en avancée traités comme une réduction de la façade principale et les édicules à pignon décoratif faisant saillie, à la base du toit, à la manière de lucarnes.

Maison des Chanoines (STIFTSHERRENHAUS)

Osterstraße 8. Remarquable maison à colombages (1558), la maison des Chanoines est pourvue de consoles sculptées représentant des personnages bibliques. Cette maison et celle d'à côté abritent le **musée de la ville** (Museum Hameln - *✆ 05151 202 1215 - www.museumhameln.de - tlj sf lun. 11h-18h - 5 €*). Ses points forts : l'histoire de Hameln et de la région alentour (Weserbergland) et, bien sûr, la légende du charmeur de rats.

Une rue, la Französische Straße, rappelle que des huguenots français ont trouvé refuge à Hameln à la fin du 17e s. Rendez-vous au marché aux Chevaux *(Pferdermarkt)* pour voir la sculpture de l'*Ouverture du rideau de Fer*, créée par l'entreprise Adolf Vogeley, et l'église St-Nicolas du 13e s.

★ Maison des Mariages (HOCHZEITSHAUS)

Am Markt. C'est ici que se déroulaient les réceptions des mariages bourgeois. Sur sa façade (1610-1617), trois élégants pignons rompent les lignes horizontales que soulignent les corniches et les longs bandeaux de pierre.

Enseigne représentant le charmeur de rat.
M. Berg/Fotolia.com

5

La légende du « charmeur de rats »

En 1284, un homme énigmatique, en vêtements multicolores, promit aux habitants de Hameln qu'il les débarrasserait de tous les rats et souris de la ville contre une forte récompense : il se mit à jouer du fifre et tous les rongeurs, sortant de leurs trous, le suivirent jusque dans la Weser où ils se noyèrent. Mais la récompense promise ne vint pas. Pour se venger, l'homme revint un dimanche, à l'heure de la messe, et fit sortir tous les enfants des maisons au son de son fifre : ils le suivirent et disparurent à jamais. Ils étaient 130 et l'on ne sut jamais rien d'eux, car les seuls rescapés furent un aveugle et un muet. La version historique de l'événement fait état d'une surpopulation telle, au 13e s., que l'on aurait envoyé d'autorité une troupe de tout jeunes gens s'établir, sans espoir de retour, dans les lointains territoires de l'Est. Une adaptation théâtrale du conte est jouée sur la terrasse de la maison des Mariages tous les dimanches d'été à midi.

Maison Dempter (DEMPTERHAUS)

Am Markt. Construite en 1607, la magnifique maison Dempter se distingue par un avant-corps caractéristique de la Renaissance de la Weser, un rez-de-chaussée et un premier étage en grès, et les autres étages à colombages.

Prenez la Fischpfortenstraße et passez devant la Wilhelm-Busch-Haus. De là, continuez tout droit jusqu'à la Weser. Revenez sur vos pas pour vous rendre sur la Wendenstraße où se trouvent la **Bürgerhaus** *(1560, joli décor de rosettes) à l'angle de la Kupferschmiedestraße et de la Lückingsches Haus.*

Maison Lücking (LÜCKINGSCHES HAUS)

Wendenstraße 8. Cette riche demeure à colombages de 1638 se distingue par sa porte cintrée, largement décorée d'inscriptions et ornementée.

Au bout de la rue, prenez à droite la Bäckerstraße.

Rattenkrug

Bäckerstraße 16. Remarquez surtout le pavillon en avancée et le haut pignon à cinq étages de cet édifice de 1568. Son cœur est une maison du début du gothique, datant de 1250.

Continuez jusqu'à la Münsterkirchhof.

Collégiale (MÜNSTER ST. BONIFACIUS)

Avr.-oct. : 9h-18h ; nov.-mars : 10h-17h. Du jardin public, au sud, la collégiale luthérienne apparaît comme protégée par la puissante tour polygonale du transept qui appartenait à la basilique romane du 12e s. (transformée en halle gothique au 13e s.). À l'intérieur, remarquez l'ordonnance des piliers et les chapiteaux à palmettes ou à damier dans le transept surélevé.

Terminez la promenade en revenant par l'Alte Markt-Straße et jetez un coup d'œil au passage à la Kurie Jerusalem (un ancien entrepôt du 16e s.).

À proximité

CARTE DE RÉGION P. 326-327

Fischbeck C3

À 7 km au nord-ouest. L'**abbaye** *(Stift)* fut reconnue par l'empereur Otton Ier en 955. De nos jours, elle abrite une communauté de dames protestantes. *✆ 05152 69 84 308 - www.stift-fischbeck.de - ♿ - visites guidées (1h30) - de Pâques à fin oct. : tlj sf lun. 14h30 - 7 €. Nombreux concerts d'orgue.*

L'église date du 12e s. ; les loges qui permettaient aux pensionnaires d'assister aux offices ont été ajoutées au 19e s. La **crypte**, dont chaque colonne porte un chapiteau de motif différent, a été conservée dans son style roman. À gauche du chœur, émouvant Ecce Homo en bois sculpté ; à droite, la célèbre **tapisserie flamande de Fischbeck** du 16e s. illustrant la fondation de l'abbaye. Surplombant l'entrée de la sacristie, une statue du 13e s. représente Helmburg, fondatrice de l'ordre. Le cloître, dans son état actuel, date des 13e et 14e s.

★ Hämelschenburg C3

À 11 km au sud. En semaine, liaison possible en train (10mn) et bus (n° 40 au départ d'Emmerthal).

Baigné par un étang et des douves, le **château★** *(Schloss)* en forme de fer à cheval, construit entre 1588 et 1618, est l'un des chefs-d'œuvre de la Renaissance de la Weser. L'aile dominant la route est la plus ornée, avec son alternance de surfaces lisses et de bandeaux à bossages, son oriel surplombant le fossé et ses quatre pignons décoratifs. On peut visiter l'intérieur : meubles, armes, trophées, tableaux. *31860 Emmerthal - ✆ 05155 95 16 90 - www.schloss-haemelschenburg.de - ♿ - visite guidée (50mn) - mai-sept. : tlj sf lun. 10h, 11h, 12h, 14h, 15h, 16h et 17h ; avr. et oct. : tlj sf lun. 11h, 12h, 14h, 15h et 16h - 8 €.*

Nos adresses

Petite pause

Museumscafé – *Osterstr. 8 - ✆ 05151 21553 - www.museumscafe.de - 9h-19h.* Très belle façade à colombages pour ce café installé dans la maison des Chanoines (Stiftsherrenhaus). Gâteaux et tartes, copieux repas.

Sanne's Kaffeestuuv – *Kamisolstr. 2 - ✆ 05151 9619960 - www.sannes-kaffeestuuv.de - avr.-sept. : 13h-19h ; reste de l'année : 14h-18h - fermé lun.-mar.* Dans le quartier de Tündern, au sud de Hameln, un salon de thé cosy un peu caché mais réputé pour ses appétissants gâteaux que l'on peut savourer, aux beaux jours, à l'ombre des arbres.

Hébergement

Budget moyen

An der Altstadt – *Deisterallee 16 - ✆ 05151 40240 - www.hotel-hameln.de - P - 19 ch. 83/87 € - ☕ 6 €.* Ce bâtiment de style Art nouveau (Jugendstil), au cœur de la ville, abrite un hôtel garni et coquet.

Pour se faire plaisir

Christinenhof – *Alte Marktstr. 18 - ✆ 05151 95080 - christinenhof.de - 🏊 - 21 ch. 130 € ☕.* En plein centre historique, un confortable trois étoiles derrière une façade à pans de bois. Buffet de petit déjeuner ultra-varié et accueil chaleureux. Piscine, sauna.

Hildesheim ★

Capitale de l'art roman ottonien en Allemagne, Hildesheim a conservé son précieux héritage médiéval jusqu'à ce qu'une attaque aérienne de mars 1945 le détruise totalement. Une partie du centre historique a néanmoins pu être rebâtie, en particulier la place du Marché et l'église St-Michel, inscrite au Patrimoine mondial de l'Unesco. Aujourd'hui reliée au Mittellandkanal par un canal latéral, la ville développe notamment des activités liées à la protection de l'environnement.

Se repérer

101 900 habitants – Basse-Saxe

CARTE DE RÉGION C3 (P. 326-327)

Hildesheim se trouve à environ 30 km au sud de Hanovre, à 30mn par le S-Bahn (n° 4).

Organiser son temps

Comptez une demi-journée

Nos adresses p. 341

Se promener

Rathausstraße 20 (Tempelhaus) - 051 21179 80 - www.hildesheim.de.

★ Place du Marché (MARKTPLATZ)

L'historique place du Marché a été reconstruite d'une manière remarquable. Ici, le visiteur peut admirer des styles architecturaux très variés puisque huit siècles sont représentés.

Hôtel de ville (Rathaus) – L'hôtel de ville gothique, édifié entre 1246 et 1290, domine le côté est de la place du Marché. Sa façade a été simplifiée lors de sa reconstruction, mais son carillon résonne encore tous les jours à 12h, 13h et 17h.

Maison du Temple (Tempelhaus) – *Au sud de la place, siège de l'office de tourisme.* Son style oriental la distingue des autres constructions de la place du Marché. Érigée entre 1320 et 1330, quelques beaux ajouts ont été apportés par la suite tels que le pignon et les deux petites tourelles (probablement du 16e s.), et le magnifique **encorbellement**★ Renaissance de 1591 représentant l'histoire de l'enfant prodigue sur la balustrade.

À côté, la **Wedekindhaus** présente un avant-corps typique des maisons hollandaises de la Renaissance. Cette maison à colombages date de 1598. Très belles sculptures sur bois. Non loin de cette maison, voyez la Lüntzelhaus de 1755 (qui abrite la Caisse d'épargne de la ville) et le bâtiment gothique de la Rolandstift (14e s.) avec son avant-corps baroque (1730).

Le rosier millénaire

Un soir de l'année 815, dit la légende, Louis le Débonnaire, fatigué par une journée de chasse, cache son reliquaire dans les branches d'un rosier et s'endort. Le lendemain matin, il ne parvient pas à retirer le coffret de l'arbuste. Devant ce signe du ciel, il fonde une chapelle, puis un évêché autour duquel se développe Hildesheim. Le rosier a survécu à la destruction de la ville en 1945 et à l'incendie de la cathédrale ; il verdit et fleurit chaque année.

La maison du Boucher, sur la place du Marché.
U. Schweitzer/imageBROKER/age fotostock

Les **maisons du Boulanger** *(Bäckersamtshaus, Markt 8)* et **du Boucher** *(Knochenhaueramtshaus, Markt 7)*, respectivement édifiées en 1451 et 1529, ont été fidèlement reconstruites. L'imposante maison du Boucher, avec ses huit étages, est souvent considérée comme « la plus belle maison à colombages du monde ». Les cinq étages supérieurs abritent le **Musée municipal** *(Stadtmuseum - ✆ 05121 299 3685 - www.stadtmuseum-hildesheim.de - tlj sf lun. 10h-18h - 3 €; 15 € le billet combiné avec la cathédrale et le musée Roemer & Pelizaeus)*. À voir, au 2e étage, les copies du « trésor romain de Hildesheim » (les originaux sont à Berlin).
La **maison rococo** sur le côté nord de la place se trouve entre les **brasseries de la ville** *(Stadtschänke)* et la **maison de la corporation des Tisserands** *(Wollenwebergildehaus)*.

★ Cathédrale (DOM)

✆ 05121 307 770 - 10h-18h, sam. 10h-16h30, dim. 12h-17h30 - visite guidée : tlj sf lun. à 15h (nov.-mars : vend.-dim.) - 4 €.

La **cathédrale** actuelle, elle aussi classée au Patrimoine mondial de l'Unesco, est la copie, d'après les plans originaux, de la basilique romane du 11e s. Toutefois, les chapelles latérales ont été refaites dans leur style gothique et la coupole du transept sur le modèle de celle du 18e s.
L'intérieur respecte la simplicité de l'architecture basilicale d'origine. Dans la nef, l'alternance d'un pilier pour deux colonnes est typique de l'école d'architecture de l'ancienne Saxe. La cathédrale abrite de belles **œuvres d'art★**. À la croisée du transept pend un immense lustre *(Heziloleuchter)* datant du 11e s. Dans la nef est exposée une précieuse cuve baptismale sculptée du 13e s., portée par quatre personnages symbolisant les fleuves du Paradis. Dans le croisillon droit est déposée une colonne de bronze du 11e s., consacrée à la vie du Christ.
Le **cloître★** roman à deux étages jouxte la partie est de la cathédrale. Le long de l'abside grimpe le rosier millénaire.
Les **portes de bronze** sur la façade ouest sont un superbe témoignage de la sculpture romane primitive. Les panneaux présentent des scènes de l'Ancien et du Nouveau Testament.
Tout près de la cathédrale, la **chapelle St-Antoine** *(Antoniuskapelle)* abrite un magnifique **jubé★** Renaissance

5

★ Musée Roemer & Pelizaeus

Am Steine 1-2 - ✆ 05121 936 90 - www.rpmuseum.de - ♿ - tlj sf lun. 10h-18h - fermé 24 et 31 déc. - 10 €.

Ce musée, issu des possessions de Hermann Roemer et Wilhelm Pelizaeus, abrite une importante collection d'**antiquités égyptiennes**. La statue assise grandeur nature du vizir et neveu (ou cousin) de Chéops, Hem-Iunu, qui servit de modèle au Potiphar du roman *Joseph et ses frères* de Thomas Mann, et celle du scribe Heti, issue de fouilles effectuées près de Gizeh, sont particulièrement impressionnantes. Vous y verrez aussi des œuvres de l'art précolombien, de la porcelaine chinoise et diverses expositions temporaires.

★ Église St-Michel (ST. MICHAELIS-KIRCHE)

Avr.-sept. : 8h-18h ; nov.-mars : 9h-16h - ouv. à 10h le mar.

Le plan de l'église St-Michel à deux chœurs du début du 11e s. est caractéristique de l'art ottonien dans l'ancienne Saxe. On remarque dans la nef le plafond peint du 13e s. et l'alternance des piliers et des colonnes, typique de la Basse-Saxe, et dans les transepts les tribunes à deux étages ainsi que la simplicité des chapiteaux ottoniens en dé. De la décoration ancienne subsiste la **clôture des Anges**, à droite du chœur ouest *(à gauche en entrant)* ; elle est couronnée par une balustrade dont la face intérieure est décorée de treize anges dans des écoinçons.

★ Église St-Gothard (ST. GODEHARDIKIRCHE)

8h-17h30, dim. 12h-17h30.

L'église St-Gothard (12e s.) a une élégante silhouette caractérisée par les pointes effilées qui coiffent ses tours octogonales. C'est un chef-d'œuvre de l'art roman saxon.

Église St-André (ST. ANDREASKIRCHE)

9h-18h (10h-16h en hiver), sam. 9h-16h, dim. 11h30-16h.

L'imposante église gothique St-André, érigée aux 14e et 15e s. par les bourgeois de la ville, détruite pendant la Seconde Guerre mondiale, puis reconstruite, intègre la partie occidentale de l'église romane qui la précéda. La **façade★** est remarquable par la clarté de son architecture. Le clocher avec ses 114 m de hauteur, le plus élevé de la Basse-Saxe, est l'élément déterminant de la silhouette de la ville. L'**orgue★** du facteur Rudolf von Beckerath (1966) est l'un des plus grands d'Allemagne du Nord (4 734 tuyaux).

Le Brühl

Ce quartier épargné par la guerre est typique de l'ancien Hildesheim. À proximité se trouve la **maison Werner** *(Wernersches Haus)* de 1606, où vivait le secrétaire de l'évêque de Hildesheim.

Église Ste-Croix (HEILIGKREUZKIRCHE)

9h-17h. Derrière la façade baroque de l'église Ste-Croix se cache un édifice de style roman primitif issu, au 11e s., du remaniement d'une porte fortifiée. À l'intérieur se côtoient des éléments romans ottoniens, gothiques et baroques.

Église St-Maurice (ST. MAURITIUSKIRCHE)

Stiftskirchenweg 6 - 9h30-18h, dim. 12h30-18h (oct.-mars, horaires plus réduits).

L'église St-Maurice, située dans le quartier de Moritzberg, à l'ouest de la ville, date du 11e s. (cloître des 12e et 13e s.). L'intérieur a été « baroquisé ».

Nos adresses

Hébergement

Budget moyen

Gästehaus Klocke – *Humboldtstr. 11 - ✆ 05121 179213 - www.gaestehaus-klocke.de* - P ♿ - *20 ch. 85/110 €* ☕. Cette maison, construite il y a cent ans, dispose de chambres calmes et fonctionnelles.

Pour se faire plaisir

Van der Valk – *Markt 4 - ✆ 05121 3000 - hildesheim.vandervalk.de* - 🏊 *-111 ch. 99/139 € - ☕ 15,50 €.* Sur la place du Marché, sa belle façade historique (en partie rococo) attire l'oeil. Les trois bâtiments qui composent cet hôtel tout confort datent des 16e, 17e et 18e s. Cinq catégories de chambres, toutes décorées avec élégance. Piscine, sauna, bar à cocktails... Cuisine internationale et régionale au restaurant.

Stadtresidenz – *Steingrube 4 - ✆ 05121 6979892 - www.stadtresidenz-hotel.de - 18 ch. 95/187 € - ☕ 10 €.* Chambres de 30 à 65 m², joliment aménagées dans un hôtel situé à 10mn à pied de la vieille ville par la Theaterstraße. Bon rapport qualité-prix.

Einbeck ★

Forte de ses 700 brasseries artisanales, Einbeck ravitaillait au Moyen Âge toute l'Allemagne en « Einpöckisches Bier », bière forte, blonde ou ambrée, qui a donné aujourd'hui l'appellation Bockbier. Cette ancienne ville hanséatique, située entre le Harz et la Weser, a conservé une partie de son enceinte fortifiée médiévale, mais surtout près de 400 maisons à colombages du 16e s. aux riches sculptures polychromes.

Se repérer

30 800 habitants – Basse-Saxe

CARTE DE RÉGION C3 (P. 326-327)

Einbeck est située entre le massif du Harz et la vallée de la Weser. La ville est accessible depuis Hanovre par la B 3 (73 km) ou par l'A 7.

À ne pas manquer

La diversité des bières brassées localement.

Nos adresses p. 343

5

★ Vieille ville

ⓘ Marktstraße 13 (Eickesches Haus) - ✆ 05561 916 555 - www.einbeck.de. Comptez environ une heure.

Le centre-ville d'Einbeck possède un remarquable ensemble de maisons à colombages. La plupart se trouvent à proximité de la place du Marché.

★★ Place du Marché (MARKTPLATZ)

Remarquez d'abord les deux maisons d'angle de la Münsterstraße : le *Brodhaus* (1552), et surtout l'imposant immeuble de la *Ratsapotheke* (1590), dont les combles pourvus de lucarnes servaient, comme dans la majorité des maisons

Rue d'Einbeck.
H.-D. Falkenstein/age fotostock

de la ville, à entreposer l'orge et le houblon. En face se dressent l'hôtel de ville avec ses trois avant-corps surmontés de toits pointus en forme de heaume et le **poids public★** *(Ratswaage)*. La façade parfaitement conservée de cette ancienne bascule permet de découvrir la décoration typique des maisons bourgeoises d'Einbeck : éventail plus ou moins développé de palmettes, moulures torsadées et perlées des encadrements de portes et des traverses, frises festonnées en guirlandes.

★★ Tiedexerstraße

Elle commence derrière la tour de l'église (Marktkirche).
Ses façades et ses pignons composent une harmonieuse perspective.

Marktstraße

Voyez surtout la **maison Eicke★★** *(Eickesche Haus, au n° 13, à l'angle de la Knochenhauerstraße)*. Cette maison à colombages édifiée entre 1612 et 1614 imite les hôtels de pierre de la Renaissance. Les caissons sculptés des rambardes représentent les vertus et les muses rassemblées dans un cycle allégorique ; des personnages et des masques expressifs décorent les montants et les terminaisons des poutres.

Musée de la Ville (STADTMUSEUM)

Auf dem Steinwege 11-13 - ✆ 05561 916 504 - tlj sf lun. 11h-16h - 5 €.
Le modeste musée municipal, logé dans une jolie maison patricienne de la Renaissance (1549), intéressera ceux qu'intrigue la **production de la bière** à Einbeck : c'est le point fort du musée. Deux autres sections méritent l'attention : la **préhistoire** (les archéologues ont exhumé, dans la région alentour, des tombes collectives datant de 3000 av. J.-C.), et la tradition du **textile imprimé à l'indigo** *(Blaudruck)*.

À proximité CARTE DE RÉGION P. 326-327

Bad Gandersheim C3

À 22 km au nord-est. La ville de Roswitha von Gandersheim, la première poétesse d'Allemagne (10e s.), est aujourd'hui une station thermale d'eau salée appréciée. Le centre historique est dominé par la **cathédrale★** du 11e s. *(11h-17h; en hiver : mar.-sam. 12h-16h, dim. 11h-17h - 5 €)* à l'aspect très particulier avec sa façade qui présente deux tours octogonales. À l'intérieur se trouvent deux **autels** de grande valeur, des 15e et 16e s. Autour de la place du Marché se dressent de nombreuses maisons à colombages bien conservées (du 16e s. pour la plupart) et l'**hôtel de ville Renaissance**, relié à la Moritzkirche.

Nos adresses

Restauration

Budget moyen

Genusswerkstatt – *Tiedexer Tor 3b (PS Speicher) - ✆ 05561 3199970 - www.genusswerkstatt-einbeck.de - 12-23h30, w.-end 11h-23h30, lun. 18h-23h30 - plat 8/29 €.* Un restaurant contemporain ayant pour spécialité les grillades. Il y en a pour tous les goûts : pita au jambon de Parme, darne de saumon norvégien...

Shopping

Einbecker Blaudruck – *Möncheplatz 4 - ✆ 05561 3350 - www.einbecker-blaudruck.de - lun.-vend. 10h-18h, sam. 10h-14h.* Perpétue depuis 1638 la tradition du textile imprimé à l'indigo : nappes, serviettes, housses de coussin... Une séduisante symphonie de bleu.

Hébergement

Budget moyen

Panorama – *Mozartstr. 2-6 - ✆ 05561 93770 - www.panorama-einbeck.de - 40 ch. 115 € ☕.* C'est un établissement moderne et fonctionnel, qui tient plutôt bien la route. Il est situé à 10mn à pied du centre historique. Jolie vue sur la vallée de la Leine.

Pour se faire plaisir

Freigeist – *Tiedexer Tor 5 - ✆ 05561 3199970 - www.freigeist-einbeck.de - 63 ch. 126/149 € - ☕ 16 €.* Un hôtel moderne très bien conçu, tout en bois et béton, qui surprend par son design original, puisé dans l'univers de l'automobile. En prime, une terrasse sur le toit et un sauna finlandais.

Göttingen

Plus qu'à l'émouvante chanson de Barbara qui symbolisait en 1964 l'amitié franco-allemande, cette ville du sud de la Basse-Saxe doit son renom à son université : fondée au 18e s. par Georges II de Brunswick-Lunebourg, elle est l'une des plus brillantes d'Europe et une véritable pépinière de laboratoires de recherche et de prix Nobel (45 depuis 1905 !). Plus d'un habitant sur quatre, à Göttingen, est étudiant. Autant dire que l'ambiance y est cosmopolite et conviviale.

Se repérer

119 800 habitants – Basse-Saxe

CARTE DE RÉGION C3 (P. 326-327). À 48 km au nord-est de Cassel, 78 km au sud-ouest de Goslar. Le centre est réservé aux piétons ; nombreux parkings aux abords immédiats de la vieille ville.

À ne pas manquer

Les maisons à colombages de Hann. Münden.

Nos adresses p. 347

Se promener à Göttingen

Altes Rathaus, Markt 9 - www.goettingen-tourismus.de - 0551 499 800.

Avec Tübingen, Heidelberg et Marburg, Göttingen est la ville d'Allemagne la plus imprégnée de traditions universitaires. La vie étudiante y entretient une animation bigarrée, surtout en période d'examens et à l'occasion des fêtes de corporations *(Stiftungsfest)* et de la St-Nicolas *(6 déc.)*.

La ville ancienne

Elle forme, avec ses églises gothiques et ses bâtiments universitaires néo-classiques, un ensemble intéressant. On remarquera au passage le nombre d'étudiants cyclistes, qu'explique la dispersion des salles de cours et des bibliothèques.

Ancien hôtel de ville (ALTES RATHAUS)

Étudiants, touristes et citoyens de Göttingen font de la place du Marché *(Marktplatz)* et des sous-sols *(Ratskeller)* de l'hôtel de ville le centre d'animation de la cité. Le bâtiment, des 14e et 15e s., présente le schéma médiéval classique. Devant l'hôtel de ville se dresse la **fontaine de la Gardeuse d'oies** *(Gänselieselbrunnen)*, but de cortèges d'étudiants lorsque se terminent les périodes d'examens.

Point de vue des quatre églises (VIERKIRCHENBLICK)

De l'angle sud-est du Markt, la vue embrasse quatre églises : à l'est, le dôme campagnard de St-Alban ; au sud, St-Michel ; à l'ouest, les tours octogonales de St-Jean ; au nord, le fier clocher de St-Jacques (72 m).

Maisons à colombages

Elles sont surtout présentes dans la moitié est du quartier ancien. Près de l'hôtel de ville, à l'angle de la Barfüßerstraße et de la Jüdenstraße, se dresse la vieille taverne de la **Junkernschänke★**, maison à colombages de la Renaissance dont les médaillons à bustes sont surmontés de personnages bibliques (Adam et Ève, Samson et Dalila, etc.). Au poteau d'angle figurent le maître et la maîtresse de maison.

Les maisons à colombages de Hann. Münden.
Hoffmann Photography/age fotostock

★★ Hann. Münden

CARTE DE RÉGION P. 326-327

À 30 km de Göttingen par la B 3 ; à 35mn en train Cantus.

Lotzestraße 2 (à l'hôtel de ville) - 055 41 753 13 - www.hann.muenden-erlebnisregion.de - lun.-jeu. 9h30-16h, vend. 9h30-13h.

La belle cité de Hannoversch Münden, établie au confluent de la Fulda, de la Werra et de la Weser, outre sa situation exceptionnelle, peut compter sur un centre historique remarquable où abondent les maisons à colombages soigneusement restaurées.

★ La vieille ville

Elle comporte plus de 700 **maisons à colombages**★★ qui témoignent de six siècles d'architecture. Les plus intéressantes bordent les rues situées entre l'hôtel de ville et la Werra. Les donjons et les ruines des fortifications donnent une touche finale au charme dégagé par ce joyau de l'art médiéval.

Au confluent des fleuves

Hann. Münden est construite au fond d'une vallée boisée, là où la Fulda et la Werra s'unissent pour former la Weser (« où Werra et Fulda, à vouloir s'embrasser, leurs noms durent laisser »). Des fouilles ont révélé qu'une colonie existait déjà au temps de Charlemagne. La fondation proprement dite de la ville remonte à Henri le Lion. Le droit d'étape, dont elle jouit de 1247 à 1823, fut la source d'une prospérité dont témoigne encore le très bel ensemble de maisons à colombages du centre historique.
À l'origine, la localité portait le nom de Münden ; au 18e s., on commença à parler de Hannoversch Münden, pour éviter la confusion avec la ville prussienne de Minden *(Preussisch Minden)*. Les postes introduisirent en 1870 l'appellation Hann. Münden, à laquelle se rallia en 1909 l'administration des chemins de fer. Ce n'est qu'en 1991 que le conseil municipal adopta officiellement la désignation Hann. Münden.

5

★ Hôtel de ville (HISTORISCHES RATHAUS)

La façade principale de l'**hôtel de ville** est caractéristique du style Renaissance de la Weser *(voir Hameln, encadré p. 335)* avec ses volutes, ses pyramides et ses pignons décorés de statues.

Musée municipal du château des Guelfes (WELFENSCHLOSS)

Schloßplatz 5 - ✆ 055 41 75 202 - mai-oct. : merc.-dim. 11h-16h ; nov.-déc. et avr. : merc.-dim. 13-16h - fermé de janv. à mars - visites guidées de mai à sept. le vend. apr.-midi (en allemand, réserver à l'avance pour l'anglais) - ♿ - 2,50 €.

Petit musée sur l'histoire de la ville qui revêt un grand intérêt lors des visites guidées de l'hôtel de ville et du château, avec les salles de la Renaissance et celle du Cheval blanc.

Église St-Blaise (ST. BLASIUS KIRCHE)

La tour hexagonale de l'église St-Blaise domine son toit à forte pente. À l'intérieur, transformé en halle gothique à la fin du 15e s., on remarque, dans le collatéral droit, le tombeau du duc Guillaume de Brunswick (mort en 1503) ; à gauche du chœur, l'épitaphe de son fils et, dans le bas-côté gauche, une cuve baptismale du 14e s.

★ Circuit : La haute vallée de la Weser CARTE P. 326-327

▶ *Itinéraire de 67 km tracé en vert.*

De Münden à Bad Karlshafen, la Weser serpente au milieu d'une vallée boisée. Des huguenots français, recueillis par les landgraves de Hesse, y ont créé au 18e s. des villages baptisés de noms symboliques comme Gottstreu (fidélité à Dieu), Gewissenruh (conscience en repos).

Wahlsburg-Lippoldsberg – L'ancienne église abbatiale de Lippoldsberg (1153) est l'un des premiers sanctuaires romans voûtés de l'Allemagne du Nord.

Empruntez le bac pour repasser sur la rive gauche.

Gewissenruh – Voyez le minuscule temple (1779) et les inscriptions françaises sur les maisons.

Bad Karlshafen – Cette petite ville a été fondée en 1699 par le landgrave Charles de Hesse pour accueillir les réfugiés français ; son plan régulier et ses constructions homogènes lui donnent un caractère monumental.

Le petit **musée des Huguenots** *(Deutsches Hugenotten-Museum, Hafenplatz 9a)* est installé dans une ancienne manufacture de tabac. Au premier étage, l'histoire des huguenots en France est présentée à partir de l'exemple du célèbre céramiste Bernard Palissy et l'évocation de son triste destin. Le deuxième étage est consacré à l'accueil des huguenots en Allemagne et à leur influence dans le domaine de l'artisanat, des sciences et des arts. *✆ 056 72 14 10 - www.hugenottenmuseum.de - ♿ - de mi-mars à fin oct. : tlj sf lun. 10h-17h, w.-end 11h-18h ; nov.-mi-mars : sem. 9h-12h - 4,50 €.*

Fürstenberg – Le château-manufacture produit depuis 1747 de célèbres porcelaines. Il abrite un **musée des Porcelaines** *(Schlossmuseum)* où l'on peut admirer de très belles pièces et découvrir les techniques de fabrication (film vidéo, démonstrations). *✆ 05 271 40 11 61 - www.fuerstenberg-schloss - ♿ - tlj sf lun. 10h-17h - fermé 26 nov., 7, 24-26, 31 déc. et 1er janv. - 8,50 €.*

★ **Höxter** – Ses maisons à pans de bois décorés, dans l'esprit de la Renaissance et du baroque, sont couvertes de toitures anciennes en feuillets de grès rose ; les plus pittoresques s'alignent le long de la **Westerbachstraße**. L'église St-Kilian possède une **splendide chaire★★** ornée de précieux motifs d'albâtre de la Renaissance (1597).

Corvey – L'**église** de cette abbaye ne conserve de l'édifice carolingien que l'imposant **ouvrage ouest★** ; au-dessus de l'avant-nef, on accède à un sanctuaire carré sur lequel s'ouvrait la loge attribuée, selon une tradition incertaine, à l'empereur. Suite à la sécularisation, le landgrave de Hesse-Rotenbourg fit l'acquisition des anciens bâtiments conventuels pour les transformer en résidence. Aujourd'hui propriété des ducs de Ratibor et princes de Hohenlohe, le château, inscrit au Patrimoine mondial de l'Unesco en 2014, abrite le **musée de Höxter-Corvey** qui évoque en trois volets l'histoire de l'abbaye : le Moyen Âge, époque durant laquelle les reliques de saint Étienne et saint Guy attiraient à Corvey des foules de pèlerins ; le baroque qui habilla l'intérieur de stucs et de fresques ; et la période Biedermeier, qui vit l'aménagement de la bibliothèque dans l'aile Nord *(Schloss Corvey - ✆ 05271 68168 - www.schloss-corvey.de - de mi-mars à oct. : 10h-18h - 9,50 € (2 € l'église seule).*

Nos adresses

Restauration

Budget moyen

Landhaus Biewald – *Weghausstr. 20 - à Friedland (11 km au sud de Göttingen par l'A2, dir. Bad Hersfeld) - ✆ 05504 93500 - www.biewald-friedland.de - 12h-22h (dim. 11h-22h) - fermé lun. - plat 12/28 €.* Pour déjeuner à la campagne, rien de tel que la terrasse de Daniel Raub et sa cuisine mi-régionale mi-méditerranéenne. Et pour un repas plus gastronomique, laissez-vous tenter le soir par la cuisine étoilée du Genießer Stube *(mar.-sam. 18h-22h, menu 8 plats 80 €).*

À Hann. Münden

Budget moyen

Die Reblaus – *Ziegelstr. 32 - Kirchplatz - ✆ 05541 954610 - www.die-reblaus.com - fermé mar.-merc. - plat 10/24 €.* Dans une maison à colombages du 17e s. Cuisine internationale.

Letzter Heller – *Letzter Heller 7 - ✆ 05541 6446 - www.letzter-heller.de - fermé jeu. et le midi de lun. à merc. - plat 14/23 €.* Établissement familial depuis 130 ans ! Façade à colombages et salles lambrissées. Plats internationaux.

Hébergement

Pour se faire plaisir

Stadt Hannover – *Goethe-Allee 21 - ✆ 0551 547960 - www.hotelstadthannover.de - 32 ch. 129 €* ☕. Un hôtel impeccablement tenu et bien situé en lisière de la vieille ville.

Une folie

Romantik Hotel Gebhards – *Goetheallee 22-23 - ✆ 0551 49680 - www.gebhardshotel.de - 50 ch. 162/171 €* ☕ *- ✕ à partir de 38 €.* Situé lui aussi entre la gare et le centre historique, le Gebhards est un élégant hôtel familial, doté d'un sauna et d'un jacuzzi.

5

Goslar ★★★

Résidence impériale du 11e au 13e s., puis ville hanséatique, la « Rome du Nord » dut son rayonnement à ses gisements d'argent et de cuivre découverts au 10e s. C'est aujourd'hui une destination de week-end prisée des Allemands. Le centre historique, rescapé des bombardements de la Seconde Guerre mondiale, présente un remarquable ensemble de maisons à colombages, qui semble tout droit sorti d'un conte de Grimm et que l'on feuillette, émerveillé, comme un livre d'images. Sa situation en bordure nord-ouest du Harz en fait une base idéale pour partir à la découverte de ce massif. À l'instar de la vieille ville, la mine de Rammelsberg a été classée au Patrimoine mondial de l'Unesco en 1992.

Se repérer

50 700 habitants – Basse-Saxe

CARTE DE RÉGION D3 (P. 326-327)
PLAN DE VILLE P. 350

Goslar est à 83 km au sud-est de Hanovre par l'autoroute A 7 ; à 1h en train direct (Erixx).

À ne pas manquer

Le palais impérial *(Kaiserpfalz)* et le carillon sur la place du Marché.

En famille

La visite des installations minières de Rammelsberg en empruntant le chemin de fer de la mine.

Carnet pratique p. 352

Nos adresses p. 353

Se promener

PLAN DE VILLE P. 350

La **vieille ville★★★** de Goslar est essentiellement piétonne.

★ Église Neuwerk (KLOSTERKIRCHE NEUWERK) A1

Cette église abbatiale fut édifiée aux 12e et 13e s. Les hautes tours polygonales de la façade comptent parmi les plus élégantes jamais construites pour une église romane. Le décor du chevet est exceptionnellement soigné.
La nef est dominée par des voûtes d'ogives massives, en arc brisé. La balustrade de la tribune d'orgue porte six bas-reliefs provenant de l'ancien jubé, d'une élégance déjà gothique (le Christ, la Vierge et quatre apôtres).

★ Marktplatz B2

Digne et austère, la **place du Marché** est bordée de maisons aux façades revêtues d'ardoises. Le Kaiserworth et l'hôtel de ville de style gothique, derrière lequel s'élancent les flèches de la **Marktkirche** (12e s.), en sont les édifices les plus remarquables. Au milieu se dresse une **fontaine** à deux grandes vasques en bronze (1230), surmontées par l'aigle impérial couronné, aux ailes déployées. Sur le pignon de la maison située en face de l'hôtel de ville, un **carillon** présente quatre fois par jour l'histoire des mines du Harz, du Moyen Âge à nos jours *(9h, 12h, 15h, 18h)*.

★ Hôtel de ville (RATHAUS) B2

Il fut construit au 15e s. Suivant la coutume médiévale, le rez-de-chaussée est occupé par une halle s'ouvrant sur la Marktplatz par des arcades à arc brisé. Un

Goslar.
Bildagentur RM/AGF/Photononstop

escalier extérieur conduit au premier étage, jusqu'à la **grande salle d'honneur**. La retombée du toit est masquée par une balustrade à pignons décoratifs.

★★ **Salle de l'Hommage (Huldigungssaal)** – ✆ *05321 780 60 - www.goslar.de - fermé pour travaux jusqu'en 2021, horaires et tarif sous réserve : avr.-oct. et déc. : 11h-15h, w.-end et j. fériés 10h-16h ; janv.-mars : 10h (dans le cadre de la visite guidée de la ville) - fermé le 24 déc. - 4 €.* Aménagée en **salle du conseil municipal** en 1450, elle fut magistralement décorée vers 1510. Au-dessus des boiseries délicatement sculptées, les murs présentent des effigies d'empereurs romains et de sibylles en costume de la Renaissance ; au plafond, des figures de prophètes et d'évangélistes entourent des scènes relatant l'enfance du Christ – une façon, pour le conseil municipal de l'époque, de redorer son blason et de donner à ses visiteurs l'image d'une ville pieuse et honnête après le scandale de fausse monnaie qui avait entaché la cité quelques années plus tôt. Les peintures, longtemps tombées dans l'oubli mais redécouvertes en 1856, se sont beaucoup détériorées ces dernières années. Aujourd'hui, on ne les entrevoit plus qu'à travers une petite porte vitrée. À voir aussi : la minuscule chapelle conservant des peintures murales ayant trait à la Passion et le bras-reliquaire de sainte Marguerite (vers 1300). Une vitrine, côté ouest, abrite un magnifique hanap en argent repoussé et vermeil (1477), ainsi que l'évangéliaire de Goslar, précieux manuscrit datant de 1230.

Hôtel Kaiserworth B2

Au n° 3 de la place du Marché, ce joli bâtiment gothique (1494) s'orne d'un oriel à tourelles et de statues baroques d'empereurs surmontées de baldaquins.
Au pied de la statue de l'Abondance, sur une arête de pignon, le **Bonhomme aux Ducats** *(Dukatenmännchen)* illustre à sa façon le droit de battre monnaie.

★★ Maisons à pans de bois A2

La **Schuhhof**, au nord-ouest de l'hôtel de ville, est entourée de maisons à colombages, dont certaines reposent sur une galerie. Un passage donne accès à l'étroite Münzstraße, où se trouve l'**ancienne Monnaie** *(Alte Münze)* datant de

1500 (transformée aujourd'hui en restaurant). La maison patricienne située à l'angle de la Münzstraße et de la Marktstraße, avec son splendide oriel à deux étages, date de 1526. C'est aujourd'hui la bibliothèque municipale.

En face de la Marktkirche se dresse l'imposant comble aigu du **Brusttuch**, construit en 1526 pour un riche propriétaire de mines et décoré, selon le goût de la Renaissance, d'une foule de motifs bibliques, mythologiques et légendaires. Un peu plus loin, la **maison de la Guilde des boulangers** *(Bäckergildehaus)*, construite entre 1501 et 1557, présente un haut pignon.

Empruntez la Marktstraße et tournez à droite dans la Bäckerstraße.

Les **maisons Renaissance** au carrefour de la Marktstraße et de la Bäckerstraße sont décorées de frises en éventail, fréquentes en Basse-Saxe *(nº 2 Bäckerstraße)*, ou d'une frise d'arcatures aveugles *(nº 3 Bäckerstraße)*.

★ Maison des Moines (MÖNCHEHAUS MUSEUM) A1

Mönchestr. 1 - ✆ 05321 4948 - www.moenchehaus.de - mar.-dim. 11h-17h - 5 €.

Une ancienne maison à colombages (1528), la **maison des Moines**, accueille le

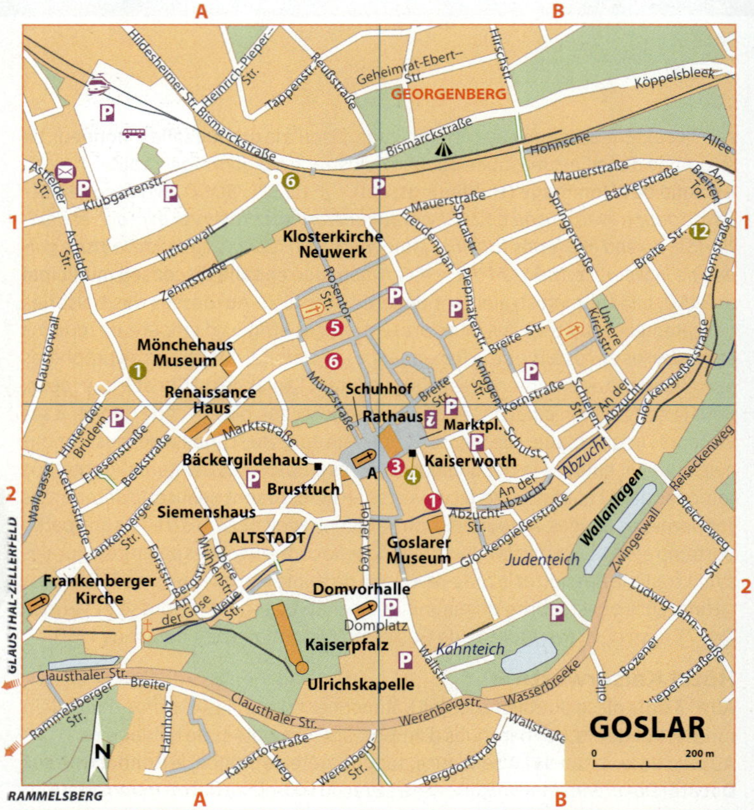

SE RESTAURER
Das schwarze Schaf 5
Die Butterhanne 3
Trüffel 6
Worthmühle 1

SE LOGER
Goldene Krone 12
Hotel Der Achtermann 6
Hotel Die Tanne 1
Hotel Kaiserworth 4

Marktkirche St. Cosmas und Damian... A

musée d'Art moderne, qui présente des œuvres de Beuys, Hundertwasser, Serra, de Kooning... Dans le jardin, sculptures de Ernst et Rennertz, ainsi qu'un intéressant mobile de Calder.
De la Mönchehaus, la Jakobistraße et la Beekstraße conduisent tout droit à l'église de Frankenberg.

★ Église de Frankenberg ou St-Pierre-et-St-Paul

(FRANKENBERGER KIRCHE OU PFARRKIRCHE ST. PETER UND PAUL) A2

Avr.-oct. : 9h-18h. Les transformations ultérieures de l'église n'ont guère affecté son caractère roman. À l'intérieur, les piliers et clés de voûte, et surtout les colonnes finement ouvragées de la galerie occidentale, inspirées de celles de la basilique de Königslutter, séduisent par leurs riches ornements taillés dans la pierre. Au-dessus de la galerie et au niveau des fenêtres hautes sont préservées des peintures du début du 13e s. L'autel du 12e s. est orné d'un superbe retable baroque de 1675 issu, comme la chaire (1698), des ateliers de sculpture sur bois de Heinrich et Jobst Heinrich Lessen, de Goslar.
Gagnez le Palais impérial (Kaiserpfalz) en passant par la ravissante Peterstraße et la Maison Siemens.

Maison Siemens (SIEMENSHAUS) A2

Schreiberstr. 12 - ✆ 05 321 78 06 20 ou 05 321 78 06 21 - ♿ - www.goslar.de - visite guidée (1h30) - avr.-oct. et déc. : tlj sf dim. à 13h30, départ de l'OT - 5,50 €.
Cette imposante maison à colombages fut construite en 1693 par Hans Siemens, ancêtre du fondateur de la célèbre firme du même nom. Belle *Däle*, hall d'entrée carrelé qui servait de séjour en été.
Juste à côté, au n° 53 de la Bergstraße, ravissante **maison★** à pans-de-bois bâtie en 1573 pour le fondeur de cloches Magnus Karsten, à qui l'on doit par ailleurs les fonts baptismaux de la Marktkirche.

★ Palais impérial (KAISERPFALZ) A2

Kaiserbleek 6 - ✆ 05 321 704 437 - www.goslar.de - avr.-oct. : 10h-17h ; nov.-mars : 10h-16h - 7,50 € (audioguide en anglais 2,50 €).
Le **palais impérial**, érigé sous l'empereur Henri III au milieu du 11e s. et tombé en ruine au cours des siècles, fut reconstitué de 1868 à 1879.
C'est le prince Frédéric – l'époux de la reine d'Angleterre Victoria – qui eut l'idée d'agrémenter de fresques la gigantesque **salle impériale** (celle-ci avait servi, auparavant, de grenier à blé et de dépôt de minerai). Un peintre de l'école de Düsseldorf, Hermann Wislicenus (1825-1899), fut chargé de raconter sur les murs des événements historiques majeurs de l'époque où Goslar était résidence impériale. Ce cycle très patriotique, qui débute par la Belle au Bois dormant (au-dessus de la porte d'accès à la chapelle St-Ulrich), montre Charlemagne à cheval, Henri III traversant les Alpes, le chancelier Bismarck, Martin Luther, Frédéric Barberousse vainqueur des Turcs... Le peintre s'est représenté à gauche de l'empereur Frédéric II (c'est l'homme à la barbe blanche).
La salle communique avec la **chapelle palatine St-Ulrich** (début du 12e s.) dont le plan passe, en élévation, de la croix grecque à l'octogone. La chapelle abrite le tombeau d'Henri III (gisant du 13e s.), dont le cœur est conservé dans le socle.

Musée de Goslar (GOSLARER MUSEUM) B2

Königsstraße 1 - ✆ 05321 43394 - tlj sf lun. 10h-17h (nov.-mars 16h) - 4 €.
Composition des sols, carte des différentes mines... : la section géologique du musée de Goslar constitue une bonne introduction à la visite du Harz *(voir p. 354)*.

Les mines

Fondée en 922 par Henri Ier, Goslar a longtemps dû sa prospérité aux richesses minières du Harz, et plus particulièrement aux mines du **Rammelsberg** *(www.rammelsberg.de)* exploitées au Moyen Âge pour la production du plomb et de l'argent. Elle connut son apogée aux 15e et 16e s. ; de cette époque date une grande partie des maisons bourgeoises du centre-ville. La cession des mines aux ducs de Brunswick, vers le milieu du 16e s., entraîna un déclin économique. Aujourd'hui, Goslar vit principalement du tourisme, qui ne cesse de se développer. Le quartier de **Hahnenklee-Bockswiese** constitue une station de sports d'hiver très prisée.

L'art sacré y est également bien représenté. À signaler parmi les objets exposés : l'évangéliaire de Goslar (manuscrit enluminé de 1240), la précieuse aiguière en argent dite *Goslarer Bergkanne* de 1477 et le coffre brêmois en chêne sculpté de scènes de la vie du roi Salomon (17e s.).

À voir aussi

Le Rammelsberg HORS PLAN A2

À 3 km au sud-ouest, par la Clausthaler Straße et la Rammelsberger Straße, accès en bus (n° 803) depuis la gare de Goslar ou Kaiserpfalz. Rammelsberg, Bergtal 19 - 05321 750 122 - www.rammelsberg.de - 9h-18h (nov.-mars 17h) - dernière entrée 1h30 avt fermeture - visite guidée (2h) à 11h et 14h - fermé 24 et 31 déc. - 9 € (musée seul), 16 € visite guidée avec musée (enf. 9 €), ascenseur 2,50 €.

Avec ses nombreux gisements, il a assuré la prospérité à Goslar des siècles durant. La mine a été exploitée sans interruption pendant au moins 1000 ans. Près de 30 millions de tonnes de minerai ont été extraites. Les diverses installations minières peuvent être visitées à pied ou par la voie de chemin de fer de la mine.

Carnet pratique

S'informer

Office de tourisme – *Markt 7 - 053 21780 60 - www.goslar.de.*

Visites

Plusieurs possibilités de visites guidées de la ville à pied, en petit train *(au départ de Fleischscharren B2, devant la Volksbank Nordharz - avr.-oct. : 10h30-16h15 - 6,50 € ; 3 € pour les 4-12 ans)*. Rens. auprès de l'Office de tourisme.

Agenda

Les trois moments forts de l'été sont la traditionnelle **Fête des Schützen** qui dure 10 jours en juin *(www.volksfest-goslar.de)*, le **marché des artisans** le 1er week-end d'août (Kunsthandwerkermarkt) et la **Fête de la vieille ville** (Altstadtfest) en septembre.

Nos adresses

Restauration

Premier prix

3 Die Butterhanne – B2 - *Marktkirchhof 3 - ✆ 05321 22886 - web.butterhanne.de - 8h30-0h - plat 8/22 €.* Dans cette brasserie aux grandes tablées, le menu fait la part belle aux viandes, dont des spécialités de gibier (saucisse de sanglier, steak de cerf).

5 Das schwarze Schaf – A1 - *Spitalstr. 1 - ✆ 05321 3195111 - schwarzesschaf-goslar.de - tlj sf mar. 17h-23h30, w.-end 11h30-14h15 - 10/26 €.* « Le mouton noir » est une petite cantine où l'on peut manger, sur le pouce et à prix raisonnables, une flammkueche ou un plat de pâtes à la crème de prosecco, roquette et noix (11 €).

Budget moyen

6 Trüffel – A1 - *Bäckerstr. 106 - ✆ 05321 29677 - www. restaurant-trueffel.de - plat du jour (déj.) 9,50/13 € - plat 13/27 €.* Ce bistrot-restaurant sert une cuisine soignée, tendance méditerranéenne, qui fait la part belle à la truffe mais propose aussi de généreuses salades, des steaks et des assortiments de fromages à la moutarde de figues.

1 Worthmühle – B2 - *Worthstr. 4 - ✆ 05321 43402 - www. worthmuehle.de - fermé le midi sf w.-end - plat 13/26 €.* Ambiance typique et chaleureuse dans cet ancien moulin au bord du cours d'eau. Cuisine régionale, bière locale et agréable Biergarten.

Shopping

Sühl's Harz-spezialitäten – Marktkirchhof - *✆ 05324 7745025 - www.harzspezialitaeten-shop. de - 9h-18h, dim. 10h-18h.* Épicerie proposant liqueur de quetsches, gelée d'argousier, fromages, salami de cerf et saucisson épicé.

Marché de Goslar (Wochenmarkt) – *Jakobikirchhof - mar. 8h-13h et vend. 8h-14h.* Ce marché accueille de nombreux producteurs de la région dont certains se sont vu décerner le label « Typisch Harz » : le couvent de Grauhof pour son miel, Carsten Kundt pour ses jus de fruit et le Café Muhs pour ses petits pains.

Hébergement

Budget moyen

1 Hotel Die Tanne – A1 - *Bäringer Str. 10 - ✆ 05321 34390 - www. die-tanne.de - P 7 €/j. - 22 ch. 93 € ☕.* Classée monument historique, la façade en schiste de cette maison de la vieille ville cache des chambres confortables. À l'extérieur, des petites ruelles romantiques invitent à la flânerie.

12 Goldene Krone – B1 - *Breite Str. 46 - ✆ 05321 34490 - www. goldene-krone-goslar.de - P - 17 ch. 107 € ☕.* Petit établissement familial situé en plein centre, dans une maison à colombages de 1733. Vous pourrez y organiser vos activités dans les environs.

6 Hotel Der Achtermann – A1 - *Rosentorstr. 20 - ✆ 05321 70000 - www.der-achtermann.de - ♨ ♿ - 154 ch. 85/105 € - ☕ 15 €.* Tout près de la zone piétonne et de la gare, remarquable hôtel avec des chambres fonctionnelles et bien équipées. Piscine intérieure et spa. Le restaurant, de style allemand traditionnel, séduit par sa créativité : soupe de concombres aux filaments de betteraves, rouget aux asperges....

4 Hotel Kaiserworth – B2 - *Markt 3 - ✆ 05321 7090 - www.dormero. de/hotel-goslar - P 10 €/j. - 74 ch. 71/79 € - ☕ 15,90 €.* Superbe demeure de 1494 richement décorée, dont l'origine remonte à la guilde des fabricants d'habits et des négociants, au cœur de la place du Marché. Belle salle de restaurant sous arcades.

5

Le Harz ★★

De sombres forêts à perte de vue, de vieilles maisons dignes d'un conte de Grimm, des tourbières et de mystérieux châteaux forts... : difficile de résister au romantisme du Harz, ce massif cristallin qui a pour point culminant le Brocken, un mont chauve où les sorcières, dit-on, se réunissaient toujours la première nuit de mai. Le Brocken, interdit d'accès du temps de la RDA qui en avait fait une zone militaire (il ne figurait même pas sur les cartes!), attire aujourd'hui par milliers randonneurs et skieurs de fond. On les comprend : ce parc national a des paysages de toute beauté et de l'oxygène à revendre.

Se repérer

Basse-Saxe, Saxe-Anhalt

CARTE DE RÉGION D3 (P. 326-327)

À cheval sur deux Länder (Basse-Saxe et Saxe-Anhalt), le massif du Harz s'étend sur 100 km au sud de Goslar.

À ne pas manquer

Le centre historique de Wernigerode, la vallée de la Bode et Quedlinburg.

Organiser son temps

Comptez une demi-journée pour chacune des deux régions.

Nos adresses p. 358

Découvrir

PLAN DE RÉGION P. 326-327

Massif d'altitude moyenne, le **Harz★★** se divise en deux régions distinctes : le Haut-Harz au nord-ouest et le Bas-Harz ou Harz oriental au sud-est. Le week-end, il constitue une destination de prédilection pour les Allemands de la région. Les possibilités d'activités y sont nombreuses : randonnée (8 000 km de sentiers), VTT, canoë, ski, varappe, etc.

Le Haut-Harz D3

Quittez Goslar par la Clausthaler Straße pour rejoindre au sud la B 241.
L'itinéraire suggéré, favorisé par un excellent réseau routier, traverse de vastes paysages aux reliefs arrondis et couverts de conifères.

Clausthal-Zellerfeld

C'est l'ancienne capitale minière du Harz. À Zellerfeld, le **musée des Mines du Haut-Harz** *(Oberharzer Bergwerksmuseum)* présente les procédés d'exploitation utilisés jusqu'à la fermeture de la dernière mine en 1931. *Bornhardtstraße 16 - ✆ 053 23 98 950 - www.bergwerksmuseum.de - 10h-17h - fermé 24 et 31 déc. - 7 €.* À Clausthal, l'**église du St-Esprit** *(Marktkirche zum Hl. Geist – Hindenburgplatz - de mi-mars à mi-nov. : 10h-17h, dim. 12h-17h - obole bienvenue)*, construite en 1642, est l'une des plus grandes églises en bois d'Europe. Remarquer la disposition majestueuse des tribunes et l'éclairage oblique à la naissance de la voûte lambrissée.

Barrage de l'Oker (OKERTALSPERRE)

De la crête du barrage, jolie **vue★** sur le lac artificiel.

Paysage du Harz.
H. Wohner/Look/age fotostock

St. Andreasberg

La route dessert d'abord, au fond de la vallée, l'**ancienne mine d'argent Samson★** *(Grube Samson)*. On peut y voir le *Fahrkunst*, engin d'une simplicité géniale servant à la remontée des mineurs. *✆ 055 82 12 49 - www.braunlage.de - visite guidée (1h15) à 11h et 14h30 : 8 € (« Führung Grube Samson »). Musée : 10h-16h - fermé 1er janv. et 24 déc. et tout nov. - 4,50 € (musée seul).* Le musée abrite une section de géologie : présentation de nombreux minéraux.

Braunlage

Cette importante station touristique est située sur un plateau dominé par les hauteurs boisées du **Wurmberg** (971 m).

★ Schierke

Occupant un site magnifique, ce centre de villégiature (alt. 685 m) desservi par le chemin de fer du Brocken *(Brockenbahn, entre Wernigerode et Brocken* via *Schierke ; 31 € AS ; 47 € AR ; 41 € AR après 14h)* est le point de départ de nombreux sentiers pédestres conduisant notamment au sommet du **Brocken** (alt. 1141 m).

5

Le Harz oriental (OSTHARZ) D3

Itinéraire de 89 km – Comptez une demi-journée.

Dans cette partie du Harz, les forêts font une plus large place aux espèces à feuilles caduques. Bien que moins imposant par son ampleur, le paysage offre des curiosités naturelles plus spectaculaires.

★ Wernigerode

ℹ *Marktplatz 10 - ✆ 03943 55 37 835 - www.wernigerode-tourismus.de.*

C'est l'une des localités les plus attachantes de la région. L'**hôtel de ville★★** du 16e s. (sur la Marktplatz) est considéré comme l'un des plus beaux édifices à colombages d'Allemagne. Wernigerode possède aussi de remarquables **maisons anciennes★★**, en particulier dans la **Breite Straße**. Cette rue, au départ de la Marktplatz, forme l'ensemble le plus pittoresque avec ses alignements de maisons construites par de riches bourgeois aux 16e, 17e et 18e s. Les solives et les panneaux en bois sont souvent décorés de masques et de motifs sculptés, à l'image de la maison dite « Krummelsches Haus » (1674) au n° 72. À voir aussi : le **Schloss Wernigerode**, de style néogothique, qui domine la ville tel un château de conte de fées *(accès possible à pied ou en petit train au départ de la Marktstraße, ttes les 20mn 9h30-17h30 - 6 € ; château : www.schloss-wernigerode.de - avril-oct. 10h-18h ; nov.-déc. : tlj sf lun. 10h-17h, w.-end 10h-18h - 7 €).*

Rübeland

La localité, dont l'activité principale est l'exploitation du calcaire, est connue pour ses grottes issues de l'érosion calcaire. Dans la **grotte de Hermann★** *(Hermannshöhle)*, voyez la salle des Cristaux et le petit étang peuplé de « poissons des cavernes » *(Grottenolmen)* aveugles, vivant dans l'obscurité. *✆ 039454 49132 - www.harzer-hoehlen.de - visite guidée (1h), juil.-août : 9h-17h30 ; fév.-juin et sept.-oct. : 9h-16h30 ; 1ère quinz. de nov. : 9h-15h30 - fermé de mi-nov. au 31 janv. - 8 €.*

Par Blankenburg, on gagne Thale pour suivre la vallée de la Bode.

★★ Vallée de la Bode

La rivière s'est frayé tant bien que mal un passage au milieu d'un dédale de rochers, coulant maintenant au pied d'impressionnantes falaises. Le site le plus spectaculaire est sans conteste la **« Roßtrappe »★★** (le « Pas du cheval »), que l'on gagne à pied en 10mn à partir du parking : du belvédère, qui s'avance vertigineusement dans le méandre, **vue★★★** sur le fond de la vallée, les à-pics rocheux et les lointains boisés. L'endroit doit son nom à la légende qui veut qu'un cheval, monté par une princesse poursuivie par un géant, aurait, en prenant son élan pour franchir le gouffre, laissé l'empreinte de son sabot dans le rocher.

La route serpente au milieu de paysages forestiers tourmentés, en suivant le cours de la rivière. La beauté du site et le caractère accidenté du parcours, jusqu'à la jonction avec la route n° 81, imposent une allure modérée.

À proximité

CARTE DE RÉGION P. 326-327

★ Quedlinburg D3

Pittoresque cité médiévale classée au Patrimoine mondial de l'Unesco, Quedlinburg est nichée au pied d'un imposant piton rocheux sur lequel se dressent son château et son église abbatiale. Vous tomberez sous le charme de la **vieille ville★** et de ses ruelles sinueuses, bordées de maisons à colombages de tous les styles et de toutes les époques.

★ Place du Marché (MARKT)

La place est fermée du côté nord par l'**hôtel de ville**, bâtiment Renaissance (début du 17e s.) à deux étages flanqué d'un portail décoré aux armes de la ville ; à gauche de la façade, statue de Roland (vers 1440). Maisons des 17e et 18e s.

★ Vieilles rues

Parcourez les rues anciennes en faisant le tour, derrière l'hôtel de ville *(par la Marktstraße et le Kornmarkt)*, de l'église St-Benoît. Revenez vers la place du Marché par la Breite Straße, sur laquelle donnent plusieurs ruelles pittoresques. Traversez la place et gagnez la colline du château en flânant dans la Wordgasse (**Fachwerkmuseum** dans la construction à colonnes - *Wordgasse 3 - ✆ 03946 3828 - avr.-oct. : tlj sf jeu. 10h-17h - 3 €*), la Hohe Straße et la Blasiistraße.

En bordure de la charmante **place du Schlossberg★**, une maison de la fin du 16ᵉ s. *(au n° 12)* a vu naître en 1724 le poète Friedrich Gottlieb Klopstock, surtout connu pour son vaste poème épique de *La Messiade*. Le **musée Klopstock** *(Klopstockhaus)* lui est consacré *(✆ 03946 2610 - avr.-oct. : merc.-dim. 10h-17h - 3,50 €)*.

★ Galerie Feininger (FEININGER-GALERIE)

Derrière le musée Klopstock, Schlossberg 11 - ✆ 03946 689 59 380 - www.feininger-galerie.de - ♿ - tlj sf mar., avr.-oct. : 10h-18h ; nov.-mars : 10h-17h - fermé 1er janv., 24 et 31 déc. - 6 €.

Intéressante collection de dessins et d'aquarelles du peintre américain Lyonel Feininger, venu rejoindre le Bauhaus en 1919, où il enseigna jusqu'à la fermeture de l'école par les nazis. Son œuvre, mariant expressionnisme et cubisme, s'inspire de sujets quotidiens, reflets de la vie moderne (usines, ports...).

★ Colline du château (SCHLOSSBERG)

Accès par une large terrasse offrant une belle **vue★** d'ensemble sur la ville.

★★ Église St-Servais (Stiftskirche St. Servatius) – *Tlj sf lun. 10h-18h (16h en hiver) - 4,50 € (6 € avec la crypte).* À l'emplacement de l'église St-Servais primitive, fondée au 9ᵉ s., la basilique actuelle, en forme de croix latine, fut commencée en 1070 et consacrée en 1129. Les **chapiteaux★** et les **frises** de la nef centrale ont été sculptés par des artistes venus du nord de l'Italie. Sous le chœur, la **crypte★★** est divisée en trois nefs dont les voûtes ogivales sont décorées de **fresques★** décrivant des scènes de la Bible. Voir les sarcophages du roi Henri Iᵉʳ et de son épouse Mathilde (10ᵉ s.), et des pierres tombales d'abbesses. Le **trésor★★**, dans la sacristie, renferme des manuscrits, un **évangéliaire** du 10ᵉ s. et, surtout, un **tapis noué de Quedlinburg★** du 12ᵉ s.

Château (Schloss) – Le socle rocheux explique l'irrégularité du plan de cet édifice, construit de la fin du 16ᵉ s. au milieu du 17ᵉ s. Il servait de bâtiment abbatial. Le **musée du Château★** *(Schlossmuseum)* présente l'histoire de la ville de Quedlinburg. On visite le salon de l'abbesse, la salle du trône et la salle des princes (milieu du 18ᵉ s.). *✆ 03946 90 56 81 - www.quedlinburg.de - avr.-oct. : 10h-18h (nov.-mars 16h) - fermé 1er janv., 24-25 et 31 déc. - 3,50 € (pendant la durée des travaux, 4,50 € après).*

Gernrode D3

▶ À 7 km au sud de Quedlinburg.

Évoquée pour la première fois en 961, la **collégiale St-Cyriaque★** présente des caractéristiques typiques du style ottonien : plan basilical à trois nefs, plafond plat et galeries supérieures. La crypte est l'un des premiers exemples de construction de ce style en Allemagne. Le chœur ouest fut transformé au début du 12ᵉ s. La croisée du transept abrite la plaque funéraire du fondateur du couvent, le margrave Gero. Les fonts baptismaux romans datent de la deuxième moitié du 12ᵉ s. Dans le collatéral sud, le **Saint Sépulcre★** demeure un rare et bel exemple de sculpture romane *(Stiftskirche St. Cyriakus – Burgstraße 3 - ✆ 03948 5275 - avr.-oct. : 9h-17h, dim. 12h-17h ; nov.-mars : tlj 15h-16h - 1 €).*

5

Halberstadt D3

▶ À 15 km au nord-ouest de Quedlinburg.

En 804, Charlemagne éleva la mission de Halberstadt au rang de siège épiscopal. Au Moyen Âge, l'ancienne ville hanséatique était un important centre économique, dont l'activité principale était le commerce des étoffes et du lin. La plus grande partie du centre-ville a été détruite par un bombardement juste avant la fin de la guerre.

★★ **Cathédrale St-Étienne** (Dom St-Stephanus) – *✆ 03 941 24 237 - www.kulturstiftung-st.de - ♿ - possibilité de visite guidée (1h) - tlj sf lun. 10h-17h30, dim. 11h-17h30 (nov.-mars 16h) - fermé 24 et 31 déc. - 1 €.* Par son allure générale et son ampleur, la **cathédrale St-Étienne** s'apparente aux cathédrales françaises. Sa construction débuta en 1240 et la nef fut achevée vers la fin du 15e s. Le **jubé**★, clos dans sa partie inférieure, est finement ouvragé dans le goût du gothique flamboyant (vers 1510). Au-dessus, le **groupe de la Croix triomphale**★ offre un bel exemple de sculpture romane tardive. Sur le côté sud de la nef s'ouvre le cloître (chemin de croix du 13e s.).

★★ **Trésor** (Domschatz) – *8 €.* Le **trésor** se compose de précieux vêtements liturgiques et d'objets du culte, ainsi que d'un ensemble de tapisseries (12e s.), notamment la tapisserie d'Abraham longue de plus de 10 m.

Nos adresses

Restauration

Pour se faire plaisir

Weinstube – *Billungstr. 11 - (hôtel Am Brühl) - ✆ 03946 96180 - www.hotelambruehl.de - à partir de 18h - fermé dim. de janv. à mars - plat 20/29 €.* Ici, c'est l'étable qui a été convertie en une ravissante cantine ! Et avec Stefan Heyne aux fourneaux, on est rarement déçu : gnocchi de betteraves, assortiment de fromages allemands au raisin et moutarde de figues... L'été, ils servent aussi dans la cour. Charmant.

Petite pause

Café am Finkenherd – *Schloßberg 15 - ✆ 03946 810373 - www.kaesekuchencafe.de - 11h-18h.* Ce café traditionnel qui occupe quatre vieilles maisons à pans de bois est apprécié pour son large choix de tartes et ses *Käsekuchen (cheesecakes).*

Hébergement

Budget moyen

Hotel Theophano – *Markt 13/14 - ✆ 03946 96300 - www.hotel-theophano.de - P - 29 ch. 107/119 € ☕.* Dans cette maison à colombages, chambres coquettes, aménagées avec soin et agrémentées de beaux tissus d'ameublement.

Pour se faire plaisir

Schlosshotel Zum Markgrafen – *Weingarten 30 - ✆ 03946 81140 - www.schlosshotel-zum-markgrafen.de - P 5 €/j. - 12 ch. 120/130 € ☕.* Proche de la place du Marché, cette villa construite en 1898 est située au cœur d'un parc de 12 000 m². Idéal pour un jogging le matin... Chambres élégantes, dotées d'un mobilier italien.

Maisons à colombages, Wolfenbüttel
H.-D. Falkenstein/imageBROKER/age fotostock

Wolfenbüttel ★★

Sortie intacte de la Seconde Guerre mondiale, la charmante cité de Wolfenbüttel possède un ensemble exceptionnel de maisons Renaissance. Elle fut pendant trois siècles, jusqu'au transfert de la cour à Brunswick en 1753, une résidence régulière des ducs de Brunswick et Lunebourg qui surent s'entourer des meilleurs architectes. Wolfenbüttel a également attiré artistes, écrivains (Lessing) et compositeurs.

Se repérer

52100 habitants – Basse-Saxe

CARTE DE RÉGION D3 (P. 326-327)
PLAN DE VILLE P. 360

Wolfenbüttel, située au sud-est de Hanovre, est accessible par l'autoroute A 2 (50 km environ) et l'A 391. À 1h de train de Hanovre avec changement à Braunschweig.

À ne pas manquer

Le centre historique.

Organiser son temps

Comptez une demi-journée.

Nos adresses p. 363

5

Se promener

PLAN DE VILLE P. 360

Stadtmarkt 7A - 053 31 862 80 - www.wolfenbuettel-tourismus.de.

★★ Maisons à colombages AB2

Elles forment un ensemble pittoresque reflétant dans sa diversité la structure sociale de Wolfenbüttel au temps des ducs. Les demeures des hauts fonctionnaires de la cour, construites autour de 1600, présentent une façade majestueuse,

soulignée par des avancées flanquant l'entrée principale. On les trouve dans la **Kanzleistraße**, la **Reichsstraße** et l'ouest de la **Harzstraße**.
Remarquez au n° 12 de la Harzstraße les figures grotesques baroques, ainsi que les versets de l'Ancien Testament. La décoration est plus abondante sur les maisons des petits fonctionnaires et des commerçants ; leur façade plus large et plus aplatie est dominée par un pignon unique *(Lange Herzogstraße, Brauergildenstraße, Holzmarkt, Krambuden)*. Les maisons les plus simples *(Krumme Straße, Stobenstraße)* ne comportent que deux niveaux souvent joliment décorés de motifs polychromes en éventail. Les maisons d'angle à oriels peu saillants sont une particularité de la ville. La place centrale *(Stadtmarkt)* est l'ensemble le plus homogène de ces maisons à colombages.

★ Place du Marché (STADTMARKT) A2

Les maisons bourgeoises bordant les côtés nord et ouest (16e-17e s.) de la place du Marché forment l'**hôtel de ville**. Le poids municipal est reconnaissable à son portail surmonté de la sentence du roi Salomon et des armes de la ville.
La statue du duc Auguste le Jeune (1635-1666) honore l'un des princes les plus cultivés de la dynastie de Brunswick-Wolfenbüttel.

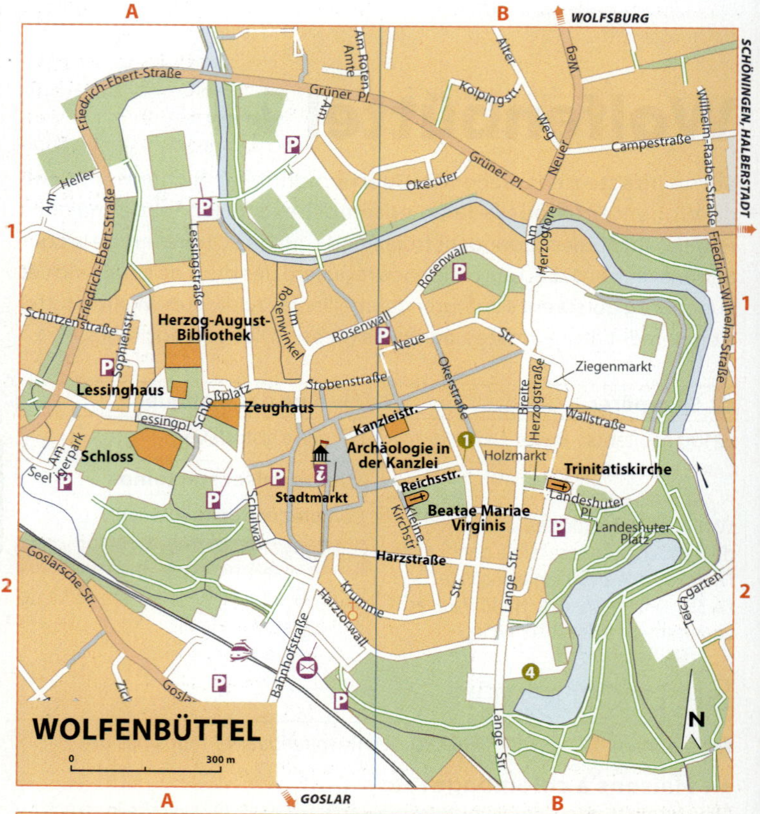

SE LOGER

Hotel Bayrischer Hof 1
Parkhotel Altes Kaffeehaus 4

La ville de la Jägermeister

La *Jägermeister* (« Maître Chasseur ») a été inventée à Wolfenbüttel en 1935. Cette boisson alcoolisée au goût unique se compose de 56 plantes, racines et extraits de fruits que l'on fait mûrir pendant douze mois. Le cerf sur l'étiquette fait référence à saint Hubert, patron des chasseurs. Selon la légende, au 7e s. de notre ère, le roi Hubert se détourna des fastes de la royauté, après la mort de son épouse Floribana, pour s'adonner à la chasse. Lors d'une de ses escapades, un cerf avec une croix flottant entre ses bois lui apparut. Cette vision inspira la vocation du saint qui abandonna son titre et ses richesses pour fonder plusieurs monastères.

★ Château de Wolfenbüttel (SCHLOSS WOLFENBÜTTEL) A2

05331 92 460 - www.schlosswolfenbuettel.de - tlj sf lun. 10h-17h - 5 € (gratuit 1er vend. du mois) - audioguide en français gratuit.

On accède au **château** par l'amusante rue étroite à arcades dénommée Krambuden. Ancien château fort du 12e s. conquis par Henri le Lion, il subit de très nombreuses transformations avant de devenir le deuxième plus grand château de Basse-Saxe (après le *Leineschloss*, à Hanovre), paré d'une belle **tour**★ Renaissance et d'une magnifique façade baroque. Cette résidence guelfe fut, aux 16e et 17e s., grâce à ses ducs mécènes, le centre culturel du Land.

Appartements princiers – *Accès par la cour intérieure et l'escalier principal.* Le musée du château abrite les appartements princiers officiels de la période 1690-1750. Meubles précieux, tapisseries, tableaux et belles porcelaines donnent un bon aperçu de l'aménagement intérieur à l'époque du baroque rayonnant et flamboyant, comme les magnifiques murs en marqueterie incrustée d'ivoire du cabinet de la duchesse. L'opulente décoration en stucs est due à Jacopo Perinetti (1694).

Maison de Lessing (LESSINGHAUS) A1

Lessingplatz 2 - 05331 80 80 - www.hab.de - ♿ - tlj sf lun. 10h-16h - fermé 1er janv., Vend. saint, 24-25 et 31 déc. - 5 €.

Gotthold Ephraim Lessing, le grand dramaturge, passa dix ans de sa vie dans ce pavillon (1770-1781) comme bibliothécaire de la cour. Il y écrivit notamment *Nathan le Sage*. À l'intérieur de la maison, les pièces ont été aménagées en musée et évoquent l'artiste et son époque. À côté se dresse l'**Arsenal** *(Zeughaus,* A1-2*)*, construction Renaissance aux pignons à décrochements flanqués de volutes et d'obélisques. Beau portail à bossages sur la façade ouest.

5

★ Bibliothèque Herzog-August (HERZOG-AUGUST-BIBLIOTHEK) A1

Lessingplatz 1 - 05331 80 80 - www.hab.de - tlj sf lun. 10h-16h - fermé 1er janv., Vend. saint, 24-25 et 31 déc. - 5 €.

Fondée en 1572 par le duc Julius, la **bibliothèque** fut au 17e s. la plus importante de tout l'espace germanophone. Centre actif de recherche, elle abrite un million de volumes, dont de précieux manuscrits et enluminures du Moyen Âge (rare exemplaire du *Miroir des Saxons*, 14e s., et précieux **évangéliaire d'Henri le Lion**, 12e s.) exposés dans l'*Augusteer-Halle*, nouvelle salle du trésor. Dans la salle des globes, deux globes, un terrestre et un céleste, des cartes et un portulan (carte marine) renseignent sur les connaissances géographiques des 15e, 16e et 17e s.

Musée archéologique (ARCHÄOLOGIE IN DER KANZLEI) B2

Kanzleistraße 3 - 05331 858 69 90 - www.3landesmuseen.de - sam.-dim. 10h-17h - 4 €.

L'ancienne chancellerie ducale, coquet bâtiment de la Renaissance édifié (1587) par Hans Vredemann de Vries et reconnaissable à son badigeon orange sanguine, est aujourd'hui une annexe du musée de Braunschweig. Sa spécialité : **l'archéologie**, depuis les temps lointains des chasseurs-cueilleurs jusqu'au 8e s. apr. J.-C. La région de Wolfenbüttel, où l'on a exhumé en 1952 les restes d'un Neandertalien, intéresse au plus haut point les préhistoriens, car elle se situe à la charnière entre deux civilisations européennes très différentes : la « culture de Wartberg » (à l'Ouest), qui inhumait ses défunts dans des tombes mégalithiques, et la « culture de Bernburg » (à l'Est) qui les ensevelissait dans des cabanes funéraires.

Église évangélique (HAUPTKIRCHE BEATAE MARIAE VIRGINIS) B2

Kornmarkt - 10h-12h, 14h-16h - fermé dim.-lun. - 1 €.

Elle fut élevée en 1608 sur le Kornmarkt par l'architecte Paul Francke. Sa construction fut influencée par l'architecture du gothique flamboyant.

Église de la Trinité (TRINITATISKIRCHE) B2

Mar. 11h-13h, merc. 11h-13h et 14h-16h, jeu. 14h-16h, sam. 11h-16h.

L'**église de la Trinité**, qui ferme le *Holzmarkt* à l'est, fut construite en 1719 en réutilisant une porte de ville à deux tours, d'où sa curieuse silhouette très aplatie.

À proximité

CARTE DE RÉGION P. 326-327

Braunschweig D2

À 13 km de Wolfenbüttel par l'A 395 ; à 10mn de train (RB).

Kleine Burg 14 - 0531 470 2040 - www.braunschweig.de/tourismus - 10h-18h30, sam. 10h-16h (dim. 10h-12h de mai à sept.).

La deuxième plus grande ville de Basse-Saxe après Hanovre (252 800 hab.) mérite plus qu'un rapide coup d'œil. Elle a été très abîmée par la guerre, mais conserve çà et là quelques « îlots » anciens. La **Burgplatz**, par exemple, qui était au 12e s. le centre du pouvoir ducal. C'est là que l'illustre Henri le Lion, duc de Saxe et de Bavière, a édifié son église – l'actuelle **cathédrale St-Blaise** *(Dom St. Blasii - 10h-17h ; à l'intérieur, restes de fresques du 13e s.)* – mais aussi sa résidence, l'actuelle **Burg Dankwarderode**, à l'impressionnante salle des Chevaliers *(tlj sf lun. 10h-17h - 5 €)*. Le bâtiment classique situé juste en face, au no 1 de la Burgplatz, vous dira tout sur l'histoire du duché de Brunswick, des débuts du Moyen Âge jusqu'à sa disparition en 1918 *(***Braunschweigisches Landesmuseum** *- 0531 12150 - www.3landesmuseen.de - mar.-dim. 10h-17h (1er mar. du mois 20h) - 3 €).*
Autre « îlot » ancien : le quartier dit **Magniviertel**, situé au sud-est de la Burgplatz. Ses maisons à pans de bois composent un charmant ensemble autour de l'Ackerhof no 2, daté de 1432. De là, vous pouvez rejoindre en quelques minutes à pied le plus ancien musée public d'Allemagne : le **Herzog-Anton-Ulrich-Museum**, fondé en 1754 *(Museumstraße 1 - 0531 12250 - www.3landesmuseen.de - tlj sf lun. 11h-18h - 9 €)*. Sa collection de maîtres anciens, initiée par le duc Anton Ulrich, compte aujourd'hui 1 400 œuvres, signées Cranach, Rembrandt, Rubens et Vermeer (**La Jeune fille au verre de vin★**, 1659).

★★ Autostadt D2

À 50 km au nord-est, à Wolfsburg, au nord du centre-ville, Stadtbrücke. 053 61 400 (depuis l'étranger) ou 0800 288 678 238 - www.autostadt.de - - 9h-18h - fermé 24 et 31 déc. - 15 € (6 € pour les 6-17 ans), 7 € après 16h.

Cette « ville de la voiture » de 28 ha, aménagée par le groupe Volkswagen (Audi, Lamborghini, Porsche, Seat...) à proximité immédiate de ses ateliers de production,

se caractérise par ses beaux plans d'eau et de verdure, parsemés de constructions à l'architecture impressionnante. Tout est en rapport avec la voiture, son histoire, ses valeurs, ainsi que son avenir.
Lorsque le visiteur s'aventure dans cette cité par le **KonzernForum** (forum du groupe), il pénètre dans un monde marqué par les techniques les plus modernes, où cinémas, simulateurs et installations virtuelles se succèdent. L'**AutoWerk** (atelier automobile) se concentre sur les sept étapes de la fabrication et les techniques des véhicules. La **Zeithaus** (maison du Temps) est consacrée à l'histoire de l'automobile, abritant des voitures célèbres (coccinelle de John Lennon), et évoque l'histoire du succès de la marque VW. Dans le **KundenCenter** (service clientèle), avec les tours automobiles (**AutoTürme**) éclairant la nuit, des voitures à peine sorties de l'usine sont même à votre disposition.
Des installations spéciales ont aussi été prévues pour les enfants que vous pourrez laisser en toute confiance. Restaurants, cafétérias et hôtel cinq étoiles complètent le tableau de cette ville d'un autre genre. Du lundi au vendredi, possibilité de visite guidée de l'immense usine Volkswagen *(1h, 5 € ; 2h, 11 €)*.

Nos adresses

Restauration

Pour se faire plaisir

À Braunschweig

Zucker – *Frankfurter Str. 2 - 38122 Braunschweig - 0531 281980 - www.zucker-restaurant.de - 12h-15h, 18h-22h - fermé dim. - plat 18/39 €, menu déjeuner 45 €.* Dans un décor industriel (une ancienne raffinerie de sucre), Alexander Riehl apprête avec talent une cuisine de saison qui lorgne du côté de l'Autriche. Comptez 26 € pour un *Tafelspitz* au raifort et gratin de pommes de terre.

Hébergement

Budget moyen

1 **HotelBayrischer Hof** – B2 - *Brauergildenstr. 5 - 05331 5078 - www.bayrischer-hof-wf.de - 17 ch. 77 € - plat 14/19 €.* Les chambres, toutes différentes, occupent une belle maison à colombages du 16e s. Certaines donnent sur la place et l'église évangélique.

4 **Parkhotel Altes Kaffeehaus** – B2 - *Harztorwall 18 - 05331 8880 - www.parkhotel-wolfenbuettel.de - P - 75 ch. 134 € - plat 13/27 €.* Hôtel au confort moderne et aux chambres soignées. Déjeuner dans le restaurant très lumineux ou la grotte des vins *(Weingrotte)*.

Celle ★★

Jadis résidence des ducs de Brunswick-Lunebourg, Celle a gardé le cachet d'une cité aristocratique. Ses remarquables maisons à colombages, échappant miraculeusement aux ravages des guerres, sont restées intactes au fil des siècles et son château a été magnifiquement restauré.

Se repérer

69 600 habitants – Basse-Saxe

CARTE DE RÉGION C2 (P. 326-327)

Celle se situe à la lisière de la Lande de Lunebourg, à 40 km au nord-est de Hanovre par l'autoroute A 37 qui se prolonge par la B 3, ou encore à 35mn de la gare de Hanovre en S-Bahn n° 6.

Organiser son temps

Comptez environ 1h pour la découverte du centre historique.

En famille

Le Musée des moulins à Gifhorn.

Nos adresses p. 366

★★ La vieille ville

Markt 14-16 - ☏ 05141 909080 - www.celle-tourismus.de.

Riche en maisons à colombages (on en dénombre 450), la vieille ville de Celle forme un harmonieux ensemble essentiellement piéton. Les maisons anciennes sont particulièrement nombreuses dans la Neue Straße, la Zöllnerstraße, la Poststraße (Hoppenerhaus habilement sculptée, 1532) et la Kalandgasse, près de l'église (**Alte Lateinschule**, 1602).

Hôtel de ville (RATHAUS)

Crépi de blanc, l'**hôtel de ville** regroupe différents styles de la Renaissance. Le pignon nord, élevé en 1579 par des artisans venus des bords de la Weser, est bordé de volutes et couronné de pinacles fantaisistes.

★ Château (SCHLOSS)

Schlossplatz 1 - ☏ 05141 9090 850 - www.celle-tourismus.de - tlj sf lun. 10h-17h (nov.-avril 11h-16) - visite guidée (en allemand) : avr.-oct. 11h, 13h, 15h (sam. ttes les heures 11h-15h) ; nov.-mars : mar.-vend. 12h et 14h (w.-end 12h, 13h et 14h) - 8 € (9 € avec la visite guidée).

La construction de ce château débuta en 1292. Il servit d'abord de fortification à la ville. Transformé dans le style Renaissance en 1530, il fut finalement « baroquisé » à la fin du 18e s. Le dernier duc à y avoir résidé fut Georges Guillaume de Brunswick-Zelle (1624-1705). L'infortunée reine Caroline Mathilde du Danemark y mourut, exilée, en 1775. Elle avait 24 ans.

Le château est flanqué de tours d'angle massives. La façade est, orientée vers la ville, est surmontée de lucarnes à fronton arrondi, tout à fait dans le style de l'art Renaissance de la Weser.

La **chapelle★★**, l'un des plus beaux témoins de la Renaissance dans le nord de l'Allemagne, est une œuvre originale de la Renaissance : ses tribunes sont en partie ouvertes, en partie vitrées. Le tableau d'autel représentant la Crucifixion est l'œuvre du peintre flamand Martin de Vos (1532-1603), qui dirigea l'aménagement de la chapelle à la fin du 16e s. Le **théâtre**, construit en 1674 sur le modèle italien, passe pour être le plus ancien théâtre de cour d'Allemagne.

Le musée Bomann.
imageBROKER/hemis.fr

Le **Residenz Museum**, dans l'aile est, est consacré à l'histoire du château sous le règne des ducs de Brunswick-Lunebourg et des rois de Hanovre.

★ Musée Bomann (BOMANN-MUSEUM)

Schlossplatz 7 - ✆ 05141 124555 - www.bomann-museum.de - ♿ - tlj sf lun. 11h-17h - fermé 24, 25 et 31 déc. - 8 € (gratuit sam. à partir de 13h).
Cet intéressant musée évoque la vie quotidienne et les métiers traditionnels de la Basse-Saxe. Grâce à Wilhelm Bomann, collectionneur passionné d'ethnographie locale, on peut y voir différents **intérieurs reconstitués**, dont la *Handorfer Stube* (1803), ainsi qu'une ferme (1571) de la lande de Lunebourg. Vous noterez la forme particulière des ruches (on pensait autrefois que les visages qui les décorent éloignaient les maladies) et des protège-sabots *(Pferdemoorschuhe)* portés par les chevaux pour qu'ils ne s'enfoncent pas dans la tourbe. Des « chefs-d'œuvre » et des coupes en argent et en étain rappellent les anciennes guildes de Celle.

★ Église (STADTKIRCHE ST. MARIEN)

Avr.-déc. : mar.-sam. 10h-18h ; janv.-mars : mar.-sam. 11h-17h - tour (Kirchturm) : 2 €.
Cette église gothique a été « baroquisée » par des stucateurs italiens entre 1676 et 1698. Notez l'**autel** (1613), où se combinent ornements Renaissance et éléments baroques, les stalles des princes (1565-1566) sous l'orgue et les fonts baptismaux (1610). Dans le **caveau des princes** *(sous le chœur, accessible seult merc. et jeu. à 16h)* reposent les ducs de Brunswick de la branche de Celle.

5

À proximité CARTE DE RÉGION P. 326-327

★ Couvent Wienhausen (KLOSTER WIENHAUSEN) C2

À 10 km au sud. An der Kirche 1 - ✆ 05149 18 660 - www.kloster-wienhausen.de - visite guidée (en allemand, sur demande en anglais ou en français) - de mai à mi-oct. : tlj sf lun. à 11h et 14h-16h, dim. 12h-16h - 7 € (10 € avec la visite de la collection de tapisseries).

Cet ancien **couvent** de moniales cisterciennes fut fondé en 1233. Occupé depuis la Réforme par une petite communauté de chanoinesses protestantes, il abrite des trésors de valeur, parmi lesquels la statue de pierre de la fondatrice (1280) et les statues en bois de la Vierge de Wienhausen et du Christ ressuscité (13e s.). Le **chœur des moniales** est décoré de splendides **peintures murales★** du début du 14e s. Une fois par an, à partir du vendredi suivant la Pentecôte, les célèbres **tapisseries de Wienhausen** (1300-1500), exécutées par les anciennes nonnes, sont exposées pendant dix jours.

Bergen-Belsen C2

À Lohheide, à 25 km au nord-ouest par la B 3 ; liaison en bus n° 900 depuis Celle (8/j lun.-vend. avec changement à Winsen Küsterdamm) puis bus n° 110. ✆ 05 051 47 590 - bergen-belsen.stiftung-ng.de - 10h-17h (avr.-sept. 18h) - fermé 24-26, 31 déc. et 1er janv. - entrée libre.

Dans la solitude d'une clairière se dresse le **mémorial** rendant hommage aux victimes du camp de concentration de Bergen-Belsen, érigé en 1946. À l'entrée, le **centre de documentation** accueille une exposition permanente retraçant l'histoire du camp.

Le monument – *45mn à pied AR au départ du parc de stationnement.* Passant à côté de tumulus qui marquent l'emplacement des fosses communes, on atteint le monument de tuf clair : un obélisque, portant des inscriptions en treize langues, honore la mémoire des victimes de la politique d'extermination menée par les nazis. La victime la plus connue est Anne Frank.

Musée des Moulins (WIND - UND WASSERMÜHLEN-MUSEUM), à ★★ Gifhorn D2

À 45 km à l'est de Celle - ✆ 05371 55 466 - www.muehlenmuseum.de - de mi-mars à fin oct. : 11h-17h - 12 € (enf. 5 €).

Le vaste parc agrémenté de petites étendues d'eau navigables (possibilité de louer des barques) accueille une collection unique de 16 moulins, à eau ou à vent, tous différents les uns des autres. La « maison de cuisson » vous accueille pour la restauration tandis que le pain est cuit dans l'un des deux fours en pierre de la « maison du pain ».

Nos adresses

Restauration

Budget moyen

Weinkeller Postmeister von Hinüber – *Zöllnerstr. 25 - ✆ 05141 28444 - www.weinkeller-celle.de - fermé dim.-lun. et midi (sf sam.) - plat 9/26 €.* L'intérieur de cette maison à colombages surprend par son cadre coquet. C'est une belle taverne rustique dotée d'une cave en brique.

Der Ratskeller Celle – *Markt 14 - ✆ 05141 29099 - rkcelle.de - fermé dim.-lun. - menu déj. 22 €, plat 15/28 €.* Les salles aux voûtes gothiques rappellent les temps anciens. Plats régionaux et internationaux.

Petite pause

Baxmann – *An der Stadtkirche 1 - ✆ 05141 9519777 - www.konditorei-baxmann.de - 9h-18h, sam. 9h-17h30, dim. 10h-17h30 - fermé lun.* Pâtissier-chocolatier réputé pour son choix de cafés, thés et gâteaux (cheesecake au pavot, tartelette aux fruits de la passion...).

Shopping

Huth's – *Großer Plan 7 - ✆ 05141 6008 - www.huthskaffee.de - lun.-vend. 9h-18h, sam. 9h-15h30.* Au 19e s., cette épicerie fine était le fournisseur attitré de la Cour royale de Hanovre. Aujourd'hui, elle a en rayon des cafés bien torréfiés, un petit riesling de derrière les fagots mais aussi du miel de la Lüneburger Heide, des confitures de sureau et des compotes de prune maison.

En soiree

Schlosstheater – *Schlossplatz 1 - ✆ 05141 9050875 - schlosstheater-celle.de - billetterie : Markt 18, 10h-17h, sam. 10h-13h ; relâche en juil.* Au 2e étage du château, le vieux théâtre de 300 places est encore opérationnel ! La programmation est variée – contes de Grimm, drames de Schiller, comédies de Goldoni, musique, danse... – et le cadre, baroque à souhait.

Hébergement

Budget moyen

Hotel Am Hehlentor – *Nordwall 62-63 - ✆ 05141 8856900 - www.hotel-am-hehlentor.de - 16 ch. 95/99 €* ☕. L'intérieur de cette charmante maison à colombages est plutôt moderne. On peut déjeuner dans la cour intérieure l'été.

Hotel Borchers – *Schuhstr. 52 - (Passage) - ✆ 05141 911920 - www.hotelborchers.com - 19 ch. 85/95 €* ☕. Ce charmant 3 étoiles situé au cœur de la vieille ville est une dépendance du très chic hôtel Fürstenhof. Personnel souriant, bon petit déjeuner, jolie cour intérieure.

Les moulins de Gifhorn.
P. von Collani/Westend61 RM/age fotostock

Brême ★★

Bremen

« Je vais à Brême pour m'y faire musicien, viens avec moi. Je jouerai du luth et toi, tu sonneras les timbales. » C'est ainsi que l'âne s'adresse au chien dans le conte des frères Grimm, qui popularisa le nom de la cité. Également réputée pour sa bière, la Beck's, Brême compte aujourd'hui parmi les ports les plus importants d'Europe grâce à son extension, Bremerhaven. Pour autant, la ville n'a rien d'un centre industriel dénué d'âme. Son cœur historique à l'architecture variée, son ancien quartier des pêcheurs, aux maisons de poupée et aux bistrots animés, ainsi que les promenades sur les rives de la Weser, en font une ville dynamique au charme indéniable. Elle accueille l'été un festival de musique classique auquel participent des interprètes de renommée internationale.

Se repérer

569 300 habitants – Brême

CARTE DE RÉGION B3 (P. 326-327)

PLAN DE VILLE P. 369

La ville de Brême est desservie par l'autoroute A 1 qui relie Hambourg au nord-est (125 km) et Cologne au sud-ouest (317 km), alors que l'A 27 et l'A 7 mènent à Hanovre (131 km).

Organiser son temps

Comptez une journée.

En famille

Le musée d'Outre-Mer, le Botanika et la Cité des Sciences Universum.

Carnet pratique p. 376

Nos adresses p. 376

Le Vieux Brême

PLAN DE VILLE CI-CONTRE

Itinéraire tracé en vert – Comptez 2h.

★★ Place du Marché (MARKTPLATZ) A2

Au cœur du vieux Brême, la vaste place du Marché s'entoure des monuments les plus anciens de la ville. Au centre, la gigantesque **statue de Roland**, surmontée d'un baldaquin gothique (près de 10 m de haut), érigée en 1404 devant l'hôtel de ville, symbolise la liberté de la Hanse et le droit de marché ; le chevalier porte le glaive de la justice et le bouclier orné de l'aigle impérial.

Le **Schütting**, élégant bâtiment du 16e s., est l'ancien siège de la corporation des marchands. La **décoration**★ de sa façade est d'inspiration flamande.

Église paroissiale Notre-Dame (UNSER LIEBEN FRAUEN KIRCHE) A2

Lun.-sam. 11h-16h, dim. 12h-13h - concerts d'orgue vend. de 17h à 17h30 (www.orgelpunkt-bremen.de).

La construction de l'église paroissiale Notre-Dame commença en 1229. Cette église-halle qui, à l'exception de la chaire de 1709, renonce à toute parure, est caractérisée par ses voûtes d'ogives bombées, qui sont encore d'origine. Arrêtez-vous devant les quatre **vitraux**★ qui représentent des scènes de la Bible : ils sont l'œuvre (1966-1979) d'Alfred Manessier (le vitrail de la Pentecôte, côté chœur, est particulièrement réussi). Sous la partie nord-est de l'église se trouve une

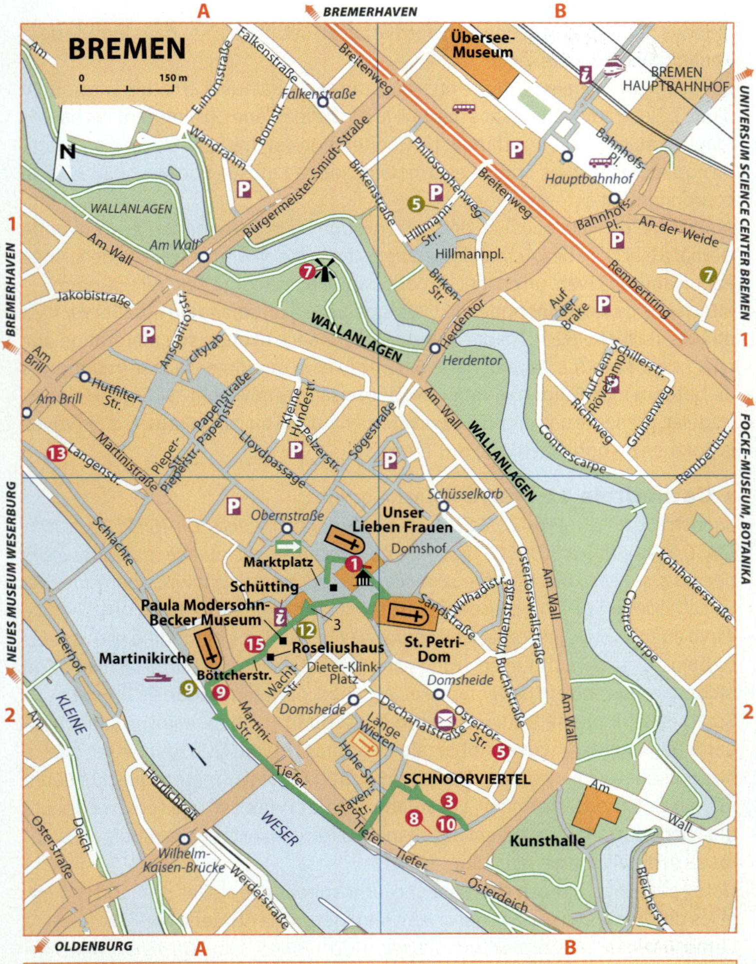

SE RESTAURER
- Beck's in'n Snoor 3
- Bremer Ratskeller 1
- Comturei 5
- Kaffee Mühle 7
- Katzen-Café 10
- Paulaner's 13
- Ristorante da Francesco 9
- Ständige Vertretung 15
- Teestübchen im Schnoor 8

SE LOGER
- Achat Plaza City-Bremen 5
- Alexander von Humboldt 9
- Hotel Buthmann 7
- Hotel Classico 12

INDEX DES RUES
- Schüttingst 3

crypte très dépouillée remontant à l'église St-Guy, qui occupait précédemment le même site. Datée de 1020, c'est le plus ancien espace clos préservé de Brême.

★ Hôtel de ville (RATHAUS) A2

Am Markt 21 - ✆ 0421 30 800 10 - www.bremen-tourismus.de - visite guidée (1h) 11h, 12h, 15h, (sam. aussi 16h), dim. 11h, 12h –rendez-vous : entrée côté cathédrale – modifications fréquentes, se renseigner et réserver auprès de l'OT - 6,50 €.

L'hôtel de ville, inscrit depuis 2004 sur la liste du Patrimoine mondial de l'Unesco, se compose d'un corps principal gothique dont les superstructures à

5

pignons décoratifs sont une transformation du début du 17e s., dans le style de la Renaissance de la Weser.

La façade principale se divise en trois étages : la galerie à arcades surmontée d'une balustrade richement sculptée, la partie médiane où alternent les hautes fenêtres et les statues gothiques de Charlemagne et des Sept Électeurs (il s'agit de copies, les statues originales sont exposées au musée Focke, voir p. 372), le couronnement à trois pignons.

À un angle de l'aile ouest se dresse le groupe de bronze moderne – œuvre de Gerhard Marcks – des *Animaux musiciens de la ville de Brême* (pyramide formée par un âne, un chien, un chat et un coq), rappelant le conte des frères Grimm.

Intérieur – La salle d'honneur du 1er étage s'orne d'un splendide **escalier★★** à vis en bois sculpté (1620). Sa décoration Renaissance évoque son affectation aux cours de justice *(Le Jugement de Salomon)* et le monde de la mer (maquettes de bateaux). La **Güldenkammer★★**, petite salle rénovée en 1905 par Heinrich Vogeler, présente un somptueux revêtement mural en cuir rehaussé d'or (voyez la poignée de porte en forme de héron).

★ Cathédrale St-Pierre (ST. PETRI-DOM) B2

Sandstraße 10-12 - ✆ 0421 36 50 40 - entrée tour (lun.-vend. 10h-16h30, sam. 10h-13h30, dim. 14h-16h30) : 1 € - brochure en français - visite guidée (quelques jours par mois, se rens.) 6 €. Nombreux concerts, programme sur www.stpetridom.de.

La cathédrale St-Pierre présente quasiment les mêmes structures que l'édifice élevé au 11e s., mais les travaux effectués aux 16e et 19e s. ont modifié son aspect. La balustrade de la tribune d'orgue est ornée de sculptures parmi lesquelles on reconnaît, au centre, Charlemagne et Willehad, premier évêque de Brême.

Sous cette tribune se trouve la **crypte ouest** du 11e s. : chapiteaux romans (lombards) et magnifique **cuve baptismale★★** en bronze (vers 1220) portée par quatre hommes chevauchant un lion. On remarquera également un petit orgue du célèbre facteur Gottfried Silbermann. Les colonnes de la **crypte est**, réalisées aux débuts de la période franque, arborent des chapiteaux en damier ornés de motifs empruntés au symbolisme germanique.

Notez aussi les stalles en chêne du chœur, inspirées des stalles de Magdebourg, et les différentes épitaphes qui ornent les piliers de la nef centrale.

Le **musée de la Cathédrale** *(Dom-Museum - 10h-16h45, sam. 10h-13h30, dim. 14h-16h45, gratuit)* renferme des objets venant de tombes découvertes sous la nef.

Une tradition d'importation

Brême obtint très tôt le droit de marché, adhéra à la Hanse en 1358 et fut déclarée ville libre d'Empire en 1646. Dès 1783, elle était en relation commerciale directe avec les États-Unis d'Amérique. Le commerce du café, notamment, est une tradition vieille de plus de trois siècles. C'est en 1673 – bien avant Vienne et Hambourg – que se serait ouvert dans les pays germaniques le premier établissement servant la précieuse boisson. La moitié du café consommé en Allemagne transite aujourd'hui par ses ports. Environ un tiers de la population brêmoise dépend directement ou indirectement de ceux-ci, qui englobent les complexes portuaires de la ville même et de Bremerhaven. Ils constituent, après Hambourg, le deuxième port maritime d'Allemagne, et un centre prédominant d'importations européennes (d'automobiles pour l'essentiel).

Place du Marché et statue de Roland.
westend 61/hemis.fr

Par la cour intérieure, on accède à la **cave au plomb** *(Bleikeller)*, où l'on découvre huit cercueils de verre contenant des corps momifiés. Cette momification est attribuée à l'air extrêmement sec qui règne dans la cave *(horaires sous réserve merc.-vend. 10h-16h45, sam. 10h-13h45, dim. 14h-16h45 - 2 €, 3 € billet combiné avec la tour)*.

★ Böttcherstraße A2

Cette rue étroite relie la Marktplatz à la Weser. Le négociant Roselius, enrichi par le commerce du café, la fit construire de 1923 à 1933. Alors que les architectes Runge et Scotland s'inspirèrent de l'architecture locale, Bernhard Hoetger s'inspira, lui, du style expressionniste enrichi de Jugendstil et d'Art déco. Les hautes maisons de brique à pignons de cette rue unique en son genre abritent des galeries d'art, des magasins et des musées. Un carillon de porcelaine, placé entre deux pignons, se fait entendre à 12h, 15h et 18h *(toutes les heures entre 12h et 18h l'été)*. Vous trouverez aux nos 6-10 de cette rue les deux musées suivants, désormais reliés par un passage direct :

★ **Musée Paula-Modersohn-Becker** – *✆ 0421 338 82 22 - www.museen- boettcherstrasse.de - tlj sf lun. 11h-17h - visite guidée sur demande - billet combiné pour les 2 musées : 9 €.* La maison de Paula Modersohn-Becker, construite par Bernhard Hoetger, constitue un cadre idéal pour exposer les toiles, esquisses et gravures de cette femme peintre (1876-1907), précurseur de la peinture moderne, qui vécut à Worpswede mais aussi à Paris et à Meudon dans le pavillon de Rodin. Signalons, parmi ses œuvres les plus touchantes : *Enfant endormi* de 1904 et *Maisons, bouleaux et lune* de 1902.

Musée dans la maison de Roselius *(Museum im Roseliushaus)* – *✆ 0421 338 82 22.* Cette vieille maison de négociant, qui date de 1588, abrite de précieux meubles, tableaux et objets d'art (12e-19e s.). La collection créée par Ludwig Roselius comporte notamment des œuvres de Cranach l'Ancien (portraits de Luther et de sa femme Katharina) et une Pietà de Tilman Riemenschneider.

Au n° 2, la **maison Atlantis** (1931), immeuble décoré de signes du zodiaque, possède un curieux escalier tournant de verre et de béton. *Dans le Bremen Radisson Blu Hotel - ✆ 0421 30 800 10 - visible dans le cadre du tour guidé « Böttcherstraße und Himmelsaal » organisé par l'OT de Brême, le dim. à 11h - 8,50 €.*
Non loin, au-delà de la Martinistraße, sur les bords de la Weser, se dresse l'**église St-Martin** *(St. Martinikirche - mai-oct. : tlj sf dim. 10h30-12h30, 15h-17h)*, de type halle (13e et 14e s.).
Quittez la Böttcherstraße en remontant la Weser le long du quai. Après avoir dépassé le pont, prenez la première ruelle sur la gauche.

★ Quartier du Schnoor (SCHNOORVIERTEL) B2

Les maisonnettes du Schnoor, dernier vestige du vieux Brême, étaient habitées naguère par les pêcheurs. De styles différents (15e-19e s.), elles ont été restaurées et abritent aujourd'hui des restaurants, des galeries, des boutiques d'antiquités et d'artisanat. Le soir, les ruelles du quartier sont très animées.

À voir aussi

PLAN DE VILLE P. 369

★ Galerie d'art (KUNSTHALLE) B2

Am Wall 207 - ✆ 0421 32 90 80 - www.kunsthalle-bremen.de - ♿ - tlj sf lun. 10h-17h (dernier mar. du mois 21h) - 10 € (13 € avec l'exposition temporaire).
La présentation la plus remarquable de la Galerie d'art, rénovée en 2011, est celle des écoles de peinture allemande et française des 19e et 20e s. : œuvres de Delacroix, Courbet, Renoir (*Nature morte*, 1870), Van Gogh (*Champ aux coquelicots*, 1889) et Vallotton; des Allemands Menzel, Leibl, Beckmann, Paula Modersohn-Becker et des artistes de l'école de Worpswede. Les autres époques de la peinture européenne sont également présentes avec, outre des maîtres du 15e s., Rubens, Rembrandt, Tiepolo et Picasso. La salle des gravures sur cuivre abrite plus de 230 000 dessins et gravures de l'époque de Dürer à nos jours.

★★ Musée régional Focke (FOCKE-MUSEUM) HORS PLAN B1

Pour s'y rendre en tram (S-Bahn), ligne 4 arrêt Focke-Museum - Schwachhauser Heerstr. 240 - ✆ 0421 699 60 00 - www.focke-museum.de - ♿ - tlj sf lun. 10h-17h (dim. 18h) - possibilité de visite guidée (8 €) - fermé 1er janv., 3 oct., 24-25 et 31 déc. - 6/8 €. En été il y a parfois des concerts dans le parc (dim. 11h30).
La qualité des objets exposés au musée Focke et leur présentation aérée dans un cadre de verdure rendent la visite particulièrement attrayante. Les objets disposés dans le hall d'entrée évoquent huit thèmes propres à l'histoire de la ville : l'habitat (belle maquette d'une maison de la Mathildenstraße conçue en 1873 par l'architecte Lüder Rutenberg), la Weser, l'argenterie, l'automobile *(Borgward)*, les chantiers navals... Puis la visite se poursuit selon un itinéraire chronologique. La navigation et le commerce ne constituent qu'un aspect de l'histoire de cette ancienne cité hanséatique, depuis toujours tournée vers la mer. Ne manquez pas l'étonnant **Schaumagasin★** qui donne au visiteur l'impression de pénétrer dans les réserves du musée : ses étagères alignent des centaines de casques à pointe, maisons de poupées, boîtes peintes en copeaux de bois *(Spanschachteln)*, chopes à bière...
Une ferme-halle de 1586 typique des plaines de l'Allemagne du Nord, transportée de Mittelsbüren et remontée ici, propose un panorama du patrimoine rural du Land de Brême. La grange de Tarnstedt contient des instruments liés au travail de la terre et à l'extraction de la tourbe.

Quartier du Schnoor.
Westend61/Getty Images

Un autre bâtiment annexe *(Eichenhof)* coiffé de roseaux abrite les collections consacrées à la préhistoire et aux débuts de l'histoire de la région.
La **maison Riensberg** *(à droite de l'allée qui mène à l'édifice principal)* est utilisée pour des expositions temporaires. Cette maison construite dans la seconde moitié du 18e s., jadis ferme et résidence d'été de riches familles brêmoises, abrite mobilier et vaisselle des maisons patriciennes, ainsi que des collections de porcelaines de Fürstenberg et de verreries européennes.

Botanika HORS PLAN B1

Deliusweg 40 - U 4 arrêt Bgm.-Spitta-Allee - ☎ 0421 42706665 - www.botanika-bremen.de - 9h-18h, w.-end et j. fériés 10h-18h - 10,50 € (-17 ans 5 €).
Ce centre de découverte, qui se veut ludique et interactif (2003), est une invitation au voyage dans le monde végétal. On appréciera surtout le jardin japonais et l'importante collection de rhododendrons des Tropiques.

Musée d'Art contemporain (NEUES MUSEUM WESERBURG) HORS PLAN A2

Teerhof 20 - U 1, 2 ou 3 arrêt Am Brill - ☎ 0421 59 83 90 - www.weserburg.de - ♿ - tlj sf lun. 11h-18h - fermé 1er janv., Vend. saint, 1er Mai, 3 oct., 24-25 et 31 déc. - 9 €.
Il s'agit d'un des plus grands musées d'Allemagne consacré à l'art contemporain. Logé dans des anciens entrepôts en brique rouge sur une île de la Weser, il s'est enrichi de plusieurs collections privées et permet d'avoir une vision globale sur l'art contemporain de ces quarante dernières années.

Musée d'Outre-Mer (ÜBERSEEMUSEUM) B1

Bahnhofsplatz 13 - ☎ 0421 160 38 0 - www.uebersee-museum.de - tlj sf lun. 9h-17h (w.-end 10h) - fermé 1er janv., lun. de Pâques et de Pentecôte, 1er Mai, 24-25 et 31 déc. - 7,50 €, audioguide disponible (allemand ou anglais 3 €).
L'ambition initale de ce musée était de présenter la diversité et l'interconnexion entre la nature, le commerce et les cultures humaines. Plus d'un siècle plus tard, le pari est réussi. L'exposition d'objets, les reconstitutions ou les mises en scène

(récif coralien, maison traditionnelle japonaise, embarcation), donnent vie aux environnements d'Océanie, d'Asie, d'Afrique ou d'Amérique du Sud. Un espace est consacré à l'évolution des espèces. Accès par un pont intérieur à l'Übermaxx, où sont exposées les réserves du musée.

Cité des sciences Universum

(UNIVERSUM SCIENCE CENTER BREMEN) HORS PLAN B1

Wienerstraße 1a - ✆ 0421 33 460 - www.universum-bremen.de - mar.-vend. 11h-18h, w.-end et j. fériés 10h-18h - 16 € (5 € 1h30 av. fermeture « Guten-Abend-Ticket »). Le musée est très fréquenté le matin par les écoliers. Visite recommandée l'apr.-midi ou le w.-end.

L'entrée se fait par la SchauBox, qui abrite les expositions temporaires. Par un pont transparent, on accède au Science Center en forme de moule géante. Là, on peut facilement rester la journée entière : des centaines d'installations interactives dévoilent les secrets de l'univers, de la Terre et du corps humain. On peut expérimenter un tremblement de terre, déclencher une tempête de sable ou un tsunami, tester son équilibre, sa résistance au fou rire, apprendre à se repérer comme les aveugles.

À proximité

CARTE DE RÉGION P. 326-327

★ Worpswede B2

À 24 km au nord – environ 1h30. Sortir de Brême par Rembertiring. En bus (50mn) : n° 670 au départ de la gare de Brême (Hauptbahnhof), 17 bus/j, 8 le sam., 7 le dim.

Autrefois isolé au milieu des tourbières, le village de Worpswede attira à la fin du 19e s. une colonie d'artistes (Fritz Mackensen, Fritz Overbeck, Heinrich Vogeler, Paula Modersohn-Becker et son époux...). Depuis, ateliers et boutiques d'artisans s'y sont multipliés, tout comme les galeries d'art dont l'excellente **Galerie**

Weserburg - Musée d'Art contemporain.
aldorado10/iStock

Cohrs-Zirus *(Bergstraße 33 - ✆ 04792 1748 - w.-end 11h-13h, 14h-18h).* Pour découvrir les œuvres de la première génération, visitez surtout la **Große Kunstschau** *(Lindenallee 5 - 10h-18h - 8 €)*, le **Barkenhoff** *(Ostendorfer Str. 10 - 10h-18h - 7 €)* ou la **Haus im Schluh** *(Im Schluh 35-37 - 14h-18h, w.-end 10h-18h - 6 €)*. Ces trois musées sont accessibles avec le même forfait *(19 € - www.worpswede-museen.de)*. Les constructions biscornues du Café Worpswede et du Niedersachsenstein (monument commémoratif de la Première Guerre mondiale) laissent apparaître les ambitions des architectes liés au groupe.

Bremerhaven B1

À 58 km au nord.

L'avant-port de Brême fut fondé en 1827 à l'embouchure de la Weser. La moitié de la flotte de pêche d'Allemagne y est amarrée, mais Bremerhaven est avant tout un important port de containers.

★★ **Musée allemand de la Navigation (Deutsches Schifffahrtsmuseum) –** *Hans-Scharoun-Platz 1 - ✆ 0471 48 20 70 - www.dsm.museum - ♿ - 10h-18h - fermé lun. (nov.-mars), 24-26 et 31 déc. - 6 €.* Les expositions permanentes de ce musée édifié par Hans Scharoun (l'architecte de la Philharmonie de Berlin) retracent les évolutions des techniques du Moyen Âge à nos jours. La section en plein air présente un ensemble unique de bateaux, témoins de l'histoire de la navigation allemande. De la fin mars à la fin octobre, on peut visiter juste à côté un sous-marin de la Seconde Guerre mondiale, le *Wilhelm Bauer (www.u-boot-wilhelm-bauer.de - mêmes horaires - 3,50 €).*

Parmi les autres musées de Bremerhaven, le **musée de l'Émigration** *(Deutsches Auswandererhaus) - Columbusstraße 65 - ✆ 0471 902200 - www.dah-bremerhaven.de - 10h-18h (nov.-fév. 17h) - 15,80 €.* Entre 1830 et 1974, plus de sept millions de personnes sont parties de Bremerhaven pour émigrer aux Amériques. Ce musée retrace leur odyssée à travers des installations interactives, documents et reconstitutions. Son centre d'archives moderne permet aux visiteurs de rechercher leurs ancêtres.

Oldenburg B2

À 40 km à l'ouest de Brême ; 30mn de Brême en train.

Lange Straße 3 (Lappan) - ✆ 0441 361 613 66 - oldenburg-tourism.de - tlj sf dim. 9h30-18h, sam. 10h-16h.

Ancienne enclave danoise, la quatrième ville de Basse-Saxe conserve – en dépit du grand incendie de 1676 qui ravagea 930 de ses maisons en douze heures – quelques édifices anciens, comme la maison à pans de bois dite **Degodehaus** sur le Markt (n° 24). Si vous n'avez que peu de temps, privilégiez le **château**★ (jaune) des grands-ducs d'Oldenbourg, siège du gouverneur danois jusqu'au 18e s. : vous y verrez, outre les salles d'apparat, un riche **musée d'art et d'histoire** *(Landesmuseum, Schlossplatz 1 - ✆ 0441 40 570 400 - www.landesmuseum-ol.de - tlj sf lun. 10h-18h - 6 €).* Le ticket donne accès aux deux annexes situées juste de l'autre côté du boulevard : l'Augusteum (*Elisabethstraße 1*, peintures des 15e-18e s.) et le Prinzenpalais (*Damm 1*, peintures des 19e-20e s.).

Carnet pratique

S'informer

Office de tourisme – *0421 30 800 10 - www.bremen-tourismus.de - Hauptbahnhof (gare) ou Böttcherstraße 4.*

Arrivée à l'aéroport – Juste en face du terminal, le tram n° 6 relie ttes les 10mn l'aéroport de Brême à la gare centrale *(Hauptbahnhof)*.

Bremer ErlebnisCard – Carte valable 1, 2 ou 3 jours (10,50 €, 13,90 € et 19,50 €) pour un adulte et 2 enfants de moins de 14 ans (12,90 €, 16,50 € et 23,50 € pour 2 adultes et 2 enfants de moins de 14 ans). Elle donne l'accès gratuit aux transports en ville, ainsi que de nombreuses réductions, en particulier dans les musées. Utile seulement si vous comptez circuler souvent en bus, en tram.

Radstation – *Am Hauptbahnhof - 0421 51 77 88 22 - www.adfc-bremen.de - avril-sept. 10h-18h, w.-end 9h-14h.* Location de vélos (15 €/24h). Possibilité de louer des *rickshaws*, avec ou sans chauffeur.

Visites

Sur l'eau

Toutes les croisières partent de l'embarcadère Martini situé près de l'église St-Martin.

Descente de la Weser et visite du port (1h15) : *mai-sept. : 10h15, 11h45, 13h30, 15h15, 16h45; avr. et oct. : 11h45, 13h30, 15h15, w.-end autres départs, 13 €.*

Excursions en barque à tourbière *(Torfkahn) : avril-oct. - 018 05 10 10 30.*

Visite d'usine

Le constructeur automobile **Mercedes-Benz** ouvre ses portes au public pour une visite guidée (2h30, allemand et anglais) le vend. à 14h30, au départ du parking de la Wachtstraße (face à l'hôtel Radisson Blu) - *18 €/pers. (transfert inclus) - rens. à l'OT.*

Agenda

Breminale – *Fin juil. - www.breminale.de.* Festival gratuit et en plein air sur les berges de la Weser, avec 4 chapiteaux sous lesquels se succèdent de nombreux groupes (pop, reggae, électro, rock).

Musikfest Bremen – *Août-sept. - 0421 33 66 99 - www.musikfest-bremen.de.* Cet important festival de musique classique s'ouvre par une grande nuit proposant 27 concerts de 45mn chacun, programmés dans neuf lieux différents (cathédrale St-Pierre, hôtel de ville, etc.).

Weihnachtsmarkt – *Fin-nov.-23 déc. - www.bremer-weihnachtsmarkt.de et www.grossmarkt-bremen.de.* Traditionnel marché de l'Avent autour de l'hôtel de ville et sur les berges de la Weser *(Schlachte-Zauber)*.

Nos adresses

Restauration

Budget moyen

3 **Beck's in'n Snoor** – B2 - *Schnoor 34-36 - 0421 323130 - www.becks-im-schnoor.de - 11h-23h - plat 14/25 €, menu 20/30 €.* Sympathique brasserie à l'ancienne, décorée de vieilles photos et de gravures, où vous pourrez tester quelques spécialités hanséatiques comme le *Labskaus*, une potée de marin à base de viande de bœuf, betterave rouge marinée, filets de hareng *(Matjes)*, petits oignons et pommes de terre.

8 Teestübchen im Schnoor – B2 - *Wüstestätte 1 - ✆ 0421 323867 - www.teestuebchen-schnoor.de - 10h-19h - plats 10/20 €.* Au cœur du quartier du Schnoor, cette adorable maison à colombages fait salon de thé et restaurant avec des salades de saison, des tourtes végétariennes, des flammekueches à la farine d'épeautre et des filets de saumon en croûte. C'est sain et savoureux. Jolie salle décorée dans l'esprit de Worpswede.

15 Ständige Vertretung – A2 - *Böttcherstr. 3-5 - ✆ 0421 320995 - www.staev.de - plat 13/27 €.* Les murs de cette brasserie populaire, au cœur de la Böttcherstraße, sont tapissés de photos retraçant l'histoire de l'Allemagne avant la réunification. En effet, Ständige Vertretung (Stäv, pour les intimes) signifie « représentations permanentes », l'équivalent des ambassades qui existaient avant la chute du mur à Bonn et Berlin-Est. Cuisine traditionnelle allemande et spécialités de poisson à prix raisonnables.

7 Kaffee Mühle – A1 - *Am Wall 212 - ✆ 0421 14466 - www.muehle-bremen.de - formule déj. en sem. 8,50 € - plat 8/20 €, brunch 21,50 €.* Charmant restaurant installé dans le seul moulin qui subsiste encore à Brême, au cœur du jardin Wallanlagen. Le service est rapide et souriant, dans un cadre agréable aux couleurs chaudes. Formules économiques à midi, choix de boissons d'hiver (grogs, vins chauds...) et copieux buffet pour le brunch du dimanche.

9 Ristorante da Francesco – A2 - *Martinistr. 12 - ✆ 0421 2442603 - www.dafrancesco-bremen.de - fermé lun. - plat 7/23 €.* On peut déguster sa pizza en profitant du soleil sur la grande terrasse en bordure de la Weser, très fréquentée aux beaux jours.

13 Paulaner's – A1 - *Schlachte 30 - ✆ 0421 1690691 - www.paulaners.de - plat 11/24 €.* Établissement agréable à la décoration rustique. Service efficace et aimable. L'un des plus beaux *Biergarten* du centre-ville, à proximité directe de la Weser. Nombreux plats bavarois.

10 Katzen-Café – B2 - *Schnoor 38 - ✆ 0421 326621 - www.katzen-cafe.de - 12h-0h - plat 12/25 €.* Atmosphère chaleureuse et service attentionné dans ce restaurant avec jeu de terrasses sur différents niveaux, et ses nappes en vichy rouge. Carte internationale pour tous les goûts : schnitzels, merguez, bouillabaisse, spaghetti all'arrabbiata, steak argentin, coq au vin, grillades de poisson...

5 Comturei – B2 - *Ostertorstr. 30 - ✆ 0421 325050 - comturei.jimdo.com - plat 9/23 €.* On dîne ici dans une cave voûtée datant du 13ᵉ s., aménagée de façon rustique et cosy. Cuisine traditionnelle, et spécialités de poissons et crabes.

1 Bremer Ratskeller – A2 - *Am Markt 11 - ✆ 0421 321676 - www.ratskeller-bremen.de -11h-0h - plat 9/23 €.* Superbe restaurant dans les caves de l'hôtel de ville. Sur le côté de la salle principale, 6 *Priölkens*, petits compartiments nichés dans les boiseries, idéal pour un repas en tête à tête. Ne sert que des vins allemands (carte exceptionnelle portant sur 600 crus environ).

Petite pause

Canova – *Am Wall 207 - (derrière la Kunsthalle) - ✆ 0421 2440708 - www.canova-bremen.de - tlj sf lun. 10h-22h, dim. 10h-18h.* Ses colonnes lui donnent un petit air de temple, mais c'est un vrai café-restaurant où l'on peut savourer une pâtisserie, prendre le thé ou siroter un verre de riesling en terrasse. Très agréable aux beaux jours.

F. L. Bodes – *Bischofsnadel 1-2 - ruelle qui mène de Wallanlagen à Domshof - ✆ 0421 324144 - www.bodes.de - 8h-18h, vend. 8h-18h30,* *sam. 8h-15h - fermé dim.-lun. et j. fériés.* Poissonnerie et snack-bar proche du centre-ville pour des fruits de mer et poissons à la carte ou choisis dans la sélection du jour (parfois directement sur les étals). Évitez les heures d'affluence *(11h30-14h).*

Café Knigge – *Sögestr. 42-44 - ☎ 0421 13713 - www.knigge-shop.de - 9h-18h30, dim. 11h-18h.* Le salon de thé classique de Brême. Les spécialités de la maison « Le Bremer Klaben », un gâteau aux raisins, et la tarte des capucins.

Café Tölke – *Am Landherrnamt 1 - ☎ 0421 324330 - 10h-19h30.* Charmant petit salon de thé qui semble tout droit sorti d'une maison de poupée. On y déguste des spécialités de pâtisseries autrichiennes faites maison.

Café Sand – *Strandweg 106 - ☎ 0421 556011 - www.cafe-sand.de - à partir de 7h (9h sam., 10h dim.).* C'est l'endroit idéal pour venir paresser en famille un jour d'été, boire un verre en fin de journée ou bruncher le dimanche (8 €). Grande terrasse en bois, quelques tables et *Strandkörbe* disséminés sur la plage de sable. Pour y accéder, traversez le pont Wilhelm Kaisen puis longez la Weser vers le sud, ou bien prenez la navette sur l'Osterdeich, en face du n° 43.

Shopping

Hachez - *Am Markt 1 - ☎ 0421 3398898 - www.hachez.de - lun.-vend. 10h-18h30, sam. 10h-18h.* C'est LE chocolatier de Brême. La manufacture, fondée en 1890 par le Belge Joseph-Émile Hachez, produit, entre autres, des fondants assez subtils au gingembre et des tablettes fraises-rhubarbe à des prix très raisonnables.

Bremer Bonbon Manufaktur - *Böttcherstr. 8 - ☎ 0421 36 49 12 31 - www.bremer-bonbon-manufaktur.de - lun.-sam. 11h-18h (d'avril à déc. ouv. aussi le dim. 12h-17h).* Depuis 2009, le temple du berlingot et de la sucette, confectionnés selon une vieille recette suédoise et déclinés en de multiples saveurs (rhubarbe, argousier, prunes, *rote grütze*...). Certains arborent le logo de la ville de Brême : les Animaux musiciens.

En soirée

☺ Vous trouverez une grande concentration de bars, de restaurants et de petites boutiques dans le quartier historique du Schnoor, au sud de la cathédrale. La Schlachte, rive droite de la Weser, est aussi un haut lieu de la gastronomie. En été, de nombreux bars ont l'avantage d'avoir une terrasse en bordure du fleuve.

Journaux – Les mensuels *Mix* (www.mix-online.de, gratuit, disponible dans les restaurants et les bibliothèques), *Bremer* (www.bremer.de) et *Prinz* (prinz.de), qu'on peut acheter en librairie ou dans les kiosques à journaux de la ville, sont utiles pour les soirées.

Pannekoekschip Admiral Nelson – *Schlachte Anleger 1 - ☎ 0421 3649984 - admiral-nelson.de - 12h-21h.* À la rescousse ! Des pirates hollandais ont jeté l'ancre dans la Weser près de la vieille ville de Brême... Ils servent des *Pfannkuchen*, ces crêpes épaisses au goût sucré ou salé.

GOP Variete-Theater – *Am Weser-Terminal 4 - ☎ 0421 89898989 - www.variete.de/bremen - 36 € (merc.-jeu. et dim.), 41 € (vend.-sam.).* Salle réputée pour ses dîners-spectacles avec prestidigitateurs, contorsionnistes, acrobates et effets de lumière.

Hébergement

Budget moyen

Monopol Boutique Hotel – HORS PLAN - *Slevogtstr. 23 - ☎ 0421 67319580 - www.*

hotel-boelts.de - 15 ch. 89/95 € - 12,50 €. Un agréable établissement au calme, situé dans un parc. Chambres soignées, belle salle de petit déjeuner avec cheminée et vue sur le petit jardin à l'arrière.

7 **Hotel Buthmann** – B1 - *Löningstr. 29 - 0421 2238057 - www.hotel-buthmann.de - 10 ch. 71/92 € - 8,50 €.* Petite pension proche de la gare. Chambres avec meubles en bois naturel ; décoration sobre, propre et soignée. Prix raisonnables. D'autres hôtels de catégorie similaire dans cette rue.

12 **Hotel Classico** – A2 - *Hinter dem Schütting 1A - 0421 24400867 - www.hotel-classico-bremen.de - 16 ch. 114/135 €.* De jolies chambres aux noms aussi évocateurs que « Moulin Rouge » ou « Alexandre le Grand » dans ce mini-hôtel-boutique donnant sur la place du Marché. Agréable café au rez-de-chaussée, qui sert des pâtisseries maison.

9 **Alexander von Humboldt** – A2 - *Schlachte 1a - Martinianleger - 0421 38039699 - www.alex-das-schiff.de - 14 cabines 98 € - 11 €.* Envie de dormir dans un vieux voilier ? L'Alex, qui a beaucoup bourlingué en mer du Nord, s'est métamorphosé en hôtel flottant. Ça n'a rien de luxueux (cabines exiguës et petit déjeuner basique) mais ce n'est pas banal !

Pour se faire plaisir

5 **Achat Plaza City-Bremen** – B1 - *Birkenstr. 15 - 0421 517250 - achat-hotels.com/hotels/bremen-city -163 ch. 85/115 € - 17 €.* Jouant sur l'harmonie des formes et les couleurs, cet hôtel a aussi un gros atout : il est situé juste à mi-chemin de la gare et du centre. Accueil souriant et très bon petit déjeuner.

Hotelschiff Perle – HORS PLAN - *An der Schlachte 103a - 0421 33659850 - www.hotelschiff-perle-bremen.de - 2 ch. 104/168 €.* Hébergement pour le moins original dans ce charmant petit bateau amarré sur la Weser.

Designhotel Überfluss – HORS PLAN - *Langenstr. 72 - 0421 322860 - www.designhotel-ueberfluss.de - - 50 ch. et 1 suite 125/146 € - 20,50 €.* Décor sophistiqué, bois précieux, éclairages étudiés et détails soignés dans cet hôtel design donnant sur la Weser. Accueil professionnel et souriant.

Dorint Park Hotel Bremen – HORS PLAN - *Im Bürgerpark - 0421 34080 - hotel-bremen.dorint.com - P - 175 ch. 89/169 €.* On devine le luxe et le caractère exclusif de l'endroit dès que l'on pénètre dans la somptueuse salle coiffée d'un dôme de cette ancienne maison de campagne. Les suites à la décoration personnalisée sont somptueuses. Espace remise en forme, avec bains turcs et piscine extérieure chauffée.

5

La Frise orientale ★

Ostfriesland

Depuis toujours aux prises avec les éléments, les îles Frisonnes orientales ne sont pas aujourd'hui au bout de leur mutation : érodées par les courants des marées et battues par le vent, de direction dominante nord-ouest, elles dérivent lentement vers le sud-est. Ourlées, sur leurs rives septentrionale et orientale, de plages de sable parsemées en été de grands fauteuils en osier *(Strandkörbe)*, ces îles se caractérisent, dans leur partie intérieure, par des formations de dunes qui laissent place, au sud, à de gras pâturages conquis sur la mer. Les amateurs de marche découvriront, au fil de leurs randonnées dans cet environnement sauvage, des sites naturels saisissants. Entre les îles et le continent se déploie la mer des Wadden, découverte à marée basse, qui a été classée parc national en 1986.

Se repérer

Basse-Saxe

CARTE DE RÉGION AB1 P. 326-327)

Les sept îles Frisonnes orientales habitées s'égrènent entre les embouchures de l'Ems et de la Weser, en mer du Nord.

Organiser son temps

Emden constitue une bonne base pour visiter la Frise orientale *(voir « Sur la côte » p. 382)*.

Carnet pratique p. 383

Nos adresses p. 383

Découvrir

PLAN DE RÉGION P. 326-327

Borkum A1

2 à 3 liaisons (environ 2h) quotidiennes par ferry depuis Emden - ✆ 049 21 8 90 70 - www.ag-ems.de - 24,30 € AR en ferry dans la journée (35,70 € AR en catamaran : « Strandticket »).

Il s'agit de la plus grande des îles de la Frise orientale (38 km²). La promenade de la plage avec ses hôtels aux somptueuses façades 1900 est impressionnante. Par beau temps, montez au **nouveau phare**, bâti en 1879 *(315 marches)*, qui offre du haut de ses 60 m un vaste panorama sur le continent et sur le Hohes Riff, un banc de sable souvent colonisé par des phoques.

Juist A1

Depuis Norddeich (environ 1h30) - 24,95 € AR dans la journée - rens. sur les horaires : ✆ 049 31 98 70 - www.reederei-frisia.de.

Sur cette île de 17 km de long, on visitera le **musée de la Côte** *(Küstenmuseum - Loogster Pad 29 - ✆ 04935 1488 - kuestenmuseum-juist.de - avr.-oct. : lun. 9h30-13h, mar.-vend. et dim. 14h30-17h30 - fermé sam. - 3 €)* dans le village de Loog. Y sont traités des thèmes tels que la vie quotidienne sur la côte frisonne, l'histoire du sauvetage en mer, l'importance des digues ; on y trouve aussi de la documentation sur le forage des gisements de pétrole et de gaz en mer du Nord. À la sortie du village commence la réserve naturelle de **Bill**, faite de dunes sauvages.

Norderney A1

Depuis Norddeich (environ 1h) liaisons quotidiennes aux horaires variables selon les saisons - 22 € AR dans la journée - rens. sur les horaires : ✆ 049 3198 70 - www.reederei-frisia.de.

La plus urbanisée des îles était autrefois résidence d'été de la cour de Hanovre ; elle a pu conserver jusqu'à aujourd'hui un charme particulier, avec, au centre, sur la Kurplatz, la **Conversationshaus** (ancien établissement de cure) et son parc bien entretenu et, dans les ruelles avoisinantes, ses maisons du 19e s. À voir aussi : le mini-musée aménagé dans une **maison de pêcheurs** de 1800 *(Fischerhausmuseum, Argonner Wäldchen - ✆ 04932 1791 - www.heimatverein-norderney.de - lun. et jeu. 15h-17h, mar. à 11h, merc. à 15h - 3 €).*

Baltrum A1

Embarcadères : Neßmersiel et Baltrum - 2 à 3 liaisons (30mn) selon les marées - 22 € AR dans la journée - ✆ 049 33 99 16 06 - www.baltrum-linie.de.

Même en pleine saison touristique, la plus petite des îles demeure relativement calme. Parmi les curiosités, la plus notable est la **vieille église** de Westdorf, qui fut construite un an après la grande tempête de 1826. La cloche, située à côté du modeste sanctuaire, provient d'un bateau qui s'échoua sur la côte. Dans la partie est de l'île, où la nature a gardé tous ses droits, on fera un crochet par la **grande vallée des Dunes** (Großes Dünental), fort impressionnante.

Langeoog A1

Depuis Bensersiel (environ 1h) : 9h30-17h30 - 30 € le billet journalier AR (petit train compris) - ✆ 04972 69 30 - www.langeoog.de.

La Maison de l'île abrite le **musée de la Navigation** *(Schiffahrtsmuseum)* : devant le bâtiment, jetez un œil sur le bateau de sauvetage *Langeoog*, qui a servi de 1945 à 1980. De la promenade qui parcourt en hauteur la chaîne de dunes, on bénéficie à marée basse d'une vue splendide sur 14 km de plages et des bancs de sable s'étirant sur plusieurs centaines de mètres.

L'Île de Borkum.
IvonneW/iStock

5

Spiekeroog AB1

Embarcadères : Neuharlingersiel et Spiekeroog - 1 à 4 liaisons/j (environ 45mn) - 20,50 € AR dans la journée - ✆ 049 76 9 19 31 01 - www.spiekeroog.de.

Les installations modernes de cure et de tourisme n'ont guère porté atteinte à la structure traditionnelle du village et de l'île. La **vieille église** de 1696 *(merc. et sam. 11h-12h, vend. 16h-17h)* est le plus ancien sanctuaire conservé sur les îles Frisonnes orientales. Une Pietà de bois et quelques parties de la chaire proviendraient d'un vaisseau de l'Armada espagnole anéantie en 1588. Le **musée des Coquillages** *(Muschelmuseum - 9h-17h, w.-end 9h-12h30 - 1 €)*, situé au sous-sol du Palais des festivités *(Strandhalle)*, constitue une attraction originale.

Wangerooge B1

Depuis Harlesiel (environ 45mn) - 28,50 € AR dans la journée. Rens. sur les horaires : ✆ 044 64 94 94 11.

La plus orientale de ce chapelet d'îles a appartenu au cours de l'histoire à la Hollande, à la France, deux fois à la Russie et, à partir de 1818, au grand-duché d'Oldenbourg. Cette île attachante offre aux familles des vacances tranquilles. Du port solitaire à la pointe sud-ouest, un train bigarré *(Inselbahn)* mène cahin-caha jusqu'au village, traversant un paysage de lagunes riche en oiseaux.

Sur la côte

PLAN DE RÉGION P. 326-327

Emden A1

Située à l'embouchure de l'Ems, en face des Pays-Bas, Emden est une ville agréable qui a été reconstruite avec goût suite aux bombardements de la Seconde Guerre mondiale. Une grande partie de ses habitants est employée par l'immense usine Volkswagen qui s'y est implantée. Emden possède plusieurs musées intéressants.

★ **Musée de la Frise orientale** (Ostfriesisches Landesmuseum) – *Brückstraße 1. ✆ 04 921 87 20 58 - www.landesmuseum-emden.de - tlj sf lun. 10h-17h - 8 €.* Les fouilles de tourbières, les maquettes du port et des bateaux de pêche, les peintures de l'école hollandaise font revivre un riche passé historique. Une place d'honneur est faite à la collection de l'ancienne **salle d'armes**★★ *(Rüstkammer)* : armes blanches et armures des milices bourgeoises du 16e au 18e s. De la tour, vue sur le port et les environs.

Galerie d'art (**Kunsthalle in Emden – Stiftung Henri und Eske Nannen**). *Hinter dem Rahmen 13. Au nord-ouest de la ville. ✆ 04 921 97 50 50 - www.kunsthalle-emden.de - tlj sf lun. 10h-17h, w.-end 11h-17h - possibilité de visite guidée - fermé lun. et 24-25 déc. - 9 € (14 € le billet combiné avec le musée de la Frise orientale).*

Un édifice postmoderne en brique rouge accueille la **galerie d'art**, dont le fonds est composé par la riche collection d'œuvres de l'expressionnisme et du néoréalisme allemands, constituée avec amour et compétence par Henri Nannen, fondateur du magazine *Stern*, né à Emden. On y trouve également des tableaux et des œuvres d'art plastique de l'époque contemporaine.

Carnet pratique

S'informer

L'accès aux îles se fait en ferry. Les embarcadères varient selon votre destination. Pour vous renseigner :

Office de tourisme Emden – *Alter Markt 2a - 26721 Emden - ✆ 04 921 97 400 - www.emden-touristik.de.*

Office de tourisme Norddeich – *Dörper Weg 22 - 26506 Norden-Norddeich - ✆ 04 931 98 62 00 - www.norddeich.de.*

Nos adresses

Restauration

Budget moyen

Esszimmer – *Hotel Inselloft, Damenpfad 39 - ✆ 04932 893809 - www.inselloft-norderney.de - tlj sf lun. 18h-21h - plats 19/28 €.* La botte secrète de l'hôtel Inselloft ? Son restaurant très trendy, où l'on peut savourer, assis à la table commune, une caille au fenouil, safran et figues ou un saumon quinoa, banane et curry. Frais et inspiré.

Shopping

Wurst und Schinken Manufaktur – *Friedrichstr. 20 - ✆ 04932 91120 - www.inselmanufaktur.de - lun.-vend. 8h-18h, sam. 8h-13h.* On trouvera chez ce charcutier réputé pour sa viande de pré-salé une jolie palette de spécialités locales comme le salami aux noix, mais aussi, bien sûr, du jambon aux baies d'argousier, typique de Norderney.

Hébergement

Budget moyen

Haus Norderney – *Janusstr. 6 - ✆ 04932 2288 - www.hotel-haus-norderney.de - 9 ch. et 1 studio 145/245 € ☕ - vélo et sauna inclus.* Charmante villa de 1927, décorée dans les tons pastel, parfaite pour un séjour à deux pas de la Kurplatz. Accès depuis le débarcadère : bus n° 1, arrêt Winterstraße.

Le train sur l'île de Wangerooge.
Ch. Bäck/mauritius images/age fotostock

5

Helgoland ★★

Située dans une zone de la mer du Nord réputée pour la puissance de ses courants et son climat imprévisible, Helgoland fut longtemps possession danoise avant de tomber, en 1814, sous la coupe des Britanniques. Elle fut finalement échangée en 1890 par les Allemands contre Zanzibar. L'apparition des falaises de grès rouge de l'île, à 70 km des bouches de l'Elbe, est saluée chaque année par des milliers de touristes, séduits par la perspective d'une croisière en haute mer.

Se repérer

1260 habitants – Schleswig-Holstein

CARTE DE RÉGION B1 (P. 326-327)

L'île de Helgoland se situe à une cinquantaine de kilomètres environ de la côte du Schleswig-Holstein.

Nos adresses p. 385

Découvrir

PLAN DE RÉGION P. 326-327

Accès à l'île de Helgoland : toute l'année, à partir du port de Cuxhaven (Fährhafen); de la mi-mars à fin oct., au départ de Hambourg en catamaran « Halunder Jet »; en été, à partir de Büsum (Fischerkai) - billet AR dans la journée Cuxhaven/Helgoland : 61,80 €; Hambourg/Helgoland : 76/96 €; Büsum/Helgoland : 49,50 €. Renseignements auprès de la Förde Reederei Seetouristik : ✆ 0461 86444 - www.helgoline.de; Reederei Cassen Eils : ✆ 04721 667 600 - www.helgolandreisen.de; Adler & Eis : ✆ 04834 3612 - www.adler-eils.de.

ⓘ Lung Wai 28 (Hotel Atoll) - ✆ 04725 808 80 - www.helgoland.de.

L'île, minée par les flots au cours des siècles, s'étend actuellement sur une superficie inférieure à 1 km². En 1947, conformément aux accords de Potsdam,

Île d'Helgoland, le phare.
P. Frischknecht/Prisma/age fotostock

les installations militaires, dont la base de sous-marins, ont été détruites par les Britanniques qui ont utilisé 6 700 tonnes d'explosifs lors de cette opération. Restituée à l'Allemagne en 1952, l'île a retrouvé sa vocation touristique, grâce à la reconstruction d'une agglomération divisée en deux niveaux (Unterland et Oberland) par l'abrupt de la falaise.
Un aquarium, un observatoire ornithologique et une station de biologie marine confèrent au site un grand intérêt scientifique. Il existe aussi un petit **musée d'histoire locale** *(Museum Helgoland – Kurpromenade 1430 - avr.-oct. : mer., vend. et dim. 10h-14h30 - 4 €)*.
Helgoland réserve aux visiteurs de multiples attractions : promenades sur la falaise, bains de mer sur le banc de sable isolé (depuis la tempête de 1721) de la Düne, à l'abri des oscillations de la marée, et privilège douanier détaxant la vente des tabacs, chocolats et spiritueux...

Nos adresses

Hebergement

Pour se faire plaisir

Bungalows – *Düne - ✆ 04725 808808 - www.helgoland.de - 160 € la 1re nuit, 115 € les suivantes - mini 5 nuits - avr. et sept. : forfait « 7 nuits pour le prix de 5 ».* Envie de sortir des sentiers battus ? La commune vient de construire à 100 m de la plage sud, au milieu des dunes, 36 bungalows en bois, peints en vert, jaune ou rouge, de 34, 35 ou 55 m² avec terrasse. Ces bungalows tout neufs, dits « komfort », sont tout équipés (micro-ondes, séchoir, TV, douche...). Check-in entre 10h et 14h30.

Rickmers Insulaner – *Am Südstrand 2 - ✆ 04725 81410 - www.insulaner.de - 45 ch. 119/169 €* ☕. À deux pas du port et du bateau pour la Düne, un hôtel de 1960 qui joue la carte de la simplicité nordique. Joli jardin. Idéal pour un court séjour.

Strandhotel Helgoland – *Am Südstrand 16 - ✆ 04725 81530 - www.strandhotel-helgoland.de - 24 ch. 160 € la ch. double avec balcon vue mer.* Au bord de la plage et de la promenade, des chambres petites mais bien aménagées et ultra-propres, ainsi que des appartements pour 2/4 pers. avec balcon (160 €, hors petit déjeuner).

5

Lunebourg ★★

Lüneburg

Épargnée par la Seconde Guerre mondiale, Lunebourg est aujourd'hui une cité universitaire de caractère où il fait bon se promener. On découvre une ville dont le sel a longtemps fait la richesse et qui sait valoriser cet ancien patrimoine, en particulier avec le musée national du Sel.

Se repérer

75 300 habitants – Basse-Saxe

CARTE DE RÉGION C1 (P. 326-327)

PLAN DE VILLE P. 388

Lunebourg est à environ 50 km au sud-est de Hambourg par l'A 250.

À ne pas manquer

Le musée national du Sel et l'hôtel de ville avec la grande salle du Conseil.

Organiser son temps

Une demi-journée pour la ville.

Nos adresses p. 391

Se promener

PLAN DE VILLE P. 388

Rathaus/*Am Markt - 0800 220 50 05 - www.lueneburg.info; www. lueneburger-heide.de.*

★★ Hôtel de ville (RATHAUS) A1

Am Markt - 0800 220 50 05 - visites guidées (1h) seult, en allemand (doc. en français), au départ de la mairie, entrée L - janv.-mars : tlj sf lun. 11h et 14h ; avr.-déc. : tlj sf lun. 10h, 12h et 15h, dim. et j. fériés 11h, 14h - fermé 1er janv., 24-26 et 31 déc. - 5 €.

Il est constitué d'éléments de différentes époques, du 13e au 18e s. La **grande salle du Conseil★★** *(Große Ratsstube)*, à droite du hall d'entrée, est un chef-d'œuvre de la Renaissance (1566-1584). Lambrissée, elle est ornée de sculptures sur bois très fouillées d'Albert de Soest. Parmi les autres salles, ne manquez pas au 1er étage la **salle des Princes** *(Fürstensaal)*, gothique, ornée de lustres en bois de cerf et d'un beau plafond peint. La **salle de la Justice** (*Gerichtslaube*, datant de 1328) possède une voûte en berceau : les peintures des murs et des plafonds sont inspirées des gravures de Hans Burgkmair et de Heinrich Aldegrever.

★ La vieille ville

Elle est marquée par l'architecture traditionnelle en brique. Admirez les maisons qui bordent la place tout en longueur **Am Sande★** (B2), en particulier au n° 1 la **maison Noire** (*Schwarzes Haus*, dite aussi *Schütting*) du 16e s., et qui était à l'origine une brasserie. Dans la **Große Bäckerstraße** (A1) se trouve la **pharmacie** *(Rathsapotheke*, A1*)* de 1598 avec ses beaux pignons de brique torsadée. La **Reitende-Diener-Straße** (A1) consiste en une succession de maisonnettes basses, toutes identiques, décorées de corniches en brique torsadée et de médaillons. La **Rotehahnstraße** (B1) est fort pittoresque. C'est là que se trouve, aux nos 14 à 19, l'ancien hôpital (**Haus Roter Hahn**, B1) du 16e s. dont les trois pignons à colombages ont un caractère inattendu.

Église St-Jean (ST. JOHANNISKIRCHE) B2

Jeu. 14h-16h, vend. 15h-17h30, sam. 14h-16h - www.st-johanniskirche.de.

La puissante **tour ouest** (108 m, 2 m de décalage au sommet de la tour) de l'église St-Jean porte les traces de différents remaniements. Rouverte en 2007 après

La ville de Lunebourg.
W. Winter/age fotostock

restauration, l'église actuelle date du tout début du 15e s. L'intérieur, très vaste, à cinq nefs et deux rangées de chapelles latérales, forme un carré parfait, simplement fermé à l'est par des absides polygonales. L'élément le plus précieux du mobilier est le retable sculpté du maître-autel, dont les volets sont peints de scènes de la vie de saint Jean-Baptiste, sainte Cécile, sainte Ursule et saint Georges (1485). Les **orgues**, plusieurs fois remaniées, sont parmi les plus anciennes d'Allemagne (16e s.).

★ Quartier de l'Eau (WASSERVIERTEL) B1

Le pont sur l'Ilmenau offre un superbe panorama de ce « quartier de l'Eau », qui fut celui de l'ancien port. À gauche se dresse l'**ancien appareil de levage** (*Alter Kran*, 14e s., remanié au 18e s.). Plus en amont, on a une belle vue, à gauche, sur le *Lüner Mühle*, imposant moulin à colombages du 16e s., au milieu, sur l'*Abtswasserturm* (château d'eau de l'abbé), et, à droite, sur l'arrière des vieilles maisons longeant la rue Am Stintmarkt. À l'angle d'Am Werder et de la Lünertorstrasse s'élève l'ancienne **brasserie★** *(Brauhaus)*, une maison Renaissance à pignons décorée de motifs en brique torsadée et de médaillons; les oriels (fenêtres en saillie) qui ornent cet édifice datant de 1550 n'ont été ajoutés qu'au 16e s. À l'angle de Lünertorstrasse et de la Kaufhausstrasse, remarquez une maison impressionnante, bâtie en 1574, aux pilastres de grès surmontés d'une puissante corniche (qui abrite aujourd'hui l'Office du bâtiment). À côté, on contemplera la façade baroque (1741-1745) d'un ancien établissement de commerce.

5

Musée national du Sel (DEUTSCHES SALZMUSEUM) A2

Sülfmeisterstraße 1 - ✆ 041 31 720 65 13 - www.salzmuseum.de - 10h-17h - 8 €.

Le sel a façonné l'histoire de Lunebourg pendant mille ans. La ville est en effet bâtie sur un gisement, exploité depuis le 10e s. jusqu'en 1980. Au Moyen Âge, la mine approvisionnait une grande partie de la Scandinavie, privée du précieux minéral puisque la mer Baltique est très faiblement salée. Le trafic empruntait alors la vieille route du sel par Lauenburg, Ratzeburg et Lübeck. Ce musée est

SE RESTAURER		SE LOGER
Bremer Hof 5	Mälzer Brauhaus 9	Altes Kaufhaus 5
Lanzelot 7		Bargenturm 1

l'un des premiers d'Allemagne à être installé dans un site industriel reconverti. Il retrace l'histoire de l'exploitation du sel à Lunebourg : techniques, importance commerciale, routes du sel, visite de bâtiments industriels, etc.

À proximité

CARTE DE RÉGION P. 326-327

Couvent de Lüne (KLOSTER LÜNE) D1

À 2 km au nord-est, dir. Hambourg et Lauenburg. Bus n° 5007, arrêt Kloster Lüne - Am Domänenhof - ✆ 04131 523 18 - www.kloster-luene.de - visite guidée seult (1h15) - avr.-mi-oct. : tlj sf lun. à 10h30 (11h30 dim.), 14h30 et 15h30 - 9 € (4 € le musée seul).

Le **couvent de Lüne** remonte au 15e s. et forme avec ses dépendances un ensemble harmonieux. Il abrite depuis la Réforme des religieuses protestantes. Voyez le cloître gothique avec sa fontaine couverte, le chœur des religieuses, le réfectoire principal et le réfectoire d'été. Dans l'abbatiale, autel de 1524 et orgue baroque de

1645. À découvrir aussi : le petit musée de la Tapisserie, qui présente des tapisseries gothiques aux riches illustrations et de fines broderies.

Lauenburg an der Elbe D1

À 25 km au nord-est, dir. Hambourg et Lauenburg.
La paisible cité se situe à un point de passage sur l'Elbe, sur la route du sel. Les **maisons à colombages**, construites du 16e au 19e s., s'alignent sur la route longeant le fleuve, au pied d'un versant boisé incliné. Au sommet se dresse la tour de l'église Ste-Marie-Madeleine, construite en 1227.
Le donjon forme le seul vestige de l'imposant château fort commencé en 1182. Les autres parties de l'édifice furent érigées à la fin du 17e et au début du 18e s.
Le **musée de la Navigation sur l'Elbe** (*Elbschifffahrtsmuseum*, dans la ville basse, nº 59 de l'Elbstraße) restitue l'histoire de la navigation fluviale entre la Bohême et Hambourg à partir de maquettes, de documents et de moteurs de bateaux (démonstrations). *04153 59 09 219 - mars-oct. : 10h-18h, w.-end 10h-17h ; nov.-fév. : 10h-16h - fermé 1er janv., 24-26 et 31 déc. - 5 € -*.

Lande de Lunebourg (LÜNEBURGER HEIDE) C1-2 ET D2

Les pittoresques bosquets de bouleaux, de pins et de genévriers, et surtout la floraison des bruyères (de mi-août à mi-septembre) font le charme des paysages parfois austères de la lande de Lunebourg. Pour préserver ce milieu sauvage de l'avancée croissante de l'agriculture et de la sylviculture, une réserve naturelle de 200 km² a été créée autour du Wilseder Berg : faune et flore y sont intégralement protégées, la circulation automobile n'étant autorisée que sur les routes de traversée. Un effort est aussi accompli pour conserver à l'habitat rural de la Basse-Saxe son cachet traditionnel. Même en dehors de la réserve, les villages de la lande gardent en grande partie leur charme d'autrefois, avec leur clocher de bois, isolé de l'église et masqué par un couvert d'arbres.

Couvent d'Ebstorf (KLOSTER EBSTORF) C2

À 26 km au sud de Lunebourg. 05822 23 04 - www.kloster-ebstorf.de - visite guidée (1h30) - de déb. avr. à mi-oct. : mar.-sam. 10h-11h, 14h-17h, dim. 14h-17h ; de mi-oct. à fin oct. : mar.-dim. 14h - fermé nov.-mars et j. fériés - 4,50 €.
Voyez surtout dans cet ancien **couvent de bénédictins** des 14e et 15e s. le cloître gothique et la tribune des religieuses qui conserve une statue en bois grandeur nature de saint Maurice (1300) et plusieurs Vierges romanes ou gothiques. Les amateurs de géographie ancienne ne manqueront pas de se pencher sur la reproduction (à partir de photographies de la fin du 19e s.) de la célèbre **carte du monde★** (*Weltkarte*) datant du 13e s. ; l'original, conservé autrefois par le monastère, a brûlé à Hanovre au cours de la Seconde Guerre mondiale.

Handwerksmuseum am Mühlenberg, à Suhlendorf D2

À 51 km au sud-est de Lunebourg et 35 km à l'est du couvent d'Ebstorf. Mühlenweg 15 - 05820 370 - www.handwerksmuseum-suhlendorf.de - ♿ - avr.-oct. : tlj sf lun. 10h-17h - 4 €. Ce musée a pour emblème un moulin à vent sur pivot que l'on aperçoit à des kilomètres à la ronde. Le métier de meunier est expliqué à l'aide d'un grand nombre de maquettes, tandis que les professions de sellier, de forgeron ou de cordonnier font l'objet de démonstrations dans les ateliers.

★ Undeloh C1

À l'ouest de Lunebourg, 34 km par la L216 (sortir de Lunebourg par la Haagestraße).

5

Séduisant village (950 hab.) dont les maisons s'abritent sous de gros chênes, Undeloh constitue le point de départ de la route de 4 km *(interdite aux voitures – service de voitures à chevaux)* menant à Wilsede, village de la réserve maintenu à l'écart de la civilisation.

★ Wilseder Berg C2

Du sommet (marqué par une borne : 169 m), vaste **paysage de bois et de lande★**. Par temps clair, on distingue les flèches des églises de Hambourg, à 40 km au nord.
Les blocs erratiques – D'énormes blocs de granit et parfois de porphyre sont éparpillés dans la lande. Ce sont des débris morainiques venus de Scandinavie et restés lorsque les glaciers se sont retirés il y a environ 18 000 ans. Certains de ces blocs présentent des arêtes vives.

★ Heide-Park, à Soltau C2

À 53 km au sud-ouest de Lunebourg - 05191 912 48 - www.heide-park-world.de - ♿ - de fin mars à fin oct. : 10h-17h (juil.-août 18h) - 49 € (enf. 39 €) ; réserv. en ligne : 33 € - parking : 6 €/j.

Ce parc d'attractions ne compte pas moins de 40 manèges. Des villages à thème (Basse-Saxe, Hollande, Little America), ainsi que des grands 8, canyons et autres numéros de dauphins, otaries et crocodiles font la joie des grands et des petits. La descente des rapides en radeau constitue l'attraction la plus populaire du parc.

Walsrode C2

À 32 km au sud de Soltau, à 80 km de Lunebourg. Dans le parc, suivre l'itinéraire de visite indiqué (Rundgang). 05161 60 440 - www.weltvogelpark.de - ♿ - de mi-mars à fin oct. : 10h-17h (19h juil.-août) - possibilité de visite guidée (1h) - 24 €. (enf. 18,50 €).

Dans le **parc ornithologique★** *(Vogelpark)* d'une superficie de 22 ha vivent 4 600 oiseaux (900 espèces du monde entier), le plus souvent en semi-liberté et dans leur milieu naturel. Les échassiers et les palmipèdes sont particulièrement bien représentés, ainsi que les perroquets et les perruches.

Bergen-Belsen *(voir ce nom)*

À 74 km au sud de Lunebourg et 7 km au sud-ouest de Bergen.

★★ Celle *(voir ce nom)*

À 91 km au sud de Lunebourg.

★ Couvent Wienhausen (KLOSTER WIENHAUSEN)

(voir Celle : À proximité)

Musée des Moulins (WIND - UND WASSERMÜHLEN-MUSEUM), à ★★ Gifhorn

(voir Celle : À proximité).

Nos adresses

Restauration

Premier prix

9 **Mälzer Brauhaus** – A2 - *Heiligengeiststr. 43 - ✆ 04131 47777 - www.maelzerbrauhaus.de - plat 10/23 €.* Plusieurs ambiances aux différents niveaux de cette brasserie traditionnelle. Carte variée avec spécialités maison : tartes flambées, pommes de terre au four… Bière brassée sur place.

7 **Lanzelot** – B1 - *Wandfärberstr. 7 - ✆ 04131 404813 - fermé le midi en sem. - plat 12/18 €.* Salle lambrissée de bois sombre et ambiance cosy dans ce restaurant-bar à cappuccino. Carte classique avec pâtes, pizzas, plats de poisson et viande, options végétariennes. *Biergarten* ombragé. Buffet de tapas le lundi parmi d'autres soirées à thème.

Budget moyen

5 **Bremer Hof** – B1 - *Lüner Str. 12-13 - ✆ 04131 2240 - www.bremer-hof.de - 18h-22h, vend.-sam. 12h-2h - plats 18/27 €.* Pour goûter à la traditionnelle soupe de mariage de Basse-Saxe ou au carrelet aux airelles et gruau de seigle, essayez le restaurant « Alte Gaststube » de l'hôtel Bremer Hof. Le choix est limité mais le résultat convaincant.

Petite pause

Au couvent de Lüne

Café im Kloster – *Kloster Lüne, Am Domänenhof - ✆ 04131 249892 - www.cafe-im-kloster.de - mars-oct. : tlj sf lun. 10h-18h ; nov.-déc. : jeu.-dim. 11h-17 ; janv.-fév. : vend.-dim. 11h-17h - plats 8/16 €.* À l'entrée du couvent, il y a un sympathique café associatif qui favorise l'insertion des plus précaires et sert, sous un plafond peint de la Renaissance, des petits plats à prix doux : raviolis maison, goulasch, salade du marché…

Activités

Vélo – Avec plus de 900 km de pistes cyclables, la région est une aubaine pour les amateurs de vélo. Cartes disponibles. *Rens. ✆ 01 805 200 705. Voir aussi le site www.fahrradreisen.de.*

Hébergement

Pour se faire plaisir

1 **Bargenturm** – A2 - *Vor der Sülze 2 - ✆ 04131 7290 - www.hotel-bargenturm.de - 40 ch. 125/135 € ☕.* Hôtel très confortable, de style moderne, près de la zone piétonne.

5 **Altes Kaufhaus** – B2 - *Kaufhausstr. 5 - ✆ 04131 30880 - www.dormero.de - 83 ch. 85/170 € - ☕ 15,90 €.* Au cœur du Wasserviertel, un ancien entrepôt en briques à façade baroque (1745), converti en hôtel fonctionnel doté d'un restaurant (Red Grill) et d'une salle de fitness.

4 **Romantik HotelBergström** – B1 - *Bei der Lüner Mühle - ✆ 04131 3080 - www.bergstroem.de - P ♿ - 131 ch. 100/153 € - ☕ 15,90 €.* Choisissez entre les chambres du moulin médiéval ou celles du bâtiment plus moderne en face. Au total, sept bâtiments et deux restaurants.

Corbeille en osier sur la plage à Kampen.
fotosol/F1online/age fotostock

6

Hambourg et le Nord

CARTES MICHELIN RÉGIONAL 541 ET 542 – SCHLESWIG-HOLSTEIN, BASSE-SAXE ET MECKLEMBOURG-POMÉRANIE

A
B
ESBJERG
ÅRHUS
DANEMARK
Sylt
List
Kampen
Westerland
Keitum
Seebüll
Flensburg
199
Föhr
Dunsum
Wyk
Amrum
Oland
Langeneß
Nebel
Halligen
Nordstrand
Hooge
Pellworm
Süden
Husum
Friedrichstadt
Îles Frisonnes septentrionales
Schleswig
Wikinger Museum Haithabu
Kanal
Laboe
Kiel
MER
Lolland
St Peter-Ording
Eidersperrwerk
Eider
Suisse du Holstein
Plön
Eutin
Mer des Watten
Naturpark
SCHLESWIG-HOLSTEIN
Aukrug
Ostsee-
Timmendorfer Strand
Niendorf
Travemünde
Priw
Itzehoe
LÜBECK
Nord-
ELBE
Glückstadt
Ratzeburg
1
2
HAMBOURG ET LE NORD
0
50 km
Wedel
HAMBOURG
Stade
Altona
A 7
A 23
A 210
A 21
A 1
A 24
A 25
A 250
76
202
73
74
209
HAMBOURG ★★★ Vaut le voyage
Bad Doberan ★★ Mérite un détour
Wismar ★ Intéressant
Husum À voir
Ville de départ du circuit
Du lac de Müritz à Schwerin
BREMERHAVEN
5
BASS

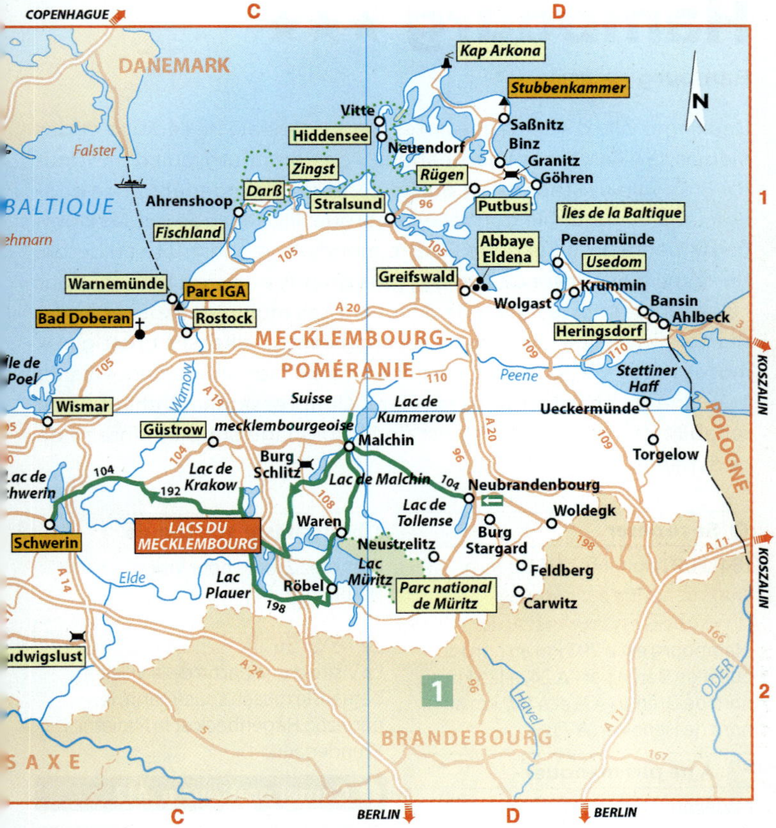
COPENHAGUE
C
D
DANEMARK
Kap Arkona
Stubbenkammer
N
Vitte
Hiddensee
Neuendorf
Saßnitz
Binz
Granitz
Göhren
Falster
Zingst
Rügen
Darß
BALTIQUE
Ahrenshoop
Stralsund
Putbus
Îles de la Baltique
1
Fischland
Abbaye Eldena
Peenemünde
Usedom
Greifswald
Krummin
Warnemünde
Parc IGA
Wolgast
Bansin
Ahlbeck
Bad Doberan
Rostock
Heringsdorf
MECKLEMBOURG-POMÉRANIE
Île de Poel
Peene
Stettiner Haff
KOSZALIN
Suisse mecklembourgeoise
Lac de Kummerow
Ueckermünde
Wismar
Güstrow
Malchin
POLOGNE
Torgelow
Lac de Schwerin
Lac de Krakow
Burg Schlitz
Lac de Malchin
Neubrandenbourg
Lac de Tollense
Woldegk
Waren
Burg Stargard
Schwerin
LACS DU MECKLEMBOURG
Neustrelitz
Feldberg
Elde
Lac Plauer
Lac Müritz
Röbel
Parc national de Müritz
Carwitz
Ludwigslust
Havel
ODER
2
BRANDEBOURG
SAXE
BERLIN

Hambourg ★★★

Hamburg

Deuxième ville d'Allemagne après Berlin, capitale de l'édition et des médias, la ville « libre et hanséatique » de Hambourg jouit d'un statut d'« État-ville » (Stadtstaat) qui lui confère une indépendance économique et culturelle dont elle s'enorgueillit. Ravagée par les bombardements de la Seconde Guerre mondiale, reconstruite en béton, Hambourg est devenue l'un des plus grands ports du monde. Pour celui qui prendra le temps de découvrir ses multiples espaces verts, ses canaux, le joli lac d'Alster en plein centre-ville, ses prestigieux musées et sa vie nocturne, c'est une ville extraordinairement vivante et pleine de charme qui se révélera. L'impressionnant chantier de réhabilitation de HafenCity est un témoignage supplémentaire de ce dynamisme.

Se repérer

1841 200 habitants – Hambourg

CARTE DE RÉGION BC2 (P. 394-395)

PLANS DE VILLE P. 398-399 ET P. 408

Hambourg est à 293 km au nord-ouest de Berlin par l'A 24, à 125 km au nord de Brême (A 1) et à 160 km au nord de Hanovre (A 7).

À ne pas manquer

La découverte du port jusqu'aux entrepôts de Speicherstadt, les nuits animées de St-Paul, une promenade autour des lacs Binnenalster et Aussenalster.

Organiser son temps

Comptez 2 jours pour visiter Hambourg.

En famille

La visite d'une partie de la ville en bateau, le musée sous-marin, le parc-zoo Hagenbeck et le Miniatur Wunderland.

Carnet pratique p. 412

Nos adresses p. 414

Hambourg	
Jour 1	Prenez la matinée pour flâner dans les rues de la vieille ville et de la Speicherstadt avant d'admirer les collections du musée des Beaux-Arts l'après-midi. Réservez St-Paul et ses nombreux cafés et restaurants pour le soir.
Jour 2	Si c'est un dimanche, les lève-tôt auront le courage d'aller au marché au poisson, sur l'Elbe. Les autres préféreront découvrir HafenCity et l'Elbphilharmonie. Terminez en beauté par un tour du lac d'Alster ou par une visite du port en bateau.

Hôtel de ville et marché de Noël.
imageBROKER/hemis.fr

★★ Le centre

PLAN DE VILLE P. 398-399

Itinéraire tracé en vert sur le plan p. 398-399. Comptez la journée (plus si vous voulez faire une promenade en bateau et visiter quelques musées).
Cette promenade permet de découvrir les différentes facettes de Hambourg, de l'hôtel de ville au « Quartier des Comptoirs » en passant par le Binnenalster et le musée des Beaux-Arts.

★ Place de l'Hôtel de ville (RATHAUSMARKT) B2

La place a été redessinée après l'incendie catastrophique qui ravagea la ville en 1842. Les édiles de l'époque voulaient qu'elle ressemble un peu à la place Saint-Marc de Venise. D'où la présence d'un campanile de 112 m de hauteur et le style résolument néo-Renaissance de l'**hôtel de ville**★, construit en 1897 par Martin Haller sur 4 000 pilotis. À l'intérieur : 647 pièces dont une gigantesque salle des Fêtes et quelques salons d'apparat au premier étage. Dans la cour d'honneur, jolie fontaine d'Hygieia, déesse de la Santé. *Visite guidée en anglais et en français - ☎ 040 428 31 24 - ♿ - dép. ttes les heures, 11h-16h, sam. 10h-17h, dim. 10h-16h - 5 €.*
À l'angle du canal et du **Bucerius Kunstforum** (B2) qui accueille régulièrement des expositions temporaires *(☎ 040 3609 960 - www.buceriuskunstforum.de - 11h-19h, jeu. jusqu'à 21h - 9 €, 9 €; 6 € le lun.)*, jetez un œil sur le pont **Schleusenbrücke** : faisant corps avec l'écluse qui maintient le niveau des plans d'eau de l'Alster, il enjambe l'Alsterfleet, vestige du système de canaux caractéristique du vieux Hambourg. À la tête du pont se dresse la haute stèle du monument aux morts de la Première Guerre mondiale (sculpture de Barlach). En face, les arcades de l'Alster *(Alsterarkaden)* abritent des boutiques de luxe.
Derrière l'hôtel de ville, un bâtiment de style classique, inauguré en 1841, accueille la **Chambre de Commerce** de Hambourg (Handelskammer, B2 - *Adolphsplatz 1 - ☎ 040 36138-138 - www.hk24.de)*. Traversez la grande salle de la Bourse pour voir la salle des Marchés avec ses modèles réduits de navires du 17e s. *(Konvoischiffe)* et sa « Maison dans la Maison ».

6

SE RESTAURER

Café Paris 4
Cölln's 5
Das Feuerschiff LV 13........ 9
Gröninger Haus............. 7
Oberhafen Kantine..........
Old Commercial Room ......

...LET 28
Wasserschloss 3

SE LOGER

Henri Hotel 3
Michaelis Hof 23

Pension am Rathaus......... 25
SIDE 27

Une plaque tournante

Modeste agglomération établie sur les rives de l'Alster, petit affluent de l'Elbe, Hambourg connaît une première époque de prospérité en entrant au 13e s. dans la ligue de la Hanse, patronnée par Lübeck. Le port devient une étape incontournable du trafic entre la mer Baltique et la mer du Nord. Les bouleversements provoqués par les grandes découvertes des voies maritimes portent un coup fatal au commerce hanséatique. Hambourg s'oriente alors vers les fonctions intermédiaires d'entrepôt et de distribution. En 1558 s'y crée la première Bourse allemande. Ville d'affaires, Hambourg cultive une politique de stricte neutralité qui lui vaut d'être épargnée par la guerre de Trente Ans. En 1842, un terrible incendie ravage la cité. L'indépendance américaine et l'affranchissement de l'Amérique latine favorisent son essor au 19e s. Aujourd'hui, Hambourg est le troisième plus grand port de containers d'Europe (derrière Rotterdam et Anvers).

Autour de l'église St-Nicolas BC2

Au sud-ouest de la mairie, vous découvrirez un pan de vieille ville tout à fait charmant, entre le Nikolaifleet, le Binnenhafen (bassin réservé à la navigation fluviale et aux remorqueurs) et le Zollkanal.

Trostbrücke (B2) – Ce petit pont enjambe le Nikolaifleet sous le regard de deux **statues** : saint Ansgar, premier archevêque de Hambourg (834-865), qui symbolise la Vieille Ville *(Altstadt)*, et le comte Adolf III von Schauenburg, premier souverain séculier (1164-1203), qui représente la Ville Nouvelle *(Neustadt)*. Au bout du pont, l'immeuble **Laeiszhof** a été édifié en 1898 pour le riche armateur Ferdinand Laeisz, propriétaire d'une flotte qui naviguait entre l'Amérique du Sud et l'Asie du Sud-Est. Poussez la porte pour admirer la cage d'escalier.

Passez le long de l'ancienne église St-Nicolas dont les ruines ont été transformées en mémorial contre la guerre (sa tour – **Nikolai Kirchturm** – est toujours la plus haute des églises de la ville).

Traversez le square attenant de manière à rejoindre la passerelle qui enjambe la Willy Brandt-Straße.

Deichstraße (B3) – C'est dans cette rue que se déclara le grand incendie de 1842. D'anciennes maisons de marchands des 17e et 18e s. abritent aujourd'hui des tavernes. Accompagnant la courbe du Nikolaifleet, de l'autre côté, les entrepôts aux façades restaurées offrent une image du vieux Hambourg et une jolie vue sur le canal. Ne manquez pas, au n° 45 de la Deichstraße, le vieux café-épicerie (1698) : c'est presque un musée !

Le pont **Hohe Brücke (B2-3)**, bordant le Binnenhafen et jeté sur le Nikolaifleet, offre également une belle vue. Remarquez les traces des inondations de 1962 et de 1976.

Cremon (B3) – Aux nos 33-36, anciennes maisons d'habitation et entrepôts présentant deux façades, l'une côté rue, l'autre côté canal.

Église Ste-Catherine (St. Katharinenkirche, B3) – Cette église gothique en brique (14e-15e s.) domine le quartier du vieux port de sa tour baroque à bulbe et ajourée.

Remontez la Domstraße jusqu'à l'église St-Pierre.

Église St-Pierre (ST. PETRIKIRCHE) C2

Sur la Mönckebergstraße - www.sankt-petri.de - 10h-17h, dim. 9h-20h - accès à la tour (544 marches) : 11h-16h30 (dim. 11h30) - 3 €.

Édifiée au 12e s., elle a été reconstruite après le grand incendie de 1842 par Alexis de Châteauneuf, en style néogothique.

★ Jungfernstieg B2

Au fond du bassin du Binnenalster, cette chaussée célèbre constitue l'artère cosmopolite de la ville, animée par les terrasses de l'Alsterpavillon (café- restaurant), le trafic des bateaux effectuant le service de l'Alster, et les nombreux promeneurs qui s'adonnent au lèche-vitrine des boutiques de luxe du quartier.

★★★ Binnenalster et Aussenalster CD1

✆ 040 35 74 240 - www.alstertouristik.de - dép. de l'embarcadère de Jungfernstieg, d'avr. à fin sept. : 11h-17h, ttes les demi-heures ; oct. : 11h-16h30 ttes les demi-heures ; nov.-mars : « Winterliche Alster-Rundfahrt » à 11h, 12h30, 14h30 et 16h (nov.-déc. aussi 15h et 16h30) - 16,50 €. Alster-Kreuz-Fahrt (9 embarcadères/débarcadères au choix) - de déb. avr. à fin sept. : 10h15-17h45, ttes les heures - 5 € par embarcadère, 16 € le forfait pour la journée.

Le lac d'Alster, au nord de la vieille ville, est un superbe plan d'eau. Il comprend deux bassins, le Binnenalster et l'Aussenalster, ce dernier, plus vaste, permettant de s'adonner aux joies de la voile et du canotage en pleine ville. La flottille de vedettes de l'Alsterschiffahrt en dessert régulièrement les pontons : le **circuit en bateau** donne le recul suffisant pour embrasser d'un coup d'œil l'imposant tableau formé par les cinq tours, dépassant toutes 100 m de hauteur, des églises principales et le campanile de l'hôtel de ville. Il est également possible de naviguer sur les canaux de l'Alster (villas et parcs remarquablement entretenus alternent avec des rives restées sauvages) ainsi que sur les canaux de la vieille ville et du port (deux écluses permettent de gagner la zone portuaire depuis le Binnenalster).

★★★ Musée des Beaux-Arts (HAMBURGER KUNSTHALLE) C1

Près du Binnenalster. Glockengießerwall 5 - ✆ 040 428 131 200 - www.hamburger-kunsthalle.de - ♿ - tlj sf lun. 10h-18h (jeu. 21h) - fermé 24 déc. - 14 € ; 5 € jeu. 17h30-21h ; gratuit avec le Kunstmeilenpass - tour guidé des « fleurons de la collection » : sam. à 11h (en allemand) - 4 €.

Hambourg, capitale verte européenne.
R. Mattes/hemis.fr

6

Le musée des Beaux-Arts, l'un des plus grands d'Allemagne, présente en premier lieu ses collections du Moyen Âge. Créé pour l'église St-Pierre de Hambourg, le **retable de maître Bertram von Minden** (1379) est l'une des œuvres les plus vastes et les plus touchantes du Moyen Âge allemand. L'un des principaux attraits du musée : la peinture allemande du 19e s. On trouve au centre des œuvres du peintre romantique **Caspar David Friedrich** (dont le fameux **Voyageur contemplant une mer de nuages★★**) et des toiles de Philipp Otto Runge. Parmi les maîtres de l'école réaliste, on admirera le célèbre tableau **Trois femmes à l'église★** de **Wilhelm Leibl** (1882), ainsi que des toiles de **Max Liebermann** (*Les Ravaudeuses de filet*, 1889), Lovis Corinth et Munch. À noter également : les tableaux du Norvégien Dahl, du Danois Hammershøi, des Suisses Segantini et Hodler. Pour l'époque moderne, ce sont les œuvres de Max Beckmann et d'Oskar Kokoschka ainsi que des artistes du mouvement **Die Brücke** et du **Blaue Reiter** (Kirchner, Nolde, Marc) qui dominent. C'est dans ce cadre que le fascinant *Poisson d'or* de Paul Klee est exposé.
En 1997, on a annexé au musée un nouveau bâtiment, élevé sur les plans de l'architecte Oswald Mathias Ungers. Les œuvres exposées dans cette **Galerie contemporaine** *(Galerie der Gegenwart)* sont habilement mises en valeur, de nombreux artistes ayant participé à leur installation (Richard Serra, Claes Oldenburg, Hanne Darboven, Jenny Holzer). À côté des artistes internationaux (Bruce Naumann, Andy Warhol, Donald Judd, Richard Long), l'art contemporain allemand est bien représenté (Sigmar Polke, Georg Baselitz, Markus Lüpertz, Mario Merz, Gerhard Richter, Rosemarie Trockel). La pièce centrale, entièrement consacrée à Joseph Beuys, souligne le rôle majeur joué par cet artiste.

★ Musée des Arts et Métiers (MUSEUM FÜR KUNST UND GEWERBE) D2

À l'est de la ville. Steintorplatz 1, au sud de la gare centrale. ☎ 040 428 134 880 - www.mkg-hamburg.de - tlj sf lun. 10h-18h (jeu. 21h sf j. férié ou vac.) - fermé 1er janv., 1er Mai, 24 et 31 déc. - 12 € (8 € le jeu. 17h-21h ; gratuit avec le Kunstmeilenpass).
Dans un palais de style néo-Renaissance du 19e s., ce vaste musée abrite de précieuses collections de sculptures, faïences, meubles, bijoux, instruments de musique... Le parcours s'étend de l'Antiquité à nos jours et comprend notamment une maison de thé japonaise ainsi que d'époustouflants salons illustrant différents styles d'ameublement, superbement rénovés en 2011. À ne pas manquer, au rez-de-chaussée : la **salle Blohm** avec la collection de porcelaines de Vienne, Sèvres et Meissen réunies par Otto Blohm ; les lambris de la **salle Louis-XVI** qui décoraient autrefois une maison de la Katharinenstraße ; et le décor pompéien des **salles Milde-Speckter★**, typique des années 1770 ; au 1er étage, l'intéressante section consacrée à l'Art nouveau (**Jugendstil**), comprend un bureau conçu par Henry van de Velde pour un juriste de Lübeck (1902), et des peintures murales réalisées par Arthur Illies (1908). Une partie du 2e étage réunit de manière originale les **classiques du design** (robots ménagers, grille-pain, sièges de Ludwig Mies van der Rohe et Philippe Starck...).
Descendez la Mönckebergstraße.

Église St-Jacques (ST. JAKOBIKIRCHE) C2

10h-17h (11h-17h en hiver), dim. 11h30-17h.
Parmi les nombreux trésors de l'église St-Jacques, église-halle gothique (14e-15e s.) : le retable de saint Luc et de la corporation des pêcheurs, le triptyque de la guilde des tonneliers sur le maître-autel, la chaire de marbre et d'albâtre de Georg Baumann (1610), et surtout le célèbre orgue d'Arp Schnitger (1693).
De l'église St-Jacques, la Mohlenhofstraße vous conduit tout droit à la Burchardplatz, cœur du Kontorhausviertel.

Speicherstadt avec l'église Sainte-Catherine.
R. Mattes/hemis.fr

★ Le Quartier des Comptoirs (KONTORHAUSVIERTEL) C2

Ces anciens immeubles de bureaux qui se dressent dans le quartier des affaires et de la presse, autour de la Burchardplatz, se distinguent par leur masse colossale de brique sombre.
★★ **Maison du Chili (Chilehaus)** – *Entre la Burgstraße et Meßberg.* Ce bâtiment aux allures de paquebot fut construit en 1924 par l'architecte expressionniste Fritz Höger. Destiné à un riche marchand hambourgeois dont la fortune provenait notamment des relations commerciales qu'il avait nouées avec le Chili, il a été classé en 2015 au Patrimoine mondial de l'Unesco, comme le reste du quartier.
Le **Sprinkenhof** (1930) forme à lui seul une ville de bureaux.
Le **Meßberghof** (1924) – *Entre Pumpen et Willy-Brandt-Straße.* L'ensemble appartenait à Albert Ballin, issu d'une famille juive originaire du Danemark, un philanthrope et le fondateur de la compagnie transatlantique HAPAG.
Traversez le Zollkanal.

★★★ Speicherstadt C3

www.kulturquartier-hamburg.de.
Après que Hambourg, rattachée au Reich en 1871, eut rejoint la Fédération des douanes allemandes, la constitution d'une zone franche fut nécessaire. C'est tout un quartier qui fut détruit, le long du Zollkanal et de ses canaux afférents, pour y édifier, à partir de 1885, les entrepôts de la Speicherstadt. L'ensemble abrite aujourd'hui encore sur 373 000 m² (il s'agit du plus vaste complexe d'entrepôts d'un seul tenant au monde) de précieuses marchandises telles que le tabac, le café, les épices, la soie brute et les tapis d'Orient. La Speicherstadt, avec ses rangées de bâtiments en brique à pignons surmontés de toits en cuivre vert, constitue un quartier original et d'une unité architecturale unique. Bon nombre de ces bâtiments ont été réhabilités ces dernières années et reconvertis en musées. Le tout a été inscrit par l'Unesco sur la liste du Patrimone mondial en 2015.

Elbphilharmonie Hamburg, signé Herzog & de Meuron.
U. Baumgarten/Getty Images

Dialogue dans le noir (DIALOG IM DUNKELN) C2

Alter Wandrahm 4 - ✆ 040 309 63 40 - www.dialog-im-dunkeln.de - ♿ - lun.-vend. 9h-18h, sam. 10h-19h, dim. et j. fériés 10h-17h - 21,50 € - réserv. indispensable - visite (1h30) en anglais ou en français sur demande.

Rien à voir dans ce musée, mais beaucoup à explorer : des guides aveugles conduisent de petits groupes à la découverte d'un environnement ordinaire, plongé dans l'obscurité la plus totale. Odeurs, bruits, courants d'air et textures deviennent les seuls repères ! Il est également possible de dîner dans le noir, mais il faut réserver longtemps à l'avance.

Musée de la Speicherstadt (SPEICHERSTADT MUSEUM) B3

Am Sandtorkai 36 - ✆ 040 32 11 91 - www.speicherstadtmuseum.de - mars-oct. : 10h-17h (18h w.-end et j. fériés) ; nov.-fév. : tlj sf lun. 10h-17h - 4,50 €.

Dans un ancien entrepôt de brique rouge, ce musée retrace l'histoire du quartier et de ses métiers depuis plus d'un siècle. Instruments de mesure, outils de stockage, sacs de café... Photos et plans illustrent les étapes de son développement.

★ **Miniatur Wunderland** B3

Kehrwieder 2-4 (Block D) - ✆ 040 300 6 800 - www.miniatur-wunderland.de - ♿ - tlj 9h30-18h (mar. 21h), sam. 8h-21h, dim. et j. fériés 8h30-21h - fermé 24 déc. - 20 € (-15 ans 12,50 €). Réserv. recommandée pour éviter les files d'attente.

Il s'agit du plus grand univers de trains en modèle réduit au monde, sur plus de 6 800 m², avec 930 trains qui parcourent des décors inspirés de la Scandinavie aux États-Unis en passant par la mer du Nord. Au cours de la visite, vous pourrez voir la salle de contrôle des aiguillages d'où le personnel met en mouvement ce ballet de miniatures. L'ensemble ne cesse de s'agrandir de nouveaux décors. Voitures, camions, ambulances circulent à côté des trains. Un aéroport miniature présente des modèles réduits d'avions qui décollent ! On découvre enfin le port de Hambourg avec la toute nouvelle Elbphilharmonie parfaitement reproduite, avant de se retrouver à Rome devant le Colisée.

Vous pouvez vous diriger vers HafenCity ou retourner à l'hôtel de ville.

★★ HafenCity B3

HafenCity Info Center – *Dans la Kesselhaus. Am Sandtorkai 30 (Speicherstadt) - ☏ 040 36 90 17 99 - www.hafencity.com - tlj sf lun. 10h-18h - gratuit.*

En prolongement de la Speicherstadt vers le sud, ce nouveau quartier constitue le plus grand projet d'aménagement urbain en Europe. Il se veut un modèle de développement durable pour les métropoles situées au bord de l'eau. D'ici à 2030, 157 ha viendront agrandir petit à petit le centre-ville de Hambourg, mêlant logements, bureaux, espaces culturels et de loisirs, établissements associatifs et éducatifs, commerces et restaurants. La partie ouest (Am Sandtorkai/Dalmannkai) est d'ores et déjà habitée par quelques milliers de personnes, et les agréables espaces de promenade sont fréquentés par les promeneurs. L'ensemble mérite le coup d'œil, après un passage au HafenCity Info Center, où vous pourrez entre autres voir une grande maquette du projet. Par beau temps, les terrasses de Magellan offrent un cadre très agréable pour un pique-nique au bord de l'eau.

★★★ Elbphilharmonie B3

Platz der Deutschen Einheit 4 - ☏ 040 357 666 280 - www.elbphilharmonie.de - billetterie (Konzertkasse) : 11h-20h - visites guidées (Konzerthausführung, 1h, sur réserv.) entre 9h15 et 16h au départ du « centre des visiteurs » (Besucherzentrum), Am Kaiserkai 62 - 15 €.

L'**Elbphilharmonie**, qui a ouvert ses portes en 2017, est le nouvel emblème de Hambourg. Cette impressionnante salle de concert transparente (2100 places pour le seul Grand Hall), a été conçue, telle une figure de proue dressée à la pointe ouest du quartier, par le cabinet d'architectes suisse Herzog & de Meuron. Un bâtiment pharaonique dont les travaux ont duré dix ans et coûté la bagatelle de 865 millions d'euros.

★ Musée maritime international

(INTERNATIONALES MARITIMES MUSEUM) C3

Kaispeicher B, Koreastraße 1 - ☏ 040 300 92 300 - www.imm-hamburg.de - ♿ - 10h-18h - 13 €.

Installé dans le plus ancien entrepôt de Hambourg (1879), classé monument historique, ce musée est l'un des derniers-nés du quartier à la limite de la Speicherstadt et de Hafen City. Ses dix « ponts » explorent la relation étroite entre l'homme et la mer à travers les âges et les civilisations. Documents audio-visuels interactifs, tableaux (signalons en particulier celui de Johannes Holst, **Seestück★**, 1913), maquettes et schémas explicatifs donnent vie à cette épopée captivante. Remarquez la maquette en Lego de près de 7 m de long du *Queen Mary 2*, la reconstitution d'une cabine de passager du paquebot *France*, le modèle grandeur nature d'une embarcation du lac Titicaca, la coupe du *Nautilus* et la maquette du port de commerce de Bremerhaven.

★ Le port et la Ville-Neuve (HAFEN UND NEUSTADT) A2

Sur le port St-Pauli – *Embarcadères St-Pauli (Landungsbrücken), entre les quais 4 et 5 - 9h-18h (jeu.-sam. 19h) - fermé 25 déc. et 1er janv.*

La découverte du port constitue un temps fort de toute visite de la ville. Pour un bon point de vue d'ensemble, gagner le sommet de la tour de l'église St-Michel ; le **Stintfang** (terrasse au pied de l'auberge de jeunesse, U/S-Bahn St. Pauli Landungsbrücken,) offre également une **vue★** de choix.

★★ Visite du port en bateau PLAN II AB2

Voir « Nos adresses ».

Le visiteur sera frappé par l'importance des chantiers de construction navale et surtout par l'animation extraordinaire de l'Elbe sur laquelle évoluent tous les exemplaires de la construction maritime. Des barcasses automotrices faisant la navette entre les deux rives débarquent, à l'heure de sortie des bureaux, le personnel des entreprises de la rive gauche. Le dimanche matin et les jours fériés, avant 9h30, le marché au poisson, dit St-Pauli-Fischmarkt (A2), est très animé.

Quartier St-Paul (SANKT-PAULI) PLAN II AB2

Au nord du port et à l'ouest de la ville nouvelle.

St-Paul connut son âge d'or dans les années 1960, lorsque les Beatles jouaient au Star Club de la **Große Freiheit (A2)**. Prostitution et trafic de drogue ont sensiblement terni son image par la suite. Mais ce quartier, où s'est établi le poste de police le plus important de la ville (**Davidwache,** B2), connaît depuis quelques années une véritable renaissance : il devient un *Amüsierviertel*, un quartier où l'on vient se distraire. Certes, l'industrie du sexe, légale en Allemagne, y est encore présente, dans la Herbertstraße notamment (une petite rue fermée par des barrières et dont l'accès, à la demande des prostituées, est interdit aux mineurs et déconseillé aux femmes). Mais St-Paul regorge aussi aujourd'hui de bars, cafés et gargotes dont beaucoup se révèlent être des lieux authentiquement chaleureux, points de rencontre des noctambules de la ville et d'ailleurs. St-Paul s'organise autour de la **Reeperbahn (AB2)**, son artère principale, qui court parallèlement au port.

★ Musée historique (MUSEUM FÜR HAMBURGISCHE GESCHICHTE) PLAN II B2

Holstenwall 24 - ✆ 040 428 132 100 - - www.shmh.de - ♿ - tlj sf mar. 10h-17h, w.-end 10h-18h - fermé 1er janv., 1er Mai, 24 et 31 déc. - 9,50 €.

Ce très dense musée, fondé en 1908, retrace l'histoire de la ville depuis le petit village saxon de Hammaburg (*hamme* en vieux saxon signifie « rive, terrain le long du fleuve ») jusqu'à la métropole hanséatique du 20e s. Vous y verrez plusieurs maquettes et reconstitutions très instructives : l'un des seize logis, pour personnes démunies, financés par Anna Büring (veuve d'un maire de Hambourg au 16e s) dans le quartier des ruelles *(Gängeviertel)* ; l'impressionnante **maquette★** des docks de Hambourg et Altona, réalisée pour l'Exposition universelle de Paris en 1900 ; le magasin de denrées coloniales, autrefois situé dans la Steinstraße (1830) ; et la maquette du Temple de Salomon, extravagante fiction conçue par un jésuite espagnol (1692) qui inspira en son temps de nombreux palais baroques. Méritent aussi un coup d'œil : le département consacré à la navigation (plus de 100 maquettes de bateaux, dont l'impressionnant *Wappen von Hamburg* datant de 1722) et le

Le marché au poisson

Le marché au poisson de Hambourg, dont les origines remontent au début du 18e s., est une institution. Il se tient tous les dimanches matin et jours fériés, au sud du quartier St-Paul, le long de l'Elbe, de 5h30 à 9h30 (en hiver, à partir de 7h). La gouaille des vendeurs, les acheteurs ou les fêtards qui viennent terminer la nuit, et les animations musicales de la *Fischauktionshalle*, tout en verre et fer forgé, en font un événement vivant du folklore hambourgeois.

Le port de Hambourg.
G. Schulz/age fotostock

grand modèle réduit de chemin de fer. Le musée rassemble également des vêtements et accessoires de mode datant de plusieurs siècles, ainsi que des habitations historiques richement meublées.

KomponistenQuartier PLAN I A2
Peterstraße 29-39 - ✆ 040 63 60 78 82 - www.komponistenquartier.de - tlj sf lun. 10h-17h - 9 € (Brahms-Museum inclus).
Ce musée qui a ouvert ses portes en 2015, rappelle de façon vivante et intelligente un chapitre important dans l'histoire de Hambourg : la tradition musicale. Il est vrai qu'un opéra public y fut fondé dès 1678, à l'initiative du duc Christian de Holstein-Gottorp. Et qu'en 1687, le facteur Arp Schnitger livra à l'église St. Nikolai un orgue qui était alors le plus grand du monde. Mais il y a plus frappant, sept compositeurs de renom ont vécu et travaillé à Hambourg : **Georg Philipp Telemann**, son filleul **C. Ph. Emanuel Bach**, **Johann Adolf Hasse** (l'un des maîtres de l'opéra à l'époque). **Johannes Brahms** (1833-1897) est né à Hambourg, tout comme **Felix Mendelssohn Bartholdy** et sa sœur Fanny (la maison annexe du musée leur est consacrée). De 1891 à 1897, **Gustav Mahler** dirigea l'orchestre de l'opéra de la ville. Les mélomanes pourront visiter, dans la maison attenante, le **Brahms-Museum**, fort bien documenté *(Peterstraße 39 - ✆ 040 41 91 30 86 - www.brahms-hamburg.de - tlj sf lun. 13h30-17h - 9 €, musées du KomponistenQuartier inclus).*

★ **Église St-Michel** (ST. MICHAELIS-KIRCHE) PLAN I A2
Englische Planke 1 - ✆ 040 376 780 - www.st-michaelis.de - mai-sept. : 9h-20h ; nov.-mars : 10h-18h ; avr. et oct. : 9h-19h - tour 6 €, ticket combiné avec crypte 8 €.
Construite en brique en 1762 par l'architecte Sonnin, l'un des meilleurs représentants de la tradition baroque en Allemagne du Nord, l'église St-Michel surprend par l'ampleur de ses proportions et sa luminosité. La **célèbre tour** (*Turm des Michels*, 1786), qui, sous le nom de « Michel », est le symbole populaire de Hambourg, dresse au-dessus de l'Elbe son lanternon en forme de rotonde. De la **plate-forme**

(52 marches puis ascenseur ou 452 marches), le **panorama**★ se déploie en partie sur l'Elbe, les bassins, les entrepôts et les chantiers du port.
Au chevet de l'église, franchissez le porche du n° 10, rue **Krayenkamp**. Cette impasse est bordée de surprenantes **maisonnettes de bois et de brique**, construites en 1670 dans un but social. Des boutiques les occupent aujourd'hui.

Au Nord du quartier St-Paul

★ Quartier Schanze (SCHANZENVIERTEL) PLAN II AB1

Un peu plus chic que le quartier St-Paul, avec ses jolies façades et ses petits jardins, Schanze concentre boutiques de mode, bars et cafés aux terrasses généreuses à

SE RESTAURER
Cuneo 2

SE LOGER
Hotel Hafen Hamburg 11
Imperial Hotel 17
St. Annen Hotel 5
Superbude St. Pauli 4

la belle saison. Paradis des bobos, ce quartier paisible était dans les années 1990 un bastion de la contre-culture, comme en témoigne encore la présence du célèbre squat Rote Flora *(Schulterblatt)* dans l'ancien Tivoli-Theater.

★★ **Parc zoologique Hagenbeck** (TIERPARK HAGENBECK) HORS PLAN I B1

Lokstedter Grenzstraße 2. Au nord de la ville, sortir par la Grindelallee. ✆ 040 53 00 330 - www.hagenbeck.de - ♿ - tlj juil.-août : 9h-19h ; mars-juin et sept.-oct. : 9h-18h ; nov.-mars : 9h-16h30 - possibilité de visite guidée (1h30) - 22 € le zoo, 16 € l'aquarium tropical, 34 € billet combiné.

Ce parc exceptionnel a été aménagé en 1907 ; ses vieux arbres, ses lacs et ses rochers artificiels invitent à de paisibles balades et permettent d'appréhender la nature d'une manière unique. Environ 1850 animaux (350 espèces) originaires des cinq continents vivent ici à l'air libre. Au fil des ans, de nombreuses espèces rares ont été élevées avec succès. Les éléphants asiatiques constituent la grande fierté de ce parc animalier.

À voir aussi

★ **Musée de l'Émigration Ballinstadt**
(AUSWANDERERMUSEUM HAMBOURG) HORS PLAN I D3

Veddeler Bogen 2, au sud de la ville, de l'autre côté de l'Elbe, non loin de la jonction de l'A 255 et de l'A 252. Pour s'y rendre : par le métro (S-Bahn), lignes S3 ou S31 à partir de la gare centrale (Hauptbahnhof), dir. Neugraben, arrêt Veddel ; par bateau, avec la « Circle Line » (départ de St-Pauli-Landungsbrücken n° 10 (D3) *tlj à 10h55, 12h55 et 14h55 - 18 € AR - www.maritime-circle-line.de). ✆ 040 319 79 160 - www.ballinstadt.de - avr.-oct. : 10h-18h ; nov.-mars : 10h-16h30 - 13 €.*

Ce musée ouvert en 2007 est dédié aux 5 millions d'émigrants européens qui transitèrent par Hambourg entre 1850 et 1939 pour embarquer vers les États-Unis. C'est **Albert Ballin**, né en 1857 dans le quartier de St. Pauli, qui fit bâtir tout un complexe pour les accueillir (à l'époque, Ballin dirigeait la HAPAG, l'une des compagnies maritimes les plus importantes du monde avec 175 navires et 20 000 employés). Sur le lieu même, trois répliques des anciens bâtiments ont été construites. Elles abritent une exposition qui fait revivre de manière très vivante (documents audio, vidéo, installations interactives...) l'histoire émouvante de ces candidats au départ.

Deichtorhallen PLAN I C2

Deichtorstraße 1-2 - ✆ 040 321 030 - www.deichtorhallen.de - tlj sf lun. 11h-18h (premier jeu. du mois 21h) - 12 € (6 € mar. 16h-18h ; gratuit avec le Kunstmeilenpass).

Ces deux superbes halles en brique aux silhouettes aériennes contruites au début du 20e s. abritaitent autrefois un marché de gros. Transformées en musées en 1989, elles accueillent désormais la Halle d'art contemporain *(Halle für aktuelle Kunst)* et la Maison de la photographie *(Haus der Fotografie)*. Avec leur programme d'expositions ciblées et internationales, les Deichtorhallen sont une étape incontournable pour les amateurs d'art contemporain et de photo.

Musée sous-marin (U-BOOTMUSEUM) PLAN II A2

St.-Pauli-Fischmarkt 10 - ✆ 040 3200 4934 - www.u-434.de - 9h-20h, dim. 11h-20h - possibilité de visite guidée (4 €)en allemand - 9 €. La longue silhouette noire de ce sous-marin russe surprend le promeneur qui arpente les quais. Construit en 1976 par l'armée soviétique, le U-434 pouvait transporter 84 hommes pendant trois jours et demi sans avoir à remonter à la surface. Il a été tranformé en musée en 2002. On peut désormais visiter son étroit habitacle de 90 m de long sur 8 m de large, bardé de tuyaux et de câbles électriques, et ainsi se faire une idée des conditions de vie difficiles à bord. Claustrophobes s'abstenir !

À proximité

PLAN DE RÉGION P. 394-395

À l'ouest : Altona, Klein Flottbek, Wedel

Les communes d'Altona, Klein Flottbek et Wedel étant presque à la suite l'une de l'autre, vous pouvez les enchaîner et compter une demi-journée de visite.

Altona B2

Pour vous rendre à Altona, sortez par Reeperbahn.

★★ **Musée d'Altona (Altonaer Museum)** – *Museumstrasse 23 - 040 4281350 - www.altonaermuseum.de - ♿ - tlj sf mar. 10h-17h (18h w.-end) - possibilité de visite guidée - 8,50 €.*

Ce musée évoque la vie quotidienne et les activités traditionnelles de la basse vallée de l'Elbe et du Schleswig-Holstein. On admirera l'exceptionnelle collection de **figures de proue** des 18ᵉ et 19ᵉ s., les maquettes expliquant les différents types de pêche et d'embarcations en mer du Nord, les céramiques, les fines broderies frisonnes ainsi qu'une étonnante variété de jouets anciens. Son département d'objets d'art abrite des pièces datant de la Renaissance tardive à l'Art nouveau. Galerie de peinture présentant des paysages d'Allemagne du Nord. Une chaumière authentique des Vierlande, région au sud-est de Hambourg, est occupée par un petit restaurant. Le 3ᵉ étage est consacré à l'histoire d'Altona.

Balcon d'Altona (Altonaer Balkon) – De cette terrasse aménagée au sud de l'hôtel de ville, se déploie une **vue★** sur le Köhlbrandbrücke et le confluent des deux bras de l'Elbe qui délimitent la zone portuaire et industrielle de Hambourg.

Suivre l'**Elbchaussee★**, avenue bordée de superbes propriétés aménagées depuis le début du 19ᵉ s. par les grandes dynasties hambourgeoises d'armateurs et de négociants.

Klein Flottbek

En arrivant d'Altona, prenez à droite la Baron-Voght-Straße jusqu'au nº 50.

Villa Jenisch (Jenisch-Haus), à **Klein Flottbek** – *040 82 87 90 - www.jenisch-haus.de - tlj sf mar. 11h-18h - possibilité de visite guidée - 7 €.*

Dans un agréable parc à l'anglaise où prospèrent des essences exotiques se dresse la villa Jenisch, demeure néoclassique édifiée entre 1831 et 1834. Les pièces, richement meublées, donnent un bon aperçu de l'aménagement des intérieurs bourgeois de la fin de la Renaissance jusqu'à l'apparition de l'Art nouveau. Remarquer les beaux planchers en marqueterie des salons d'apparat, ainsi que les meubles d'inspiration danoise fabriqués à Altona.

Maison Ernst-Barlach (Ernst-Barlach-Haus) – *Jenischpark - Baron-Voght-Str. 50A - 040 82 60 85 - www.barlach-haus.de - tlj sf lun. 11h-18h - fermé 24 et 31 déc. - 7 €.* Conçue pour recevoir la collection personnelle du fabricant de cigarettes Hermann F. Reemtsma, la maison Ernst-Barlach abrite des sculptures, des gravures sur bois et des dessins (exposés par roulement) de cet artiste né à Wedel. Parmi les œuvres présentées chronologiquement, on remarque : la *Frise de ceux qui écoutent*, sculptures murales en chêne, le *Groupe des trois hommes brandissant l'épée, Moïse...*, toutes d'une grande force expressive.

Speicherstadt, le *Wasserschloss (voir p. 414).*
nilsz/iStock

Continuez à suivre l'Elbchaussee, puis gagnez Wedel après avoir traversé l'agréable villégiature de Blankenese.

Wedel B2

Suivez la signalisation « Willkomm-Höft » pour gagner, au bord de l'Elbe, le grand café-restaurant « **Schulauer Fährhaus** *».* À l'intérieur est installé un poste de salut aux navires *(Schiffsbegrüßungsanlage)*. Le cérémonial comprend le salut des couleurs suivant le code maritime, et la diffusion de l'hymne national du pays représenté par le navire de passage.

Le **musée Ernst-Barlach** *(Ernst-Barlach-Museum)*, installé dans la maison natale de l'artiste *(Mühlenstraße 1)*, rassemble de beaux bronzes, dont les *Vieillards dansant*, ainsi que des dessins et des lithographies. *041 03 91 82 91 - www.ernst-barlach.de - tlj sf 11h-20h - 10 €.*

★ Stade B2

À 60 km à l'ouest de Hambourg ; à 45mn de Hambourg en train « Metronom ».
Cette ville, âgée de plus de mille ans, est située sur les rives de la Schwinge, rivière navigable qui se jette dans l'Elbe au nord-est. Au Moyen Âge, le port de Stade pouvait rivaliser avec celui de Hambourg. Les Suédois occupèrent Stade lors de la guerre de Trente Ans et en firent le chef-lieu militaire et administratif de leurs possessions d'Allemagne du Nord pendant 70 ans.

★★ Vieille ville

La plupart des bâtiments de la vieille ville ont vu le jour après 1659, date du grand incendie au cours duquel deux tiers de l'ensemble des habitations furent détruits. Parmi les nombreuses maisons à colombage, remarquer surtout celle du marchand des quatre-saisons *(Hökerstraße 27)*, la maison jumelée *(Bäckerstraße 1-3)* et celle du valet de ferme *(Bungenstraße 20)*.

Vieux port – De part et d'autre du bassin sinueux, de très belles maisons méticuleusement restaurées forment un décor rappelant l'aspect de la ville au 17e s. La somptueuse **maison du maire** domine le tout *(Wasser West)*.

★ Entrepôt suédois/Musée (SCHWEDENSPEICHER/MUSEUM)

Am Wasser West 39. ✆ 04141 79 77 30 - www.museen-stade.de - tlj sf lun. 10h-17h, w.-end 10h-18h - fermé 1er janv., 25 et 31 déc. - 8 €.

L'ancien entrepôt suédois en brique, construit entre 1692 et 1705, accueille aujourd'hui les collections du musée évoquant la tradition commerciale de Stade et son système de fortifications, ainsi qu'une section préhistorique, entièrement rénovée en 2015, qui possède entre autres quatre magnifiques **roues en bronze★** (environ 700 av. J.-C.), provenant d'une voiture funéraire, des bijoux, des armes et des poteries.

Carnet pratique

S'informer

Office de tourisme – Gare centrale - *Hauptbahnhof, sortie principale côté Kirchenallee - ✆ 040 300 51 701 - www.hamburg-tourism.de.*

Informations utiles

Renseignements – Les magazines *Prinz* (bimensuel, *prinz.de/hamburg*) et *Szene Hamburg* (mensuel, *szene-hamburg.com*), en vente dans le commerce, informent sur les manifestations les plus diverses. Vous pouvez réserver vos places auprès de l'office de tourisme principal de Hambourg *(voir ci-dessus)*.

Bureau de poste le plus central – *Mönckebergstraße 7, lun.-vend. 9h30-13h et 14h-18h, sam. 9h30-13h30*; on peut acheter des timbres au « K Press + Buch » de la gare centrale *(tlj 6h-23h)*.

Quotidiens – *Hamburger Morgenpost (www.mopo.de), Hamburger Abendblatt (www.abendblatt.de).*

Internet – *www.hamburg.de; www.hamburg-intern.de; www.hamburg-web.de; www.hamburg-information.de.*

Transports

La **Hamburg Card** donne accès librement à tous les bus, tramways et métros du HVV (Hamburger Verkehrsverbund) ainsi qu'à des réductions dans 150 lieux d'expos, attractions et spectacles. Elle offre aussi de nombreuses réductions dans d'autres musées, sur des visites en bus ou en bateau. Disponible à l'OT, dans de nombreux hôtels, aux distributeurs automatiques, dans les bureaux du HVV et les agences de voyages *(Reisebüros). ✆ 040 194 49 - www.hvv.de - rens. à la gare principale (6h-21h, w.-end 8h-21h) et dans certaines stations de métro et S-Bahn.* Valable pour une personne 1, 3 ou 5 jours (10,50 €, 27,90 €, 43,40 €) ou pour un groupe (18,50 €, 46,90 €, 76,50 €).

Arrivée à l'aéroport – Juste en face du terminal, le train S1 (S-Bahn) assure toutes les 10mn la liaison entre l'aéroport et la gare centrale *(Hauptbahnhof)*. Trajet : 25mn, 3,30 €.

Transports urbains – Sans la Hamburg Card, le ticket de bus, tramway ou métro coûte 1,70 €, 6,60 € pour 9h; 7,90 € pour 1 j.

Vélo – StadtRAD propose un système de location de vélos avec des bornes dans toute la ville. Gratuit les 30 premières minutes, 0,08 € la mn suivante (12 € les 24h), carte bancaire indispensable. *Rens. ✆ 040 822 188 100 - stadtrad.hamburg.de.*

Plus traditionnel, Zweiradperle loue des citybikes pour 9 € les

4h, 14 € la journée, 35 € les 3 j. *Altstädter Straße 3-7 (au sud de la Steinstraße) - ✆ 04030 37 34 74, - www.zweiradperle.hamburg - 10h-18h.*

Visites

Carte spéciale musées – Le **Kunstmeilenpass** valable 3 j. permet de visiter avec un seul ticket le musée des Beaux-Arts, celui des Arts et Métiers, les Deichtorhallen, le Kunstverein et le Bucerius Kunstforum. *www.kunstmeile-hamburg.de - 25 € (20 € avec la Hamburg Card - achat en ligne ou dans les musées cités).*

Visites thématiques à pied – L'OT principal de Hambourg *(www.hamburg-tourism.de)* et le Stadtreisen Hamburg *(www.stadtfahrt-hamburg.de)* proposent des visites à thème, notamment dans le quartier de St-Paul ou de la Speicherstadt.

Tours de la ville en autocar – Plusieurs compagnies proposent différentes options de visite en autobus à impériale, avec départs de la gare principale ou de l'embarcadère Landungsbrücken. Comptez 18,50 € pour le tour classique *(valable 24h)*, 35 à 39,50 € pour les tours thématiques. Rens. et réserv. à l'OT.

Hamburger Stadtrundfahrten, ✆ 040 641 73 76 - www.top-tour-hamburg.de ; Die Roten Doppeldecker - ✆ 040 792 89 79 - www.die-roten-doppeldecker.de.

Circuits en bateau – Différents types de bateaux sont disponibles pour visiter le **port de Hambourg**, et plusieurs itinéraires sont proposés, y compris des visites de nuit *(1h mini)* ; départ et arrivée embarcadères 1 à 9 de la gare fluviale de St. Pauli - 12 € à 18 € (tarif réduit avec la Hamburg Card). Se rens. pour les horaires. La plus grosse compagnie de navigation est l'HADAG (Hafen-Dampfschiffahrts-Aktien-Gesellschaft) - *✆ 040 311 70 70 - www.hadag.de.*

La société **Barkassen-Centrale** Ehlers propose un circuit historique *(« Historische Fleetfahrt », 2h)* à bord de jolies barques offrant une bonne vue d'ensemble sur le Hambourg maritime, des pittoresques canaux de la vieille ville aux gigantesques chantiers navals - *✆ 040 31 99 16 170 - www.barkassen-centrale.de - avr.-oct. - 20 € (1h) ou 27 € (2h).*

Autres sociétés : *Rainer Abicht, ✆ 040 317 82 20 - www.abicht.de ; Kapitän Prüsse : ✆ 040 31 31 30 - www.kapitaen-pruesse.de.*

Les circuits sur l'**Alster** méritent aussi le détour, comme les circuits sur les **canaux** (embarcadère Jungfernstieg), proposés par l'*Alster-Touristik GmbH – ✆ 040 357 42 40 - www.alstertouristik.de.*

Agenda

Fête du port (Hafengeburtstag) – *2e w.-end de mai.* L'une des plus grandes fêtes portuaires au monde.

Festival de musique international (Internationales Musikfest) – *Avr.-mai - www.musikfest-hamburg.de.* Quatre semaines de concerts classiques à l'Elbphilharmonie et à la Laeiszhalle.

Jazz sur l'Elbe (Elbjazz Festival) – *Déb. juin - www.elbjazz.de.* Toutes les tendances du jazz à l'Elbphilharmonie et dans des lieux plus inattendus (le chantier naval Blom+ Voss, etc.), accessibles par bateau.

Festival d'été (Sommerfestival) – *Août - www.kampnagel.de/internationales-sommerfestival.* Danse, théâtre, musique contemporaine, arts plastiques et performances : un concentré d'avant-garde sur le site de Kampnagel.

Nos adresses

Restauration

Premier prix

3 **Wasserschloss** – PLAN I C3 - *Dienerreihe 4 - U Meßberg - 040 558982640 - www.wasserschloss.de - 10h-22h - plat du jour 8/12 €, menu 3 plats 38 €.* Sur une presqu'île de la Speicherstadt, entre deux canaux (la plus belle « carte postale » de Speicherstadt), un superbe et excellent comptoir à thé qui sert de bons petits plats légers : à midi, saumon-pommes de terre-salade et sauce rémoulade, le soir, onglet au risotto de potiron et parfait aux fruits des bois.

Bok Restaurant – HORS PLAN - *Schulterblatt 3 - S Sternschanze, U Feldstraße - 040 43190070 - www.bokrestaurant.de - 12h-23h30 - plat 12/19 €.* Ambiance animée dans ce restaurant qui propose des plats thaïs et japonais à prix raisonnables. Plusieurs adresses en ville, mais celle-ci, au cœur de l'animation de Sternschanze est la plus sympathique.

7 **Gröninger Haus** – PLAN I C2 - *Willy-Brandt-Str. 47 - U Meßberg - 040 570105100 - www.groeninger-hamburg.de - ♿ - fermé midi le w.-end - réserv. conseillée - 12/20 € (le midi, plat du jour à partir de 6,50 €).* Cette maison de la digue intérieure, mentionnée en 1260, est le plus ancien hôtel de la ville. L'actuelle Gröninger Haus comprend la Gröninger Braukeller, l'Anno 1750 et la Brauhaus Hanseat. Plats consistants avec bière brassée sur place.

Budget moyen

25 **Oberhafen-Kantine** – PLAN I C3 - *Stockmeyerstr. 39 - BUS Oberhafenbrücke - 040 32809984 - oberhafenkantine-hamburg.de - fermé dim. soir et lun. - plat 11/18 €.* À deux pas des Deichtorhallen, sur la rive opposée et coincée entre un canal, un pont ferroviaire et une usine... cette coquette bicoque aux allures de maison de poupée toute de guingois est une adresse très célèbre à Hambourg. Sur de petites tables un peu penchées, on déguste des spécialités du nord de l'Allemagne, comme ces délicieuses tartines de pain noir au petit crabe de la mer du Nord ou le fameux Labskaus.

5 **Cölln's** – PLAN I B2 - *Brodschrangen 1-5 - U Rathaus - 040 364153 – www.coellns.de – lun. 9h-16h, mar.-sam. 9h-23h, dim. 9h-18h – menu 3 plats : 23,50 € (midi), 39,50 € (soir).* Depuis 1760, on s'arrête chez Cölln's pour déguster des huîtres de l'île de Sylt. Ce vénérable restaurant a pourtant d'autres cordes à son arc : de copieux petits déjeuners *(servis 9h-11h30, jusqu'à 17h le w.-end)*, un tartare de bœuf de Husum et d'appétissantes *Stullen* (tartines crabe, fenouil et cabillaud)... Même si le service est parfois chaotique, le cadre est chaleureux avec ses frises Art nouveau et ses salles lambrissées. En soirée, réservation conseillée.

4 **Café Paris** – PLAN I B2 - *Rathausstr. 4 - U Rathaus - 040 32527777 - www.cafeparis.net - 9h-23h, w.-end. 9h30-23h30 - plat du jour (midi) 11/13 €, plat 20/28 €.* Jolie brasserie décorée de vitraux à la gloire du Commerce et de la Navigation. La carte, française pour l'essentiel, est réduite mais convaincante : bouillabaisse, tartares, huîtres Fines de Claire, tarte tatin et glace à la fève au tonka... On peut aussi tout au long de la journée profiter du décor autour d'un bon café.

Restaurant Eisenstein – HORS PLAN - *Friedensallee 9 - U Altona - 040 3904606 - www.restaurant-eisenstein.de - 12h-0h,* *dim. 10h-0h - plat au déj. 10/13 €, menu 3 plats 34 €.* Installé dans une ancienne usine superbement réhabilitée du quartier d'Altona, ce restaurant attire une clientèle branchée avec son brunch, ses excellentes pizzas et sa cuisine internationale stylée. Dans le même bâtiment se trouvent aussi un cinéma d'art et d'essai, un café et un sympathique bar à tapas.

Atlas – HORS PLAN - *Schützenstr. 9a - ☏ 040 8517810 - www.atlas.at - fermé sam. midi et dim. soir - formule déj. 7/16 € - 20/30 €.* Ancien bâtiment d'usine quelque peu caché dans la Phönixhof. Cet établissement mélange bistrot-restaurant et bar à cocktails. Aménagement rectiligne et terrasse couverte de lierre aux allures d'arrière-cour.

2 **Cuneo** – PLAN II B2 - *Davidstr. 11 - S Reeperbahn - ☏ 040 312580 - www.cuneo1905.de - fermé le midi et dim. - plat 10/18 €.* Au cœur de St. Pauli, ce restaurant italien familial souvent bondé propose une cuisine raffinée et bon marché. Les raviolis selon la recette de Rosa sont à se damner !

9 **Das Feuerschiff LV 13** – PLAN I A3 - *City Sporthafen Vorsetzen - U Baumwall (Elbphilharmonie) - ☏ 040 362553 - www.das-feuerschiff.de - 9h-1h (23h dim.) - formule déj. 11/12 € - plat 17/37 €, menus 35,50 €.* Pour sortir de l'ordinaire, on peut déjeuner sur le pont de ce bateau-phare rouge vif, ancienne piste d'atterrissage d'hélicoptères. Vue imprenable sur le port et l'Elbphilharmonie en dégustant une cuisine germano-internationale sans surprise mais correcte.

Pour se faire plaisir

16 **Old Commercial Room** – PLAN I A2 - *Englische Planke 10 - S Stadthausbrücke, U Rödingsmarkt - ☏ 040 366319 - www.oldcommercialroom.de - 12h-0h - réserv. - plat 15/27 € - menu 39 €.* Fondé il y a des siècles par un armateur anglais, cet établissement à l'ombre de l'immense clocher de St. Michaelis cultive le style pub avec de l'acajou, du cuivre et des marines. Plats de marins *(Labskaus)*, mais aussi homard, sole ou jambonneau.

28 **VLET** – PLAN I B3 - *Am Sandtorkai 23-24 - U Baumwall (Elbphilharmonie) - ☏ 040 334753750 - www.vlet.de - fermé dim. - formule déj. 21,50 €, plat 24/35 € - menu 3 plats 54 €.* Un bâtiment en brique de la Speicherstadt, joliment réhabilité avec des couleurs fraîches, sert de cadre à une cuisine régionale actuelle. Pour y accéder, empruntez le pont Kibbelstegbrücke.

Hygge – HORS PLAN - *Baron-Voght-Str. 179 - BUS Flottbeker Kirche, S Othmarschen - ☏ 040 82274160 - www.hygge-hamburg.de - tlj 15h-22h - plat 16/36 €.* En danois, l'intraduisible mot hygge évoque un sentiment de chaleur, de réconfort et de bien-être, une atmosphère que l'on retrouve dans ce restaurant à la fois chic et décontracté, caractérisé par ses poutres apparentes et sa cheminée centrale. Plats régionaux de saison tel le filet de cabillaud au concombre braisé, raifort et purée de pommes de terre. Bar-lounge branché et tables dans le jardin aux beaux jours.

Une folie

Le Canard Nouveau – HORS PLAN - *Elbchaussee 139 - BUS Neumühlen/Övelgönne - ☏ 040 88129531 - www.lecanard-hamburg.de - fermé sam. midi et dim.-lun. - menu midi 3 plats 45 €, menu dîner 4 plats 89 €.* Dans cet établissement à la façade blanche stylisée, en bordure directe de l'Elbe, vous dégusterez une excellente cuisine classique d'inspiration française – à des prix particulièrement abordables le midi ! Salles modernes, claires et élégantes.

Terrasse au plancher de bois avec une vue sensationnelle sur le terminal des containers.

Petite pause

Alex im Alsterpavillon – *Jungfernstieg 54 - Ⓢ Jungfernstieg - ✆ 040 3501870 - www.dein-alex.de - 8h-1h, 2h vend.-sam., dim. et j. fériés 9h-1h.* L'incontournable ! Sans doute la plus belle terrasse à Hambourg, avec vue panoramique sur le Binnenalster. La version moderne et lumineuse de cet établissement plus que centenaire est un lieu de rencontre fréquenté par un public de tout âge. Pour un verre ou un en-cas.

Destille – *Steintorplatz 1 - dans le musée des Arts et Métiers au 1er étage ; entrée par la Brockesstr - U Hauptbahnof Süd - ✆ 040 2803354 - www.destilleimmuseum.de - tlj sf lun. 11h-17h (buffet jusqu'à 16h), jeu. 11h-20h (buffet jusqu'à 19h).* Petit café au buffet self-service (gâteaux et salades faits maison), où est exposée la collection d'arts décoratifs 1930 du propriétaire. Vue reposante sur la cour verdoyante.

Café Unter den Linden – *Juliusstr. 16 - U Sternschanze - ✆ 040 438140 - www.cafe-unter-den-linden.net - 9h30-1h.* Un des plus jolis cafés du quartier, doté d'une terrasse romantique bordée d'arbres, où l'on peut savourer gâteaux et glaces. Idéal pour ceux qui ne souhaitent pas prendre leur petit déjeuner à l'hôtel ou qui veulent simplement regarder vivre ce quartier pas comme les autres.

Speicherstadt Kaffeerösterei – *Kehrwieder 5 - U Baumwall (Elbphilharmonie) - ✆ 040 537998500 - www.speicherstadt-kaffee.de - tlj 10h-19h.* L'un des hauts lieux du café à Hambourg. Aménagé dans les entrepôts de la Speicherstadt où les cafés des pays équatoriaux et tropicaux du monde entier ont été stockés et traités durant des décennies, cet établissement torréfie et vend sa production dans un bel espace aux parfums enivrants. Au choix : des cafés excellents et variés, des machines à expresso, des biscuits...

Strandperle Övelgönne – *Övelgönne 60 - ferry n° 62, débarcadère « Neumühlen », BUS Neumühlen/Övelgönne - www.strandperle-hamburg.de - avr.-oct. : tlj 10h-23h ; nov.-avr. : vend. à partir de 11h, sam.-dim. et j. fériés à partir de 10h - encas (12h-15h30) et dîner (18h-21h).* Sur les bords de l'Elbe, au pied des anciennes maisons de capitaine, un café de plage, très romantique le soir. La balade depuis le débarcadère a beaucoup de charme. Les pieds dans le sable ou presque, vous contemplez, un bière ou un cocktail à la main, le trafic des navires et l'activité portuaire.

Shopping

Les principales artères commerçantes de la ville sont la Jungfernstieg, la Mönckebergstraße et la Spitalerstraße (avec les **grands magasins**). Les boutiques de créateurs et de designers branchés sont regroupées essentiellement dans le quartier Schanze. Les **boutiques de luxe**, quant à elles, se trouvent surtout dans la Neuer Wall. L'ancien quartier des abattoirs (Karolinenviertel, autour des Marktstraße et Karolinenstraße) devrait ravir les amateurs de vintage.

Harrys Hamburger Hafenbasar – *Am Sandtorkai 60-62 - U Baumwall (Elbphilharmonie) - www.hafenbasar.de - w.-end 11h-15h - entrée 5 € (remboursé lors d'un achat de plus de 10 €).* Sympathique bric-à-brac d'objets acheminés par des marins des quatre coins du monde, qui tient plus du musée d'ethnologie que d'un magasin.

Marchés – Outre le marché au poisson (St-Pauli-Fischmarkt, le plus célèbre de tous les marchés de Hambourg, dim. 5h-9h30 en sais., dim. 7h-9h30 en hiver, *voir encadré p. 406*), plusieurs marchés hebdomadaires ont également lieu dans tous les quartiers de la ville. Le marché très typique qui se tient le mardi et le vendredi matin (8h30-14h)sous le pont du métro à Eppendorf mérite une visite.

Marchés aux puces – Deux marchés aux puces réguliers ont lieu tous les samedis à Barmbek, Hellbrockstraße (9h-17h), et le dimanche à Eppendorf (Nedderfeld/Parkhaus, 10h-17h).

En soirée

Pour connaître les événements à ne pas manquer, procurez-vous le mensuel *Hamburger Vorschau* distribué gratuitement dans les offices de tourisme, à la gare centrale et à l'embarcadère Landungsbrücken (à St-Pauli).

Les quartiers animés – La vie nocturne de Hambourg est depuis toujours associée au nom de **St-Pauli**. Le quartier regroupe aujourd'hui pas moins de 400 bars et gargotes dans une zone grande comme un mouchoir de poche. On trouve également de nombreux restaurants et bars en **centre-ville**, entre le Gänsemarkt et la Millerntor (surtout autour du Großneumarkt) ; dans le quartier Schanze, sur Susannenstraße et Schulterblatt.

Cotton Club – *Alter Steinweg 10 - S Stadthausbrücke - ✆ 040 343878 - www.cotton-club.de - à partir de 20h, déb. des concerts à 20h30, dim. 11h-14h30 - entrée à partir de 5 €.* Ce club fondé en 1959 est la référence en matière de jazz. Rebaptisé « Cotton Club » en 1963 et établi à cette adresse depuis 1971, il propose presque quotidiennement des concerts. Les amateurs s'y pressent, toutes générations confondues.

The Boilerman – *Osakaallee 12 - U Überseequartier - ✆ 040 555575440 - www.boilerman-hafenamt.de - tlj sf dim. 18h-1h (jeu.-sam. 2h) -* 🚭. L'« homme chaudière » – le nom rend hommage au marin qui alimentait en charbon la machine à vapeur des bateaux – est le bar du 25hours Hotel. Décor néo-industriel, murs de brique et style décontracté-chic pour cet établissement spécialisé dans les whiskies américains et les *highballs* (alcool largement additionné de boisson non alcoolisée). Il est permis d'y fumer.

Hamborger Veermaster – *Reeperbahn 162 - S Reeperbahn - ✆ 040 316544 - www.hamborgerveermaster.de - à partir de 17h (de déb. janv. à Pâques : seul. vend.-sam.).* Pour faire la fête, rendez-vous ici chaque vendredi ou samedi soir : musique et bonne humeur règnent en maître. Il est aussi agréable de venir prendre un verre ou un repas dans ce cadre folklorique les autres jours.

Zum Silbersack – *Silbersackstr. 9 - S Reeperbahn - ✆ 040 314589.* Un des bars mythiques de St. Pauli, ouvert dans les années 1950 et resté dans son jus. Accoudé au comptoir ou au juke-box, on y refait le monde avec les habitants du quartier.

Frau Hedi's Tanzkaffee – *Landungsbrücken (ponton n° 10) - U S Landungsbrücken - ✆ 0176 8306 1071 - www.frauhedi.de.* Si vous avez le pied marin et envie de guincher sur l'Elbe, montez à bord du Frau Hedi : c'est « le » club flottant de Hambourg ! Il y a deux files d'attente sur le quai, l'une réservée aux détenteurs d'un billet (à réserver en ligne sous l'onglet *Programm* ou sur *www.*

6

tk-schumacher.de) ; l'autre pour celles et ceux qui veulent tenter leur chance sur place (la caisse ouvre dès 18h). Au menu : disco, pop, concerts live, un peu de roulis et beaucoup de bonne humeur.

Hébergement

On peut réserver des chambres par l'OT *(voir p. 412)*.

Premier prix

25 Pension am Rathaus – PLAN I C2 - *Rathausstr. 14 - U Rathaus - 040 337489 - www.pension-am-rathaus.de - 15 ch. 59/82 €.* À quelques centaines de mètres de l'hôtel de ville, des chambres sobres et claires, les moins chères avec salle de bains commune ou toilettes communes. Le petit déjeuner n'est pas proposé mais les cafés ne manquent pas aux alentours.

4 Superbude St. Pauli – PLAN II A1 - *Juliusstr. 1-7 - U Feldstraße, U Sternschanze - 040 807915820 - www.superbude.com - 89 ch. 74/102 € - 10,90 €.* Cet hôtel jeune et branché à l'esprit « coloc » se trouve dans une ancienne fabrique en brique rouge de Sternschanze. Internet gratuit à tous les étages, frigo en libre-service et déco décalée. Une vraie réussite ! Autre adresse dans le quartier St. Georg *(Spaldingstraße 152 - même site Internet)*.

Budget moyen

23 Michaelis Hof – PLAN I A2 - *Herrengraben 4 - dans l'Académie catholique - U Rödingsmarkt - 040 35906912 - michaelishof-hamburg.de - P 10 €/j. - ♿ - 22 ch. 94/109 € - 10 €.* Au 4e étage de l'Académie catholique, quelques chambres bien tenues. Calme assuré. Réception 7h-12h.

5 St. Annen Hotel – PLAN II B2 - *Annenstr. 5 - U St. Pauli, U Feldstraße - 040 3177130 - hotelstannen.de - 32 ch. 99/139 €.* Entre St. Pauli et Sternschanze, cet hôtel bénéficie du calme d'un square arboré. Jolie terrasse fleurie. Chambres petites mais confortables et service accueillant. Un des meilleurs rapports qualité-prix de la ville.

11 Hotel Hafen Hamburg – PLAN II B2 - *Seewartenstr. 9 - U Landungsbrücken - 040 311130 - www.hotel-hafen-hamburg.de - P - 380 ch. 77/169 € - 20 €.* Surplombant l'embarcadère Landungsbrücken, cet hôtel offre des chambres confortables, certaines avec vue imprenable sur le port. Restaurant avec grandes baies vitrées et agréable terrasse.

17 Imperial Hotel – PLAN II B2 - *Millerntorplatz 3-5 - U St.Pauli - 040 311720 - www.hotel-imperial-hamburg.de - 50 ch. 89/130 €.* En plein cœur de St-Pauli, cet hôtel offre des chambres fonctionnelles. Elles sont insonorisées, mais préférez quand même celles en retrait de la Reeperbahn. Agréable lounge.

Pour se faire plaisir

Fritz im Pyjama – HORS PLAN - *Schanzenstr. 101-103 - U Sternschanze - 040 82222830 - www.fritz-im-pyjama.de - 17 ch. 74/93 €.* Ce petit hôtel est idéalement situé en plein cœur du très animé quartier Sternschanze, où abondent cafés, restaurants, bars et boutiques design. Chaque chambre a son propre style – fleurie, noir et blanc... – avec comme ligne conductrice un chaleureux parquet et un mobilier au design scandinave agréable.

3 Henri Hotel – PLAN I C3 - *Bugenhagenstr. 21 - U Hauptbahnhof - 040 5543570 - www.henri-hotel.com - 65 ch. 113/148 € - 16 €.* Grâce à la famille Jacob et à Marc-Ludolf von Schmarsow, Henri est un hôtel de charme qui sort vraiment des sentiers battus : chaque chambre, décorée d'objets chinés et de meubles réalisés sur mesure, est très bien conçue, originale, et donne l'impression d'être dans un véritable appartement. En prime, un sauna finlandais avec vue sur les toits de Hambourg.

Aussen Alster Hotel – HORS PLAN - *Schmilinskystr. 11 - U Lohmühlenstraße - 040 284078570 - aussenalsterhotel.de - P 15 €/j. - 27 ch. 145/195 €.* Dans une jolie propriété avec jardin et solarium, cet hôtel élégant et lumineux situé à 50 m de l'Außenalster met gracieusement à disposition de ses hôtes des vélos et des bateaux à rame.

EAST – HORS PLAN - *Simon-von-Utrecht-Str. 31 - U St. Pauli - 040 309930 - www.east-hamburg.de - P - 128 ch. 129/209 €.* Juste en retrait de la Reeperbahn, cette ancienne fonderie superbement réhabilitée abrite désormais un hôtel stylé, dont les moindres détails ont été conçus pour s'insérer harmonieusement dans l'ensemble design. Splendide salle de restaurant et plusieurs bars à cocktails (dont le Yakshi's Bar) aux ambiances différentes.

Une folie

27 **SIDE** – PLAN I B1 - *Drehbahn 49 - U Gänsemarkt - 040 309990 - www.side-hamburg.de - - 178 ch. 145/170 € - 30 € -* Il se situe au cœur du quartier des boutiques de luxe, à quelques pas de l'Alster et de l'hôtel de ville. Entièrement rénové en 2018, tout est soigneusement étudié pour le confort des hôtes : accueil professionnel, chambres impeccables, atrium avec jeux de lumière scénographiés. Bar au design original et magnifique terrasse avec vue sur la ville.

Husum

La ville natale de l'écrivain Theodor Storm (1817-1888) a toujours été livrée aux assauts de la mer du Nord. Elle est aujourd'hui le plus grand port de commerce et de pêche du Schleswig-Holstein et une station touristique moderne. Ville côtière paisible, elle constitue une base idéale pour les amateurs de vélo et pour tous ceux qui souhaitent se lancer à la découverte des îles Frisonnes.

Se repérer

23 200 habitants - Schleswig-Holstein

CARTE DE RÉGION A1 (P. 394-395)

Située à 144 km au nord de Hambourg, Husum fait partie des dernières villes côtières de la mer du Nord avant la frontière danoise.

Nos adresses p. 422

Se promener

Großstraße 27 - 048 41 898 70 - www.husum-tourismus.de.

Le port

Le port intérieur se trouve en plein centre de la ville ; les bateaux suivent le rythme des marées, ils flottent ou reposent sur le fond.

La Großstraße réunit quelques vieilles maisons de commerçants aux hauts pignons, parfois à redans, c'est-à-dire en saillie. Les combles servaient à l'origine pour entreposer les marchandises.

★ Musée de la Frise du Nord (NORDFRIESLAND MUSEUM)

Herzog Adolf Str. 25 - 04 841 25 45 - www.museumsverbund-nordfriesland.de - - de mi-juin à mi-sept. : 10h-17h ; de mi-sept. à mi-juin : tlj sf lun. 11h-17h - 5 €.

Le musée aménagé dans ce bâtiment en brique vernissée constitue une excellente introduction aux différents paysages côtiers de la Frise du Nord – la mer des Watten notamment – ainsi qu'à la culture et au mode de vie de ses habitants. La construction des digues, la conquête des terres sur la mer et l'histoire des grandes inondations y sont traitées d'une manière poignante. On retiendra surtout la section consacrée à la tempête de 1362 qui a englouti l'île de Strand et, avec elle, la prospère cité de **Rungholt** (seuls les îlots de Pellworm et de Nordstrand ont survécu). Ne manquez pas les photos aériennes des Halligen et les maquettes des maisons de la région. On peut même entendre, grâce aux écouteurs, les différents dialectes frisons parlés dans les îles. Une section a pour thème l'émigration outre-mer des habitants du Schleswig-Holstein du 17e s. à nos jours (le musée lui-même a été fondé grâce au legs d'un enfant du pays, Ludwig Nissen, qui avait émigré aux États-Unis et fait fortune comme diamantaire). On peut également admirer une collection de peintures frisonnes et visiter la section consacrée à l'histoire de la ville de Husum.

Maison de Storm (STORM-HAUS)

Wasserreihe 31 - 04841 803 86 30 - www.storm-gesellschaft.de - avr.-oct. : dim.-lun. 14h-17h, mar.-vend. 10h-17h, sam. 11h-17h ; nov.-mars : mar., jeu., sam. 14h-17h - fermé 24 et 31 déc. - explications en allemand seult - 4 €.

Theodor Storm habita cette maison de marchands de 1866 à 1880, avec sa femme Dorothea et leurs sept enfants. À l'intérieur : meubles Biedermeier, images, documents et manuscrits ayant appartenu à l'écrivain.

Theodor Storm

Né à Husum en 1817, Storm garda toute sa vie un lien affectif fort avec sa ville natale. Personnalité affirmée, et doué d'une sensibilité profonde, il a enrichi la littérature allemande d'œuvres originales, comme *Immensee* (1849), véritable « perle poétique » dans laquelle s'exprime la densité de l'expérience intérieure de son auteur.

Église Ste-Marie (MARIENKIRCHE)

Markt - 11h-16h - nombreux concerts en été (Husumer Sommerkonzerte) et durant l'Avent.

Construite de 1829 à 1832 sur des plans de Christian Friedrich Hansen, architecte de la cour du Danemark, cette église est un exemple accompli d'édifice religieux protestant de style classique. Des colonnes doriques soutiennent la tribune, d'où le regard se porte sur l'autel surmonté d'un fronton.

Château (SCHLOSS VOR HUSUM)

König-Friedrich V.-Allee - ✆ 04841 897 31 30 - www.museumsverbund-nordfriesland.de - mars-oct. : tlj sf lun. 11h-17h ; nov.-fév. : w.-end 11h-17h - 5 €.

Érigé de 1577 à 1583 comme résidence d'été par le duc Adolphe de Schleswig-Holstein-Gottorf, ce château, de style Renaissance néerlandaise, fut plus tard réservé aux veuves des ducs. L'édifice fut remanié en style baroque après 1752. Joli parc, qui déploie tout son charme au printemps, lorsque fleurissent les **crocus★**.

À proximité

PLAN DE RÉGION P. 394-395

Friedrichstadt A1

À 15 km au sud.

Des protestants hollandais persécutés, membres de la communauté des « remontrants », qui avaient trouvé refuge auprès du duc Frédéric III de Schleswig-Holstein-Gottorf, fondèrent cette petite ville en 1621. Leur protecteur voulait en faire une cité commerciale prospère et un port à l'image de certaines villes hollandaises. Ce caractère quelque peu étranger donne à Friedrichstadt (2 400 hab.) un cachet particulier. Un quadrillage de canaux verdoyants et de rues rectilignes bordées de maisons aux frontons à redans forme un cadre attachant, que l'on explorera à pied à partir de la Marktplatz, centre des activités de la ville, ou, mieux encore, en se laissant porter au fil de ses canaux.

★ Eidersperrwerk A1

À 35 km au sud.

Après avoir contourné un parc ornithologique, la route atteint l'embouchure de l'Eider, fermée par un **barrage** construit entre 1967 et 1972, à la suite du raz de marée catastrophique de 1962. Les cinq énormes portes d'acier restent ouvertes lorsque les conditions météorologiques sont normales, permettant ainsi le jeu des marées. Mais elles sont fermées en cas de tempête, empêchant la mer d'envahir l'arrière-pays en s'engouffrant dans le fleuve.

St. Peter-Ording A1

À 37 km au sud.

Badallee 1 (Dorf) - ✆ 04863 9990 - www.st-peter-ording.de - 9h-17h, w.-end 10h-16h. Cette station balnéaire à l'extrémité ouest de la presqu'île d'Eiderstedt possède une plage de sable de 12 km de long. Elle est appréciée pour ses eaux sulfureuses (parmi les plus concentrées d'Allemagne) et pour ses cures de thalassothérapie. Le pont-promenade Seebrücke, d'une longueur de 1012 m, est particulièrement animé.

★ Musée Nolde (NOLDE-MUSEUM), à Seebüll A1

À 56 km au nord. Seebüll 31, Neukirchen. ✆ 04664 983 930 - www.nolde-stiftung.de - mars-oct. : 10h-18h - 8 €.

Connu sous le pseudonyme de Nolde, le peintre Emil Nansen (1867-1956), l'une des figures les plus marquantes de l'expressionnisme allemand *(voir chapitre « Art et Architecture »)*, se fit construire entre 1927 et 1937 une maison à Seebüll, selon ses propres plans, dans la solitude des marais. Chaque année, une partie différente de ses œuvres est exposée dans cette maison, devenue le **musée Nolde**. La *Vie du Christ*, série de neuf tableaux, est présentée en permanence.

L'inquiétude et l'émotion religieuse de l'artiste s'expriment par des couleurs épaisses, agressives, incandescentes, qui détruisent totalement la forme.

Nos adresses

Restauration

Premier prix

Dragseth's Gasthof – *Am Zingel 11 - ✆ 04841 779995 - www.dragseths-gasthof.de - 11h30-14h, 17h-21h - plat 10/29 €.* C'est la plus vieille auberge de Husum (1584) et on y sert, avec le sourire, de robustes spécialités de la région. À tester surtout pour l'atmosphère.

Petite pause

Jacqueline's Café – *Schloßgang 12 - ✆ 04841 5553 - www.jacquelines-cafe.de - tlj sf merc. 9h-18h, dim. et j. fériés 10h-12h, 14h-18h.* Entre la place du Marché et le château de Husum, une jolie terrasse et des pâtisseries maison, dont la spécialité : le gâteau chocolat-cerises.

Activités

Randonnées dans la mer des Watten (Wattwanderungen) – Des guides assermentés par le Parc national organisent, à marée basse, des marches de 6-10 km dans la mer des Watten *(voir encadré p. 426)*. Dép. de Dagebüll ou de Schlüttsiel (*rens. dates et tarifs : ww.husum-tourismus.de)*.

Regina Matthiesen : *✆ 04841 2935 ou 0160 2521729 - www.wattwandererlebnis.de.*

Christine Dethlefsen : *✆ 04671 6614 ou 0151 18355576 - www.watt-wandern.de.* Pour les **Halligen**, voir p. 427.

À Husum, la **Maison du Parc national** *(Nationalparkhaus) - Hafenstr. 3 - ✆ 04667 668530 - www.nationalparkhaus-wattenmeer.de - 10h-18h, dim. 13h-17h)* vous renseignera sur les horaires des randonnées.

Hébergement

Budget moyen

Thomas – *Am Zingel 7-9 - ✆ 04841 66200 - www.thomas-hotel.de - 56 ch. 99/119 € ☕.* À un saut de puce du vieux port, un hôtel très agréable, doté de chambres modernes et lumineuses et d'un espace wellness ultra-propre.

La Frise septentrionale ★★

Nordfriesische Inseln

Ce groupe d'îles sauvages, en lutte perpétuelle contre l'érosion marine, fait partie du Parc national Schleswig-Holsteinisches Wattenmeer créé en 1985. Protégées à grand renfort de digues et de bancs artificiels, elles opposent à la mer du Nord de fragiles ondulations de sable. Les plaisirs de la plage et l'air riche en iode en font des destinations appréciées.

Se repérer

Schleswig-Holstein

CARTE DE RÉGION A1 (P. 394-395)

Les îles Frisonnes septentrionales sont situées en face de la côte ouest du Schleswig-Holstein, en mer du Nord, près de la frontière avec le Danemark.

À ne pas manquer

À Sylt, les dunes d'Ellenbogen au nord de List, la falaise de Morsum et les maisons frisonnes de Keitum.

Carnet pratique p. 428

Nos adresses p. 428

Découvrir

PLAN DE RÉGION P. 394-395

★★ Sylt A1

S'y rendre en avion : au départ de Berlin, Hambourg, Düsseldorf et Cologne/Bonn, vols directs pour l'aéroport de Sylt. Flughafenstraße 1, à Tinnum - ☎ 04651 920612 - www.flughafen-sylt.de.

S'y rendre en train : plusieurs fois/j, le train n° 6 de la NOB (Nord-Ostsee-Bahn) relie en 3h Hambourg et Westerland (Sylt).

S'y rendre en train-voiture : ☎ 0800 822 83 83 - www.syltshuttle.de - en partant de Niebüll (Westerland, 35mn) : véhicule avec passagers 99,90 € AR.

S'y rendre en ferry : un service fonctionne entre les ports de Havneby (île danoise de Rømø, accessible par route) : 5 à 7 liaisons quotidiennes (environ 40mn) ; voitures occupants inclus à partir de 85 € AR, passagers sans voiture 12,90 € AR ; rens. et réservations : ☎ 0461 864 601 - www.syltfaehre.de

Sylt (17 700 hab.) est reliée au continent depuis 1927 par une digue qu'emprunte la voie ferrée : la Hindenburgdamm. Malgré sa faible superficie (à peine 100 km^2), l'île présente des paysages très variés : cordons de dunes, terres conquises sur la mer, prés salés, champs cultivés, interminables étendues de vase (*Watten* en allemand, ou *Wadden* en néerlandais) et tumulus préhistoriques... La côte occidentale est, quant à elle, bordée sur des kilomètres d'une immense plage de sable fin. L'île constitue aujourd'hui une destination très prisée des vacanciers auxquels elle propose d'agréables stations balnéaires, climatiques et de thalassothérapie.

6

★ Westerland

La plus grande localité de l'île est aussi la station balnéaire allemande la plus fréquentée de la mer du Nord, avec son centre de thalassothérapie *(Kurmittelhaus)*, sa piscine *Sylter Welle*, véritable parc de loisirs aquatiques en forme de bateau, et sa plage de sable longue de 7 km. Voir et être vu, c'est là la devise, pratiquée non seulement sur la promenade, mais aussi dans les nombreux bistrots, cafés et boîtes de nuit. Il ne manque à Westerland ni endroits où flâner *(Strandstraße et Friedrichstraße)*, ni galeries, boutiques ou casino (l'ancien établissement thermal de style Art nouveau). On peut s'y adonner à toutes sortes d'activités sportives (kitesurf, tennis, golf...).

★ Keitum

Cette localité idyllique aux nombreux ateliers d'artistes est le « cœur vert » de l'île ; elle charme par ses maisons frisonnes séculaires couvertes de roseaux et blotties sous les fourrés de lilas, ses murs de pierres sèches où abonde l'églantier. L'une d'elles – une ancienne maison de capitaine – a été transformée en musée.

★ **Musée de l'île de Sylt** (Sylt Museum) – *Am Kliff 10 - ✆ 04561 316 69 - 10h-17h, w.-end 11h-17h ; en hiver : jeu.-dim. 11h-15h - 6 €, 10 € le billet combiné avec l'Altfriesisches Haus.* Vous y verrez des coffres de matelot, divers harpons (la chasse à la baleine a apporté une relative prospérité aux habitants de l'île aux 17e et 18e s.), des costumes traditionnels et des tissages – une tradition très ancienne (on a retrouvé à Tinnum des poids de tisserand datant du 1er s.) qui a perduré à Keitum jusqu'en 2008. À noter aussi, les paysages de dunes et d'estran peints par Fritz Overbeck et Franz Korwan. Au bout du jardin, un petit sentier longe la grève jusqu'à l'**Altfriesisches Haus**, longue et charmante maison de 1739 avec lit-clos et cheminée carrelée *(mêmes horaires)*. De la **falaise verte** *(Grünes Kliff)*, vaste panorama sur les étendues marines et vaseuses du Parc national de la mer des Watten. À la sortie du village *(en direction de Munkmarsch)*, se trouve l'église des marins, St-Séverin (début du 13e s.), avec des fonts baptismaux romans.

Kampen

À l'ouest de cet ancien village d'artistes où l'on rencontre aujourd'hui bien des célébrités, la **falaise rouge**★ *(Rotes Kliff)* domine la mer. À Wenningstedt-Braderup se trouve le **Denghoog**, un dolmen de plus de 4 000 ans, constitué de trois énormes blocs de deux tonnes reposant chacun sur 12 blocs verticaux. La **falaise de Morsum** intéressera les amateurs de géologie.

List

Tout au nord de Sylt, c'est le point le plus septentrional d'Allemagne. Le site est connu pour sa **dune mouvante** de sable quartzeux long de 1000 m et haut de 30 m, qui se déplace tous les ans de plusieurs mètres vers l'est. Son parc ostréicole est également renommé. Il produit chaque année près de trois millions d'huîtres, la « Sylter Royal » (avant de devenir prussien en 1864, cet élevage était l'apanage du roi du Danemark). L'île que l'on aperçoit à l'horizon est Rømø, située en territoire danois : en 1684, la mer était si gelée que les habitants de List ont pu s'y rendre à pied.

Föhr A1

Liaisons vers Föhr : Dagebüll-Föhr (3/4h) : environ 9 à 12 liaisons quotidiennes. 14,40 € AR. Dagebüll-Amrum (1h30) : env. 6 à 10 liaisons quotidiennes. 20,20 € AR. Horaires variables. Rens. réserv. pour le passage des voitures auprès de Wyker Dampfschiffs-Reederei Föhr-Amrum GmbH, à Wyk, sur Föhr. ✆ 04681 800 - www.

Champ et digue sur l'île frisonne septentrionale de Pellworm.
fotosol/F1online/age fotostock

faehre.de. La même compagnie assure aussi les dessertes en bus des villages de l'île au départ du port de Wyk. Billet à l'unité 1,70 € pour 1 zone ; forfait journalier 7,50 €.
Cette île au charme tranquille se situe dans la mer des Watten. Son climat est étonnamment doux. Deuxième des îles Frisonnes septentrionales en superficie (après Sylt), elle comprend des zones de dépôts limoneux, vertes et assez vastes, et des zones de moraines légèrement vallonnées, occupées par de jolis villages de chaumières (Nieblum, Süderende, Oldsum). Les plages sont dans la partie sud, alors que la partie nord, désertique, voit croître de multiples bosquets destinés à la protection des oiseaux.

★ Wyk

Au sud-est, ce charmant petit port et chef-lieu de l'île se distingue par ses ruelles bien entretenues et son front de mer planté d'arbres, aménagé à l'occasion des visites estivales de la famille royale danoise. Si vous êtes curieux du milieu, de l'histoire et de la culture de la Frise septentrionale, une visite au **musée de la Frise** s'impose *(Friesenmuseum - Rebbelstieg 34 - www.friesen-museum.de - mi-mars-oct. tlj sf lun. 10h-17h ; juil.-août : ouv. aussi lun. - 4,80 €).*
Dans le quartier de Boldixum se trouve l'**église St-Nicolas**, construite dans la seconde moitié du 13e s., dont les voûtes sont peintes de scènes de la Genèse. S'il vous reste un peu de temps, poussez jusqu'à **Alkersum** pour visiter l'excellent et original MKDW : ce musée expose des œuvres d'artistes frisons, allemands, néerlandais, danois et norvégiens du 19e au 21e s. en lien avec les thèmes de la mer et de la côte (Museum Kunst der Westküste - *Hauptstraße 1 - ✆ 04681 747400 - www.mkdw.de - mars-oct. : 10h-17h ; nov.-déc. : 12h-17h - fermé janv.-fév. et lun. - 10 €, 11,50 € billet combiné avec le Friesenmuseum de Wyk).* **Dunsum** est le point de départ des promenades vers Amrum à travers la mer des Watten.

Amrum A1

▶ *Liaisons vers Amrum : Dagebüll-Amrum (90mn ; 120mn via Föhr) : 8 liaisons/j, 20,20 € AR. Rens. et réserv. pour le passage des voitures auprès de Wyker*

Le parc national de la mer des Watten

Depuis l'époque de la fonte des glaciers quaternaires, le vent et la mer n'ont cessé de façonner le littoral de la Frise septentrionale pour en faire un monde bien particulier aux contours changeants : la ville de Rungholt, par exemple *(voir p. 420)*, a disparu dans les flots en 1362 ; les deux îles de Pellworm et Nordstrand n'en formaient qu'une avant la tempête dévastatrice de 1634. Par endroits, la côte a reculé devant les flots déchaînés ; à d'autres au contraire, elle a gagné au fil des siècles de nouvelles terres : les polders. Entre le cordon des îles qui barre le large (Sylt, Föhr et Amrum) et l'embouchure de l'Elbe s'étend à l'infini une grève plane que l'on appelle en allemand **das Watt**, « l'estran », et que la mer recouvre à chaque marée (comme au Mont-Saint-Michel). Cette zone de vasières et de barres sablonneuses, ponctuée de petits îlots inondables – les précieuses Halligen – constitue un espace naturel riche d'une flore et d'une faune des plus variées : phoques gris, marsouins, pygargues à queue blanche... À ce titre, la **Schleswig-Holsteinisches Wattenmeer** est classée Parc national, Réserve de biosphère et, depuis 2009, inscrite au Patrimoine mondial. On peut s'y balader à marée basse – pieds nus ou en botte – sous la houlette d'un guide expérimenté, entre Odde (Amrum) et Dunsum (Föhr) par exemple, ou de Pellworm à Süderoog.
Rens. sur la réserve de biosphère des Halligen : Marktstraße 6 – Husum - ✆ 04841 77 07 570 - www.halligen.de (onglets Halligwelt, Aktivitäten puis Wattwanderungen) ; sur les différentes randonnées à marée basse : www.wattwanderung.eu (onglet Termine Wattwanderungen) ou www.pellworm.de (onglet Aktivitäten).

Dampfschiffs-Reederei Föhr-Amrum GmbH, à Wyk, sur Föhr - ✆ 04681 800 - www.faehre.de.
De toutes les îles de l'archipel, c'est sans conteste la plus originale et celle où la nature a gardé le plus de droits. L'immense plage de **Kniepsand★**, constituée d'un banc de sable de 1,5 km de large, la protège à l'ouest des assauts de la mer du Nord. Derrière, en allant vers l'est, s'étendent de vastes dunes, des landes, des bois et des cultures qui atteignent la côte orientale et la mer des Watten, où abondent les oiseaux de mer.
Les différentes découvertes protohistoriques et préhistoriques faites à proximité de Steenodde ont éclairé le passé de la Frise. Avec ses 4,70 m de hauteur et ses 26,50 m de diamètre, l'**Eesenhugh** est le plus grand cairn (monticule) de l'île.
Le plus charmant village, **Nebel★**, fut édifié au 16e s. autour de l'église médiévale **St-Clément**. On pourra voir avec intérêt **Öömrang Hüs**, une maison de capitaine bâtie en 1736 *(Waaswal 1 - ✆ 04682 2118 - oeoemrang-hues.de - tlj sf dim. 11h-13h30, 15h-17h, sam. 15h-17h ; horaires réduits hors saison).*
Tout au nord, au cœur de la réserve ornithologique, **Amrum Odde** est le point de départ des promenades vers Föhr à travers la mer des Watten.

★ Les Halligen A1

Ce chapelet d'îles est tout ce qu'il reste d'une zone de dépôts marins qui constituait la ligne côtière à l'époque préhistorique. Vers 1600, on recensait encore 25 îlots ; il n'en subsiste qu'une dizaine, car certains ont disparu au cours de raz de marée ou se sont soudés les uns aux autres. Aucune digue ne protège les Halligen, aussi sont-ils fréquemment inondés (jusqu'à 50 fois dans l'année) ; n'émergent alors du *Land unter* que les tertres artificiels, dits *Warften*, sur lesquels sont construites les maisons : 260 personnes y habitent. Les îles les plus importantes sont **Langeneß**, **Oland** (rattachée au continent) et **Hooge**, dit « la reine des Halligen » (5 km^2, 92 habitants pour 90 000 visiteurs/an).

Pour toute randonnée à pied vers les Halligen, contacter : **Walther Petersen-Andresen** – *04667 466 - www.wattwanderung.eu ou www.nationalpark-partner-sh.de.*

Pellworm A1

Liaisons vers Pellworm : Embarcadères : Nordstrand/Strucklahnungshörn, Pellworm. Liaisons (35mn) : entre 3 et 8 liaisons quotidiennes selon les marées. 13,50 €/personne, voiture (le tarif est fonction de la longueur du véhicule : 57,50 € pour 2,50 m). 048 44 753 - www.faehre-pellworm.de.

Qui aime méditer trouvera là domaine approprié tant l'île est calme... Sans la digue longue de 25 km et haute de 8 m qui la cerne, elle disparaîtrait à chaque marée haute. Sur les digues paissent des moutons, partie intégrante du paysage au même titre que les vaches de race frisonne pie noire qui broutent dans les prés.

La principale curiosité de l'île est l'imposant clocher en ruine de l'**ancienne église du St-Sauveur** (11e-12e s.). À côté, le **cimetière des apatrides** reçoit les corps rejetés par les flots. Ici et là, des vestiges de villages engloutis par le raz de marée de 1634. Les trouvailles archéologiques, en partie dues au facteur Heinrich Liermann, qui parcourut les Watten pendant près d'un demi-siècle pour distribuer le courrier à Süderoog, sont regroupées au **musée des Watten Liermann** *(Wattenmuseum Liermann, Westerschütting 2).*

Nordstrand A1

L'île est aujourd'hui rattachée au continent par une digue de 4 km. Les polders, consacrés aux céréales ou aux pâturages, y composent un véritable damier d'où émergent les fermes établies sur des tertres. Le cœur de l'île est **Süden**, charmante localité où se sont établis des artisans. Au nord de l'île, on avait cessé d'entretenir à partir de 1930 les bosquets plantés pour la protection des oiseaux ; certains sont désormais réaménagés afin de témoigner du patrimoine insulaire, tandis qu'une zone bien délimitée est restée intacte pour servir de biotope de la forêt non défrichée.

Carnet pratique

S'informer

Office de tourisme – *Strandstrasse 35, Sylt-Westerland - ✆ 04651 9980 - www.insel-sylt.de.*

Transports

En bus : 6 lignes avec des rotations très fréquentes, surtout en été. La n° 1 assure la navette entre Westerland et List, la n° 2 descend jusqu'à Hörnum, la n° 4 dessert Keitum et Morsum. 2 € 1 zone ; 2,60 € 2 zones ; 9,90 € la journée, 33,30 € pour 4 j. Billets au pavillon de la gare routière (ZOB), sur la place de la gare de Westerland - *✆ 04651 83 61 00 - www.svg-busreisen.de.*

Nos adresses

Restauration

Budget moyen

Beachhouse Seeblick – *Käpt'n-Christiansen-Str. 41a (Strandpromenade, côté sud) - 25980 Sylt- Westerland - ✆ 04651 28878 - beachhouse-sylt.de - tlj à partir de 11h30 - plat 14/38 €.* Pâtes au saumon, steack grillé, bouillabaisse ou plat végétarien : la terrasse décontractée de Jan Scharfe est une valeur sûre, surtout au coucher du soleil, et cela se sait ! Il vaut mieux arriver tôt...

Wonnemeyer – *Am Werand - 25996 Sylt-Wenningstedt - ✆ 04651 870266 - www.wonnemeyer.de - tlj sf lun. 12h-22h, dim. 12h-17h - plat 10/20 €.* À deux pas de la Falaise rouge (Rotes Kliff), un restaurant de plage à la carte très large : « tapas » nordiques, sandwich au hareng ou saucisse au curry, dorade grillée sur pierre de lave ou huîtres de l'île. DJ en soirée.

Pour se faire plaisir

Web Christel – *Süderstr. 11 - 25980 Sylt- Westerland - ✆ 04651 22900 - www.webchristel.de - ⊄ - tlj sf merc. 17h-22h - plat 19/33 €.* Sur la route de Ranthum, ce restaurant au cadre rustique mérite une visite. Plats régionaux raffinés. Laissez-vous tenter !

Kaamps 7 – *Riperstig - 25999 Sylt-Kampen - ✆ 04651 886078 - kaamps7.de - en été, 11h-22h - plats 13/28 €.* Ce restaurant sur pilotis, accessible uniquement à pied par la dune ou la plage, propose en journée des compositions audacieuses et appétissantes (salade de crevettes gingembre et pêche) et, le soir, une carte plus élaborée qui fait la part belle aux pâtes, risottos ou poissons avec par exemple un filet de cabillaud au chutney de banane (26 €).

Faire une pause

Kupferkanne – *Stapelhooger Wai 7 - 25999 Sylt-Kampen - ✆ 04651 41010 - www.kupferkanne-sylt.de - tlj 10h-18h.* Café original dans un ancien bunker. Intérieur comme extérieur avec vue sur le Watt offrent un caractère insolite. Dégustez différents thés, cafés et gâteaux maison.

Café Wien – *Strandstr. 13 - 25980 Sylt-Westerland - ✆ 04651 5335 - www.cafe-wien-sylt.de - tlj 9h30-21h.* Bon choix de tartes et de gâteaux maison chez ce café-chocolatier qui prépare à toute heure quiches, omelettes, flammekueches ou des tartines avec des ingrédients au choix. Sa manufacture de pralinés est à Tinnum.

Kontorhaus – *Siidik 15 - 25980 Sylt-Keitum - ✆ 04651 8891194 - www.kontorhauskeitum.de - 10h-18h, dim. 10h-13h.* Au sud-ouest du village, un agréable salon doté d'un impressionnant assortiment de thés et d'une belle terrasse avec vue sur les prairies et la digue à l'horizon. Pour les contemplatifs.

Shopping

Westerland a quelques jolies boutiques de mode comme **Roy** *(Strandstraße 25, www.roy-sylt.de)* et Keitum, de ravissants ateliers de design et de déco intérieure, tel **Nordlicht** *(Gurtstig 48, www.nordlicht-keitum.de)*. À Kampen, l'adresse la plus originale est le **Skiclub** qui crée pulls et coupe-vent *(Wattweg 1 - skiclub-kampen.de)*. Figurent parmi les petits souvenirs de l'île : la *Sylter Hopfen*, une bière brassée avec le houblon local *(en vente un peu partout, www.westindien.com)*, et les liqueurs de sureau et rhubarbe distillées par la **Likörwerkstatt** *(Wilhelmstr. 8, près de la gare de Westerland)*. La plupart de magasins sont ouverts lun.-sam. 10h-19h, d'avril à oct.

En soirée

Salon 1900 – *Süderstr. 40 - 25980 Sylt-Keitum - ✆ 04651 936000 - salon1900.de - tlj sf lun. 12h-22h (restaurant) ou 1h.* Café, restaurant, bar et discothèque réunis sous un toit de chaume. Agréable jardin.

Activités

Randonnées – Dans le sable ou dans l'herbe, c'est l'activité n° 1 à Sylt. Le **Nordic Walking Park Sylt** est l'un des plus grands du genre en Allemagne : 220 km de sentiers, organisés en 26 parcours de longueur et de difficulté différentes *(www.sylt.de)*. Les amateurs de jogging se retrouvent à la mi-mars pour le **Syltlauf** *(10 km de Hörnum à List)* et à la mi-sept. pour le tour du biotope de Rantumbecken.

Sauna de plage (Strandsauna) – Le concept est simple : on transpire face à la mer et on se rafraîchit dans les vagues. Il y en a une demi-douzaine dans les dunes de Sylt, dont un à List *(**Weststrand**, Ellebogen - www.strandsauna.info - avr.-oct. : 11h-18h - 22 €/j)* et un à Rantum *(**Samoa**, Hörnumer Landstraße 70 - www.strandsauna-samoa.de - avr.-déb. nov. : tlj 12h-18h - 18 €/j)*.

Vélo – L'île de Sylt est sillonnée de pistes cyclables. Loueur : **VeloQuick Fahrradverleih**, *(Industrieweg 20, près de la gare de Westerland - ✆ 04651 21506 - www.veloquick.de - 8 €/j, 42 €/sem.* Carte de l'île (gratuite) proposant quatre circuits : de Westerland à List (19 km) ; de Tinnum à Westerland (18 km) ; de Westerland à Hörnum (18 km) ; de Westerland à Morsum (29 km). N'hésitez pas à revenir en bus si vous vous sentez trop fatigué : le chauffeur accepte les vélos.

Hébergement

Pour se faire plaisir

Hotel am Südwäldchen – *Fischerweg 45 - 25980 Sylt-Westerland - ✆ 04651 836300 - www.hsw-sylt.de - P - 24 ch. 128/189 €.* Au calme dans une zone résidentielle, hôtel soigné constitué de deux maisons reliées entre elles par le sous-sol. Piscine couverte et sauna parmi les commodités du lieu.

Hotel Seiler Hof – *Gurtstig 7 - 25980 Sylt-Ost-Keitum - ✆ 04651 93340 - www.seilerhofsylt.de - P - 12 ch. 190/230 €.* Ancienne maison de capitaine datant de l'époque où les

6

habitants de Sylt allaient pêcher la baleine au Groenland. Chambres confortables et charmant jardin.

Une folie

Morsum-Kliff – *Nösistig 13 - 25980 Sylt-Morsum - ✆ 04651 4606880 - www.landhaus-severins.de - fermé fin nov.-mi-déc. et mi-janv.-déb. fév. - 10 ch. 287/320 € ☕ - ✕ plat 25/35 €.* Sur une falaise isolée de Morsum, à la pointe de l'île, pour un séjour reposant et faire honneur à la table. Endroit charmant, aménagé avec goût. Chambres élégantes. Au restaurant, offre variée, cuisine régionale.

Hotel Stadt Hamburg – *Strandstr. 2 - 25980 Sylt-Westerland - ✆ 04651 8580 - hotelstadthamburg.com - 45 ch. et 25 suites 300/350 € la double superior - ☕ 29 €.* Cet hôtel qui, à l'origine (1869), avait vue sur la dune, est un petit bijou. Grâce à Harald et Moni Hentzschel qui le bichonnent, il a tout du cottage anglais : des bouillonnés à la Laura Ashley, des fleurs fraîches dans les chambres, un spa de rêve et un petit déjeuner très soigné, servi à table. L'un des hôtels les plus « cosy » de l'île. Excellent restaurant Hardy's *(mar.-sam. 17h-23h).*

Randonnée près de Kampen (île de Sylt).
clu/iStock

Schleswig ★

Aujourd'hui paisible et verdoyante, Schleswig est une ancienne cité viking et l'une des plus vieilles villes du nord de l'Allemagne. Sa visite est l'occasion d'une véritable plongée dans le lointain passé de la Baltique et de ses mythes.

Se repérer

25 300 habitants – Schleswig-Holstein

CARTE DE RÉGION AB1 (P. 394-395)

Schleswig est située à 56 km au nord de Kiel, à l'extrémité de la Schlei, un bras de la mer Baltique long de 43 km, aux allures de rivière.

À ne pas manquer

La chapelle du château de Gottorf, le point de vue sur la vieille ville depuis le parc de stationnement aménagé le long de la B 76.

En famille

Le musée des Vikings de Haithabu.

Nos adresses p. 434

Découvrir

PLAN DE RÉGION P. 394-395

Plessenstraße 7 - 046 21 850 056 - www.ostseefjordschlei.de.

Festival de musique de Cour (Gottorfer Hofmusik) – *Fin avr.-déb. mai - www.gottorfer-hofmusik.de.* Dix jours durant, la Schlosskapelle et la Hirschsaal du château de Gottorf vibrent au son des cantates et motets.

★ Château de Gottorf (SCHLOSS GOTTORF)

Comptez une demi-journée pour la visite. 04 621 81 32 22 - www.schloss-gottorf.de - - avr.-oct. : 10h-17h (w.-end 18h) ; nov.-mars : tlj sf lun. 10h-16h (w.-end 17h) - fermé 24 et 31 déc. - 9 €.

Le château de Gottorf (16e-18e s.) est le berceau des ducs de Schleswig-Holstein-Gottorp, qui montèrent sur le trône russe en 1762. Il abrite de riches musées consacrés à l'histoire du pays.

★★ Musée régional d'Art et d'Histoire culturelle

(LANDESMUSEUM FÜR KUNST UND KULTURGESCHICHTE)

Ce musée réunit d'importantes collections d'art et d'artisanat, distribuées sur deux niveaux selon un parcours un peu compliqué (munissez-vous du plan). Il faut voir la salle gothique (art sacré du Moyen Âge), le mobilier ancien et les riches **collections de faïences et de porcelaines★**. L'amateur d'art sera séduit par la **chapelle Renaissance★★** (1590) avec sa loge ducale et son oratoire orné de délicates marqueteries (1614) ; la salle de Frédéric III aux stucs baroques, l'intérieur de Kellinghusen (18e s.) et la salle de Plön aux lambris rococo (1750). Au rez-de-chaussée, intéressante sélection de paysages danois du 19e s. signés Købke, Lundbye et Skovgaard. À signaler aussi la remarquable **collection d'œuvres du Jugendstil★** et la chambre en merisier dessinée par Hans Christiansen en 1905. Dans un bâtiment annexe *(Galerie der Klassischen Moderne)*, la collection de Rolf Horn comprend plusieurs œuvres de l'expressionnisme et du mouvement artistique **Die Brücke**. On sera notamment saisi par l'incroyable intensité des couleurs des tableaux d'Emil Nolde et Alexej Jawlensky. Une salle est consacrée aux sculptures d'Ernst Barlach.

★ Musée régional d'Archéologie (ARCHÄOLOGISCHES LANDESMUSEUM)

Ce musée d'Archéologie présente de manière systématique la préhistoire du Schleswig-Holstein, depuis le néolithique jusqu'à l'époque des Vikings. On sera impressionné par les objets exhumés dans les tourbières de Thorsberg et datant du 4e s. (restes de vêtements, chaussures, armes), ainsi que par les *Moorleichen*, ces corps préservés de la décomposition par la tourbe : à ce jour, on en a découvert une soixantaine dans la région, dont l'**Homme de Rendswühren** qui aurait vécu, selon les analyses, au 2e s.
Le château de Gottorf abrite aussi de riches **collections ethnologiques**, parmi lesquelles un lot important d'armes et d'armures japonaises.

★ Bateau de Nydam (NYDAM-BOOT/NYDAMBÅDEN)

Dans la halle Nydam, à gauche du château.
Ce bateau bien proportionné, en bois de chêne, datant approximativement de 320, fut trouvé en 1863 dans les marais de **Nydam**, en territoire danois. Avec ses 23 m de long et ses 3 m de large, le vaisseau de Nydam est la plus ancienne embarcation germanique de grande taille que nous connaissions. À l'intérieur de la halle, on peut également admirer d'autres découvertes originaires de Nydam et de Thorsberg.
Au nord du château, on a reconstitué en 2007 le **Jardin baroque** du duc Frédéric III et de son fils, Christian Albert *(Barockgarten – accès par la Schlossallee, 800 m)*. Il était renommé, au 17e s., pour la grande diversité de ses plantes.

Se promener

★ Cathédrale St-Pierre (ST-PETRI DOM)

9h-17h (oct.-avril 10h-16h).
On reconnaît de loin, grâce à sa flèche, cette église gothique en brique. Entrez par le portail de St-Pierre *(Peterstür)* au sud (tympan sculpté de 1170). L'œuvre d'art la plus remarquable de l'église est le **retable de Bordesholm★★** (1521) placé dans le chœur. Au nord-ouest du transept s'ouvre le **cloître** (14e s.), dont les voûtes sont peintes de motifs stylisés représentant des feuillages et de la vigne.

Les vikings

Au début du 9e s., des marchands s'installèrent sur la rive sud de la Schlei. Grâce à cette situation privilégiée, au carrefour de la vieille route du Jutland (sud-nord) et du chemin de portage est-ouest (mer Baltique-mer du Nord), leur cité ne tarda pas à devenir une plaque tournante du commerce en Europe du Nord. **Haithabu** (nom danois signifiant « la ville dans la bruyère ») fut entourée par de vastes fortifications dont subsiste le solide retranchement semi-circulaire au bord de l'étang de Haddebyer Noor. Le **Busdorfer Runenstein**, pierre gravée de caractères runiques, autre témoignage de cette époque, se trouve dans le musée des Vikings de Haithabu. Au 11e s., sans cesse assaillis, les habitants de Haithabu se replièrent sur la rive nord de la Schlei, plus facile à défendre. C'est là que naquit la ville de Schleswig.

Schleswig.
H. P. Szyszka/Novarc Images/age fotostock

★ Le Holm

Ce vieux quartier de pêcheurs et de marins, fondé vers l'an Mil, groupe ses maisons basses autour d'un paisible cimetière et de sa chapelle. Au n° 2 de la Süderholmstraße, un petit musée avec expo photos documente l'évolution du quartier *(mêmes horaires que le Stadtmuseum)*.

Musée de la Ville (STADTMUSEUM)

Friedrichstraße 9-11 – ✆ 04621 9368 20 – www.stadtmuseum-schleswig.de - tlj sf lun. 10h-17h – fermé les 24, 25, 31 déc. et 1er janv. - 5 €.
Aménagé dans un ancien palais *(Günderoth)* bâti en 1635 à l'initiative du duc Frédéric III, ce musée retrace les grandes phases de l'histoire de la ville, longtemps ballottée entre Prusse et Danemark. Belle maquette du Holm vers 1900.

À proximité

PLAN DE RÉGION P. 394-395

★ Musée des Vikings de Haithabu (WIKINGER MUSEUM HAITHABU) B1

▶ À 4 km au sud-est du château de Gottorf. Accès par la B 76 en direction de Kiel. ✆ 04 621 81 31 22 - www.haithabu.de - ♿ - avr.-oct. : 9h-18h ; nov.-mars : maisons Haithabu fermées, musée tlj sf lun. 10h-16h - fermé 24 et 31 déc. - 8 €.
Annexe du musée régional d'Archéologie, le musée des Vikings, entièrement remodelé en 2010, se trouve près de l'étang de Haddebyer Noor, à proximité immédiate de l'ancienne cité viking dont elle retrace l'histoire. Un grand nombre d'objets de fouilles (bijoux, armes, outils, instruments domestiques), ainsi que des panneaux et des maquettes de la ville renseignent sur la vie et l'économie des anciens habitants de Haithabu. Dans une salle, on peut voir un drakkar, reconstitué avec des éléments d'époque retrouvés dans le port de Haithabu.

Nos adresses

Restauration

Budget moyen

Olearius – *Kolonnenweg 152 - (quartier de Pulverholz, à 1,5 km au SO du centre) - ✆ 04621 3830 - www.hotel-waldschloesschen.de - 12h-14h, 18h-22h - plat 17/28 €.* C'est l'un des restaurants de l'hôtel Waldschlösschen. Cuisine régionale revisitée avec talent par Matthias Balz. Son point fort ? Le poisson.

Petite pause

Holm-Café – *Süderholmstr. 15 - ✆ 04621 20927 - www.holm-cafe.de - - mars-oct. : 11h-18h ; nov.-fév. : se rens. - fermé lun.* Monika Reiser confectionne chaque jour des gâteaux différents. Une halte sympathique et gourmande dans l'ancien village de pêcheurs.

Hébergement

Budget moyen

Zollhaus – *Lollfuss 110 - ✆ 04621 290340 - www.zollhaus-zu-gottorf.de - P - 9 ch. 114 € - 15 €.* Près de la Schlei, dans une rue adjacente animée. Chambres claires, spacieuses et fonctionnelles, aux meubles en hêtre. Agréable jardin.

Am Dom – *Töpferstr. 9 - ✆ 04621 485991 - www.bb-schleswig.de - 8 ch. 98 €* . Au cœur de la ville, près de la cathédrale, Annette et Nicole ont fait de leur B & B avec jardinet une charmante bonbonnière, reposante et soignée dans les moindres détails.

Village viking reconstitué près d'Haithabu.
ollo/iStock

Kiel ★

Cité du large blottie au fond d'une rade ouverte aux vents de la Baltique, Kiel est intimement liée à la mer. Membre de la prestigieuse ligue de la Hanse dès sa fondation, elle devient la tête de pont de la marine du Reich jusqu'à la Seconde Guerre mondiale, avant de retrouver une vocation plus pacifique : chaque année, elle accueille la plus importante compétition de voile en Europe, la Kieler Woche (Semaine de Kiel). La capitale du Schleswig-Holstein est une ville paisible et verdoyante, où il fait bon se promener pour admirer les bateaux à quai, sentir les embruns et voir défiler les navires géants, en transit sur son canal.

Se repérer

247 600 habitants – Schleswig-Holstein

CARTE DE RÉGION B1 (P. 394-395)

Kiel est à 96 km au nord de Hambourg, à l'extrémité orientale du canal reliant la mer du Nord à la Baltique.

À ne pas manquer

La promenade aménagée le long de la rade.

Organiser son temps

Comptez une journée pour profiter paisiblement de la ville et de sa rade.

En famille

Les maquettes du musée de la Navigation et le repas des phoques au Geomar.

Carnet pratique p. 438

Nos adresses p. 438

Se promener

Hôtel de ville (RATHAUS)

Lun.-vend. - tour : visite guidée (30mn) mai.-sept. : merc. 12h30, sam. 11h, 11h45 et 12h30 - 5,50 €. Construit entre 1907 et 1911, il mêle les styles baroque et Art nouveau. Il est dominé par une tour de 106 m. De la galerie supérieure, **vue★** sur toute la rade, jusqu'au mémorial de Laboe.

★ Musée de la Navigation (SCHIFFFAHRTSMUSEUM)

Wall 65 - ✆ 0431 901 4328 - www.kiel.de - tlj sf lun. 10h-18h (jeu. 20h) - gratuit. Signalé par le vieux phare mis à la retraite, le musée de la Navigation est abrité à l'intérieur de l'ancienne halle aux poissons (1910) : sous sa grande voûte, exposition d'instruments de navigation, de tableaux, de plans de navire, de livres de bord et d'une intéressante **collection de maquettes** de bateaux. À voir aussi : la *Kieler Hansekogge*, réplique d'un voilier de commerce en usage au Moyen Âge, et l'*Ellebeker Fischerboot* de 1910, avec lequel (jusqu'en 1950) les Kielois pêchaient le hareng et le sprat au printemps, l'anguille et les maquereaux en été.

Un conseil : du musée de la Navigation, gagnez l'église St-Nicolas (sur l'Alter Markt, 13e s.), vestige du vieux Kiel reconstruit en 1951, pour remonter la Dänische Straße. Elle vous conduira tout droit au Warleberger Hof, à la Kunsthalle et à l'Aquarium

Warleberger Hof

Dänische Straße 19 - ✆ 0431 901 34 25 - www.kiel.de - tlj sf lun. 10h-18h (jeu. 20h) - gratuit.

Une cité maritime

Kiel fut fondée au 13e s. par Adolf IV de Schauenburg, comte du Holstein. En raison de sa situation géographique privilégiée, elle a toujours vu son sort lié à la navigation et au commerce. Membre de la Ligue hanséatique dès 1284, la ville mena durant des siècles une vie paisible. Tout changea cependant en 1871, lorsqu'elle fut choisie, suite à l'annexion du Schleswig-Holstein par les Prussiens, comme première base navale du Reich. En l'espace de quelques décennies, le modeste port se transforma en une grande ville. Kiel attire aujourd'hui chaque année 27 000 étudiants et 800 000 croisiéristes.

C'est la plus ancienne des maisons que les nobles du Schleswig-Holstein possédaient à Kiel au 17e s. Elle abrite désormais un modeste **musée municipal** (œuvres d'un paysagiste de Kiel, Car Arp, 1867-1913), assorti d'expositions temporaires.

Kunsthalle

Düsternbrooker Weg 1 - ✆ 0431 880 5756 - www.kunsthalle-kiel.de - tlj sf lun. 10h-18h (merc. 20h) - 7 €.

Bâtiment moderne conservant des œuvres de Nolde, Richter, Repin, ainsi qu'une collection d'antiquités gréco-romaines (céramiques à figures rouge du 4e s. av. J.-C.). Expositions temporaires (art contemporain pour l'essentiel).

À quelques pas de là, on pourra assister au repas des phoques dans l'**Aquarium Geomar**, vitrine de la faune en mer du Nord *(Düsternbrooker Weg 20 - ✆ 0431 600 1637 - www.aquarium-kiel.de - 9h-18h - fermé 24 et 31 déc. - - 3 €).*

★★ Quai Hindenburg (HINDENBURGUFER)

Promenade de près de 4 km aménagée le long de la rade et de parcs ombragés, le quai Hindenburg offre de larges **vues★** sur le bassin maritime de la ville.

À proximité

PLAN DE RÉGION P. 394-395

★★ Musée de plein air de Molfsee (FREILICHTMUSEUM MOLFSEE)

À 6 km au sud. Hamburger Landstraße 97 - ✆ 0431 65 96 622 - www.schloss-gottorf.de - avr.-oct. : 9h-18h (dernière entrée 17h) ; reste de l'année : dim. 11h-16h - 8 €.

Plus de 70 fermes et constructions rurales du 16e au 19e s., provenant du pays situé au nord de l'Elbe et regroupées en hameaux selon leur origine géographique, constituent le musée de plein air du Schleswig-Holstein. Des artisans font revivre forge, poterie, four à pain, métiers à tisser et moulins.

★★ La rade

Ses rives sont animées par des stations balnéaires bien abritées : Stein, Strande, Schilksee, Schönberger Strand, Laboe, Heikendorf. Des régates se déroulent depuis plus d'un siècle dans sa partie nord ; plus de 4 000 navigateurs venus du monde entier participent chaque année à la **« Semaine de Kiel »**.

★ Laboe B1

À 20 km au nord.

Börn 2 - ✆ 04343 42 75 50 - www.laboe.de.

Bancs de sable et fonds plats pour cette station balnéaire, qui possède un beau port de pêche et de plaisance. La haute tour (85 m), affectant la forme d'une étrave, constitue avec les salles souterraines le **mémorial de la Marine★** *(Marine-Ehrenmal)* : l'histoire de la marine de guerre allemande est ici retracée. On peut voir le sous-marin U 995, lancé à Hambourg en 1943, qui opéra en mer de Norvège

Voiliers pendant la Kieler Woche.
Angelika/iStock

et dans la mer de Barents. *Strandstr. 92 - 24235 Laboe - ✆ 04343 4948 4962 - www.deutscher-marinebund.de - ♿ - avr.-sept. : 9h-18h ; oct.-mars : 9h30-16h - 6 € (10h nov.-fév.) - 6,50 € (10 € le billet combiné avec la visite du sous-marin).* Du sommet de la tour (1927), **vue★★** sur la rade et, par temps clair, l'archipel danois.

Canal de Kiel (NORD-OSTSEE-KANAL) B1

Reliant la mer du Nord à la Baltique, de Brunsbüttel à Kiel, le **canal de Kiel** fut inauguré en 1895 par Guillaume II. Long de 100 km, il est le plus fréquenté du monde : près de 30 000 navires l'empruntent annuellement (plutôt que de contourner le Jutland par Skagen), mais il n'arrive qu'à la 3e place quant au tonnage transporté. Du deuxième viaduc routier reliant Kiel à Holtenau *(Olympiabrücke, accessible depuis Kiel par la Holtenauer Straße et la Prinz-Heinrich-Straße)*, on domine les écluses de **Holtenau** qui mettent le canal en liaison avec la Baltique. Sur l'île a été aménagée une exposition interactive présentant une maquette du canal et des écluses. Parmi les ouvrages qui traversent le canal, les plus imposants sont le **viaduc ferroviaire de Rendsburg★**, le **viaduc ferroviaire et routier de Grünental** doté d'une plate-forme panoramique *(accès depuis Albersdorf par la B 204)* et le **viaduc ferroviaire de Hochdonn**.

★ Suisse du Holstein (HOLSTEINISCHE SCHWEIZ) B1

▶ *À 51 km – environ 2h30.* Entre Kiel et la baie de Lübeck, à deux pas de la mer Baltique, la « **Suisse du Holstein** » (point culminant : 168 m au Bungsberg) est un parc naturel parsemé de lacs séparés par des collines morainiques boisées. Au centre de la région, **Plön★** s'est établie au bord du plus grand lac *(Großer Plöner See)* ; de la terrasse de son château *(✆ 04522 8010 - www.fielmann-akademie.com - merc. 19h-21h, jeu., w.-end 16h30-18h30, visite guidée (45mn) gratuite sur réserv.)*, la **vue★** porte sur les lacs alentour. Plus à l'est, **Eutin★**, ville natale du compositeur Carl Maria von Weber, a conservé un centre ancien aux constructions en brique du 17e s. Le château à douves (1723, *Schloss Eutin : ✆ 04521 70950, www.schloss-eutin.de - juin-août. : 10h-18h ; sept.-déc. et avril-mai : tlj sf lun. 11h-17h - 10 €)* est entouré d'un parc à l'anglaise bordant le lac.

6

Carnet pratique

S'informer

Office de tourisme – *Andreas-Gayk-Straße 31 - ✆ 0431 679 100 - www.kiel-sailing-city.de.*

Visites

Tour du port en bateau (Förde Hafenrundfahrt) – De mai à oct., un bateau part tlj du Bahnhofsbrücke, à 11h, 13h, 15h pour faire le tour (2h) de la Förde, le « fjord » de Kiel – *15 € (-14 ans 7 €). Rens. à l'OT - ✆ 0431 679 100.*

Agenda

Kieler Woche – *Mi-juin (9 j.) - ✆ 0431 901 905 - www.kieler-woche.de.* Compétition de voile annuelle la plus importante du monde : plus de 5000 compétiteurs.

Nos adresses

Restauration

Budget moyen

Längengrad – *Schwedenkai 1 - ✆ 0431 99048777 - www.laengengrad-kiel.de - tlj sf dim. 12h-0h (1h vend.-sam.) - plat 15/26 €.* Près du terminal des ferries de la Stenaline, un restaurant avec terrasse et des plats du jour à 9/13 € en semaine.

Alte Mühle – *An der Holsatiamühle 8 - (sur la rive est de la Kieler Förde, suivre les panneaux indiquant « Schwentinetal ») - ✆ 0431 2059001 - www.altemuehle-kiel.de - ♿ - 11h30-0h - plat 10/20 €.* Au bord de la rivière Schwentine, dans un ancien moulin du 19e s. Cuisine traditionnelle qui varie selon les saisons. En semaine, formules déjeuner à prix intéressants.

Lüneburg-Haus – *Dänische Str. 22 - ✆ 0431 9826000 - www.lueneburghaus.de - tlj sf dim. 12h-15h, 18h-22h - plat 14/24 €.* Tables élégamment dressées dans un cadre agréable et décontracté. Personnel attentif ; carte des vins très complète. Restaurant de style bistrot moderne.

Pour se faire plaisir

Weinstein – *Holtenauerstr. 200 - ✆ 0431 555577 - www.weinstein-kiel.com - mar.-sam. 18h-23h, fermé 2 sem. en janv. et 2 sem. en juil. - menu 3 plats 45/57 €.* Saumon des îles Féroé sur un lit d'asperges et de fraises, pâtes au carrelet de la Baltique servies avec une touche de rhubarbe... : pas de doute, la cuisine de Mario Brüggemann est créative, et son restaurant l'un des 15 meilleurs du Schleswig-Holstein. Belle cave à vins.

Faire une pause

Werkstatt-Café – *Dahlmannstr. 11 - ✆ 0431 91865 - www.werkstattcafe-kiel.de - lun.-vend. 11h-18h, sam. 10h-18h - fermé dim. et j. fériés.* Salon de thé sympathique et familial à côté d'un atelier (« Werkstatt ») d'orfèvre. Délicieux gâteaux maison et quelques plats du jour. Expositions d'œuvres d'artistes régionaux. Jardin magnifique.

Café Fiedler – *Am Alten Markt - ✆ 0431 26094455 - cafe-fiedler.de - 8h-18h30, dim. 9h-18h.* À l'angle de la Dänische Straße, un excellent café-pâtisserie depuis quatre générations, qui confectionne une vingtaine de tartes différentes. Soupes et petits plats à prix doux.

En soirée

Café-Restaurant Schöne Aussichten – *Düsternbrooker Weg 16 - (au nord du centre-ville,* *sur la rive ouest de la Kieler Förde) - ✆ 0431 2108585 - www.schoene-aussichten-kiel.de - tlj sf lun. 12h-21h, dim. 10h30-17h (brunch jusqu'à 14h) - plat 10/25 €.* Vue superbe sur la Förde qui justifie son nom. On peut y grignoter un gâteau ou prendre un verre.

Deck 8 – *Raiffeisenstr. 2 - ✆ 0431 374990 - www.restaurant-pier16.de - tlj sf dim. 18h-1h.* Au dernier étage de l'Atlantic Hotel, un bar panoramique avec une large palette de cocktails (Golden Cadillac, Walk in the Tropics...).

Seebar – *Seebad Düsternbrook, Kiellinie 130 - ✆ 0431 34185 - www.seebad-duesternbrook.com - à partir de 10h.* Au bout de la jetée en bois, un bar relaxant où l'on peut siroter un mojito avec, pour bande-son, le murmure des vagues. Magique au coucher du soleil.

Kieler Brauerei – *Am Alten Markt 9 - (centre-ville) - ✆ 0431 906290 - kieler-brauerei.de - 10h-0h, vend.-sam. 10h-1h, dim. 10h-22h30.* Micro-brasserie proposant buffet de salades, plats chauds. Formules intéressantes pour 4 personnes, boissons incluses (sf lun.). En commandant un tonneau (à partir de 4,5 l), tirez la bière vous-même à votre table.

Shopping

À proximité immédiate de la gare, le **Sophienhof** est une galerie marchande flambant neuve *(120 magasins sur deux étages - www.sophienhof.de - lun.-sam. 10h-20h)* reliée par une passerelle à la Holstenstraße, « la » rue commerçante de Kiel. Les boutiques de la **Dänische Straße** *(www.daenische-strasse.de)* sont plus exclusives. Les deux **marchés** de Kiel sont « l'Exer » sur l'Exerzierplatz *(merc. et sam. 8h-13h)* et le « Blücher » sur la Blücherplatz *(lun. et jeu. 8h-13h).*

Activités

Balades à vélo – La municipalité a conçu deux itinéraires cyclistes dans la baie de Kiel : le **Maritime Radtour** *(route n° 1 sur la rive ouest, 22 km au départ de la gare)* et le **Strandradtour** *(n° 9 sur la rive est, qui longe les plages de Mönkeberg, Heikendorf et Möltenort).* Location gare de Kiel *(Umsteiger - ✆ 0431 2377790 - www.kiel.de - 7,50 €/j.).*

Hébergement

Budget moyen

Centro Hotel Consul – *Walkerdamm 11 - ✆ 0431 12856148 - www.centro-hotels.de - 40 ch. 64/93 € ☕.* Près du port, hôtel bien desservi par les transports. Toutes les chambres sont propres et bien équipées. Restaurant.

Berliner Hof – *Ringstr. 6 - ✆ 0431 66340 - www.berlinerhof-kiel.de - 103 ch. 115/125 € ☕.* C'est un trois étoiles simple mais fonctionnel, qui a un gros atout : la gare est à deux pas. Privilégiez les chambres « Comfort Plus » : elles sont climatisées.

Pour se faire plaisir

Conti Hansa – *Schlossgarten 7 - ✆ 0431 51150 - www.steigenberger.com - 164 ch. 104/127 € - ☕ 19 €.* Pour dormir près du jardin de l'ancien château, un hôtel de la chaîne Steigenberger, calme, ultra-propre, doté d'un bon restaurant *(Jakob, tlj 18h-22h30).*

Romantik Hotel Kieler Kaufmann – *Niemannsweg 102 - ✆ 0431 88110 - www.kieler-kaufmann.de - P - 43 ch. 130/150 € ☕.* En amont du parc des yachts, villa ancienne au hall d'entrée confortable, agrémenté d'une cheminée. Coquettes chambres modernes avec accès Internet. Restaurant classique.

6

Lübeck ★★★

Ses maisons patriciennes et ses nombreux monuments gothiques en brique rouge ont valu à la « reine de la Hanse » d'être classée au Patrimoine mondial de l'humanité dès 1987. Piétons et cyclistes profitent aujourd'hui en toute quiétude de son centre historique animé, situé sur une île au confluent de deux fleuves reliant la ville à l'Elbe et à la mer Baltique. On y accède par la porte de Holsten, véritable emblème de la ville reproduit sur les Marzipan, spécialité à déguster avec un verre de Rotspon, un vin de raisin bordelais traité à Lübeck et qui fait sa fierté.

Se repérer

216 800 habitants – Schleswig-Holstein

CARTE DE RÉGION B2 (P. 394-395)

PLAN DE VILLE P. 442

Lübeck se situe à une soixantaine de kilomètres au nord-est de Hambourg par l'autoroute A 1.

À ne pas manquer

Les venelles de la vieille ville *(Gänge)* et la spécialité locale, le *Marzipan* (massepain), à la pâte d'amande.

Organiser son temps

Prévoyez une journée pour découvrir les richesses du centre ancien et une autre pour faire une escapade à Travemünde.

En famille

Le musée des Marionnettes.

Carnet pratique p. 448

Nos adresses p. 449

★★★ La ville ancienne (ALTSTADT)

PLAN DE VILLE P. 442

Suivez l'itinéraire tracé en vert sur le plan de ville - Comptez 3h.

Dominée par une couronne de clochers et ceinturée de canaux, la ville ancienne de Lübeck est établie sur une île, environnée de verdure.

★★ Porte de Holsten (HOLSTENTOR) A2

Holstentorplatz - ✆ 0451 122 4129 - museum-holstentor.de - janv.-mars : tlj sf lun. 11h-17h ; avr.-déc. : tlj 10h-18h - 8 €.

Cette porte fortifiée, aux énormes tours jumelles, fut élevée entre 1469 et 1478, en avant du mur d'enceinte, moins comme ouvrage de défense que comme édifice de prestige. La face la plus soignée, côté ville, montre trois étages d'arcatures et des frises ornementales de céramique. Le bâtiment abrite le **musée d'Histoire locale** *(Stadtgeschichtliches Museum)*, parfaite introduction à la visite de Lübeck. L'une des salles évoque le commerce maritime, base de la prospérité de la cité au Moyen Âge, et une autre conserve une intéressante maquette de la vieille ville.

En remontant la Holstentraße, engagez-vous dans la première rue à droite.

★★ Musée des Marionnettes (THEATERFIGURENMUSEUM LÜBECK) A2

Kolk 14 - ✆ 0451 29 61 86 62 - www.theaterfigurenmuseum.de - fermé pour travaux jusqu'en 2021.

Dissimulé dans une des venelles les plus pittoresques du vieux Lübeck, à l'intérieur d'une maison à pinacles datant du 16e s., le musée des Marionnettes

La ville de Lübeck.
Jwackenhut/iStock

présente l'une des plus riches collections de marionnettes au monde, rassemblée par Friz Frey. Les quatre niveaux dévoilent des pièces des 18e, 19e et 20e s., en provenance d'Europe, d'Afrique et d'Asie. Vous ne manquerez pas d'admirer, entre autres, les figures du théâtre d'ombres indonésien, les marionnettes à pieds nigérianes, les grands personnages du Bunraku japonais ou encore les célèbres guignols français.
Continuez sur Kolk, puis remontez la Große Petersbruge jusqu'à l'église St-Pierre.

Église St-Pierre (ST. PETRIKIRCHE) A2

Petrikirchhof 1 - ✆ 0451 39 77 30 - www.st-petri-luebeck.de - église : tlj 11h-16h - pour la plate-forme : mars-sept. : 9h-19h30 ; oct.-fév. : 10h-18h - 4 €.
Cette ancienne église gothique, reconstruite à la fin des années 1950 après sa destruction pendant la Seconde Guerre mondiale, jouit d'une très belle **vue**★ sur l'ensemble du vieux Lübeck, du haut de sa tour perchée à 50 m au-dessus de la ville.
Empruntez la Schmiederstraße et continuez tout droit jusqu'à la cathédrale.

Cathédrale (DOM) A3

Mühlendamm 2-6 - ✆ 0451 74704 - 10h-18h (oct. 17h, nov.-mars 16h).
La cathédrale romane fut transformée par l'extension, au 14e s., de son chœur dans le style gothique. Sur le côté nord du transept furent ajoutés, au milieu du 13e s., une entrée couverte et un très beau porche. À l'intérieur, on admire un **crucifix**★ gigantesque (17 m), sculpté entre 1470 et 1477 dans le style gothique flamboyant par Bernt Notke. Un jubé de pierre (2e moitié du 14e s.), portant une balustrade de bois à remplage, marque la séparation avec le chœur. Aux piliers de la croisée se dressent de somptueux retables : celui donné par les marchands de Stecknitz en 1422, le retable des Heures canoniales datant du premier tiers du 15e s., le retable des Meuniers (vers 1460) et le retable de la Vierge à la licorne (1506).
Empruntez la Fegefauer jusqu'à la St-Annen-Straße. Vous pouvez aussi contourner le plan d'eau pour prolonger la promenade et avoir une jolie vue sur la cathédrale.

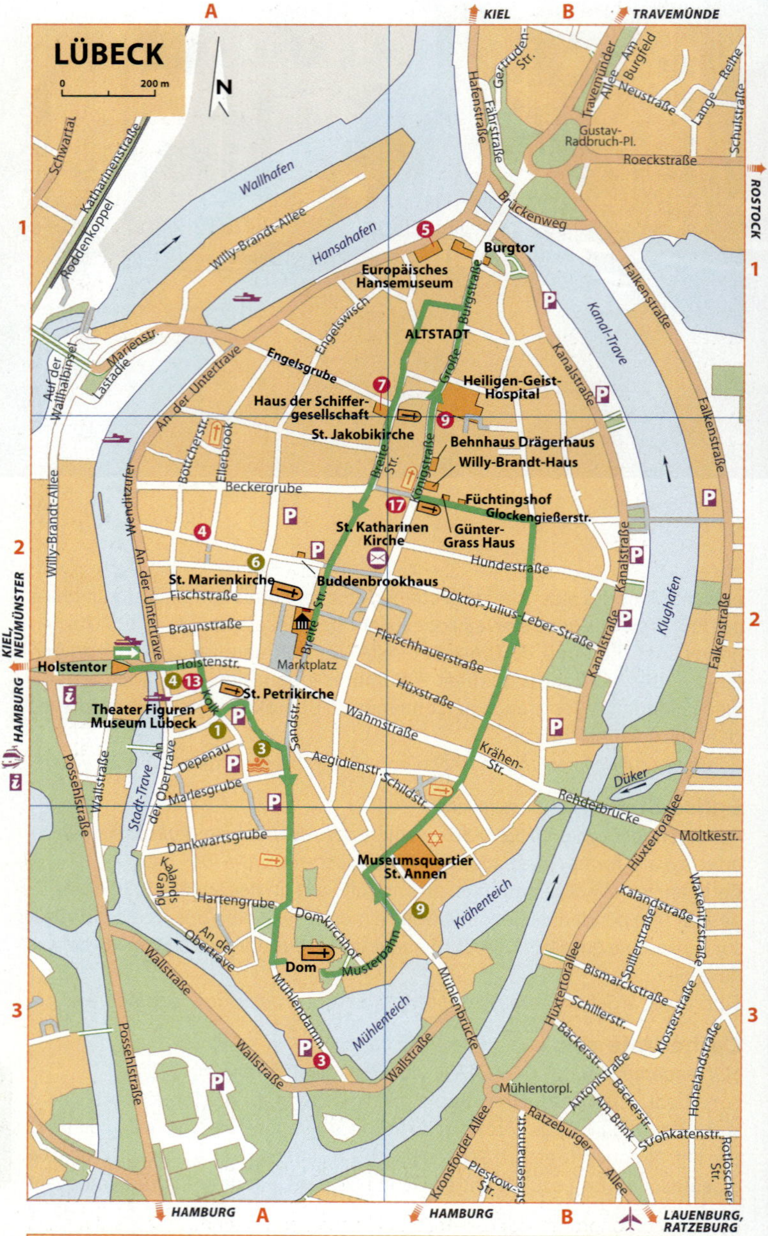

SE RESTAURER

- Alte Mühle 3
- Kartoffel-Keller 9
- Lübecker Hanse 13
- Nord 5
- Remix Café 17
- Schabbelhaus zu Lübeck ... 4
- Schiffergesellschaft 7

SE LOGER

- Atlantic Hotel Lübeck 3
- CVJM Hotel Am Dom 1
- Hotel an der Marienkirche .. 6
- Hotel Zur alten Stadtmauer 9
- Ringhotel Jensen 4

★ Musée Ste-Anne (MUSEUMSQUARTIER ST-ANNEN) B3

St. Annen-Str. 15 - ☎ 0451 122 41 37 - www.mq-st-annen.de - tlj sf lun. – janv.-mars : 11h-17h ; avr.-déc. : 10h-17h - 8 €.

Cet ancien couvent rassemble une large collection de peintures et sculptures du 13e au 16e s. provenant des églises de Lübeck. Arrêtez-vous surtout devant le **retable de Saint-Antoine**, de Hans von Köln (1522), et le **retable de la Passion du Christ★★** : ce chef-d'œuvre de **Hans Memling**, peint à Bruges en 1491 pour une riche famille de marchands lübeckois, les Greverade, est la pièce maîtresse du musée (le romancier Thomas Mann avait contribué, en 1948, à financer sa restauration). Le 1er étage réunit un bel ensemble d'objets d'art et de décors témoignant de la richesse des notables locaux aux siècles passés. Notez en particulier le **plafond peint** de la salle 6 (vestibule de la maison d'un brasseur du 18e s.) et les lambris de la salle 12 (**Rankenzimmer★**) qui ornaient la maison d'un marchand d'épices de la Königstraße. Pour finir : une salle de peinture hollandaise du 17e s. et des œuvres d'artistes allemands contemporains.

Reprenez la St-Annen-Straße et continuez tout droit jusqu'à la Glockengießerstraße (tournez à gauche).

Les « Höfe » et « Gänge » de la Glockengießerstraße B2

Vous découvrirez dans cette rue, à travers ses « cours », les lotissements à caractère social aménagés par de généreux notables du 17e s. On verra, successivement, aux nos 49-51 le *Glandorpshof*, au no 41 le *Glandorpsgang* et au no 25 le ravissant **Füchtingshof★** (portail baroque de 1639).

Maison Günter-Grass (GÜNTER-GRASS HAUS) B2

Glockengießerstraße 21 - ☎ 0451 122 42 30 - www.grass-haus.de - avr.-déc. : 10h-17h ; janv.-mars : tlj sf lun. 11h-17h - 8 €.

Célèbre pour *Le Tambour* (1961) et *En crabe* (2002), l'écrivain Günter Grass, prix Nobel de littérature en 1999, a rassemblé ici, à l'intérieur de son ancien atelier, la plupart de ses manuscrits, mais également ses œuvres de sculpteur et de graphiste.

Au bout de la Glockengießerstraße, tournez à gauche jusqu'à l'entrée de l'église.

★ Église Ste-Catherine (ST. KATHARINEN KIRCHE) B2

Königstraße - ☎ 0451 122 41 37 - ♿ - www.museumskirche.de - avr.-oct. : jeu.-dim. 12h-16h - 2 €.

Les niches inférieures de la façade (14e s.) de l'église Ste-Catherine ont été dotées de **statues★** dont les trois premières, à gauche, sont dues à Ernst Barlach. À l'intérieur, remarquez à droite en entrant la *Résurrection de Lazare* du Tintoret.

Prenez à droite en sortant de l'église et continuez sur la Königstraße.

Maison de Willy Brandt (WILLY-BRANDT-HAUS) B2

Königstraße 21 - ☎ 0451 122 42 50 - www.willy-brandt-luebeck.de - avr.-déc. : tlj sf lun. 11h-18h ; fermé 1er janv., 24-25 et 31 déc. - gratuit.

Cette maison est dédiée à Willy Brandt, natif de Lübeck et prix Nobel de la paix en 1971 pour sa politique de rapprochement avec l'Allemagne de l'Est. Photos, documents sonores et vidéos retracent l'histoire européenne du 20e s. à travers sa vie, mettant l'accent sur les droits de l'homme.

Continuer vers la droite en sortant.

Musée Behnhaus Drägerhaus (MUSEUM BEHNHAUS DRÄGERHAUS) B2

Königstraße 9-11 - ☎ 0451 122 41 48 - www.museum-behnhaus-draegerhaus.de - avr.-déc. : tlj sf lun. 10h-17h ; janv.-mars : tlj sf lun. 11h-17h - 8 €.

Lübeck, « reine de la Hanse »

Le 14e s. marque le faîte de la puissance de Lübeck, capitale de la Hanse. Cette association des villes du Nord de l'Allemagne et des Pays-Bas organisa du 12e au 16e s. le commerce avec la Scandinavie et la Russie. Au 16e s., le dynamisme des armateurs et des négociants permit de surmonter une longue période de déclin grâce aux relations nouées avec la Hollande – dont l'architecture bourgeoise deviendra à la mode sur les bords de la Trave –, la France et la péninsule Ibérique qui envoyaient à Lübeck leurs cargaisons de vins. La ville est restée, depuis le 17e s., le centre d'importation le plus réputé du pays pour les vins rouges de France – appelés localement *Rotspon* – traités et vieillis dans des caves qui s'étendent jusque sous la Trave. Au 19e s., la ville est menacée par le port prussien de Stettin (*Szczecin*, actuelle Pologne) et l'ouverture du canal de Kiel. La percée d'un canal de jonction avec l'Elbe et l'afflux de près de 100 000 réfugiés lors de la division du pays en 1945 lui ont permis de conserver son rang dans l'Allemagne d'aujourd'hui.

Cet hôtel particulier du 18e s., ancienne maison de marchands de vin, abrite une collection de mobilier et de peintures des 18e et 19e s. représentative du mouvement romantique, ainsi que des œuvres de **Friedrich Overbeck** (1789-1869), chef de l'école « nazaréenne » *(voir p. 522)*. Vous y verrez aussi des œuvres de Max Liebermann, de l'expressionniste Kirchner et du peintre lübeckois A. Aereboe et de Gotthardt Kuehl (**Les Joueurs de Skat★**) ainsi que quelques tableaux d'Edvard Munch réalisés à Lübeck. À voir aussi, dans l'aile qui donne sur le jardin, la pièce dite **Gartenzimmer** : elle reproduit à l'identique le décor conçu au 18e s. par l'architecte danois Joseph Christian Lillie.
Continuez à droite en sortant.

★ Hospice du St-Esprit (HEILIGEN-GEIST-HOSPITAL) B1-2

Am Koberg 11 - ✆ 0451 799 56 10 - tlj sf lun. 10h-17h (oct.-mars 16h).
L'hospice du St-Esprit (fin du 13e s.) aligne sur le Koberg ses trois pignons flanqués de sveltes tourelles. La **chapelle**, large halle gothique décorée de peintures des 13e et 14e s., précède le grand vaisseau de la salle d'hospice réaménagé au 19e s. (chambres-cabines accueillant à demeure les personnes âgées).
Suivez la Große Burgstraße, dans le prolongement de la Königstraße.

★ Burgtor B1

Cette porte défendait la languette de terrain – aujourd'hui recoupée par un canal – qui constituait le seul accès de Lübeck par voie de terre. Belle réalisation d'art militaire (13e-15e s.), avec son ordonnance décorative de baies en tiers-point superposées.
Revenez sur vos pas et prenez la première rue à droite.

★ Musée européen de la Hanse (EUROPÄISCHES HANSEMUSEUM) B1

An der Untertrave 1 - ✆ 0451 80 90 990 - www.hansemuseum.eu - 10h-18h - fermé 24 déc. - 13 €.
Ce nouveau musée, qui a valu à son architecte Andreas Heller le prix du Design en 2016, plonge le visiteur dans l'histoire mouvementée mais passionnante de la Ligue hanséatique. La scénographie, résolument novatrice, se veut interactive et ludique avec ses reconstitutions de bateau et de comptoir. Les écrans et écouteurs rappellent – en allemand, anglais, russe et suédois – l'importance de ce vaste réseau commercial, actif du 12e au 17e s. le long des côtes de l'Allemagne du Nord

mais aussi dans les villes de Londres, Novgorod, Bergen et Bruges. La visite, un peu labyrinthique, inclut le **Burgkloster**, couvent dominicain du 13e s. habilement restauré (ne manquez pas le jardin dans l'ancien cloître).

★ Les « Höfe » et « Gänge » autour d'Engelsgrube A1

Le quartier nord-ouest du vieux Lübeck a conservé quelques-unes des étroites ruelles *(Gänge)* et arrière-cours *(Höfe)* où vivaient autrefois, dans de minuscules logis *(Buden)*, les journaliers, les dockers du port et les ménages les plus modestes. Au 17e s., il existait 180 venelles de ce type à Lübeck. Aujourd'hui, le **Hellgrüner Gang** et le **Dunkelgrüner Gang** *(accès depuis la rue An der Untertrave 19 et 26)*, les longs « couloirs » perpendiculaires à l'Engelsgrube et le **Lüngreens Gang** *(accès par Fischergrube 38)* constituent les dernières reliques de ce monde oublié.

★ Maison de la corporation des marins

(HAUS DER SCHIFFERGESELLSCHAFT) A1

Breite Straße 2. Derrière le pignon en escalier de la Renaissance, l'**intérieur**★★ (restaurant) de cette maison a gardé son aménagement pittoresque de taverne : lustres de cuivre, lanternes et modèles de bateaux suspendus à la charpente.

★ Église St-Jacques (JAKOBIKIRCHE) B1-2

Jakobikirchhof 3 (en face de la Haus der Schiffergesellschaft) - www.st-jakobi-luebeck.de - juin-oct. et déc. : 10h-18h ; mai et nov. : 10h-16h ; janv.-avr. : tlj sf lun. 10h-15h, dim. 10h-13h - concert d'orgue (Orgelvespern) sam. 17h-17h30.

Église-halle gothique possédant deux **orgues**★★ des 16e et 17e s., aux boiseries magnifiques ; dans une chapelle du côté sud, l'autel dit *Brömbse* (15e s.) comporte des bas-reliefs d'une grande finesse d'exécution. La première chapelle latérale du côté nord, aménagée en mémorial des naufragés, abrite un canot de sauvetage du *Pamir*, voilier-école de Lübeck disparu corps et biens en 1957.

Continuez sur la Breite Straße, puis empruntez la Mengstraße.

Maison des Buddenbrook (BUDDENBROOKHAUS) A2

Mengstr. 4 - ✆ 0451 122 41 90 - www.buddenbrookhaus.de - en travaux jusqu'en 2023.

Contrairement à la légende, **Heinrich et Thomas Mann** ne sont pas nés dans cette maison de 1758, dotée d'une belle façade. Mais leur grand-père, Johann Siegmund Mann, l'acquit en 1841 et y reçut souvent ses petits-fils. C'est dans ce cadre que Thomas Mann (1875-1955) a situé l'action de son roman *Les Buddenbrook*, saga d'une famille patricienne de Lübeck. Cette maison abrite aujourd'hui un musée consacré à la vie et aux œuvres des deux enfants célèbres de Lübeck. Arbre généalogique au rez-de-chaussée (indispensable si l'on veut s'y retrouver dans la famille Mann) et projections d'extraits de films au 2e étage.

★★ Église Ste-Marie (ST. MARIEN KIRCHE) A2

Avril-oct. 10h-18h ; nov.-mars 10h-16h - 2 € - visites guidées (1h, en allemand) : mai-sept. en semaine à 12h15 et 15h.

L'église Ste-Marie est l'une des plus belles églises gothiques de brique d'Allemagne. Élevée d'abord, à partir de 1250, sur le schéma d'une halle *(voir « Art et Architecture » p. 510)* sans transept, elle fut transformée en cours de chantier. Puis, sur le modèle des cathédrales françaises, on éleva le vaisseau central jusqu'à 38,50 m en le soutenant par des arcs-boutants. Les flèches de 125 m furent achevées en 1350. Le compositeur Dietrich Buxtehude (1637-1707) fut l'organiste attitré de l'église.

6

L'intérieur de l'édifice, d'une élévation très hardie, ménage une perspective grandiose. L'incendie survenu en 1942 à la suite d'un bombardement a fait apparaître le décor polychrome des 13e et 14e s. À l'ouest du bas-côté droit, la **Briefkapelle** est décorée de hautes lancettes de style gothique rayonnant ; les voûtes en étoile retombent sur deux fines colonnes monolithes de granit. Deux cloches tombées pendant le bombardement restent enfoncées dans le sol de la tour sud.
Les voûtes du déambulatoire couvrent, d'une seule portée, les deux chapelles rayonnantes de l'abside ; la chapelle axiale abrite le retable de la Vierge, travail anversois de 1518.

★ Hôtel de ville (RATHAUS) A2

Breite Straße 62 - ✆ 0451 122 10 05 - lun.-vend. 11h, 12h et 15h, w.-end à 12h.
Construit à partir de 1250, l'hôtel de ville dresse ses constructions de brique sombre vernissée, élevées sur une galerie à arcades. Remarquez les hauts murs-boucliers, ajourés d'arcatures ou de grandes ouvertures rondes béantes, que décorent et renforcent de minces tourelles coiffées en éteignoir. Devant l'aile nord fut plaqué un avant-corps Renaissance en grès très ouvragé. À l'extrémité de l'aile est, le *Neues Gemach* (1440) est rehaussé d'un mur ajouré avec fantaisie. Passez sous les arcades pour voir, sur la Breite Straße, un escalier en pierre (1594) bâti dans le style de la Renaissance hollandaise.

À proximité

CARTE DE RÉGION P. 394-395

★ Travemünde B2

À 20 km au nord-est par la route 75. Nombreuses liaisons en train (20mn) entre Lübeck Hbf et Travemünde (deux gares : Travemünde Hafen pour le port et Travemünde Strand pour la plage).
Bertlingstraße 21 - ✆ 0451 88 99 700 - www.travemuende-tourismus.de - 9h30-18h, w.-end 10h-16h (15h mars-mai et sept.-oct.) - fermé nov.-fév.
Cette station mondaine sur la mer Baltique est réputée pour sa plage de sable fin, sa vaste promenade sur le front de mer et son casino. On y organise tous les ans en juillet-août la **Semaine de Travemünde**, régate qui attire des milliers de plaisanciers et qui s'accompagne d'une grande fête populaire. C'est aussi un important port de liaison avec la Scandinavie et l'Estonie. À l'entrée de la ville, le pittoresque village d'origine se serre contre l'église St-Laurent *(St. Lorenz-Kirche - Vogteistraße 22 - www.kirche-travemuende.de)* dédiée aux pêcheurs.

Aux alentours de Travemünde

Sur la rive opposée *(prendre le ferry)* s'étend la presqu'île de **Priwall** (B1-2), où mouille le quatre-mâts *Passat*, ancien voilier marchand de 115 m de long, qui se visite. *Priwallpromenade 3A - ✆ 0451 122 52 02 - www.luebeck.de - mai-sept. : 10h-17h ; avr. et oct. : 11h-16h30 - fermé nov.-mars) - 4 €.*
Derrière la promenade se dressent les petites falaises du **Brodtener Ufer**. En gagnant **Niendorf** (B1), on jouit de vues magnifiques sur la baie de Lübeck et la côte. Plus au nord s'étend l'importante station balnéaire de **Timmendorfer Strand** (B1).

★ Ratzeburg B2

À 23 km au sud-est.
Unter den Linden 1 (Rathaus) - ✆ 04541 8000 886 - www.inselstadt-ratzeburg.de - mai-sept. : 9h30-12h30, 13h30-16h30, w.-end 11h-16h.

imageBROKER/hemis.fr

Porte Holsten.

gaiamoments/iStock

Maison des Buddenbrook.

S.-E. Arndt/ArTerra Picture Library/age fotostock

Rue Bäcker.

La ville de Ratzeburg offre un aspect séduisant au milieu de son **lac★**, le plus grand des nombreux lacs disséminés dans la zone de reliefs morainiques, entre l'Elbe et Lübeck. Le meilleur **panorama sur la ville★**, rehaussé par la silhouette trapue de la cathédrale, est obtenu depuis Belle Vue *(Schöne Aussicht)*, à Bäk, sur la rive est du lac de Ratzeburg.

★ **Cathédrale** (Dom) – *✆ 045 41 34 06 - mai-sept. : 10h-18h ; oct.-avr. : tlj sf lun. 10h-16h - gratuit (visite guidée : 3 €).* Cette cathédrale romane en brique (12e s.) se dresse à la pointe nord de l'île, dans un paysage de parc. À l'extérieur, remarquez la riche décoration du pignon du porche sud, aménagé en chapelle. Pénétrer dans la cathédrale par le portail sous la tour. Le maître-autel est surmonté d'un retable en forme de triptyque ; la châsse centrale porte un superbe **tableau de la Passion★** (1430). Dans une chapelle latérale au nord, beaux habits sacerdotaux brodés de fil d'or.

Musée Ernst-Barlach (Ernst-Barlach-Museum « Altes Vaterhaus ») – *Au n° 3 de la Barlachplatz, à côté de l'église St-Pierre (Peterskirche) - ✆ (045 41) 37 89 - avr.-oct. : tlj sf lun. 11h-17h - 8 €.* Œuvres du sculpteur Ernst Barlach (1870-1938), l'un des chefs de file de l'expressionnisme allemand : *Le Chanteur, Le Joueur de flûte, La Mère Terre...* Ernst Barlach vécut une partie de sa jeunesse à Ratzeburg, où il demanda également à être enterré.

Carnet pratique

S'informer

Office de tourisme – *Holstentorplatz 1 - ✆ 0451 88 99 700 - www.luebeck-tourismus.de.*

Visites

Depuis Lübeck (*Drehbrücke* A1), on peut se rendre en bateau à Travemünde, d'avril à octobre avec la **Hanse Fahrt** *(✆ 0163 547 5773 - www.hanse-travemuende.de - durée : 1h45 - 6 dép./j. ; dép. de Lübeck : Hansekai (à la hauteur du n° 12-13 An der Untertrave) ; dép. de Travemünde : Vorderreihe 64a (Kaiserbrücke) - 14 € AS ; 22 € AR ; enf. 9/13 €).* On peut aussi faire le tour du vieux Lübeck en barcasse avec la compagnie **Stühff** *(✆ 0451 70 78 222 - www.luebecker-barkassenfahrt.de - haute saison, dép. ttes les heures 10h-17h30, au pied du pont Liebesbrücke* A2 *- durée 1h - 13 €, enf. 8 €).*

Agenda

Hanse Kultur Festival – *Fin mai/début juin - www.hansekulturfestival.de.* Expos, cabaret, lectures, musique et produits du terroir, à découvrir dans les arrière-cours et les venelles. L'occasion de pénétrer dans l'intimité du vieux Lübeck.

Marchés de Noël – *23 nov.-31 déc., tlj 11h-21h (22h vend.-sam.), fermé le 25 déc.* Il y en a 4 à Lübeck : celui du Markt, mentionné pour la première fois dès 1648, celui de la Breite Straße avec 200 stands, celui du Marienkirchenhof qui attire bateleurs et musiciens en costumes historiques, et celui, plus « maritime » du Koberg, l'ancien quartier de marins situé dans le nord-ouest de la vieille ville (AB1).

Nos adresses

Restauration

Premier prix

17 **Remix Café** – B2 - *Königstr. 26 - ✆ 0451 7098873 - remix-cafe.com - plat 7/19 €, brunch le dim. 12,90 €.* En face de l'église Ste-Catherine, ce bistrot propose des plats simples dans une ambiance cosy. Patio intérieur pour les beaux jours.

3 **Alte Mühle** – A3 - *Mühlendamm 24 - ✆ 0451 7072592 - www.altemuehle-luebeck.de - à partir de 16h - plat 9/18 €.* Dans un ancien moulin, large choix de tartes flambées. Plats de saison et bon choix de vins en sus.

Budget moyen

5 **Nord** – B1 - *An der Untertrave 1 - Europäisches Hansemuseum - ✆ 0451 80909940 - www.nord-restaurant.de - tlj 10h-18h - plat 9/19 €.* Le musée européen de la Hanse s'est doté d'un bon restaurant qui sert des plats traditionnels originaires de cinq comptoirs hanséatiques : Bruges, Novgorod, Bergen, Londres et Lübeck. Plus cher le soir.

13 **Lübecker Hanse** – A2 - *Kolk 7 - ✆ 0451 30406511 - www.luebeckerhanse.de - merc.-jeu 17h-21h, vend.-sam. 17h-22h - plat 14/25 €.* Dans une belle maison du quartier historique. Spécialités régionales de la mer. Accueil chaleureux.

9 **Kartoffel-Keller** – B2 - *Koberg 8 - ✆ 0451 76234 - www.kartoffel-keller.de - plat 14/20 €, menu 27,90/48 €.* Grande cave voûtée, qui servait jadis de cave à vin à l'hospice du St-Esprit. Plats régionaux à base de pommes de terre, que l'on déguste assis sur des bancs en bois à de grandes tablées.

7 **Schiffergesellschaft** – A1 - *Breite Str. 2 - ✆ 0451 76776 - schiffergesellschaft.de - plat 15/25 €.* Rendez-vous des marins, cette auberge de 1535 est une véritable institution. On s'assoit à de longues tables sur de vieux bancs en bois massif.

À Travemünde

Weinwirtschaft – *Außenallee 10 - 23570 Travemünde - ✆ 04502 3070847 - www.weinwirtschaft-travemuende.de - fermé le midi en sem. - plat 18/28 €.* Ce petit restaurant d'esprit bistrot, doublé d'une boutique de vins, sert des tapas et une cuisine internationale élaborés dans la cuisine ouverte.

Pour se faire plaisir

4 **Schabbelhaus zu Lübeck** – A2 - *Mengstr. 48-52 - ✆ 0451 59914444 - www.schabbelhaus.de - fermé sam. midi et dim. - plat 24/38 €.* La maison du maître boulanger Schabbel, construite à sa mort, selon ses vœux, pour en faire une fondation (début du 20e s.), conserve tout son charme d'antan. Cuisine allemande savoureuse. En semaine, menu déjeuner à petit prix.

Petite pause

Café Niederegger – *Breite Str. 89 - ✆ 0451 5301126 - www.niederegger.de - 9h-18h, dim. 11h-17h.* La référence en matière de pâte d'amande : sous toutes ses formes dans le magasin du rez-de-chaussée, en gâteaux dans le salon de thé.

Marli Café – *St. Annen-Str. 1 - ✆ 0451 8899744 - www.marli.de - 8h-15h - fermé dim.* Au calme derrière l'église St-Égide, ce café aux couleurs gaies a la particularité de faire partie d'un centre de réhabilitation de personnes handicapées, et leur offre la possibilité d'exercer une activité. On peut y déguster des pâtisseries ou déjeuner sur le pouce (options végétariennes).

Hébergement

Premier prix

1 CVJM Hotel Am Dom – A2 - *Dankwartsgrube 43 - ✆ 0451 3999410 - www.hotel-am-dom.eu* - P - *17 ch. 59 € -* ☕ *9 €.* Dans une rue calme du centre ancien, proche du quai, petit établissement aux chambres simples et bien tenues.

Budget moyen

9 Hotel Zur alten Stadtmauer – B3 - *An der Mauer 57 - ✆ 0451 73702 - hotelstadtmauer.jimdosite.com* - P - *24 ch.108/119 €* ☕. Ambiance familiale dans cette maison de ville, à deux pas de l'animation de la Mühlenstraße. Calme assuré.

6 Hotel an der Marienkirche – A2 - *Schüsselbuden 4 - ✆ 0451 799410 - www.hotel-an-der-marienkirche.de* - P - *18 ch. 110/120 €* ☕. Dans une maison en brique, chambres claires, dont certaines avec vue sur l'église Ste-Marie. Accueil souriant, copieux petit déjeuner.

4 Ringhotel Jensen – A2 - *An der Obertrave 4-5 - ✆ 0451 702490 - www.hotel-jensen-luebeck.de* - P - *42 ch. 117 €* ☕. Dans le « triangle historique », entre la Trave, la Holstentor et le grenier à sel. Hôtel particulier appartenant depuis 1307 à des marchands et des aubergistes. Chambres modernes.

Hotel Kaiserhof Deluxe – HORS PLAN - *Kronsforder Allee 11-13 - ✆ 0451 703301 - kaiserhof-luebeck.com* - P - *57 ch. - 95 € -* ☕ *10 €.* À quelques minutes du centre-ville, deux hôtels particuliers restaurés, qui se distinguent par leur décoration de bon goût. Remarquez le bain de vapeur romain.

Pour se faire plaisir

3 Atlantic Hotel Lübeck – A2 - *Schmiedestr. 9-15 - ✆ 0451 384790 - www.atlantic-hotels.de* - P *15 €/j.* - ♿ - *135 ch. 159/184 €* ☕. En plein centre historique, cet hôtel dispose de tout le confort moderne dans un cadre au design élégant.

Le café Niederegger, réputé pour son massepain.
Klug-photo/iStock

Wismar ★

Réputée pour ses pêcheries et ses chantiers navals, Wismar est une séduisante cité côtière aux ruelles pavées et bordées d'édifices en brique rouge caractéristiques de la Baltique. Classé en 2002 au Patrimoine mondial de l'Unesco, le centre médiéval témoigne des influences suédoises et hollandaises avec notamment la maison Schabbell et la maison du Vieux Suédois, sur la pittoresque place du Marché.

Se repérer

42 500 habitants – Mecklembourg-Poméranie

CARTE DE RÉGION C2 (P. 394-395)

Wismar est à 68 km à l'est de Lübeck.

À ne pas manquer

Les rues de la vieille ville et la silhouette massive de l'église St-Nicolas.

Carnet pratique p. 454

Nos adresses p. 454

★ La vieille ville (ALTSTADT)

Dans la vieille ville, on peut admirer de magnifiques maisons rénovées, qui affichent comme un petit air du Nord (Wismar fut suédoise de 1632 à 1803).

★ Place du Marché (MARKTPLATZ)

L'immense **place du Marché** (10 000 m², l'une des plus grandes d'Allemagne du Nord) est dominée au nord par la silhouette blanche de l'**hôtel de ville** bâti entre 1817 et 1819 (au sous-sol, modeste exposition sur l'histoire de Wismar en accès libre : *avril-sept., sam. 10h-16h*). Les maisons à frontons appartiennent aux époques les plus diverses ; chacune d'entre elles raconte un chapitre de l'histoire de l'architecture hanséatique. À l'est, on remarquera plus particulièrement la maison bourgeoise la plus ancienne. Il s'agit d'un édifice en brique rouge, dénommé le « **Vieux Suédois** » *(Alter Schwede)* et construit aux environs de 1830. À sa droite, on aperçoit la **maison Reuter** *(Reuterhaus)* ; c'est ici que furent publiées les œuvres de l'écrivain mecklembourgeois Fritz Reuter (1810-1874).

La maison de style Art nouveau se trouvant à gauche du « Vieux Suédois » attire les regards, tout comme, au sud-est de la place, le **château d'eau**★ *(Wasserkunst)*. Il fut construit entre 1580 et 1602 selon le style de la Renaissance hollandaise et servit pendant de nombreux siècles à alimenter la ville en eau.

6

Église Ste-Marie (MARIENKIRCHTURM)

De l'**église Ste-Marie**, construite dans la première moitié du 13e s. et détruite au cours de la Seconde Guerre mondiale, il ne reste que le **clocher** de 80 m de haut *(carillon à 12h, 15h et 19h - ascension possible avr.-sept. ttes les h. de 11h à 16h - 3 €)*. Du sommet, belle vue sur la ville. L'**archidiaconat** en brique, à l'angle de Marienkirchhof et de Sargmacherstraße, date de 1450.

Fürstenhof

À l'ouest du clocher de l'église Ste-Marie.

Le Fürstenhof, où siégeaient les ducs de Mecklembourg, est le château Renaissance (1553-1555) le plus septentrional d'Allemagne. Il abrite aujourd'hui le tribunal de la ville. Le décor sculpté du portail est remarquable.

Église St-Georges (ST. GEORGEN-KIRCHE)

Bliedenstraße 49 - avr.-sept. : 9h-17h ; oct.-mars : 10h-16h.

Il s'agit d'une église en brique de style gothique flamboyant (commencée en 1290 et terminée au cours du 15e s.). Elle a été considérablement endommagée pendant la Seconde Guerre mondiale. Les travaux de restauration (2010) lui ont rendu son ancienne splendeur. Large panorama sur Wismar depuis le clocher *(3 €)*.

Welt-Erbe-Haus

Lübsche Straße 23 - ✆ 03841 19433 - avr.-sept. : 9h-17h ; oct.-mars : 10h-16h - gratuit.

De cette maison de 1350, on retiendra surtout la *Tapetenzimmer*, une pièce agrémentée d'un rare **papier peint panoramique★** imprimé à la planche en 1823 par la manufacture Dufour & Leroy (Paris), qui illustre le voyage de Télémaque dans l'île de la déesse Calypso, un thème tiré des *Aventures de Télémaque*, roman d'apprentissage, célèbre en son temps, de François Fénelon.

Grube

La Grube est un cours d'eau artificiel creusé en 1255. On y lavait encore son linge au début du 20e s. C'est le seul dans son genre à avoir été conservé en Allemagne ; les efforts de rénovation des rues qui le bordent le transforment en l'un des quartiers les plus pittoresques de Wismar.

★ Maison Schabbell (SCHABBELLHAUS)

Schweinsbrücke 8 - ✆ 03 841 25 22 870 - tlj sf lun. 10h-18h (16h nov.-mars) ; en juil.-août : ouv. aussi lun. - 8 €.

La **maison Schabbell**, édifice en brique rouge richement décoré dans le style la Renaissance hollandaise, est située à l'angle de Schweinsbrücke et de Frische Grube. Construite entre 1569 et 1571 par l'architecte néerlandais Philipp Brandin pour Heinrich Schabbell, elle témoigne de la richesse de son maître d'œuvre, un brasseur et bourgmestre renommé de la ville. La maison abrite le **Musée municipal** *(Stadtgeschichtliches Museum)* : notez dans une vitrine du rez-de-chaussée, la précieuse tapisserie intitulée *L'Hommage du roi Salomon à la reine de Saba* (plusieurs liciers flamands s'étaient établis à Wismar au 16e s.).

★ Église St-Nicolas (NIKOLAIKIRCHE)

✆ 03841 21 36 24 - avr. et oct. : 10h-18h (dim. 11h30-18h) ; nov.-mars : 11h-16h (dim. 11h30-16h) - 2 €.

Un développement en pointillé

La fondation de Wismar remonte à 1229. En tant que ville hanséatique, elle connut un essor prodigieux, reposant surtout sur le commerce avec les principaux pays européens. La brasserie et le tissage de la laine représentaient ses principales activités. La **guerre de Trente Ans** (1618-1648) entraîna le déclin de la cité, qui fut cédée en 1648 aux Suédois jusqu'en 1803, quand le duché de Mecklembourg la racheta. Ce n'est que vers la fin du 19e s. qu'elle connut un nouvel élan, avec l'établissement d'usines et le développement du commerce maritime. Au cours des dernières décennies, ce sont les chantiers navals, le commerce maritime, la pêche et désormais le tourisme qui ont influé sur le destin de la ville.

Maisons hanséatiques à Wismar.
Mauritius/Photononstop

De l'autre côté de la Grube se dresse la masse sombre de l'**église St-Nicolas** en brique rouge, la plus haute d'Allemagne après l'église Ste-Marie de Lübeck. Cette basilique fut construite entre 1381 et 1487. Les arcs-boutants des nefs latérales atténuent la sévérité de la construction. La décoration intérieure est très riche. La chaire et le **retable de la guilde des merciers★** *(Krämeraltar)*, réalisé vers 1430, retiennent particulièrement l'attention. Les fonts baptismaux en bronze (1335) représentent la vie du Christ, le Jugement dernier ainsi que les Vierges sages et les Vierges folles. La « grille du diable » *(Teufelsgitter)* autour des fonts baptismaux date du 16e s.

Le vieux port

En partant de la Grube et en passant par la jolie rue Am Lohberg, on atteint le port en quelques minutes. Là se trouve un édifice baroque simple, appelé Baumhaus. À cet endroit, un tronc d'arbre empêchait l'accès au port durant la nuit et en cas de danger. Les deux « têtes de Suédois », que l'on voit aujourd'hui de part et d'autre du portail, signalaient, du temps des Suédois, l'entrée du chenal ; avaient-elles aussi un rôle dissuasif ? En tout cas, elles existent depuis 1672.

À proximité

CARTE DE RÉGION P. 394-395

Île de Poel (INSEL POEL) C1

À 16 km au nord par la L 12 et la L 121.

Gemeindezentrum (Kirchdorf) - ✆ 038425 20347 - www.insel-poel.de

Cette île de la Baltique (2 480 hab.) située au nord de Wismar et reliée au continent par une digue est un lieu des plus dépaysants. Avec ses étendues sauvages et ses charmants villages de bord de mer, il est en soi une invitation à l'exploration. L'absence de relief et de dénivelés importants en fait une zone idéale pour la pratique de la bicyclette. L'office du tourisme propose des locations journalières, comptez 2/3h pour le tour de l'île à vélo.

Carnet pratique

S'informer

Office de tourisme – *Lübsche Straße 23a - ✆ 038 41194 33 - www.wismar.de.*

Agenda

Port en Fête (Wismarer Hafenfest) – *Mi-juin - www.hafen-fest-wismar.de.* Quatre jours durant, le vieux port de Wismar accueille grande roue, manège, échoppes d'artisans et vieux gréements. Avec feu d'artifice le samedi soir.

Fête des Suédois (Schwedenfest) – *Fin août - www.schwedenfest-wismar.de.* La ville commémore, le temps d'un week-end, les 155 ans durant lesquels elle faisait partie du Royaume de Suède.

Nos adresses

Restauration

Budget moyen

Brauhaus am Lohberg zu Wismar – *Kleine Hohe Str. 15 - ✆ 03841 250238 - www.brauhaus-wismar.de - à partir de 11h - plat 12/24 €.* Brasserie installée dans une belle bâtisse ancienne en brique, avec boiseries sombres et terrasse. Carte variée, Schnitzel, et bien sûr grand choix de plats de poisson.

Petite pause

Sinnenreich – *Hinter dem Chor 5 - ✆ 0172 4157473 - www.cafe-galerie-sinnenreich.de - 12h-18h - fermé lun.-mar.* Charmant café situé à deux pas de la Grube, au pied de la Nikolaikirche. Cornelia Pitsch y sert quiches, gâteaux maison, vin au verre, toutes sortes de thé, mais aussi des jus de sureau *(Flieder)* et d'argouse *(Sanddorn)*.

Hébergement

Budget moyen

Willert – *Schweriner Str. 9 - ✆ 03841 2250819 - www.hotelwillert.de - P - 17 ch. 76/88 € - ☕ 9,50 €.* Construite en 1910, cette villa de style Art nouveau a été minutieusement restaurée après la chute du mur de Berlin. La cage d'escalier a notamment été conservée dans son état d'origine.

Phönix Hotel Reuterhaus – *Am Markt 19 - ✆ 03841 22230 - www.phoenixhotelbetriebe.de - P - 10 ch. 120 € ☕.* Petit hôtel aménagé dans un ancien bâtiment rénové. Il offre des chambres assez grandes et confortables.

Wismar – *Breite Str. 10 - ✆ 03841 227340 - www.hotel-restaurant-wismar.de - 15 ch. - 85/100 € ☕.* À mi-chemin entre le vieux port et la place du Marché, des chambres chaleureuses, mansardées pour certaines, dans une maison de 1896 convertie depuis 2006 en hôtel. Bon rapport qualité/prix.

Rostock ★

S'étalant sur les deux rives de l'estuaire de la Warnow, Rostock, avec ses vastes installations navales, est la cité la plus importante de la région. Abrité au fond de l'estuaire, le centre historique, encore circonscrit en partie par sa muraille, est dominé par l'imposante silhouette de l'église Notre-Dame, tandis que la place principale s'ouvre sur la vénérable université, la plus ancienne des côtes de la Baltique.

Se repérer

208 900 habitants – Mecklembourg-Poméranie

CARTE DE RÉGION C1 (P. 394-395)

PLAN DE VILLE P. 456

Rostock est à 230 km au nord de Berlin (les deux villes sont reliées par l'A 19 et son prolongement l'A 4, comptez 2h30).

À ne pas manquer

Tout près de Rostock, la station balnéaire de Heiligendamm et le vieux port de pêche de Warnemünde, avec sa grande plage très fréquentée dès les beaux jours.

Organiser son temps

Comptez une bonne journée pour visiter le centre de Rostock et le musée de la Navigation, une autre pour ses environs.

En famille

Le musée de la Navigation.

Nos adresses p. 460

★ La vieille ville

PLAN DE VILLE P. 456

Universitätsplatz 6 (Barocksaal) - ☏ 0381 381 22 22 - www.rostock.de/tourismus.
Le quartier historique de Rostock, dont le périmètre décrit une sorte d'ovale, s'étend au sud de la Warnow. En son centre se trouve l'église Notre-Dame. Il est borné à l'ouest par la porte de Kröpelin, au sud par la porte Stein *(Steintor)*.

★ Porte de Kröpelin (KRÖPELINER TOR) A2

Fermant à l'ouest la Kröpeliner Straße, la **porte de Kröpelin** comporte six étages en brique élevés au 14e s. L'intérieur abrite une exposition sur les fortifications de Rostock. *☏ 0381 121 6415 - www.geschichtswerkstatt-rostock.de - 10h-18h (nov.-fév. 17h) - 3 €.*

Kröpeliner Straße A1-2

Cette voie piétonne traversant le centre-ville, de la Kröpeliner Tor à l'hôtel de ville, constitue son artère commerçante. Elle est bordée de nombreuses maisons à pignons, essentiellement gothiques, et possédant des façades Renaissance et baroques : au n° 82, la façade en brique de l'ancien presbytère de l'hôpital du St-Esprit (fin du 15e s.) se distingue par ses pignons à redans.

★ Musée d'Art et d'Histoire (KULTURHISTORISCHES MUSEUM) A2

Klosterhof 7 - ☏ 0381 381 4530 - www.kulturhistorisches-museum-rostock.de - tlj sf lun. 10h-18h - gratuit.
L'ancien couvent des cisterciens, fondé en 1270 par la reine danoise Margarethe, constitue, avec son église à trois nefs de style gothique en brique, un ensemble d'une harmonie rare. Converti en musée, il se consacre à l'art sacré du Moyen Âge, représenté, entre autres, par le **retable des Trois Rois★** (fin du 15e s.), à l'artisanat

SE RESTAURER

Bistrot 3

Borwin 2

SE LOGER

Die Kleine Sonne 1

Vienna House Sonne 2

d'art, avec une collection de céramiques, et aux artistes de la région (charmant tableau de Carl Malchin, *Orange au-dessus d'Ahrenshoop*, 1917). Une section, en particulier, mérite d'être mentionnée : l'art dégénéré. Les nazis, qui avaient confisqué dans les musées les œuvres d'art qualifiées de tel, avaient confié à quelques marchands le soin de les vendre (1937). À la fin de la guerre, on a découvert à Güstrow *(voir p. 459)*, chez l'un de ces marchands, un lot important d'aquarelles, toiles et statues qu'il n'avait pas vendues : 613 œuvres au total, signées Otto Dix, Schmitt-Rottluff, Feininger...

★★ Église Notre-Dame (ST. MARIENKIRCHE) AB1

Am Ziegenmarkt - 10h-18h (16h en hiver), dim. 11h15-17h (11h15-12h15 en hiver) - obole bienvenue.

L'actuelle **église Notre-Dame**, imposante basilique en forme de croix, est le résultat de la transformation, dans la deuxième moitié du 15e s., d'une église datant du siècle précédent. Ses dimensions en font l'une des plus vastes de l'Allemagne du Nord. La tour massive, rythmée par des étages à ouvertures, n'a été achevée qu'à la fin du 18e s. Son ascension offre un joli **panorama★** sur la ville.

L'intérieur frappe par la sensation de verticalité qu'il dégage. Il faut voir le retable du maître-autel, la chaire, mais aussi l'**horloge astronomique★★**, construite en 1472 et dont le cadre a été refait en 1643 ; son calendrier est valable jusqu'en 2151 ! Les **fonts baptismaux★** (1290) sont un délicat travail en bronze ; soutenus par quatre hommes, ils sont décorés de scènes de la vie du Christ. Les **orgues★** baroques datent de 1770.

Au sortir de l'église Notre-Dame, poussez jusqu'à la **Hausbaumhaus** (A1), ancienne maison d'un marchand de la Hanse, construite en 1490 autour d'un tronc en chêne *(Wokrenter Straße 40 - ✆ 0381 4611 634 - www.hausbaumhaus.de - mar.-vend. 11h-15h - gratuit).*

Hôtel de ville (RATHAUS) B1-2

Neuer Markt. Ce splendide bâtiment de couleur rose est le plus vieil hôtel de ville gothique en brique d'Allemagne. Bâti entre 1270 et 1290, il est constitué de trois maisons à pignons couronnées par une galerie à arcades supportant sept tourelles. Une façade baroque (1727) fut ajoutée ultérieurement à l'édifice.

Derrière l'hôtel de ville, jolies façades du gothique tardif au n° 2 *(Walldienerhaus)* et au n° 5 *(Stadtarchiv).*

Église St-Pierre (PETRIKIRCHE) B1

Am Alter Markt - ✆ 0381 211 01 - www.petrikirche-rostock.de - mai-sept. : 10h-18h ; oct.-avr. : 10h-16h - 3 € (tour).

La plus ancienne église de Rostock (14e s.), dédiée à saint Pierre, patron des pêcheurs, servit longtemps de point de repère pour les marins grâce à sa tour qui se dressait à 117 m au-dessus de la place. Après la destruction de l'église en 1942, la vieille ville a retrouvé en 1994 la silhouette de son clocher historique (réduit à 44 m de hauteur) : sous les charpentes, **vue** dégagée sur l'estuaire de la Warnow.

À proximité

CARTE DE RÉGION P. 394-395

Bad Doberan C1

À 16 km à l'ouest par la 105.

Cette petite ville de cure s'est développée entre 1800 et 1825 autour des vestiges d'un vieux monastère cistercien (le tout premier du Mecklembourg) pour accueillir les hôtes de la station balnéaire voisine : Heiligendamm. À l'époque, Bad Doberan était la résidence d'été de la cour de Mecklembourg. La ville est réputée pour ses courses de chevaux organisées en juillet et août. Sa principale curiosité reste cependant son exceptionnelle cathédrale gothique en brique.

★★ Cathédrale (Münster) – *✆ 038203 62716 - www.muenster-doberan.de - mai-sept. : lun.-sam. 9h-18h, dim. 11h-18h ; mars.-avr. et oct. : lun.-sam. 10h-17h, dim. 11h-17h ; nov.-fév. : lun.-sam. 10h-16h, dim. 11h-16h - possibilité de visite guidée en français (5 €) sur demande préalable - ♿ - 3 €.* Érigée entre 1294 et 1368, l'ancienne abbatiale cistercienne constitue l'un des plus beaux exemples du « gothique en brique » de l'Allemagne du Nord (sa construction a nécessité 5 millions de briques !). Une imposante ouverture décore la façade ouest. Une chapelle prolonge le chœur avec déambulatoire, selon le modèle des Flandres. L'unique décoration, dans le droit fil de la conception cistercienne, est constituée par les arcs en frise ornés de feuilles de trèfle.

À l'**intérieur** aussi, les briques dominent ici, atténuées cependant par la couleur du triforium peint. La basilique à trois nefs voûtées d'arêtes donne une impression

de souplesse harmonieuse. Une riche décoration rappelle que l'église a servi de sépulture aux ducs mecklembourgeois. Le **maître-autel★**, réalisé à Lübeck en 1310, représente des scènes de l'Ancien et du Nouveau Testament. L'**autel de la croix** de 1370 et la **croix triomphale★** présentent d'un côté un Christ (pour les convers) et de l'autre une Vierge (pour les moines). Le **tabernacle★** en bois de chêne date de la même époque (style gothique flamboyant). On remarquera également, dans les bas-côtés, les **vitraux** du 14e s. et, dans les chapelles entourant le chœur, Les **tombeaux** de la maison princière de Mecklembourg.
Des édifices qui composaient le monastère, sécularisé par les protestants en 1552, le plus intéressant est l'**ossuaire★** (*Beinhaus*, 1240), situé au nord de la cathédrale.

★★ Musée de la Navigation et de la construction navale/ Parc IGA (SCHIFFBAU- UND SCHIFFFAHRTSMUSEUM/IGA PARK) C1

À 10 km au nord-ouest du centre (dir. Warnemünde). ✆ 0381 1283 1300 - www.iga-park-rostock.de - avr.-oct. : 10h-18h ; nov.-mars : 10h-16h - fermé lun. (sf juil.-août) - 4 €.
Situé au milieu d'un vaste parc bordant l'estuaire de la Warnow, ce musée est abrité à l'intérieur d'un ancien cargo de 10 000 tonnes, le *MS Dresden*. Vous découvrirez, outre la salle des machines, une grande exposition dédiée à l'histoire de la navigation sur la mer Baltique, à la construction navale et aux sports de voile.

★ Warnemünde C1

À 11 km au nord.
Am Strom 59 (entrée par la Kirchenstraße, mêmes horaires que l'OT de Rostock).
L'ancien village de pêcheurs, « acheté » en 1323 par la ville de Rostock au prince de Mecklembourg, est devenu aujourd'hui une station balnéaire convoitée. Warnemünde n'a pas pour autant perdu toute authenticité et ses ruelles, ainsi que son front de mer, gardent tout leur charme. La gare maritime est la tête de pont des liaisons avec le Danemark. Pour en savoir plus sur Warnemünde, visitez le charmant **musée local** *(Heimatmuseum - Alexandrinenstraße 31 - ✆ 0381 526 67 - www.heimatmuseum-warnemuende.de - merc.-dim. 10h-17h ; avr.-oct. : ouv. aussi mar. - 4 €)*. Il passe en revue toutes les facettes de la ville aux 19e-20e s. : les premiers bains de mer, la première liaison régulière entre Warnemünde et Gedser (1873), les couronnes de fiançailles...

Velléités d'indépendance

Dès le 13e s., Rostock faisait partie de la Ligue hanséatique, battait monnaie et tentait d'affirmer son indépendance vis-à-vis des princes du Mecklembourg. En 1419, la ville créait la première université des pays de la Baltique, université que l'on ne tarda pas à qualifier de « lumière du Nord ». Cette position et ce rayonnement ne manquèrent pas de susciter la convoitise des puissants voisins ; Rostock subit ainsi d'importants dommages pendant la guerre de Trente Ans et le conflit qui mit aux prises les pays nordiques de 1700 à 1721. Les **guerres napoléoniennes** n'épargnèrent pas davantage la ville, occupée par les troupes françaises jusqu'en 1813. Jusqu'à la **réunification** en 1990, Rostock représentait, avec ses installations portuaires, ses chantiers navals et sa flotte de pêche, la seule ouverture importante de la RDA sur la mer Baltique... et donc sur le monde.

★ Fischland, Darß et Zingst C1

Au nord-est de Rostock par la 105.

La presqu'île Fischland-Darß-Zingst est une magnifique réserve naturelle où alternent forêts, prés salés, marécages et vastes étendues d'eau. L'étroite langue de terre s'étend au nord et à l'est parallèlement à la terre ferme, séparée d'elle par des *Bodden* (baies peu profondes) dans lesquelles se rencontrent l'eau saumâtre de la Baltique et l'eau douce des rivières y affluant. Le **Fischland**, légèrement accidenté, possède une station balnéaire particulièrement appréciée, le village d'artistes **Ahrenshoop**. **Darß** et **Zingst** appartiennent au parc national « Vorpommersche Boddenlandschaft ». Les petits villages et les villes thermales avec leurs maisons aux toits de chaume sont la grande attraction de cette région. Superbe plage à Darßer Ort (**Weststrand★**).

★ Güstrow C2

À 50 km au sud de Rostock par l'A 19 et la route 103.

En tant que résidence des ducs de Mecklembourg-Güstrow, la ville connut un essor de 1556 à 1695 qui se perpétua au cours des siècles suivants. Les maisons bourgeoises en témoignent, de même que la magnifique architecture de la **place de la Cathédrale et du Marché**.

★ **Château ducal (Schloss Güstrow)** – *03843 7520 - www.mv-schloesser.de - fermé pour travaux jusqu'en 2023.* C'est l'un des édifices majeurs de style Renaissance en Allemagne du Nord. Réunissant des éléments de style italien, français et allemand, il fut construit à partir de 1558 pour le duc Ulrich de Mecklembourg. Le joyau du château : la **salle des fêtes★★** au 1er étage, décorée d'une frise de chevreuils (1571) et d'un plafond à caissons (1620) tout aussi étonnant, d'où émergent jambes en stuc et vrais bois de cerfs ! Les cartouches portent les noms des seize ancêtres du duc Ulrich de Mecklembourg. Au rez-de-chaussée sont exposés quatre tableaux de **Marten de Vos** représentant léopard, dromadaire, éléphant et licorne (1572).

Le château accueille une partie du **musée national de Schwerin** *(Staatliches Museum Schwerin)*.

★ **Cathédrale (Dom)** – *de mi-mai à mi-oct. : 10h-17h, dim. 14h-16h ; de mi-oct. à mi-mai : mar.-sam. 10h-12h, 14h-15h ou 16h, dim. 14h-16h.* Cette **cathédrale** gothique en brique fut inaugurée en 1335. Elle possède une riche décoration, car elle fut temporairement l'église de la cour des ducs mecklembourgeois. Les **apôtres de Güstrow★** constituent le clou du décor de la cathédrale : ces 12 figures de chêne, presque de taille humaine, ont été réalisées par Claus Berg, de Lübeck, vers 1530.

★ **Fondation Ernst-Barlach (Ernst-Barlach Stiftung)** – *Heidberg 15 - 03843 84 40 00 - www.ernst-barlach-stiftung.de - ♿ - tlj sf lun. 10h-17h (nov.-mars : 11h-16h) - 9 € (forfait pour la chapelle et l'Atelierhaus).* La fondation Ernst-Barlach honore en trois sites différents de Güstrow la mémoire du grand artiste. La **chapelle Ste-Gertrude** *(Gertrudenkapelle)*, du gothique tardif, présente ses sculptures religieuses. En empruntant le Barlachweg, on parvient au lac Inselsee, au sud de la ville, et à l'**Atelierhaus am Heidberg**, maison où il réalisa ses œuvres et où est exposée une collection de maquettes d'ateliers. Enfin, à quelques pas de là, a été inauguré en 1998 le premier musée (expositions temporaires) bâti dans les nouveaux Länder de l'ancienne Allemagne de l'Est.

Nos adresses

Restauration

Budget moyen

2 **Borwin** – A1 - *Am Strande 2a - ✆ 0381 4907525 - www.borwin-hafenrestaurant.de - 11h30-0h - plat 11/25 €.* À deux pas du port et des ferries, une table élégante qui privilégie les classiques de la cuisine régionale et les poissons de la Baltique. Service parfois un peu lent mais jolie vue sur la Warnow.

3 **Bistrot** – B2 - *Neuer Markt 2 - ✆ 0381 4973249 - www.viennahouse.com - 11h-0h - formule déj. 12,90 €, plats 18/25 €.* Sur la carte du « bar à vin » de l'hôtel Vienna House Sonne, une cuisine française mâtinée d'accents régionaux : soupe de poisson provençale, lapin fumé et ragoût de pommes de terre de Rostock. Jolie terrasse sur la grande place. Peuvent aussi vous préparer un « panier pique-nique ».

En soirée

Bon à savoir – Le quartier Kröpeliner Tor-Vorstadt, à l'ouest de la vieille ville, est fréquenté par les jeunes et les étudiants.

Activités

Mini-croisières sur la Warnow – *Anleger Blaue Flotte - Am Passagierkai 3 - ✆ 0381 6863172 - www.blaue-flotte.de.* De mai à oct. (10h30-15h30), des bateaux assurent une navette régulière entre Rostock et Warnemünde.

Hébergement

Budget moyen

1 **Die Kleine Sonne** – B2 - *Steinstr. 7 - ✆ 0381 46120 -www.viennahouse.com - P - 48 ch. 71/77 € - ☕ 14 €.* Un hôtel central accueillant et bien tenu. La maison est égayée à l'intérieur de peintures et de gravures d'un artiste égyptien.

2 **Vienna House Sonne** – B2 - *Neuer Markt 2 - ✆ 0381 49730 - www.viennahouse.com - P - 119 ch. 80/134 € - ☕ 19 €.* Idéalement situé face à l'hôtel de ville et à l'église Notre-Dame, cet établissement dispose de chambres modernes et très confortables.

À Warnemünde

Pour se faire plaisir

Strandhotel Hübner – *Seestr. 12 - ✆ 0381 54340 - www.strandhotelhuebner.de - 95 ch. 215 € ☕.* Cet hôtel moderne (1995) et tout confort, arrimé à la plage comme un paquebot de croisière, est doté d'un excellent restaurant et d'un espace wellness très relaxant sur le toit : ici, on nage face à la mer, sous une coupole de verre...

Stralsund ★

Cité indissociable de la navigation et du commerce du grand large depuis des siècles, Stralsund, rivale de la puissante Lübeck, est une ville historique de caractère, classée au Patrimoine mondial de l'Unesco depuis 2002. Ses remparts, ses monuments gothiques de brique rouge et son centre-ville médiéval entouré d'eau invitent à un véritable voyage dans le temps. L'île de Rügen qui lui fait face, reliée par un pont de 2,5 km, offre l'occasion d'une très belle excursion.

Se repérer

59 400 habitants – Mecklembourg-Poméranie

CARTE DE RÉGION D1 (P. 394-395)
PLAN DE VILLE P. 362

Stralsund se situe à 73 km à l'est de Rostock par la route 105.

À ne pas manquer

Le trésor viking du musée de Stralsund.

En famille

L'Ozeaneum et les aquariums du musée océanographique.

Nos adresses p. 464

★ La vieille ville

PLAN DE VILLE P. 362

Alter Markt 9 - 038 31 252 340 - www.stralsundtourismus.de.
Elle forme un îlot de faible étendue environné à l'est par le Strelasund, à l'ouest par des lacs.

★ Hôtel de ville (RATHAUS) B1

Alter Markt. Construit aux 13e et 14e s., l'**hôtel de ville** se compose de deux corps de bâtiment parallèles. La magnifique **façade nord★★**, surmontée d'un fronton à pignons ajourés, inspirée par celle de l'hôtel de ville de Lübeck, fut ajoutée vers 1450. Les arcades du rez-de-chaussée ouvrent sur une halle couverte. Un passage conduit au portail ouest de l'église St-Nicolas. Parmi les maisons anciennes qui

Vue aérienne de Stralsund.
Iurii Buriak/iStock

6

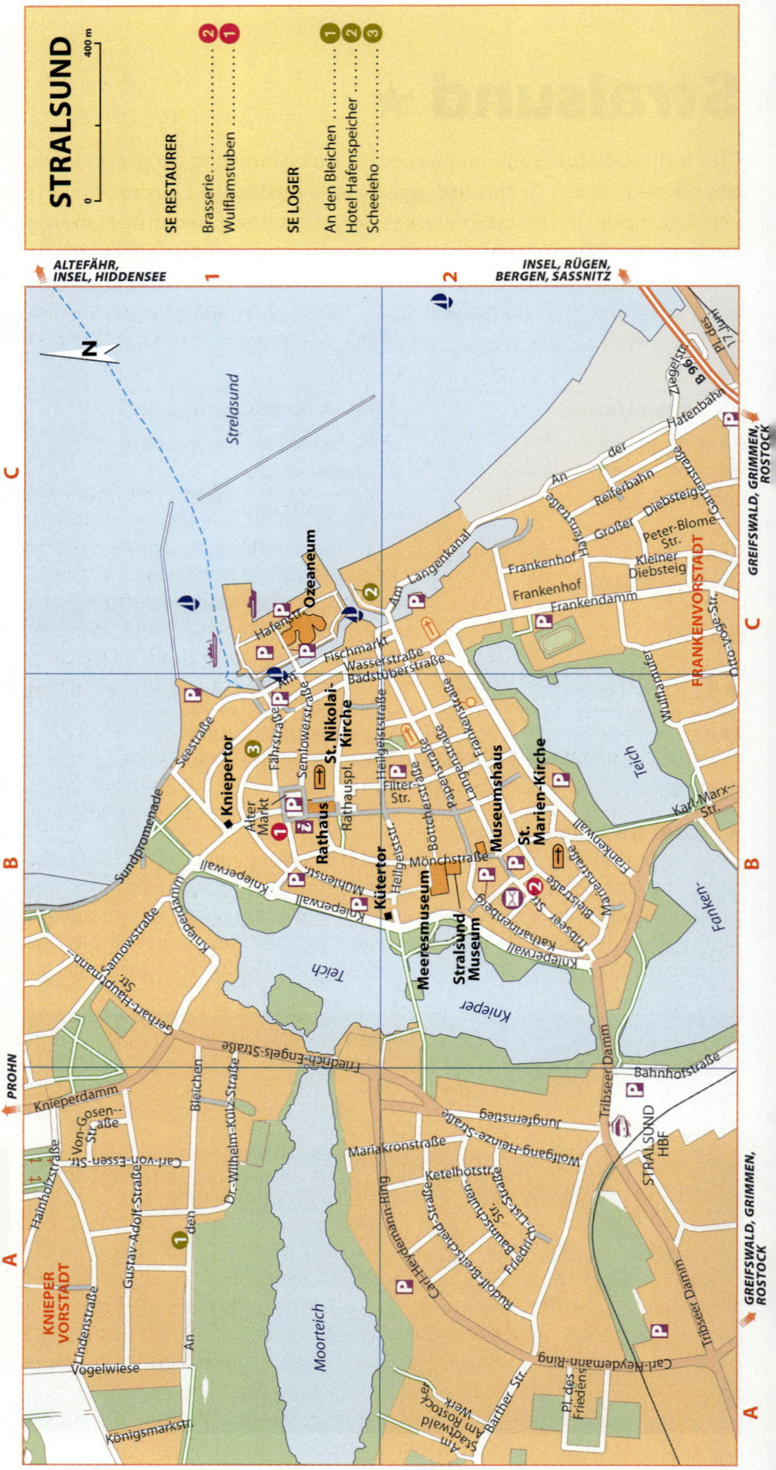
STRALSUND
0
400 m
SE RESTAURER
Brasserie 2
Wulflamstuben 1
SE LOGER
An den Bleichen 1
Hotel Hafenspeicher 2
Scheeleho 3
ALTEFÄHR, INSEL, HIDDENSEE
INSEL, RÜGEN, BERGEN, SASSNITZ
GREIFSWALD, GRIMMEN, ROSTOCK
PROHN
Strelasund
Ozeaneum
St. Nikolai-Kirche
Kniepertor
Rathaus
Alter Markt
Kütertor
Meeresmuseum
Stralsund Museum
Museumshaus
St. Marien-Kirche
Knieper Teich
Frankenteich
Teich
Moorteich
KNIEPER VORSTADT
FRANKENVORSTADT
STRALSUND HBF
B 96

Une cité convoitée

Dès sa fondation en 1209 par le prince Wizlaw I de Rügen, ce port admirablement situé fut soumis aux assauts de ses voisins : Lübeckois, Danois, Suédois et même Hollandais. Protégée par une ceinture de remparts, la ville résista pendant la guerre de Trente Ans aux troupes de Wallenstein. Possession de la Suède à partir de 1648, elle revint à la Prusse après les guerres napoléoniennes.

bordent la place, la **Wulflammhaus** *(n° 5)*, du nom d'un ancien maire de la ville, construite en brique vers le milieu du 15e s., est curieusement surmontée d'un pignon à trois étages.

★ Église St-Nicolas (ST. NIKOLAIKIRCHE) B1

Alter Markt, en face de l'hôtel de ville - avr.-oct. : 10h-18h (19h en été), dim. 12h-16h ; nov.-mars : 10h-16h, dim. 12h-15h - 3 €.

Construite sur le modèle de l'église Ste-Marie de Lübeck, l'**église St-Nicolas** (13e s.) a vu sa nef centrale rehaussée et sa tour unique remplacée par une puissante façade à deux tours. Au chevet, le déambulatoire peu élevé est dominé par de solides contreforts. À l'intérieur, le contraste est frappant entre la hauteur modeste des collatéraux et l'envolée spectaculaire de la nef. Certains piliers et plusieurs chapelles ont conservé leurs fresques de style gothique flamboyant. Remarquez six retables sculptés du Moyen Âge, une sculpture du groupe de sainte Anne (vers 1290) et le retable baroque central (18e s., d'après des dessins d'Andreas Schlüter). Orgue romantique (1840) du facteur berlinois C. A. Buchholz.

★ Musée océanographique (MEERESMUSEUM) B2

Katharinenberg 14-20 - ✆ 03831 26 50 210 - www.meeresmuseum.de - tlj 10h-17h (15h le 31 déc.) - fermé le 24 déc. - 10 € (-16 ans 5 €), 23 € billet combiné avec l'Ozeaneum.

Ne manquez pas les **aquariums**. Dans un bassin de 50 000 litres, vous pourrez voir des requins ainsi que des tortues de mer. Dans le chœur est suspendu le squelette long de 15 m d'un rorqual venu s'échouer sur la côte de l'île de Rügen en 1825.

Ozeaneum – C1 - *Hafenstraße 11 - ✆ 03831 26 50 610 - www.ozeaneum.de - tlj 9h30-18h ; juin-sept. : 9h30-20h - fermé le 24 déc. - 17 €, 23 € billet combiné avec le Musée océanographique.* Il accueille, entre autres, un immense aquarium avec verrière et tunnel, ainsi qu'une salle où l'on peut s'allonger sur des transats et s'imaginer en train de nager avec les modèles grandeur nature de quelques géants des mers, comme la baleine bleue (26 m de long).

Musée de Stralsund (STRALSUND MUSEUM) B2

Mönchstr. 25/27 (Katharinenkloster) - ✆ 03831 253 600 - museum-stralsund.de - tlj sf lun. 10h-17h - fermé 24 et 31 déc. - 6 € (8 € avec la Museumshaus) - fermé pour travaux (réouv. prévue en 2021).

Sous les voûtes d'arêtes ou en réseau de l'ancienne abbaye Ste-Catherine (1251) sont regroupés de nombreux objets et documents illustrant l'histoire de Stralsund, de la préhistoire au 19e s. À signaler en particulier : le retable franciscain de Sanzkow (1525), la faïence locale et le **trésor viking★★**, remarquable ensemble de bijoux du 10e s. découvert sur une plage de l'île de Hiddensee après une violente tempête (1872). Le musée a annexé, au n° 38 de la même rue, un précieux témoin du vieux Stralsund, qui permet au visiteur de voir l'intérieur d'une maison de 1320 (**Museumshaus** – B2 - *tlj sf lun. 10h-17h - fermé 24 et 31 déc. - 5 €*).

★ Église Notre-Dame (ST. MARIENKIRCHE) B2

Neuer Markt. Construite vers la fin du 14e s., à l'exception de l'impressionnante tour ouest ajoutée entre 1416 et 1478, l'**église Notre-Dame** offre la particularité de dissimuler les arcs-boutants du chœur sous la toiture. La tour occidentale comporte des voûtes en réseau. Remarquez le maître-autel gothique avec le Couronnement de Marie (15e s.) et l'orgue de Friedrich Stellwagen (vers 1659). Belle **vue** sur la ville et les îles de Poméranie depuis la plateforme panoramique *(accès par un escalier - 366 marches).*

Remparts

La partie la mieux conservée des remparts est située à l'ouest de la ville, en bordure du lac *(Knieperteich)*, entre la **Kniepertor** et la **Kütertor**.

Nos adresses

Restauration

Premier prix

2 **Brasserie** – B2 - *Neuer Markt 2 - ✆ 03831 703514 - brasserie-stralsund.de - 9h-0h (1h vend.-sam.) - plat à midi autour de 7,50 €, plat 9/19 €.* Le cadre est « historique » (14e s.) et le poisson plutôt bon : la gonnelle *(Butterfisch)* est servie ici avec du fenouil, de la sauge, des petits lardons et un riz-ratatouille.

Budget moyen

1 **Wulflamstuben** – B1 - *Alter Markt 5 - ✆ 03831 291533 - wulflamstuben.de - plat 11/20 €.* Des plats sans prétention mais tout à fait corrects : rôti de cerf aux airelles et champignons, trio de harengs de la Baltique *(Pfefferlappen, Bismarckhering et Brathering)* – servis dans un jardin d'hiver ou en terrasse face au Neuer Markt.

Hébergement

Budget moyen

1 **An den Bleichen** – A1 - *An den Bleichen 45 - ✆ 03831 390675 - www.hotelandenbleichen.de - 23 ch. 87 € ☕ 9 €.* Hôtel familial situé dans une zone résidentielle, près de la vieille ville, du port et de la plage, et entouré de coquets jardins. Chambres confortables.

2 **Hotel Hafenspeicher** – C1 - *Am Querkanal 3a - ✆ 03831 703674 - www.hafenspeicher.com - P 8 €/j. - 6 ch. 100/115 € - ☕ 9 €.* Face au détroit de Strelasund, un ancien entrepôt (1846) habilement restauré. Les chambres sont très simples mais lumineuses. Belvédère au sommet de l'escalier.

Pour se faire plaisir

3 **Scheelehof** – B1 - *Fährstr. 23 - ✆ 03831 283300 - www.scheelehof.com - 92 ch. 113/158 € ☕.* Dans l'une des plus anciennes rues du vieux Stralsund, un bel ensemble de cinq maisons reliées par une cour intérieure. Les chambres sont petites mais douillettes à souhait et le restaurant, une valeur sûre.

Île de Rügen ★

Insel Rügen

Destination phare de la Baltique, l'île de Rügen, la plus grande île d'Allemagne, présente un paysage littoral d'une grande variété. À l'ouest, ses côtes très découpées suivent les contours irréguliers de petites mers intérieures. À l'est, falaises crayeuses et vastes plages de sable attirent de nombreux estivants.

Se repérer

62 900 habitants - Mecklembourg-Poméranie

CARTE DE RÉGION D1 (P. 394-395)

Située au nord-ouest de l'île d'Usedom, Rügen est reliée à Stralsund par un pont de 2,5 km. L'accès à l'île est possible aussi bien en voiture qu'en train (la ligne RE9 relie Stralsund à Saßnitz ou Ostseebad Binz en 50mn).

À ne pas manquer

La falaise du Königsstuhl.

Organiser son temps

Comptez au moins deux jours pour parcourir l'ensemble de l'île.

En famille

Monter à bord du train à vapeur reliant Putbus à Göhren.

Nos adresses p. 468

Circuit conseillé

CARTE DE RÉGION P. 394-395

Markt 23, Bergen auf Rügen - 03838 80 77 80 - www.ruegen.de.

De Putbus à Kap Arkona D1

Itinéraire de 75 km - Comptez une demi-journée.

★ Putbus

La ville « blanche », agglomération résidentielle et balnéaire située au sud-est de l'île, fut fondée en 1810 par le prince Wilhelm Malte von Putbus d'après le modèle de Bad Doberan. Bien que le château princier ait été démoli en 1960, la ville classique a subsisté ; il existe en Allemagne peu de villes qui présentent aux visiteurs un ensemble aussi homogène. C'est à juste titre que l'on nomme Putbus « la perle de Rügen ».

★ **Circus** – La place circulaire est entourée d'édifices aux nombreuses décorations classiques. Enduits d'un blanc éblouissant, ils tranchent sur la couleur verte des chênes. Au milieu de la place se dresse l'obélisque construit en 1845, d'une hauteur de 21 m, portant au sommet la couronne princière.

★ **Théâtre** – *Alleestraße.* L'édifice fut construit par l'architecte berlinois Steinmeyer (élève de Schinkel) de 1819 à 1821. Quatre colonnes toscanes forment le portique. Une frise en stuc représentant Apollon et les muses couronne l'entrée. Le théâtre est célèbre pour son acoustique.

★ **Parc du château** (Schlosspark) – Le parc du château, d'une superficie de 75 ha, l'ancienne **orangerie** (modifiée en 1853 par Friedrich August Stüler – *mai-oct. : tlj sf lun. 10h-17h ; nov.-avril : mar.-sam. 11h-16h*), ainsi que les **écuries** et l'**église paroissiale** sont intégrés à un jardin anglais.

6

Pavillon de chasse de Granitz (JAGDSCHLOSS GRANITZ)

12 km à l'est de Putbus, au sud de Binz. ✆ 038393 667 187 644 - www.jagdschloss-granitz.de - mai-sept. : 10h-18h ; oct.-avr. : 10h-16h (nov.-mars fermé lun.) - fermé 25 déc. - 6 € (10 € avec la visite guidée). Au cœur de la forêt de Granitz, le prince Wilhelm Malte Ier von Putbus fit construire en 1837 – sur le Tempelberg, point culminant de Rügen-Est (107 m d'altitude) – un massif pavillon de chasse de style néogothique, doté de tours rondes crénelées. Un belvédère d'une hauteur de 38 m fut érigé en 1844 dans la cour intérieure, d'après les plans de Karl Friedrich Schinkel. Les 154 marches d'un superbe **escalier en colimaçon** en fer forgé permettent d'accéder à la plate-forme offrant une **vue★★** époustouflante sur l'île de Rügen. Il est possible de visiter l'intérieur.

Stations balnéaires

Elles se trouvent à l'est de l'île. **Binz**, **Sellin**, **Baabe** et **Göhren** offrent des plages de sable, de coquettes villas fin de siècle et un arrière-pays très boisé.
On peut les atteindre en empruntant le **Rasender Roland**, petit chemin de fer reliant Putbus (*via* Granitz) à Göhren *(voir « Nos adresses »).*

Saßnitz

Cette ville portuaire est le point de départ des ferry-boats qui vont en Scandinavie. Très belles hêtraies au nord de cette agglomération.

★★ Stubbenkammer

Nationalpark-Zentrum Königsstuhl, Stubbenkammer 2 - ✆ 038392 66 17 66 - www.koenigsstuhl.com - avr.-oct. : 9h-19h ; nov.-mars : 10h-17h - 9,50 € (le billet inclut l'exposition et la projection d'un film - longue file d'attente en été).
Le **Königsstuhl** *(Chaise du Roi)*, une falaise de 117 m de haut, domine l'impressionnante côte calcaire escarpée qui surplombe la mer. Au bout du sentier, on aperçoit le rocher blanc entouré de verdure brillant de tous ses feux au-dessus de la mer bleu foncé : véritable paysage de carte postale qui inspira le peintre Caspar David Friedrich. Malheureusement, le site a perdu un peu de son charme depuis l'ouverture en 2004 du « centre des visiteurs ».

★ Kap Arkona

Kap Arkona, avec ses falaises de 50 m de haut, est le point de l'île situé le plus au nord et, d'après les services météorologiques, le site le plus ensoleillé d'Allemagne (2 030h/an). Le Vieux Phare (**Alte Leuchtturm** – *✆ 038 391 13 037 - www.kap-arkona.de*), phare carré en brique de trois étages, fut construit sur un socle de granit entre 1826 et 1829 selon les plans de Karl Friedrich Schinkel.
La **vue★★** sur l'île voisine de **Hiddensee★** est superbe. Les remparts situés non loin du phare représentent les vestiges de la forteresse de Jaromarsburg érigée par les Slaves et détruite par les Danois en 1168. Près des remparts se dresse la tour de repérage de la marine, construite en 1927.

À proximité

CARTE DE RÉGION P. 394-395

★ Île de Hiddensee D1

Bacs au dép. de Schaprode et Wiek, sur l'île de Rügen, et de Stralsund. Embarcadères sur Hiddensee : Neuendorf, Vitte et Kloster. Durée du trajet : 45mn à 2h - 18,30/22 €. Renseignements auprès de : Reederei Hiddensee GmbH - Büro Hiddensee - Achtern Diek 4 - 18565 Vitte/Hiddensee - ✆ 0383 00 210 - www.reederei-hiddensee.de.

Île de Rügen.
AVTG/iStock

La circulation automobile, hors véhicules de service, est interdite sur l'île. Nous vous conseillons de débarquer à Kloster et de louer un vélo. Compter 5h de visite.
La « perle de la mer Baltique » s'étire sur 17 km à l'ouest de Rügen et s'inscrit quasi entièrement, comme la presqu'île voisine de Darß-Zingst, dans les limites du parc national de Poméranie-Occidentale *(Nationalpark Vorpommersche Boddenlandschaft, Bodden = baie peu profonde)*.
Avec ses paysages idylliques, sa lande tapissée en saison de fleurs sauvages, Hiddensee ne manquera pas de séduire les amoureux de la nature. Ils arpenteront ce petit paradis en empruntant les nombreux sentiers pédestres et pistes cyclables, découvrant ici et là des maisons à toit de chaume, dont les plus anciennes sont regroupées à **Grieben**.
Le relief de l'île, modelé par le retrait des glaciers scandinaves il y a quelque 10 000 ans, culmine au nord à 72 m dans le **Dornbusch**, où se dresse le **phare** principal, dont la terrasse supérieure offre une ample **vue★** sur les étendues lagunaires du Bessin. Dans le Bessin ainsi que dans la « Gellen », la pointe sud de l'île, les bancs sablonneux se mêlant aux basses eaux constituent au printemps et en automne une aire de nidification et de repos pour les oiseaux migrateurs : cygnes tuberculés, canards siffleurs, tadornes de Belon.
Le village de **Kloster** se concentre autour de l'église, à l'emplacement de l'abbaye cistercienne implantée en 1296. Dans le cimetière attenant repose l'écrivain **Gerhart Hauptmann** (1862-1946), dont on peut visiter la résidence d'été, **Haus Seedorn** au n° 13 du Kirchweg *(✆ 038300 397 - www.gerhart-hauptmann.de - mai-oct. : 10h-17h, dim. 13h-17h - 6 €)*. **Vitte** est le centre administratif de l'île (office de tourisme), où l'on peut admirer la « grange bleue » *(Blaue Scheune, ouv. en été : merc. et dim. 10h-12h)*, ancienne ferme du 19e s. Entre Vitte et Neuendorf s'étendent des dunes, parsemées de marécages. **Neuendorf**, le village le plus méridional de l'île, aligne ses maisons de pêcheurs selon un axe est-ouest.

Nos adresses

Restauration

Budget moyen

Strandhalle – *Strandpromenade 5 - 18609 Ostseebad Binz - ✆ 038393 31564 - www.strandhalle-binz.de - P - fermé lun. - plat 9/25 €.* Tout au bout de la promenade de la plage, cette maison du 19e s. invite à la nostalgie. Carte soignée.

Pour se faire plaisir

Freustil – *Zeppelinstr. 8 - 18609 Binz - (Hotel Vier Jahreszeiten) - ✆ 038393 50444 - www.freustil.de - tlj sf lun.-mar. 12h-15h, 18h-0h - menu 6 plats 66 €.* Une cuisine aussi graphique que savoureuse, signée Ralf Haug, à base de poissons de la Baltique, de gibier du Mecklembourg ou de coquilles Saint-Jacques de Norvège. Il y a un (très bon) menu végétarien et une table commune décontractée – la Canteen – où l'on sert un « dîner du capitaine » *(3 plats)* à 19 €.

Activités-transports

Train à vapeur de Rügen – *Bahnhofstr. 14 - 18581 Putbus - ✆ 038301 88400 - ruegensche-baederbahn.de.* Le train à vapeur Rasender Roland relie Putbus à Göhren en 1h15 environ. Il dessert Binz et plusieurs autres localités qui représentent les points les plus touristiques de l'île. Il fonctionne toute l'année. Durant la haute saison (fin avril-début octobre), 3 départs de Putbus le matin (premier départ à 8h08), 4 dans l'après-midi. Selon la distance parcourue, les tarifs varient entre 2,40 et 12 € (aller seulement).

Hébergement

Budget moyen

Wreecher Hof – *Kastanienallee 1 - 18581 Putbus - Wreechen - ✆ 038301 850 - www.wreecher-hof.de - P - 43 ch.119/169 €.* Le Wreecher Hof, situé au cœur d'un grand jardin, est un complexe hôtelier qui réunit sept maisons de campagne au toit de chaume et à l'aménagement confortable. Vous y trouverez la nature à l'état pur et une atmosphère de bien-être.

Une folie

Die Nixe – *Strandpromenade 10 - 18609 Ostseebad Binz - ✆ 038393 666200 - www.nixe-hotel.de - P - 16 ch. 260/350 € - - menu 4 plats 59 €.* Ce petit hôtel occupe une bâtisse de 1903, avec une dépendance moderne. Décor sophistiqué et harmonieux, chambres confortables. Espace sauna et bien-être.

Sur l'île de Hiddensee

Budget moyen

Heiderose – *In den Dünen 127 - 18565 Vitte-Insel Hiddensee - (3 km sud de Vitte) - ✆ 038300 630 - www.hiddensee-heiderose.de - 34 ch. 99/119 €, sauna inclus.* Un petit nid douillet pour dormir au calme, pas très loin de la mer, dans la lande de Vitte (Dünenheide). Les chambres de 24 m² sont dotées d'un balcon ou d'une terrasse.

Greifswald ★

Signalée par les clochers de ses trois imposantes églises paroissiales, Greifswald est une cité pittoresque, lieu de naissance du grand peintre romantique Caspar David Friedrich. Outre son centre historique médiéval, vous aurez l'occasion de découvrir son village de pêcheurs avec son pont basculant en bois ainsi que les ruines de l'abbaye Eldena.

Se repérer

59 400 habitants – Mecklembourg-Poméranie

CARTE DE RÉGION D1 (P. 394-395)

Greifswald est située en bordure de la Baltique sur le Ryck, à 33 km au sud-est de Stralsund, et à mi-chemin entre les îles de Rügen et d'Usedom.

Nos adresses p. 471

★ La vieille ville

Rathaus am Markt - ✆ 038 34 85 36 1380 - www.greifswald.info.

★ Place du Marché (MARKTPLATZ)

Situé à l'ouest de la **place du Marché**, l'**hôtel de ville** (1738) se caractérise par des frontons de style Renaissance ; le clocheton en revanche est de style baroque. Les arcades du fronton ont été à nouveau dégagées en 1936. Autre maison intéressante du point de vue de l'histoire de l'art : la **maison n° 11★**, du début du 15e s., avec son fronton en gradins richement décoré. Elle compte parmi les plus beaux exemples du gothique en brique d'Allemagne du Nord.

★ Église Ste-Marie (ST. MARIENKIRCHE)

Brüggstraße 35 - 10h-18h, sam. 11h-15h, dim. 10h-13h (nov.-avr. : lun.-vend. 11h-15h, dim. 10h15-12h) - ascension possible du clocher mar. 16h et jeu. 11h.

Église à trois nefs, **Ste-Marie** est dépourvue de chœur. Le fronton est, de structure élégante, atténue l'image massive et ramassée de cet édifice en brique, appelé affectueusement « la grosse Marie » par les habitants. Sa construction débuta en 1280 et s'acheva au 14e s. La **chaire★**, magnifiquement sculptée par Joachim

Source d'inspiration romantique

Par le traité de Westphalie, la Poméranie occidentale, et par conséquent Greifswald, passa à la Suède en 1648. Ce pays exerça pendant deux siècles une domination tolérante et souple qui, à défaut de la prospérité économique, procura aux habitants de la ville des libertés jusqu'alors inconnues. En 1815, la Poméranie passa à la Prusse.

Caspar David Friedrich, l'incarnation de la peinture romantique allemande, est né à Greifswald en 1774. Sa maison natale abrite aujourd'hui le **Caspar-David-Friedrich-Zentrum** *(Lange Straße 57 - ✆ 03834 88 45 68 - www.caspar-david-friedrich-gesellschaft.de - tlj sf lun. 11h-17h - en hiver fermé aussi le dim. - 3,50 € ; 7,50 € le billet combiné avec le Landesmuseum)*. Même s'il quitta la ville à l'âge de 20 ans, l'artiste y resta attaché toute sa vie : Greifswald, mais surtout la ruine de l'abbaye Eldena furent fréquemment ilustrées dans ses œuvres.

Greifswald au clair de lune, de Caspar David Friedrich.
Fine Art Images/Heritage Image/age fotostock

Mekelenborg de Rostock, date de 1587. La fresque représente une baleine échouée sur la grève de Wieck en 1545. Orgue de Friedrich Albert Mehmel (1866).

★ Cathédrale St-Nicolas (DOM ST. NIKOLAI)

Domstraße 54 - ✆ 03 834 26 27 - www.dom-greifswald.de - 10h-18h (16h en hiver), dim. 10h-12h30, 15h-18h (11h30-15h en hiver) - ascension possible du clocher merc. 11h - 2 €.

La **cathédrale St-Nicolas** est dominée par une tour de 100 m de haut, dont la base carrée flanquée de quatre tours rondes supporte deux étages octogonaux, eux-mêmes coiffés d'une élégante flèche à bulbe de style baroque (1653). Au 14e s., l'église d'origine fut transformée en basilique par l'adjonction d'une couronne de 21 chapelles construites en intégrant à l'édifice les arcs-boutants extérieurs. Au 19e s., les élèves de Schinkel, Gottlieb Giese et Joachim Christian Friedrich (le frère de Caspar David Friedrich) réalisèrent une transformation néogothique dans l'esprit du romantisme. La chapelle no 6 conserve une **clôture** baroque (1720) joliment décorée. Fresques datant de 1430 environ.

Université

Rubenowplatz - www.uni-greifswald.de - visite guidée en allemand (45mn, au départ du monument Rubenow) avr.-oct. tlj à 15h - 5 €.

Après Rostock, l'université de Greifswald (11 000 étudiants) est la plus ancienne de l'espace baltique. Elle fut fondée en 1456 par son premier recteur, le bourgmestre Heinrich Rubenow. L'édifice principal de la place Rubenow fut érigé au milieu du 18e s. Le fronton présente, côté rue, les armoiries royales suédoises et, côté cour, les armoiries de Poméranie.

★ Musée du Land de Poméranie (POMMERSCHES LANDESMUSEUM)

Rakower Straße 9 - ✆ 038 34 83 120 - www.pommersches-landesmuseum.de - tlj sf lun. mai-oct. : 10h-18h ; nov.-avr. : 10h-17h - fermé 24 et 31 déc. - 6,50 €.

Visitez en particulier la **galerie de peinture**, très complète, avec des œuvres du 17e au 20e s., parmi lesquelles des tableaux de Caspar David Friedrich et de nombreux artistes danois, don du collectionneur berlinois Christoph Müller. Le **sous-sol**, consacré à la préhistoire et au Moyen Âge, a deux points forts : une statuette en bronze de 1100 av. J.-C. figurant peut-être une déesse poméranienne et des panneaux explicatifs sur la légende de la cité engloutie de Vineta. Au **rez-de-chaussée**, on s'attardera devant la monumentale tapisserie de Croÿ tissée à Stettin par un licier hollandais au temps du duc Philippe Ier (1532-1560). Le **1er étage** apporte un éclairage intéressant sur les deux siècles (1650-1815) durant lesquels la Suède a gouverné la Poméranie (vers 1760, 18 % des étudiants de Greifswald étaient suédois) et sur l'émigration qui a suivi son rattachement au royaume de Prusse (740 000 Poméraniens ont quitté la région entre 1840 et 1910 dans l'espoir d'une vie meilleure).

À proximité

CARTE DE RÉGION P. 394-395

★ Ancienne abbaye Eldena (KLOSTERRUINE ELDENA) D1

Wolgaster Landstraße 41. 4 km à l'est du centre-ville. Accès libre.

L'ancienne abbaye cistercienne fut fondée en 1199. Elle a dû connaître son essor au milieu du 14e s. Ayant subi de plein fouet les ravages de la guerre de Trente Ans, elle fut un temps utilisée comme « carrière ». De ce magnifique édifice, il ne subsiste que quelques parties de l'église et du cloître. Le site – ainsi que la plage juste à côté *(Strandbad Eldena)* – a inspiré au peintre C. D. Friedrich plusieurs de ses tableaux.

★ Wieck

Accessible à pied à partir des ruines de l'abbaye d'Eldena.

C'est à l'embouchure du fleuve Ryck, dans le Greifswalder Bodden, que se trouve ce village de pêcheurs, classé monument historique. Les dernières maisons à toits de chaume, le port idyllique et le **pont basculant★** *(Zugbrücke)* en bois constituent un ensemble unique. Le pont, construit selon un modèle hollandais date de 1887. Le tout ne manque pas de charme, surtout au coucher du soleil.

Nos adresses

Restauration

Budget moyen

Tischlerei – *Salinenstr. 22 - ☎ 03834 884848 - 12h-22h - fermé dim. - plat 20/32 €.* Sur le port de Greifswald, une cantine moderne et pas prétentieuse pour un sou, connue pour la fraîcheur de ses plats. Son grand classique ? Le cabillaud aux lentilles. Agréable terrasse au fil de l'eau.

Hébergement

Budget moyen

Galerie – *Mühlenstr. 10 - ☎ 03834 7737830 - www.hotelgalerie.de - P 8 €/j. - 11 ch. 110 €* ☕. Petit hôtel moderne près de la place du Marché. Les chambres du haut avec terrasse et kitchenette sont très confortables.

Île d'Usedom ★

Insel Usedom

Île la plus orientale de l'Allemagne et en partie polonaise, Usedom, véritable Deauville des Berlinois, est jalonnée de cités balnéaires aux hôtels distingués et aux élégantes maisons à balcons en fer forgé. Depuis le 19e s., ses visiteurs apprécient son caractère sauvage et sa très belle étendue de plages, face à la Baltique. L'île présente dans sa partie nord-ouest une relative absence de relief, alors que la région sud-est, plus accidentée, est souvent appelée l'Usedom suisse.

Usedom en hiver.
S. Reinhard/Sime/Photononstop

Se repérer

76 500 habitants dont 31 500 en territoire allemand- Mecklembourg-Poméranie

CARTE DE RÉGION D1 (P. 394-395)

L'île d'Usedom se situe à 30 km à l'est de Greifswald. Elle est reliée au continent par les routes 110 (Zecherin, au sud de l'île) et 111 (Wolgast, au nord-ouest), très fréquentées en été.

À ne pas manquer

Les plages et la cité balnéaire de Heringsdorf.

Organiser son temps

Comptez une bonne journée pour faire le tour de l'île.

Carnet pratique p. 474

Nos adresses p. 474

Découvrir

CARTE DE RÉGION P. 394-395

Wolgast D1

Sur le continent. Gare la plus proche du centre : « Wolgast-Hafen » - ✆ 03836 600 118 - ♿ - lun.-vend. 10h-16h (de mai à sept. ouv. aussi le sam. 10h-13h). Dans la jolie ville natale du peintre romantique Philipp Otto Runge, il faut visiter l'**église paroissiale** *(Pfarrkirche St. Petri, lun.-vend. 10h-15h, sam. 10h-14h, dim. 11h-12h)* avec son clocher octogonal. Cette église fut construite en 1370. L'extérieur austère contraste avec l'intérieur *(en cours de restauration)* richement décoré : peintures murales du 15e et du 16e s. et une danse macabre *(Totentanz)*, cycle de 24 panneaux peints par Caspar Sigmund Köppe vers 1700 d'après des bois gravés de Hans Holbein le Jeune.

La maison natale du paysagiste et portraitiste Runge retrace la carrière du peintre mais ne conserve que des copies de ses œuvres (**Rungehaus** - *Kronwiekstraße 5 - ✆ 038 36 203041 - mai-oct. : tlj sf lun. 11h-17h - dernière entrée 15h30 - 4 €).*

Krummin D1

À l'est de Wolgast. À partir de la Bundesstraße 111, prenez à droite la plus belle **route★** bordée de tilleuls d'Usedom en direction du petit village de pêcheurs sur la rive du Krumminer Wiek.

Peenemünde D1

Musée historique et technique (Historisch-Technisches Museum) – *✆ 03 83 71 50 50 - www.peenemuende.de - ♿ - avr.-sept. : 10h-18h ; oct. : 10h-16h ; nov.-mars : tlj sf lun. 10h-16h - fermé 24-26 déc. - 9 € ; audioguide en français 2 €.*

Au nord de l'île, le **centre expérimental de recherche de Peenemünde**, créé en 1936, rappelle un chapitre très sombre de l'histoire allemande. C'est ici que l'ingénieur Wernher von Braun développa les fameuses fusées V2, inaugurées en octobre 1942, qu'il fit construire en grand nombre par des prisonniers de guerre, déportés et travailleurs forcés. Ces missiles firent plusieurs milliers de victimes – à Londres en particulier – pendant la Seconde Guerre mondiale, mais marquèrent également le début de la navigation spatiale moderne (après guerre, le même Wernher von Braun émigra aux États-Unis pour développer, au sein de la NASA, les premières fusées Saturn). L'ancienne centrale électrique consacre une exposition à l'histoire de ces fusées.

La « taille » d'Usedom

À l'endroit le plus étroit de l'île s'étendent des plages de sable blanc et les cités balnéaires de **Zinnowitz**, **Koserow**, **Kölpinsee** et **Ückeritz**, parfois séparées par des falaises. La largeur d'Usedom, près de Koserow, ne dépasse pas 200 m.

Bansin, ★Heringsdorf, Ahlbeck D1

Les « trois sœurs » au sud-est de l'île sont reliées entre elles par une promenade de 10 km de long. Au 19e s., elles étaient des cités balnéaires à la mode où se retrouvaient les membres de l'aristocratie. D'imposantes villas – on en dénombre près de 200 – et des hôtels ayant résisté aux épreuves du temps témoignent de ce riche passé et donnent ce caractère propre aux villes balnéaires. **Heringsdorf**, surtout, fut une cité balnéaire très mondaine. Gorki y séjourna. L'empereur Guillaume II y venait régulièrement. Il résidait alors dans la **villa Staudt**, toujours existante *(Delbrückstraße 6)*. Heringsdorf possède une jetée longue de 508 m, la plus longue du continent européen. **Ahlbeck** est également fière de son attrayante jetée historique **Seebrücke★**, construite en 1898. En 1902 vint s'y ajouter un joli restaurant aux murs blancs, au toit rouge et aux quatre tours angulaires vertes : celui-ci est très apprécié des photographes de l'île.

Mellenthin

Au nord-est de la ville d'Usedom, à 2 km au nord de la B 110. Une tranquillité sereine émane de ce petit village et de son château de style Renaissance, un modeste édifice à trois ailes, entouré de douves et doté, dans le vestibule, d'une somptueuse cheminée de style Renaissance (1613). L'**église du village** (*Dorfkirche*, 14e s.), au centre d'un cimetière où se trouvent des chênes de plus de 600 ans, a été fortement endommagée, mais sa **décoration intérieure★** du 17e s. est remarquable. Sa tribune baroque de 1755 donne une image fraîche et naïve de la piété locale.

Parc naturel du Stettiner Haff (NATURPARK AM STETTINER HAFF) D1-2

Bien moins touristique que l'île d'Usedom, la région située au sud du Stettiner Haff, à la lisière de la Pologne, offre un généreux concentré de nature relativement intacte : 400 km de sentiers de randonnée et 1 000 km de pistes cyclables entre forêts et landes. Au Moyen Âge, elle était habitée par des populations slavophones, les Ucriens. Quelques-unes de leurs maisons ont d'ailleurs été reconstituées, sur la base des découvertes archéologiques, à 1,5 km au sud de **Torgelow** (**Ukranenland** - D2 - *Jatznicker Straße 31 - ✆ 03976 20 23 97 - www.ukranenland.de - mai-oct. : 10h-16h (juil.-août 17h) - fermé w.-end en oct. - 6 €*). La charmante cité d'**Ueckermünde** (8 000 hab., D1) et sa longue plage de sable (**Haffbad**, *accès par un sentier de 2 km*), méritent aussi une petite halte.

Carnet pratique

S'informer

Office du tourisme à Ahlbeck – *Dünenstraße 45 - ✆ 038 378 499350 - www.kaiserbaeder-auf-usedom.de.*

Transports

En été, le **train UBB** *(Usedomer Bäderbahn)* qui relie Stralsund à Swinoujscie (Pologne) dessert 20 fois/j. toutes les stations balnéaires de l'île d'Usedom : Zinnowitz, Koserow, Kölpinsee, Bansin, Heringsdorf, Ahlbeck... Il existe aussi une liaison Zinnowitz-Peenemünde. *3/14 € selon la distance ; 18 € la journée (Usedom-Ticket). Rens. : ✆ 0180 6996633 - www. ubb-online.com.*

Nos adresses

Restauration

Budget moyen

Seebrücke Ahlbeck – *Dünenstr. 37 - 17419 Seebad-Ahlbeck - Ahlbeck - ✆ 038378 28320 - www.seebruecke-ahlbeck.de - rest. 11h-20h ; bar Kogge : 18h-23h30 (1h vend.-sam.) - plat 11/17 €.* Ce restaurant campe depuis 1882 sur la longue jetée en bois d'Ahlbeck, jouissant ainsi d'une vue imprenable ! On y sert, entre autres, du hareng grillé et une assiette de harengs nouveaux à la sauce rémoulade et pommes de terre persillées. Certains soirs, musique live à partir de 18h.

Hébergement

Budget moyen

Hotel Fortuna – *Kulmstr. 8 - 17424 Seebad Heringsdorf - ✆ 038378 47070 - fortuna-heringsdorf.heringsdorf-hotels.com* - P - *21 ch. 120/130 €* ☕. Jolie villa de style balnéaire, aux chambres modernes et accueillantes. Terrasse très agréable.

Pour se faire plaisir

Strandhotel Ostseeblick – *Kulmstr. 28 - 17424 Seebad-Heringsdorf - (Heringsdorf) - ✆ 038378 540 - www.strandhotel-ostseeblick.de - 60 ch. 190/232 €* ☕. Un hôtel décoré avec beaucoup de goût, connu pour son espace wellness et son restaurant Bernstein (le menu 3 plats du soir à 69 € est assez créatif). Belle vue sur la mer depuis le lounge et la plupart des chambres.

Hôtel Germania à Bansin.
H. P. Szyszka/Novarc Images/age fotostock

6

Neubrandenbourg

Neubrandenburg

Neubrandenbourg, la cité du margrave Jean de Brandebourg, possède l'un des ensembles les mieux conservés de fortifications et de portes médiévales, miraculeusement épargnées par les bombardements de la Seconde Guerre mondiale. À l'intérieur de ce cercle quasi parfait, le centre historique, détruit à 80 % en 1945, est constitué d'un damier de rues tracées au cordeau. Neubrandenbourg représente, avec le lac voisin de Tollense, un point d'attraction touristique important.

La porte de Friedland.
HaraldBiebel/iStock

Se repérer

64100 habitants – Mecklembourg-Poméranie

CARTE DE RÉGION D2 (P. 394-395)

Neubrandenbourg se trouve à mi-chemin entre Berlin et la côte baltique.

À ne pas manquer

Le tour des remparts médiévaux.

Carnet pratique p. 479

Nos adresses p. 479

Se promener

★★ Les remparts

Cinquante ans après la fondation de la ville (1248), la nécessité de la protéger s'imposait. C'est ainsi que l'on commença la construction d'une enceinte de 2 300 m de long, de plus de 7 m de haut et d'une épaisseur de 1,40 m au pied du mur contre 0,60 m au sommet. À l'époque, on utilisa la pierre des environs ; seule la crête fut revêtue de plusieurs épaisseurs de tuiles. Quatre portes furent intégrées, fermées le soir et ouvertes seulement contre paiement ; elles demeurèrent les seuls moyens de pénétrer dans la ville jusqu'au milieu du 19e s. Toutes ont été construites selon le même schéma : la porte principale se trouve dans l'enceinte même ; elle est protégée par un ouvrage en demi-lune.

Afin de repousser les attaquants, on avait installé tous les 30 m des postes de combat de trois ou quatre étages en surplomb du mur d'enceinte, appelés **Wiekhäuser**. Au 16e s., il y avait 54 bastions de ce type ; aujourd'hui, 26 d'entre eux ont été reconstruits. Tous les bourgeois de la ville en âge de porter les armes étaient recrutés pour occuper et défendre ces *Wiekhäuser*. La défense des portes incombait aux quatre corporations les plus importantes : les boulangers, les tisserands, les cordonniers et les forgerons.

Porte de Friedland (Friedländer Tor) – Construite aux alentours de 1300, la porte de Friedland (19 m de haut) est la plus ancienne de l'ensemble. Côté campagne, on remarque l'évolution entre le style roman et le style gothique, alors que le côté ville, qui a été construit plus tard, est clairement de style gothique. Les maisons du garde, du secrétaire et du percepteur sont intégrées aux murs de 48 m de long situés entre la porte principale et la porte antérieure.

★ **Porte de Stargard** (Stargarder Tor) – Elle a été construite dans la 1re moitié du 14e s. La tour et le fronton forment une unité dont l'effet vertical est encore souligné par des statues en terre cuite portant de longues jupes à plis raides, les « vierges ». La porte antérieure est superbement décorée.

Porte de Treptow (Treptower Tor) – Érigée avant 1400, la **porte de Treptow** possède la plus haute tour (32 m). La porte principale et la porte antérieure sont richement décorées par des briques. La face « campagne » de ce chef-d'œuvre en style gothique rayonnant est plus ornementée que la face « intra-muros » et montre combien la ville souhaitait plaire aux visiteurs.

Nouvelle Porte (Neues Tor) – Cet édifice de style gothique flamboyant, construit après 1550, réunit les éléments de décoration des trois autres portes.

Tour Fangel (Fangelturm) – Des deux tours qui renforçaient la fortification au 15e s., seule subsiste la tour Fangel d'une hauteur de 19 m.

Église Ste-Marie (ST. MARIENKIRCHE DITE AUSSI KONZERTKIRCHE)

Visite possible 10h-17h en dehors des répétitions - www.konzertkirche-nb.de. Construite à la fin du 13e s., elle a été en partie rebâtie dans le style néo-gothique au milieu du 19e s. L'intérieur a été converti en 1996 en salle de concert, aujourd'hui utilisée par l'orchestre philharmonique de Neubrandenbourg.

Église St-Jean (ST. JOHANNISKIRCHE)

Stargarder Straße 4 - ♿ - mai-déc. : mar.-sam. 10h-16h. L'asymétrie de l'église, ancienne abbatiale d'un monastère franciscain des 13e et 14e s., surprend car elle ne possède qu'une nef latérale. La peinture avec des motifs de plantes date du 19e s. L'**autel baroque** de 1730, avec ses sculptures sur bois, représente la Crucifixion. La **chaire**★ de style Renaissance (1598) portée par Moïse est remarquable.

Musée de la région (REGIONALMUSEUM NEUBRANDENBURG)

Franziskanerkloster - ✆ 0395 555 1270 - www.museum-neubrandenburg.de - merc.-dim. 10h-17h - 6 €. Habilement converti en musée, l'ancien couvent des franciscains retrace 750 ans d'histoire de la ville et de la région. Le rez-de-chaussée réunit **haut Moyen Âge** (époque où les tribus slaves s'établissent autour du lac de Tollense) et **art sacré** (belle épitaphe en chêne provenant de l'église St-Jean). Le 1er étage aborde divers aspects des 19e-20e s. : la manufacture de piano, le théâtre de marionnettes (mise en scène de *La Sorcière* de Tchekov), l'immeuble Haus der Kultur. À ne pas manquer : les témoignages (sous-titres en anglais) sur l'incendie de Neubrandenbourg en 1945 et les lettres de **prisonniers français** du camp de Ravensbrück.

Lac de Tollense (TOLLENSESEE)

Accès depuis la Porte de Treptow par le chemin qui longe l'Oberbach. Au sud de la ville, cette étendue d'eau longue de 10 km, s'inscrit au cœur d'un paysage de moraines d'une grande beauté. Sur la berge nord-ouest, le pseudo « temple grec » – le **Belvedere** – a été édifié (1823) à l'initiative de la grande-duchesse Marie de Mecklembourg-Strelitz. Jolie plage à proximité *(Strandbad Broda)*.

À proximité

CARTE DE RÉGION P. 394-395

★ Circuit des lacs par Feldberg (FELDBERGER SEENLANDSCHAFT) D2 ▶ *Circuit de 75 km.* De **Burg Stargard**, la route mène à **Woldegk** et ses cinq moulins à vent, en passant devant une ruine imposante dominant le paysage. S'étend ensuite vers le sud un paysage de lacs, royaume des loutres, des orfraies, des balbuzards et des aigles. Entre Fürstenwerder et Feldberg, les marais et les étangs alternent avec des prairies et des forêts de hêtres, particulièrement belles au moment où elles rougissent *(vers le 20 oct.)*. Ces hêtraies, bijou du **parc naturel de Feldberg** (et du parc voisin de Müritz, *voir p. 480*), comptent parmi les plus vieilles d'Europe. À **Carwitz**, la maison où vécut, de 1933 à 1944, l'écrivain **Hans Fallada**, auteur de *Seul dans Berlin*, remarquable livre sur la résistance allemande anti-nazie, est aujourd'hui un lieu commémoratif *(Hans Fallada-Museum – ✆ 039812 0359 - avr.-oct. : tlj sf lun. 10h-17h ; nov.-mars : tlj sf lun. 13h-16h - fermé du 24 au 31 déc. - 5 €)*.

Neustrelitz D2

▶ *À 27 km au sud.*

ℹ *Strelitzer Straße 1 - ✆ 0391 253 119 - mai-sept. : 9h-18h, w.-end 10h-14h.*

L'ancienne résidence des ducs de Mecklembourg-Strelitz témoigne, aujourd'hui encore, de son passé glorieux : le **parc du château★** a été aménagé en jardin anglais au début du 19e s. et renferme des statues et des édifices gracieux ; on peut également y admirer par exemple l'orangerie avec un séduisant **décor★** de style pompéien, l'**église municipale** (1768-1778) baroque, un **hôtel de ville** classique datant de 1841 et l'**église du château** néogothique (1855-1859), transformée en galerie de sculptures avec des œuvres de Barlach, Kollwitz, Rodin... *(Plastikgalerie Schlosskirche – Hertelstraße 2 - ✆ 03981 349552 - tlj sf lun. 11h-17h - 4 €)*. À deux pas de là, le tout nouveau **Kulturquartier** vous plonge en quatre salles dans l'histoire du duché de Neustrelitz et de la famille Mecklenburg-Strelitz qui a régné 800 ans sur la région *(Schloßstraße 12/13 - ✆ 03981 2390999 - 10h-18h - 6 €)*.

Carnet pratique

S'informer

Office de tourisme – *Marktplatz 1 - ✆ 0395 5595127 - www.neubrandenburg-touristinfo.de.*

Visites

Balade en bateau sur le lac – De mai à sept., le bateau *Mudder Schulten* sillonne le lac de Tollense : dép. embarcadère plage de Broda - petit tour 1h30 *(15 €)*; grand tour jusqu'au lac de Lieps *(2h30, 17 €) ✆ 0395 584 1218 - www.fahrgastschiff-mudderschulten.de.*

Nos adresses

Hébergement et restauration

Budget moyen

Landhotel Broda – *Oehlmühlenstr. 29 - 17033 Neubrandenburg - ✆ 0395 569170 - www.landhotel-broda.de - 13 ch. avec terrasse ou balcon - 98 € ☕ - 1/2 P : suppl. de 20 €.* Un 3 étoiles qui a le mérite d'être situé sur la rive nord-ouest du lac (Tollensesee), pas très loin de la plage, et de pratiquer des prix honnêtes.

Pour se faire plaisir

Bornmühle – *Bornmühle 35 - (13 km S de Neubrandenburg, à l'ouest de la B 96) - ✆ 039605 600 - www.bornmuehle.de - 97 ch. 128 € (143 € avec vue lac) ☕.* Sur les hauteurs de la rive orientale, un complexe hôtelier très soigné aux chambres tout confort (literie bioénergétique). Le spa a une vue imprenable sur le lac et le restaurant (Lisette) a fait ses preuves.

Budget moyen

Schlossgarten – *Tiergartenstr. 15 - 17235 Neustrelitz - ✆ 03981 24500 - www.hotel-schlossgarten.de - 24 ch. 112 € ☕.* Une maison patricienne de 1820, très bien tenue, qui séduit par sa déco classique et Biedermeier. Les chambres les plus paisibles sont celles qui donnent sur le jardin.

Budget moyen

Wiekhaus 45 – *4 Ringstr. 44 - 17033 Neubrandenburg - ✆ 0395 5667762 - www.wiekhaus45.de - tlj sf lun. 11h-22h - plats 15/20 €.* Solides spécialités du Mecklembourg servies dans une *Wiekhaus* (petite loge en surplomb) du mur d'enceinte. À tester surtout pour le cadre, aussi intime qu'historique.

6

Lacs du Mecklembourg ★★★

Formant un plateau couvert de forêts et d'étendues d'eau, la région des lacs du Mecklembourg est l'une des plus sauvages et des mieux préservées du pays. Ses immenses paysages verdoyants constitués de pins, de hêtres, d'aulnes, de bouleaux et de frênes, et ses vastes horizons lacustres hérités de la dernière époque glaciaire sont fréquentés par une riche variété d'oiseaux. Un paradis pour les amateurs de sports nautiques et de randonnées, et pour tous les amoureux de la nature.

Se repérer

Mecklembourg-Poméranie

CARTE DE RÉGION C2 (P. 394-395)

La région des lacs du Mecklembourg se situe à mi-chemin entre Berlin et Rostock.

À ne pas manquer

Le parc national de Müritz.

Organiser son temps

Comptez deux jours pour découvrir la région.

En famille

L'observation des nombreux oiseaux au parc national de Müritz.

Nos adresses p. 482

Circuit conseillé

CARTE DE RÉGION P. 394-395

Du lac de Müritz à Schwerin

Circuit de 150 km tracé en vert sur la carte de région – Une journée. Départ de Neubrandenbourg ou Neustrelitz.

★ **Parc national de Müritz** (MÜRITZ-NATIONALPARK) CD2

Centre d'informations – *Damerower Straße 6, Federow (7 km S-O de Waren) - 03991 66 88 49 - www.mueritz-nationalpark.de - Pâques-oct. : tlj 9h-18h; nov.-mars : sam. 10h-13h.*

Cette réserve naturelle de 322 km² s'étend au sud-ouest de Neubrandenbourg. La forêt représente les deux tiers de sa superficie, les lacs en occupent 12 % et les marécages 8 %. Ce parc, dont 25 000 ha étaient réservés à la chasse d'État du temps de la RDA, est aujourd'hui le royaume des promeneurs et des cyclistes. Les visiteurs devront s'équiper de jumelles pour pouvoir observer le rare **balbuzard** (route de Federow en direction de Speck). Cet oiseau semble prendre plaisir à établir son nid sur les pylônes métalliques à haute tension (interdiction de stationner dans les environs des nids). On peut aussi rencontrer l'**orfraie**, rapace héraldique de l'Allemagne, près des viviers de Boek : son territoire atteint jusqu'à 50 km². Kargow est le couvent des **cigognes blanches**, mais la réserve naturelle compte également des **cigognes noires** et des **grues**. Sur le sol sec, les pins et les hêtres prédominent. Les marais et les bourbiers de la rive est du Müritz se composent d'aulnes, de bouleaux et de frênes. Pour profiter de la richesse de la flore et de la faune (150 espèces d'oiseaux et 700 espèces de plantes), il est recommandé de participer aux visites guidées qui expliquent l'histoire naturelle de cette réserve.

Les lacs du Mecklembourg.
S.-E. Arndt/ArTerra Picture Library/age fotostock

La perle du Mecklenburgische Seenplatte, le **Müritz** (CD2), est le deuxième plus grand lac d'Allemagne avec une superficie de 115 km². Son nom dérive du slave *morcze*, qui signifie « petite mer ». Il est aussi désigné comme le « cœur bleu du Mecklembourg ». **Röbel**, sur la rive sud-est, se transforme peu à peu en un charmant port de plaisance. La ville de **Waren**, le plus grand centre touristique de la région, se situe sur la rive nord du lac. Les deux églises paroissiales St-Georges et Ste-Marie, ainsi que l'ancien et le nouvel hôtel de ville et la *Löwenapotheke* attirent tous les regards. On peut y visiter, depuis 2007, le **Müritzeum**, le plus grand aquarium pour poissons en eau douce d'Allemagne *(Zur Steinmole 1 - ✆ 03991 633 680 - www.mueritzeum.de - 10h-19h (nov.-mars 18h) - fermé 24 déc. - 12 €, enf. 5 €)*.

À l'ouest de ce lac s'étend la **Suisse mecklembourgeoise**, qui se prolonge vers les **lacs de Malchin** *(Malchiner See,* C2*)* et de **Kummerow** *(Kummerower See,* CD1-2*)*. Elle doit son nom aux nombreuses éminences qui la caractérisent. À l'ouest du lac de Malchin (le long de la B 108) se dresse, au milieu d'un paysage vallonné, le plus grand château classique du Mecklenbourg, le **Burg Schlitz**, environné d'un joli parc. En passant par la ville de **Malchin**, qui possède une remarquable basilique en brique, on atteint le lac de Kummerow. Sur la route qui y mène, vous pouvez faire un détour par les **chênes d'Ivenack** (près de la ville de Reuter : Stavenhagen), âgés de plus de mille ans.

Le **lac Plauer** *(Plauer See,* C2*)*, troisième lac de Mecklembourg-Poméranie par sa superficie, se caractérise par une rive plate au nord et largement boisée au sud. Avec le **Müritz,** il forme le cœur du Mecklenburgische Seenplatte.

Le **lac de Krakow** *(Krakower See,* C2*)*, plus au nord, est la patrie du poète régional mecklembourgeois Fritz Reuter. La région constitue un véritable eldorado pour les oiseaux (protégés) de toutes espèces.

Le **lac de Schwerin** *(Schweriner See,* C2*)* offre un cadre idéal à **Schwerin★** *(voir ce nom,* C2*)*, capitale du Land, et au château du même nom, qui se reflète dans ses eaux.

Nos adresses

Hébergement

Budget moyen

Hotel Seestern – *Müritzpromenade 12 - 17192 Röbel - ✆ 039931 58030 - www.hotel-seestern-roebel.de - 25 ch. 79/110 €* ☕. Hôtel situé sur une petite langue de terre baignée par l'eau du lac. Chambres-maisonnettes avec vue superbe. Restaurant avec vue lac et une annexe aux allures de jardin d'hiver.

Hotel Paulshöhe – *Paulshöhe 2 - 17192 Waren - ✆ 03991 17140 - www.hotel-paulshoehe.de - P - 14 ch. et appart. 99/110 €* ☕. Hôtel et 7 bungalows situés à 200 m de la rive du Müritz. L'adresse vous séduira par son emplacement et son équipement moderne. Restaurant au cadre soigné.

Hotel Kleines Meer – *Alter Markt 7 - 17192 Waren - ✆ 03991 6480 - www.kleinesmeer.de - P - 30 ch. 129/187 €* ☕. Un hôtel de style contemporain qui se trouve non loin du port. Belles chambres bien aménagées.

Activités

La région se prête à merveille aux joies du **canoë** (nombreux loueurs à Mirow, Wesenberg...) et de la **marche** : le sentier Müritz-Nationalpark-Weg, balisé d'un « M » bleu sur fond blanc, sillonne le parc national sur 169 km en 9 sections au départ de Waren. On peut aussi égrener les lacs à bord des **bateaux** de la Weisse Flotte Müritz : ils naviguent tous les jours au départ de Waren vers Rechlin *via* Röbel *(19 € AR)*, et vers Malchow *(22 € AR)* et Plau am See *(30 € AR). Rens. : Strandstraße - Steinmole (Waren) - ✆ 03991 122668 - www.weisse-flotte-mueritz.de.*

Bateaux dans les lacs du Mecklembourg.
O. Werner/vario Images RM/age fotostock

Schwerin ★★

Bordée par un lac et entourée de verdure, Schwerin est dotée d'un centre historique animé. Mais le véritable emblème de l'ancienne capitale du duché de Mecklembourg n'est autre que son château, qui se dresse majestueusement sur un îlot, en face de la ville.

Se repérer

95800 habitants – Mecklembourg-Poméranie

CARTE DE RÉGION C2 (P. 394-395) Schwerin se situe à 32 km au sud de Wismar, 73 km au sud-est de Lübeck, 120 km à l'est de Hambourg.

ORGANISER SON TEMPS

Comptez une journée (évitez le lundi : musée et château sont fermés).

En famille

Un tour en bateau sur le lac de Schwerin ou une balade dans le musée ethnographique en plein air.

Carnet pratique p. 487

Nos adresses p. 487

La vieille ville (ALTSTADT)

Place du Marché (MARKT)

Au cœur de Schwerin, la place du Marché constitue un lieu plein de charme. Près de l'hôtel de ville, quatre maisons à colombages et à pignons de la fin du 17e s. et, sur le côté nord, l'**ancienne halle** *(Alte Markthalle),* édifiée entre 1783 et 1785 dans le style classique, avec colonnes doriques, pour recevoir des commerces. Promenez-vous dans les rues alentour : ayant moins souffert des bombardements alliés que les villes portuaires, Schwerin conserve çà et là quelques jolies maisons *(Buschstraße, à l'angle de la 3. Enge Straße...).*

Fondation Mecklembourg (STIFTUNG MECKLENBURG)

Schliemannstraße 2 - ✆ 0385 77 88 38 20 - www.stiftung-mecklenburg.de - mar.-dim. 11h-18h. Après 1945, de nombreux habitants ont quitté le Mecklembourg, occupé par les Soviétiques, en emportant des « souvenirs du pays » : photos, cartes postales, livres, médailles, objets du quotidien, etc. En 1973, la fondation Mecklembourg s'est donné pour mission de réunir quelques-uns de ces souvenirs et de constituer une collection. Elle est enfin visible au 1er étage, au côté d'œuvres de peintres de la région, de costumes traditionnels et d'enregistrements en *plattdeutsch*. La maison mitoyenne (**Schleswig-Holstein-Haus** - *Puschkinstraße 12 - ✆ 0385 555527 - www.schleswig-holstein-haus.de - mar.-dim. 11h-18h)* est un centre culturel dynamique qui organise des projections de films en plein air, de multiples concerts et une dizaine d'expositions par an.

★ Cathédrale (DOM)

Lun.-sam. 11h-15h, dim. 12h-15h - ascension de la tour : 2 € - concerts d'orgue lun. à 14h30 (obole bienvenue).

Construite en brique aux 14e et 15e s., la **cathédrale** occupe le site d'un ancien édifice roman de 1260. À l'intérieur : maître-autel (atelier de Lübeck, vers 1480), dalles funéraires (14e s.), croix triomphale (1420) de l'église Ste-Marie de Wismar, joli

La plus ancienne ville du Mecklembourg

Les origines de Schwerin, aujourd'hui capitale du Land de Mecklembourg-Poméranie, remontent au début du 11e s., lorsque les Slaves bâtirent une forteresse sur l'actuelle île du Château. Ils furent bientôt chassés par le duc de Saxe, Henri le Lion, qui, en 1160, fit de la ville le deuxième centre urbain allemand à l'est de l'Elbe. Schwerin sera ensuite pendant près de cinq siècles (1358-1918) la capitale du duché de Mecklembourg. La ville traversa le 20e s. en échappant aux ravages de la guerre.

vitrail de 1845 *(Weihnachtsfenster)* et fresques dans la chapelle de l'Assomption (vers 1335). De la plate-forme du clocher (117 m, 220 marches), large panorama sur la ville et la campagne alentour.

★ Musée national (STAATLICHES MUSEUM)

Alter Garten 3 - ✆ 0385 588 47 222 - www.museum-schwerin.de - ♿ - fermé 24 et 31 déc. - 5,50 €, 7,50 € avec l'expo temporaire - fermé pour travaux de 2021 à 2023.
Le Musée national est installé près de l'ancien jardin, à côté du château, dans un édifice néoclassique (1877-1882) décoré d'ornements de la Renaissance italienne. Il comprend deux sections : à l'étage, les maîtres anciens *(Alte Meister)* et, au rez-de-chaussée, les modernes *(Neue Meister)*. L'école flamande et hollandaise du 17e s. est particulièrement bien représentée avec des natures mortes de Willem Kalf, Jan Davidsz de Heem et un beau **Rubens** (*Lot et ses filles*, 1610). Au 18e s., le duc Christian Ludwig II de Mecklembourg avait un faible pour les tableaux d'animaux du Français **Jean-Baptiste Oudry**, peintre à la cour de Louis XV. Résultat : le musée de Schwerin possède la plus grosse collection, hors de France, de tableaux d'Oudry (le portrait du rhinocéros Clara, de 1749, n'est pas banal !). Parmi les artistes du 20e s., signalons Carl Malchin *(Moulin à vent près d'Ahrenshoop)*, Lovis Corinth, Max Liebermann et Bernhard Heisig.

★★ Île du château et parc (SCHLOSS SCHWERIN)

Visite : 2h. ✆ 0385 525 29 20 - www.schloss-schwerin.de - de mi-avr. à mi-oct. : tlj sf lun. 10h-18h ; de mi-oct. à mi-avr. : tlj sf lun. 10h-17h - fermé 24 déc. - 8,50 €.
Édifié autour de la chapelle d'un château ducal du 16e s., le château de Schwerin est incontestablement le joyau de la ville. Le visiteur qui accède à l'édifice depuis le centre-ville est accueilli par la statue du duc Niklot, prince des Slaves. L'île du Château et ses deux ponts séparent le Burgsee du lac de Schwerin. N'hésitez pas à faire le tour du château par le Burggarten : du jardin, on distingue nettement l'ornementation en terre cuite des façades et on profite au plus près de la **vue★** sur le lac.

★ Château (SCHLOSS)

Élevé entre 1845 et 1857 pour servir de résidence au grand-duc de Mecklembourg-Schwerin, ce château de style néo-Renaissance, avec quelques emprunts au gothique et au baroque, est l'un des plus importants édifices civils du 19e s. allemand, aujourd'hui siège du Parlement du Land de Mecklembourg-Poméranie. Son aspect extérieur rappelle Chambord, dont les architectes G. A. Demmler et F. A. Stüler se sont inspirés. Dans les anciennes pièces d'habitation et d'apparat sont exposés de nombreux objets d'art, des porcelaines des différentes manufactures allemandes et des tableaux des 18e et 19e s. (jetez un œil sur le charmant paysage de Carl Malchin, *Niehagen sur la presqu'île de Fischland*, 1891). Les pièces les plus marquantes sont : la **salle du trône★** *(Thronsaal)* avec ses colonnes en marbre de Carrare et son plancher en marqueterie incrustée de métal et d'écaille de tortue,

Le château de Schwerin.
MAURITIUS/mauritius images/age fotostock

et la **galerie des ancêtres** *(Ahnengalerie)* ; au 2e étage de la tour, la « **pièce aux fleurs** » conçue par le Berlinois F. A. Stüler et abondamment décorée de stucs *(Blumenzimmer)*.

★ Chapelle (SCHLOSSKIRCHE)

La **chapelle** fut construite entre 1560 et 1563, et transformée au 19e s. Des colonnes toscanes soutiennent les tribunes Renaissance et la voûte.

★ Jardin du château (SCHLOSSGARTEN)

Ce splendide parc baroque, aménagé au 19e s., est un lieu de promenade très agréable avec son canal en croix à deux branches et ses allées de tilleuls. Près du canal, statues (copies) de Balthasar Permoser. Le chemin des Français *(Franzosenweg)* conduit du parc à la station balnéaire de Zippendorf. Très beau **point de vue★** sur le château depuis le fond du *Schlossgarten*.

À proximité

CARTE DE RÉGION P. 394-395

Musée en plein air de Schwerin-Muess

(FREILICHTMUSEUM SCHWERIN-MUESS)

À 7 km au sud-est de Schwerin par la B 321 - Alte Crivitzer Landstraße 13 - ✆ 0385 208410 - www.schwerin.de/freilichtmuseum - avr.-fin oct. : tlj sf lun. et j. fériés 10h-17h (avr.-sept. 18h) - 5 € (-17 ans 2 €).

Sur la rive sud du lac de Schwerin, le vieux village de Mueß, habilement transformé en musée ethnographique de plein air, plonge le visiteur dans le Mecklembourg rural des 17e-18e s. Au programme : des démonstrations d'artisanat, des spectacles de marionnettes... On peut aussi y pique-niquer. Jolie vue sur l'îlot de Kaninchenwerder.

★ Ludwigslust C2

À 45 km au sud par l'A 14.

Le duc Frédéric de Mecklembourg fonda la ville et transféra sa résidence de Schwerin à Ludwigslust en 1764. Le château et la ville furent construits en même temps, sous la direction de l'architecte de la cour, Johann Joachim Busch.

★ **Château** – *✆ 03874 57190 - www.mv-schloesser.de - ♿ - tlj sf lun. 10h-18h (de mi-oct. à mi-avr. 17h) - fermé 24-26 et 31 déc. - 6,50 € - de mai à déc., nombreux concerts dans la Goldener Saal.*

Édifice baroque en forme de E (1772-1776), il présente déjà des éléments du classicisme. Exécutée en brique, la façade a été revêtue de grès de Pirna.

Le toit est couronné d'un attique coiffé de 18 vases et 40 statues. Les figurines qui représentent les arts, les sciences et les vertus symbolisent les centres d'intérêt du duc ; à sa demande, on a ainsi inventé des allégories de l'hydraulique et de l'hydrostatique ! À l'intérieur, le blanc et l'or dominent dans les pièces décorées en style torsadé (variante allemande du style Louis XVI, où les vrilles et les coquillages ont été remplacés par des médaillons et des festons). Des peintures au-dessus des portes figurent des paysages et des animaux (le duc Frédéric avait un faible pour les compositions animalières du peintre français **Jean-Baptiste Oudry**, auteur des *Léopards*★, au 2e étage). Les meubles sont d'origine. La **salle d'or**★ *(Goldene Saal)*, restaurée en 2016, est somptueuse. Il s'agit d'une salle des fêtes s'élevant sur deux étages et dont la plupart des ornements sont en papier mâché. La *Vénus de Médicis*, dans le salon devant la galerie, a été fabriquée avec cette pâte, même si elle donne l'impression d'être en marbre. À noter enfin, dans la salle d'audience, les deux **trônes** des ducs de Mecklembourg, artistement sculptés, dorés et tendus de velours rose.

★ **Parc du Château** (Schlosspark) – Avec ses 135 ha, le parc du « Petit Versailles du Nord » est le plus grand du Land de Mecklembourg-Poméranie. C'est également une création de Johann Joachim Busch, mais il fut modifié au milieu du 19e s. par Peter Joseph Lenné. En s'y promenant, on découvre des cours d'eau, des statues, des mausolées et une grotte en terre ferrugineuse qui donne naissance à une pierre poreuse lorsqu'elle sèche.

Le jardin du château de Ludwigslust.
H. P. Szyszka/Novarc Images/age fotostock

Carnet pratique

S'informer

Office de tourisme – *Am Markt 14 - ✆ 0385 592 52 12 - www.schwerin.com.*

Visites

Balade en bateau sur les lacs – De mai à sept., le bateau de la « ligne des 4 lacs » assure tous les jours une navette entre l'embarcadère du Château et l'hôtel Speicher en passant par le Heidensee et le Ziegelsee *(4-Seen-Linie, 45mn, 8,50 €)*. Du mar. au dim., le bateau de la Große Insellinie dessert 4 fois/j. l'îlot de Kaninchenwerder *(1h30, 16 €)*. Il existe aussi, en juil.-août, une mini-croisière au coucher du soleil *(Dämmertörn, 2h30, 22 €). Rens. : Weisse Flotte Schwerin - ✆ 0385 55 7770 - www.weisseflotteschwerin.de.*

Agenda

Festival de Schwerin (Schlossfestspiele) – *Juil.-août.* Grands interprètes et jeunes prodiges de la musique se retrouvent chaque été à Schwerin pour une série de concerts classiques. Le « clou » du festival : l'opéra en plein air, qui a le château pour toile de fond. Les années passées, Verdi était à l'honneur : *Traviata* en 2015, *Aida* en 2016, *Tosca* en 2018… *Prix des places : 38/89 €. Rens. auprès du* **Mecklenburgisches Staatstheater –** *Alter Garten 2 - ✆ 0385 5300123 - www.mecklenburgisches-staatstheater.de.*

Nos adresses

Restauration

Premier prix

Rösterei Fuchs – *Am Markt 4 - ✆ 0385 5938444 - www.roesterei-fuchs.de - lun.-sam. 9h-20h - plat 9/14 €.* C'est « le » torréfacteur de Schwerin et ça se… sent ! Comme il fait aussi bistrot, on peut y grignoter à toute heure, au milieu des arômes d'arabica, un sandwich maison (Stulle), une salade ou un plat de pâtes. Convivial.

Lukas – *Großer Moor 5 - ✆ 0385 565935 - www.restaurant-lukas.de - 11h30-22h - fermé lun. hors sais. - plat à midi 8,50 €, plat 12/20 €.* Le spécialiste du poisson depuis 1982. À la carte : truite meunière, sole de Büsum et *Fischplatte* Lukas, un assortiment de trois poissons grillés (sandre, saumon et cabillaud de la Baltique).

Petite pause

Café Prag – *Schlossstr. 17 - (à l'angle de la Puschkinstraße) - ✆ 0385 565909 - www.restaurant-cafe-prag.de - 8h-19h, sam. 10h-19h, dim. 10h-18h.* De nombreux cafés se sont succédé à cet emplacement. Celui-ci était, du temps de la RDA, le seul de Schwerin à proposer de la bière tchèque. L'intérieur est agréable et les gâteaux, plutôt bons, affichent des prix décents.

Hébergement

Pour se faire plaisir

Niederländischer Hof – *Alexandrinenstr. 12-13 - ✆ 0385 591100 - www.niederlaendischer-hof.de - P 10 €/j.- 24 ch. 138/142 € ☕.* Bâtiment à la façade classée, au bord du lac de Pfaffenteich. Chambres confortables, décorées dans le style anglais. Bon petit déjeuner. Jardin d'hiver à l'arrière.

Parc national de Jasmund, île de Rügen, classé Patrimoine mondial de l'Unesco.
D. Caviglia/hemis.fr

COMPRENDRE L'ALLEMAGNE

L'Allemagne aujourd'hui

Première puissance économique européenne, l'Allemagne est la locomotive du Vieux Continent. Mais elle est aujourd'hui confrontée à trois défis majeurs : atténuer les disparités qui, un quart de siècle après la réunification, subsistent toujours entre les nouveaux Länder de l'Est et le reste du pays, faire face au vieillissement de la population et intégrer les réfugiés et migrants qui ont afflué en grand nombre de 2015 à 2017.

Un géant économique

Manifestement, l'Allemagne a mieux résisté que les autres pays européens aux crises économiques et financières des années 2007-2011. Elle est aussi sortie plus rapidement de la tourmente. Et les bons résultats qu'elle affiche au fil des mois – un taux de chômage inférieur à 5,2 % (2019), des exportations en hausse… – ne manquent jamais de faire pâlir ses voisins!

Les clés du succès?

Les économistes expliquent ces enviables performances par la conjugaison de plusieurs facteurs : une réforme en profondeur du marché du travail, le recours au chômage partiel et aux « minijobs » à 450 €/mois (plus de 7 millions en 2019), des entreprises innovantes et un système très efficace de l'apprentissage. Ce à quoi l'on pourrait ajouter un facteur plus culturel, le **goût du consensus** : citoyens, syndicats, employeurs et partis politiques ont à cœur de toujours rechercher un compromis profitable à tous et de favoriser le dialogue social. La fameuse « discipline allemande » n'est sans doute pas étrangère à la montée en gamme de la République fédérale d'Allemagne dans le concert des puissances mondiales : l'État s'efforce de respecter scrupuleusement la règle du « frein à l'endettement » *(Schuldenbremse)*, règle inscrite dans la Constitution qui interdit tout dérapage budgétaire supérieur à 0,35 % du PIB. En 2019, avant la pandémie de Covid-19, l'Allemagne était le seul pays du G7 à finir l'année avec un solde à l'équilibre.

Le moteur de la prospérité

Pilier n° 1 de sa puissance économique : le **secteur industriel**, qui représente à lui seul un tiers du PIB. Il se compose de nombreuses PME et de grands groupes internationaux aux activités très diversifiées, comme Siemens, Bayer, Bosch ou ThyssenKrupp qui figurent tous au palmarès des plus grandes entreprises européennes au côté de

Le port des médias (Medienhafen), à Düsseldorf.
horstgerlach/iStock

l'assureur Allianz, basé à Munich. Les principaux sites industriels sont les conurbations de Stuttgart, Munich, Francfort-sur-le-Main, Cologne, Hambourg et Leipzig. L'automobile – le secteur qui pèse le plus lourd – est représentée par les constructeurs Volkswagen, Audi, BMW, Daimler-Chrysler, Porsche et Opel. Viennent ensuite l'électronique, la construction et l'industrie chimique avec BASF, numéro 1 mondial, installé à Ludwigshafen. La région de Munich (« Isar Valley ») attire aussi une nébuleuse d'activités high-tech et de start-up.

Des retards et des pannes

Quelques nuages, néanmoins, viennent assombrir ce tableau. Une poignée de Länder – Brême, Berlin, la Saxe-Anhalt... – sont surendettés. Et même si le *« made in Germany »* reste une référence, le contexte géopolitique (récession russe) et sanitaire (Covid-19) pèse sur l'activité des entreprises. Plusieurs chantiers sont à la traîne, comme la pharaonique gare de Stuttgart 21 (prévu pour 2025 ?) ou l'aéroport de Berlin-Brandenburg (2021 ?). Mais il y a un retard plus profond que l'Allemagne n'a pas encore réussi à résorber : celui de la « mise à niveau » de ses régions Est et Ouest. On s'en rend compte lorsqu'on voyage de l'une à l'autre. De Francfort à Weimar, par exemple, ou de Kiel à Rostock.

Des déséquilibres

Bien sûr, pour qui a connu Potsdam ou Leipzig avant la chute du Mur, les changements sont vertigineux depuis 1990 : façades repeintes, galeries commerciales flambant neuves... L'écart entre les deux parties du pays s'est considérablement réduit, mais en dépit des énormes efforts financiers consentis par les Länder de l'Ouest, d'importants déséquilibres demeurent, comme si une invisible frontière continuait de couper l'Allemagne en deux.

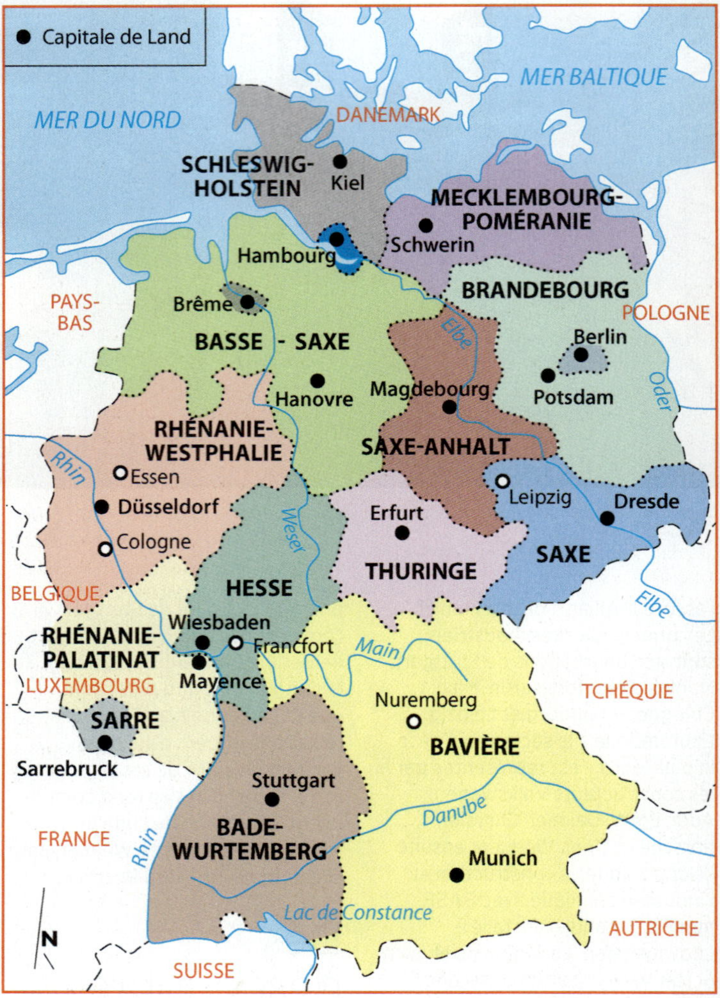

Un pays à deux vitesses

Même sous perfusion, l'ex-RDA reste à la traîne. Ses habitants sont moins bien rémunérés, à poste égal, que leurs concitoyens de l'Ouest (20 % de moins) et davantage exposés au chômage (6,4 % à l'Est contre 4,7 % à l'Ouest). Certaines villes comme Bautzen ou Cottbus sont particulièrement touchées. Par ailleurs, les médiocres perspectives d'emploi à l'Est (les grandes entreprises y sont rares) ont poussé nombre de ses habitants – les jeunes les plus qualifiés en particulier – à élire domicile dans les riches Länder du Sud, Bavière et Bade-Wurtemberg. Aujourd'hui, le phénomène s'inverse en partie : des *Wessis* – des étudiants notamment – font le choix de s'installer à l'Est où les loyers sont plus faibles. Avec un salaire mensuel minimum de 1620 €, on vit mieux à Berlin qu'à Munich. Les régions les moins favorisées sont les zones rurales de Mecklembourg-Poméranie, l'est du Brandebourg, le sud de la Saxe-Anhalt et le nord de la Thuringe.

Un vieillissement rapide

L'Allemagne compte 82,5 millions d'habitants, ce qui fait d'elle l'État le plus peuplé de l'Union européenne. Mais depuis 1972, elle est aussi l'un des pays les plus affectés par le déclin démographique : la natalité y est inférieure à la mortalité. Le gouvernement Merkel a mis en place un congé parental, revalorisé l'allocation familiale et augmenté le nombre de places en crèche, mais le taux de natalité (1,5 enfant par femme) reste l'un des plus bas d'Europe. Il est particulièrement bas dans les familles protestantes, bien plus élevé dans les familles d'origine turque (2,3). Seules deux régions connaissent une légère croissance : Munich et, dans une moindre mesure, Hambourg. Le vieillissement de la population, qui tend à s'accélérer (une personne sur cinq a plus de 65 ans), pèse sur les dépenses de santé et fragilise le financement des retraites. Selon les projections, l'Allemagne pourrait perdre 5 millions d'habitants d'ici 2060.

Un État pluriel

L'Allemagne contemporaine est une fédération de seize **Länder**, régions indépendantes, issues pour beaucoup d'anciens royaumes, duchés ou principautés, qui possèdent leur propre Constitution, leur propre assemblée, leur propre gouvernement, et cultivent jalousement leur identité, culturelle et linguistique : « boucher » se dit encore *Metzger* à Munich, *Fleischer* à Berlin, *Schlachter* à Hambourg. Nul centralisme donc, mais un État pluriel qui soutient les langues de ses minorités nationales – le danois, le frison, le sorabe – ainsi que le *Plattdeutsch*, langue régionale, et compte aujourd'hui 20,8 millions d'habitants issus de l'immigration (un quart de la population). 10,9 millions d'entre eux ont la nationalité allemande. Avec eux, la RFA est passée du statut de « pays d'immigration provisoire » à celui de « pays d'immigration permanente ». Très nombreux à Berlin et dans les grandes villes de la Ruhr, les « étrangers » sont peu présents dans les campagnes bavaroises et les autres Länder de l'Est. À Hambourg, les langues les plus répandues après l'allemand sont – dans l'ordre décroissant (2020) – le turc, le polonais, l'afghan, le russe, le portugais, le roumain, le persan, le bulgare, l'italien, le serbe. L'un des aspects les plus frappants de cette nouvelle Allemagne qui se dessine sous nos yeux est l'émergence, auprès des populations nouvellement arrivées, du *Kiezdeutsch*, une variante de l'allemand, qui emprunte une partie de son lexique au turc et à l'arabe, renonce à la traditionnelle inversion du sujet et oublie articles et prépositions (*isch bin Schul* : « je suis à l'école » ; *isch geh Bahnhof* : « je vais à la gare »). Il est désormais parlé dans tous les quartiers multiculturels.

Un nouveau défi

Le 31 août 2015, la chancelière allemande, Angela Merkel, a prononcé en conférence de presse trois mots héroïques et désormais célèbres au sujet de l'intégration des réfugiés : *Wir schaffen das* (« Nous y arriverons ! »). L'Allemagne, en effet, a les moyens de relever le défi. Mais les Allemands suivront-ils ?

La culture de la main tendue

Dès les premiers mois de 2015, l'afflux massif de **réfugiés** venus du Proche-Orient a suscité, à Berlin et dans les grandes villes de l'Ouest, un important élan de solidarité. Non par calcul, mais par humanité : l'engagement citoyen est très développé en Allemagne (une personne sur trois profite de ses loisirs pour œuvrer à l'intérêt général). Les clubs de football ont aussitôt intégré des joueurs syriens, érythréens ou irakiens dans leur équipe, les universités ont pris en charge les étudiants. Cette attitude volontariste et positive, relayée par les médias, soutenue par les Églises catholique et protestante et par les organisations patronales, porte un nom : **Willkommenskultur** – une « culture de la main tendue » qui n'était pas nouvelle (au sortir de la Seconde Guerre mondiale, des millions d'Allemands expulsés d'Europe centrale, Silésie et Prusse orientale avaient trouvé refuge en Bavière, Basse-Saxe, Schleswig-Holstein...). Aujourd'hui, le gouvernement voit dans ce nouveau « vivier » de demandeurs d'asile une possible solution au déclin démographique : selon les économistes, le pays a besoin de 750 000 immigrés par an pour maintenir le niveau de vie actuel de ses habitants.

Les sirènes du populisme

Mais la *Willkommenskultur* fait grincer des dents. Surtout dans les régions affectées par le chômage : des « citoyens en colère » *(Wutbürger)* fustigent le gouvernement qui débloque d'urgence des milliards d'euros pour venir en aide aux réfugiés alors qu'il rechignait, il y a peu, à financer l'ouverture d'une simple garderie. Pegida – le mouvement des « Européens patriotes contre l'islamisation en Occident » qui défend une vision ethnocentrée de la nation – manifeste pour appeler à l'expulsion de tous les islamistes d'Allemagne. Alternative für Deutschland (AFD) – le nouveau parti conservateur et eurosceptique, qui a fait son entrée au Bundestag – s'oppose lui aussi à la politique migratoire d'Angela Merkel : aux élections de 2019, il a raflé 27,5 % des voix en Saxe.

La femme la plus puissante du monde

Au milieu de ces tempêtes, une femme s'efforce de garder le cap. Fille d'un pasteur du Brandebourg,

L'esprit vert

Au Bundestag depuis 1983 et aujourd'hui à la tête du Bade-Wurtemberg, le parti écologiste *(Die Grünen)* a grandement contribué à sensibiliser citoyens et pouvoirs publics aux impacts de l'industrialisation sur l'environnement. Aujourd'hui, 30 % du territoire est placé sous « protection » : l'État, soucieux de préserver une certaine qualité paysagère, a multiplié les parcs naturels, réserves de biosphère, parcs nationaux (il y en a seize dont la Forêt Noire, l'Eifel, la basse vallée de l'Oder...) et « zones naturelles protégées » (on en dénombre 8 833). Plusieurs projets de construction de centrales thermiques ont été abandonnés et la catastrophe de Fukushima au Japon (2011) a hâté une décision qui couvait depuis longtemps : la sortie du nucléaire. L'Allemagne s'est engagée à éteindre tous ses réacteurs d'ici 2022. Si le nucléaire joue encore, pour le moment, un rôle prédominant dans les Länder du Sud, l'éolien fournit près de 40 % de la consommation électrique des Länder du Nord. Trente parcs offshore devraient voir le jour d'ici 2040. Déjà, 1 469 éoliennes clignotent au large de la Frise et de l'île de Rügen. Pour décarboner son industrie et relancer son économie après l'épidémie de Coronavirus, l'Allemagne s'est donné pour objectif de devenir le leader mondial de la production d'hydrogène « vert ».

Sur les quais du port de Hambourg.
no_limit_pictures/iStock

diplômée en physique de l'université Karl-Marx de Leipzig et porte-parole du dernier gouvernement de la RDA, **Angela Merkel** a rejoint, au lendemain de la réunification, l'Union chrétienne-démocrate (CDU), dont elle a pris la direction en 1998. Élue sept ans plus tard chancelière fédérale, elle jouit aussitôt d'une cote de popularité sans précédent. On l'apprécie pour sa pondération, son humilité et son endurance. Son bilan est toutefois diversement apprécié : elle a instauré le chômage partiel, qui a permis de préserver l'emploi, ainsi qu'un salaire minimum (9,35 €/h en 2015), mais sous ses mandats, les inégalités entre riches et pauvres se sont creusées. Inflexible tout au long de la crise grecque, elle a fait preuve, *a contrario*, d'une très grande empathie envers les réfugiés du Proche-Orient (en 2015-2016, l'Allemagne a accueilli à elle seule 1 300 000 migrants). La *Willkommenskultur* que la presse étrangère juge naïve et irresponsable, finit par lourdement peser sur les scrutins : en septembre 2016, la CDU perd le Mecklembourg-Poméranie. Elle est tout de même réélue chancelière fédérale en mars 2018. Toutefois, ce quatrième mandat, marqué par une certaine usure du pouvoir, n'est pas un long fleuve tranquille : revers électoraux de son parti en Basse-Saxe et en Hesse, échauffourées antimigrants à Chemnitz, sans parler de la droite radicale qui s'installe peu à peu comme la deuxième force politique du pays. Celle que le magazine *Forbes* présentait encore il y a peu comme la femme la plus puissante du monde aurait-elle perdu de son autorité ? Sans doute : elle a d'ailleurs annoncé dès octobre 2018 son retrait de la vie politique à l'issue de son quatrième mandat. Mais sa gestion très prudente de la pandémie de Covid-19 lui a valu en 2020 un formidable regain de popularité. Grâce à une efficace stratégie de dépistages massifs et de confinements ciblés, l'Allemagne a enregistré bien moins de décès que ses voisins européens. Jamais Angela Merkel n'aura autant mérité son surnom de « Mutti », la Mère de la nation.

Les grandes dates de l'histoire allemande

- **1er millénaire av. J.-C.** – Les Germains venus de Scandinavie franchissent le Rhin.
- **1er s. av. J.-C.** – Établissement de colonies romaines sur la ligne Rhin-Danube.
- **2e s. apr. J.-C.** – Les Romains bâtissent le limes.
- **6e s.** – Clovis, roi des Francs, colonise la Franconie.
- **Fin 7e s.** – Charlemagne soumet les Saxons et les Bavarois.
- **843** – Naissance de la Francie orientale (royaume de Germanie) sous Louis le Germanique.
- **911** – Première scission entre Francs de l'Est et Francs de l'Ouest.
- **936-973** – Règne d'Othon Ier et fondation du Saint Empire romain germanique.
- **Septembre 1122** – Concordat de Worms.
- **1241** – Fondation de la Ligue hanséatique.
- **1356** – La Bulle d'or est promulguée par Charles IV.
- **1438** – Albert II, élu empereur, inaugure le règne des Habsbourg.
- **31 octobre 1517** – Luther affiche ses 95 thèses.
- **Septembre 1555** – Paix religieuse d'Augsbourg.
- **1648** – Traités de Westphalie.
- **1740-1786** – Règne de Frédéric II (Frédéric le Grand).
- **6 août 1806** – Dissolution du Saint-Empire.
- **1806-1808** – Occupation napoléonienne.
- **1870-1871** – Guerre franco-allemande.
- **18 janvier 1871** – Naissance de l'Empire allemand.
- **3 août 1914** – L'Allemagne déclare la guerre à la France et à la Russie.
- **1919-1933** – République de Weimar.
- **30 janvier 1933** – Hitler accède au poste de chancelier.
- **27 février 1933** – Incendie du Reichstag.
- **Août 1934** – Mort de Hindenburg, Hitler devient le maître absolu.
- **Septembre 1935** – Lois raciales de Nuremberg.
- **9 novembre 1938** – Nuit de Cristal.
- **1er septembre 1939** – L'Allemagne envahit la Pologne ; entrée en guerre des Alliés.
- **8 mai 1945** – Capitulation du Reich.
- **2 août 1945** – Division de l'Allemagne en quatre zones d'occupation.
- **23 mai 1949** – Création de la République fédérale d'Allemagne (RFA).
- **7 octobre 1949** – Création de la République démocratique allemande (RDA).
- **13 août 1961** – Édification du mur de Berlin.
- **9 novembre 1989** – Chute du mur de Berlin.
- **3 octobre 1990** – Réunification officielle de l'Allemagne.
- **1982 à 1998** – Helmut Kohl élu quatre fois chancelier.
- **1998 à 2005** – Gerhard Schröder chancelier.
- **2005 à 2021** – Angela Merkel chancelière.
- **Juin 2011** – Vote de la loi prévoyant la fermeture progressive d'ici à 2022 des centrales nucléaires allemandes.
- **2015-2016** – L'Allemagne accueille 1,3 million de réfugiés venus pour la plupart du Proche-Orient.
- **2020** – L'Allemagne enregistre moins de décès dûs à la pandémie que ses voisins européens.
- **Octobre 2020** – Inauguration de l'aéroport Berlin-Brandenburg.

Histoire

Longtemps divisée en une multiplicité d'États autonomes, dont les limites et les régimes n'ont cessé de se modifier au cours des siècles, l'Allemagne n'a réalisé que tardivement son unité. Son cheminement vers une démocratie libérale et un système parlementaire stable a été long et parsemé d'épisodes douloureux. Mais cette nation si diverse, marquée par le féodalisme, qui maintient encore des pouvoirs régionaux forts, est devenue l'un des principaux fers de lance de l'unité européenne.

Des origines à la Germanie franque

La préhistoire

Les premiers ossements humains, datés de 400 000-500 000 ans, ont été retrouvés non loin de la ville de Heidelberg, où vécut l'*Homo heidelbergensis*. Mais c'est près de Düsseldorf que fut exhumé l'homme de Neandertal, qui y vécut il y a environ 100 000 ans. La période néolithique a livré, sur les rives du lac de Constance, des traces de cités lacustres remontant à 8 000 ans. L'Allemagne est ensuite occupée par des populations celtes au cours du premier millénaire av. J.-C.

Romains et Germains

Dès le premier millénaire av. J.-C., des peuplades germaniques, venues de Scandinavie, progressent peu à peu vers le sud. Ayant franchi le Rhin, elles se heurtent au monde celtique, avant d'être contenues puis repoussées par les Romains. Les légions romaines tiennent en effet la ligne du Rhin et du Danube sur laquelle elles ont établi des colonies au 1er s. av. J.-C.; celles-ci donneront naissance à Trèves, Mayence ou Cologne.

Les Germains ne tardent pas à constituer une menace sérieuse pour Rome, qui doit à plusieurs reprises réagir militairement à leurs tentatives d'expansion. Afin de défendre le territoire compris entre Rhin et Danube, les Romains bâtissent le **limes** au 2e s. Cette ligne de frontière fortifiée établit une claire partition entre la Germanie « barbare » et celle soumise à Rome. Mais à la fin du 4e s., la pression des tribus germaniques devient trop forte pour l'Empire romain affaibli. Bousculés par les Huns venus d'Asie, les Goths, les Vandales, les Francs et les Lombards franchissent l'Elbe. Ils déferlent bientôt sur Rome après avoir rompu le limes.

Le Musée romain germanique à Cologne.

L'empire des Francs

Au début du 6e s., **Clovis**, roi des Francs (tribu installée à l'origine à l'embouchure du Rhin), se convertit au christianisme. Il soumet, à l'est, les Alamans, et colonise le territoire qui deviendra la Franconie. **Charlemagne**, après avoir soumis les Saxons et les Bavarois, est couronné empereur à Rome par le pape, en l'an 800. Il entend ainsi prendre l'héritage légitime de l'Empire romain, dans l'ancienne Gaule et en Germanie. L'éclatement de l'Empire carolingien intervient peu après sa mort (814). Le **traité de Verdun**, en 843, donne ainsi naissance à la Francie orientale – ou royaume de Germanie – attribuée à Louis le Germanique. Cette partition consacre l'affaiblissement

du pouvoir central, alors que se constituent des duchés émancipés de la tutelle impériale. En 911, les Francs de l'Est choisissent un roi de Germanie parmi les leurs et se différencient ainsi de la nation des Francs de l'Ouest, future France.
Aix-la-Chapelle et sa cathédrale.

L'Allemagne médiévale

Le Saint Empire romain germanique

Soucieux de réaliser l'unité du royaume en rassemblant ses différentes composantes politiques, Henri Ier obtient que son fils Otton soit désigné comme son successeur. **Otton Ier** (empereur de 936 à 973) rétablit, à Rome, l'Empire romain d'Occident comprenant les royaumes de Germanie, d'Italie puis, à partir de 1032, le royaume de Bourgogne ; il fonde, animé par la volonté d'unir pouvoirs temporel et spirituel, le **Saint Empire romain germanique**.

La **couronne impériale** est élective, et tout candidat doit détenir une vertu dynastique par l'appartenance à une lignée souveraine. La **Diète** réunissant les ducs, comtes et hauts prélats élit le roi des Romains, qui ne devient empereur qu'une fois sacré à Rome par le pape. Les empereurs s'efforceront de maintenir la couronne dans leurs familles respectives en faisant, de leur vivant, élire leurs fils rois des Romains, pratique qui deviendra définitive avec les Habsbourg. Ne disposant pas d'institutions centralisées pour gérer un empire qui s'étend de la Sicile à la mer Baltique et du Rhône à la Pologne, ils s'assurent, par des donations territoriales et l'octroi de privilèges, de la fidélité des comtes et des ducs, sur qui reposent l'administration de l'Empire, sa sécurité et son expansion vers l'est. Fonctionnaires et vassaux de l'empereur, ces seigneurs disposent de puissantes prérogatives qui échappent rapidement au contrôle impérial et deviennent l'apanage de l'aristocratie laïque.

En outre, l'empereur dispose, par la tradition carolingienne et de par le sacre, d'un pouvoir religieux ; il peut ainsi réunir les conciles, décider des affaires de l'Église, confirmer ou casser l'élection des papes et intervenir dans l'attribution des évêchés. Cette situation provoque donc des querelles avec la papauté.

La lutte du sacerdoce et de l'Empire

Énergique réformateur de l'Église, le pape Grégoire VII, élu en 1073, remet en cause la tutelle impériale sur la

La Bulle d'or

Promulguée par l'empereur **Charles IV** de Luxembourg, la Bulle d'or, considérée comme l'une des premières constitutions occidentales, jette les bases d'un État moderne. Elle définit les cadres institutionnels qui instaurent une monarchie à caractère électif, fédéral et laïc, ne laissant à l'empereur qu'un pouvoir limité. Elle restreint également l'assemblée des princes-électeurs afin de favoriser le pouvoir de certaines puissances territoriales. Pour être élu, le candidat devait appartenir à l'une des familles souveraines. Franconiens (dynastie salienne), Saxons (les Othons), Bavarois et Souabes (les Hohenstaufen) reçurent tour à tour la couronne. Mais les empereurs s'employèrent à faire des donations et à octroyer des privilèges aux ducs, comtes et hauts prélats qui appartenaient à la Diète afin de la garder dans leur famille.

La Ligue hanséatique

La Ligue hanséatique, ou Hanse (de *hansen*, « s'associer »), désigne l'union des cités commerçantes qui dominèrent les échanges de l'Europe du Nord, ainsi que l'axe commercial stratégique mer du Nord-mer Baltique. Elle naît en 1241 de l'alliance nouée entre Hambourg et Lübeck. Ces deux villes ne tardent pas à s'associer à la Flandre, en particulier à Bruges qui joua un rôle de premier plan dans le développement de la Hanse. Dirigée par une diète réunissant des représentants des cités membres, la Ligue regroupe bientôt plus de 80 villes, chacune fournissant à l'association son contingent militaire et sa contribution en argent.
La Hanse connaît, jusqu'à la fin du 15e s., une remarquable prospérité, exerçant un contrôle étroit sur le commerce du Nord de l'Europe. Son déclin s'amorce avec la découverte de l'Amérique et l'expansion de la puissance maritime de la Hollande et de l'Angleterre. La dernière Diète se réunit en 1669, alors que la Ligue, très affaiblie par la guerre de Trente Ans, n'est plus que l'ombre d'elle-même.

papauté. Il entend mettre un terme à l'investiture des ecclésiastiques par les laïcs.
Cette **querelle des Investitures** affaiblit considérablement l'Empire et ébranle la chrétienté. Elle prend fin avec le **concordat de Worms** (1122) par lequel l'empereur renonce à la nomination des évêques et des abbés ; les terres du Saint-Siège sont affranchies de sa suzeraineté.
Se présentant comme le successeur de Charlemagne et d'Othon Ier, **Frédéric Ier Barberousse** (1152-1190) s'emploie à renforcer le pouvoir impérial et à limiter le pouvoir pontifical au domaine spirituel.
En 1356, la **Bulle d'or** institue l'élection impériale par un collège de trois électeurs ecclésiastiques (archevêques de Mayence, Cologne et Trèves) et de quatre électeurs laïcs (duc de Saxe, margrave de Brandebourg, comte palatin, roi de Bohême).
Si la lutte entre la papauté et l'Empire permet progressivement la constitution en Allemagne d'États ecclésiastiques, dans le même temps, les concessions accordées aux princes par l'empereur confortent les pouvoirs seigneuriaux dans une large autonomie. Une prolifération d'alliances privées et de liens de fidélité se nouent indépendamment des relations déjà existantes avec l'empereur.
Les princes allemands profitent de la période dite du **Grand Interrègne** (1250-1273), qui voit l'élection de deux empereurs non allemands, pour accroître leur puissance. C'est au cours de cette période qu'est fondée la **Ligue hanséatique**, union de défense des villes commerçantes.
Le Musée européen de la Hanse à Lübeck.
L'octroi de privilèges aux princes, aux grands prélats et aux villes, parallèlement à l'habitude prise par les seigneurs de partager leurs fiefs entre leurs héritiers, conduit à la formation d'un conglomérat d'États qui seront au nombre de 350 au 16e s. Parmi eux se détachent trois grandes puissances rivales qui, par leur situation géographique, créent un équilibre dans l'Empire : la Bavière, le Brandebourg et la Saxe.

Bavière, Brandebourg et Saxe au Moyen Âge

La Bavière et la Saxe ont le statut de duchés ; le Brandebourg s'étend progressivement vers l'est et ne deviendra duché que lors de sa réunion avec la Prusse en 1618.
Sur ces trois États s'établit un système commun : l'attribution

d'un territoire à une grande dynastie – **Wittelsbach** en Bavière, **Hohenzollern** au Brandebourg et **Wettiner** en Saxe – qui s'affermit ensuite soit par des mariages, soit par des conquêtes, soit par des donations. À tour de rôle, ces trois duchés deviennent les puissances territoriales prépondérantes en Allemagne, renforçant leur autorité par l'accession momentanée à la dignité impériale.

La dynastie des Habsbourg

Héritant d'un empire ravagé par la peste noire, Albert V, duc d'Autriche et comte de Habsbourg, est élu empereur sous le nom d'**Albert II** en 1438. Il inaugure ainsi le règne des Habsbourg qui va s'étendre sur plus de trois siècles. Cette période, au cours de laquelle l'Empire est sans cesse menacé de morcellement, est aussi marquée par un intense développement économique. Ainsi voit-on se constituer, à la fin du 15e s., de puissantes dynasties de banquiers comme les **Fugger**, créanciers des Habsbourg.

Par son mariage avec Marie de Bourgogne (1477), le futur **Maximilien Ier** hérite de vastes territoires. Il étend plus tard sa domination aux Pays-Bas grâce au traité d'Arras (1482) et, par un jeu d'alliances tactiques, fait des Habsbourg les héritiers des Rois catholiques d'Espagne. À la mort de Maximilien, en 1519, la couronne impériale proposée au roi de France François Ier est finalement attribuée à **Charles Quint**, qui hérite du trône d'Espagne et de Bourgogne.

Les empereurs tentent des réformes afin de limiter l'hégémonie des États dynastiques ; maîtres du titre impérial, les Habsbourg s'évertuent à arrondir leurs domaines par la pratique d'une fructueuse politique matrimoniale et rétablissent habilement le principe héréditaire.

À la veille de la Réforme, on distingue toujours trois étages du pouvoir dans le Saint-Empire ; outre la **dignité impériale**, conférée au plus puissant des États territoriaux, il faut compter avec les **princes** à la tête des États autonomes, et les **villes** qui, en constituant des alliances du type de la Hanse, tendent à s'affranchir du pouvoir des princes.

Le fait religieux à l'époque moderne

Dès le 15e s., l'adhésion de grandes dynasties à la nouvelle confession établie par **Martin Luther** est à l'origine de nombreux conflits entre

Luther, le père de la Réforme

En 1503, Martin Luther (1483-1546) entre au couvent des augustins d'Erfurt. Nommé professeur de théologie, il trouve dans l'Écriture, vers 1512-1513, la réponse cherchée : « L'Homme se justifie par la Foi, sans les œuvres de la Loi. » Le salut de l'homme, qui le tourmente, est selon lui assuré par la grâce de Dieu, à laquelle il répond par la Foi. Cette position l'amène à s'attaquer au trafic des indulgences et, le 31 octobre 1517, il affiche sur les portes de l'église de Wittenberg 95 thèses condamnant ces pratiques et rappelant la place primordiale du sacrifice de la croix et de la grâce de Dieu. Invité par le pape à se rétracter, il refuse et brûle, en 1521, la bulle pontificale le menaçant d'excommunication. Luther s'en prend ensuite aux sacrements, oppose à la primauté des clercs dans le domaine spirituel le sacerdoce universel des chrétiens conféré par le baptême, et critique l'Église dans ses institutions et sa hiérarchie. Ayant refusé de se rétracter, il est mis au ban de l'Empire et ses œuvres sont brûlées.

La maison de Luther à Wittenberg.
fotosol/imageBROKER/age fotostock

l'empereur et certains grands qui s'unissent dans des ligues.

Réunis à Augsbourg par Charles Quint en 1530, les deux camps ne parviennent pas à s'entendre. **Melanchthon** rédige, au nom des luthériens, la *Confession d'Augsbourg* qui deviendra la charte du protestantisme. La nouvelle confession privilégie le rapport direct à Dieu dans l'Écriture, au détriment des directeurs de conscience : le salut est avant tout affaire de libre examen. Il faut attendre 1555 et la **paix d'Augsbourg** (« à tel pouvoir, telle confession ») pour que le protestantisme soit reconnu officiellement dans les États de l'Allemagne du Nord.

La maison de Luther à Eisenach.

Bavière, Brandebourg et Saxe au 16e s.

Très vite, Brandebourg et Saxe optent pour les thèses luthériennes. Le duc de Saxe, **Frédéric le Sage**, offre son hospitalité à Luther, qui traduit la Bible en allemand, traduction considérée comme la première œuvre littéraire en allemand moderne. La Bavière, pour sa part, reste catholique, autant par conviction religieuse que par opposition à la seconde branche des Wittelsbach, qui règne sur le Palatinat et a choisi le protestantisme. Elle se pose en championne du catholicisme, prend la tête de la Contre-Réforme et de la **Ligue catholique**, tandis que la Saxe et le Brandebourg participent à l'**Union évangélique** patronnée par l'électeur palatin.

La guerre de Trente Ans

L'affrontement de l'Union évangélique et de la Ligue catholique marque le début de la guerre de Trente Ans (1618-1648) qui, par le jeu des alliances, s'étend aux grandes nations d'Europe (notamment la France, l'Angleterre et la Suède).

Les victoires françaises à **Rocroi** (1643) et à **Lens** (1648) contraignent l'empereur Ferdinand III à signer la paix. Les **traités de Westphalie** (1648) règlent les différends religieux et donnent aux États protestants l'occasion d'étendre leurs territoires.

Sur fond de justifications confessionnelles, la guerre de Trente Ans a constitué une lutte intérieure contre le pouvoir impérial, doublée d'une guerre européenne contre les Habsbourg régnant à Madrid et à Vienne. Pour un pays comme la France, il était vital en effet que les Habsbourg, déjà maîtres de l'Espagne, de l'Italie et des Pays-Bas, n'aient pas la haute main sur l'Allemagne. Mené essentiellement sur le territoire allemand, le conflit a dévasté les campagnes et saccagé les grandes villes, provoquant la ruine de l'économie.

La salle de la Paix à l'hôtel de ville de Münster.

L'ascension de l'Autriche et de la Prusse

Les Habsbourg s'emploient, après la guerre de Trente Ans, à restaurer leur puissance mise à mal par le conflit. Menant une politique d'expansion active vers le sud-est, l'Autriche rattache la Hongrie à la couronne, puis la Transylvanie, la Slovénie, la Croatie, Belgrade et une partie de la Serbie.

Cette période voit aussi l'émergence d'un pouvoir politique fort et concurrent en Prusse autour de la famille des **Hohenzollern**.

Après avoir hérité en 1618 du duché de Prusse, le margrave de Brandebourg obtient aux traités de Westphalie, entre autres territoires, la Poméranie orientale : en trente ans, ses possessions ont triplé et l'État prusso-brandebourgeois est devenu la deuxième puissance territoriale de l'Empire après l'Autriche. Oscillant sans cesse entre l'alliance et l'opposition à la France, l'électeur **Frédéric-Guillaume** (1640-1688) met à profit un engagement mesuré dans les guerres avec Louis XIV pour consolider son État, l'organiser et le développer. Il favorise considérablement le développement de Berlin en donnant asile à des milliers de huguenots français poussés à l'exil par la **révocation de l'édit de Nantes** en 1685.

Second roi de Prusse, son petit-fils, **Frédéric-Guillaume Ier** (1713-1740), dit le « **Roi-Sergent** », poursuit son œuvre. La guerre de Succession d'Autriche permet à **Frédéric II** d'acquérir la Silésie en 1742. En effet, malgré la Pragmatique Sanction, selon laquelle Marie-Thérèse doit succéder à son père Charles VI, le trône impérial est revendiqué par le duc-électeur de Bavière, soutenu par la France. Sans attendre que se déclenche le prévisible conflit général, Frédéric II envahit la Silésie, que **Marie-Thérèse** lui cède afin de se consacrer à la guerre contre la Bavière et la France. Cette cession est entérinée par le traité d'Aix-la-Chapelle en 1748. La lutte pour l'hégémonie en Allemagne va désormais se circonscrire entre la Prusse des Hohenzollern (représentée, en cette fin de 18e s., par Frédéric II, ami des philosophes et incarnation du despotisme éclairé) et l'Autriche des Habsbourg (dominée par Marie-Thérèse, peu sensible aux Lumières et catholique intransigeante) : la Saxe s'épuise à tenter de conquérir la Pologne ; la Bavière, éliminée après la guerre, prépare sa réunion avec le Palatinat ; quant à l'électeur de Hanovre, puissance montante, il se désintéresse de l'Allemagne après avoir hérité du trône anglais.

La fin du Saint-Empire

La Révolution française rencontre d'abord des échos très favorables dans la classe intellectuelle allemande. Cependant, les excès de la Terreur ne tardent pas à susciter la réprobation. Résolus à soutenir Louis XVI, les Prussiens envahissent la France mais sont défaits à **Valmy** (septembre 1792). Les **guerres napoléoniennes** bouleversent la structure du Saint-Empire. Lors du **traité de Lunéville**, en 1801, la France acquiert la rive gauche du Rhin, dépossédant un nombre important de princes d'Empire auxquels devaient être versées des indemnités territoriales prélevées sur la rive droite. C'est pourquoi Napoléon fait établir un projet de redistribution (adopté par la Diète d'Empire en 1803) qui repose essentiellement sur la suppression de tous les États ecclésiastiques et de 46 villes libres sur 52, et réduit à 39 le nombre d'États au sein de l'Empire germanique. Ces compensations s'avèrent parfois avantageuses pour certains États : ainsi, la Prusse perd 127 000 sujets sur la rive gauche, mais en récupère 500 000 en recevant des territoires en Westphalie. Après le **traité de Presbourg**, fin 1805, qui rejette l'Autriche hors de l'Empire, la Bavière, la Saxe et le Wurtemberg sont élevés au rang de royaumes. Seize États du Sud et de l'Ouest entrent dans la **Confédération du Rhin**, créée par Napoléon en 1806 pour affaiblir l'Autriche, et s'excluent ainsi de l'Empire. Le 6 août 1806, François II renonce à sa couronne et prononce la dissolution du Saint-Empire.

Le musée de la Bataille d'Iéna.

Vers l'unité allemande

Face à la Confédération du Rhin qui avait fini par regrouper 37 des États, la Prusse se pose en championne de la libération nationale, parvenant à rallier l'ensemble des Allemands, qui participent tous à la **bataille des Nations** et à la défaite des troupes françaises à Leipzig (1813). Cependant, le souci de maintenir le morcellement de la nation conduit à la création de la Confédération germanique.

La Confédération germanique

Constituée au **congrès de Vienne** (1814-1815), elle regroupe 35 États ou « villes libres » conservant leur autonomie interne et représentés par une « Diète » de onze membres désignés par les gouvernements, siégeant à Francfort-sur-le-Main sous la présidence de l'Autriche ; **Metternich**, Rhénan devenu chancelier d'Autriche, arbitre en fait cette fédération dont la formule surannée heurte les libéraux allemands. Cependant, la création en 1834 d'une union douanière

Le « chancelier de fer »

Né à Schönhausen, dans l'ouest du Brandebourg, **Otto von Bismarck** (1815-1898) est un Prussien dans l'âme. C'est en retournant sur ses terres en Poméranie pour les mettre en valeur qu'il commence sa carrière politique comme député au Landtag. Représentant la Prusse à la Diète fédérale de Francfort et chargé de rétablir de bonnes relations avec l'Autriche, il acquiert la conviction que « la politique de Vienne avait fait l'Allemagne trop étroite pour que la Prusse et l'Autriche puissent y vivre ensemble ». Alors ambassadeur, il est rappelé en 1862 par Guillaume Ier lorsque l'État prussien est en crise. Bismarck déclare à la tribune : « Ce n'est pas par des discours et des votes à la majorité que les grandes questions de notre époque seront résolues [...] mais par le fer et par le sang. » Il est nommé peu après ministre-président, poste qu'il occupera quasiment sans interruption jusqu'en 1890, et ministre des Affaires étrangères. Gouvernant par décrets, de façon inconstitutionnelle, au milieu de l'opposition générale, Bismarck compte sur les victoires extérieures pour justifier sa politique et construit l'unité de l'Allemagne autour de la dynastie des Hohenzollern.

(**Zollverein**) conduite par la Prusse constitue une étape vers l'unité par le biais de la solidarité économique.

L'ère Bismarck

Huit ans suffisent à **Bismarck** *(voir encadré p. 503)*, nommé ministre-président de Prusse en 1862, pour imposer « par le fer et par le sang » la formation d'une Allemagne centralisée (ou **Petite Allemagne**) sous la direction de la Prusse, en écartant les tentatives autrichiennes de fédérer les divers États en une « Grande Allemagne » s'étendant de la mer du Nord à l'Adriatique.
Au cours de la campagne éclair de 1866, il vainc l'Autriche à **Sadowa**. Bismarck a alors les mains libres pour organiser l'Allemagne du Nord, rattachant à la Prusse le Hanovre, la Hesse, le Schleswig-Holstein, et formant avec tous les États situés au nord du Main la Confédération du Nord. Tirant ensuite parti de la méfiance créée en Allemagne du Sud par les requêtes maladroites de Napoléon III, désireux d'obtenir le Palatinat bavarois comme prix de sa neutralité, il suscite en Allemagne un violent ressentiment à l'égard de la France. Exploitant l'affaire de la candidature Hohenzollern, il réussit à enflammer l'orgueil national des deux côtés de la frontière. La déclaration de guerre étant le fait de la France, les alliances défensives qu'avaient consenties les États du Sud jouent et toute l'Allemagne fait bloc autour de la Prusse.

De l'Empire à Weimar

L'Empire (1871-1918)

Après la défaite française de **Sedan** (2 septembre 1870), **Guillaume Ier** est proclamé empereur d'Allemagne dans la galerie des Glaces du château de Versailles, le 18 janvier 1871. Si l'Empire allemand, agrandi de l'Alsace-Lorraine, reste un État fédéral, la Prusse occupe désormais en son sein une position nettement dominante. Favorisée par Bismarck, la **révolution industrielle** est marquée par le développement rapide d'activités telles que la chimie, la métallurgie et l'extraction minière. La constitution d'un pôle financier robuste apporte un soutien efficace aux industriels.
Guillaume II succède à Guillaume Ier en 1888. Deux ans plus tard, l'empereur, qui supporte mal l'autoritarisme du chancelier, pousse celui-ci à la démission. Bismarck laisse une Allemagne en pleine crise de croissance : la poussée démographique et l'essor industriel ont fait naître un besoin d'expansion que les « pangermanistes » élèvent au rang de doctrine. Le mécontentement social croissant assure la progression du parti social-démocrate (SPD) qui obtient en 1912 la plus large représentation au Reichstag. La politique étrangère de Guillaume II lui vaut par ailleurs l'hostilité de l'Angleterre, de la Russie et de la France.

Le premier conflit mondial

Survenant dans une atmosphère tendue, l'assassinat à Sarajevo (28 juin 1914) de l'archiduc autrichien **François-Ferdinand** par un nationaliste serbe déclenche le cataclysme. L'entrée en guerre de l'Autriche contre la Serbie provoque la mobilisation des armées en Europe. Le 3 août 1914, l'Allemagne déclare la guerre à la France et à la Russie. Elle espérait une victoire rapide sur le front ouest, mais son offensive se brise sur la **Marne** : la guerre de positions commence.
Alors que la Russie, secouée par la révolution, demande un armistice en 1917, les États-Unis, dont la marine marchande est attaquée par les sous-marins allemands, entrent dans le conflit. Le moral de la population allemande est très affecté par le **blocus naval** imposé par les Alliés.

Otto Eduard Leopold von Bismarck (1815-1898).
Robert Hunt Library/Mary Evans Picture Library/Photononstop

Ceux-ci lancent en octobre 1918 une contre-attaque générale qui fait plier les Allemands, tandis qu'à l'arrière, la révolution socialiste éclate. C'est une Allemagne dirigée par le Conseil des Commissaires du peuple qui signe le 11 novembre l'**armistice de Rethondes**.

La République de Weimar

Les soviets de soldats et d'ouvriers animés par les **spartakistes** veulent imposer la révolution, mais n'obtiennent pas l'appui des masses populaires qui se sont soulevées pour imposer la paix immédiate. Cet isolement permet au gouvernement provisoire, dirigé par **Ebert**, de réprimer l'insurrection. Le 11 août 1919, l'Allemagne se donne une constitution républicaine adoptée par une assemblée nationale siégeant à Weimar, et pratiquement imposée par les vainqueurs.

Cette « République sans républicains » aura la lourde tâche d'assumer les conditions du **traité de Versailles** (28 juin 1919) : concessions territoriales, perte des colonies, réduction des effectifs militaires, paiement de lourdes réparations. Très vite, la crise économique, provoquée par l'impossibilité de remettre en marche l'industrie et par l'endettement de l'État, génère une **inflation** démentielle ; les classes moyennes sont ruinées.

En 1923, les Français, mécontents du retard pris dans le paiement des réparations, occupent la Ruhr. La résistance passive des Allemands aggrave l'état de l'économie et les extrémistes s'agitent à nouveau : à droite, ils se regroupent autour du Parti ouvrier allemand national-socialiste auquel **Adolf Hitler** avait adhéré dès 1919. Devenu leader du mouvement, ce dernier tente un putsch à Munich (8-9 novembre 1923) dont l'échec le conduira en prison. Libéré en 1924, il attendra dix ans pour prendre le pouvoir.

De 1923 à 1929, l'Allemagne connaît des années de calme relatif. Encouragée par l'échelonnement des réparations, l'évacuation de la Ruhr et l'arrivée en masse des capitaux américains, l'économie connaît un redressement spectaculaire. En

1925, le très conservateur maréchal **Hindenburg**, soutenu par les nationaux-socialistes, remplace le social-démocrate Ebert à la présidence. Sur le plan international, le ministre des Affaires étrangères, **Gustav Stresemann**, reconnaît les frontières occidentales et fait entrer l'Allemagne dans la Société des Nations.

Mais le grand **« krach » de 1929** frappe de plein fouet l'économie allemande : l'inflation repart et le chômage s'accroît de manière dramatique. Profitant du mécontentement des classes populaires et s'appuyant sur des organisations paramilitaires (SA, SS), les nationaux-socialistes obtiennent près de 38 % des voix aux élections de 1932. Les classes dirigeantes et les milieux d'affaires, voyant en lui un rempart contre le communisme, font accéder Hitler au poste de chancelier le 30 janvier 1933.

Hitler et le IIIe Reich

La dictature

Très vite, Hitler organise l'État totalitaire. Il profite de l'**incendie du Reichstag**, le 27 février 1933, pour faire arrêter 4 000 dirigeants communistes et se faire attribuer les pleins pouvoirs. Le 1er décembre, le parti nazi devient parti unique et un plébiscite organisé dans un climat de terreur lui apporte l'« approbation populaire » (12 décembre). La mort de Hindenburg, en août 1934, fait de Hitler le maître absolu de l'Allemagne, le « Führer » (le Guide). Il a désormais les mains libres pour appliquer son programme destiné à « fixer pour mille ans la forme de vie allemande ».

La résorption du chômage est obtenue par la réalisation de grands travaux, une politique de réarmement et l'embrigadement de la jeunesse dans les Hitlerjugend. La population est soumise à une propagande intense et les foyers de résistance sont impitoyablement brisés : les opposants, traqués par la Gestapo, sont internés dans des camps de concentration dès 1933. La persécution contre les Juifs prend, avec les **lois raciales de Nuremberg** (septembre 1935), un caractère radical et systématique : interdictions, pogroms et arrestations en masse constituent le mode d'expression de l'idéologie antisémite. Lors de la **nuit de Cristal**, violente démonstration antisémite organisée dans la nuit

Le IIIe Reich et les camps de la mort

Nommé chancelier par le président Hindenburg, Hitler met en place un système totalitaire visant à mettre hors d'état de nuire ses opposants. Il prend des mesures de discrimination envers les Juifs et crée des camps afin de « rééduquer » tous les ennemis du régime. Le premier, à Dachau, ouvre le 22 mars 1933. À partir de 1936, l'organisation de tous les camps est confiée à Himmler et aux SS *(Schutzstaffel)* qui, dès 1939, les transforment en machines de mort.

À la veille de la Seconde Guerre mondiale, la population concentrationnaire est en grande partie utilisée comme main-d'œuvre pour les industries engagées dans l'effort d'armement. Au fur et à mesure de l'invasion des pays européens et de l'adoption de la « solution finale » de la question juive, le 20 janvier 1942, les camps prolifèrent dans les territoires occupés : Tchécoslovaquie (Theresienstadt), Pologne (Auschwitz-Birkenau, Treblinka, Maïdanek), France (Struthof), Autriche (Mauthausen) et tant d'autres, jusqu'en Scandinavie et dans les pays Baltes.

du 9 au 10 novembre 1938, de nombreux logements et commerces appartenant à des Juifs sont mis à sac et incendiés.
La politique étrangère de Hitler ne rencontre que peu de résistance de la part des démocraties. Il viole le traité de Locarno en occupant militairement la Rhénanie (1936), annexe l'Autriche (1938) et obtient de Paris et de Londres, à la **conférence de Munich** (septembre 1938), le rattachement des Sudètes. La marche vers la guerre s'accélère : la Tchécoslovaquie est démantelée en mars 1939 et, le 1er septembre suivant, l'agression contre la Pologne, peu après la conclusion du pacte germano-soviétique, oblige les Alliés à honorer leurs engagements.
Le Reichstag, le Musée juif à Berlin.

La Seconde Guerre mondiale

Débutant avec l'invasion de la Pologne, elle mettra aux prises l'Allemagne, l'Italie de Mussolini et le Japon d'une part, la France, l'Angleterre, les États-Unis et l'URSS d'autre part. Une foudroyante offensive en 1940 permet aux Allemands, mieux préparés à la guerre que leurs adversaires, d'envahir la majeure partie de l'Europe occidentale. Seuls les Anglais résistent grâce à l'action héroïque de leur aviation. Rompant le pacte germano-soviétique de 1939, Hitler attaque la Russie le **22 juin 1941**, tandis que les Balkans sont conquis et que Rommel développe son offensive en Afrique. En 1942, le IIIe Reich est à l'apogée de sa puissance. L'année 1943 marque un tournant. Amorcée par la **victoire de Stalingrad**, la contre-offensive soviétique, sur le front est, met à mal la Wehrmacht. Les Américains, entrés dans le conflit depuis l'agression japonaise de **Pearl Harbor** (décembre 1941), débarquent en Sicile en juillet.
Après le **débarquement allié en Normandie** (6 juin 1944), le recul de l'armée allemande s'accélère. Hitler se suicide peu avant l'entrée des chars soviétiques dans Berlin (avril 1945) et le Reich capitule le 8 mai 1945. L'Allemagne n'est plus qu'un immense champ de ruines. La libération des camps de la mort révèle au monde la réalité de la politique d'extermination nazie (6 millions de morts).
Mémorial de l'Holocauste à Berlin, musée-mémorial de Sachsenhausen à Oranienburg.

L'Allemagne depuis 1945

Division et reconstruction

Les Trois Grands (États-Unis, Grande-Bretagne, URSS), réunis à la conférence de **Potsdam**, décident le 2 août 1945 la division de l'Allemagne en quatre zones d'occupation, dont une française. Le même partage s'applique à la ville de Berlin située dans la zone soviétique. Lorsque les trois zones d'occupation occidentales fusionnent en 1948, les rapports entre les Occidentaux et l'Union soviétique se sont considérablement détériorés. Le **blocus de Berlin-Ouest** imposé par les Russes en juin 1948 est contré par les États-Unis qui, dès le 25 juin, mettent au point l'opération *Vittles* (Victuailles) et établissent un pont aérien qui empêche la famine.
La partition de l'Allemagne est dès lors inévitable. La République fédérale d'Allemagne **(RFA)**, comprenant les trois zones occidentales fusionnées, est créée le 23 mai 1949. La zone soviétique devient le 7 octobre la République démocratique allemande **(RDA)**, État satellite de l'URSS.

Sous la direction de **Konrad Adenauer**, chancelier jusqu'en 1963, la République fédérale connaît un spectaculaire redressement économique et normalise ses relations internationales. Cependant, Berlin, avec son enclave occidentale dans la sphère d'influence soviétique, devient le symbole de la bipolarisation du monde. Réponse soviétique à l'exode qui frappe la RDA, le « **mur** » de Berlin est édifié le 13 août 1961.

La fin des années 1960 marque un tournant dans les relations entre les deux Allemagnes. La signature du Traité fondamental entre la RFA et la RDA, en 1972, concrétise la politique d'ouverture à l'Est **(Ostpolitik)** du chancelier **Willy Brandt** : la RFA reconnaît l'existence de « l'autre Allemagne », sans pour autant abandonner l'objectif de l'unification. Mais cette bonne volonté se heurte à la rigidité du régime de RDA qui s'appuie sur une redoutable police politique, la Stasi ; secrétaire général du Parti socialiste unifié (SED) à partir de 1971 et président en 1976 du Conseil d'État, **Erich Honecker** reste sur une ligne brejnévienne sourde aux tendances réformatrices.

La porte de Brandebourg, le musée de l'Histoire allemande, l'exposition Alltag in der DDR et le Stasi Museum à Berlin.

L'Allemagne réunifiée

Alors que Mikhaïl Gorbatchev mène une politique d'ouverture en Union soviétique, le fossé se creuse, en RDA, entre le gouvernement et sa population. Sous la pression populaire, le régime est-allemand doit se résoudre, le 10 novembre 1989, après la chute du mur de Berlin la veille, à l'ouverture de la frontière interallemande. Partisan d'une réunification rapide, le chancelier ouest-allemand **Helmut Kohl** propose, dès le 28 novembre 1989, un programme en dix points qui prévoit, dans un premier temps, la constitution d'une confédération. Le 3 octobre 1990 (aujourd'hui jour de fête nationale), le Parlement siégeant au Reichstag à Berlin ratifie le **traité de réunification**.

Helmut Kohl sort victorieux des élections organisées en décembre 1990 et, en 1991, le Bundestag choisit Berlin pour capitale du pays réunifié. Avec le retrait en 1994 des dernières troupes d'occupation, l'Allemagne est désormais une nation totalement souveraine. Elle se tourne vers la construction européenne dont le couple franco-allemand doit, selon Helmut Kohl, constituer la clef de voûte. Après la présidence fédérale, le Parlement est, en 1999, la deuxième institution à s'installer à Berlin. Le 19 avril est inaugurée la nouvelle salle de séances du Reichstag.

Les années Schröder

Menée avec une grande rapidité dans le domaine politique, la réunification a néanmoins pour conséquence des difficultés importantes dans les domaines économique et social ; baisse de compétitivité, taux de chômage élevé dans les nouveaux Länder, pression fiscale accrue sur l'Ouest pour financer la « mise à niveau » de l'Est alimentent les mécontentements. Ces problèmes issus de l'unité retrouvée entre les deux Allemagnes expliquent en partie la sanction qui frappe la CDU-CSU (Union chrétienne démocrate) de Helmut Kohl aux élections législatives de 1998, remportées par le SPD (Parti social-démocrate). Arrivé au pouvoir, **Gerhard Schröder** forme avec les Verts un gouvernement de coalition.

Dans un contexte socio-économique troublé et avec un bilan morose, Gerhard Schröder est cependant réélu aux élections générales de 2002, une nouvelle fois grâce à

La chute du Mur : Berlinois de l'Est et de l'Ouest escaladent le Mur sous la porte de Brandebourg.
N. Michalke/imageBROKER/age fotostock

l'appui des Verts. Ce deuxième mandat est marqué d'un côté par sa ferme opposition à la guerre en Irak, et de l'autre par sa volonté de mettre en place des réformes fondamentales afin d'assainir les finances du pays.

La seconde Grande Coalition

Lors d'élections régionales organisées en 2005, le SPD, confronté à la contestation de ses réformes sociales, essuie une défaite historique. Après le recul de son parti, Gerhard Schröder décide alors d'élections législatives anticipées. Cette mesure va conduire à un changement à la tête du gouvernement fédéral. En novembre 2005, **Angela Merkel** (CDU) devient chancelière d'Allemagne. Son gouvernement est soutenu par une « Grande Coalition », constituée des principaux partis : la CDU, la CSU et le SPD. Plus jeune chancelier fédéral de l'histoire, mais également première femme à occuper ce poste, Angela Merkel est aussi originaire de l'ex-RDA.

Vis-à-vis de l'Europe, Berlin entend redonner des impulsions à la Constitution de l'Union européenne et permettre à l'Allemagne d'occuper une position centrale dans les relations entre pays membres, tout en s'impliquant davantage dans le traitement des crises régionales et mondiales. Renforcer le dialogue politique avec les États-Unis après la crise irakienne est également l'une des volontés du gouvernement Merkel.

Aux élections législatives de 2009, le SPD essuie une défaite, mettant ainsi fin à la Grande Coalition. La CDU-CSU remporte les élections, et Angela Merkel, réélue, s'allie aux libéraux du FDP (Parti libéral-démocrate). Sous la pression de la crise financière et d'élections régionales dont le résultat était loin d'être garanti, Angela Merkel est largement critiquée pour avoir tardé à mettre en action un plan d'urgence d'aide à la Grèce, aggravant ainsi la crise de confiance en l'unité européenne. Ce qui n'empêche pas toutefois sa réélection à une large majorité des voix aux législatives de 2013.

Art et architecture

La situation géographique de l'Allemagne et son histoire mouvementée ont favorisé la pénétration des grands courants artistiques européens, principalement français à l'époque gothique et italien à la Renaissance. Chaque style a été interprété et adapté aux goûts régionaux. Cette inventivité a permis à l'Allemagne de développer un art original qui a donné naissance aux décors somptueux des abbayes baroques de Bavière ou à l'expressionnisme de l'entre-deux-guerres.

L'architecture

Les remparts, places, thermes, temples et villas érigés par les Romains comptent parmi les premiers témoignages artistiques rencontrés sur le sol allemand. Il faut cependant attendre le règne de Charlemagne pour que débute véritablement l'architecture allemande.

L'art roman

La période carolingienne (9e s.-début du 10e s.)

Sous l'impulsion de l'empereur et des grands prélats, l'Allemagne se dote de nombreux édifices religieux qui adoptent le plan basilical ou le plan centré (chapelle palatine d'**Aix-la-Chapelle**, 790), tous deux hérités de l'Antiquité. L'art carolingien est marqué par l'édification de sanctuaires à deux chœurs : à l'ouest naît une forme particulière, le **Westwerk** (massif occidental), haute structure quadrangulaire greffée sur la nef et souvent encadrée de deux tours comme à **Corvey**. Le *Westwerk* constitue à lui seul une église réservée qui a pu accueillir l'empereur et où se développe une liturgie particulière. Il marque durablement l'architecture romane allemande.

La période ottonienne (10e s.-début du 11e s.)

La restauration de la puissance impériale par Otton Ier en 936 s'accompagne d'un renouveau de l'architecture religieuse en Saxe ainsi que dans les pays du Rhin inférieur et de la Meuse. Les vastes églises de cette époque, dotées de transepts très saillants et d'amples bas-côtés, possèdent des charpentes en bois généralement peintes. L'alternance des piliers et des colonnes rompt l'uniformité du vaisseau central. La recherche de perfection mise en œuvre, l'harmonie qui en découle fondée sur des proportions savantes, oppose deux massifs volumineux, l'un à l'est, l'autre à l'ouest, reliés par la nef. De cette époque datent les sanctuaires de St-Michel de **Hildesheim** et de St-Cyriaque de **Gernrode** encore visibles aujourd'hui.

Le style roman-rhénan

À partir du 11e s., à **Cologne** et dans les alentours, plusieurs églises offrent une ordonnance particulière : elles s'achèvent par trois absides formant un trèfle. C'est le cas notamment à Ste-Marie-du-Capitole à Cologne. Ces absides sont décorées à l'extérieur d'arcatures aveugles et d'une « galerie naine » *(Zwerggalerie)*, motif d'origine lombarde.

Sur le Rhin moyen, le style roman rhénan atteint toute sa plénitude dans les majestueuses cathédrales « impériales », notamment de Spire, première église entièrement voûtée, puis de Mayence et Worms. Leur plan se caractérise par un double chœur sans déambulatoire et parfois par un double transept.

Au début du 13e s., les églises de Limbourg et d'Andernach, ainsi que la cathédrale de **Naumburg**, marquent le passage entre deux époques. Ce style de transition associe une esthétique encore romane à des structures gothiques : triforium, voûtes sur croisées d'ogives.

L'art gothique

Une lente apparition (13e s.)

L'art gothique, d'inspiration française, se défait difficilement des austères formes romanes et ne se répand véritablement en Allemagne qu'au milieu du 13e s. L'architecture atteint alors un grand raffinement et produit des chefs-d'œuvre comme la cathédrale de **Cologne**. Celle-ci frappe par l'ampleur de ses nefs, l'élancement de ses deux tours de façade à la mode française et la hauteur de ses voûtes sur croisées d'ogives. L'influence du gothique français se retrouve encore dans les cathédrales de Ratisbonne, Fribourg-en-Brisgau, **Magdebourg** et **Halberstadt**.

Un autre témoignage de la prépondérance de l'art français est l'implantation de monastères cisterciens entre 1150 et 1250, caractérisés par des églises abbatiales sans tours ni clochers, dont l'intérieur sera fréquemment « baroquisé » par la suite. L'un des ensembles cisterciens les plus complets d'Europe reste celui de l'abbaye de Maulbronn.

L'originalité allemande

Elle apparaît d'abord dans l'utilisation de la brique. Au nord du pays s'élèvent en effet d'imposants monuments en brique ; les églises Ste-Marie de **Lübeck** et St-Nicolas de **Stralsund**, ainsi que les hôtels de ville de ces mêmes agglomérations, la cathédrale de **Schwerin** et l'abbatiale de **Bad Doberan** représentent les formes typiques de ce « gothique de la brique » *(Backsteingotik)*.

L'autre particularité allemande qui traverse toute la période gothique est l'adoption d'un nouveau type d'agencement des volumes inspiré de l'architecture cistercienne et qui caractérise les **églises-halles** *(Hallenkirche)*. Dans ces édifices, les nefs latérales sont élevées à la hauteur de la nef centrale, de ce fait dépourvue de fenêtres hautes, et ne sont séparées de celle-ci que par des piliers. À Ste-Élisabeth de **Marburg**, de minces supports séparent les trois nefs, donnant une impression d'espace et d'homogénéité.

Le gothique tardif (SPÄTGOTIK)

Cette très longue période (14e-16e s.) voit la multiplication des églises-halles : la cathédrale de Freiberg, Notre-Dame de Munich et St-Georges de Dinkelsbühl en sont des exemples. Sur les voûtes apparaissent des nervures purement décoratives formant des réseaux en forme d'étoiles ou de fleurs qui contrastent fortement avec la sobriété des murs. L'église Ste-Anne d'**Annaberg-Buchholz** illustre cette virtuosité de l'artiste libéré des contraintes architecturales.

L'architecture civile à la fin du Moyen Âge

Aux 14e et 15e s., l'enrichissement des marchands et des artisans entraîne le développement des cités, où se bâtissent des hôtels de ville et des maisons à pignons et à colombages richement décorées de sculptures et de peintures. Ratisbonne, Rothenburg, **Goslar** et Tübingen, avec leur centre ancien, témoignent encore de l'architecture civile de cette époque.

La Renaissance

La Renaissance (1520-1620) ne constitue qu'un épisode dans l'histoire de l'architecture allemande. Tardant à s'imposer face à la persistance des formes gothiques, elle est finalement éclipsée par les troubles de la Réforme. Les édifices de style Renaissance sont donc rares dans les villes allemandes, à l'exception d'Augsbourg avec ses beaux hôtels particuliers bordant la Maximilianstraße et son hôtel de ville réalisé par Elias Holl (1573-1646), lequel donna à la Renaissance allemande ses monuments les plus importants.
L'Allemagne du Sud est très marquée par l'influence italienne : les fines arcatures florentines sont utilisées par Fugger le Riche dans la décoration de sa chapelle funéraire d'Augsbourg (1518) ; les jésuites s'inspirent de leur sanctuaire du Gesù, à Rome, pour construire l'église St-Michel de Munich (1589) ; à **Cologne**, l'hôtel de ville, avec son portique à deux niveaux, rappelle les solutions vénitiennes.
L'**Allemagne du Nord** connaît, à l'inverse, l'emprise des modes flamande et hollandaise. Dans les quartiers marchands, les pignons aux multiples étages, comme celui du Gewandhaus à **Brunswick**, reçoivent une foule de motifs ornementaux. Le château de **Güstrow**, celui de Heidelberg et la vieille ville de **Görlitz** sont d'importants témoignages de cette architecture Renaissance. Les édifices de **Wolfenbüttel**, **Celle**, **Bückeburg** et **Hameln** sont imprégnés du charme de la « Renaissance de la Weser » *(☞ Hameln)*.

Les splendeurs du baroque

Après les troubles de la guerre de Trente Ans (1618-1648), les principautés, profitant d'une reprise de l'activité artistique, introduisent l'art baroque en accueillant des architectes français et italiens. Dominé par l'irrégularité des contours et la diversité des formes, le style baroque recherche avant tout l'effet, le mouvement et les contrastes. Poussé à l'extrême raffinement, il est bientôt submergé par les décors rococo venus du rocaille français, style au départ profane et courtisan qui colonisera jusqu'aux édifices religieux.
L'**Allemagne du Sud** en reçoit l'empreinte à partir du milieu du 17e s., sous l'effet des encouragements donnés par la Contre-Réforme à l'exaltation du dogme de la Présence réelle, au culte de la Vierge et des saints et, en général, à toutes les manifestations de la piété populaire. L'**Allemagne du Centre et du Nord**, protestante, reste réservée face à cette exubérance.

Neumann, Pöppelmann et autres maîtres

Le baroque a été illustré, en Bavière, par de brillantes personnalités, comme Johann Michael Fischer (Diessen, Zwiefalten, Ottobeuren), les frères Asam (Weltenburg, St-Jean-Népomucène à Munich) et Dominikus Zimmermann (Steinhausen, Wies).
En Franconie, le mouvement, encouragé par les princes-évêques de la famille Schönborn siégeant à Mayence, Wurtzbourg, Spire et Bamberg, apparaît comme étant étroitement lié à l'épanouissement du baroque en Bohême. Les frères Dientzenhofer ornent les palais de Prague aussi bien que ceux de Bamberg. **Balthasar Neumann** (1687-1753), qui a œuvré pour les mêmes prélats, domine ses contemporains par l'étendue de

L'abbatiale gothique en brique de Bad Doberan, érigée entre 1294 et 1368.
Seeker_67/iStock

sa culture, enrichie au contact des maîtres français, viennois et italiens. Il réalise notamment l'église des Quatorze-Saints, près de Bamberg, où il parvient à associer le plan basilical à l'idéal du plan central, et l'admirable escalier du château d'Augustusburg près de **Brühl**.
En Saxe, le palais du Zwinger de **Dresde**, chef-d'œuvre de l'architecte **Matthäus Daniel Pöppelmann** (1662-1736) et du sculpteur **Permoser**, illustre avec éclat ce baroque allemand puisant aux sources italiennes. Le raffinement du décor rococo du château de Sans-Souci à **Potsdam** est plus étonnant, au cœur d'une Prusse réputée austère, mais s'explique par les études que suivit en France et en Italie **Georg Wenzeslaus von Knobelsdorff** (1699-1753), architecte officiel et ami de Frédéric le Grand.

Les églises

Les façades s'animent d'un mouvement sinueux à dominante convexe et de la superposition de deux frontons au dessin différent. Deux tours à bulbe les dominent. À l'intérieur, de vastes tribunes surmontent les chapelles latérales. Ce schéma fait défaut dans le transept, qui acquiert plus d'envolée.

Le retable monumental

Il devient l'élément essentiel du sanctuaire. Rappelant les arcs de triomphe et construit en bois sculpté ou en stuc poli, il encadre un grand tableau et/ou un groupe sculpté (abbatiale d'Ottobeuren). La présence de colonnes torses donne l'illusion du mouvement, cher à cette époque. L'éclairage en contre-jour, provenant d'une source lumineuse invisible, crée un contraste saisissant entre l'ombre et la lumière.

Les châteaux

La construction, à un seul étage, est souvent mise en valeur par un soubassement. Le plan s'articule sur un corps central circulaire ne présentant sa convexité que du côté des jardins.
Les escaliers monumentaux à plusieurs volées, d'un effet théâtral, sont souvent l'élément le plus représentatif des palais allemands du 18e s. La cage d'escalier,

embellie de galeries à arcades et d'un plafond peint, donne accès à la salle d'honneur du 1er étage ou « bel étage ». Dans son élévation majestueuse, cette salle atteint sous plafond la hauteur du 2e étage. On retrouve souvent dans les grandes abbayes ces aménagements pompeux, que complète une autre salle d'apparat, la bibliothèque.

Du néoclassicisme au néogothique

L'idéal d'une sobriété originelle

À partir de 1750, les travaux de Winckelmann sur l'art antique et les découvertes des fouilles de Pompéi jettent une lumière nouvelle sur l'architecture gréco-romaine. Parallèlement, l'exemple de Versailles inspire en Allemagne un nouveau style de vie de cour, surtout dans les pays rhénans et dans le **Berlin** de Frédéric II. De nombreux architectes français sont consultés par les électeurs du Palatinat, de Mayence, de Trèves et de **Cologne**; ils dessinent principalement les plans de châteaux de plaisance, aux noms évocateurs de Monrepos, Solitude... D'autres, allemands, comme **Carl Gotthard Langhans** (1732-1808), contribuent au changement de style du baroque vers le néoclassicisme (porte de Brandebourg et théâtre de Charlottenburg à **Berlin**).

Les frontons très simples, les balustrades courant à la base des toits et les portiques à colonnes précédant l'entrée d'honneur expriment un souci d'élégance discrète. Dans le nouveau répertoire des formes, la préférence des architectes va au style dorique et à l'ordre colossal (les colonnes et pilastres d'un même « ordre » embrassent deux étages et non plus un seul).

La décoration intérieure, moins profuse, mêle les grappes de fleurs aux motifs rocaille devenus plus légers (guirlandes, frises de perles ou d'oves, vases).

L'architecture répond à présent à une exigence de rationalité qui vient en réaction au baroque tardif et au rococo.

Karl-Friedrich Schinkel (1781-1841) – Nommé architecte d'État par Frédéric-Guillaume III en 1815, il multiplie les chantiers : Nouvelle Garde, Ancien Musée et Schauspielhaus à **Berlin**, château de Charlottenhof et Thermes romains de **Potsdam**; Garde de la Vieille Ville à **Dresde**. Grand représentant du classicisme romantique, il utilise des éléments antiques dans une approche épurée et tente toujours de lier ses constructions à leur environnement. Ses édifices aux longues colonnades caractérisent le courant romantique avec leur goût du grandiose et les contrastes de lumière qui concourent à des effets dramatiques.

Le 19e s. et le néogothique

Le mouvement néoclassique, stérile dès avant 1830, s'efface, sauf à Munich, devant le renouveau du gothique qui devient, pour les romantiques, le symbole de la Vieille Allemagne.

Parallèlement, le goût dit **Biedermeier** (meubles confortables et légers aux lignes souples, vitrines à bibelots...), qui correspond au style français Louis-Philippe, marque de son empreinte les intérieurs bourgeois entre 1815 et 1848.

À partir de 1850 s'ouvre l'**époque des fondateurs** (Gründerzeitstil, style de cette période) avec E. Ludwig et A. Koch qui revendiquent un art plus adapté à leur temps. Mais les grandes familles enrichies par l'industrie cèdent à la tentation des pastiches prétentieux du Moyen Âge ou de la Renaissance, qui sévit également dans les palais officiels (Reichstag de **Berlin**).

Berlin. Le Sony Center signé Helmut Jahn, sur la Potsdamer Platz.
Nikada/iStock

Les mouvements du 20e s.

À la fin du 19e s., la volonté de s'affranchir des styles du passé et d'entrer dans la modernité lance les artistes dans l'exploration de nouvelles voies.

L'Art nouveau ou Jugendstil

Ce mouvement européen connaît en Allemagne une grande vogue. L'idée des architectes est de réaliser une œuvre d'art total accessible à tous qui unirait structure, décoration et mobilier. Cet idéal doit se baser sur une coopération avec l'industrie, ses modes de production et l'utilisation des nouveaux matériaux (verre, fer, ciment) qu'elle promeut. La notion d'esthétique industrielle, mise en avant par les pionniers Peter Behrens, **Mies van der Rohe** et **Walter Gropius**, devient primordiale. Cet art s'épanouit surtout à Munich, **Berlin** et Darmstadt (avec le centre d'art de Mathildenhöhe). L'engagement des artistes, qui s'exprime au sein des Sécessions (Munich 1892, Berlin 1899), se double d'une revendication politique d'indépendance.

Le Bauhaus

En 1919, Walter Gropius fonde le **Bauhaus** (**Weimar** : 1919-1925, **Dessau** : 1926-1932), école d'art qui radicalise le mouvement de modernisation avec un intérêt encore plus poussé pour la production industrielle. La recherche de l'unité entre l'art et la technique est un élément fondamental. L'architecture reste, au moins en principe, la forme d'expression privilégiée puisqu'elle unit structure et décoration et permet d'appliquer les principes de fonctionnalité et de rationalité. Le mouvement initie la réflexion contemporaine sur l'architecture et l'habitat.

L'école, qui critique la société, est fermée en 1933 par les nazis, qui mettent en place une architecture monumentale et pompeuse, chargée de signifier la puissance du pouvoir en place. Celle-ci sera le plus souvent détruite par la suite.

Les musées du Bauhaus à Weimar et Dessau.

L'après-guerre

Après la fin de la guerre, la reconstruction stimule la création architecturale. Des architectes comme Dominikus Böhm et Rudolf Schwartz comptent parmi les artisans du renouveau de l'art sacré, marqué par des réalisations dépouillées.

Plus près de nous, la Philharmonie (1956-1963) et la bibliothèque de l'État de Prusse à **Berlin** (1963-1979) de **Hans Scharoun**, l'un des représentants les plus célèbres de l'architecture organique, ainsi que le bâtiment de la Nouvelle Galerie nationale de Stuttgart, conçu par **James Stirling** en 1984, chef-d'œuvre post-moderne combinant abstraction géométrique et références classiques, sont l'occasion d'audaces architecturales rendues possibles par des techniques de construction modernes et des matériaux nouveaux.

Réunification et 21ᵉ s.

Aujourd'hui, le paysage urbain est toujours en pleine évolution. Nouveaux quartiers, gratte-ciel inventifs, édifices industriels, équipements culturels et sportifs sortent de terre, témoignant tous d'une architecture créative, largement ouverte aux influences extérieures et aux architectes de toutes nationalités parmi les plus réputés au monde.

De grands chantiers ont ainsi vu le jour à **Berlin** autour du nouveau quartier du gouvernement, avec le bâtiment du Reichstag, construit à l'origine en 1884 mais transformé par **sir Norman Foster** entre 1995 et 1999, ou encore sur la Potsdamer Platz, ancien carrefour au centre de la ville, où **Meinhard von Gerkan** et **Renzo Piano** ont créé un ensemble architectural original. Autre réalisation des plus symboliques, élevée à Berlin : le Musée juif achevé en 1998 par **Daniel Libeskind** (l'architecte qui a remporté le projet de reconstruction du site du World Trade Center). L'édifice marque une totale rupture avec l'urbanisme environnant, à la différence du « Château de Berlin » que l'on vient de reconstruire (2020) sur l'île des Musées et qui arbore trois façades de style baroque.

Mais Berlin n'est pas un cas unique. D'autres tours élancées, de verre et d'acier, bâties par sir Norman Foster ou **Helmut Jahn**, se sont élevées au cœur du centre ultramoderne de Francfort, tandis qu'à **Düsseldorf**, dans le nouveau quartier des Douanes *(Neue Zollhof)*, **Frank O. Gehry** a conçu des bâtiments aux lignes arrondies et aux volumes déconstruits.

À **Hambourg**, une remarquable salle de concert de 110 m de hauteur a surgi sur les bords de l'Elbe : l'Elbphilharmonie, dessinée par les Suisses **Herzog & de Meuron** et inaugurée en 2017. Et dans le même quartier s'élancera bientôt (2026) le plus haut gratte-ciel de Hambourg : l'Elbtower, élégante tour blanche de 245 m de hauteur signée David Chipperfield.

ABC d'architecture

Architecture religieuse

Plan d'une église

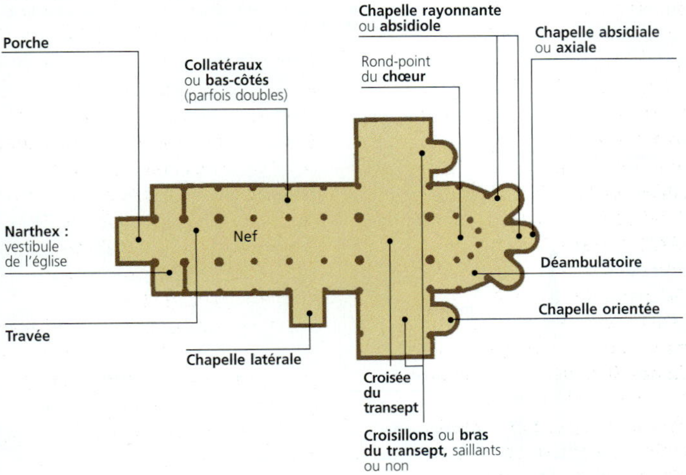

Coupe d'une église

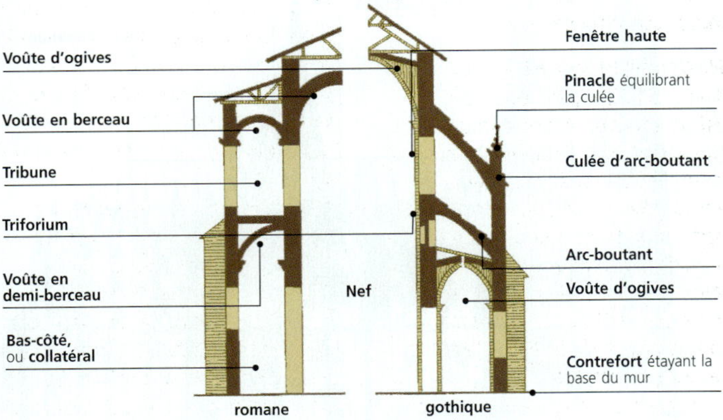

Église-halle

Contrairement à la basilique, les collatéraux ont la même hauteur que la nef centrale et sont couverts par le même toit ; leurs fenêtres éclairent l'intérieur de l'édifice.

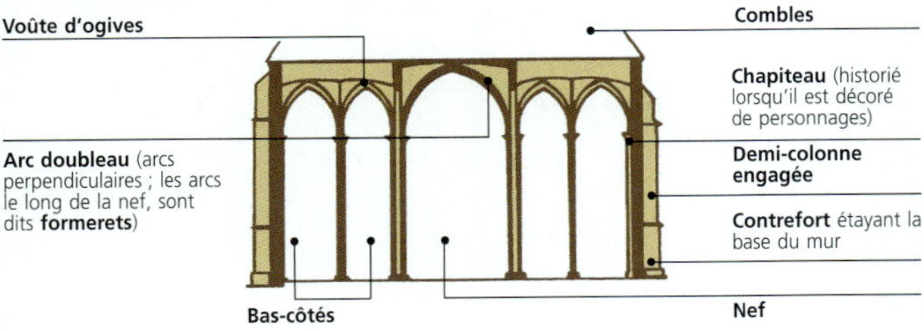

M. Guillou/MICHELIN

Cathédrale de COLOGNE (de 1248 à 1880), façade Sud

Entreprise en 1248, la construction de la cathédrale de Cologne s'étendit sur plus de six siècles. Les cathédrales de Paris, Reims et Amiens servirent de modèles pour cette première Église gothique de Rhénanie. La configuration de la façade à deux tours marque l'apogée du gothique flamboyant : ses étagements et ses rangées de verrières, de gâbles richement décorés, de contreforts élancés partent en gerbes touffues, comme autant de lignes fuyant vers l'extrémité des flèches qui s'élèvent à 157 m de hauteur.

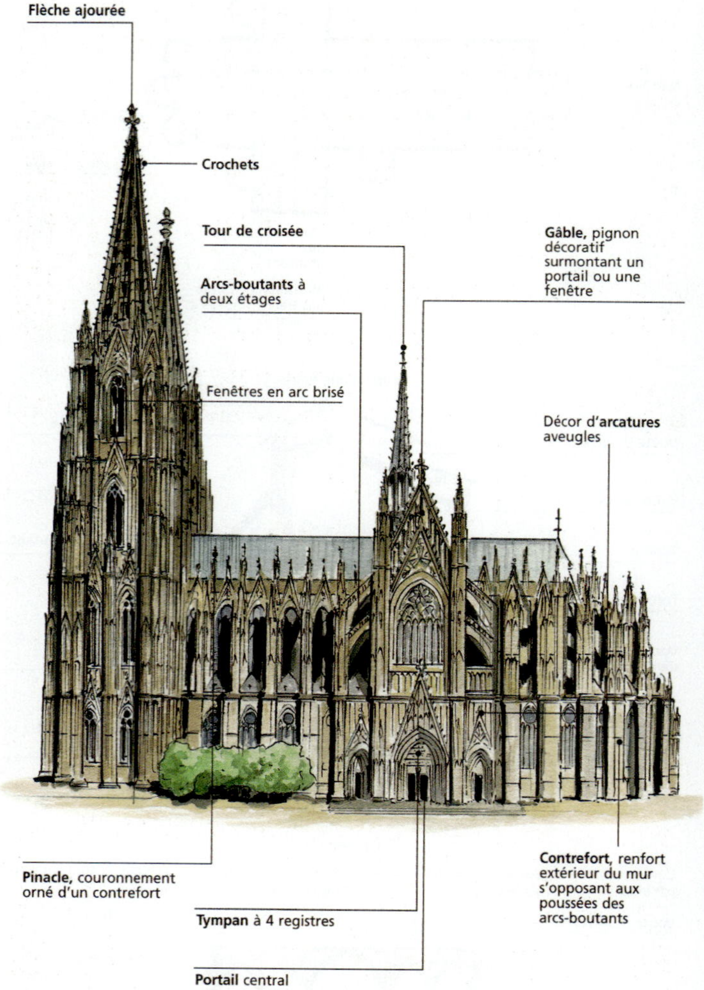

BERLIN (Zehlendorf) - Lotissement de la « case de l'oncle Tom »
(Bruno Taut, Hugo Häring, Otto Rudolf Salvisberg, 1926-32).

Conçu pour abriter 15 000 personnes, ce lotissement, construit sous la direction de Martin Wagner, ne donne aucune impression de monotonie. Le centre en est la station de U-Bahn, équipée d'un centre commercial et d'un cinéma.

Toutes les maisons sont d'une hauteur modérée

Toit-terrasse

La sobriété des façades et leur revêtement de couleurs vives, d'où le surnom de **« lotissement-perroquet »**, correspond à un plan rationnel de construction et à l'emploi de matériaux standardisés peu coûteux.

L'implantation libre dans la nature est fidèle aux idées, émises au début du siècle, par le mouvement des **cités-jardins.**

Les maisons individualisées par un décrochement et les hautes fenêtres caractérisent l'art de Salvisberg, responsable des constructions le long de la Riemeisterstraße.

BERLIN - Philharmonie (Hans Scharoun, 1960-63) et Salle de concerts de musique de chambre (Edgar Wisniewski, sur une esquisse de Scharoun, 1984-88)

Lors d'une conférence, en 1957, H. Scharoun envisageait de « donner une forme adéquate à un lieu où l'on joue de la musique et où entendre la musique est une expérience commune ». Les rangs de mélomanes sont disposés autour de l'orchestre, situé au point le plus profond de cette « arène musicale ».

Plaques d'aluminium perforées ajoutées seulement en 1978-81. Auparavant, le béton du toit était peint en ocre.

Philharmonie

La structure intérieure et l'aspect extérieur sont étroitement liés. L'emplacement de l'orchestre détermine la première (trois pentagones imbriqués pour la Philharmonie, un hexagone pour la Salle de concert de musique de chambre) ; le toit en forme de tente favorise l'acoustique et donne un aspect dynamique au second.

Salle de concerts de musique de chambre

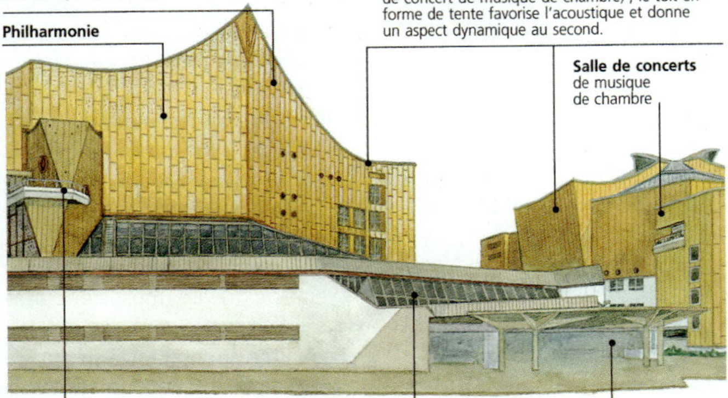

Garde-corps

Verrière

Porche

POTSDAM, château de Sans-Souci
(Georg Wenzeslaus von Knobelsdorff et Frédéric II, 1745-47)

Grands peintres et sculpteurs

15e siècle

En **peinture** comme en architecture, l'Allemagne reste encore longtemps attachée à la tradition du gothique tardif qui refuse le réalisme prisé en Italie. Le pays est divisé en de multiples écoles locales sensibles à l'influence hollandaise. Le 15e s. recherche la force expressive de l'émotion et exprime les inquiétudes religieuses qui marquent la fin du Moyen Âge.

Stephan Lochner (vers 1410-1451) – Chef de l'école de Cologne, il perpétua la tradition du gothique international dont il donna une version lyrique et raffinée avec la douceur des visages et la délicatesse des coloris. L'emploi des fonds dorés lui permit de ne pas céder complètement aux exigences de la perspective (*Adoration des Mages*, musée Schnütgen de **Cologne** ; *Vierge au buisson de roses*, musée Wallraf-Richartz à **Cologne**).

Veit Stoss (vers 1445-1533) – Sculpteur, peintre et graveur au génie tourmenté, il excella dans le travail du bois. Ses figures ont généralement un caractère pathétique.

Tilman Riemenschneider (vers 1460-1531) – Sculpteur sur albâtre et bois, il dirigea un important atelier où il exécuta de nombreux retables. Ses œuvres, au modelé délicat, sont riches d'une expression intense, pleine de gravité (musée de Basse-Saxe, **Hanovre**).

Le maître de saint Séverin (fin 15e s.) – Le caractère intimiste et les couleurs chatoyantes de ses œuvres dénotent une influence hollandaise

(*Le Christ devant Pilate*, musée Wallraf-Richartz à **Cologne**).

Le maître de la vie de la Vierge (fin 15e s.) – Sous l'influence flamande de Van der Weyden, l'artiste réalisa des œuvres originales (*Vision de saint Bernard*, musée Wallraf-Richartz à **Cologne**).

La gravure – Née en Allemagne vers 1400, elle devient l'activité de prédilection des plus grands maîtres allemands. Le précurseur est le **maître E. S.**, actif entre 1450 et 1467. Puis les techniques de la taille-douce se perfectionnent et servent au mieux les virtuoses comme **Martin Schongauer** (v. 1450-1491), dont Albrecht Dürer suivit par la suite les modèles.

16e siècle

La Renaissance allemande apparaît tardivement au 16e s. avec Dürer. L'observation de la nature et son idéalisation amènent à des œuvres de plus en plus précises et raffinées. L'« école du Danube » marque un nouvel intérêt pour le paysage, favorisant sa naissance en tant que genre, tandis que Holbein renouvelle l'art du portrait qu'il anime d'une vérité psychologique.

Matthias Grünewald (vers 1480-1528) – Puissant génie né du gothique tardif, il donna à ses œuvres une intensité tragique à même d'exprimer la douleur de l'humanité.

Albrecht Dürer (1471-1528) – Artiste le plus célèbre de la Renaissance allemande, il fut fasciné par l'art antique et la Renaissance italienne, auxquels il sut associer la gravité nordique. Installé à Nuremberg, il travailla la xylographie et réussit à rendre de somptueux effets de lumière et une gamme très étendue de gris *(L'Apocalypse)*. En peinture, il exécuta des portraits et des scènes religieuses d'une extraordinaire intensité de vie (portraits de la Gemäldegalerie de **Berlin** et du château de Wilhelmshöhe à **Cassel**).

Lucas Cranach l'Ancien (1472-1553) – Attaché aux princes-électeurs de Saxe et à la tête d'un important atelier, il fut le portraitiste des personnalités de la Réforme, notamment de son ami Luther. Son sens du mystère de la nature l'apparente aux artistes de l'« école du Danube ». Au service de la cour de Wittenberg, il réalisa des tableaux religieux inspirés des idées luthériennes. Ses œuvres de jeunesse, plus expressionnistes, laissèrent place à des tableaux pleins de grâce et de noblesse qui caractérisent le raffinement vers lequel se dirige l'art allemand du 16e s. (*L'Électeur de Saxe*, musée des Beaux-Arts à **Hambourg**, triptyque de l'église St-Pierre-et-St-Paul à **Weimar** ; plusieurs œuvres au Zwinger de **Dresde** et au musée de la Wartburg à **Eisenach** ; *Martin Luther*, Musée de l'Histoire allemande à **Berlin**).

Albrecht Altdorfer (vers 1480-1538) – Représentant de l'« école du Danube », il distribue à l'intérieur de ses tableaux des éclairages contrastés d'un effet pathétique. Il fut l'un des initiateurs de l'art du paysage, auquel il donna une place primordiale dans ses peintures (*La Crucifixion* au château de Wilhelmshöhe à **Cassel**).

Hans Baldung Grien (1485-1545) – Dans ses compositions complexes, il rechercha les effets de lumière dramatiques, les couleurs étranges et les mouvements torturés (*La Déploration du Christ* à la Gemäldegalerie de **Berlin**).

Hans Holbein le Jeune (1497-1543) – Peintre des marchands allemands, des milieux de la cour et de la haute aristocratie, il donna un nouveau souffle à l'art du portrait. Ses personnages sont décrits avec une précision illusionniste dans un décor savamment composé qui appuie leur fonction. Ses compositions, solennelles et réalistes, s'éloignent définitivement de la tradition gothique (*Portrait du marchand Georg Gisze,* Gemäldegalerie à Berlin ; *Portrait de Charles de Solier* au Zwinger de **Dresde**).

17e et 18e siècles

Durant ces deux siècles, l'influence italienne reste très sensible. Les milieux de la cour accueillent des artistes étrangers, italiens ou français, qui introduisent un art baroque gagné par l'exubérance.

Adam Elsheimer (1578-1610) – Par sa manière de traiter les paysages dans ses tableaux de petit format à sujets mythologiques et bibliques, il a su conjuguer les influences italiennes avec une conception du paysage propre à la peinture flamande et allemande. Il mène, parallèlement au Caravage, des recherches sur la puissance de la lumière dans l'évocation de la nature, notamment dans des paysages nocturnes aux accents dramatiques.

Andreas Schlüter (vers 1660-1714) – Maître de la sculpture baroque en Allemagne du Nord et architecte de talent, on lui doit des œuvres pleines de vigueur (*Statue du Grand Électeur*, château de Charlottenburg à **Berlin** ; *Masques de guerriers mourants*, arsenal de **Berlin** ; retable de St-Nicolas à **Stralsund**).

Balthasar Permoser (1651-1732) – Formé à Rome, Vienne et Venise, sculpteur à la cour de Dresde, il fait triompher l'exubérance du baroque italien, notamment au Zwinger (*Pavillon du Rempart, Bain des Nymphes* du Zwinger et la chaire de la cathédrale à **Dresde**).

Joseph Anton (1696-1770) et **Johann Michael II** (1709-1772) **Feichtmayr** – Membres d'une famille de sculpteurs et décorateurs, ils ont perpétué le style rococo dans des compositions fantaisistes.

Matthäus Günther (1705-1788) – Élève de C. D. Asam, maître de la peinture rococo d'Allemagne du Sud, il a décoré de nombreuses églises de Souabe et de Bavière.

19e siècle

Le 19e s. est d'abord le siècle du style Biedermeier (1815-1848) qui exalte les valeurs bourgeoises et un certain art de vivre qu'illustrent parfaitement les scènes de genre de **G. F. Kersting** (*La Brodeuse* au château de **Weimar**). Puis vient le romantisme, qui remet en cause les valeurs classiques et entame un dialogue entre raison et sentiment personnel. Enfin, le réalisme et l'impressionnisme venus de France servent aux artistes allemands à exprimer certaines idées socialistes naissantes. Ces expressions artistiques répondent toutes à la crise morale de l'Europe moderne.

Caspar David Friedrich (1774-1840) – Artiste de l'école romantique, il s'est attaché à représenter le paysage comme une manifestation divine et un lieu d'émerveillement propice à la méditation (*Le Moine au bord de la mer, La Croix sur la montagne*, Ancienne Galerie nationale à **Berlin** ; *Voyageur contemplant une mer de nuages* au musée des Beaux-Arts de **Hambourg** ; *La Grande Réserve* à l'Albertinum de **Dresde**).

Friedrich Overbeck (1789-1869) – Appartenant à la fraternité de Saint-Luc, il fut le membre le plus important du groupe des **Nazaréens** qui s'installa dans le couvent désaffecté de Sant'Isidoro de Rome en 1810. Avec eux, il prôna une peinture exaltant des valeurs morales, en réaction contre le néoclassicisme, et renoua avec l'art médiéval. Ils recherchèrent aussi la pureté des primitifs italiens et flamands (œuvres au musée Behnhaus Drägerhaus, **Lübeck**).

Adolf von Menzel (1815-1905) – Il représente le réalisme allemand, illustrant d'abord des thèmes anecdotiques pour traiter finalement du monde industriel d'une manière puissante, adoucie par l'impressionnisme (*Fonderie*,

Crucifixion, par Albrecht Altdorfer (1480-1538), à la Galerie des Maîtres anciens de Cassel.
DEA PICTURE LIBRARY/De Agostini Editore/age fotostock

Ancienne Galerie nationale à **Berlin**).

Wilhelm Leibl (1844-1900) – Maître de l'école réaliste allemande, il fut influencé par Courbet et s'attacha à des scènes villageoises (*Trois femmes à l'église*, musée des Beaux-Arts de **Hambourg**).

Adolf von Hildebrand (1847-1921) – Établi à Munich, il montre, dans le domaine de la sculpture monumentale, un goût sûr inspiré du style grec le plus austère, qui contraste avec les excès du 19e s.

Max Liebermann (1847-1935) – Marqué par le naturalisme français, il peint le monde paysan et ouvrier sans concession. Plus tard, intégrant les leçons de l'impressionnisme, il laisse entrer la lumière dans sa palette chromatique. Il conduit la « sécession » à Berlin en 1898, qui prône la liberté et le réalisme contre les mièvreries patriotiques des artistes de cour (*Ruelle des Juifs à Amsterdam*, musée Wallraf-Richartz à **Cologne** ; *La Grange à lin de Laren*, Ancienne Galerie nationale de **Berlin** ; *Les Ravaudeuses de filets*, musée des Beaux-Arts de **Hambourg**).

La première moitié du 20e siècle

Le début du siècle, marqué par l'expressionnisme, laisse la place à un nouveau mode de révolte et d'exaltation du sentiment subjectif. Le choc de la Première Guerre mondiale et la crise sociale qui en découle font naître un art sombre et désabusé. La contestation politique ou sociale prend la forme de nouveaux mouvements d'avant-garde qui se succèdent. L'art a plus que jamais la volonté de changer la société et d'en dénoncer les dysfonctionnements.

L'expressionnisme – L'expressionnisme allemand introduit dans la peinture une vision du monde déformée, violente et tragique, fruit de la subjectivité de l'artiste qui s'inscrit dans la lignée de Van Gogh et du peintre norvégien Edvard Munch (1863-1944), très influent en Allemagne. Le groupe **Die Brücke** (« le pont ») réunit de 1905 à 1913 à Dresde, puis à Berlin, des peintres comme Erich Heckel, **Ernst Ludwig Kirchner** et Karl Schmidt-Rottluff, dont les œuvres rappellent le fauvisme français par l'utilisation de la couleur pure.

Voir les œuvres d'artistes de ce mouvement au Brücke-Museum, de **Berlin**, à l'Albertinum de **Dresde** et au château de Gottorf (**Schleswig**).

Le Cavalier bleu (Der Blaue Reiter) – Ce mouvement artistique, qui réunit des artistes de diverses nationalités, est créé en 1911 à Munich par **Franz Marc** et **Vassily Kandinsky**, auxquels s'adjoignent **August Macke** et **Paul Klee**. Son but est de libérer l'art des contraintes réalistes, de l'ouvrir aux couleurs les plus osées et aux formes les plus éloignées de la tradition, l'engageant ainsi sur la voie de l'abstraction (œuvres au musée des Beaux-Arts de **Hambourg** et au musée Nolde à **Seebüll**). La guerre met fin au mouvement.

Le Bauhaus – Le mouvement, qui regroupe tous les arts, compte de nombreux peintres et sculpteurs d'avant-garde. Outre Klee et Kandinsky, on peut citer Oskar Schlemmer, Laszlo Moholy-Nagy, **Lyonel Feininger**, **Joseph Albers** (plusieurs œuvres au musée du Bauhaus à **Weimar** et dans les Maisons des Maîtres à **Dessau**).

La Nouvelle Objectivité (Die Neue Sachlichkeit) – Ce courant, qui touche l'ensemble des arts, apparaît au début des années 1920. Il s'attache à l'illustration réaliste des faits et des phénomènes sociologiques, correspondant en cela à la prise de conscience de la situation dure et pénible de l'après-guerre. Les artistes pionniers du mouvement sont **Otto Dix** et **George Grosz** (*La Guerre* par Otto Dix, 1932, Albertinum à **Dresde**).

Le mouvement dada – Présent à **Cologne**, **Hanovre** et **Berlin** avec **Kurt Schwitters**, il utilise l'art à des fins politiques.

En marge de ces courants, **Max Beckmann** (1884-1950), profondément marqué lui aussi par la guerre, donne à voir une vision très sombre de l'humanité (*Autoportrait*, musée des Beaux-Arts de **Leipzig** ; portraits du musée Sprengel de **Hanovre**).

De la seconde moitié du 20e s. à nos jours

Le nazisme met brutalement fin à ces expériences artistiques taxées d'« art dégénéré ». Il leur substitue un art néoclassique exaltant la race, la guerre et la famille. Cet « art nazi » s'éteint avec la fin du Reich.

En RDA, le **réalisme socialiste**, art officiel qui sert l'idéologie du régime, va dominer la peinture jusque dans les années 1960-1970. Les peintres réalistes socialistes, et tout particulièrement ceux de **Leipzig**, commencent à être de plus en plus reconnus au niveau international : ainsi Bernhard Heisig (œuvres au musée national de **Schwerin**), Wolfgang Mattheuer, Willi Sitte et Werner Tübke (Museum Junge Kunst, à **Francfort-sur-l'Oder**).

L'art allemand retrouve son dynamisme dans les années 1960 et voit l'émergence de nouvelles formes de création : le **groupe Zebra**, héritier de la **Nouvelle Objectivité**, s'oppose à l'expressionnisme abstrait ; le **groupe Zéro** (Heinz Mack, Otto Piene, Gunther Vecker) s'attache par l'art cinétique à transposer les pensées en objets visibles. Dans les années 1970, **Joseph Beuys** (Nouvelle Galerie à **Cassel**) et les artistes appartenant à la **Sculpture constructive** de Düsseldorf cherchent, en pratiquant une relation directe avec le public *(Happening)*, à redéfinir la place de l'art et de l'artiste dans la société contemporaine (**Nouvelle Galerie nationale**, Potsdamerstraße à Berlin). Élève de Beuys, le peintre **Imi Knoebel**, qui vit et travaille toujours à Düsseldorf, a développé un courant minimaliste.

À partir des années 1980, une nouvelle génération de peintres allemands s'affirme sur le plan international avec **Georg Baselitz**

Caspar David Friedrich, Les âges de la vie, 1834, 73 × 94 cm. Musée des Beaux-Arts de Leipzig.
Artepics/age fotostock

et **Markus Lüpertz** (œuvres à la Kunsthalle de **Hambourg**), les « nouveaux fauves », qui développent un expressionnisme revisité ; **Sigmar Polke** ; **Anselm Kiefer**, plus proche du pop art, qui ne cesse d'interroger l'histoire, ou encore le groupe des Berlinois **Rainer Fetting** et **Helmut Middenform**.

Aujourd'hui, **Gerhard Richter**, peintre originaire de Dresde, est considéré comme l'un des grands noms de l'art contemporain allemand. Il s'inspire de ses propres photographies pour peindre paysages, natures mortes ou scènes intimes, dans des œuvres allant de l'abstraction au réalisme (Galerie des Maîtres Modernes de **Dresde**).

Parmi les représentants de la jeune peinture allemande (labellisée « Young German Artists »), on peut citer **Neo Rausch** de la « nouvelle école de Leipzig » ou **Thomas Scheibitz** du courant « pop art » de **Dresde**. Une « nouvelle intériorité » figure parmi les thèmes abordés par les artistes plasticiens tels que **Jonathan Meese**, **André Butzer** ou **Franz Ackermann** et ses *Mental Maps*.

La photographie occupe aussi une place majeure avec des personnalités comme celles de **Bernd et Hilla Becher** qui apparaissent comme les chefs de file d'un important courant documentaire allemand, auquel appartiennent également **Andreas Gursky**, **Candida Höfer**, **Thomas Ruff** et **Thomas Struth** (la plupart anciens élèves des Becher aux Beaux-Arts de **Düsseldorf**).

La sculpture enfin n'est pas en reste avec **Ulrich Rückriem** et **Jochen Gerz**.

Culture

De Goethe à Nietzsche, de Bach à Wagner, en passant par Hegel, Marx, Schumann ou Beethoven, pour n'en citer que quelques-uns, l'Allemagne possède une tradition littéraire, philosophique et musicale parmi les plus riches au monde. La culture allemande n'a cessé, de Charlemagne à nos jours, de construire un édifice de portée universelle. Elle a constamment cherché à créer de nouvelles formes d'expression pour refléter l'évolution de la pensée et de la connaissance.

Littérature et philosophie

Le Moyen Âge

La littérature allemande du Moyen Âge s'exprime à travers une multiplicité de dialectes. Drames, ballades, chansons ou épopées s'appuient largement sur la tradition orale. Datant du règne de Charlemagne, le *Chant de Hildebrand* (820), texte de 68 vers, constitue une œuvre fondatrice.

À partir du 12e s., la germanité littéraire cherche à s'affirmer au sein d'une double sphère d'influence, l'épopée et la littérature courtoise. L'épopée, inspirée des chansons de geste très en vogue à l'époque, trouve sa réalisation la plus accomplie dans le *Chant des Nibelungen* ; inspiré des *Eddas* scandinaves et de vieilles traditions orales germaniques, il raconte les aventures héroïques de Siegfried, sa mort tragique et la vengeance de Kriemhild, son épouse. Sept siècles plus tard, Wagner reprendra ce même thème dans sa *Tétralogie*.

La littérature courtoise, de son côté, rayonne dans les châteaux des seigneurs de Thuringe, du Brandebourg et de Meissen. L'auteur le plus talentueux, **Wolfram von Eschenbach** (v. 1170-v. 1220) se rend célèbre en adaptant certains romans de Chrétien de Troyes : *Parsival* et *Tristan*.

Du Moyen Âge à Luther

Cette période de transition qui s'étend du 14e au 16e s. fait se côtoyer trois grandes tendances.

D'abord les mystiques, dont le plus renommé est **Maître Eckhart** (v. 1260- v. 1327) avec ses sermons sur la destinée de l'âme humaine. Ensuite les satiriques, tel **Sébastien Brant** (1458-1521), qui produisit la fameuse *Nef des fous.* Enfin la poésie lyrique, chantée par des troubadours, ou *Minnesänger*.

La révolution luthérienne

Martin Luther (1483-1546) revêt une importance déterminante dans l'évolution de la culture allemande. Traducteur et commentateur de la Bible, il s'efforcera de concilier la liberté humaine avec l'interprétation des textes sacrés, en s'affranchissant de la tutelle de Rome. Il pose ainsi les bases du futur **esprit de système** qui donnera à l'Allemagne ses plus grands penseurs (« *Histoire* »).

Leibniz

Excellent mathématicien et homme de culture philosophique, **Leibniz** (1646-1716) prétend démontrer la pertinence d'un système voulu par Dieu afin d'assurer la destinée humaine. Il fonde ce système sur une sorte d'harmonie universelle qui n'exclut pas la présence des contraires : Bien et Mal, Volonté et Fatalité, Joie et Peine... Son texte majeur, écrit en français, *La Monadologie*, démontre que chaque atome de vie est à la fois unique et infini.

Le siècle des Lumières « Aufklärung »

Caractérisé par le triomphe de la Raison sur les ténèbres, il est dominé par deux personnalités incontournables, même si leurs domaines diffèrent.

Gotthold Ephraïm Lessing (1729-1781) incarne l'esprit des Lumières : il aime l'action, le défi, les idées nouvelles. Prônant la tolérance, Lessing s'exprime dans tous les genres : comédie, drame sentimental, critique théâtrale et polémique religieuse. Il fixe par ailleurs les principes du nouveau théâtre allemand en créant le drame bourgeois *(Emilia Galotti)*.

Son contemporain, **Emmanuel Kant** (1724-1804), s'attache à définir le champ du connaissable ; seul ce qui est déterminé par les formes pures de l'entendement fait l'objet d'une connaissance rationnelle. Ce qui échappe à cette détermination (l'âme, Dieu...) peut certes être « pensé » et donner lieu à une « croyance », mais ne saurait être « connu ».

« Sturm und Drang » et classicisme

Par réaction contre le rationalisme de l'*Aufklärung*, le **Sturm und Drang** (« Tempête et Élan »), mouvement qui correspond au préromantisme en France, exalte le sentiment, la nature et la liberté. Ce violent courant d'émancipation (1770-1785) a eu pour conséquence un renouveau de l'inspiration poétique. Il privilégie la poésie, « langue mère de l'espèce humaine », et revisite le passé germanique, portant un intérêt particulier à un genre comme la chanson populaire. Les œuvres du jeune **Goethe** (1749-1832), ainsi *Les Souffrances du jeune Werther*, témoignent de l'influence du *Sturm und Drang*. Toutefois, le poète et génie universel qu'est Goethe ne devait pas tarder à tempérer cet enthousiasme pour se tourner vers la tradition de l'humanisme classique. Exerçant, avant l'émergence du courant romantique, dont il se tint toujours à l'écart, une sorte de magistère sur les lettres allemandes, il est l'auteur d'une œuvre abondante. Elle comprend notamment des drames classiques *(Iphigénie en Tauride, Egmont, Torquato Tasso)*, des romans *(Les Affinités électives, Les Années d'apprentissage de Wilhelm Meister)*, et les deux *Faust* (1808 et 1832). Établi à Weimar à partir de 1775, Goethe fut rejoint par **Herder**, **Wieland** (1733-1813) et surtout **Schiller** (1759-1805). Poète et dramaturge de génie, ce dernier fit de ses drames historiques *(Don Carlo, Wallenstein, Guillaume Tell)* des hymnes dramatiques à la liberté.

Le Musée national Goethe et la Maison Schiller à Weimar.

Hölderlin et Büchner

À l'écart des grands courants du siècle, ces deux auteurs ont produit une œuvre au rayonnement considérable. **Friedrich Hölderlin** (1770-1843), auteur tragique et lyrique *(Hypérion, La Mort d'Empédocle)*, passionné par la Grèce ancienne, s'exprime dans de nombreuses odes dans lesquelles

les possibilités métriques se marient idéalement aux sonorités de la langue allemande ; **Georg Büchner** (1813-1837), d'une originalité étonnamment moderne, offre une œuvre d'une rare intensité. Citons *La Mort de Danton*, *Woyzeck* et surtout *Lenz*, témoignage poignant sur la folie poétique.

Le 19e s. romantique

Période foisonnante, à la richesse vertigineuse, ce siècle offre à l'imagination une matière inépuisable. Les romantiques vont se tourner vers quelques sources communes. D'abord la redécouverte d'un Moyen Âge imaginaire, le **gothique** ; ensuite la revitalisation de la Grèce antique ; puis les contes et légendes populaires, surtout lorsqu'ils sont fantastiques ; les méandres des sentiments humains (amour, solitude, errance, désespoir et mort) ; et enfin la nature, qui peut refléter ces états d'âme.

Les grandes figures du mouvement romantique seront tout d'abord **Arnim** (1781-1831) et **Brentano** (1778-1842), qui publièrent un recueil de légendes populaires *Des Knaben Wunderhorn* (*Le Cor merveilleux de l'enfant*), qui eut un succès retentissant. Dans le même esprit, on peut citer les contes des **frères Grimm** (Jacob 1785-1863 et Wilhelm 1786-1859) et ceux d'**E.T.A. Hoffmann** (1776-1822).

La poésie allemande, outre Goethe, s'épanouit avec des auteurs comme **Novalis** (1772-1801), **Eichendorff** (1788-1857), **Heinrich Heine** (1797-1856) ou **Mörike** (1804-1875).

Un peu en retrait de la scène romantique, le dramaturge **Heinrich von Kleist** (1777-1811) donne au théâtre des pièces remarquables, en particulier *Le Prince de Homburg* (1810), drame de l'homme d'action plongé dans ses rêves. Sa nouvelle *La Marquise d'O* (1808) sera adaptée au cinéma par Eric Rohmer.

Le Monde des frères Grimm à Cassel, la Maison du Romantisme allemand à Iéna et le musée du Romantisme allemand à Marbourg.

En philosophie, la pensée allemande domine alors l'Europe. **Hegel** (1770-1831), avec *La Phénoménologie de l'esprit*, cherche l'équilibre entre absolu et raison avant de construire sa philosophie du droit et ses recherches sur l'esthétique. **Schopenhauer** (1788-1860), théoricien pessimiste du vouloir-vivre, décrit la réalité dernière comme volonté, et cette volonté comme souffrance (*Le Monde comme volonté et représentation*, 1818) ; son influence sur la formation de la pensée d'auteurs comme **Nietzsche** *(voir ci-après)*, **Freud** (1856-1939) ou **Wittgenstein** (1889-1951) fut décisive.

Comment ne pas évoquer également **Karl Marx** (1818-1883), dont l'étude sur la relation entre le travail et le capital suscite encore la polémique. Enfin, **Friedrich Nietzsche** (1844-1900), l'un des philosophes les plus controversés de l'Histoire, puisqu'il n'a cessé de chercher à libérer la pensée des carcans issus de la morale judéo-chrétienne.

L'époque contemporaine

Habitées par la dualité souvent irréconciliable entre l'esprit et les sens, entre l'irrationnel et le rationnel, les œuvres de **Thomas Mann** *(Les Buddenbrook, La Mort à Venise, La Montagne magique)* et **Hermann Hesse** *(Le Loup des steppes)* portent l'écho du nietzschéisme.

Alfred Döblin (1878-1957), l'un des romanciers allemands les plus importants du 20e s., renouvelle la forme romanesque avec *Berlin Alexanderplatz* (1929), la rend polyphonique et cinématographique. Il fait entrer les rues de Berlin et leur ambiance aux côtés du héros

Franz Biberkopf qui se bat contre la cruauté de la vie.

La pensée des années 1930 et 1940 est marquée par une interrogation sur le sens de la vie ; se nourrissant des apports de la phénoménologie husserlienne, **Heidegger**, et dans une moindre mesure **Jaspers**, réintroduit la question de l'être au cœur de la philosophie.

Hannah Arendt (1906-1975), qui suivit leur enseignement, est aujourd'hui l'une des figures majeures de la pensée contemporaine. Contrainte à l'exil à partir de 1933, ses écrits sont une puissante réflexion sur le totalitarisme, l'antisémitisme et la « banalité du mal » *(Les Origines du totalitarisme, Condition de l'homme moderne, Eichmann à Jérusalem).*

La scène théâtrale est dominée par la personnalité de **Bertolt Brecht** (1898-1956) *(L'Opéra de Quat'sous, Mère Courage, Galilée).* Auteur socialiste engagé, il refuse le « théâtre de l'illusion » et prône la distanciation : le spectateur doit être un observateur critique de ce qui se déroule sur scène.

Le national-socialisme oblige bon nombre d'écrivains à s'exiler (**Walter Benjamin**, **Alfred Döblin**, **Thomas** et **Heinrich Mann**...). Enfin, **Ernst Jünger** (1895-1998) publie courageusement son roman *Sur les falaises de marbre* en 1939.

La littérature depuis 1945

Marqués par la folie criminelle nazie, les écrivains d'après-guerre, réunis autour du Groupe 47 (année de sa création), cherchent à explorer les domaines de la conscience et de la culpabilité. **Günther Grass** (né en 1927) illustre dans *Le Tambour* les conséquences du nazisme sur l'Allemagne à travers le refus de grandir d'un enfant. Quant à **Heinrich Böll** (1917-1985), il dégage une morale tout empreinte d'humanisme *(Portrait de groupe avec dame, L'Honneur perdu de Katharina Blum).*

Soucieux de sortir la littérature de ses frontières allemandes, un auteur comme **Heiner Müller** (1929-1995) revisite quelques grands mythes littéraires européens : *Les Liaisons dangereuses* avec *Quartett*, Shakespeare avec *Macbeth* et *Hamlet-Machine.*

Encore plus proche de nous, on compte parmi les auteurs germanophones reconnus l'Autrichien **Peter Handke** (né en 1942), qui distille un savant dosage d'essai et de fiction dépassant le cadre de la seule Germanie : *Essai sur la fatigue, Essai sur la journée réussie* (etc.), *L'Angoisse du gardien de but au moment du penalty.* Scénariste, il collabore avec Wim Wenders *(Les Ailes du désir...).*

Il y a aussi **Paul Celan** *(La Rose de personne)*, d'origine roumaine, l'un des grands noms de la poésie contemporaine.

Même la jeune génération n'hésite pas à se frotter à l'histoire de son pays. **Volker Kutscher**, auteur de romans policiers à succès qui ont inspiré la série télévisée *Babylon Berlin*, plonge ses lecteurs dans un commissariat berlinois au temps de la République de Weimar. **Bernhard Schlink** (*Le Liseur, Le Week-end...*) ausculte, au fil de romans plus intimistes, la douloureuse décennie

Le retour du « gothique »

Le terme « gothique » fut inventé au 16e s. par le peintre et théoricien italien Giorgio Vasari pour désigner dédaigneusement un art « barbare » supposé ne pouvoir appartenir qu'aux Goths et que la Renaissance se devait d'oublier. Vasari ne se doutait pas alors que ce terme s'ennoblirait au moment de la redécouverte au 19e s. du « temps des cathédrales ».

Rudi Dutschke. **Julie Zeh**, figure de proue de la jeune garde (elle est née en 1974), s'est imposée avec *Fille sans qualités*, inspiré d'une tragique fusillade au lycée d'Erfurt, et *Corpus Delicti*, un roman percutant sur les dérives de l'obsession sanitaire.

Musique

L'Allemagne et le monde germanophone en général ont considérablement contribué à enrichir la musique occidentale. Connaissant un premier point d'orgue au 18e s., avec la période baroque, la musique allemande s'affirme ensuite à travers des compositeurs de génie comme Beethoven et Wagner. Les recherches contemporaines, menées depuis l'apparition du dodécaphonisme, témoignent aujourd'hui encore de la vitalité du courant musical allemand.

Des trouvères aux maîtres chanteurs

Aux 12e et 13e s., la cour des seigneurs constitue le lieu d'expression musicale par excellence. Les **Minnesänger** (trouvères), souvent de nobles chevaliers tels **Wolfram von Eschenbach** ou **Walther von der Vogelweide**, puisent leur inspiration dans la poésie lyrique française.

Les **maîtres chanteurs** *(Meistersinger)*, du 14e au 16e s., adoptent un mode de vie sédentaire et s'organisent en corporations. Ils introduisent la polyphonie en Allemagne. Parmi eux, citons **Heinrich von Meissen** (1250-1318) qui marqua la transition du *Minnesang* à la poésie des *Meistersinger*. Cordonnier de son état et ardent défenseur de Luther, **Hans Sachs** (1494-1576) est l'auteur d'une œuvre abondante ; nombre de ses compositions furent adaptées sous la forme de chorals protestants. Sachs fut choisi par Wagner comme sujet de son opéra *Les Maîtres chanteurs de Nuremberg*.

De la Renaissance au 17e s.

La Réforme luthérienne donne son autonomie à la musique allemande avec l'apparition du choral, fruit de la collaboration entre **Luther** et **Johann Walther** (1496-1570). Cantique à la mélodie simple, le choral, chanté en langue vulgaire, s'ouvre bientôt au répertoire profane et intègre les genres musicaux populaires. Il donnera plus tard naissance à la cantate et à l'oratorio allemands.

Berlin, Vienne, Prague et la germanité

L'Allemagne n'a pas toujours été l'État-nation que nous connaissons aujourd'hui, elle a longtemps cherché à se donner une définition. À partir du 19e s., elle veut se construire autour du concept de la germanité même : « Qu'est-ce qui est allemand ? » Écrivains, philosophes et musiciens seront hantés par cette question. La confusion est d'ailleurs bien réelle dans les rapports entretenus avec l'Autriche qui, de son côté, rassemble une mosaïque de minorités – Juifs, Tchèques, Slovaques, Hongrois, Polonais, Serbes... La langue allemande restera pour longtemps l'axe unificateur d'écrivains viennois comme Arthur Schnitzler ou Stefan Zweig, praguois comme Rilke ou Kafka, roumains comme Paul Celan qui écrit dans la langue de l'occupant, voire du bourreau. Certains compositeurs ont contribué à ce brouillage, tels Beethoven ou Richard Strauss, allemands de naissance et viennois d'adoption. La difficulté à définir la germanité a finalement été la faille dans laquelle la politique raciale nazie s'est engouffrée. Exaltant la culture allemande, elle l'a par la suite inévitablement stigmatisée.

Grand maître de la musique sacrée, **Heinrich Schütz** (1585-1672) marie admirablement les éléments du génie allemand et italien. Il compose le premier opéra allemand, *Dafne*, œuvre malheureusement perdue. La seconde moitié du 17e s. voit se multiplier les écoles d'orgue, l'une des plus fameuses ayant son siège à Nuremberg. Modèle pour Bach, **Dietrich Buxtehude** (1637-1707) organise les premiers concerts spirituels.

Bach et la musique baroque

Sa science de la composition, sa capacité d'invention et sa maîtrise absolue du contrepoint permettent à **Bach** (1685-1750) de porter au plus haut degré d'achèvement tous les genres qu'il aborde. Établi à Weimar jusqu'en 1717, il effectue ensuite, auprès du prince de Köthen, un séjour de quelques années à l'occasion duquel il compose *Les Concertos brandebourgeois*. En 1723, il s'installe à St-Thomas de Leipzig comme « cantor ». Bach doit y composer une cantate par semaine, pour la liturgie du dimanche. Travailleur infatigable, il assure en outre les offices de quatre églises, enseigne le latin, le chant et trouve le temps d'écrire nombre d'œuvres instrumentales ou vocales. Mentionnons, parmi d'autres chefs-d'œuvre, *Le Clavier bien tempéré* (1722 et 1744) et *La Passion selon saint Matthieu* (1727).

Compositeur de cour brillant, influencé par ses voyages en Italie, **Georg Friedrich Haendel** (1685-1759) excelle dans l'opéra et l'oratorio (*Le Messie*, 1742). Natif de Halle, il assume pendant un temps la charge d'organiste de la cathédrale de cette ville, avant de poursuivre sa carrière à l'opéra de Hambourg, puis en Angleterre, où il s'établit à partir de 1714.

Le Musée Bach à Leipzig.

De l'école de Mannheim à Beethoven

Au milieu du 18e s., les musiciens de l'**école de Mannheim** contribuent à mettre au point la forme moderne de la symphonie. Sensible aux innovations de Mannheim, **Gluck** (1714-1787) entreprend de « réformer l'opéra ». Il supprime le récitatif et donne naissance à des œuvres épurées, où s'affirme la primauté du texte poétique. À Paris, il déchaîne d'un côté l'enthousiasme des novateurs, de l'autre les fureurs des partisans de l'opéra traditionnel à l'italienne. C'est la fameuse « querelle des Bouffons ». Cette période est également marquée par l'apparition en Allemagne du **Singspiel**, sorte d'opéra populaire où les dialogues sont entrecoupés de pièces en forme de lied. *La Flûte enchantée* de Mozart (1791) et le *Fidelio* de Beethoven (1814) fournissent une illustration brillante de ce genre plus tard identifié à l'opérette.

Vienne, berceau de la musique allemande ?

À la fin du 18e s., la capitale des Habsbourg devient le poumon musical de toute l'Europe centrale. Les pères fondateurs, **Haydn** et **Mozart**, vont y créer un style dit « classique », qui hantera la vie musicale européenne jusqu'à la Seconde Guerre mondiale. L'attraction de Vienne est à l'origine d'un brouillage extrêmement fécond : des compositeurs d'origine et de culture différentes ne vont cesser de s'y côtoyer.

Les pères fondateurs

Haydn (1732-1809), véritable génie de la construction formelle, met au point l'ensemble des règles du style classique. Compositeur prolixe, il écrivit 104 symphonies, 17 opéras, 84 quatuors... dont l'op. 76 qui inclut l'actuel hymne allemand.

Mozart (1756-1791), immense génie de l'histoire de la musique, donne ses lettres de noblesse à la voie ouverte par Haydn, auquel il dédie six de ses quatuors. Quel que soit le genre abordé, et il les aborda tous, il s'arrange toujours pour rester Mozart, notamment dans ses opéras *(Don Juan, Les Noces de Figaro, Cosi Fan Tutte...)* et ses concertos pour piano. Son inspiration excelle particulièrement dans l'alliance subtilement poétique de la légèreté et de la profondeur des sentiments humains.

Né à Bonn, **Beethoven** (1770-1827) se rend à Vienne pour y recevoir l'enseignement de Haydn. Transformant les genres existants, il introduit dans la musique de nouvelles harmonies qui annoncent le romantisme. La profondeur de sa réflexion, tantôt pleinement intériorisée, tantôt élargie en une croyance dans l'universalité du pouvoir de la musique, éclate avec une formidable puissance d'expression, notamment dans ses derniers quatuors.

La maison de Beethoven à Bonn.

La musique romantique et Wagner

Le *Freischütz* de **Carl Maria von Weber** (1786-1826), premier opéra romantique allemand, est annonciateur du drame wagnérien. Créé en 1821 à Berlin, il obtient un véritable triomphe, auquel l'emploi des chants populaires n'est certainement pas étranger. L'univers aérien de **Felix Mendelssohn Bartholdy** (1809-1847) est, quant à lui, étranger aux forces du mal qui planent dans le *Freischütz*. Il fut un musicien classique de par la clarté et la transparence de son écriture.

Robert Schumann (1810-1856), tour à tour passionné et tendre, nourri de tradition germanique, s'efforce de concilier exigence stylistique et expression personnelle. Critique musical talentueux, il écrit d'abord pour le piano seul *(Carnaval, Kinderszenen)* puis, écoutant son admiration pour Schubert et les conseils de son ami Mendelssohn, il se lance dans la composition de lieder *(Dichterliebe)*. Il évolue ensuite surtout vers le genre symphonique et la musique de chambre.

Proche de Schumann, **Johannes Brahms** (1833-1897) incarne le romantisme allemand dans une expression classique, ce qui l'amena à être taxé de formalisme.

Couronnement du mouvement romantique allemand, l'œuvre de **Richard Wagner** (1813-1883) crée un nouveau genre d'opéra : le drame. La musique, au service de ce drame, doit selon lui créer un « climat » hors duquel le message ne saurait passer, d'où l'importance de l'orchestration. Il s'appuie sur un langage musical nouveau en inventant une structure inédite, le *leitmotiv*, thème musical qui revient au fur et à mesure du déroulement de l'œuvre, sous des formes chaque fois enrichies. Conçu par Wagner

Le style classique

Le style classique se caractérise par l'obsession des formes prédéfinies (à la manière du sonnet en poésie française), qu'elles soient héritées du passé, comme l'opéra, ou créées de toutes pièces, comme le quatuor à cordes. Peu de compositeurs échapperont aux cadres standardisés tels que Haydn les a fixés : la symphonie en quatre mouvements, le concerto en trois mouvements, le quatuor à cordes, la sonate, le lied (pour piano et chant), etc. Et pourtant, la force du génie de chacun consistera précisément à façonner ce formalisme en fonction de son inspiration propre.

Illustration de Brünhild et Wotan dans la *Walkyrie*, par Arthur Rackham.
Historica Graphica Collection/Heritage Image/age fotostock

lui-même comme lieu destiné à la représentation de l'œuvre d'art totale *(Gesamtkunstwerk)*, le théâtre de Bayreuth est inauguré en 1876 avec *L'Anneau du Nibelung* (tétralogie qui comprend *L'Or du Rhin*, *La Walkyrie*, *Siegfried* et *Le Crépuscule des dieux*), fruit d'un travail s'étendant sur 22 années. Le dernier opéra de Wagner, *Parsifal*, donné à Bayreuth en 1882, aborde le thème de la rédemption à travers le renoncement.

Le KomponistenQuartier à Hambourg.

La tutelle viennoise

Au tournant du 19e et du 20e s., la musique allemande peine à s'affranchir de la tutelle viennoise. **Richard Strauss** (1864-1949) invente le poème symphonique à l'orchestre somptueux *(Ainsi parlait Zarathoustra)*, mais c'est pour faire danser sur un rythme de valse… qu'il n'oubliera pas dans son opéra *Le Chevalier à la rose*. **Gustav Mahler** (1860-1911) illustre parfaitement ce carrefour des styles dont il est l'héritier et qu'il exploite dans son écriture où dialoguent lied et symphonie.

L'école de Vienne

La nécessité d'élargir le langage musical conduit **Arnold Schönberg** à élaborer un nouveau système : le dodécaphonisme. Onde de choc sans précédent puisque les repères mélodiques traditionnels n'existent plus. Ils sont remplacés par la série (12 sons), la couleur sonore, le rythme… Avec ses deux élèves, **Alban Berg** et **Anton Webern**, il contribue à établir les bases de la modernité au sein du mouvement appelé « École de Vienne ». **Paul Hindemith** (1895-1963) est étranger aux innovations de Schönberg ; en rupture avec la tradition allemande, il trouva une voie originale entre atonalité et dodécaphonisme.

L'époque contemporaine

Après la période nazie, qui voit triompher un compositeur aux tendances réactionnaires comme **Carl Orff** (1895-1982), principalement connu pour ses *Carmina Burana*, la musique allemande se cherche des perspectives nouvelles. Elle va les trouver grâce à **Karlheinz Stockhausen** (1928-2007), qui n'aura de cesse de s'affranchir des traditions jugées étouffantes, en cultivant l'originalité jusqu'à l'obsession (musique électronique et aléatoire). Ses successeurs, notamment **Wolfgang Rihm** et **Heiner Goebbels**, tous les deux nés en 1952, qui tentent de juguler l'héritage de Stockhausen dans ce qu'il a eu de destructeur, sauront peut-être réconcilier l'avenir avec le passé.

Musiques actuelles

À la fin des années 1960 naît le *Krautrock* (« rock chou », référence à la choucroute), un style de rock expérimental qui explore les possibilités offertes par un nouvel instrument : le synthétiseur. Incarné d'abord par le Berlinois **Klaus Schulze** et la formation rock psychédélique Can, puis la décennie suivante par le groupe **Kraftwerk**, précurseur de la musique électro (on lui doit le célèbre titre *Radioactivity*), le *Krautrock* ne dépassera pourtant les frontières de l'Allemagne que dans les années 1980.

La scène punk rock a, quant à elle, trouvé dès ses débuts une ambassadrice en la diva déjantée **Nina Hagen**, qui devient célèbre en 1979 avec son tube *African Reggae*. D'autres groupes, inconnus à l'étranger, sont des légendes vivantes outre-Rhin, tels Die Ärzte ou Die Toten Hosen, avec leur plus grand succès *Zehn kleine Jägermeister* (1996), ou bien encore *Sehnsucht* du groupe Rammstein (1997), mélange de heavy metal et de sons électroniques. Citons également le rockeur hambourgeois **Udo Lindenberg**, le « Johnny Hallyday allemand », qui enchaîne les tournées depuis plus de quatre décennies.

Les années 1990 voient l'émergence d'une scène techno, dont la **Love Parade**, cet immense défilé qui

Culture et frontières allemandes

Aujourd'hui, l'histoire a dégagé l'interpénétration des destinées allemande et autrichienne. Mais d'un point de vue culturel, des confusions demeurent, notamment pour ceux qui ont tendance à vouloir identifier nation, tradition et frontière. Si Molière est clairement un auteur français et Tolstoï un auteur russe, que dire de Rilke, Kafka ou Musil ?

Contrairement aux dires de la propagande nazie, la germanité culturelle se définit autant par ses racines allemandes, avec Goethe, ou autrichiennes, avec Stefan Zweig, que par ses mariages avec des particularismes et des communautés régionales ou nomades. Ainsi Brahms, compositeur allemand, travaille à Vienne et crée *Les Danses hongroises*, d'inspiration tzigane. Chez Mahler, la compassion et la souffrance sont issues d'un judaïsme moral, auquel il saura donner une dimension universelle.

On la retrouve chez Schönberg, lui aussi d'origine juive, dans son opéra *Moïse et Aaron* et dans son oratorio *L'Échelle de Jacob*. Wagner, beaucoup plus cosmopolite dans la réalité que dans la caricature, s'inspire de légendes scandinaves pour *L'Anneau du Nibelung*, de la « matière de Bretagne » pour *Tristan et Isolde* et *Parsifal*, mais surtout il s'appuie sur la tragédie grecque et sur l'œuvre de Shakespeare pour l'essence théâtrale de ses opéras. Musicalement, il salue sa dette envers Berlioz en lui dédiant le *Tristan*. Et pour construire l'opéra de Bayreuth, il prend pour modèle le théâtre d'Épidaure.

avait lieu chaque été dans les rues de Berlin, est restée le symbole. Aujourd'hui, la capitale allemande est devenue un temple de l'électro minimale, ses nombreux DJs se produisant dans des clubs qui attirent des amateurs du monde entier. L'électro berlinoise a été notamment popularisée par le film *Berlin Calling* (2008), dont le rôle-titre, comme la bande-son, ont été confiés au célèbre producteur de musique électro, Paul Kalkbrenner.

Cinéma

Après la période expressionniste des années 1920, qui donna naissance à de nombreux chefs-d'œuvre, le cinéma allemand connut une éclipse dont il ne sortit qu'au cours des années 1960.

L'âge d'or de l'expressionnisme

La création de l'**UFA** en 1917 *(Universum Film Aktiengesellschaft)*, compagnie de production aux moyens très importants et dirigée, à partir de 1921, par le producteur **Erich Pommer**, a permis la réalisation d'œuvres fastueuses. L'expressionnisme sensible dans l'expression littéraire, théâtrale et picturale, marqua aussi, dans le contexte politique et social troublé de l'après-guerre, la production cinématographique. Dans des ambiances souvent angoissantes, cultivant l'exaspération des formes et des contrastes, il se caractérise notamment par l'emploi du clair-obscur et la stylisation géométrique du décor. Les œuvres relevant d'une esthétique purement expressionniste sont en réalité peu nombreuses; on pensera en particulier au *Cabinet du Docteur Caligari* (1919), chef-d'œuvre de **Robert Wiene**. Les années 1920 sont dominées par les réalisations de **Friedrich Wilhelm Murnau** (*Nosferatu le Vampire*, 1922, *Le Dernier des hommes*, 1924, *Faust*, 1926) et **Fritz Lang** (*Docteur Mabuse*, 1922, *Metropolis*, 1925). L'œuvre allemande de Lang connaît son apogée en 1931 avec *M. le Maudit*, premier film parlant du réalisateur. *Le Testament du Docteur Mabuse* en 1932 fut l'objet de la censure nazie. Lang, à qui Goebbels avait proposé la direction de la production cinématographique du Reich, ne devait pas tarder à prendre le chemin de l'exil pour s'établir en Californie, où il poursuivit sa carrière de réalisateur.

L'Allemagne des années 1920 a également donné naissance à des œuvres d'orientation réaliste, en rupture avec la tendance expressionniste dominante. Les réalisations de **Georg Wilhelm Pabst** (*La Rue sans joie*, 1925, *Le Journal d'une fille perdue*, 1926, *Loulou*, 1929) s'inscrivent dans cette tendance, à laquelle appartient aussi l'admirable *Ange bleu* (1930) de **Joseph von Sternberg**.

Un élan brisé

L'élan si prometteur du cinéma allemand, après la Première Guerre mondiale, fut malheureusement brisé par l'avènement du IIIe Reich. Nombre de réalisateurs et acteurs choisirent la voie de l'exil. Les nationaux-socialistes firent du septième art un outil au service de l'idéologie du régime; la cinéaste **Leni Riefensthal** se distingue, dans ce genre généralement décevant du film de propagande, avec des réalisations d'une étonnante beauté formelle (ainsi *Les Dieux du stade* qui magnifient les Jeux olympiques de Berlin de 1936).

L'après-guerre fut une longue traversée du désert. Alors qu'en RDA prévalait l'esthétique du « réalisme socialiste », la production des années 1950 en RFA fut de faible qualité. Seuls quelques films de **Helmut Käutner** échappent à la médiocrité dominante.

Le cinéma en ex-Allemagne de l'Est

Comme à toutes les autres formes d'art, on confia pour mission au cinéma de l'ex-Allemagne de l'Est d'éduquer le peuple. Il y eut tout d'abord un grand nombre de films s'inspirant de classiques de la littérature, les réalisateurs n'osant pas aborder les thèmes d'actualité. En trente ans, **Konrad Wolf** s'est véritablement imposé. Il connut un succès international avec *Étoiles* (1958). Dans *Solo Sunny* (1979), il plaida pour la première fois en faveur de l'individualisme, créant ainsi un climat de contestation au sein de la production cinématographique est-allemande.

Le renouveau des années 1960

Acte de naissance d'un langage cinématographique nouveau, le **manifeste Oberhausen** de 1962 fut signé par 26 jeunes cinéastes ; la relance tant attendue arrivait enfin. À l'instar de la « Nouvelle Vague » en France, un « jeune cinéma allemand » apparaît dans les années 1960. Les premiers à se faire connaître sont **Werner Herzog**, **Volker Schlöndorff** (*Les Désarrois de l'élève Törless,* 1966) et **Alexander Kluge** (*Les Artistes sous le chapiteau : perplexes*, 1968). Cette jeune génération assura au cinéma allemand une renommée internationale dans le milieu des années 1970. Volker Schlöndorff tourne *L'Honneur perdu de Katharina Blum* (avec **Margarethe von Trotta**, 1975) et *Le Tambour* (1979). **Werner Herzog** s'évade dans un monde imaginaire et exotique avec *Aguirre, la colère de Dieu* (1972), *Nosferatu, fantôme de la nuit* (1979) et *Fitzcarraldo* (1982). L'**école de Munich** compte dans ses rangs **Rainer Werner Fassbinder** (1945-1982), qui travailla également pour la télévision et laissa derrière lui une œuvre considérable (*Tous les autres s'appellent Ali,* 1973 ; *Le Mariage de Maria Braun,* 1978 ; *Berlin Alexanderplatz,* téléfilm en 14 épisodes, 1980), et **Wim Wenders** (*Paris, Texas,* 1984 ; *Les Ailes du désir,* 1987 ; *Buena Vista Social Club*, 1999 ; *Pina*, 2011). La seule réalisatrice féminine à s'être imposée est **Margarethe von Trotta** (*Rosa Luxembourg*, 1986 ; *La Promesse*, 1995). **Edgar Reitz**, lui aussi dans la mouvance du jeune cinéma allemand, acquiert une renommée par-delà les frontières avec sa saga *Heimat* (1984) et *Heimat 2* (1993), qui sera suivie en 2013, de *Heimat, Chronique d'un rêve*, remarquable évocation des années 1840 durant lesquelles la misère sociale, la famine et l'arbitraire des seigneurs locaux ont poussé des milliers d'Allemands à émigrer en Amérique du Sud.

Une nouvelle vitalité

Avec la sortie du film *Cours, Lola, cours* (1999) de **Tom Tykwer**, le cinéma allemand retrouve une nouvelle vigueur. **Caroline Link** obtient un joli succès avec *Jenseits der Stille* (1996), mais c'est surtout avec *Une enfance en Afrique* qu'elle se fait connaître au niveau international (Oscar en 2002). Le *Goodbye Lenin* de **Wolfgang Becker**, couronné en 2003 par le prix du meilleur film européen au festival de Berlin, rencontre un grand succès dans nombre de pays (1,2 million d'entrées en France). Cette tragi-comédie décrit à travers la vie d'une famille est-allemande la chute du communisme dans l'ex-Allemagne de l'Est. **Oliver Hirschbiegel** décide de briser les tabous en montrant, dans le drame historique *La Chute* (2005), les derniers jours d'Hitler. Oscar du meilleur film étranger et récoltant de nombreux autres prix, *La Vie des autres* (2006), réalisé par **Florian Henckel von Donnersmarck**,

Festival international du film de Berlin.
Henkelmann/F1online/age fotostock

aborde, à travers une histoire forte, les pratiques de la Stasi dans l'ex-Allemagne de l'Est. Avec *L'Œuvre sans auteur* (2019), il part sur les traces d'un jeune artiste de Dresde qui peine à s'adapter aux diktats du réalisme socialiste de la RDA. Une histoire captivante inspirée de la vie du peintre Gerhard Richter.

D'autres réalisateurs choisissent d'aborder des questions de société, tel **Fatih Akin**, réalisateur allemand d'origine turque, avec *Head On* (2004), *De l'autre côté* (2007), la comédie hambourgeoise *Soul Kitchen* (2009) et *In the Fade (2017)*.

Les musées du Cinéma à Berlin et à Potsdam.

Le **Festival du cinéma allemand** *(www.festivalcineallemand.com)* se déroule à Paris, chaque année en octobre. Quant au **Festival Augenblick** dédié au cinéma de langue allemande, il se déroule tous les ans en novembre à Altkirch, en Alsace *(www.festival-augenblick.fr)*.

Paysages et régions

Au cœur de l'Europe, le territoire de l'Allemagne septentrionale et centrale, délimité au nord par la mer Baltique, est pratiquement dépourvu de frontières naturelles à l'ouest et à l'est. Cette large ouverture a marqué profondément son histoire et sa civilisation. Il offre, sur 215 000 km² (soit un tiers de la France), une grande diversité de richesses naturelles : majestueuses forêts de bouleaux protégées, chênes millénaires, marais salants, marécages, tourbières, dunes, prairies et landes.

Deux grandes régions

L'Allemagne du Nord

Au nord du pays, l'immense plaine germano-polonaise, formée par les glaciations du quaternaire, doit à son socle cristallin résistant de n'avoir pas été profondément touchée par les plissements hercyniens et alpins.

La basse vallée du Rhin et la Westphalie

Verdoyante et plate, mais à l'abri des inondations, la plaine du Rhin inférieur évoque, par ses maisons confortables, la Hollande voisine. On retrouve un paysage semblable autour de Münster, dans la plaine bocagère de la Westphalie qui offre, en outre, l'attrait de ses nombreux châteaux à douves *(Wasserburgen)*.

La grande plaine du Nord

Malgré sa structure uniforme, cette vaste région, qui s'étend pour sa partie allemande de l'Ems à l'Oder, présente une certaine diversité de paysages. Au sud, au pied des dernières hauteurs de la Weser et du Harz, entre la Weser et l'Elbe, s'étendent les campagnes des *Börde*, dont une couverture de lœss (limon très fin et fertile déposé par le vent) assure la fertilité légendaire.

Cette zone très peuplée est favorisée par son sous-sol riche en minerai de fer et en potasse.

Plus au nord, la région de la Geest, de part et d'autre de l'Elbe, doit aux glaciers scandinaves qui la recouvraient encore à l'époque paléolithique un drainage insuffisant et des sols particulièrement sablonneux ; entre Berlin et la Baltique, le plateau du Mecklembourg est parsemé de lacs peu profonds et entrecoupé de dépôts morainiques témoins de la présence prolongée du front glaciaire.

À l'ouest de la Basse-Weser et dans la région de Worpswede, au nord de Brême, les tourbières *(Moore)*, dont la plupart ont été mises en culture après leur assainissement par drainage, font parfois place à des herbages très humides. La

Paysage du Mecklembourg.
T. Grundner/Getty Images

région située au sud de **Lunebourg** conserve, grâce à l'existence d'une réserve naturelle, un paysage de lande intact.

Les lacs du Mecklembourg, la lande de Lunebourg.

La côte de la mer Baltique

La côte allemande de la mer Baltique, qui s'étend de Flensburg jusqu'à l'estuaire de l'Oder (Stettiner Haff), est un paysage de moraines, qui présente à plusieurs endroits des éminences de plus de 100 m d'altitude. Vu la faible amplitude des marées de la mer Baltique, dont la profondeur moyenne n'est que de 55 m, cette côte n'a subi que des altérations relativement minimes. C'est pourquoi de nombreuses villes riches en traditions ont pu s'établir ici. Entre les baies de Lübeck et de Kiel, on trouve la Suisse du Holstein, vestige glaciaire d'une moraine frontale profonde qui a donné naissance à une succession de lacs et de collines. Plus à l'est, la côte est caractérisée par des golfes découpés et peu profonds *(Bodden)* datant de la période postglaciaire. Quatre îles gardent la côte, la plus importante étant Rügen.

Les îles de Rügen, Hiddensee et Usedom.

La côte de la mer du Nord

Cette côte, qui s'étend des Pays-Bas au Danemark, est soumise par le vent et les vagues à d'incessantes mutations. Les marées (qui se répètent toutes les 12 heures, 25 minutes et 53 secondes) font monter et descendre le niveau de la Wattenmeer (nom allemand de cette mer côtière) de 2 à 3,50 m. Plusieurs groupes d'îles longent la côte, immenses étendues de vase d'une largeur de 5 à 30 km recouvertes d'eau à marée haute et délaissées à marée basse. Le système écologique de la Wattenmeer héberge quelque 2000 espèces animales, allant du phoque jusqu'à de minuscules organismes dont la taille ne dépasse pas le dixième de millimètre. Derrière la côte s'étend une large bande d'anciens polders, les *Marschen*, endigués par l'homme au cours des siècles. Les marées y avaient accumulé dans des temps plus lointains des masses de sable fin auxquelles étaient incorporées des substances végétales et animales, qui constituaient la base des sols riches des *Marschen*, dont l'agriculture tire profit aujourd'hui. Puis viennent les collines de la Geest, moins fertiles, constituées de détritus d'origine glaciaire : sables, graviers, glaises et éboulis. Dans les dépressions s'étirent de vastes marais, partiellement cultivés. C'est au fond des interminables estuaires de l'Elbe et de la Weser que se trouvent les deux principaux ports allemands : Hambourg et Brême.

Le parc national de la mer des Watten.

L'Allemagne centrale

À l'ère primaire, le formidable plissement hercynien a créé, au centre de l'Allemagne actuelle, un ensemble complexe de petits massifs, aujourd'hui usés et en grande partie boisés, et de dépressions. En bordure de cette zone hercynienne se sont accumulés les dépôts houillers de la Ruhr et de la Silésie, qui ont permis l'essor industriel du pays au 19e s.

Le Massif schisteux rhénan

Ce massif ancien, entaillé par le Rhin (qui constitue la seule véritable voie de communication entre le Nord et le Sud du pays), la Moselle et la Lahn, se compose de l'Eifel, du Westerwald, du Taunus et du Hunsrück. Ces différents blocs se caractérisent par la rudesse de leur climat. L'Eifel forme un plateau bien connu pour ses lacs de cratère *(Maare)*. Le Haut-Sauerland (841 m), montagne couverte de forêts, joue, grâce à ses barrages, le rôle de réserve d'eau pour la région industrielle de la Ruhr.

Les monts de la Haute-Hesse et de la Weser

Entre le Massif schisteux rhénan et la forêt de Thuringe *(Thüringer Wald)* règne un dédale de hauteurs, parfois volcaniques (Vogelsberg, Rhön), et de bassins qui ont été utilisés comme voies de passage, depuis les premières invasions, entre l'Allemagne du Nord et l'Allemagne du Sud. Les monts de la Weser, prolongés à l'ouest par le Teutoburger Wald, forment entre la Westphalie et l'Allemagne du Nord un obstacle que l'on franchit le plus aisément à la Porta Westfalica, près de Minden. Plus à l'est, les monts Métallifères (Erzgebirge) servent de frontière naturelle avec la République tchèque.

Le Harz

Ce massif relativement élevé, situé au cœur de l'Allemagne (point culminant : 1142 m au Brocken), jouit d'un climat de montagne, caractérisé par d'importantes chutes de neige en hiver.

Le Sauerland, les Monts Métallifères, le Harz.

De vastes espaces naturels

Bien que densément peuplée et fortement industrialisée, l'Allemagne s'enorgueillit d'une politique de développement durable qui vise au maintien d'un juste équilibre entre protection de l'environnement et progrès socio-économique. Les forêts recouvrent 29 % du territoire (soit 10,7 millions d'hectares). La forêt bavaroise constitue ainsi le plus grand espace de montagnes boisées en Europe centrale.

Les zones protégées

L'Allemagne compte 14 parcs nationaux, qui conservent des espaces naturels dans leur aspect originel. Ainsi, les parcs nationaux du Schleswig-Holstein ou de l'embouchure de l'Elbe préservent des régions lagunaires parmi les plus grandes au monde ; ceux de la Lagune de Basse-Saxe abritent marais salants et autres marécages mais aussi des falaises de craie abruptes. Quant au parc national du Harz – l'un des plus fréquentés – il ne compte pas moins de six zones de végétation différentes, avec des écosystèmes proches de leur état naturel primitif tels que tourbières ou biotopes rocheux. L'Allemagne compte aussi plus de 102 **parcs naturels**, qui, outre leur vocation de protection de la nature, ont pour mission la préservation des coutumes, de l'artisanat et de l'architecture locale traditionnels.

Conservatoires fauniques

La **faune** locale reste très proche de celle rencontrée dans le reste de l'Europe, mais avec une grande variété du **monde ornithologique**. Une grande partie des espèces d'oiseaux recensées en Europe centrale a ainsi élu domicile au parc national de Kellerwald-Edersee, à l'ouest de **Cassel**, ou encore dans le parc national de l'embouchure de l'Elbe *(Nationalpark Hamburgisches Wattenmeer)* : balbuzard, grue, grand tétras, gélinotte, pic épeiche et certaines espèces d'oiseaux protégées telles que la cigogne noire, la rousserolle ou le grand duc. Le rarissime aigle des mers, menacé de disparition, ou le tout aussi unique aigle royal se sont réfugiés dans certaines régions. Le parc de Poméranie occidentale « Bodden » abrite ainsi le plus grand lieu de nidification de grues cendrées d'Europe (près de 30 000 chaque année). Enfin, des expériences de pâturage (parc national de Müritz) permettent de préserver des communautés d'animaux menacées de disparition, comme les vaches de Fjeld et les moutons de Gotland.

« L'esprit vert » (p. 494).

Berlin, musée Bode sur l'île des musées, classée Patrimoine mondial de l'Unesco.
B. Gardel/hemis.fr

ORGANISER SON VOYAGE

Aller en Allemagne

Capitale : Berlin
Superficie : 357 385 km^2
Population : 83,2 millions d'hab.
Monnaie : euro
Langue officielle : allemand

En avion

Compagnies aériennes

Des vols directs assurés par plusieurs compagnies aériennes relient les grands aéroports français à 14 aéroports allemands. Vous pouvez vous adresser à :

Air France – ✆ 3654 - www.airfrance.fr. Plusieurs vols directs au départ de Paris à destination du nord et du centre de l'Allemagne : Berlin, Brême, Francfort, Hambourg, Hanovre.
Sur le site Internet, des tarifs *light* (sans bagage en soute), *standard* et *flex* (modifiable et remboursable sans frais).

Lufthansa – ✆ 01 70 48 91 70 depuis la France - www.lufthansa.fr. La compagnie propose des vols aux tarifs Economy et Business vers l'Allemagne à partir d'une dizaine d'aéroports français. Les liaisons directes concernent les villes de Berlin, Cologne, Düsseldorf, Francfort, Hambourg, Hanovre.
Au départ de Biarritz, Marseille, Montpellier, Mulhouse, Nice, Paris et Toulouse, on trouve des vols assurés par les compagnies à bas prix suivantes :

Eurowings – www.eurowings.com. Vols directs (Paris-Berlin Tegel) et vols avec escale (Paris-Dresde, Paris-Düsseldorf, Paris-Hambourg, Paris-Leipzig, Paris-Sylt et Paris-Usedom). Autres liaisons possibles entre les villes françaises de province et l'Allemagne.

Ryanair – www.ryanair.com.

Easy Jet – www.easyjet.com.

En train

Réseau grandes lignes

Francfort, Cologne, Aix-la-Chapelle : pour les sites proches de la frontière française, le train reste le moyen de transport le plus rapide et le plus écologique.
La France, la Belgique et la Suisse sont reliées à l'Allemagne par un réseau ferroviaire très dense. Les rames du TGV-Est et de l'ICE (Inter City Express) empruntent une ligne à grande vitesse : Paris-Francfort *via* Sarrebruck, Kaiserslautern et Mannheim (3h50 en ICE). Le TGV Thalys propose, au départ de Paris-Nord, 5 liaisons quotidiennes vers Aix-la-Chapelle et Cologne via Bruxelles (3h15).
La compagnie ferroviaire Deutsche Bahn propose des trains de nuit avec couchettes de Paris vers Berlin (12h) ; et des trains-autos au départ du Sud de la France. Consultez son excellent site.

Deutsche Bahn France – ✆ 01 70 38 50 98 - www.bahn.com.

SNCF – ✆ 3635 - oui.sncf ou sncf.com.

Thalys – ✆ 0 825 84 25 97 (0,30 €/mn) ; depuis la Belgique ✆ 070 66 77 88 (0,30 €/mn) - www.thalys.com.

Par la route

En car

La compagnie **Eurolines** assure des liaisons, au départ de France et de Belgique, vers les principales villes allemandes. À titre indicatif : départ de Paris à 19h30, arrivée à Berlin le lendemain à 9h45.

La gare centrale de Berlin, de l'architecte Meinhard von Gerkan.
Nellmac/iStock

Le **Pass Eurolines** permet de voyager pour un prix fixe à travers 50 villes européennes pendant 15 ou 30 jours. Pour le nord et le centre de l'Allemagne, les villes concernées sont Berlin, Cologne, Francfort, Hambourg.

Eurolines – Gare routière internationale de Paris-Gallieni - boîte 313 - 28 av. du Gén. de Gaulle - 93541 Bagnolet - ✆ 0 892 89 90 91 (0,35 €/mn) - www.eurolines.fr.

En voiture

Cartes Michelin

La **carte Michelin Europe n° 705** ainsi que les **cartes France n° 726**, **Belgique et Luxembourg n° 716**, **Suisse n° 729** indiquent les voies de passage principales pour se rendre en Allemagne depuis les villes limitrophes de France, Belgique, Luxembourg et Suisse.

Conseils d'itinéraires

Le site **www.ViaMichelin.fr** permet d'obtenir un plan de route détaillé. Il vous donne notamment le kilométrage, le temps total du voyage, des informations pratiques et touristiques, ainsi que des adresses d'hôtels et de restaurants sélectionnées par *Le Guide Michelin*.

Vignette écologique

Depuis 2017, des zones environnementales protégées *(Umweltzonen)* sont aménagées dans plusieurs villes allemandes (Berlin, Brême, Osnabrück, Hanovre, Magdebourg, Erfurt, Leipzig...). Pour y accéder, il vous faudra acheter une vignette écologique *(Feinstaubvignette)* - de 3 à 6 € en fonction de la date de la première immatriculation - www.eco-pastille.fr.

Avant de partir

Météo

Le temps, quelle que soit la saison, est susceptible de nombreuses variations en Allemagne. La période la plus sûre pour partir est certainement celle qui s'étend de mai à octobre. Toutefois, l'automne et le printemps, alors que la fréquentation des sites touristiques est moindre, sont aussi de bonnes périodes pour découvrir le pays.

À emporter

Il est prudent de prévoir des vêtements imperméables quel que soit le mois. N'oubliez pas votre maillot pour profiter des très nombreux saunas et bains relaxants dans les hôtels et les établissements thermaux. Enfin, rappelez-vous qu'une tenue de soirée sera exigée pour fréquenter certains casinos.

Informations

www.germany.travel – Le site de l'Office allemand du tourisme (OAT) donne une bonne vue d'ensemble du pays et permet de télécharger ou de commander de multiples brochures.

www.deutschland.de – Version online du magazine *Deutschland*, publié en 9 langues, qui se veut une vitrine de l'Allemagne à l'étranger. Dossiers politiques, culturels et économiques.

www.allemagne.diplo.de – Le site de l'ambassade d'Allemagne à Paris renseigne sur l'actualité, les relations franco-allemandes et tous les programmes d'échanges scolaires. Accès aux infos du CIDAL *(voir ci-après)*.

www.tatsachen-ueber-deutschland.de – Tous les faits et chiffres relatifs à l'Allemagne.

www.dw-world.de – La Deutsche Welle (DW), la radio-télévision allemande destinée à l'étranger, diffuse de nombreuses informations rédigées par des journalistes, ainsi que des cours de langues.

Centres culturels

Institut Goethe – *17 av. d'Iéna - 75116 Paris - ✆ 01 44 43 92 30 - www.goethe.de.* Il est installé aussi à Bordeaux, Lille, Lyon, Marseille, Nancy, Strasbourg et Toulouse.

Maison Heinrich-Heine – *27 C bd Jourdan F - 75014 Paris - ✆ 01 44 16 13 00 - www.maison-heinrich-heine.org.*

Institut historique allemand – *8 r. du Parc-Royal - 75003 Paris - ✆ 01 44 54 23 80 - www.dhi-paris.fr.*

Fédération des maisons franco-allemandes – *29 r. Buffon - 21024 Dijon Cedex - ✆ 03 80 68 07 00 - www.maisons-franco-allemandes.fr.* Cette fédération regroupe plusieurs structures : Maison de Rhénanie-Palatinat à Dijon, Centre culturel franco-allemand de Nantes, Centre franco-allemand à Aix-en-Provence, Institut Heinrich-Mann à Pau, Maison de l'Allemagne à Brest.

Allemagne Diplomatie, le service allemand des relations publiques et des médias à Paris *(31 r. de Condé - 75006 - ✆ 01 44 17 31 31)* propose tous les trois mois un calendrier avec une sélection des manifestations culturelles sur l'Allemagne en France. Voir www.allemagneenfrance.diplo.de.

Un autre portail : www.allemagne.diplo.de regroupe les informations de l'ambassade d'Allemagne et du CIDAL.

Agences de voyage

Agence spécialisée

DB France – ✆ *01 70 38 50 98 (lun.-vend. 9h30-17h) - www.bahn.com.* La filiale française de la compagnie ferroviaire Deutsche Bahn est un tour-opérateur dans les forfaits train ou avion + hôtel, villages de vacances, voyages à la carte en Allemagne. Réserv. par téléphone ou Internet.

Voyagistes

L'Allemagne figure dans leurs brochures pour des formules week-end dans les grandes villes, des croisières fluviales, un séjour lors d'une exposition, d'un festival ou d'une fête.

Arts et vie – ✆ *01 40 43 20 21 - www.artsetvie.com.*

Clio – ✆ *01 53 68 82 82 - www.clio.fr.*

Croisieurope – ✆ *0 826 10 12 34 - www.croisieurope.com.*

Euridice Opéra – ✆ *04 42 91 33 91 - www.euridice-opera.fr.*

Grand Angle/Voyages et randonnées – ✆ *04 76 95 23 00 - www.grandangle.fr.*

Représentations diplomatiques

En France

Ambassade de la République fédérale d'Allemagne – *28 r. Marbeau - 75116 Paris - ✆ 01 53 64 76 70 - www.paris.diplo.de.*

Consulat de Lyon – *33 bd des Belges - 69458 Lyon Cedex 06 - ✆ 04 72 69 98 98 - www.lyon.diplo.de.*

Consulat de Bordeaux – *35 cours de Verdun - 33021 Bordeaux Cedex - Caudéran - ✆ 05 56 17 12 22 - www.bordeaux.diplo.de.*

Consulat de Marseille – *10 pl. de la Joliette, Les Docks, 1er étage - 13002 Marseille - ✆ 04 91 16 75 20 - www.marseille.diplo.de.*

Consulat de Strasbourg – *6 quai Mullenheim - 67084 Strasbourg Cedex - ✆ 03 88 24 67 00 - www.strassburg.diplo.de.*

Voir aussi « Sur place de A à Z », rubrique « Ambassades » (p. 553).

Formalités

Documents importants

Personnes

Pour un voyage de moins de trois mois, il suffit aux citoyens de l'Union européenne d'être en possession d'une carte d'identité en cours de validité (moins de 10 ans) ou d'un passeport. Les enfants, même très jeunes, doivent disposer d'une carte d'identité ou figurer sur le passeport des parents.

Véhicule

Il vous faudra un permis de conduire à trois volets ou un permis de conduire international. Outre les papiers du véhicule, il est recommandé de se munir d'un formulaire de constat amiable européen, d'une trousse de premier secours et d'une carte internationale d'assurance automobile, dite « **carte verte** ». Se renseigner auprès de sa propre compagnie d'assurances.

Animaux de compagnie

Pour les chiens et les chats, un carnet de vaccination européen comportant la vaccination antirabique ainsi que le tatouage ou le port d'une puce électronique sont obligatoires. La vaccination doit avoir été effectuée depuis plus d'un mois et moins d'un an avant le passage de la frontière.

Assurances santé

Vérifiez que vous bénéficiez d'une assurance **assistance-rapatriement** (souvent comprise dans l'assurance voiture ou liée à votre carte bancaire).

Pour une prise en charge de vos soins médicaux lors de votre séjour, on vous demandera votre carte européenne d'assurance maladie (CEAM), qui remplace le formulaire E 111. Pour obtenir cette carte valable deux ans, individuelle et nominative (même pour les enfants de moins de 16 ans), adressez-vous à votre caisse d'assurance maladie (www.ameli.fr).
Voir aussi « Sur place de A à Z », rubrique « Santé » (p. 556).

Douanes

Il est permis de transporter jusqu'à 4 cartouches de cigarettes (soit 1 kg de tabac) au sein de l'UE sans aucune formalité, ainsi que jusqu'à 10 l de spiritueux, 20 l de produits intermédiaires, 90 l de vin (dont 60 l maximum de vin mousseux) et jusqu'à 110 l de bière.
Le seuil s'entend par moyen de transport individuel ou par personne âgée de plus de 17 ans en cas d'utilisation d'un transport collectif (au-delà de 9 personnes transportées, chauffeurs compris).
Consulter le site de la douane : www.douane.gouv.fr.

Argent

L'Allemagne a adopté l'**euro** depuis le début de l'année 2002. Les ressortissants des pays non membres de la zone euro peuvent changer leurs devises dans les aéroports, les banques ainsi que certaines gares et certains hôtels.
Voir aussi « Sur place de A à Z », rubrique « Banques » (p. 553).

Moyens de paiement

Les chèques de voyage et les principales cartes de crédit internationales (telles Carte Bleue Visa et Eurocard-Mastercard) sont acceptés dans beaucoup d'hôtels et de restaurants. Nous signalons dans ce guide, par le pictogramme;, ceux qui la refusent. L'emploi des cartes de paiement, même s'il se développe, reste moins répandu qu'en France, notamment auprès des petits commerçants, dans certains automates (parking par exemple) ou pour des achats d'un montant inférieur à 15 €. Le paiement en espèces reste fréquemment le seul possible, mieux vaut donc toujours avoir du liquide sur soi.
En cas de perte ou de vol de carte, téléphonez immédiatement au numéro communiqué par votre banque ou à défaut :
Visa – 0 800 811 8440.
Eurocard-MasterCard – 0 800 071 3542.
American Express – 00 33 1 47 77 72 00.

Budget

Les prix sont assez comparables à ceux pratiqués en France. D'une manière générale, les restaurants sont, à qualité équivalente, un peu moins chers outre-Rhin. Les touristes logeant à l'hôtel devront prévoir un budget supérieur.
Les produits de consommation courante et les services incluent une TVA de 19 %.

Téléphoner en Allemagne

Depuis la France ou l'étranger : 00 + 49 (indicatif de l'Allemagne) + indicatif urbain **sans** le 0 + numéro du correspondant.
Voir aussi « Sur place de A à Z », rubrique « Téléphone » (p. 557).

Se loger

Retrouvez notre sélection d'hébergements dans les encadrés « Nos adresses à... » dans la partie « Découvrir l'Allemagne ». Ils sont classés en quatre catégories, sur la base du prix d'une chambre double standard en **haute saison**. En dehors des îles (Sylt, Norderney), des stations de la côte Baltique

et des grandes villes comme Hambourg, Cologne ou Berlin, l'hôtellerie offre des prix corrects.
Le prix d'une nuit d'hôtel inclut généralement le petit déjeuner, qui consiste le plus souvent en un copieux buffet.

Réserver son hébergement

Dans les grandes villes allemandes, la disponibilité des hôtels en semaine est assez dépendante de la tenue de foires et salons professionnels (notamment à Brême et Hanovre). Le week-end, l'offre est souvent plus importante et les hôteliers proposent d'ailleurs des prix avantageux en fin de semaine.
Il est conseillé de réserver son hébergement au moins six mois à l'avance. Se loger dans le centre de Berlin durant la Berlinale, est une mission difficile !
Voir l'« Agenda » (p. 560).
De même, dans des régions très touristiques (stations balnéaires de la mer du Nord et de la côte Baltique), de juin à septembre, mieux vaut être prévoyant. De nombreux offices de tourisme disposent de **centrales de réservation** efficaces.
Ils communiquent aussi des adresses de locations, de séjours à la ferme, de châteaux-hôtels et peuvent se charger de réserver des chambres.
Sites de centrales de réservation : *www.hotellerie.de (onglet Hotelführer) - www.hrs.de.*

Hôtels

L'hôtellerie classique *(Hotel, Gasthof, Gasthaus)* offre une gamme de ressources variées.
L'**hôtel garni** indique un hôtel sans restaurant, uniquement avec chambre et petit déjeuner.
« Zimmer frei » : ce panneau signale l'existence de chambres disponibles.

Châteaux-hôtels

Il est aussi possible de loger dans des établissements aménagés dans des demeures anciennes ou historiques.
Ringhotels – *Stefan-George-Ring 22 - 81929 Munich - 089 45 87 03 20 - www.ringhotels.de.*
À consulter aussi : le site européen *www.relaischateaux.com.*
À consulter aussi : *Le Guide Michelin Deutschland* (en allemand).

Hôtels familiaux

Deux **chaînes hôtelières** proposent des chambres dans un cadre en harmonie avec la nature et des services adaptés aux familles *(garderies, animations pour les enfants)*. Rendez-vous sur leurs sites : *www.familotel.com (en anglais et allemand) ; www.landidyll.de (en allemand).*
Un **tour-opérateur** est spécialisé dans les séjours en village de vacances et hôtel-club avec animations pour enfants : *www.clubfamily.de (en allemand).*

Nos catégories de prix

	Hébergement	Restauration
Premier prix	moins de 85 €	moins de 20 €
Budget moyen	de 85 à 130 €	de 20 à 30 €
Pour se faire plaisir	de 130 à 180 €	de 30 à 45 €
Une folie	plus de 180 €	plus de 45 €

Hébergement à petit prix

Camping

L'Allemagne est riche d'environ 3000 terrains de camping équipés (26000 emplacements dans le seul Mecklembourg). Si la plupart sont fermés de novembre à avril, plus de 400 sites restent ouverts pendant la saison hivernale. Comptez 30 € pour 3 adultes et un emplacement de camping-car, ou une tente plus une voiture. Se renseigner :

Deutscher Camping-Club – *Mandlstraße 28 - 80802 Munich - ✆ 089 380 14 20 - www.camping-club.de.*

ADAC – *Hansastraße 19 - 80686 Munich - ✆ 00 49 800 510 11 12 - campingfuehrer.adac.de* ou *pincamp.de (guide camping-caravaning en vente sur le site - 22,80 €).*

À consulter aussi : *www.eurocampings.fr.*

Auberges de jeunesse

Le pays compte plus de 450 auberges de jeunesse. L'OAT *(voir p. 546)* fournit sur demande une carte avec localisation et adresses des auberges.

Si vous ne disposez pas de la carte internationale *(www.fuaj.org)*, vous pourrez néanmoins accéder à l'auberge contre supplément. Un lit en dortoir avec petit déjeuner vous coûtera de 33 à 37 € environ. Des chambres simples ou doubles pour couples ou familles sont également disponibles.

Pour plus d'informations :

Deutsches Jugendherbergswerk – *Leonardo-da-Vinci-Weg 1 - 32760 Detmold - ✆ 052 31 740 10 - www.jugendherberge.de.* Le site permet d'obtenir la liste des établissements et d'effectuer des réservations.

Locations

La location d'appartements pour de courtes périodes est une pratique courante en Allemagne. Les offices de tourisme détiennent des listes des offres disponibles.

En ligne : *www.homecompany.de.*

Vacances à la ferme

Ce type d'hébergement est particulièrement développé dans les régions vinicoles.

Société allemande d'Agriculture (DLG) – *www.dlg-landtourismus.de (en allemand)* propose plus de 900 gîtes.

À consulter aussi : *www.landsichten.de*, qui répertorie l'offre de la DLG.

Logement chez l'habitant

C'est une formule très répandue en Allemagne, surtout à la campagne où le prix pour une chambre avec un petit déjeuner copieux se situe autour de 60/70 € pour deux.

En ville, ce sont généralement des agences spécialisées dans les locations de courte durée, les *Mitwohnzentralen*, qui peuvent réserver des chambres chez l'habitant.

À consulter : *www.bed-and-breakfast.de.*

Se restaurer

Retrouvez notre sélection de restaurants dans les encadrés « Nos adresses à... » dans la partie « Découvrir l'Allemagne ». Ils sont répartis en quatre catégories *(voir le tableau p. 549)*. Les prix indiqués (minimum/maximum) correspondent à ceux d'un plat et d'un dessert.

Les repas

Le petit déjeuner *(Frühstück)*, plutôt copieux, inclut charcuterie et fromage.

Le déjeuner *(Mittagessen)* commence généralement par un potage, suivi d'un plat principal de viande ou de poisson toujours

Forêt-noire.
J. Lobato/age fotostock

accompagné d'une portion de salade (verte, de concombre, de chou râpé). Vous trouverez un peu partout des *Imbisse*, établissements de restauration rapide qui proposent notamment la traditionnelle **Bratwurst** (saucisse grillée). Celle-ci peut être accompagnée d'une salade de pommes de terre et arrosée d'une bière à la pression *(Bier vom Faß)*.

Il est possible, l'après-midi, de faire la pause dans un « café » (salon de thé). Ces établissements proposent un large choix de gâteaux : **Schwarzwälder Kirschtorte** ou **Käsekuchen**. On y trouve également des tartes aux fruits et le célèbre **Strudel**, mélange de fruits enroulés dans une pâte croustillante. Le café est généralement servi avec de la crème *(Kaffeesahne)*.

Pour le repas du soir *(Abendessen)*, que les Allemands prennent tôt, on peut se faire servir un assortiment de charcuteries froides (**Aufschnitt**) et de fromages avec de nombreuses variétés de pains *(Brötchen)*.

Quelques spécialités

Les plats

Si chaque région a sa propre cuisine, certains plats sont proposés dans tout le pays : **Wiener Schnitzel** (escalope panée), **Eisbein** (jarret de porc salé), **Sauerbraten** (bœuf en sauce brune aigrelette), **Gulasch** (viande en ragoût ou en potage). Le porc se décline sous toutes ses formes, dont un excellent jambon cru de la Forêt-Noire, mais surtout en une multitude de saucisses *(Wurst)* : *Jagdwurst* dans le nord du pays, *Currywurst* à Berlin, *Weißwurst* de Munich, *Rostbratwurst* de Nuremberg... en tout plus de 1500 variétés.

Sur les rives de la Baltique, le hareng mariné est roi. Côté légumes, le chou et les pommes de terre règnent en maîtres. Sur les menus figurent aussi des *Klöße* de Thuringe, des *Knödel* (boules de pâte bouillie composée de pain, de pomme de terre ou de semoule) avec les plats en sauce, et des *Maultaschen*, sorte de ravioles rectangulaires. N'oubliez pas non plus les délicieux pains

noirs *(Schwarzbrot)* et aux céréales complètes *(Vollkornbrot)*, le *Pumpernickel* (pain de seigle) ou encore le fameux *Bretzel*, à déguster nature ou beurré.
Les Allemands sont aussi très ouverts aux saveurs étrangères, italiennes, chinoises et grecques, et à la créativité de la cuisine internationale. Les produits bio sont également très présents dans les assiettes.

Les vins

Le vignoble allemand, l'un des plus septentrionaux au monde, s'étend sur 103 000 ha (dont 69 000 en vins blancs). Il recouvre une grande variété de crus et de cépages.
On distingue parmi les **vins blancs** (63 % de la production) : les rieslings vigoureux du Mittelrhein, et ceux de Moselle, Sarre et Ruwer, bouquetés et rafraîchissants ; ceux du Rheingau, nobles et gouleyants ; de la Nahe, riches en corps et élégants, ceux de Franconie, puissants ou âpres, de Bade et de Wurtemberg, nombreux et variés.
Peu connus hors de leurs frontières, les vins rouges sont à découvrir, qu'il s'agisse de *Spätburgunder* (pinot noir) ou de cépages plus confidentiels *(Portugieser, Lemberger, Regent, Trollinger)*.
Sachez que les **vins** sont classés en quatre catégories. Ceux de qualité supérieure portent la dénomination « *Qualitätswein mit Prädikat* », suivie d'un label selon le degré de maturité croissant des raisins à la vendange : *Kabinett* (réserve spéciale), *Spätlese* (récolte tardive), *Auslese* (raisins sélectionnés), *Beerenauslese* et *Trockenbeerenauslese* (vins liquoreux), *Eiswein* (vin de glace).
En hiver, on se régale et on se réchauffe en buvant du *Glühwein*, vin rouge servi chaud, sucré et aromatisé à la cannelle. Le délice revigorant des marchés de Noël !
N'hésitez pas à profiter des **Weinstuben** qui permettent, dans un cadre agréable, de déguster les meilleurs vins au verre *(offene Weine)*.

Weinstube à Bacharach dans la vallée du Rhin.
G. Allegretti/Marka/age fotostock

Sur place de A à Z

Achats

Horaires

Les magasins ouvrent à partir de 9h ou 10h et ferment entre 18h30 et 20h. Le samedi, ils ferment à 16h (sauf les épiceries, boucheries, boulangeries qui ferment entre 13h et 14h), voire plus tôt. Quelques boulangeries ouvrent le dimanche matin.

Produits du terroir

Blonde, brune ou ambrée... On dit qu'il y a plus de 5 000 **bières** dans le pays ! Les amateurs n'auront que l'embarras du choix pour rapporter quelques bouteilles, tout en visitant une brasserie. Moins de variétés dans le vignoble, mais d'excellents crus dans les vallées du Rhin et de la Moselle, la Franconie, le Bade et le Wurtemberg *(voir p. 552)*.

Les bouteilles de **schnaps** accompagnées d'un verre de 2 cl offrent les bouquets des eaux-de-vie de grain du nord du pays ou de celles de fruits des vergers et des baies du sud.

Pour les petits creux, pensez aux excellentes **charcuteries** (jambons de Westphalie, du Holstein ou de Hesse, salamis de chevreuil ou de sanglier).

Artisanat

La manufacture de Meissen (Saxe) conserve un savoir-faire unique pour la fabrication de **porcelaine**, tout comme la KPM (Königliche Porzellan-Manufaktur), à Berlin, spécialisée depuis 1763 dans l'art de la table.

Ambassades et consulats

Ambassade de France – *Pariser Platz 5 - 10117 Berlin - ✆ 030 590 03 90 00 - de.ambafrance.org*

Consulats généraux français :
Düsseldorf – *Martin Luther Platz 26 - 40212 Düsseldorf - ✆ 0211 82 85 460*; **Hambourg** – *Heimhuder Straße 55 - 20148 Hamburg - ✆ 030 590 03 90 00.*

Ambassade de Belgique – *Jägerstraße 52-53 - 10117 Berlin - ✆ 030 206 420.*

Ambassade du Canada – *Leipziger Platz 17 - 10117 Berlin - ✆ 030 20 31 20.*

Ambassade de Suisse – *Otto-von-Bismarck Allee 4A - 10557 Berlin - ✆ 030 390 40 00.*

Baignade

Longues plages de sable des rives de la mer du Nord, côtes de la Baltique, vastes lacs du Mecklembourg et des environs de Berlin (Wannsee, Müggelsee...), petits lacs du Nord-Eifel (au sud d'Aix-la-Chapelle), sans oublier rivières aux eaux pures... On se baigne partout en Allemagne. En Europe, c'est également le pays qui compte le plus de piscines en plein air. On y trouve aussi de vastes parcs aquatiques ultramodernes.

Banque

Les banques sont fermées le week-end. Elles sont ouvertes en semaine de 8h30 à 13h et de 14h30 à 16h (jusqu'à 17h30 le jeudi). Les bureaux de change *(Wechselstuben)* ont généralement des horaires d'ouverture plus étendus.

Bière

Les Allemands sont fiers, à juste titre, de leur boisson nationale, produite sous 5 000 marques par près de 1 500 brasseries (dont un grand nombre artisanales et familiales) réparties dans tout le pays. Une véritable institution, régie depuis 1516 par le *Reinheitsgebot* (décret sur la pureté de la bière) ! Ce décret exige que le breuvage soit composé exclusivement d'eau, d'orge et de houblon. Mais si l'Allemagne en reste le plus grand producteur, elle se place en deuxième position derrière la République tchèque pour la consommation, plus importante dans le sud que dans le nord du pays. La bière la plus populaire reste la *Pils*, bière blonde à fermentation basse, légèrement amère. Mais on trouve aussi des bières brunes comme en Thuringe *(Dunkeles)*, des blanches typiquement bavaroises *(Weißbier)* très rafraîchissantes en été, ou la *Helles*, blonde, légère et peu amère, servie en chope d'un litre. Toute bière se doit d'être tirée du fût *(vom Faß)* plutôt que servie en bouteille !

Croisières fluviales

Les grands fleuves – Rhin, Elbe... – sont idéaux pour des excursions en bateau-promenade à la journée ou pour des croisières plus longues. Il est possible de louer des bateaux pour sillonner les canaux, notamment le superbe réseau de voies navigables qui s'étend de Berlin et du Brandebourg au Mecklembourg-Poméranie occidentale. Dans certains cas, il n'est pas nécessaire de disposer du permis bateau ; le permis d'affrètement *(Charterschein)* délivré par le loueur suffit.
Voir p. 547 pour les organismes de voyages.

Cyclotourisme

Le vélo est un moyen très utilisé pour sillonner certaines régions d'Allemagne. Vallonnée par endroits mais plate pour l'essentiel, la voie cyclable Berlin-Usedom (350 km), qui relie la capitale allemande à l'île de la Baltique *via* la réserve de biosphère de Schorfheide-Chorin et les paysages lacustres de l'Uckermark, est l'un des itinéraires les plus connus.
L'Office national du tourisme met en ligne sur son site Internet une carte interactive et une brochure en anglais qui décrit plus de 60 circuits à vélo.

Électricité

Le voltage est le même qu'en France (220 V). Les prises de courant sont de type européen.

Handicap

Dans le cadre du programme « **Barrierefreier Tourismus** » (tourisme sans barrières), l'Allemagne propose un certain nombre de services et d'hébergements adaptés à l'accueil des personnes handicapées.
À consulter : *www.barrierefreier-tourismus.info (en allemand).*
Deutsche Bahn – *Mobilitätsservice - ✆ 0180 6 512 512 - www.bahn.de/handicap.* Pour disposer des services d'aide d'accès aux trains.
Bundesverband Selbsthilfe Körperbehinderter e.V. (BSK) – *Altkrautheimer Straße 20 - 74238 Krautheim - ✆ 06294 428 150 - www.bsk-reisen.org (en allemand).* Cette association organise des voyages accompagnés pour personnes handicapées.

Internet

En ville, vous trouverez des cybercafés, le plus souvent dans le quartier de la gare. Dans certains bâtiments publics ou dans les hôtels, des réseaux locaux sans fil (WLan) permettent de connecter son propre ordinateur portable.

Jours fériés

1er janvier
6 janvier - Fête des Rois (Saxe-Anhalt).

Vendredi saint
Lundi de Pâques
1er Mai - Fête du Travail.
Ascension
Lundi de Pentecôte
7 juin - Fête-Dieu (Hesse, Rhénanie du Nord-Westphalie).
15 août - Assomption.
3 octobre - Fête nationale.
31 octobre - Fête de la Réforme (Saxe, Brandebourg, Mecklembourg-Poméranie, Saxe-Anhalt et Thuringe).
1er novembre - Toussaint (Rhénanie du Nord-Westphalie).
21 novembre - Jour de Pénitence et de Prière (Saxe).
25 et 26 décembre

Médias

Une des spécificités de l'Allemagne réside dans la souveraineté des Länder en matière de culture et de radio-télévision, ainsi que dans la forte place de certains quotidiens régionaux.

Presse

Le *Süddeutsche Zeitung* de Munich et le *Frankfurter Allgemeine*, de tendance plutôt conservatrice, ont un lectorat étendu dans tout le pays. Le quotidien berlinois le plus populaire est le *Tagesspiegel*, mais le *Berliner Zeitung* et le *Tageszeitung* ont également les faveurs des lecteurs de la capitale. Parmi les journaux nationaux, notons *Die Welt*, et le quotidien à caractère sensationnel *Bild* vendu à près de 1,8 million d'exemplaires. *Focus*, le *Spiegel* et *Die Zeit* publié à Hambourg sont d'excellents hebdomadaires, alors que le *Stern* et le *Bunte* appartiennent plutôt au genre de la presse à scandale.

Télévision

La télévision publique allemande garde une place de premier plan avec plus de douze chaînes publiques (ARD, ZDF), huit chaînes régionales comme la Westdeutscher Rundfunk (WDR) de Cologne ou la Norddeutscher Rundfunk (NDR) de Hambourg, et trois chaînes transnationales dont la chaîne culturelle franco-allemande Arte, la chaîne culturelle helvético-austro-allemande 3sat et celle d'information destinée à l'étranger Deutsche Welle.
De nombreuses chaînes privées proposent, entre autres programmes, feuilletons, sitcoms et jeux télévisés. Si la plupart se révèlent « racoleuses » (RTL 2, PRO 7, SAT 1...), certaines ont une orientation thématique, comme la chaîne Sport1.

Musées

Les musées sont généralement fermés le lundi. Les musées d'art proposent souvent une nocturne, un soir par semaine.
Les musées nationaux sont en général gratuits le dimanche après-midi et les jours fériés. Des réductions sont accordées aux mêmes catégories de visiteurs qu'en France.
Renseignez-vous également dans les offices de tourisme des villes sur les tickets « pass » qui permettent de visiter plusieurs musées à des tarifs économiques.

Offices de tourisme

Sur les plans des villes de ce guide, les offices de tourisme sont signalés par le symbole ℹ.
Vous trouverez l'adresse et le numéro de téléphone de l'OT dans la rubrique « S'informer » au début de chaque Carnet pratique dans la partie « Découvrir l'Allemagne ».

Parcs nationaux

L'Allemagne compte 16 parcs nationaux, dont 12 dans le nord et le centre de l'Allemagne.
Basse-Saxe : Niedersächsisches Wattenmeer, Harz.
Brandebourg : Unteres Odertal.

Hambourg : Hamburgisches Wattenmeer (embouchure de l'Elbe).
Hesse : Kellerwald-Edersee.
Mecklembourg-Poméranie occidentale : Jasmund, Müritz, Vorpommersche Boddenlandschaft.
Rhénanie du Nord-Westphalie : Eifel.
Saxe : Sächsische Schweiz.
Schleswig-Holstein : Schleswig-Holsteinisches Wattenmeer.
Thuringe : Hainich.
Nationale Naturlandschaften – Pfalzburger Straße 43/44 - 10717 Berlin - ✆ 030 28 87 88 20 - www.nationale-naturlandschaften.de.

Poste

Comme en France, le jaune est la couleur de la poste en Allemagne. La plupart des bureaux sont ouverts du lundi au vendredi de 8h à 18h et le samedi de 8h à 12h. Certains, notamment dans les gares et aéroports des grandes villes, ont des horaires d'ouverture plus étendus.
Pour la France et la zone Europe, le tarif d'une lettre standard (jusqu'à 20 g) est de 1,10 € ; d'une carte postale : 0,95 €.

Pourboire

Le service n'étant généralement pas inclus dans le prix, les pourboires sont plus importants en Allemagne qu'en France. Comptez environ 10 % de l'addition, jusqu'à 15 % si vous êtes très satisfait.
Le pourboire est remis directement au serveur au moment de l'addition. En général, on lui annonce directement le prix que l'on veut payer, pourboire inclus, au moment de régler. Il n'est pas d'usage de le laisser sur la table.

Randonnée

Chaque région, presque chaque commune, dispose de sentiers de randonnée balisés – soit 300 000 km pour l'ensemble du pays – entretenus par des associations locales regroupées au sein d'une fédération nationale. Cette dernière a sélectionné sur son site Internet plus de 90 itinéraires de grande randonnée décrits en détail, avec les références des guides *(Wanderführung)* et des cartes *(Wanderkarte)*.
Verband Deutscher Gebirgs- und Wandervereine – *Kleine Rosenstraße 1-3 - 34117 Kassel - ✆ 0561 93 87 30 - www.wanderverband.de.*

Routes touristiques

En plus des « circuits conseillés » décrits dans ce guide comme la route de la Haute vallée de la Weser *(p. 346)*, de la Suisse saxonne *(p. 131)* ou des Monts Métallifères *(p. 154)*, il existe une cinquantaine d'itinéraires à thème pour sillonner l'Allemagne de manière originale. Parmi les plus célèbres : **La route de l'Art roman** (Straße der Romanik), circuit à partir de Magdebourg *(www.strassederromanik.de)*.
L'ancienne route du Sel (Alte Salzstraße), de Lunebourg à Lübeck à l'est de Hambourg *(www.hlms.de)*.
La route de la Culture industrielle (Route der Industriekultur), près de 400 km dans la vallée de la Ruhr à la rencontre des friches industrielles *(www.route-industriekultur.ruhr)*.

Santé

Pharmacie
Pour des troubles bénins, il est possible de se procurer des médicaments dans une pharmacie (signalée par un A rouge pour *Apotheke*). Les pharmacies fermées affichent les noms des médecins et des pharmacies de garde.

Médecins et hôpitaux

Les consultations chez le médecin ont lieu en général de 8h à 12h et de 16h à 18h, sauf les mercredi, samedi et dimanche. En dehors des horaires de consultation, contacter le *Ärztlicher Bereitschaftsdienst* (équivalent de SOS Médecins) au ✆ 116 117.

La carte européenne d'assurance maladie est à présenter accompagnée de la carte Vitale.

Sports d'hiver

Vous trouverez des domaines skiables dans certains sites de moyenne montagne (le massif du Harz, la forêt de Thuringe, le massif de l'Eifel, le Sauerland, la région d'Annaberg-Buchholz) susceptibles, selon l'enneigement, de se prêter à la pratique du **ski nordique**.

À consulter : rendez-vous aussi sur le site des fédérations allemandes de ski *(www.ski-online.de; en anglais et allemand)*.

Stations thermales

Avec 350 stations thermales et climatiques héritières d'une longue tradition, l'Allemagne est une destination de premier plan pour ceux qui recherchent le bien-être et la remise en forme par les bienfaits de l'eau. Soixante sources curatives constituent aussi l'un des points forts du « patrimoine santé » du pays. La plupart des établissements ont été rénovés ou ont ouvert récemment, portés par la mode du *wellness* et du spa. Le Harz (Bad Harzburg), le sud-est du Brandebourg (Bad Saarow, Burg Spreewald), la Thuringe (Bad Salzungen), la Hesse (Bad Wilhelmshöhe) proposent des séjours de ce type. On trouvera sur les côtes de la mer du Nord et de la Baltique des centres de thalassothérapie à St. Peter-Ording, Heiligendamm, Zingst... **À consulter** : *www.germany.travel*, qui répertorie la totalité des stations et quelques offres de séjours tout compris.

Téléphone

Appels internationaux

Composez le 00 + indicatif du pays concerné. Pour la France : 00 33; pour la Belgique : 00 32; pour la Suisse : 00 41; pour le Canada : 00 1.

Appels nationaux

Pour appeler en Allemagne, il faut composer le 0 devant l'indicatif de la ville.

Renseignements : ✆ 118 712 (renseignements internationaux).

Appel en PCV : ✆ 013 08 000 + 33 (pour la France).

Téléphones publics

Les cartes téléphoniques *(Telefonkarten)* à 5 et 10 € sont vendues dans les bureaux de poste et les kiosques à journaux.

Transports

En avion

La plupart des liaisons sont assurées par **Lufthansa** (✆ 01 70 48 91 70 depuis la France, www.lufthansa.fr). Pour les autres compagnies, voir p. 544. Pour l'île de Sylt, voir p. 423.

Les enfants jusqu'à l'âge de 11 ans peuvent bénéficier de réductions allant de 33 % à 50 % du prix du billet.

En train

Assuré par la **Deutsche Bahn** (DB), le service ferroviaire allemand est l'un des plus performants d'Europe. Rens. auprès de l'agence française de la Deutsche Bahn *(voir p. 544)*.

Les trains allemands sont confortables et ponctuels, et les correspondances entre grandes lignes et trains régionaux bien étudiées. L'**ICE** (InterCity Express), qui assure les liaisons entre les principales villes du pays, s'apparente au TGV français.

Les liaisons avec la partie est du pays se révèlent souvent plus longues.

Forfaits – Le voyage est gratuit pour les moins de 6 ans. Entre 6 et 14 ans, les enfants bénéficient de 50 % de réduction s'ils voyagent seuls, ou de la gratuité s'ils sont avec un parent ou un grand-parent (ils doivent alors figurer sur le titre de transport de l'adulte). Pensez à vous munir des cartes d'identité.
L'**InterRail One Country Pass** permet, pour les résidents européens, de circuler librement sur l'ensemble du réseau de la Deutsche Bahn, en 1re ou en 2e classe. Le pass consiste en un nombre de journées de voyage – 3, 4, 6, 8 – à répartir sur une période de validité d'un mois. Un pass de 3 jours coûte 192 € pour une personne (2e classe), 218 € pour 4 j., 262 € pour 6 j., 297 € pour 8 j.
Des forfaits très intéressants pour les familles sont également disponibles dans chaque région pour des trajets locaux (bus + train + bateau, dans certains cas). Demandez les formules « Länder-Tickets » (voyage illimité dans un Land, le Brandebourg par exemple, pendant 1 j., à partir de 33 € pour 5 pers. en 2e classe) et « Querdurchs-Land-Ticket » (voyage illimité sur toute l'Allemagne 1 j. de la sem., 42 € pour la première pers. et 6,50 € pour les autres, dans la limite de 5 pers.). **Rens. et réserv.** : le call center à Paris ✆ 01 70 38 50 98 (lun.-vend. 9h30-17h) ou le site www.bahn.com
Pour acheter rapidement vos billets de train au meilleur prix, vous pouvez aussi passer par les services (en français, sur internet) de **Trainline** qui croise en quelques clics les fiches horaires des différents opérateurs en Allemagne et propose des tarifs adaptés au profil de chaque voyageur. Rens. : www.trainline.fr ou www.facebook.com/trainline.fr

En car

Le car peut être pratique pour circuler dans certaines régions d'Allemagne (comme le Harz) ou pour des trajets difficilement réalisables en train. Eurolines Germany propose aux touristes des lignes spéciales sur des itinéraires particulièrement intéressants. Des lignes régulières relient les différentes villes allemandes.
Eurolines Germany – *✆ 069971 944 833 (en allemand) ou 069971 944 836 (en anglais) - www.eurolines.de.*

Urgences

Urgences médicales/Premiers secours : ✆ 112
Police : ✆ 110

Voiture

Cartes routières

Pour circuler dans l'ensemble du pays, utilisez la carte Michelin n° 718 au 1/750 000 ou la n° 719 qui regroupe l'Allemagne, le Benelux, l'Autriche et la République tchèque. Les cartes régionales nos 541 à 544 couvrent le nord et le centre du pays :
541 : Allemagne Nord-Ouest
542 : Allemagne Nord-Est
543 : Allemagne Centre-Ouest
544 : Allemagne Centre-Est

Code de la route

Votre véhicule devra porter une plaque précisant le pays d'origine et vous devrez être en possession d'une carte d'identité ou d'un passeport, ainsi que des papiers du véhicule. Le port de la ceinture est obligatoire et le taux d'alcoolémie maximum autorisé est de 0,5 g/l. Prévoir un siège adapté pour les enfants de moins de 4 ans. Notez qu'il est illégal, comme en France, de téléphoner au volant.
Vitesse – Même si le plus souvent aucune limitation de vitesse ne s'applique aux véhicules dépourvus de remorque sur les autoroutes, il est préférable de ne pas

dépasser 130 km/h. La vitesse en agglomération est limitée entre 30 et 50 km/h ; hors agglomération, elle est de 70 à 100 km/h.

Vignette écologique *(voir p. 545)*.

Réseau routier

L'Allemagne dispose d'un vaste réseau de 13 000 km d'autoroutes gratuites (désignées par un A, pour *Autobahn*, et par la couleur bleue).

Les numéros pairs désignent des autoroutes allant dans le sens ouest-est (par exemple, A 2 Dortmund-Berlin), les numéros impairs dans le sens nord-sud (par exemple, A 7 Flensburg-Füssen). Les autres routes sont désignées par des panneaux jaunes.

En semaine, le réseau autoroutier est surchargé, quelle que soit l'heure. La gratuité, une situation géographique au cœur de l'Europe, et la forte activité industrielle du pays font de l'Allemagne une plaque tournante. Roulez prudemment, d'autant que la circulation est souvent ralentie par des travaux. Le week-end, les camions sont interdits, mais les conducteurs du dimanche essayent leurs bolides...

Stationnement

Les centres-villes sont très souvent réservés aux piétons. Il est possible de se garer dans les nombreux parkings couverts *(Parkhaus)*. Munissez-vous d'un disque de stationnement pour vous garer en zone bleue (1h30 maximum).

Carburants

Le GPL est nommé *Autogas*, *LPG* ou *Flüssiggas* ; à ne pas confondre avec le *Erdgas*, non compatible avec le GPL. Le GNV (gaz naturel pour véhicules) prend l'appellation de *CNG*.

Accident

En cas d'accident (avec dommages importants) ou de simple accrochage (avec désaccord sur les responsabilités de l'accrochage), ne déplacez pas les véhicules et appelez le 112. La police allemande a coutume de se rendre sur les lieux d'un accident : les parties concernées et les témoins éventuels sont interrogés sur place, les circonstances exactes de l'accident sont dûment consignées par cette autorité, qui est compétente pour déterminer les responsabilités de chaque conducteur.

Secours routier (Pannenhilfe Deutschland) – Il est assuré sur les autoroutes et les routes principales par l'ADAC (l'Automobile-Club allemand), que l'on peut joindre au ☎ 089 2020 4000 ou 00 49 89 22 22 22 (composez le 22 22 22 si vous utilisez un portable).

☺ Le dépannage sur place est gratuit, seules les pièces de rechange sont à payer.

Mémo

Agenda

Festivals

Musique classique

Berlin – Classic Open Air. Musique classique en plein air sur la place du Gendarmenmarkt (mi-juil.).

Bonn – Festival Beethoven. Plus de 60 concerts (sept.-oct.).

Brême – Musikfest : festival international de musique classique (août-sept.).

Chorin – Été musical de Chorin : concerts à l'abbaye (juin-août).

Dresde – Robert Schumann-Fest (juin.). Festival Bach (juin). Festival de musique (mai).

Erfurt –Semaines Bach en Thuringe (« Bachwochen », mars-avril). Festival de la cathédrale (juil.-août).

Halle – Festival Händel (juin).

Hambourg – Festival de musique international (avr.-mai).

Hitzacker – Festival musical d'été (« Musiktage » Basse-Saxe - du dernier sam. de juil. au 1er dim. d'août).

Leipzig – Festival Bach (Ascension). Festival A Capella (mai). Journées Mendelssohn (août-sept.).

Lübeck – Festival de musique dans les églises de la ville (juin-août).

Magdebourg – Festival Telemann (mars).

Mecklembourg-Poméranie– Festival de musique dans les châteaux, manoirs et églises (été).

Schleswig-Holstein – Festival de musique du Schleswig-Holstein (juil.-août), différents lieux.

Schwerin – Festival de Schwerin (juil.-août).

Weimar – Festival Bach en Thuringe (mars-avr.).

Jazz

Dresde – Jazztage Dresden (nov.).

Hambourg – Jazz sur l'Elbe (juin).

Musiques actuelles

Ferropolis – Melt ! : un des plus grands festivals d'électro et de rock, avec de nombreuses têtes d'affiche internationales. Près de 150 concerts sur quatre jours (Gräfenhainichen, Saxe-Anhalt - juin ou juil.).

Berlin – Atonal : marathon techno avec afters dans l'ancienne centrale électrique Kraftwerk (mi-août).

Dortmund – Mayday : festival de musique techno, hard style, house et électro (fin avril).

Autres festivals

Bad Hersfeld – Festival dans l'ancienne abbatiale, théâtre, art lyrique (Hesse - juin-août).

Brême – Festival « Breminale » sur les berges de la Weser (fin juil.).

Ruhrtriennale – Festival international et pluridisciplinaire (Bochum - de mi-août à sept.).

Cinéma

Berlin – Berlinale, festival international du film (février). Un des grands rendez-vous du cinéma, qui délivre l'Ours d'or au meilleur film en compétition.

Dresde – Festival international du court-métrage (mi-avr.).

Art

Cassel – Documenta : la plus grande exposition mondiale d'art contemporain (juin à sept. tous les 5 ans, la prochaine fois en 2022).

Fêtes populaires

Le calendrier allemand regorge d'occasions de s'amuser avec les incontournables marchés de Noël *(Christkindlmarkt)* et les nombreuses fêtes religieuses

Marchés de Noël

Pour voyager dans les odeurs de pains d'épice et de saucisses grillées, il faut flâner sur les marchés installés jusqu'au 23 décembre dans de très nombreuses villes. Parmi les plus réputés : Hambourg et ses manèges historiques ; Dresde, le plus ancien d'Allemagne (1434) ; Cologne, dont l'un des marchés est flottant ; Erfurt, Cassel, placés sous le signe des frères Grimm ; Brême, pour son traditionnel marché de l'Avent.

Carnaval

Le **carnaval rhénan** débute chaque année le 11 novembre à 11h11 et dure jusqu'au mercredi des Cendres. L'événement majeur des réunions costumées est le cortège du « Lundi des roses ». Les villes de Cologne et Düsseldorf voient défiler les fous et le couple princier sur leurs chars, au milieu de la liesse populaire.

Cologne, Düsseldorf – Rosenmontagsumzug : grand défilé de carnaval (Lundi gras).

Le Rhin en flammes

Ce grand festival de feux d'artifice a lieu de mai à sept. au bord du Rhin, en cinq étapes du nord au sud. Il commence à Bonn (déb. mai).

Autres fêtes locales

Brême – Bremer Freimarkt : marché franc de Brême, la plus grande fête populaire d'Allemagne du Nord (dernière décade d'octobre).

Cologne – Mülheimer Gottestracht : procession en bateau sur le Rhin (jour de la Fête-Dieu).

Dresde – BRN, grande fête de rue dans le quartier de Neustadt, qui commémore la création, en 1990, de l'éphémère Bunte Republik Neustadt par les habitants du quartier (3 j. en juin).

Hambourg – Anniversaire du port (Hafengeburtstag), la plus grande fête portuaire du monde (déb. mai).

Hameln – Rattenfänger-Freilichtspiel : spectacle retraçant la légende du joueur de flûte de Hamelin (mi-mai à mi-sept. chaque dim. à 12h).

Hanovre – Schützenfest (Fête des tireurs), l'une des plus grandes fêtes foraines du monde (10 j. de fin juin à déb. juil.) ; festival du Maschsee (de fin juil. à déb. août).

Kiel – Semaine de Kiel : régates et fête populaire (dernière sem. de juin).

Leipzig – Fête de l'Eau (deuxième quinzaine d'août).

Lübbenau – Fête du Spreewald, fête traditionnelle sorabe (1er w.-end de juil.).

Wismar – Port en Fête (mi-juin).

Se documenter

Ouvrages généraux

Atlas de l'Allemagne, par Michel Deshaies (Autrement, 2013). Un très instructif portrait en 90 cartes de l'Allemagne contemporaine : le renouveau de la Saxe, la Ruhr post-industrielle, le « modèle allemand »...

Allemagne - La Mémoire libérée, par Christophe Bourdoiseau (Nevicata, 2013). À travers ce petit texte rythmé, l'auteur décrypte les clichés qui ont la vie dure et montre comment le peuple allemand tâche de transcender une histoire qui le hante.

Les Incontournables de Karambolage, par Claire Doutriaux (Seuil, 2012). Une adaptation de l'émission Karambolage, diffusée sur Arte. Une comparaison des cultures allemande et française à travers la langue, les objets, les références historiques et culturelles.

Berlin, quoi de neuf depuis la chute du mur ? par Catherine Laborey (Autrement, 2009). Journaliste et réalisatrice, C. Laborey dresse le bilan de la société berlinoise vingt ans après la chute du Mur.

Histoire

Histoire de l'Allemagne, par Henry Bogdan (Perrin, Tempus, 2003). Une bonne synthèse, facile d'accès, qui a le mérite d'embrasser toute l'histoire de notre voisin d'outre-Rhin, depuis les temps lointains de la Germanie jusqu'à la réunification.

Allemagnes par Jean-Pierre Wyttemann (PUF, Culture Guides, 2010). En 400 pages, un voyage à travers le temps, qui révèle l'extrême diversité du monde germanique et la richesse de sa culture, de Dürer à Nietzsche en passant par Bach, Friedrich et Hölderlin.

La Résistance allemande à Hitler, par Joachim Fest (Perrin, 2013). Une facette peu connue de l'histoire allemande : les résistants qui se sont levés contre Hitler dès les années 1930. Solide et très complet.

La Chute du Mur, par Olivier Guez et Jean-Marc Gonin (Livre de Poche, réimp. 2011). Deux ans d'enquête et de passionnants témoignages sur ces journées de 1989 qui ont vu basculer la RDA.

Le Pays de mon père, par Wibke Bruhns (Livre de Poche, réimp. 2011). Quand une journaliste décide de percer le secret de son père, exécuté pour complicité dans l'attentat contre Hitler. Un document exceptionnel, qui fut un best-seller en Allemagne.

Histoire de l'Allemagne : le long chemin vers l'Occident, par Heinrich August Winkler (Fayard, 2005).

L'Allemagne dans le XXIe s., une nouvelle nation ?, par Jean-Pierre Gougeon (Armand Colin, 2009).

Histoire d'un Allemand - Souvenirs 1914-1933, par Sebastian Haffner (Actes Sud, 2004). Ces chroniques offrent un témoignage saisissant de l'instauration du nazisme.

Une femme à Berlin, Anonyme (Folio, 2008). Les derniers jours de la bataille de Berlin vus par une femme qui, comme tant d'autres, tente de survivre dans la ville secouée par les derniers soubresauts de la guerre.

Pour les enfants

Auschwitz expliqué à ma fille, par Annette Wieviorka (Seuil, 1999).

J'ai vécu le mur de Berlin, par Philippe Démenet (Bayard Jeunesse, 2007).

Contes et légendes d'Allemagne, de Suisse et d'Autriche, par Elena Balzamo et Reinhard Kaiser (Flies France, 2004).

Art

Berlin, les années 20, par Rainer Metzger (Hazan, 2006).

100 ans de cinéma allemand, par Monika Bellan (Ellipses, 2001).

Berlin, une capitale en mouvement, par Klaus Hartung (White Star, 2009). L'architecture de Berlin, témoin de son histoire et de sa position géographique entre Europe orientale et occidentale.

Berlin, par Godehard Janzing (Citadelles & Mazenod, 2015).

Littérature

Pour les grands classiques de la littérature allemande, se reporter à la partie « Comprendre l'Allemagne » *(voir p. 526)*.

L'Honneur perdu de Katharina Blum, par Heinrich Böll (Seuil, 1974). Dans le contexte du terrorisme des années 1970, une dénonciation des abus de la presse allemande.

Bonne fête, le Turc ! par Jakob Arjouni (Fayard, 1992). Voici la première des enquêtes de Kemal Kayankaya, le « privé » d'origine turque inventé par Arjouni. Un style percutant, un personnage lucide et sans illusions, dans la lignée des détectives du roman noir américain.

Le Liseur, par Bernhard Schlink (Gallimard, 1996). Un étudiant découvre que son amour de jeunesse aurait été impliqué dans les crimes nazis. Adapté avec succès au cinéma en 2009.

Les Émigrants, par W. G. Sebald (Actes Sud, 1999). Entre enquête et fiction, la vie de quatre personnes qui ont dû quitter l'Allemagne pendant la première moitié du 20e s. pour l'Angleterre ou les États-Unis.

La Tour, par Uwe Tellkamp (Grasset, 2012). L'auteur, né à Dresde en 1968, nous fait partager avec ce roman les pensées d'une famille des beaux quartiers de Dresde. Un document exceptionnel sur les ultimes soubresauts et le naufrage de la RDA.

L'Aigle et l'Ange, par Juli Zeh (Belfond, 2004). L'un des écrivains les plus novateurs de la littérature allemande, entre Bret Easton Ellis et Michel Houellebecq, livre dans ce thriller un constat terrible de la déliquescence de nos sociétés.

Du même auteur, *Brandebourg* (Actes Sud, 2017) entraîne le lecteur à Unterleuten, un Clochemerle fictif de l'ex-RDA où cohabitent villageois (Ossis) et néoruraux (Wessis). Une fresque sociale drôle et acérée sur la réunification allemande.

Marché de Noël à Goslar.
Juergen Sack/iStock

Notes

Notes

Notes

Notes

Notes

Berlin : villes, curiosités et régions touristiques.
Bach, Jean-Sébastien : noms historiques ou termes faisant l'objet d'une explication.
Les sites isolés (châteaux, abbayes, grottes...) sont répertoriés à leur propre nom.

A

B

M

N

O

P

T

U

V

W

Vie courante

Oui : **Ja**
Non : **Nein**
Je : **Ich**
Vous : **Ihr, Sie**
Bonjour (le matin) : **Guten Morgen**
Bonjour : **Guten Tag**
Au revoir : **Auf Wiedersehen**
Bonsoir : **Guten Abend**
S'il vous plaît : **Bitte**
Merci : **Danke**
Pardon : **Entschuldigung**
Combien ? : **Wieviel ?**
Où ? : **Wo ? Wohin ?**
Quand ? : **Wann ?**
Ouvert : **Geöffnet**
Fermé : **Geschlossen**
Toilettes : **Toilette**
Horaires : **Fahrplan**
Je ne comprends pas : **Ich verstehe nicht**
Rue : **Straße**
Gare : **Bahnhof**
Place : **Platz**
Jardin : **Garten**
Pont : **Brücke**
Quartier : **Viertel**
Église : **Kirche**
Musée : **Museum**
Cinéma : **Kino**
Poste : **Post**
Lettre : **Brief**
Timbre : **Briefmarke**
Distributeur de billets : **Geldautomat**
Où se trouve ? : **Wo ist ?**
À droite : **Rechts**
À gauche : **Links**
Arrivée : **Ankunft**
Départ : **Abfahrt**
Entrée : **Eingang**
Sortie : **Ausgang**

Le temps et les jours

Aujourd'hui : **Heute**
Demain : **Morgen**
Hier : **Gestern**
Jour : **Tag**
Nuit : **Nacht**

Chiffres et nombres

1 : **Eins, ein, eine**
2 : **Zwei**
3 : **Drei**
4 : **Vier**
5 : **Fünf**
6 : **Sechs**
7 : **Sieben**
8 : **Acht**
9 : **Neun**
10 : **Zehn**
11 : **Elf**
12 : **Zwölf**
13 : **Dreizehn**
14 : **Vierzehn**
15 : **Fünfzehn**
16 : **Sechzehn**
17 : **Siebzehn**
18 : **Achtzehn**
19 : **Neunzehn**
20 : **Zwanzig**
30 : **Dreißig**
40 : **Vierzig**
50 : **Fünfzig**
60 : **Sechzig**
70 : **Siebzig**
80 : **Achtzig**
90 : **Neunzig**
100 : **Hundert**
1000 : **Tausend**

Urgences

Hôpital : **Krankenhaus**
Pharmacie : **Apotheke**
Médecin : **Arzt**
Police : **Polizei**
Pompiers : **Feuerwehr**

Hébergement

Hôtel : **Hotel**
Réception : **Rezeption**
Chambre : **Zimmer**
Salle de bains : **Bad**
Chambre simple : **Einzelzimmer**
Chambre double : **Doppelzimmer**

Au café et au restaurant

Restaurant : **Restaurant**
Petit-déjeuner : **Frühstück**
Déjeuner : **Mittagessen**
Dîner : **Abendessen**
Menu : **Speisekarte**
L'addition, s.v.p. : **Die Rechnung, bitte**
Café : **Kaffee**
Dessert : **Nachtisch**
Eau : **Wasser**
Pain : **Brot**
Poisson : **Fisch**
Viande : **Fleisch**
Salade : **Salat**
Sucre : **Zucker**
Vin blanc : **Weißwein**
Vin rouge : **Rotwein**

Carte générale

Cartes des régions

Plans de ville

Plans de monuments

Cartes des circuits et régions

LÉGENDE DES CARTES ET PLANS

Curiosités et repères

- Itinéraire décrit, départ de la visite
- Église
- Mosquée
- Synagogue
- Temple
- Temple : bouddhique - hindou
- Bâtiment
- Monastère - Phare
- Fontaine
- Point de vue
- Château - Ruine ou site archéologique
- Barrage - Grotte
- Monument mégalithique
- Tour génoise - Moulin
- Temple - Vestiges gréco-romains
- Autre lieu d'intérêt, sommet
- Distillerie
- Palais, villa, habitation
- Cimetière : chrétien - musulman - israélite
- Oliveraie - Orangeraie
- Mangrove
- Auberge de jeunesse
- Gravure rupestre
- Pierre runique
- Église en bois
- Église en bois debout
- Parc ou réserve national
- Bastide

Sports et loisirs

- Piscine : de plein air - couverte
- Plage - Stade
- Port de plaisance - Voile
- Plongée - Surf
- Refuge - Promenade à pied
- Randonnée équestre
- Golf - Base de loisirs
- Parc d'attractions
- Parc animalier, zoo
- Parc floral, arboretum
- Parc ornithologique réserve d'oiseaux
- Planche à voile, kitesurf
- Pêche en mer ou sportive
- Canyoning, rafting
- Aire de camping - Auberge
- Arènes
- Base de loisirs, base nautique ou canoë-kayak
- Canoë-kayak
- Promenade en bateau

Informations pratiques

- Information touristique
- Parking - Parking - relais
- Gare : ferroviaire - routière
- Voie ferrée
- Ligne de tramway
- Départ de fiacre
- Métro - RER - Tramway
- Station de métro (Calgary, ...) (Montréal)
- Téléphérique, télécabine
- Funiculaire, voie à crémaillère
- Chemin de fer touristique
- Transport de voitures et passagers
- Transport de passagers
- File d'attente
- Observatoire
- Station-service - Magasin
- Poste - Téléphone
- Internet
- H Hôtel de ville
- B Banque, bureau de change
- J POL Palais de justice - Police
- GNR Gendarmerie
- T M Théâtre - Musée
- U Université
- Musée de plein air
- Hôpital
- Marché couvert
- Aéroport
- Parador, Pousada (Établissement hôtelier géré par l'État)
- A Chambre d'agriculture
- D Conseil provincial
- G Gouvernement du district, Délégation du Gouvernement Police cantonale
- L Gouvernement provincial (Landhaus)
- P Chef-lieu de province
- Station thermale
- Source thermale

Axes routiers, voirie

- Autoroute ou assimilée
- Échangeur : complet - partiel
- Route
- Rue piétonne
- Escalier - Sentier, piste

Topographie, limites

- Volcan actif - Récif corallien
- Marais - Désert
- Frontière - Parc naturel